KB252848

텍스트 분석의 실제

텍스트 분석의 실제

이석규 편저

도서출판 역락

- 구현정(상명대학교 교수)
- 김경수(중앙대학교 교수)
- 김상대(아주대학교 교수)
- 김용경(경동대학교 교수)
- 김혜정(서울대학교 강사)
- 민현식(서울대학교 교수)
- 박경현(경찰대학교 교수)
- 신재홍(경원대학교 교수)
- 엄　훈(서울대학교 국어교육연구소)
- 이석규(경원대학교 교수)
- 이은희(한성대학교 교수)
- 이주행(중앙대학교 교수)
- 장영희(남서울대학교 교수)
- 전정례(건국대학교 교수)
- 전혜자(경원대학교 교수)
- 한성일(경원대학교 겸임교수)
- 허재영(호서대학교 겸임교수)

(집필자는 가나다 순으로 기재하였음)

텍스트 분석의 실제

인　쇄　2003년 03월 06일
발　행　2003년 03월 10일
편저자　이석규
펴낸이　이 대 현
편　집　이은희 · 안현진 · 조유미 · 박진희
펴낸곳　도서출판 역락 / 서울 성동구 성수2가 3동 301-80
　　　　(주) 지시코 별관 3층 (우133-835)
Tel 대표 · 영업 3409-2058 편집부 3409-2060 FAX 3409-2059
E-mail　yk3888@kornet.net / youkrack@hanmail.net
등　록　1999년 4월 19일 제2-2803호
ISBN 89-5556-193-8-93710

가격 25,000원

*잘못된 책은 교환해 드립니다.

머리말

일찍이 외솔 최현배 선생은 "한 겨레의 문화창조 활동은 그 말로서 들어가며, 그 말로서 하여가며, 그 말로서 남기나니, 사람의 생각을 나타낸 것을 말이라 하느니라."라고 하여 언어의 의미와 기능의 중요성을 강조한 바 있다. 그런데 언어에 대한 이러한 인식은 역사이래 모든 인류가 부지불식간에 공통적으로 가지고 있었던 것 같다. 그리스 철학에서 로고스(logos)를 화두로 삼아 문화와 정치 발전의 원동력으로 생각했던 것이나, 성경에 "태초에 말씀이 계시니라. 말씀이 하나님과 함께 계셨으니 이 말씀은 곧 하나님이시니라."라고 하여 '말씀'을 절대시한 예를 보더라도 익히 알 수 있는 사실이다. 언어는 인류 문화의 원천으로서의 의미 외에도 희로애락을 포함한 일체의 감정과 사유 그리고 의사소통을 통한 인간다운 삶을 영위함에 있어서 근본적 원인이요, 과정이요, 결과로서 존재한다. 그러한 관점에서 언어는, 역사이래 모든 인간의 공동의 목적이며 염원인 행복추구(better life)의 가장 중요한 요인이라고 할 것이다.

잘 아는 바와 같이 언어는 말을 이루는 소리와 그 소리에 붙어 있는 의미, 그리고 그 소리와 의미가 결합되어서 연쇄를 이루어나가는 여러 가지의 규칙들로 이루어져 있다. 지난 세월 동안 언어학은 이 말소리와 함께 문장 이하의 언어형식의 모습을 규명하고 그것들의 발생원리와 규칙을 체계화하는 데 진력해왔으며, 그 결과 엄청난 학문적 업적을 이루어 인류 문화의 발전에 크게 공헌해왔다. 그리고 언어학의 이러한 발전 추세는 앞으로도 끊임없이 계속될 것이다. 그러나 그것은 언어를 잠재적 체계라는 인식 하에 문장 이하의 단위에만 집중된 연구로서, 언어의 근본 목적인 의사소통과 그에 따른 정신활동의 활성화의 문제에 관하여서는 관심을 갖지 못했던 것이 사실이다. 국내에서는 1990년대에 서구 이론을 받아들임으로써 비로소 이러한 문제들에 대하여 관심을 갖게 되었으며, 언어 연구의 대상도 현실 속에 실제로 사용하는 살아있는 언어로 확대되었다. 따라서 당연히 언어 사용의 시간성과 함께 실제성을 중시하고, 언어 자체의 특성과 생성 요인보다는 언어의 작용과 운용, 그리고 그것을 보다 효과적으로 사용하는 모든 분야에 대한 연구로 이어지는데 이러한 관점의 가장 핵심적인 분야가 텍스트 언어학이다.

텍스트 언어학은 의사소통을 목적으로 하는 언어 단위를 텍스트라고 정의하고, 이에 대한 제반 문제의 해결을 위하여 여러 각도에서 접근하되, 관계되는 모든 학문의 도움을 받는 것을 서슴지 않는다. 예컨대, 언어학은 물론 그 외에도 심리적, 사회적, 정보적, 인지과학적 요인들을 모두 관찰의 대상으로 삼는다. 물론 텍스트 언어학이라는 용어를 사용하지 않고 각론으로 직접 접근하는 경우도 있다. 그러나 결국은 의사소통을 목적으로 하는 모든 텍스트의 생산과 수용의 문제를 근본적으로 체계화하고 그것들의 책략과 방법을 구체적으로 천착한다. 그리하여 인간의 사유와 의사소통을 통한 아이디어의 개발과 상호 협력에 의한 인간생활의 질적인 발전에 기여하고자 하는 것이다. 이것이야말로 텍스트이론의 궁극적 목적이며 물질만능의 이 시대가 절실히 필요로 하는 연구분야라고 아니할 수 없는 것이다.

이에, 이 분야에 관심을 갖고 연구에 박차를 가해온 원로와 중진학자는 물론 젊고 유능한 신예들, 그리고 문학이론 연구에 몰두해 온 몇몇 학자들이 함께 모여 시대적 요청에 부응하여 언어의 생산 및 수용활동의 원리에 직접적으로 접근함으로써 언어활동과 언어생활의 근본문제를 해결하고자 하는 시도로서 "텍스트 분석의 실제"를 발간하기에 이르렀다.

이 책은 2부로 이루어져 있다. 1부에서는 텍스트 언어학의 개념과 전개, 텍스트 언어학의 본질인 텍스트성에 관한 고찰 그리고 텍스트 언어학의 방향을 전망하고 있다. 2부에서는 시, 소설, 대화, 유머, 관용구, 신문, 광고, 연설문, 고전 시가 및 산문, 경전, 언간, 상소문 등 여러 종류의 텍스트들에 대하여 텍스트 이론을 적용하여 다양한 분석을 시도하였다. 또한 텍스트 언어학의 이론을 체계화하고, 텍스트성을 규명하는 등 여러 종류의 텍스트에 대한 다양한 분석 방법을 제시하고 있다. 현실생활 속에서뿐만 아니라 교육 현장에서 필요한 텍스트 생산과 수용 능력의 획기적인 신장을 위하여 텍스트 언어학 이론이 기여할 수 있는 전범(典範)을 제시함으로써 그 이론을 정립하고자 노력하였다.

따라서 이 책은 텍스트 언어학의 이론과 연구 방법론 그리고 발전동향 및 전망을 이해하는데 있어서 크게 이바지할 것으로 기대한다.

끝으로 이 책을 훌륭하게 꾸밀 수 있도록 의기 투합하여 상호 격려하며 정성껏 원고를 보내주신 학계의 선배님을 비롯하여 학문의 동료, 후배 학자님들께 깊이 감사를 드린다. 그리고 틈틈이 조언을 아끼지 않으신 이주행 교수, 전체의 구도를 세우고 아이디어를 제공해주신 민현식 교수, 연락과 교정 및 여러 가지 뒷바라지를 해준 한성일 박사, 허재영 박사, 어려운 여건 속에서도 이 책의 출판을 위하여 노고를 아끼지 않으신 역락출판사 이대현 사장님께도 다시 한번 감사를 드린다.

2003. 2.

이 석 규

# 차 례

제2부 텍스트 분석의 실제

차례

차례

차 례

차 례

차 례

제 **1** 부

텍스트 언어학의 이해

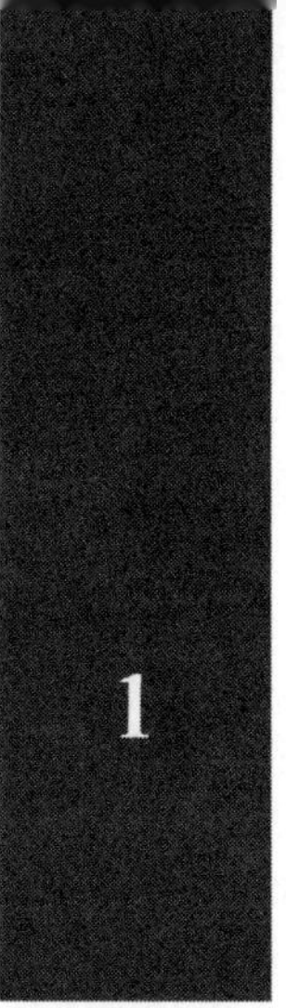

| 텍스트 언어학의 개념과 전개 |

한성일

1.1 텍스트 언어학과 텍스트

1.1.1 텍스트학과 텍스트 언어학

텍스트학(Textwissenschaft)은 텍스트를 대상으로 하는 모든 학문을 가리키고, 텍스트를 유형화할 수 있는 기준 설정을 그 과제로 삼는다. 모든 학문 영역에서는 텍스트를 다양한 관점에서 다양한 목표를 설정하여 연구한다. 예를 들면 신학에서는 종교적인 텍스트(성서)의 해석을, 역사학에서는 역사적인 불변 사실들을 규명하고, 텍스트 유형의 변이형들과 이들을 기초하는 데 근저가 되는 사회적, 정치적 문화적인 정황들을 연구한다. 사회 심리학은 일정한 텍스트 구조들과 이 구조들이 개인이나 그룹의 지식, 견해, 태도, 행위에 미치는 영향 관계를 연구한다. 반 다이크(van Dijk, 1980)는 텍스트학의 하위 범주를 다음과 같이 분류하였다.

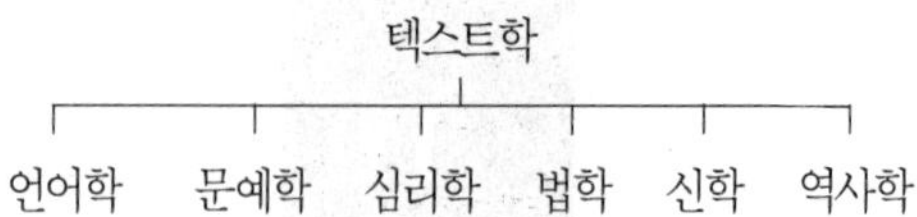

　텍스트에 관한 학문은 급격하게 발전해 왔으며 그 결과 텍스트의 구조에 대해서뿐만 아니라 텍스트가 포괄적 맥락과 관련되어 있다는 본질적 인식을 가져다 주었다. 위의 반 다이크의 분류에서처럼 언어학의 영역이 언어의 경계를 넘어 여러 방향으로 확장되게 된 것도 이와 관련된다. 또한 고영근(1999:9)에서 "텍스트 언어학이라고 하면 텍스트의 연구 영역이 언어학에 국한된다는 오해를 불러일으킬 수도 있기 때문에 텍스트를 언어학의 대상인 일상 발화뿐만 아니라 문예학의 대상인 문학작품, 수사학의 대상인 각종 문서, 미디어학의 대상인 영상매체를 분석 대상으로 삼는 관점을 취하기 때문에 "텍스트 이론"이라는 이름을 택한다고 한 것도 같은 맥락에서 이해할 수 있다.

　그러나 텍스트 언어학(Textlinguistic)을 '텍스트학'이나 '텍스트 이론'과 같은 학제적 성격으로 너무 포괄적으로 설명할 수는 없다. 또한 텍스트를 대상으로 한다는 것으로만 너무 이질적인 것들을 텍스트 언어학에 포함시키는 문제점들도 바로 잡아야 한다. 따라서 텍스트 언어학의 대상 영역과 과제를 재정립하는 작업이 필요하다. 이런 점에서 텍스트 언어학은 텍스트 전체의 구조나 표현 방식을 연구하는 고유한 영역을 지니고 있다고 하면서 이를 위해서는 잘 알려져 있는 문장언어학적 방법의 도구 장치를 넘어서서 그 나름의 기술 모형을 개발해야 함을 역설한 하이네만과 피이베거(1991, 백설자 역 2001:19)의 주장은 시사하는 바가 크다.

　이러한 기본적 영역에서 의사소통의 특성을 설명하는 방향으로 발전해 간다면 칼메이어(Kallmeyer, 1980:45)의 말대로 텍스트를 "의사소통적 상호작용에서 나타나는 의사소통 신호의 집합 체계"라고 정의할 수 있고, 텍스트 언어학의 연구 범위를 텍스트 구조와 텍스트 표현 방식 연구에 국한하되, 이를 각각 의사 소통적 맥락 및 사회학적, 심리학적 맥락에 연관시킬 수 있을 것이다.

　이러한 텍스트 언어학은 발생 초기에는 '텍스트 문법'으로 불리었는데, 이는 구조주의 언어학과 생성문법을 토대로 발전하여 언어 체계 자체에 관심을 가졌기 때문이다. 텍스트 문법을 브링커(1992)에서는 '언어 체계 지향적 텍스트 언어학'으로 설명하고 있다. 반 다이크(1980)에서는 텍스트 문법을 더 구체적으로 텍스트 통사론과 텍스트 의미론으로 나눈다. 텍스트 통사론은 주로 텍스트 구성, 즉 텍스트에서 언어적 요소들을 접속시키는데 사용되는 수단들을 문제 삼는다. 이에 반해, 텍스트 의미론은 이미 실현된 텍스트에 나타난 의미론적 관계를 다룰 뿐만 아니라, 화용론적 요인들과도 의존관계에 있는 텍스트 이해의 문제를 취급하기도 한다. 텍스트 문법은 텍스트를 단순히 '문장의 연쇄'로 파악하는데 그쳤고, 텍스트 화용론에 와서야 텍스트를 복합적 언어 행위로 정의하게 되고 브링커(1992)는 이를 '통보 지향적 텍스트 언어학'으로 규정하였다.

　텍스트 언어학의 주된 과제는 브링커(Brinker, 1992:8)에 따르면 구체적인 텍스트의 바탕을 이루는 텍스트 구성의 일반적인 조건과 규칙들을 체계적으로 기술하고 텍스트를 수용할 때 갖는 이들의 의미[1]를 밝혀내는 일이다. 디르벵(R. Dirven, 이기동 외 역 1999)에서는 텍스트 언어학이란 어떻게 S(화자, 청자)와 H(청자, 독자)가 텍스트를 이용하여 의사소통을 하는가에 대한 연구라고 하였다. 다시 말해, S가 만들어 내거나, H에게 주어진 텍스트(곧, 단어들)의 범위를 넘어서 어떻게 문장과 단락, 소절 등의 사이에 나타나는 관계를 파악하는가에 대한 연구이다. 결국, 텍스트 언어학은 통화를 목적으로 하는 발화체로서의 텍스트를 언어적 요인뿐만 아니라 심리적 요인, 사회적 요인, 정보 처리적 요인까지를 구명함으로써 통화적, 유의적 총체로서 텍스트의 본질과 역동성을 구명하려 한다.

---

1) 코세리우(E. Coseriu, 1980)는 텍스트 언어학을 "의의(意義, Sinn)의 언어학"으로 규정하였다. 그에 따르면 변형문법은 지시(指示)에, 구조 언어학은 의미(意味)에, 텍스트 언어학은 의의(意義)의 차원에 대응한다. 지시는 의미를 매개로 하여 향해지는 언어 외적인 것에 대한 관련이고, 의미는 개별 언어적으로 주어진 내용이다. 그리고 의의는 지시와 의미를 매개로 하여, 그리고 지시와 의미를 넘어서 일정의 텍스트 안에서 표현되는 언어 내용이다(보다 자세한 내용은 코세리우/신익성 역 1995:11~13 참고).

1.1.2 **텍스트의 개념**

"텍스트(text)란 무엇인가?"라는 질문에 한 마디로 대답하기는 매우 어렵다. 왜냐하면 '텍스트'는 일상적 영역이나 학문적 영역에 따라 그 의미가 다양하기 때문이다. 텍스트는 일상적 용법에서는 '본문'의 뜻으로 사용되어 '문자로 적혀진 길고 짧은 글'을 의미할 때가 많다. 텍스트란 말은 라틴어 동사 'textere(짜다)'에서 파생되었으며 '직물/조직'을 뜻한다. 일상적 의미의 텍스트란 이처럼 '직물/조직'이라는 이 단어의 구체적인 의미로부터 언어 단위들이 하나의 길고 짧은 글의 조직체로 연결되었다는 뜻으로 전이된 것이다(파터 / 이성만 역 1995:6).

학문적 영역, 특히 텍스트 언어학에서의 텍스트의 개념은 다소 다르다. 흔히 텍스트 언어학의 발생 초기인 텍스트 문법시대에는 텍스트는 단순히 문장의 상위 개념으로 이해되어 왔다. 하르베크(Harweg, 1968)는 텍스트를 "끊임없는 대명사적 연쇄체로 구성된 언어적 단위들의 통합체"로 정의하였고, 브링커(Brinker, 1973)는 "서로 연관된 문장들의 연속체"로 정의하였다. 70년대 초에는 화용론의 대두에 힘입어 텍스트를 '통보적(通報的, communication) 출현'으로 간주하게 되었다. 드레슬러(Dressler, 1973)에서는 텍스트를 "송신자와 수신자의 의도에 따라 언어적으로 완결된 언어 단위"로 정의하였고, 슈미트(Schmidt)에서는 "의사소통 유형의 실현체"로 정의하였다

이와 같은 문장 차원과 화용 차원의 정의는 상보적 통합관계의 차원의 정의로 발전되었다. 칼메이어(Kallmeyer, 1980:45)는 텍스트를 "의사소통적 상호작용에서 나타나는 의사소통 신호의 집합 전체"로 정의하였고, 딤터(Dimter, 1981)는 텍스트를 "통사적, 의미적, 화용론적으로 연결되고 완결된 언어 기호들의 연속체"로 정의하였다. 보그란데와 드레슬러(Beaugrande and Dressler, 1981)에서는 텍스트다움을 결정짓는 일곱 가지 텍스트성을 제시하면서 이러한 "텍스트성을 모두 만족하는 통화성 발화체"를 텍스트로 정의하고 있다. 원진숙(1995)에서는 텍스트를 "입말이든 글말이든 관계없이 텍스트 생산자가 소기의 의사소통적 목적을 달성하기 위하여 생산해 내는 문장 이상의 언어 단위"로 정의하고, 이러한 텍스트는 최소한 형식적인 응집성과 내용적인 결

속성을 갖춤으로써 서로 관련성을 지닌 문장으로서 유의적인 총체로 기능할 수 있다고 하였다. 따라서 언어학적 관점에서는 텍스트를 '의사소통의 단위' 또는 '통보성 발화체' 정도로 정의할 수 있다.

그런데 문제는 일상 생활의 '편지, 전화 통화, 교통 신호, 안내 방송' 등을 텍스트라고 할 수 있는가? 하는 점이다. 또한 문예학, 기호학, 심리학, 법학, 교육학 등의 언어학 이외의 학문에서도 텍스트란 말을 많이 사용하고 있는데 이 분야에서 말하는 텍스트의 개념은 무엇인지가 명확하지 않다. 고영근 (1999:8)에서는 기호학, 문학, 언어학에 따라 텍스트의 개념이 다름을 지적하고 그들의 용법2)을 종합해서 텍스트를 다음과 같이 정의하고 있다.

> (1) 텍스트는 일단 사람이 어떤 의도를 가지고 산출하는 언어적 표현이라고 규정할 수 있다. 음성 형태로 나타나는 발화와 문자로 적혀진 문학작품, 그리고 문자를 우선적으로 텍스트로 볼 수 있겠다. 이 밖에도 넓은 의미에서 음성, 음향, 문자, 그림, 사진 등이 어우러져 조화를 이루는 다중매체도 텍스트로 간주할 수 있다.

디르뱅(Dirven, 이기동 외 역 1999)에서는 텍스트를 사람들 사이의 의사소통에 사용되는 언어 표현과, 이 언어 표현에 대한 청자나 독자의 해석이라고 하는 진일보된 정의를 제시하였다. 이에 따르면 텍스트의 단어들은 그 자체로는 텍스트 전체의 모습을 갖추고 있지 못하기 때문에, 텍스트 언어학의 독립적인 연구 대상이 될 수 없다. 중요한 것은 텍스트를 구성하고 있는 단어나 문장들뿐만 아니라, 그 텍스트에 대한 우리의 해석과 그러한 해석의 근거들인 것이다. 이와 같은 텍스트 정의는 텍스트의 해석이 기초하게 되는 문화 지식과 세상 지식을 전제하고 있다.3)

---

2) 고영근(1999:5~8)에 의하면 기호학자들은 세상의 모든 것, 문학작품, 뉴스보도나 신문기사, 여인들의 화장술과 옷차림, 민담과 전설 등의 민속 문화산물 등의 문화적 가공물, 나아가 모든 사건, 예를 들면 '임진왜란, 갑오경장'과 같은 사회현상까지도 텍스트로 간주한다. 결국 텍스트를 기호와 동일시하고 있는 것이다. 또한 문학자들은 작가가 창작해 놓은 인쇄물을 '텍스트'라 부르고, 독자가 읽고 재생해낸 문학 텍스트를 '작품'이라고 하여 생산자 중심의 텍스트와 수용자 중심의 텍스트로 구별한다. 언어학자들은 텍스트를 '통보적 출현'으로 간주하고 있다.

3) 텍스트를 해석하기 위해서 필요한 모든 단서들을 텍스트 자체는 거의 제공해 주지 않으며, 우리의 문화 지식 또는 세상 지식에 근거하여 텍스트에 여러 가지 내용들을 추가한다. 이것이 텍스트 표상(text representation)이다. 텍스트 표상이란 텍스트의 요소들과 세상사에 대한 우리의

텍스트의 개념을 명확히 규정하기 위해서는 '담화(discourse)'와의 차이를 구분해야만 한다. 그러나 현실적으로 텍스트와 담화의 차이는 명확하지 못하고, 혼용되어 사용되는 실정이다. 해리스(Harris, 1964:383)는 언어가 자립적인 낱말이나 문장으로 실현되는 것이 아닌 연결된 담화로 실현된다고 보았으며, 연속적인 문장들 간에도 관계가 있는데, 이들 관계는 문장구조에는 나타나지 않고, 다만 연속되는 문장들에 걸쳐 있는 등가성 부류들의 실현 패턴을 통해 파악할 수 있다고 하면서 '텍스트'와 '담화'라는 용어를 구별 없이 사용하였다.[4]

반면 반 다이크(1977)는 텍스트를 담화 속에서 구체화되는 추상적 이론의 구조물로 보았다. 바꿔 말하면 텍스트의 담화에 관한 관계는 문장의 발화에 대한 관계와 같은 것으로 담화를 빠롤의 차원으로, 텍스트를 랑그의 차원으로 구분하고 있는 것이다. 칼메이어와 메이어 헤르만(Kallmeyer and Meyer-Hermann, 1980:242)에서도 "빠롤 또는 실현의 현상"인 텍스트$_1$과 "추상적 단위" 곧 "모든 텍스트들에 공통적이어야 하고 또 공통적일 수 있는 특성들, 다시 말해 텍스트$_1$의 텍스트성을 이루는 자질들로 구성된 구성체"인 텍스트$_2$를 서로 구분하고 있다. 정희자(1998:17~18)에서도 반 다이크와 동일한 관점에서 텍스트와 담화를 다음과 같이 정의하고 있다.

> (2) 넓은 의미에서는 담화와 텍스트가 '실제 상황에서 사용되는 문장들의 연쇄체'의 개념으로 동일하게 간주되고 있다. 그러나 좁은 의미에서 이들은 서로 구별된다. 담화는 주로 언어수행(parole, performance), 구어(verbal language), 기술(description)에 초점을 두는 반면, 텍스트는 언어능력(langue, competence), 문어(written language), 규범화(prescription)에 초점을 둔다. 그러나 담화와 텍스트 사이에 절대적인 대립은 없다.

스터브즈(M. Sttbbs, 송영주 역 1993)는 텍스트 분석은 반다이크의 연구로 대표되는, 특정 유럽 그룹의 연구를 포함하는 특성이 있으므로 담화 분석이

인식을 기초로 하여 전체적으로 결속성 있는 글로 해석하는 것이다.

4) 자페(Chafe, 1992)도 '텍스트'와 '담화'는 모두 문장보다 큰 언어 단위를 가리키는 용어로서 서로 교환되어 사용될 수 있으며, 따라서 "텍스트 분석"과 "담화 분석"은 같은 분야를 의미한다고 하였다.

라는 용어를 편의상의 이유로 선호한다고 했다.

결국 텍스트와 담화는 넓은 의미에서는 같은 개념으로 사용될 수 있고, 부분적 차이점들 -문어와 구어, 빠롤과 랑그- 에 따라 일반적으로 구별되어질 것 같다. 하지만 텍스트와 담화의 명확한 구분에 대해서는 좀 더 깊은 논의가 필요하다.

최근에 국내에 대화 분석론이 소개되면서 '대화'의 개념이 앞서 살핀 '텍스트나 담화'와 어떤 차이를 갖는 지에 대해서도 혼란을 겪고 있다. 박용익(2001:19~21)에 의하면 대화 분석론의 대상인 대화를 표시하는 비슷한 영역으로 '회화(conversation), 담화(discourse), 대화(dialogue)' 등이 있는데, 이는 대화 분석론이 각기 다른 방법론을 갖고 발전하는 과정에서 학자들이 다른 용어를 사용했기 때문이라고 한다. 따라서 이들 용어들을 대개 동의어로 인정되는 경향이 지배적이라고 한다. 그러나 국내에서는 '담화'는 앞서 살핀 대로 '텍스트'와 같은 의미로 사용되는 것이 일반적이고, 대화를 지칭하는 용어로 사용되는 경우는 드물다.

그렇다면 '대화'와 '텍스트'는 어떤 관계를 갖는가? 국내의 텍스트 언어학 전문 학술지를 보면 대화 분석에 관한 논문이 다수 실려 있다. 이는 대화 분석을 텍스트 분석의 일부로 판단하기 때문이다. 그래서 하이네만과 피이베거(1991)는 대화 분석을 텍스트 언어학과 통합적인 관계에서 다루고 있다.5)

대화와 텍스트의 관계에 대해 '텍스트는 대화의 하위 유형 또는 구성 요소'라는 바이간트(1986:121)의 견해, '대화는 텍스트의 하위 유형 혹은 구성 요소'라는 하르베크(Harweg, 1979)의 견해, 그리고 '대화와 텍스트는 상호적 계층적 관계가 없는 개별적 단위'라는 롤프(Rolf, 1993:31)의 견해 등이 있다. 이상의 세 가지 견해는 나름대로 타당성을 지니고 있어 대화와 텍스트의 관계를 쉽게 단정지을 수는 없지만, 중요한 것은 대화와 텍스트가 많은 자질들을 공유하고 있다는 점이다. 또한 현재 학계에서 텍스트 분석과 대화 분석을 엄격히 구별하지 않고 있는 것도 대화와 텍스트를 경계짓는 것이 얼마나 어려운 일인가를 잘 보여 준다.

---

5) 이 책의 2부에서 다루고 있는 텍스트 분석의 상당수는 대화 분석에 해당된다.

1. 1. 3 **텍스트의 기능과 유형**

1) 텍스트의 기능

그로세(E.U. Große, 1974:20)에 의하면 텍스트 기능이란 "발신자의 의도에 따라 규정된 것으로서 한 텍스트가 수신자에게 주는 교시"라고 이해된다. 여기서 교시란 수신자에게 발신자가 원하는 이해의 양식에 대해 알려 주는 것이다. 따라서 텍스트 기능은 발신자의 의도와 동일한 것이 아니라 오히려 "한 텍스트의 약호화 된, 의사소통 수단인 텍스트에 각인되는 의도"이다. 그로세의 이와 같은 정의는 언어 행위[6]의 의도적 국면과 규약적 국면을 유사한 방식으로 서로 접목시킨 것이기 때문에, 발화수반행위의 화행론적 개념과 거의 일치한다. 발화수반행위가 어떤 발화의 행위 특성을 규정하고 있듯이, 텍스트 기능은 텍스트의 통보 양식, 다시 말해 생산자가 수용자를 향해 표현한 의사소통적 접촉 방식을 규정한다.

텍스트의 기능은 텍스트의 유형을 결정짓는 여러 요소 중 가장 기본적인 기준이다. 보그란데와 드레슬러(1981, 김태옥 · 이현호 역 1991:174~178)는 한 텍스트를 어떤 한 유형으로 분류하는 것은 그 텍스트가 통화상에서 갖는 기능에 의존하는 것이지, 단순히 표층 형식에 따르는 것은 아니라고 하였다. 예를 들어 어떤 신념이나 아이디어를 참이거나 거짓, 또는 긍정적이거나 부정적인 것으로 수용, 평가하는 것을 추진하는 기능을 담당하는 텍스트를 쟁론 텍스트로 유형화할 수 있다.

브링커(1992, 이성만 역 1994:161)도 "텍스트 기능을 텍스트 유형 분류의 기본 기준"이라고 하면서 다음과 같은 텍스트의 다섯 가지 기본 기능을 제시하였다.

---

6) 한 문장을 발화함으로써 수행되는 행동에는 3가지 관련된 행위가 있다. 예를 들어 '지금 방금 만든 커피입니다.'라는 문장을 발화했다면 "발화행위(locutionary act)"를 수행한 것이다. 이 때 화자는 마음 속에 특정 의사소통 기능을 의도하고 발화했을 것이다. 이를 "발화수반행위 (illocutionary act)"라 한다. 즉 위 문장은 화자의 의도에 따라 진술, 제안, 설명이 될 수 있다. 끝으로 화자가 문장을 발화함으로써 청자의 사상, 감정, 행동 등에 영향을 끼칠 수 있는데, 이를 "발화효과행위(perlocutionary act)"라고 한다.

(3) 텍스트의 기본 기능
ㄱ. 제보 기능
ㄴ. 호소 기능
ㄷ. 책무 기능
ㄹ. 접촉 기능
ㅁ. 선언 기능

'제보 기능'은 생산자가 수용자에게 정보를 전달하는 것으로 뉴스 보도, 안내문, 진단서, 신간 소개, 교통 표지, 상호, 기관명 등의 텍스트에 나타난다. '호소 기능'은 생산자가 수용자에게 생산자의 생각을 받아들이거나 생산자가 의도한 행위를 수행할 것을 설득하는 것으로 상품 광고, 홍보 텍스트, (신문, 라디오, 텔레비전)논평, 작업 안내서, 처방전, 지원서, 조작법, 표어, 교통 규제 표지 등의 텍스트에 나타난다. '책무 기능'은 생산자가 수용자에게 자기가 일정한 행위를 수행할 의무가 있음을 알려 주는 것으로 혼인 서약서, 선서문, 맹세문, 품질보증서, 계약서 등의 텍스트에 나타난다. '접촉 기능'은 생산자가 문제삼고 있는 것이 개인적인 관계임을 수용자에게 이해시키는 것으로 '감사하다, 고마운 인사를 드리다, 사과하다, 축하하다, 환영하다, 조의를 표하다'와 같은 동사나 동사구를 통해 표현된다. '선언 기능'은 생산자가 수용자에게 해당 텍스트가 새로운 현실을 창조함을, 다시 말하면 그 텍스트의 성공적인 발화가 어떤 일정한 사실을 도입하고 있다는 사실을 이해시키는 것으로 헌장, 담화문, 결의문, 성혼선언문, 임명장, 위촉장, 유언장, 판결문, 각종 증명서를 들 수 있다. 예외 없이 일정한 사회 제도와 관련된 텍스트 유형들과 관계 있다.

고영근(1999:259)에서는 이러한 다섯 가지 기능에 문학 텍스트가 갖는 '감동 기능'을 추가로 설정하고 있는데 '감동 기능'은 생산자인 작가가 수용자인 독자에게 사태를 언어로 형상화하여 표현함으로써 나타난다고 한다.

2) 텍스트의 유형

에르멜트(Ermert, 1979:66)는 "텍스트 유형은 일반적으로 언어적 행위들의 복잡한 하나의 모형에 할당될 수 있는 텍스트의 부류라고 기술될 수 있다."고 하였다. 화자는 언어 활동을 하면서 텍스트 종류나 유형화에 대한 지식을 습득했으며 이 지식을 토대로 언제나 상황, 문맥, 제도와 체계적으로 관련지을 수 있는 텍스트를 산출하고 이해함으로써 특정 인간 공동체의 여러 의사소통 영역에서 함께 일할 수 있다. 다시 말해, 의사소통 참여자는 문맥이 어떤 부류에 속하는지 인지하면 여러 의사소통 영역에서 상황적으로나 사회적으로 적절하게 행위할 수 있는 것이다. 따라서 텍스트의 특성, 특히 텍스트성을 분석해서 하나의 텍스트가 갖고 있는 자질상의 특징을 통해 텍스트를 유형화하는 것은 매우 중요한 작업이고, 이것이 텍스트 언어학의 목표 중의 하나이다.

그런데 하이네만과 피이베거(1991, 백설자 옮김 2001:174)에서는 대다수의 텍스트 언어학적 모형들이 유형화를 거의 일괄적으로 고려하지 않고 있다는 점을 지적하면서 이는 텍스트 언어학적 접근 방식이 갖고 있는 두 가지 방법론적 판단 오류 때문이라고 하였다. 그 하나는 텍스트 이론이 텍스트의 복합적 구조 관계와 기능 관계를 밝혀낼 수 있게 되면 유형화는 자동적으로 이루어진다는 인식이었다. 다른 하나는 유형화와 텍스트 구성 이론이란 귀납적 방법을 통해, 즉 텍스트 종류를 점점 더 많이 분석하고 그 결과를 점점 더 일반화함으로써 이룩할 수 있다는 견해가 널리 퍼져 있었기 때문이다. 그렇지만 이런 방법으로 유형화는 가능하지 않다.

텍스트 종류의 분류는 언어학의 지배적인 이론적, 방법론적 입장에 아주 결정적 영향을 받았다. 1970년대 초반 유형화 혹은 분류는 무엇보다도 언어 단위란 원칙적으로 분리되어 있는 기본 구성요소로 이루어진다는 구성성분 주의를 지향했다. 따라서 한 텍스트 종류는 텍스트 종류의 독특한 각 측면을 반영해 주는 기본적 구성요소의 결합물이라고 이해되었다.

텍스트 종류의 분류에 대한 제안 중 가장 잘 완성된 하나를 제시한 사람은 잔디히(Sandig. 1972)였다. 잔디히는 20가지의 변별 자질 /속성을 가지고 텍스트 종류를 세분하였다. 예를 들면 "편지"라는 텍스트는 '입말' 자질은 (-), '즉흥성'이라는 자질은 (±), '음성적 교류'라는 자질은 (-), '텍스트 끝형식'이라는 자질은 (+)라는 속성을 지닌다는 것이다. 이런 방법으로 '인터뷰, 전화통화, 요리법, 강의록, 광고, 토론, 신문기사' 등의 변별 자질을 분석하면 그 텍스트의 속성을 파악할 수 있고 나아가 유형화가 가능하다는 것이다. 잔디히의 분류는 각 텍스트를 유형학적으로 규정하는 데 적합한 것 같으나 이젠베르크(Isenberg, 1978)에서는 이런 식의 분류가 요구하는 효력과 효력이 미치는 실제 영역 사이에는 커다란 차이가 있다고 비판하고 있다. 이젠베르크는 유형화에 대한 잔디히의 제안들이 모든 의사소통 영역의 텍스트를 망라하여 어떤 부류에 넣어 준다고 생각하지만 실제로는 총체적 유형화에 부합하지 않는 부분적 유형화에 불과하다는 점을 지적하였다.

아이겐발트(Eigenwald, 1974)는 텍스트를 신문 텍스트, 경제 텍스트, 정치 텍스트, 법률 텍스트, 학술 텍스트의 다섯 가지 유형으로 분류하고 있다. 그의 분류는 텍스트 유형이나 대화 유형을 오로지 신문, 정치, 경제, 법률 제정 및 교육 기관, 법률 기관, 학술, 경제 같은 개략적 범주에 따라 분류하고 있기 때문에 이젠베르크(1978)가 말하는 동질적 유형화라고 할 수 있다. 그렇지만 아이겐발트의 분류는 자의적이고 통일된 기준을 토대로 하고 있지 않으므로 이젠베르크의 동질성 요구도 충족시키지 못하고 있다.

그로세(1976)에서는 텍스트 기능에 따라 모든 글말 텍스트를 여덟 가지로 분류하고 있다.

(4) 텍스트 기능에 따른 텍스트의 분류

텍스트 분류	텍스트 기능	보기
ㄱ. 규범 텍스트	규범 기능	법령, 정관, 위임장
ㄴ. 친교 텍스트	친교 기능	출생 신고서와 혼인 신고서 축하 서한, 애도 서한
ㄷ. 집단 표시적 텍스트	집단표시 기능	집단 노래(국가)
ㄹ. 문학 텍스트	문학적 기능	시, 장편소설, 희극
ㅁ. 자기표현중심 텍스트	자기표현 기능	일기, 전기, 자서전, 문학적 일기
ㅂ. 요구중심 텍스트	요구	상품광고, 정당의 계획, 언론 논평, 청원서, 신청서
ㅅ. 중간 부류	(주 기능이 두 가지)	가령 요구 기능과 정보 전달 기능을 지닌 텍스트
ㅇ. 사실정보중심 텍스트	정보 전달	뉴스, 일기예보, 학술 텍스트

어떤 텍스트 부류를 설명하는 데 결정적인 것은 텍스트의 일반 기능이 아
니라 그 주도적 기능이다. 이 개념은 유형화에 극히 중요하지만 "주도적"이라
는 기준이 서로 아주 달리 규정되기 때문에 그 설명력은 제한적이다. 그렇지
만 그로세의 분류는 기능적 기준과 주도적 기준이라는 개념을 가지고 텍스트
종류를 분류했다는 점에서 텍스트 유형화에 새로운 가능성을 열었다.

텍스트 유형론은 번역 이론에서 좀더 체계적인 발달을 보인바 있는데, 박
여성(1994)에서는 뷜러의 기호 이론과 라이쓰 이론의 중심을 이루는 기능주
의 번역 이론에서의 텍스트 유형을 다음과 같이 소개하고 있다.

> (5) 기능주의 번역 이론에서의 텍스트 유형
>   ㄱ. 정보전달적인 텍스트 유형 : 정보 내용의 전달(기술/묘사)이 급선무인 모든 텍
>   스트 종류를 포괄하며, 사실지향적이라는 특징이 있다.
>   ㄴ. 정표적 텍스트 : 언어적 표현이 지배적인 모든 텍스트의 종류를 말하며 산출자
>   지향적이라는 특징이 있다.
>   ㄷ. 작동적인 텍스트 : 호소를 지향하는 모든 텍스트 종류를 포괄하며, 항상 어떤
>   특정한 의도, 목표, 언어 외적인 효과가 결부되어 있다.
>   ㄹ. 시청각적인 텍스트 : 미디어 텍스트로 불리며 언어 외적인 미디어와 시각, 음
>   향, 청각적인 종류의 표현 형식들을 포괄한다.

위의 유형론을 고려할 때 텍스트의 종류는 훨씬 더 다차원적이다. 특히 작
동적인 텍스트나 시청각적인 텍스트는 기존의 언어학적인 분석 대상과는 거
리가 먼 텍스트라고 볼 수 있는데, 이러한 텍스트가 분석 대상이 될 수 있었
던 것은 '의사소통 체계'로서의 텍스트 개념이 적용되었기 때문이다. 이처럼
'의사소통 체계'의 개념을 중시하는 텍스트의 개념은 화용론적인 텍스트 언어
학이 발달하면서 널리 도입되었다. 이와 같은 입장에서 서얼(Searle, 1985)에
서는 화행론적 이론에 따라 텍스트의 기능을 다음과 같이 나누고 있다.

> (6) 화행론적 이론에 따른 텍스트의 종류
>   ㄱ. 정보 전달 : 화자가 청자에게 지식을 매개하고, 청자에게 무엇에 대한 정보를
>   제공하려 한다. (뉴스, 보도, 보고서, 추천서, 서평)
>   ㄴ. 호소 : 화자가 청자에게 무엇에 대한 정보를 제공하려 한다. (선전문, 주석, 사용
>   안내서, 요리책, 법전, 설교)

ㄷ. 강제 : 화자가 청자에 대해서 자기 스스로 특정 행위를 할 것을 의무화한다.
  (계약서, 합의서, 서약서, 보증서)
ㄹ. 접촉 : 화자가 청자에 대한 인간적 관계가 중요할 때 (가입서, 위로/애도문, 독자투
  고, 사교편지)
ㅁ. 선포 : 한 텍스트가 새로운 현실, 즉 텍스트를 성공적으로 발화하는 것이 어떤
  특정한 사실의 도입을 의미하는 경우 (임명장, 유서, 판결, 증명서)

텍스트의 유형이나 종류에 대한 다양한 논의는 '의사소통 체계'를 이루는 어떠한 모델이든 텍스트로 간주될 수 있음을 시사한다. 이러한 논의를 종합한 박여성(1994)에서는 화행론적 기술 모델을 중시하면서 텍스트 유형학을 정립할 때 텍스트의 기능, 상황 유형, 전개 유형, 텍스트 화행의 배열/서열 구조 등을 중시해야 함을 강조한다. 그 내용을 좀더 간추려 보면 다음과 같다.

(7) 텍스트 유형학을 정립하는 과정에서 화행론적 기술 모델
  ㄱ. 텍스트 기능 : 텍스트 전체를 지배하는 지배 화행들에 따라 판별한다. 지배 화
    행, 보충 화행, 종속 화행 등으로 배치한다.
  ㄴ. 상황 유형 : 동일한 기능들도 상이한 상황에서 다르게 실현될 수 있으므로 상
    황 맥락에 따라 판별한다. 예를 들어 정보 행위 영역, 기관, 사회
    제도 및 형성 방식 등이 이에 해당한다.
  ㄷ. 전개 유형 : 상이한 정보 기능을 가진 텍스트는 상이한 정보 행위의 전개에서
    도 차이를 나타낸다. 예를 들어 서사적 전개, 설명적 전개, 논쟁
    적 전개 등에 따라 전개 유형이 달라진다.
  ㄹ. 텍스트 화행의 배열/ 서열 구조 : 텍스트 화행들의 배열 및 위계를 텍스트 내
    의 위치로 재구성하여 텍스트 종류를 기술한다.
  ㅁ. 구체적인 표본 유형/ 판박이 유형 : 어떤 화행이 어떤 식별소를 허용하는가,
    어떤 텍스트 종류 고유의 표본 유형/판박이 유형(표현)이 있는지
    경험적으로 기술한다.

위의 논의는 텍스트의 기능과 상황·전개 유형에 따라 텍스트를 나누고자 한 시도라고 할 수 있다. 그렇지만 이 논의에서도 텍스트학에서 분석 대상으로 삼는 텍스트로 어떤 것이 있는가를 일목요연하게 보여주기는 힘들다.
브링커(1992)에서는 앞서 제시한 텍스트의 기본 기능에 따라 다섯 가지 텍스트 부류를 구분하였는데, 고영근(1999:252~268)에서는 '감동 텍스트'를 추

가하여 여섯 가지로 텍스트를 유형화하였고[7], 나아가 매체의 성격에 따라 텍스트를 다음과 같이 유형화하고 있다.

> (8) 텍스트 유형
>   ㄱ. 발화 텍스트 – 대화 텍스트 : 일상 대화, 전화 대화, 편지 대화
>   독백 텍스트
>   독화(獨話) 텍스트 : 강의 강연, 연설, 뉴스보도
>   서사(敍事) 텍스트 : 민담, 전설
>   ㄴ. 작품 텍스트 – 시, 소설, 희곡, 시나리오, 라디오/TV 극본, 수상(隨想)류
>   ㄷ. 문서 텍스트 – 공문서, 영수증, 논문, 신문, 광고 등 문자로 기록된 실용 텍스트
>   ㄹ. 영상 텍스트 – 영화, TV, 컴퓨터의 화면을 통하여 나타나는 영상

1.2 텍스트 언어학의 성립과 발전

1.2.1 텍스트 언어학의 연원

문장 이상의 단위인 텍스트에 대한 특성을 연구하려는 시도는 텍스트 언어학이라는 이름의 학문이 발생하기 훨씬 이전부터 존재했었다. 그 대표적인 것이 수사학과 문체론이다.

고대의 수사학은 웅변가를 양성하는 것을 목적으로 한 학문으로 말을 조리 있게 잘 하는 데 관한 이론이다(고대 수사학의 가장 대표적인 인물로는 아리스토텔레스, 키케로, 퀸틸리안 등이 있다). 고대 수사학에서 우리의 관심을 끄는 것은 소재 또는 주제를 다섯 단계로 나누어 처리하는 방법으로 텍스트 언어학의 이론과

---

7) 텍스트의 유형화
    ㄱ. 제보 텍스트 : 뉴스, 보도(보고), 넌픽션, 서평…
    ㄴ. 호소 텍스트 : 선전광고, 논평, 법규, 신청…
    ㄷ. 책무 텍스트 : 계약, 보증서, 서약…
    ㄹ. 접촉 텍스트 : 감사, 조문(弔文), 그림카드…
    ㅁ. 선언 텍스트 : 유언, 임명장…
    ㅂ. 감동 텍스트 : 문학 텍스트

밀접한 관련8)을 지니고 있다. 수사학의 주제 처리 단계는 "착상(inventio) → 배열(dispositio) → 표현(elocutio) → 암기(memoria) → 발표(actio et pronuntiatio)"로 진행된다. '착상'은 주제에 알맞은 생각을 찾는 단계, '배열'은 생각을 논리적으로 정렬하는 단계, '표현'은 생각을 단어와 연결시킨 언어 표현, '암기'는 연설의 암기, 그리고 '발표'는 몸짓을 동반한 생동감 있는 연설과 세련된 발음을 의미한다.

하이네만과 피이베거(1999, 백설자 옮김 2001:25)에 의하면 '착상'은 심리언어학에서 모색되는 마음 자세 및 인지 과정과 맥을 같이하고 있고 '배열'은 텍스트 구성의 특징을 살펴보는 텍스트 언어학과, '표현'은 텍스트의 표현 단계에 중요한 문체론과 맥을 같이하고 있다. 고영근(1999:30)에서는 착상과 배치는 "응집성(coherence)", 표현은 "응결성(cohesion)", 암기는 "텍스트의 이해와 수용" 그리고 발표는 "텍스트의 생산"에 해당한다고 하였다. 그리고 고대의 서양수학에는 텍스트 이론의 기초과학인 기호학, 언어의 실용적 측면을 문제삼는 화용론, 문학언어의 문법과 비문학언어의 문법 등 오늘날 텍스트 이론에서 문제삼는 대부분의 개념들을 찾을 수 있다고 하였다. 따라서 고대 수사학은 텍스트 전체를 지향하는 경향이 있기 때문에 텍스트 언어학적 방법의 선구적 학문이라고 할 수 있다.

문체론은 19세기에 독자적인 학문으로 발전했으며 그 유래는 고대 수사학이다. 그래서 19세기에는 문체론이 간혹 수사학과 동일한 것으로 여겨지기도 했다(Glaser 1979:21). 텍스트 언어학이 등장하기 이전에는 문장 이상의 단위인 텍스트에 대한 연구는 문체론이 담당했다. 문체론은 넓은 의미에서 언어를 가꾸어 표현하는 것을 목표로 삼았는데 그 영역이 확장되어 의사소통 효과를 달성하는 데 기여하는 모든 것을 다루게 되었다. 결국 문체론은 텍스트 전체의 특성을 탐구하는 것이기 때문에 텍스트 언어학의 선구적 지위를 갖는다고 볼 수 있다.

로마시대의 수사학자 퀸틸리안(Quintilian)은 문체를 구성하는 요소로서

---

8) 반 다이크(van Dijk, 1985)에 의하면 수사학은 정치적 또는 법적인 상황에서 공적으로 정해지는 연설 등의 계획이나 조직(체계성), 수행 방법 등을 연구의 대상으로 삼았는데, 이런 것들이 이후의 담화 분석에서 언급되는 여러 가지 개념들의 바탕으로 마련하였다.

정확성, 명징성(明澄性), 우아성, 적절성의 넷을 들고 있다. 이들은 텍스트 언어학이 지향하는 바와 관련되어 있으며, 특히 명징성과 우아성은 텍스트 생산 과정과 긴밀하게 관련되어 있다.

텍스트 언어학의 바탕이 되면서 동시에 함께 발전해 온 학문이 화용론이다.9) 텍스트의 포괄적 특성을 명확히 분석하는 것이 필요하다는 최초의 방향 제시적 주장이 60, 70년대 "의사소통적-화용론적 전환(헬비히 Helbig 1988:13)"이라는 총괄적 개념으로 집약하는 언어의 근본적 변화와 동시에 일어났다. 이 화용론적 전환은 체계 중심이었던 소쉬르의 구조주의 언어학과 촘스키의 생성 언어학에서 의사소통과 기능을 강조한 언어학으로 패러다임이 바뀐 것을 의미한다. 이때부터 구체적인 의사소통 가정 속에서 언어기호가 실제로 어떻게 사용되는지의 문제가 한층 더 강력하게 관심의 중심이 되고 있으며 언어발화를 복합적이고 포괄적인 의사소통 활동의 맥락에 관련시켜야 한다는 주장이 제기되었다.

이러한 화용론 내에서는 언어가 사회적 의사소통 과정에서 작동하는 방식을 보는 관점과 그리고 또 기본 토대로 삼고 있는 관점에 따라 다양한 연구 방향들의 전개되었다. 화행론, 사회 언어학, 심리 언어학, 텍스트 언어학 등이 그것이다.

1. 2. 2 텍스트 언어학의 성립

텍스트 언어학이란 개념은 1960년대부터 유럽, 특히 독일어 사용 지역에서 정립되어 오고 있으며,10)불어권 영역에서는 '텍스트 과학(science du

---

9) 슐리벤 랑에(B. Schlieben-Lange 1975, 소만섭 옮김 2001:150~151)에 의하면 텍스트 언어학과 언어 화용론은 처음에 별도의 길을 걸었으나 지금은 거의 일치하고 있다고 한다. 다만 텍스트 언어학은 내적인 텍스트 구성이, 언어 화용론은 언어적 행위의 사회적 의미가 주된 관심사인 것이 차이점이다.

10) 비타콜로나(Vitacolonna, 1988)에서는 하르트만(Hartmann, 1964)의 논문을 텍스트 언어학의 출발점으로 보고 있다. 그러나 옐름슬레브(Hjelmslev, 1943)에서는 통합적 관계들의 계층적인 연쇄 과정으로서의 텍스트 또한 언어 이론의 중요한 연구대상이라고 언급하고 있다. 그리고 담론 분석의 필요성은 해리스(Harris, 1964)에 의해 제기된 바 있다(권재일 1998:468 재인용).

texte)', 영어권에서는 '담화 분석(discourse analysis)'이라고 부르고 있다.

텍스트 언어학 발생 이전의 전통적 언어학은 문장 이하의 단위만을 연구 대상으로 삼았다. 구조주의 언어학은 각 언어의 언어체계를 찾아내는 것을 과제로 삼았고, 변형생성문법은 이상적인 청자와 화자의 내재적인 능력을 기술하는 것을 그 과제로 삼았다. 구조주의 언어학은 문장의 구조분석과 기술, 특히 문장 층위에서 음소, 형태소, 문장성분과 같은 언어단위를 분석하는 일에 전념했다. 생성문법은 언어능력을 한 언어의 능력 있는 화자가 문장들을 생산하고 이해하는 능력이라고 정의하면서 한 언어의 무한한 문장집합을 생성할 수 있는 규칙체계의 형식을 택하고 있다.

60년대 중반에 이른바 텍스트 언어학이 탄생하면서 언어학적 연구를 문장 범위에 국한시킨 데 대한 비판이 시작되었다. 곧 일차적 언어 기호는 문장이 아니라 텍스트이기 때문에 언어학적 분석은 더 적극적으로 텍스트를 지향해야 한다는 주장이 그것이다. 이러한 초기의 연구는 언어 체계적 단위(음소, 형태소, 단어, 문장성분, 문장)의 계층구조가 '텍스트'의 단위로 확장되는데 그쳐 텍스트를 단순히 '문장의 연쇄'로 파악하였기 때문에 텍스트 연구를 "텍스트 문법(Textgrammatic)"[11] 이라 불렀다. 브링커(1992)에서는 이를 "언어체계 지향적 텍스트 언어학"이라고 한다.

그러나 1970년대 초에 접어들면서 언어 화용론을 발판으로 삼아 "통보 지향적 텍스트 언어학"이 등장했다. 이는 언어학의 다른 부분이 언어의 체계(랑그)를 다루는 분야라면 텍스트 언어학은 "빠롤"의 학문으로 간주될 수 있음을 의미한다. 이 이론에 의해 언어 체계나 언어 능력 개념은 통보능력으로 확장되었고 텍스트는 단순한 문장연쇄가 아닌 복합적인 언어행위로 정의되었다. 통보행위를 텍스트로 간주함에 따라 "텍스트 이론" 또는 "텍스트학"이라고도 부르게 되었다.

최근에는 초기의 입장과 통보 지향적 텍스트 언어학의 입장을 상보적 개념[12]으로 파악하고 있으며, 따라서 텍스트는 자체적으로 응집적이고, 전체

---

11) 이현호 외(1997:11~12)에서는 추상적이며 잠재적인 형식을 갖춘 문법의 형태로 인간의 텍스트적 행위를 체계화하는 일은 불가능하기 때문에 '텍스트 문법'이라는 명칭은 인지 과학적인 관점으로는 부적합하다고 보았다.

로서 인지 가능한 통보기능을 알려주는 언어 기호들의 한정된 연쇄라고 정의할 수 있다. 이에 언어학이 나가야 할 길이 바로 텍스트의 구조와 기능을 밝히는 길로 이어져야 한다는 인식이 깊어짐에 따라 "텍스트 언어학"[13]이란 말이 자리를 잡아가고 있다.

1. 2. 3 텍스트 언어학의 발전

텍스트 언어학에 대한 연구는 독일어 사용권에서 많은 성과를 거두어 왔으며 영어 사용권과 그 외 지역에서도 그런 대로 많은 성과를 거두고 있다. 여기서는 독일어권과 영어권의 연구 동향을 고영근(1999/2002)을 중심으로 간략히 살펴보도록 하겠다.

1) 독일어권의 연구

텍스트 언어학은 1960년대부터 독일어 사용 지역을 중심으로 성립되었는데, 하르트만(P. Hartmann, 1964)의 연구에서 그 출발이 이루어졌다고 볼 수 있다. 하르트만은 "사실주의 언어학"의 건설을 위하여 노력하였다. 사실주의 언어학이란 언어를 사회적 사실의 한 형태로 보고 이를 언어학적 서술에 포함시켜야 한다는 것을 내용으로 하는데, 텍스트 언어학을 이 범주의 언어학의 틀 속에 넣고 있는 것이다. 그러나 텍스트 언어학의 기운은 이미 덴마크의 옐름슬레브(Hjelmslev, 1943)에서 싹 트기 시작하였다. 그는 랑그(langue)를 대상으로 텍스트를 정립하였는데, 언어를 분석할 때, 언어 기호나 문장을 출발점으로 삼지 않으며 텍스트로부터 출발한다는 원칙을 세웠다. 곧 텍스트가 언어 이론의 중요한 연구 대상임을 밝힌 것이다. 옐름슬레우의 이론은 프

---

12) 브링커(1992, 이성만 역 1994:10)에서는 언어체계 지향적 텍스트 언어학과 통보·화용론적 방향이 상호 보완적인 관계를 가질 때, 통보·화용론적 방향이 이론적·방법론적인 지배원리가 되어야 한다고 하였다.
13) 보그란데(1997)에서는 종래의 텍스트 언어학이란 말 대신에 "텍스트, 담화 과학(science of text and discourse)란 말을 사용하고 있다.

랑스의 구조주의적 텍스트 이론의 발전에 많은 공헌을 하였다.

텍스트 언어학의 표준 이론은 하르베크(R. Harweg, 1968)에 의해 정립되었다. 그는 텍스트를 "대명사에 기대어 끊임없이 이어지는 언어단위의 통합체"라 규정하고 세 가지 모형을 제안하였다. 첫째는 대명사의 연쇄(連鎖, 사슬)를 계열 관계와 통합 관계로 설명함으로써 텍스트를 형성하는 절차를 세웠으며, 둘째는 서사문학작품과 같은 거시적 구조를 분석하는 모형을 제시하였고, 셋째로는 화자와 청자를 텍스트 모형 안에 끌어들였다. 하르베그가 표준 이론을 정립했다면 텍스트 언어학을 국제적으로 알리는데 큰 역할을 한 것은 드레슬러(W. Dressler, 1972)였다. 여기서는 초기의 텍스트 문법 이론을 간략하게 소개하고 있는데 구조주의적인 모형에 따른 고전적인 텍스트 과학 입문서로, 아직은 문장 중심문법의 대안적 서술이 많다.

반 다이크(van Dijk, 1977/1978)는 서사 텍스트 분석모형을 통해 러시아 형식주의자들의 분석모형을 생성문법에 통합시킴으로써 서사 문법과 텍스트 문법에 함께 적용할 수 있는 거시 구조(Makrostruktur)를 세우고 이를 실용 텍스트에 확대 적용하는 한편, 담화 실용론(discourse pragmatics)에도 관심을 보였다. 반 다이크(1980)에는 서사구조, 논증구조, 학술논문을 중심으로 한 초구조와 텍스트 처리의 심리학에 관한 논의가 종합되어 있다.

코세리우(E. Coseriu, 1981)는 대체로 응결성과 응집성에 관련된 내용을 담고 있다. 텍스트 언어학을 의의의 언어학과 초구절 문법(transphrastische Grammatik)으로 규정하였다. "의의의 언어학"이란 외연적인 의미보다는 내포적인 의미를 지향한다는 것이고, "초구절 문법"이란 문장 문법을 벗어나 탈문장 문법을 지향한다는 뜻이다.

칼페어캠퍼(H. KalverKamper, 1981)는 고대 그리스부터 당시까지 거두어들인 서양인들의 업적을 대상으로 하여 텍스트 언어학의 뿌리와 성립 배경을 구명하고, 특히 텍스트의 구조와 기능, 통합·학제적 분야로서의 텍스트 과학 등의 문제를 종합하였다. 특히 텍스트의 구조를 다루는 분야를 텍스트 문법이라고 말하고 여기에 텍스트 의미론, 텍스트 형태론/텍스트 통사론, 텍스트 음운론을 두었다.

보그란데·드레슬러(Beaugrande and Dressler, 1981)는 구조주의적인 경

향의 텍스트 과학을 탈피하면서 실용론적 전환의 인식을 보여준 저술로 7가지 텍스트성을 중점적으로 다루었다. 뒤이어 나온 조빈스키(B. Sowinski, 1983)는 드레슬러(1972)와 보그란데 · 드레슬러(1981)을 절충한 것으로 보이는데 텍스트 화용론, 텍스트 의미론, 텍스트 문법, 텍스트 문체론을 다루었으며, 이례적으로 텍스트 언어학의 역사와 응용 분야에 많은 지면이 할애되어 있다.

하이네만 · 피이베거(Heinemann and Viehweger, 1991)는 이전의 어느 입문서보다 텍스트 과학의 정체성(正體性)을 잘 보여 주고 있다. 우선 텍스트 언어학의 정의와 그 연구 대상을 밝히고 텍스트 생산, 텍스트 해석, 텍스트 종류, 텍스트 유형, 대화, 글말 텍스트의 전략, 구조, 표현 방식에 걸쳐 그 내용을 폭 넓게 다루었다. 그리고 대화 분석을 텍스트 과학의 대상으로 삼았다.

브링커(K. Brinker, 1992)는 동태적 견해에 준하여 텍스트를 정의한 바탕 위에서 텍스트의 구조와 기능을 분석하고 이에 기대어 텍스트를 유형화하는 문제를 다루었다. 특히 텍스트의 구조분석에 있어서는 기술형, 설명형, 논증형에 걸친 분석의 틀을 보여 주고 있다. 텍스트성은 극히 부분적으로만 언급하고 있다.

파터(H. Vater, 1994)에서는 텍스트학과 텍스트 언어학의 관계를 설명하고 텍스트의 정의 문제와 텍스트성을 다루었다. 7가지 텍스트성을 2개장에 총괄하고, 텍스트 주제, 텍스트 구조, 지시 관계, 텍스트 유형론을 다루었다. 파터는 보그란데의 텍스트성을 비판적으로 수용하면서 파터가 텍스트 구조에서 다루던 지시 관계를 따로 독립시켜 폭 넓게 다루었다.

2) 영어권의 연구 동향

영어권에서는 텍스트 언어학이 담화 분석이라는 용어로 다루어지고 있다. 앞서 텍스트의 개념에서도 살폈듯이 텍스트와 담화는 엄밀한 의미에서는 다르지만 넓은 의미에서는 동일한 뜻으로 사용되고 있다.

미국에서는 해리스(Z. Harris, 1952)가 텍스트 분석을 "담화 분석(discourse analysis)"이라고 하면서 담화 분석의 필요성을 제기한 것이 텍스트 언어학의 선구적인 업적이다. 그러나 그의 연구는 생성문법의 그늘에 가려 올바른 발전의 방향을 잡지 못하였고, 미국의 텍스트 분석에 있어 실질적 출발은 파이크(K. L. Pike, 1964)에서 비롯되었다. 그는 "행동소론(Tagmemics)"에 기대어 자신의 텍스트 이론을 전개하였다.

영국의 언어학자인 할리데이와 하산(Halliday and Hasan, 1976)은 텍스트가 사용 중인 언어의 단위이지, 절이나 문장과 같은 문법단위가 아니라고 하면서 이를 하나의 "의미론적인 단위(semantic unit)"로 간주하였다.14) 이는 현대의 텍스트 이론이 표방하는 동태적 견해와도 무관하지 않다. 할리데이는 텍스트를 텍스트 아닌 것과 구별하려면 "텍스처(texture)"를 갖추어야 한다고 하는데, 이는 최근의 텍스트 이론에서 흔히 말하는 텍스트다움/텍스트성(textuality)을 가리킨다. 할리데이와 하산은 "cohesion"을 의미론적 단위로 간주하면서 이를 실현시키는 장치로 지시, 대치, 생략, 접속 등의 기제를 들었다.

그라임스(J. E. Grimes, 1975)는 담화 연구의 필요성을 강조하고 각 분야에 걸친 담화 연구의 발자취를 둘러본 다음, 담화의 성립조건, 담화의 결속 장치 등을 폭넓게 구명하였다.

브라운·율(1983)은 해석에 있어서의 맥락의 역할, 담화내용의 주제와 표현, 담화구조의 스테이징(staging)과 표현, 정보구조, 텍스트와 담화에 있어 지시의 성격, 담화해석에 있어서 심층 결속성이 다루어져 있는데 대체로 할리데이·하산의(1976)의 이론이 많이 반영되어 있다. 그러나 독일어 사용권의 책에서 흔히 보는 텍스트 종류와, 기능에 따른 텍스트의 유형화와 같은 문제는 다루어져 있지 않다.

스터브즈(M. Stubbs, 1983)는 크게 3부로 나누어져 있다. 제1부는 서론으로서 담화 분석에 대한 단계적 소개를 하고 있다. 제2부는 담화분석에 관한 세 가지 접근법이 나와 있는데 회화 자료의 분석, 민족지적 자료의 분석, 불

---

14) 이들의 모형은 흔히 "system-functional model(흔히 SF 모형)"이라고 부른다. SF 모형은 할리데이의 스승인 퍼드(J. R. Firth)의 이론을 이어 받아 정립된 것이다. 퍼드는 한 문장의 의미를 결정하는 주요한 부분은 그 문장이 텍스트의 한 부분으로 연구되어야만 비로소 설명될 수 있다고 하였다. 곧 문맥이나 상황을 중시한다는 것이다.

변화사, 부사, 연결사의 분석을 두었다. 제3부 발화교환의 구조에서는 담화에 대한 언어학적 접근, 개시발화와 문답, 발화교환구조의 분석을 다루었다. 제4부는 표층결속성과 심층결속성을 다루었다.

만과 톰프슨(Mann and Tompson, 1987)은 수사구조이론(Rhetoric Structure Theory)을 정립하였다. 이 이론은 절과 절, 문장과 문장, 단락과 단락 사이의 시간적·논리적 관계를 찾아내어 텍스트 안의 요소들이 어떻게 연관되어 있는가를 밝히는 것이다. 다시 말하면 핵(necleus)과 위성(satellite)의 구조적 틀의 우세, 계층적 기능적 기반, 텍스트 구조의 기능적 역할의 세 가지 요구 조건의 해명을 표방하고 있다. 유럽의 텍스트 이론은 고대 이래의 서양의 수사학과 문체론, 그리고 민담 분석론을 현대 언어학에 통합한 것인데, 만과 톰프슨의 수사구조이론도 언어학과 수사학의 또 다른 통합 모형이라 할 만하다.

랜케머(J. Renkema, 1992)는 독일어권과 영어권의 이론을 종합한 책이다. 거시구조와 초구조의 개념은 반 데이크의 이론을 바닥에 깔고 있는 것이고 텍스트성의 7가지 기준, 담화의 유형, 논증 등은 독일어권으로부터 영향을 받은 것으로 보인다. 샐키에(1995)는 할리데이·하산(1976)의 이론을 응용하여 표층결속 문제를 다루고 있다.

1.3 국내에서의 연구 동향

1.3.1 텍스트 언어학의 수용과 발전

텍스트 언어학이 국내에 수용되기 시작한 것은 1990년대에 들어와서였다. 먼저 1991년에 주로 미주의 담화·인지이론을 수용할 목적으로 "담화·인지언어학회"가 창립되고, 독일을 비롯한 유럽의 텍스트 이론을 수용하여 이를 한국어에 적용할 목적으로 "텍스트 연구회(후에 "한국 텍스트 언어학회"로 개칭)"가 창립되었다. 두 학회는 연구 발표회를 정기적으로 개최하고 기관지 『담화와 인지』와 『텍스트 언어학』을 각각 내어 텍스트 언어학 이론에 대한 관심을 고조시키고 이 방면에 대한 연구의 필요성을 인식시키는 데 큰 공헌을 하고 있다. 특히 텍스트 언어학회는 독일의 텍스트 언어학의 수용과 그 응용 문제에 많은 기여를 하고 있으며15), 이러한 영향을 받아 국내학자들도 이 방면에 관심을 갖는 학자들이 늘어가고 있다.

텍스트 언어학회의 학술지인 『텍스트 언어학』에는 독일의 중요한 텍스트 관계의 논문들이 소개되기도 하여 한국어의 텍스트 자료를 분석할 수 있는 이론적 기반을 조성하였다. 또한 텍스트 이론에 근거하여 대화 텍스트와 토론 텍스트를 분석하는 업적이 나오고, 한국어와 독일어를 대조·분석하는 기운이 일어나는가 하면, 이 이론을 문학작품에 적용하여 그 구조와 심미성을 탐색하기도 하였다. 최근에는 대화 분석의 실례를 보여주는 연구들도 많이 등장하고 있다.

이러한 학회의 창설과 함께 서구의 텍스트 언어학 이론서들을 번역하여 출간하는 작업이 활발히 진행되었다. 특히 김태옥·이현호 역(1991)의 『담화·텍스트 언어학 입문』은 국내에 가장 먼저 텍스트 언어학 이론을 전파하였고, 특히 보그란데와 드레슬러가 주창한 텍스트성의 문제를 가장 먼저 소개하였다. 이 번역서가 출간된 후 국내의 텍스트 언어학 연구의 관심은 텍스트의 텍스트성 분석에 맞추어졌다.

그 후 브링커(1992)와 파터(1994)의 텍스트 입문서들이 이성만 역(1994/1995)에 의해 국내에 소개되었다. 또한 코세리우(1980)의 이론이 신익성 역(1995)에 의해, 반 다이크(1980)의 이론이 정시호 역(1995)에 의해, 그리고 하이네만과 피이베거(1991)의 이론이 백설자 역(2001)에 의해 소개되었다. 텍스트 언어학의 다양한 이론들이 국내에 소개됨으로써 그 이론을 바탕으로 한 텍스트 분석 작업들이 활발히 이루어지게 되었고, 그로 인해 국내의 텍스트 언어학의 연구는 커다란 발전을 이루게 되었다.

이현호(1993)는 보그란데와 드레슬러의 텍스트성을 처음으로 실제 텍스트 분석에 적용한 논문으로 텍스트 분석의 방법론에 많은 영향을 끼쳤다. 그는 만과 톰슨(Mann and Thompson)의 수사구조이론(Rhetorical Structure Theory,

---

15) 텍스트 언어학회는 1997년부터 『텍스트 언어학 총서』를 발간하여 한국의 텍스트 이론을 새로운 반석 위에 놓이게 하였다. 또한 2003년 출간을 목표로 텍스트 언어학 개론서의 집필을 준비하고 있다.

RST)과 텍스트성(Textuality)을 시 텍스트 구조 분석의 도구로 채택했다. 이 연구의 성과는 불분명하던 많은 시적 효과를 텍스트 언어학의 분석 장치들에 의해서 명쾌히 설명하고 있다는 데에 있다. 즉 정보성의 격상 및 격하, 각별한 결속 구조의 사용 및 그 수용 과정, 작가의 상황점검과 상황관리 과정에 의한 전국적 인지패턴의 활성화 및 수정 등의 인지적 절차를 통해서 독자의 맥락이 수정, 확장되는 효과가 일어나고 바로 이것이 궁극적으로 시적 효과를 낳는다는 점을 밝히고 있다.

국내학자에 의해 이루어진 텍스트 언어학 개론서로는 고영근(1999)을 들 수 있다. 이 책에는 텍스트의 정의를 비롯하여 텍스트 과학과 기호학, 텍스트의 기능과 유형화가 다루어져 있다. 또한 텍스트 이론을 소개하고, 시·소설·수필·고전문학 등 다양한 장르를 대상으로 텍스트 의미를 분석하고 있다. 특히 텍스트 과학이 나아가야 할 방향을 제시하고 있다는 점에 큰 의의가 있다.

텍스트 언어학의 활성화에 의해 대학원 과정에서 텍스트 언어학에 대한 강의와 연구가 활발히 진행되면서 기존 학자와 대학원생의 합작 연구의 성과물이 속속 출간되고 있는데 이현호 외(1997)가 그 첫 작업이다. 이 책은 보그란데와 드레슬러의 이론, 특히 텍스트성을 소개하고 이러한 텍스트성을 기준으로 한국 현대 희곡의 텍스트를 분석하고 있다. 너무 획일적으로 모든 작품들을 텍스트성의 기준에 꿰어 맞춘 인상을 지울 수 없으나, 희곡 텍스트를 텍스트 언어학의 이론으로 분석한 최초의 연구서라는 점에서 의의를 찾을 수 있다.

그 이후의 성과로 고영근 외(2001)와 이석규 외(2001)를 들 수 있다. 고영근 외(2001)는 3부로 구성되어 있는데 제1부는 기성학자들의 특별기고를 실었고, 제2부는 수강생들의 보고 논문, 그리고 3부는 보그란데의 최신 저서인 『텍스트·담화 과학의 새로운 토대』(1997)에 대한 서평이다. 이 책은 국내 텍스트 언어학의 연구 흐름을 잘 보여주고 있다.

이석규 외(2001)는 텍스트 언어학 이론을 일반 텍스트에 적용하는 문제를 다루고 있다. 이러한 논의를 통해 텍스트 언어학 이론의 문제점을 발견하고 나아가 발전 가능한 방향을 확인하고 있다. 특히 이전에 거의 다루어지지 않

왔던 시, 유머, 논술, 성경 텍스트를 분석 대상으로 삼았다는 점에서 그 의의
를 찾을 수 있다.

1.3.2 텍스트성 분석

텍스트의 생산과 수용에 관련된 이론들을 국어 텍스트에 접목시키는 작업
들이 진행되어 왔는데, 그 중에서도 보그란데와 드레슬러가 주창한 7가지 텍
스트성에 관한 연구가 가장 활발히 진행되어 왔다. 그 가운데서도 텍스트적
요인16)에 해당하는 응결성과 응집성17)에 대한 연구가 가장 큰 비중을 차지
하고 있다.

응결성에 대한 연구는 주로 텍스트의 구조를 분석하는 과정 속에서 응결
성의 기제들이 텍스트 생산에 어떻게 기여하고 있는가에 초점이 맞추어져 있
는데 김용도(1996), 황미향(1998) 등이 그것이다. 특히 김용도(1996)는 소설
텍스트를 대상으로 텍스트의 응결성을 아주 상세히 다루고 있는데 응결성의
연구 결과로, 텍스트의 간결성과 복잡성의 척도를 제공해 줄뿐만 아니라 텍
스트의 구조 및 유형을 결정해 주고 텍스트의 특성을 밝혀준다고 하였다.

응집성에 대한 연구는 텍스트에서 응집성이 어떻게 나타나는 지, 그리고
응집성을 결정해 주는 요소들이 무엇인지에 대한 연구가 주류를 이룬다. 박
정준(1994), 이은경(1994), 장병도(1998), 이재원(2001a) 등이 그것이다. 특
히 박정준(1994)에서는 결속기제들이 어휘결속 텍스트 정보의 이해과정에

---

16) 보그란데와 드레슬러(1981)에서는 텍스트를 텍스트답게 만든데 작용하는 여러 요인들을 "텍스
   트성"(textuality)이라고 명명하고 7가지를 제시하였다. 텍스트적 요인에 해당하는 응결성
   (cohesion)과 응집성(coherence), 심리적 요인에 해당하는 의도성(intentionality)과 용인성
   (acceptability), 사회적 요인에 해당하는 상황성(situationality)과 텍스트상호성(intertextuality),
   정보적 요인에 해당하는 정보성(informative)이 그것이다. 텍스트성에 대한 자세한 내용은 2
   장 '텍스트성'을 참고
17) 7가지 텍스트성의 명칭은 김태옥·이현호 역(1991) 이후 여러 가지로 번역되어 혼용되고 있
   다. 특히 'cohesion'과 'coherence'는 '결속구조'와 '결속성'으로 번역된 이후 '응집성'과 '응
   결성'으로, 최근에는 '표층 결속성'과 '심층 결속성'으로 번역되어 사용되고 있다. 또한
   'intertextuality'는 '상호 텍스트성'과 '간텍스트성'으로 혼용되고 있다. 1부에서는 '응집성'
   과 '응결성' 그리고 '텍스트상호성'이라는 명칭을 사용하고자 한다.

어떤 기능을 담당하고 있는가를 살피기 위해 통보 참여자들의 사전 지식체계로 제안된 '프레임'과 '스크립트' 개념을 소개하고 있다.

응결성과 응집성은 텍스트 요인으로 상호 밀접한 관련을 지니고 있기 때문에 응결성과 응집성의 상호 관련성에 대한 연구도 등장하고 있다. 즉 응결성의 기제들은 결국 응집성 실현에도 기여한다는 것과 응결성의 파괴가 응집성 실현에 기여할 수도 있다는 연구 등이 그것으로 윤석민(1989), 이성만(1993), 김성훈(1993) 등의 연구 성과를 들 수 있다. 특히 김성훈(1993)에서는 생략현상은 단지 경제적인 이유에 의해서만이 아니라 텍스트를 짜임새 있게 만드는 한 수단이라는 점을 강조하고 있다. 생략현상은 국어의 한 특징으로 단지 응결성의 수단으로만 사용되는 것이 아니라 응집성의 수단으로도 사용된다는 사실을 밝히고 있다.

텍스트상호성에 대한 연구와 이를 바탕으로 하는 텍스트의 유형론에 관한 연구가 있다. 전자의 연구로는 박여성(1995), 김진권(1997)을, 후자의 연구로는 박여성(1994), 이성만(1994). 강범모(1998), 오장근(2001a) 등을 들 수 있다. 특히 박여성(1995)에서는 텍스트상호성(간텍스트성)의 문제를 다루는 텍스트 언어학적인 틀을 제시하고 있다. 텍스트에 은폐된 텍스트상호성의 처리들을 하나하나 지적함으로써 상당수의 비평, 표절 시비 및 표절 번역의 문제는 훨씬 선명하고 이성적으로 판명될 수 있다. 이런 면에서 텍스트상호성의 판정기준을 정확하게 제시하는 것은 중요한 작업의 하나이다.

고영근(1997b)과 김경훈(1997), 이은희(1997) 등은 텍스트 연구 전반을 조망한 논문들이다. 특히 김경훈(1997)에서는 국어 텍스트를 대상으로 하는 연구에서 감안할 수 있는 일반적 사항들으로 그 성립 요건과 구성소들에 대하여 정리하고 있다. 이 논문에서 정리된 텍스트 성립 요건은 '응결성, 응집성, 상황성, 의도성, 수용성, 정보성' 등이다. 이와 더불어 텍스트의 응집성을 결정하는 데 중요한 작용을 하는 것이 접속 부사어들임에 따라 이에 대한 전반적인 기술을 시도하고 있다.

그 밖에 권재일(1998)에서는 텍스트 언어학과 텍스트 언어학이 인문학, 즉 언어 교육, 응용 언어학, 문학 연구, 역사학, 인류학, 심리학, 인지 과학 등에 미친 영향 관계를 논의하였다. 고영근(1998b)에서는 중국의 훈고학 및 고대 시학서인 〈문심조룡(文心雕龍)〉과 한국 중세의 훈고학 자료 및 고전 시학을 중심으로 그 속에 녹아 있는 텍스트 이론과 관련된 지식체계들을 살피고 있다.

1.3.3 문학 텍스트 분석

과거에는 문학과 어학의 경계가 너무나 분명하여 그 경계를 넘나드는 연구 성과물이 거의 없었다. 그러나 텍스트 언어학이 등장하면서부터 그러한 경계를 뛰어넘어 문학도 언어학의 분석대상이 되기에 이르렀다. 이에 텍스트 언어학의 이론적 틀을 중심으로 문학 텍스트의 연구 가능성을 모색하는 연구 성과물이 등장하였다. 이광숙(1993), 김태옥(1996), 고영근(1997a, 2000) 등의 업적이 그것이다. 특히 고영근(2000)은 언어기호와 문학기호를 합하여 '텍스트 기호'라 부르고, 텍스트 기호의 '텍스트다움'을 가려내는 작업을 시도하여 언어학과 문예학을 통합하는 '언어문학'이라는 독자적인 분야를 창출한다는 목표를 설정하였다.

이러한 흐름 속에서 국어학자들이 고전 작품에서 현대 희곡, 소설, 시에 이르기까지 문학 텍스트를 언어학적 틀, 특히 텍스트성에 의해 고찰하기 시작하였다. 황선엽(1993), 정진원(1993, 1994, 1997), 고영근(1996a, 1996b), 신지연(1996), 민현식(1996), 석귀화(1996), 신현정(1998), 박금자(1995, 2000), 윤석민(2000), 정민(2000) 등은 고전 작품을, 김흥수(1996), 김진호(1998)는 소설을, 김태자(1996), 이석규(1998, 1999), 고인숙(1998), 서승아(2000)는 시를 각각 분석하였다. 특히 이석규(1999)는 시 텍스트의 응집성을 분석하고 나아가 시 텍스트의 상징성과 의미확대 표지의 모델을 제시하고 있다. 시 텍스트에서 흥미성과 예술성의 비밀은 추상 개념을 아주 구체적으로 표현하되, 적확성과 낯설게 하기에 있으며, 추상 개념에서는 결코 예술성과 흥미성이 나타나지 않음을 밝혔다. 또한 시 텍스트의 표층구조를 개념화해서 거시구조화 하는 작업은 시를 이해하는 데 큰 도움을 주며, 거시구조에서의 의미확대는 의도성과 용인성에서 비롯되기에, 이러한 의미의 확대는 시를 통해 얻을 수 있는 정보의 한계를 끝없이 넓혀준다고 하였다.

1. 3. 4 특정 유형의 텍스트 분석

특정 유형의 텍스트들은 주로 텍스트성을 중심으로 분석되었는데 가장 많은 비중을 차지하고 있는 것은 신문, 텔레비전 광고, 잡지 등의 대중 매체 텍스트이다. 그 중 신문 텍스트의 경우는 주로 표제어의 기능에 대한 연구가 주류를 이룬다. 이선묵(1993), 김혜정(1997), 박금자(1999) 등의 업적이 그것이다. 광고 텍스트의 경우는 광고 전략의 효율성과 관련된 응결성과 응집성의 문제를 주로 다루고 있다. 김정선(1997)은 텔레비전 광고 텍스트[18]를 탐구 대상으로 하여 신문 광고의 그것과 비교하면서 특징을 파악하고 있다. 그 밖에 신선경(1999), 최형용(2000) 등의 연구가 있다. 그 밖에 대중 매체와 관련된 업적으로 천기석(1997), 이은경(1988), 신명선(1998), 곽영선(1999), 김정자(1999) 등의 연구가 있다.

논증 텍스트에 속하는 신문 사설, 논술문, 판결문, 상소문 등을 분석한 연구가 있다. 민병곤(2000)은 논증 구조의 개념을 밝히고 신문 사설에서 논증 구조를 예시적으로 분석함으로써 그것이 국어 교육에서 어떤 의의를 가질 수 있는지 살피고 있다. 조영돈(2001)은 박사학위 논문으로 논증적인 글, 특히 논술문의 응결성와 응집성을 분석하여 논술 텍스트 생산자에게는 효율적인 생산 방법을 제시하고, 수용자에게는 이해 능력을 향상시키는데 연구의 초점을 맞추고 있다. 김광해(2000)는 우리나라 법조계에서 산출되는 판결문의 텍스트성을 살피고, 그 결과를 통해 문장교육을 효과적으로 전개하기 위하여 필요한 메타언어를 귀납하는데 목적을 두고 있다. 엄훈(2002)에서는 조선 전기의 상소문의 논증 구조를 분석하고 있다.

친교적 텍스트인 유머, 편지 등을 분석한 연구도 있다. 한성일(2002a)은

---

18) 김영순(2001)에서는 '영상을 일단 텍스트라고 규정하고, 나아가 영상의 문법 체계를 세우고, 이를 텍스트적 구성 원리에 비추어 텍스트성의 달성도를 측정하였다. 필자는 언어학이 탁월한 분석 기제를 제공하는 학문임으로 영상을 광의의 언어 기호로 간주한다면 언어학에 대한 새로운 돌파구를 마련할 수 있을 것이라고 제안하고 있다.

박사학위 논문으로 유머 텍스트의 웃음 유발의 원리를 텍스트 언어학의 텍스트성을 통해 규명하고 있다. 또한 사회 언어학과 인지 언어학적인 측면에서 유머를 분석하고 있다. 이정복(2002)에서는 전자편지의 구조와 기능에 대해 살피고 있다. 이 연구는 인터넷 통신 시대의 국어 화자들이 얼마나 적극적으로, 전략적으로 우리말을 사용해 나가고 있는지를 구체적 자료 분석을 통해 확인함으로써 우리말 사용에 대한 연구 영역의 확대를 꾀하고 있다.

성경이나 교훈적인 텍스트를 분석한 연구 성과물도 있다. 이석규(1997)는 성경에 기록된 '선한 사마리아인'이란 텍스트에 나타난 정보성을 분석하고 있다. 이와 같은 시도는 텍스트 언어학 뿐 아니라 문학 평론 등 여러 학문의 해석학 분야에도 상당히 기여할 것으로 기대된다. 나아가 화법 책략의 원리를 규명하는 밑거름이 될 수 있다. 정영벽(2001)은 성경 텍스트에 나타난 상황성을 분석하고 있다. 예수와 사마리아 여자의 대화를 중심으로 예수가 자신이 메시야임을 알려주기 위해 대화를 이끌어 가는 과정과 이 과정에서 사용된 책략이 무엇인지를 밝히고 있다. 오장근(2001b)에서는 바울의 서신 중의 하나인 빌레몬서를 일종의 '편지'라는 유형의 텍스트로 파악하고, 이를 텍스트 화행론적으로 분석하고 있다. 이 글은 빌레몬서에 나타난 의도(언어 기능)은 무엇이고, 빌레몬서를 어떤 유형의 편지로 분류할 수 있는지를 살피고 있다. 그 밖에 속담의 사용 방식을 살핀 주경희(1998)와 지혜문-교훈, 금언, 지혜로운 글귀의 의미 해석 문제를 다룬 이정식의 연구가 있다.

우리 생활 속의 일상적인 다양한 텍스트를 분석한 연구도 있다. 기상 통보 텍스트를 분석한 이은미(1993), 주례사를 분석한 나은영(1987), 사망광고인 부음을 분석한 이성만(2002) 등의 업적이 그것이다.

1.3.5 담화 분석, 대화 분석

담화 분석 또는 대화 분석은 언어의 구조적 측면을 주로 이해하려 했던 기존의 형식 언어학과는 달리 자연스럽고도 다양한 자료와 새롭게 개발되는 방법론들의 사용, 그리고 사회학과 심리학, 인류학 등 다른 인접 학문과의 연계를 통해 언어사용의 폭과 깊이 및 이를 가능하게 하는 인지 및 상호작용적 메커니즘을 이해하는 데 지대한 공헌을 해왔다. 그러나 국내 언어학계에서는 이 분야에 대한 관심이 증가하고 있지만, 아직 활발하게 이루어지지는 못하고 있다.

대화 분석의 중요한 목표[19] 가운데 하나는 대화의 표면 뒤에 숨겨져 있는 인간의 사회적 행동양식을 드러나게 함으로써 인간의 사회적 생활에 대한 이해를 돕고자 하는 데 있다. 또 대화 분석을 통해서 의사소통의 과정에서 대화 참가자가 자각하지 못하는 여러 문제들을 알게 하여서, 문제해결의 발판을 제공하는 것도 대화 분석의 큰 관심사 중의 하나이다.

대화 분석과 관련된 성과 중에는 우선 몇 편의 개론서가 눈에 띈다. 그 중 송영주에 의해 번역된 미카엘 스텁스(Stubbs)의『담화 분석-자연언어의 사회 언어학적 분석』(1993)은 담화 분석에 관해 국내에 소개된 최초의 개론서이다. 박용익(1998, 개정 증보판 2001)은 국내에 생소한 대화 분석론을 소개하고 지금까지 연구된 대화 분석론의 주요 이론과 방법론을 정리해 보고 이 때 나타난 대화 분석론의 문제점들을 보완하고 있다. 또한 대화 분석론의 여러 모형들을 소개하고, 실제 대화 분석을 할 때 어떤 준비를 하고 어떤 절차를 밟아야 하는지에 대해 다루고 있다. 이 책은 대화 분석에 대한 개론서로서 대화 분석론의 발달과 대화의 개념 정의에 대해 화행론과 텍스트 언어학의 관점에서 그 발전 양상을 살폈다. 이원표(2001)는 담화 분석의 방법론을 소개한 후, 화용 및 사회 언어학적인 측면에서 이루어진 분석의 실례들을 논문의 형태로 제시하고 있다.

이상의 개론서 이외에 대화 분석은 커다랗게 두 가지 관점에서 이루어졌다.[20] 하나는 대화에 있어서의 효율적인 의사소통의 전략을 기술한 것이고,

---

19) 박용익(1998)에 의하면 대화 분석론은 화용 언어학이 언어학의 한 분야로 정립되기 시작하던 1970년 중반 이후로 유럽의 언어학계에 새로운 연구 분야로 발전해 왔다. 대화 분석론자들은 보통의 화자가 의식하고 있지 않은 대화의 심층적 구성 원리와 구조를 기술하고 재구성하여 가시화시키는 일을 연구의 주된 과제로 본다.

20) 김정선(1999:180)은 "요즘 대화에 대한 연구가 활발히 이루어지고 있다. 대화의 구조, 말차례 체계, 주제 구조 등 대화를 대상으로 한 연구 성과물들이 속속 나오고 있다. 이들은 일상 대화를 분석한 것이 대부분인데 대화의 일반적인 원리를 밝히기 위해서는 특정 상황에서 수행되는

또 다른 하나는 어휘들이 담화에서 어떤·기능을 수행하는 지를 분석한 것이다. 전자의 연구 성과로는 유동엽(1997), 박용익(1997), 김정선(1999), 임칠성(2000), 김순자(2001), 송경숙(2002) 등이 있다.21) 후자의 연구 성과로는 국어의 대화에서 사용되는 서법 어미와 양태 어미들의 기능, 사용 조건, 확대 해석의 양상 등을 살핀 장경희(1997a)의 연구가 대표적이다. 유송영(1997)과 오선경(1997)은 그 동안 많이 다루어진 주제이기는 하나 지시어 '이, 그, 저'를 담화 이론에 비추어 해석한 논문이다. 그 밖에 박근영(1998), 임규홍(1998), 김순자(1999) 등의 연구가 있다.

앞에서 다룬 두 가지 관점 이외의 업적으로는 이정은(1997), 임규홍(1997), 김갑년(1997), 정효진(1999), 장경희(1999a, 1999b, 2000) 등의 연구가 있다.

1. 3. 6 타학문과 관련된 연구22)

텍스트 언어학은 타학문의 이론적 배경 형성에 커다란 공헌을 하고 있다. 특히 번역학과 국어 교육의 이론 형성에 텍스트 언어학이 기여할 수 있는 방안에 대한 연구가 활발히 진행되고 있다.

권재일(1998:480)에 의하면 이론에만 충실했던 전통 언어학은 번역 이론의 발전에 도움이 되지 못했다. 언어 요소와 구조들을 처리와 조작의 관점에서 고찰하는 텍스트 언어학은 번역 이론의 발전에 큰 도움을 주고 있다. 번역에 있어서는 맥락이 매우 중요한 위치를 차지하는데 전통적 언어학에서는 이를 소홀히 하였다.23) 텍스트 언어학의 이론이 이러한 공백을 훌륭히 메꾸

하위 대화에 대한 연구가 이루어져야 한다. 지금까지 나온 개별 대한 연구로는 수업 대화, 논쟁 대화, 토론 대화 등이 주를 이루고 있다."고 하면서 이원표(1998), 안정근(1997), 송경숙(1998), 민병곤(2001) 등의 업적을 그 예로 들었다.

21) 이들은 각각 상호작용적 대화 자료, 텔레비전 정치 토론회, 실제 상거래 대화, 컴퓨터 공개 대화, 이성간의 첫만남 대화, 인터넷 채팅 등을 분석 대상으로 삼고 있다.

22) 타학문과 관련된 연구성과의 구체적 내용은 제3장 '텍스트 분석과 텍스트 언어학의 전망'을 보라.

23) 보그란데와 드레슬러(1981)에 의하면 번역은 무엇보다도 언어의 실현과정을 포함하는 것이므로, 잠재적이고 자기충족적인 체계에 몰두했던 전통 언어학은 번역 이론의 발전을 저해하였다.

어 줄 수 있다. 따라서 번역 이론에 기여할 수 있는 측면에서의 연구가 국내에서도 진행되고 있는데 허금회(1993), 박여성(1994), 이석규24) 외(2002) 등의 연구가 그것이다.

텍스트 언어학은 텍스트의 생산과 수용과정에 작용하는 책략과 절차들이 효율성, 유효성, 적절성 기준에 의해 통제되면서, 언어 교육에 공헌하게 되었다. 이와 같은 맥락에서 국어 교육에 텍스트 언어학의 이론을 적용하는 연구들이 확대되고 있다. 이는 언어사용 기능 향상에 도움을 줄 수 있는 언어 지식을 탐구한다는 면에서 긍정적인 현상이다. 국어 교육에 텍스트 언어학의 이론을 적용해야 하는 필요성에 대해 제안하고 있는 성과들로 이은희(1998, 2000, 2001), 박진용(1998), 김창원(2000), 민현식(2000) 등의 연구가 있다.

국어 교육에서는 '읽기, 쓰기, 말하기' 등의 교육에 필요한 이론적 토대를 텍스트 언어학의 이론에서 빌려 오고 있다.25) 읽기 교육과 관련해서는 텍스트의 내용 구조를 분석하고, 텍스트 수용의 방법론을 제시한 이삼형(1994)의 연구, 효과적 독해를 위한 단서로 응집적 기제라는 언어지식이 필요함을 강조한 박수자(1995)의 연구, 그리고 텍스트 구조 표지가 텍스트 이해에서 수행하는 기능을 탐색한 김봉순(1995, 1996)의 연구가 대표적 업적이다. 그 밖에 김재봉(1995, 1999), 서혁(1996), 김명순(1998), 김봉순(2000, 2001), 김

이러한 점은 바로 기계번역의 유일한 근거로 잠재적 체계를 사용했을 때 극적으로 드러났는데, 문법과 사전(양쪽 다 잠재적 체계)만 가지고 작업하는 컴퓨터는 믿을 만한 기능을 발휘하지 못했다. 왜냐하면, 그러한 컴퓨터는 맥락을 평가할 수 없었기 때문이다. 세계에 대한 사전지식을 갖춘 컴퓨터가 훨씬 좋은 기능을 보였는데, 그것은 어떤 개념들과 그 개념 관계들이 텍스트 세계에서 우선적으로 결합될 것인가를 결정할 능력이 컴퓨터에 있었기 때문이다. 그들은 이러한 우선 선택적 모델들이 텍스트 언어학에 의해 만들어질 수 있다고 주장했다.

24) 이러한 분위기에 때를 맞춰 2002년 한국 텍스트 언어학회 봄철 학술 대회에서는 "번역과 텍스트 언어학"이라는 주제로 텍스트 언어학 이론을 통한 번역 이론의 정립 방향에 대한 논의가 진행되었다. 이 발표회에서 박여성(2002)은 기존의 어휘 의미론적-통사론적 번역학의 한계를 넘어서 텍스트 언어학과 기호학의 연구성과를 이용하는 가능성을 모색하고자 하였다. 구체적으로는 화용론(화행 단위, 담화 격률)과 텍스트 언어학(응결성, 응집성, 용인성, 상황성, 정보성, 텍스트상호성) 및 기호학(현실 모델, 기저 이분법, 은유 및 환유, 동위성)의 이론소들이 번역의 문제를 해결하는 데 기여하는 방식을 보여줄 것으로 전망했다.

25) 박영목(2001)에서는 쓰기 교육과 읽기 교육을 텍스트 언어학적 이론으로 접근하고 있는 연구들에 대한 동향을 소개하고 있다.

혜정(2001)의 연구 성과를 들 수 있다.

쓰기 교육과 관련된 연구 성과로는 기존의 문장 중심의 접속 관계 연구에서 벗어나 구조 형성 측면에서 분석한 이은희(1993)의 연구와 논술의 지도 방법을 언어학적 관점과 교육학적 관점에서 복합적으로 다룬 원진숙(1994/1995)의 연구가 있다.

말하기 교육과 관련된 연구 성과는 주로 실제 대화 분석의 예들을 교육 현장에 직접 활용할 수 있는 방안을 제시하고 있는데 노은희(1997, 1998, 1999)의 업적이 그것이다.

담화, 텍스트 층위에서 언어 현상을 연구한 논문으로는 서혁(1995), 이은희(1995), 민현주(1995), 박정숙(1995), 김상희(1995), 김호정(1995) 등이 있다.

2

| 텍스트성 |

이석규

2.1 텍스트성이란?

언어학과 텍스트 언어학의 차이점을 요약하면, 언어학이 '문장 이하의 단위'를 연구 대상으로 하고 있는 데 반하여, 텍스트 언어학은 문장 이상의 언어 단위 곧 '텍스트'를 연구 대상으로 하고 있다는 점과, 언어학이 언어를 '잠재적 체계'라고 보고 있는데 대하여 텍스트 언어학은 그런 관점이 아니라 현실이라고 하는 시간 속에서 실현되고 있는, 시간성과 실현성을 지닌 '역동적인 활동'으로 인식하고, 그러한 전제 하에서 '텍스트의 생산과 수용의 문제'를 해결하려 한다는 점이 가장 뚜렷한 특징이라고 할 수 있다.

잘 알려진 바와 같이 텍스트에 관하여 다양한 정의가 있다. 그러나 여기서는 텍스트를 '의사소통을 목적으로 하는(communicative) 발화체(occurrences)'라고 간략히 정의하고자 한다.1) 다만 그 발화체는 일곱 가지의 텍스트성

(textuality)[2]을 갖추고 있는 발화체이다. 이 글의 목적은 바로 이 '일곱 가지의 텍스트성'을 밝히려는 것이다. 그 전에 먼저 '발화체'의 범주를 분명히 할 필요가 있다. '발화체'라 함은 말이나 글, 곧 언어를 매체로 하는 발화체를 의미한다. 텍스트의 개념이 전문성이나 시각에 따라 다양하겠지만 언어학 입장에서는 언어를 매체로 하는 표현으로 한정하는 것이 바람직하고 당연하다.[3]

텍스트가 이상에서 언급한 바와 같이 현실 속에서 실현되는 언어를 통한 의사소통 과정이라는 점에 동의한다면 다음과 같은 상황을 상정할 수 있다. 즉 사람이 말/글로서 의사소통을 하기 위해서는 첫째 말을 하는 사람(화자/필자)이 있어야 하고, 둘째 듣는 사람(청자/ 독자)이 있어야 하며, 셋째로 말할 내용이 있어야 한다. 이 세 가지 요소가 갖추어졌을 때 비로소 의사소통이 이루어질 수 있는 것이다.

먼저 '말하는 사람(화자/필자)'에 관하여 살펴보면, 무슨 생각을 가지고, 무슨 까닭으로, 무슨 목적을 이루기 위하여 그 말을 하는지에 관한, 말하는 사람의 '심리적 문제'가 근본적 요인으로 작용한다. 그것을 '의도성(intentionality)'이라고 한다. 누군가 말을 할 때 말하는 내용은 말하는 사람의 의도에 의해서 좌우된다. 다시 말하면 말을 하는 목적은 말하는 사람의 의도를 실현하는데 있다는 것이다. 말을 하는 이유나 방식까지도 말하는 사람의 의도를 보다 효과적으로 실현하기 위한 관점에서 결정된다. 보다 극단적으로 표현한다면 텍스트는 말하는 사람의 의도를 실현하기 위한 수단이라고 할 수 있다.

물론 의사소통에 있어서는 말하는 사람과 마찬가지로 '듣는 사람'에게도 똑같이 '심리적 문제'가 작용한다. 그것은 누가 어떤 말을 할 때, 관심을 갖고 잘 알아들으려 하는 마음을 갖거나 관심이 없어서 듣지 않으려는 태도를 취하는 것도 포함된다. 듣는 사람의 심리적 태도는 말/글을 수용하는 데 있어

---

1) 텍스트의 개념은 고영근(1999:1~10)에 잘 나타나있으나 여기에서는 보그란데와 드레슬러(Beaugrande and Dressler, 1981)에 나타난 견해를 그대로 따르고 있다.
2) 텍스트성(textuality)이란 용어와 개념은 보그란데와 드레슬러(1981, 김태옥·이현호 역 1995)에서 발췌한 것이며, 이하의 논의에서도 보그란데와 드레슬러(1981)의 견해를 그대로 수용하고 거기에 필자가 의견을 덧붙인 것이다.
3) 텍스트의 개념은 전문성에 따라, 간판이나 미술 작품, 음악의 단위 등의 의미로 사용되며, 만화도 이에 포함된다. 고영근(1999) 참조.

서 아주 중요한 작용을 한다. 그것에 의하여 어떤 사람의 어떤 말을 알아들을 수도 있고 알아듣지 못할 수도 있으며, 그것에 의하여 협력이 이루어지기도 하고 깨어질 수도 있기 때문이다. 오히려 후자의 경우는 말하는 사람의 심리적 태도인 의도성보다 더욱 중요한 역할을 한다. 이러한 '듣는 사람의 심리적 태도'를 용인성(acceptability)라고 한다. 이상을 요약하면 텍스트성 중에 가장 먼저 대두되는 것은 의사 소통의 삼 요소 중에서 두 가지 요소인 말하는 사람과 듣는 사람 곧, 의사소통에 참여하는 당사자들의 심리적 문제로서, '말하는 사람의 심리적 태도'를 '의도성', '듣는 사람의 심리적 태도'를 용인성이라고 한다.

다음은 '말할 내용'에 관계되는 것이다. 곧 화자가 청자에게 전달하고자 하는 내용, 그리고 청자는 화자로부터 전달받으려고 하는 내용에 관한 측면을 정보성(informativity)이라고 한다. 대부분의 경우 '말할 내용', 곧 정보를 전달하는 것이 의사소통 행위의 일차적 목적이 되며, 이 정보 내용에 따라 텍스트가 결정된다. 그리고 그것은 대체로 어떤 정보냐(정보성의 가치)와 그 정보가 어떻게 배치되어 있느냐에 의하여 텍스트의 내용과 가치가 결정된다. 이에 따라 그 텍스트의 정보를 받아들일 수도 있고 받아들이지 않을 수도 있으며, 텍스트가 재미있을 수도 있고 재미없을 수도 있다. 또한 그것에 의하여 통화행위가 성공하기도 하고 실패하기도 하는 경우를 현실 언어생활에서 많이 보게 된다. 요컨대 정보성에 의해서 의사소통의 우열과 성패가 결정된다고 할 수 있다. 그러나 정보의 수위나 정도를 조절하는 문제, 그리고 정보를 어떤 시점에서 어느 부분을 얼마만큼 드러내느냐 하는 문제는 앞에서 언급한 텍스트 생산자의 의도에 의해서 좌우되며 또한 텍스트 수용자 입장을 살피면서 제시되어야 하는 것이다.

정보의 수위나 완급 또는 정보의 배열 문제를 결정하는데는 그밖에도 여러 가지 요인이 작용한다. 그 중에 아주 중요한 요인의 하나는 언어행위가 이루어지는 시간적 공간적 상황이다. 그것은 앞에서 언급한 화자, 청자의 심리적 요인, 곧 의도성과 용인성 못지 않게 커다란 변수로 작용한다. 그것은 의사소통 행위가 이루어지는 제반 상황에 관한 것인데, 시간 공간 뿐 아니라 역사, 문화, 풍습, 생활습관 같은 사회 문화적 배경은 물론, 그 속에 존재하는 사물과 사건, 이것들의 진행상태와 맥락, 그리고 제 삼자나 기타 존재들의 기분이나 컨디션, 그리고 그런 것들에 의한 영향관계 등이 정보의 수위와 배치를 결정하고 선택하는데 영향을 미친다. 이처럼 텍스트 생산과 수용 과정에 작용하는 이러한 상황적 요인을 텍스트 언어학에서는 상황성(situationality)이라고 명명한다.

텍스트 생산에 영향을 미치는 상황 또는 배경에 속하는 것 중에서 '언어로 된 다른 텍스트'를 활용함으로써 생기는 영역이 있는데 이것 역시 텍스트 생산과 수용에 커다란 영향을 미친다. 이것은 상황성처럼 단지 텍스트 생산과 수용에 영향을 미치는 데서 끝나는 것이 아니라 수없이 인용되고 활용되는 형식으로 텍스트 생산과 수용과정에 참여한다. 따라서 이러한 부분을 앞에서 언급한 상황성과 구분하여 또 하나의 텍스트성으로 인정하고 '텍스트상호성(intertextuality)'이라 부른다.

지금까지 제시한 여러 가지 텍스트성들은 배후에서 종합적으로 동시에 작용하면서 그것을 바탕으로 마침내 텍스트가 만들어지게 된다. 그런데 텍스트가 언어로 표현되기 전에 그 텍스트의 개념이 먼저 형성된다.4) 그것은 말하고자 하는 내용의 개념들과 그리고 그 개념들 사이의 관계를 의미한다. 다시 말하면 개념과 개념들의 관계 그물이라고 할 수 있다. 이것은 어휘들이 모여서 텍스트를 이루는 구조와 같은 것인데 아직은 말로 활성화되지 않은 상태의 구조를 말한다. 이것을 응집성(coherence)라고 한다. 다시 말하지만, 응집성은 결국 위에서 제시한 심리적 요인(의도성, 용인성), 상황적 요인(상황성, 텍스트상호성), 정보적 요인(정보성)이 종합적으로 작용의 결과로 조정되고 형성된다. 그 결과로 이루어진 개념과 개념들의 관계이다. 따라서 이것은 언어, 심리, 사회, 정보, 문화 등의 모든 요인들의 종합적 작용과 영향 하에서 이루어진다는 것을 알 수 있다.

이제 개념들의 관계 그물인 응집성을 언어(어휘)로 표현함으로써 비로소

---

4) 그러나 그것은 시간적 선후관계는 아니며 다만 설명을 위한 논리적 체계에서의 선후관계이다. 왜냐하면 특히 말을 할 경우(텍스트 생산) 어떤 어휘를 물리적으로 표현하는 것과 그 어휘와 관계되는 생각이 떠오르는 것이 동시에 일어나는 경우가 많고, 어휘가 생각보다 먼저 표출되는 경우도 있기 때문이다.

텍스트가 생산되는 것이다. 이렇게 해서 비로소 하나의 완결된 텍스트를 접하게 되는데, 이처럼 텍스트로 실현된 '말의 연쇄'를 응결성(cohesion)이라고 한다.

의도성과 용인성이 심리적 요인이고 정보성은 정보적 요인, 상황성과 텍스트상호성이 상황적 요인이라면, 위에서 살펴보았듯이 응집성은 이들 모든 요인들의 종합적 작용이라고 할 수 있으며, 그것이 언어의 연쇄로 바뀐 응결성은 언어적 요인이라고 할 수 있는 것이다.

결국 하나의 텍스트가 생산되고 수용되는 과정에 참여하는 여러 요인들을 각각의 측면에서 살필 때, 위에서 언급한 일곱 가지의 텍스트성으로 집약된다. 그리고 이 일곱 가지 텍스트성은 어느 하나도 텍스트를 생산 수용하는 과정에서 중요하지 않은 것이 없으며5) 이들 일곱 가지의 텍스트성을 구체적으로 천착하고 그것들의 연관성 및 모든 텍스트성의 종합적 효과를 추구하고 고찰하는 것이야말로 텍스트의 생산과 수용, 그리고 그것을 통하여 일어나는 의사소통의 모든 근본적인 문제를 해결하는 최선의 방법이라고 할 수 있는 것이다.

이처럼 텍스트성을 일곱 가지로 제시한 사람은 보그란데와 드레슬러(1981)이다. 그리고 그것은 앞에서 언급한 바와 같이 텍스트의 제 문제를 근본적으로 해결하는 데 있어서 본질을 정확히 짚은 탁견이라고 할 수 있다. 물론 이러한 텍스트성에 대하여 다소 수정된 견해를 제시할 수는 있다. 예컨대 텍스트상호성은 그것이 다른 텍스트에서 취한 것이기는 하지만 텍스트의 외적 요소를 텍스트 생산과 수용과정에서 활용하는 데 불과하므로, 그것을 상황성의 일부로 포함시킴으로써 텍스트성 하나를 줄여서 보다 간결하게 하는 것이 좋다는 주장을 할 수도 있다. 또는 텍스트 생산과 수용과정에서 맥락의 중요성이 거의 절대적인 만큼 이것을 따로 세워 맥락성(contextuality)을 하나 더 첨가하자는 따위의 견해도 있을 수 있다.

그러나 텍스트성이 별로 중요하지 않은, 텍스트 연구의 작은 한 부분에 불과하다는 주장은 텍스트 언어학의 본래 의도와 본질을 잘못 이해한데서 나오는 단견이라고 할 수밖에 없다. 왜냐하면 텍스트의 개념, 텍스트 언어학의

---

5) 특히 보그란데와 드레슬러(1981)에서는 이들 일곱 가지 텍스트성 중에서 하나라도 구비되어 있지 않으면 텍스트로 성립할 수 없다고까지 주장하고 있다.

연구사, 방법론, 그밖의 분야들에 대하여 많은 연구가 필요하지만, 텍스트 분석을 포함한 텍스트 연구, 다시 말해서 보다 효과 있는 언어활동 및 언어수행에 관한 연구에서 이 텍스트성은 그야말로 핵심주제가 되어야 하는 것이기 때문이다.

그러면 이제 텍스트성에 관하여 하나하나 구체적으로 살펴보기로 하자.

2.2 의도성

2.2.1 의도성에의 접근

1) 서법과 의향법

언어학에서 화자의 의도와 관련하여 처음으로 접근한 것이 서법이다. 서법이란 원래 영어를 포함한 인도 유럽어학에서 직설법(indicative), 가정법(subjunctive), 명령법(imperative), 부정법(infinitive), 분사(participle) 등을 의미하였다. 일반적으로 국어학에서 서법은 '화자의 심리적 태도가 일정한 활용형으로 실현되는 현상'을 가리킨다.

이에 관하여 허웅(1983:225)에서 서법범주에 '청자에 대한 요구'라는 개념을 근거로 화자의 태도를 체계화하고 있으며, 권재일(1992)에서는 이에 대하여 '의향법'이란 용어를 채택하고 "언어내용의 전달 과정에서 청자에 대하여 화자가 가지는 태도를 실현하는 문법범주"라고 규정하여 다음과 같이 정리하고 있다.6)

〈의향법의 범주와 기준〉

『기준』 1. 청자에 대하여 요구함이 있음/없음
　　　　 2. 행동수행이 있음/없음

---

6) 서법과 의향법에 대한 보다 자세한 논의는 허웅(1983)과 권재일(1992)을 보라.

```
『체계』 요구함(-).............................................................(1)서술법
                                                      (평서법, 감탄법, 약속법)
      요구함(+)
        행동수행성(-)..........................................................(2)의문법
        행동수행성(+).....「청자」....................................(3)명령법
                     .....「청자+화자」.............................(4)청유법
```

위와 같이 의향법의 기본 하위범주를 서술법, 의문법, 명령법, 청유법 등 네 가지로 체계화 할 수 있으며, 서술법은 다시 그 통사와 의미 특성에 따라 평서법, 감탄법, 약속법으로 하위범주를 설정하고 있다.

2) 화행이론

언어 사용에서 화자의 의도가 어떻게 언어행위로 나타나는가에 관하여 보다 능동적으로 접근한 이론이 바로 화행이론(speech act)이다. 오스틴(Austin 1962, 1972)에서는 언어행위를 발화행위(utterance acts), 발화수반행위(illocutionary acts), 발화효과행위(perlocutioary acts)를 포함한다고 보았다. 물론 이 세 가지 화행(speech act)은 차례차례 순서에 따라 수행되는 것이 아니라, 한 언어의 여러 측면을 나타낸 것이다. 써얼(Searle 1969, 1977)은 오스틴의 이론을 더욱 발전시켰는데, 어떤 발화든 술어행위와 지시행위도 수행된다는 것이다. 다음은 써얼의 화행 모형이다.

〈화행 모형(Searle, 1969:23)〉

발화행위(utterance) - 낱말이나 문장을 단순히 발화.
명제행위(propositional acts) - 내용과 지시를 사용.
발화수반행위(illocutionary acts) - 담화를 통해 이루어지는 관습적 행위.
발화효과행위(perlocutionary acts) - 텍스트 수용자에게 효과를 내게 하는 행위.

여기서 명제행위란 청자에 대한 화자의 심적 태도를 나타내는 발화 수반행위가 어떤 모습으로 실현되든 상관없이 언제나 불변하는 발화의 내용이다. 따라서 화행이론 연구의 핵심도 화자의 의도가 어떻게 발화수반행위로 나타

나는가 하는 문제에 집약된다. 그것을 행하는 제반 조건과 효과 등을 체계화함으로써 발화효과가 어떻게 나타날 수 있는 지를 규명하는 것이다. 그것은 약속, 협박, 언술, 주장, 기술 또는 문의 등인데, 이들 중, 약속, 협박은 잘 정의되어 있지만, 언술이나 기술은 그것을 위한 조건과 의도를 명확하게 결정할 기준이 없는 것이 문제점이다.

일상 통화는 이보다 훨씬 다양하고 또한 불분명하다. 평범한 의도들은 대부분 명백히 드러내기가 어렵다. 그러므로 의도성이라는 관점에서 볼 때, 화행이론은 불완전하다. 특히 관례적인 측면과 실제 맥락 간의 상호작용을 충분히 감안하지 못하고 있다.

3) 대화의 원리

그라이스(P. Grice, 1975, 1978)는 대화에서 화자의 의도를 효과적으로 수행하기 위하여 언어규칙 대신 하나의 모범적 원칙의 제시하고 있는데, 그것이 대화의 원리이며, 그 내용은 아래와 같다.

⟨대화의 원리⟩

ⓐ 협동의 원리(The cooperative principle) – 화자와 청자가 대화의 목적이나 방향에 합치되도록 하는 것.
ⓑ 양의 격률(The maxim of quantity) – 필요한 양만큼만 정보를 제공하라는 것.
ⓒ 질의 격률(The maxim of quality) – 진실을 말하라는 것, 곧 거짓이라고 생각되는 것이나 타당한 증거가 없는 것은 말하지 말라는 것.
ⓓ 관계의 격률(The maxim of relevance) – 주어진 주제와 관련이 있거나 목적달성을 위하여 적합성이 있다고 생각되는 바를 말하라는 것.
ⓔ 방법의 격률(The maxim of manner)
　　– ㉠명쾌히 표현하라. ㉡모호성을 피하라. ㉢중의성을 피하라. ㉣간결하라. ㉤순서대로 말하라.

그라이스는 대화의 원리가 지켜지지 않을 경우도 언급하고 있는데 그것은 화자의 또 다른 의도를 함축한다고 한다. 대화의 함축(conversational implicature)은 사람들이 직접 말하는 것과 구별되는 것으로, 함의 또는 암시를 통한 전달 방식이다. 대화의 참여자들이 협동의 원리, 수량, 질, 양, 방법의 격률을 따르는 한, 그들이 무엇을 전달할 의도를 가졌는지를 확인하기란 매우 쉬운 것이다. 그러나 참여자가 본의 아니게 또는 의도적으로 어떤 격률을 위반하거나, 지키지 않는다면, 대화가 성립하지 않을 수도 있으며 성립하게 되는 경우에는 대화의 함축이 발생할 가능성이 커진다. 따라서 텍스트 생산자는 이러한 방법을 적절히 이용함으로써 대화를 자신이 원하는 방향으로 이끌어 갈 수도 있다.

이상에서 그 동안 연구된 내용을 중심으로 화자의 의도에 관한 접근 방식을 살펴보았다. 서법(의향법)과 화행이론에 나타난 화자의 의도는 우리말의 경우 어말어미로써 화자의 의도를 나타내는 고정된 방식을 체계화한 것이고 화행이론에서도 발화수행행위 방식을 체계화한 것이다. 이에 비해 대화의 원리가 보여주는 것은 그러한 체계화된 규칙이 아니라, 화자의 의도를 잘 전달하려는 하나의 원칙을 제시하고 있다는 점에서 두드러진다고 하겠다. 그것은 표현형식에 국한하지 않은 언어 활용방식을 체계화하고 있다는 점이 특징이다. 그라이스는 대화함축, 즉 신념이나 요청을 함의하는 어떤 말을 하는 방식이 아닌, 다른 방법으로 화자의 의도를 추구할 수 있다는 견해를 제시했다. 그러나 이 개념은 여전히 모호하며 아직도 담화목적의 중요성을 완전히 반영하고 있지 못하다.

2. 2. 2 의도성

인간의 모든 언어활동, 즉 모든 텍스트에 포함되는 '의도성'은 대화에도 미해결의 문제가 남아 있지만, 대화에만 국한되지 않을 뿐만 아니라 여러 차원의 의미를 가지기 때문에 텍스트 언어학에서 다시 살펴보지 않을 수 없다.

텍스트 언어학에서 의도성이란 한마디로 응결성과 응집성이 구비된 텍스트를 만들고자 하는 텍스트 생산자의 의도를 말한다.

    (1) ㄱ. 오늘은 비록 비가 오네요.
       ㄴ. 우리대학교는 발전할 우려성이 있다.
       ㄷ. 한 노녀(老女)가 고무줄 놀이를 하고 있다.

    (1ㄱ)에서는 정상적인 경우, 서술어의 어미를 -지만, -ㄹ 지라도, -더라도 등 방임형어미로 바꾸고 그 다음 말을 이어가거나, 아니면 '비록'을 빼어버림으로써 말이 되도록 하려는 의도를 가진다는 것이다. (1ㄴ)은 '우려성' 대신에 '가능성'으로, (1ㄷ)은 '노녀'를 '소녀'로 고쳐 씀으로써 응결성과 응집성에 맞는 표현을 하려는 의도를 갖는다.

    그러나 좀더 넓은 의미로 볼 때 의도성은, '텍스트 생산자가 텍스트를 통하여 자신의 의도를 추구하고 달성하기 위해서 언어를 사용하는 모든 방식'을 가리킨다. 즉 '텍스트 생산자는, 수용자가 생산자의 의도를 깨닫게 할 뿐 아니라, 수용자에게 생산자가 의도한 효과가 생겨나도록 하는 발화'를 의도한다는 뜻이다. 이를테면 심리학자들은 수용자의 의식을 주도하려는 텍스트 생산자의 의도를 강조하며, 철학자들은 청자가 자신의 의도를 깨달음으로써 그에게 어떤 효과가 생겨나도록 할 수 있는 발화를 의도한다는 입장을 취한다는 것이다.

    (2) 사내는 일주일에 한 번쯤은 마누라를 패야하는 거야. 알았어?

    (2)는 김을동 여사가 시집을 가기 위해서 남자 친구를 데리고 역사적인 주먹패의 두목인 아버지 김두한 씨에게 인사를 하러 갔을 때, 김두한 씨가 사위 될 청년에게 한 말이다. 그녀의 아버지는 대단한 카리스마를 가진 사람인데 1 분 이상을 아무 말도 하지 않고 자기의 남자 친구를 바라보았다. 눈이 작아 어디를 보는 지 잘 알 수도 없는 그의 눈을 마주 대하고 떨지 않을 사람은 없었다고 한다. 물론 자기의 남자 친구도 벌벌 떨고 있었는데 아무 소리도 없던 아버지 김두한 씨가 벌떡 일어서면서 던진 한마디 말이 (2)였다고 한다. 이상은 김을동 여사가 TV인터뷰에서 증언을 한 내용이다. 과연 김두한 씨는 사위 감에게 정말로 일주일에 한번씩 자신의 딸을 반드시 두들겨 패라는 뜻으로 한 말일까? 김을동 여사는, 그것은 바로 '결혼을 승낙한다'는

아버지 스타일의 표현이었다고 증언한다. '일주일에 한 번쯤 마누라를 패라' 는 말에는 표현된 의미 외에 분명히 '결혼을 허락한다'는 의미를 함축하고 있다. 그 시대 사람들의 표현을 빌면 '죽이든 살리든 네가 책임져라', '네게 우리 딸의 장래를 맡긴다'는 뜻이었음에 틀림없다. 그것이 이 말을 한 화자의 의도라고 할 수 있는 것이다. 물론 여기에는 언어학만 가지고는 해결할 수 없는 부분들이 있다. 그러나 그 어떤 경우에도 화자나 필자의 의도에 관계되는 모든 일에 의도성은 관여한다.

의도성은 텍스트의 종류에 따라 그 중요성에 상당히 차이가 있을 수 있다. 예컨대 강의나 편지 내용은 의도성을 확인하는 일이 아주 중요하다. 특히 성경과 같은 경전 해석에서는 화자의 의도를 알아내는 일이 절대적으로 중요하다. 그러나 시(詩)와 같은 글은 상대적으로 덜 중요할 수도 있다. 의도주의를 표방하는 문학 비평은 역시 작가의 의도를 중시하고 있지만, 예컨대, 리듬을 중심으로 하는 시나 이미지 중심의 시는 의미를 중시하는 시에서보다 의도성의 중요성은 훨씬 덜할 것이 틀림없다.

텍스트 생산자는 의도를 실현하기 위하여 플랜을 작성하는데, 그것은 목적에 가장 알맞은 텍스트를 찾아내는 일이다. 그러므로 텍스트 자체가 의도 실현을 위한 수단이 될 수 있는 것이다. 그 과정에서 더 좋은 텍스트를 생산하기 위하여 탐색을 하며, 그 과정에서 플랜 부가(plan attachment)나 플랜 변경을 시도하기도 한다. 또한 텍스트 생산자는 텍스트를 생산하는 과정에서 수시로 자신의 의도가 바르게 시행되고 있는지 상황을 점검(situation monitoring)한다. 그리고 자신의 의도대로 되지 않는다고 판단 될 때는 어느 때고 상황관리(situation management)를 하게 된다. 그것은 연설이나 대화 또는 글을 쓰는 과정에서도 마찬가지다. 특히 토론이나 설득을 위한 대화일 경우에는 더욱 치밀하게 이러한 중간조정(madiation)과정을 거치며 특히 여러 가지 책략으로 상황을 관리한다.

잘 아는 바와 같이 텍스트는 의사소통을 목적으로 하고 있으며 생산자는 자신의 의도가 효과적으로 전달되기를 바란다. 그것을 위하여 언어적, 심리적 또는 상황적 요인을 고려하고 활용하기도 한다. 결국 언어의 활동은 바로 이 의도를 실현하기 위한 수단인 것이다. 따라서 언어의 모든 예술성의 발현도 보다 효과적으로 의도를 실현하려는 과정에서 우러나는 것이라 할 수 있는 것이다.

요컨대, 텍스트 언어학에서 의도성이란 응결성과 응집성이 구비된 텍스트로 만들고자하는 텍스트 생산자의 의도를 포함하여, 생산자의 의도를 추구하고 달성하기 위해서 언어를 사용하는 모든 방식을 가리킨다.

2.3 용인성

2.3.1 용인성의 개념

생산자의 심리적 태도가 의도성이라면 용인성은 수용자의 심리적 태도라고 할 수 있다. 따라서 그 개념도 의도성과는 사뭇 상대적이다. 용인성의 가장 직접적인 의미는, 텍스트 수용자가 '한 언어의 발화체를 응결성과 응집성을 갖추고 있는, 이를테면 제대로 된 텍스트로 받아들이려 한다는 것이다. 그러나 넓은 의미에서 용인성은 담화에 참여하고 공통의 목표를 가지려는 능동적 수용(acceptance) 의지를 포함한다. 텍스트 수용자는 합리적으로 문제를 해결해가면서 텍스트를 수용할 수 있다면, 사소한 장애나 불연속적 요소에 대하여는 관용적 태도를 취하게 된다. 따라서 스트레스를 받거나 시간적 여유가 없을 때, 사람들은 스스로도 수용하기 어려운 발화를 생산하기도 하지만, 반대로, 도저히 수용하기 어려운 발화를 어떤 사람들이 생산하는 경우에 그것을 용인하기도 한다. 아직 말을 잘 할 줄 모르는 돌 지난 어린 아들의 말을 들을 때와 말을 잘하는 성인의 말을 들을 때에 심리적 태도가 같을 수가 없고, 말을 갓 배운 외국인이 말을 걸어왔을 때와 여러 해를 사귀어온 친지가 말을 걸어올 때 듣는 사람의 심리 상태가 역시 같을 수는 없는 것이다. 그러므로 듣는 사람의 심리적 태도에 따라서 잘 알아들을 수도 있고 못 알아들을 수 도 있으며, 이해를 할 수도 있고 오해를 할 수도 있는 것이다. 또한 심리적 태도에 따라 이치에 합당한 말이라도 거부당할 수가 있으며 말도 안 되는 소리라도 수용될 수가 있는 것이다. 가령 남녀 간의 교제, 사업상의 협

조, 또는 국가 간의 외교적 합의 등 협상과 협력을 목적으로 하는 모든 대화
는 각각 경우가 다르기는 하지만 거의 수용자의 용인성에 의해서 성패가 좌
우된다고 해도 과언이 아니다.

2. 3. 2 문법성과 용인성

용인성이란 원칙적으로 추상문법에서의 문법성(grammarticality)과 같은
개념이다. 마치 추상문법에서 문법성의 범주 안에 속한 것만을 하나의 문장
으로 수용하듯이 실제로 통화 상에서 수용자가 받아들일 수 있는 범위 안의
것만을 용인하게 된다. 그러므로 문법성과 용인성의 차이는 잠재적 체계
(virtual system)와 실현과정(actualization procedures)의 차이라고 할 수 있다.
용인성에서 특히 고려되어야 할 것은 맥락이다. 용인성은 '텍스트 수용자
가 인지적 조작에 의한 지시내용을 텍스트로부터 추출하는 능력'이므로 극단
적으로 표현한다면 상황 맥락의 중요성은 절대적이며, 독립된 개별 문장 속
에서의 용인성은 그 의미가 당연히 축소된다. 따라서 텍스트 생산자는 그 지
시내용을 텍스트와 그 텍스트 사용 맥락에서 분명히 드러내는 것이 상례이
다. 텍스트 수용자가 맥락을 파악하고 있을 때는 어느 정도의 문제성이 있는
것까지지도 문법적인 문장으로 쉽게 수용하게 된다.
용인성의 관점에서 통화의 맥락은 ①참여자들 간에 얼마만큼의 지식이 공
유되고 있는가? ②참여자들이 어떻게 상황을 점검하거나 관리하는가. ③담
화를 구성하는 텍스트들은 어떤 상호관계를 갖는가? 등의 요인들이 고려되어야
한다.

2. 3. 3 용인성과 텍스트 해석

용인성에 관하여 특히 유의할 부분의 하나가 텍스트 해석과 관계되는 부
분이다. 문학작품이나 경전의 해석에서 용인성에 관한 체계 있는 연구가 필
요하다. 예컨대 어떤 텍스트에 관해서 그것을 수용하는 해석자마다 해석이

틀리는 경우를 생각해보지 않을 수가 없다. 동일한 텍스트에 대한 해석이 왜 사람마다 다른가? 그것에 대한 대답은 텍스트 내용을 수용자마다 잘못 해석하기 때문이거나, 아니면 한 텍스트의 의미가 고정되어 있는 것이 아니라 무한히 변하는 까닭이라고 설명할 수밖에 없다.

텍스트를 보는 관점은 텍스트가 무엇을 말하고 있는가 하는 텍스트 본위 즉 의도주의(intentionalism)와 그것이 수용자에게 무엇을 말하고 있는가 하는 해석자 본위의 효과주의(affectivism)의 두 큰 기준을 가지고 있다고 볼 수 있다. 그러나 실제에 있어, 효과주의 내지 인상주의는 감상이라면 몰라도 해석에 있어서는 근본적으로 적합하지 않다. 따라서 정통적 해석론은 의도주의를 표방한다. 의도주의적 해석론의 보수적 형태는 텍스트 자체보다도 저자 자신이 의도하는 의미를 강조하는 태도이다. 허쉬(Hirsh 1967, 이상섭 1980:21에서 재인용)는 한 텍스트는 단일 의미를 가지고 있을 뿐이라고 전제하고, 그 단일한 의미는 저자가 애초에 의도했던 의미라고 주장한다. 모든 텍스트는 주인이 있으며 그 주인은 그 텍스트에 대한 유일무이한 권위가 된다. 요컨대 텍스트의 의미의 귀착점은 텍스트 저자의 의도에 있다는 입장이다.

텍스트를 저자에게서 분리하여 하나의 동떨어진 객관물로 놓고 보면 그 의미는 해석자의 관점에 따라 변할 수도 있다. 상대주의적 견지에서 보면 텍스트는 시대를 따라 개인을 따라 그 의미가 변한다. 심리학적으로 보아도 그 의미가 달라질 수밖에 없다. 따라서 저자 본래의 의도는 텍스트 의미 해석에 있어서 규제 기준이 전혀 될 수가 없다는 얘기다.

의도주의의 문제점은 저자가 뜻하는 것과 텍스트가 말하는 것이 반드시 일치하지는 않는다는 데 있다. 저자가 글을 잘 쓸 줄 몰라서, 또는 실수로 잘못 표현하게 되었을 때, 잘못된 내용을 그대로 고집해야 하는가? 저자가 만일 텍스트의 오해를 바로 잡아 놓고 오해를 풀 경우에, 그 잘못된 텍스트 자체에 대한 해석이 아무리 그럴듯한 것이었다 해도 엉뚱한 해석에 불과하다. 그러나 저자가 텍스트의 오해를 바로 잡지 못하고 사망했을 경우 우리는 그것이 잘못인 줄도 모르고 있을 것이다. 즉, 텍스트 자체에만 의존한다는 것은 항상 오해의 씨를 안고 있다고 볼 수 있다.

효과주의의 문제점은 생산자가 이러이러한 의미로 쓴 글인데도 수용자들이 제 멋대로 해석할 때, 그는 이의를 제기할 수 없다는 데 있다. 만약에 사실이 이와 같다면 아무도 글을 써서 자기의 의사를 표명할 수 없을 것이다. 왜냐하면 텍스트의 의미는 저자와는 전혀 관계없이 수용자 마음대로 해석하는 내용이기 때문이다.

텍스트의 의미를 저자의 의도란 입장에서 의미를 파악해야 한다고 역설하거나, 텍스트의 의미는 고정되어 있는 것이 아니고 시대에 따라 수용자에 따라 변한다고 주장하는 근본 이유는 텍스트 자체의 애매성을 초극하여 확실성에 도달하고자 하는 데에 있는 것이다.

텍스트 저자의 의도가 없을 수도 없고, 그렇다고 저자의 의도가 언제나 최선으로 표현되어 있다고도 할 수 없다. 김혜정(2002)에서는 텍스트의 비판적 읽기라는 명제에서 보다 구체적으로 양쪽의 입장을 정리하고 있다. 즉, 비판적 읽기는 텍스트 내용에 대한 타당성과 준거에 대한 신뢰성 판단 등 주어진 명제와 진술에 대한 평가와 함께 자신의 스키마를 조정해 나가는 과정이라는 것이다.7) 그런데 이러한 견해는 단지 텍스트 읽기의 문제에만 국한되는 것은 아니다. 모든 텍스트를 수용하는 과정에서 똑같이 일어나는 현상이다.

이상에서 논의한 내용을 다음과 같이 요약할 수 있을 것이다.

첫째, 텍스트 생산자는 자신의 의도를 텍스트와 그 텍스트 사용맥락에서 분명하게 드러내는 것이 일반적이므로, 텍스트의 여러 구성요소들과 맥락을 통해서 텍스트의 내용을 정확히 파악한다. 둘째, 그 과정에서 또는 그것을 통하여 텍스트 생산자의 의도를 찾아내어 인식한다. 셋째, 텍스트를 수용하는 과정에서 수용자는 당연히 창조적 반응을 하게 되는데 그것은 생산자의 의도와는 관계없는 수용자의 개별적 인지작용을 포함한 심리적 정신 활동으

---

7) 김혜정(2002)에서는 비판적 읽기에 관하여 다음과 같이 주장하고 있다. "읽기는 의사소통과정이다. 이미 텍스트는 필자의 것만이 아니고, 텍스트의 의미가 필자에게서 나온 고정된 것만도 아니다. 텍스트의 의미는 일기라는 필자와 독자의 상호작용을 통해 형성하고 조정해나가는 과정이다. 비판적 읽기는 텍스트에 대한 평가(evaluation)를 의미하고 나아가 어떤 활동 속에서 문제 해결과 적극적 참여를 포함하는 사고활동을 포괄한다. 즉, 텍스트에 대한 사실적 이해 혹은 표현상의 함축적인 이해를 바탕으로 보다 '합리적인 결론'에 도달하기 위한 문제해결 과정이다." 이러한 주장은 독서의 이해에도 비슷한 주장을 발견할 수 있으며 이 모든 것들이 용인성의 부분을 이루는 주장들이다. cf. Mortimer J. Adler(1977)

로, 이것이야말로 용인성의 또 다른 본질적 영역이라고 하겠다.

따라서 텍스트의 해석은 텍스트 자체의 요소와 그 배경에 있는 생산자의 의도와 함께, 수용자의 심리적 정신활동도 배제할 수 없다고 보는 것이다.

2.4 정보성

2.4.1 정보성의 개념

보그란데와 드레슬러(1981)는 정보성을 '텍스트 수용자에게 제시된 자료가 새롭거나 예측 불가능한 정도'라고 규정하고 있으며, 또한 그 정보성의 등급을 제시하고 있다. 텍스트는 언어를 선택하여 배열함으로써 생산이 가능하다. 그런데 언어를 배열함에 있어 기대, 가설, 예측을 하게 되며 기준치를 상정하든지 우선선택의 경향성을 갖는데 이들은 텍스트의 맥락을 통제하는 중요한 요인들이다. 샤논과 위버(C. Shannon and W. Weaver, 1949)는 이 언어 배열의 선택가능성에 대하여 통계적 개연성(statistical probability)을 주장하고 있으나 보그란데와 드레슬러는 이를 배격하고 텍스트의 맥락이나 상황을 고려하고 중시할 것을 주장한다. 따라서 맥락과 상황은 '기대', '예측' 등과 관련하여 언어 선택의 중요한 요인으로 본다. 물론 그것이 어긋났을 때, 다시 말하면 비예측적이거나 기대하지 못한 언어의 선택과 배열이 실현될 때 정보성이 발생한다. 예측 가능한 배열은 정보처리가 용이하지만 예측이 어려운 배열은 정보처리가 어려운 대신 어려움의 정도에 따라 흥미를 유발시킬 수 있다. 따라서 정보처리의 난이도를 등급으로 나누는 것은 텍스트 생산에 있어서 생산자로 하여금 수용자의 흥미를 유발시키는 요인과 관계된다는 점에서 유용하다.

2. 4. 2 **인간적 기대**

발화체의 선택 가능성과 관련하여 예측, 기대, 가설, 우선선택을 하게 되는 기준은 통화과정 속에 나타나는 다양한 '인간적 기대(human expectations)'이다. 보그란데와 드레슬러(1981)에 의하면, 인간적 기대는 현실 세계(real world)의 모든 현상과 그 규칙을 인지하고 기정사실로 내면화하여 하나의 신념으로 굳어진 것들이다. 현실세계를 기준점으로 사용하는 이 신념은 너무나 확고하기 때문에, 어떤 텍스트에서나 그것이 기준치로 작용한다. 예를 들어 원인이 결과를 낳는다든가, 동시에 동일한 환경에서 참인 동시에 거짓이 될 수 있는 것은 없다든지, 존재하기도 하고 존재하지 않기도 하는 것은 있을 수 없다든지, 또는 물체들의 정체, 질량, 무게가 있다는 것 등이 그것이다. 만약에 텍스트가 이런 사실들, 즉 규정적 지식을 어기려면 명시적이고 분명한 신호가 있어야 한다. 예컨대, 어순 보편화 책략이나 위쪽에서 아래쪽으로 관찰하는 순서, 또는 들어가거나 나온 순서를 지킨다든지, 보거나 경험한 순서를 지켜서 텍스트를 연결해 나가는 것, 그리고 중요한 부분은 문장의 주어 자리에, 중요하지 않은 것은 서술어 자리에 주로 넣어서 표시하는 경향 등은 규정적 지식이라고까지는 할 수 없으나 그것은 텍스트 내부의 맥락을 이루고 있는 인간적 기대들이다.

인간적 기대는 텍스트 안에서 사용되는 언어의 구성(organization)에도 적용된다. 음운의 결합이나, 형태소의 결합 또는 통사구조의 결합 등에도 똑같이 적용되며, 또한 각 언어의 요소 또는 요소 집단이 갖는 정보성에 따라 연쇄를 배열하는 기술, 곧 기능적 문장투시법도 이러한 범주에 속하는 것들이다.

뿐만 아니라 텍스트의 유형이 선택 항들의 범위를 통제하는 경우도 역시 인간적 기대의 하나라고 할 수 있다. 그러므로 텍스트 생산자들은 이러한 유형에 따른 인간적 기대에 부응하기 위하여, 예컨대 시(詩)와 법조문의 선택 항의 범위와 방식들은 다른 방법으로 통제하게 되는 것이다.

맥락은 다음의 전개 과정을 예측하게 해 주는데, 이것 역시 인간적 기대의 범주에 들어가며 또한 일련의 텍스트가 특유한 선택적 경향을 보인다는 관점에서 문체 또한 인간적 기대의 대상이 된다.

2. 4. 3 정보성의 등급

언어를 배열에 있어서 많은 선택 항으로부터 어떤 발화체를 선택하게 될 가능성, 곧 연결관계의 강도 관하여, '인간적 기대'라는 관점에서 개연성이 ⓐ높은 정도 ⓑ낮은 정도 ⓒ완전히 범위 밖의 것 등 세 가지로 구분한다. 우연적 지식을 어기는 것을 ⓐ높은 정도, 전형적 지식을 어기는 경우를 ⓑ낮은 정도, 일상의 진리로 여겨지는 법칙 곧 규정적 지식을 어기는 경우를 ⓒ완전히 범위 밖의 것으로 규정함으로써 그 객관성을 부여하고, ⓐ의 경우를 1차 정보성, ⓑ를 2차 정보성, ⓒ를 3차 정보성이라고 규정한다.

1차 정보성은 어떤 텍스트에도 항시 존재한다. 그리고 그것은 너무나 뻔한 이야기이기 때문에 관심과 흥미를 끌지 못한다. 연결된 발화체가 높은 정도의 개연성에 미치지 못하여 전형적인 지식을 어기게 되면 2차 정보성이 된다. 텍스트 통화에서는 최소한 어느 정도의 제2차 정보성을 갖는 발화체가 존재하는 것이 보통이다. 물론 1차 정보성이나 3차 정보성으로만 된 텍스트도 있을 수 있으나 때때로 이러한 중간단계를 유지하기 위해서 1차 정보성을 격상하거나 또는 3차 정보성을 격하하기도 한다. 다소라도 개연성이 없는 선택 항들이 배열된 발화체들은 규정적 지식을 어긴 것으로 전연 예측을 할 수 없는 3차 정보성을 지니는 것들이다. 3차 정보성을 지니는 발화체의 특징은 불연속성(discontinuities)과 불일치성(discrepancies)이다. 수용자들은 이것을 수용할 수가 없으므로 문제해결을 해야 하며 따라서 탐색의 과정을 거친다. 그리고 탐색에 의해서 문제를 해결함으로써 격하한다. 요컨대 텍스트를 통하여 정보를 교환하는 것은 끊임없이 정보성에 관한 격상과 격하를 되풀이하는 과정이라고 할 수 있는 것이다.

이처럼 텍스트의 정보성을 등급으로 나누는 것은 객관적 기준을 설정하기가 어렵다는 등 문제점이 없는 것은 아니다. 그러나 텍스트에 나타난 정보의 격상과 격하를 통해서 텍스트 수용자는 그 텍스트에 대한 흥미와 가치를 인정하게 되기 때문에8) 보다 나은 텍스트를 생산, 수용하는데 있어서 정보성

---

8) 흥미는 처한 상황과 개인의 목표나 관심사 등에 크게 좌우되는 것이 사실이다. 그러나 그 근본 원리는 인간의 감각에 강한 자극을 주는 현저성이나 의외성 또는 비예측성 다시 말하면 정보성

의 등급을 매기고 그것을 활용하는 것은 상당히 편리하고 유용하다.

2.4.4 지식적 정보성과 언어적 정보성

일반적으로 텍스트의 목적은 정보 전달에 있으나, 정보의 양과 질, 방법 등은 의도성의 중간조정 및 책략에 의하여 결정된다. 정보성은 대체로 두 가지의 모습으로 나타난다. 하나는 우리가 알지 못하고 있는 세계에 대한 새로운 지식, 또는 문제 해결의 방법을 의미한다. 그러나 언어학적 정보는 앞서 언급한 바와 같이 텍스트의 생산·수용 과정에서 예측하지 못한 어휘 또는 구절의 선택과 배열에서 오는 새로움 또는 비예측성을 가리킨다. 이 경우 일차적으로 그라이스가 제창한 대화의 격률을 어기는 형태로 나타난다. 그라이스는 격률이 지켜지지 않을 때 대화의 함축(conversatinal implicature)이 발생한다고 하였다. 그것은 격률을 지키지 않는 것 자체가 텍스트 생산자의 의도를 반영하는 것이기 때문이다. 그러나 여기서 주장하고 싶은 것은 격률이 지켜지지 않을 때는 대개의 경우 비예측적 배치로 인한 정보성이 창출되는데 그것은 사실에 관한 정보성이 아니라 배열에 의한 정보성이라는 것이다.9)

결론적으로 텍스트가 우리가 알지 못하고 있는 세계에 대한 새로운 지식, 또는 문제 해결의 방법을 전연 제시하지 못한다 해도 정보성에 관해서 문제가 될 것이 없다. 왜냐하면 언어체계 안에서 생산되는 모든 발화체들의 선택과 배치가 바로 정보성을 생산하는 대상일 수 있기 때문이다. 전자, 즉 사실에 관한 정보를 '지식적 정보성'이라고 하고 후자, 곧 언어의 배열 과정에서 나타나는 정보를 '언어적 정보성'이라고 한다.10)

이들 정보성 중에서 특히 텍스트 이론에서 중요한 것은 언어적 정보성이

을 어떻게 조절하여 표출하느냐에 의하여 좌우된다.

9) 텍스트 이론서에서는 이에 관한 구분을 분명히 하고 있지 않다. 그러나 어떤 사실에서 오는 지식적 정보성은 언어의 예술성에 직접적으로 기여하지는 않는다. 오직 언어적 정보성을 창출하는 데서 언어의 예술적 아름다움 그리고 개성과 다양성이 발현된다.

10) 이제까지의 이론서들이 이 두 가지의 정보성에 관하여 구분하지 않고 혼동하여 쓰는 경향이 있으므로 설명의 편의를 위하여 여기서는 그렇게 명명하기로 한다.

며, 그것이 바로 언어를 예술의 경지로 끌어올리는 근본적 요인이 된다.

2.4.5 안정적 표현과 창의적 표현

사람들이 가장 듣기 싫어하는 말은 한 말을 자꾸만 되풀이하는 것이다. 따라서 텍스트 생산자는 설혹 평범한 이야기일지라도 새로운 방식으로 표현하려 하는 의도를 갖게 되고, 수용자도 또한 그러한 것에서 흥미를 느끼며 그것을 요구한다. 인간은 정신적으로 얼마나 열려 있느냐에 따라 존재세계에 대해 관심의 정도가 달라진다. 따라서 담화의 즐거움과 언어의 예술성은 넓은 세계에 대한 끝없는 관심, 그리고 그 관심을 불러일으키기 위하여 새롭게 표현하고자 하는 의도성에서 나온다고 할 수 있다. 그리고 그것은 노상 새로운 언어적 정보성를 담게 된다.

예스페르센(Otto Jespersen, 1925:97)에서는 "이상적인 인간 언어란 단순하고 가장 용이한 방법으로 완전하게, 그리고 가장 쉽게 받아들일 수 있는 형태로 표현할 수 있어야 한다"고 말하고 있다. 매우 공감이 가는 말이다. 그것을 그라이스 식으로 표현하면 격률을 그대로 지키기만 하면 된다는 것과 같은 의미이다. 그러나 인간은 보다 완전한 지식에 대한 욕망, 즉 기존의 어휘나 관례적, 상투적 표현의 밖에 존재하는 것에 대한 끊임없는 동경을 본능적으로 가지고 있다. 따라서 인간에게 상상력이 살아 있는 한 새로운 언어의 자질을 탐색하고 개발하려는 노력은 상존하게 마련이다.

이제까지 논의한 바와 같이, 인간의 언어 표현의 두 가지 모순되는 태도를 발견하게 된다. 하나는 격률을 지키면서 예스페르센의 견해처럼 안정되고 정돈된 방식의 표현을 견지하려는 태도와 또 하나는 상식적이고 안정된 틀을 깨고 상상력이 이끄는 대로 보다 새롭고 비예측적인 표현을 추구하는 태도가 그것이다.

필자는 여기서 전자를 '안정적 표현' 후자를 '창의적 표현'이라고 명명하고자 한다. 안정적 표현은 쉽고 안정되며 의사 전달에 문제가 없다. 아니, 생산자의 의도를 최대한으로 전달할 수 있는 모범적 표현이다. 그러나 언어적 정보성이 없다. 언어의 풍부한 함축성과 생동적 긴장감이 죽어 있는 표현이다. 창의적 표현은 통속적이고도 상투적인 관점을 벗어나서 새로 탄생되는 신선하고도 개성적 관점이라고 할 수 있다. 필립 윌라이트(P. E. Wheelwright, 1962)에서는 언어사용자인 인간은 살아있는 존재로서 풍성하게 삶을 영위할수록 그 표현들은 생동감을 나타낼 수 있는 언어를 필요로 한다고 주장한다. 변화무쌍한 사고의 과정을 그대로 나타낼 수 있는 표현, 밀도 있고 함축적이며 새로운 생명력이 넘치는 표현을 인간은 지향하고 추구한다. 그것을 즐기고 만족해한다. 이러한 창의적 표현은 그 자체로 언어의 예술성의 본질이 되며 나아가 인류의 사고와 문화의 폭을 넓히는 원동력이 된다. 그리고 그것은 언어적 정보성의 등급과 기술적 배치에 관한 창의성에서 나오는 것이다.

다음은 유머 텍스트의 한 예이다.

> (3) ① 어떤 남자가 혼자 포장마차에서 술을 마시고 있는데 옆자리에 웬 예쁜 아가씨가 자기를 보고 있는 것을 보았다.
> 서로 시선을 주고받다가 합석을 했고, 그러다가 그 여자 집으로 가기로 했다.
> 들 뜬 마음으로 그 여자 집으로 갔다.
> ② 그녀의 집으로 들어간 그는 책상 위에 있는 웬 남자 사진을 보았다.
> ③ '저, 이거 혹시 당신 오빠?'
> '어머, 아니에요.'
> 그는 놀라며, 그럼 남편이야?'
> '어머, 아니에요.'
> '그럼 대체 이 남자 누구야?'
> ④ 그녀는 수줍은 듯 예쁘게 웃으며…
> '저 수술 받기 전 사진이에요.'

①은 발단 과정으로 쉬운 일은 아니지만 충분히 있을 수 있는 이야기로 진행된다. 정보성의 등급은 2차 등급 정도.

②는 새로운 국면을 맞게 되는 변화의 모티브로 2차 정보성을 갖는다고 볼 수 있다.

③은 일반적인 예측과 그 예측이 빗나가는 과정에서 홍미가 고조되는 장면이다(예측이 빗나가면 홍미가 높아진다.).

④는 완전히 비예측적 의외성이 발동하는 순간이다. 너무나 엉뚱한 대답, 그것이 예측에 빗나갔으며, 그로 인해 ①의 로맨틱한 전개가 아주 싱겁게 반전한다. 너무나 어이없는 반전에 수용자는 웃지 않을 수 없다. 쾌락의 극치를 이루는 순간이다.

④의 특징을 정리하면

첫째, 전혀 예측할 수 없는 의외성을 담고 있다.

둘째, 그러나 대답으로서는 손색이 없다.

셋째, 그 적절한 대답으로 하여 ①의 기대와 ②,③의 의혹이 풀리며

넷째, 모든 긴장이 풀린다.

다섯째, 흥미와 쾌락이 극치에 이르게 된다.

이와 같이 전혀 예측할 수 없으면서도 아주 적절한 언어의 배치는 그 내용에 관한 흥미를 극대화하며, 창의적 표현으로 언어를 예술의 경지로 끌어올리게 되는 것이다.

2.5 상황성

상황성(situationality)은 텍스트를 발화상황에 적합하도록 만드는 것과 관계되는 부분이다. 가령 결혼식장에서 혼주를 대하고 하는 말과 장례식장에서 상주를 대하고 하는 말이 같을 수는 없을 것이며, 급한 상황에서의 읽을 거리와 시간이 넉넉하고 안정된 상태에서의 읽을 거리가 같을 수는 없을 것이다. 그런데 상황성은 이처럼 상황에 맞는 텍스트를 생산하는 일에만 관여하는 것이 아니다. 광고나 선전물의 경우는 대상에 해당하는 집단의 성격, 취향, 습성 등이 모두 상황성의 범주에 들어가며 그것을 파악하고 그것에 맞도록 표현을 해야할 것이다. 특히 대화의 경우는 상대에게 화자의 의도를 용인하도록 하는 문제가 가장 중요한데, 효과적으로 문제를 해결하기 위해서는 대화의 과정에 중간조정(mediation)이 반드시 필요하다. 중간조정은 통화상황

(상황성) 속에 참여자가 자신의 신념이나 목적 또는 의도(의도성)를 실현하고 있는 범위나 정도를 가리킨다. 중간조정은 상황점검(situation monitoring)과 상황관리(situation management)가 있는데, 상황점검이 텍스트 생산자의 의도나 목적이 투입되지 않고 다만 그 상황모델을 확인하는데 그치는 것이라면 상황관리는 텍스트 생산자의 목적과 의도를 텍스트 생산과정에 투입해서 그 방향으로 텍스트의 진행을 유도하는 것을 가리킨다.

다음은 상황점검과 관리가 텍스트 생산에 어떻게 투입되는가를 보여주는 예들이다.

   (4) 〈상황1〉
     - 내사과 사무실 -
     다시 협상하러 올라온 크리스, 화가 난 듯 문을 박차고 들어온다.
     대니, 반장 머리에 총을 겨누고 출입구 쪽에 나와 있다.
      대니 : ① 협상을 재개하지.
      크리스 : ② 내게 원하는 것이 있나?
      대니 : ③ 전기를 켜.
      크리스 : ④ 내게 원하는 것이 있군.
      대니, 말없이 쳐다보기만 한다.
      크리스 : ⑤ 사람을 죽이면 협상력이 커진다고 보나? 왜지? 자네가 날 안다고
          생각하기 때문에? 날 믿을 수 있다고 생각하기 때문에? 내가 시간을
          줄 거라고 생각하기 때문에? ⑥ (대니에게 총을 겨누며) 김칫국부터 마시
          지 마. 난 자네와 자네를 못 죽여서 안달이 난 군대 사이에 있는 유일
          한 사람이야. ⑦ 그러니 말해 봐! 내가 왜 저들을 막아야하지? 내가 다
          시 자네와 협상해야만 하는 이유를 대!
      대니 : ⑧ 내게 아직 인질이 있어. 자네의 실수에 따라 벌을 받을 수도 있지.
      크리스 : ⑨ 지금 날 협박하는 건가? 나보고 손떼란 소리군.(협상할 뜻이 없으면
          가버리겠다는 듯 뒤로 물러선다.)
      대니 : ⑩ 진압 수칙에 따르면 인질범이 보복으로 죽이려 하면 공격하지 말라
          고 했어. 난 내 의지를 입증했다고 봐! 섣부른 판단은 금물이야. ⑪ 저
          들의 소행을 봤잖나. 날 죽이려고 공격한 사실을 자네에게 알리지 않았어.
      크리스 : ⑫ 또 다시 인질을 죽이면 내가 직접 공격명령을 내리겠다. 알겠나?
          날 이리 불러냈다고 해서 만사 해결됐다고 생각하지마. ⑬ 명심해. 난
          이방인이란 사실을. 넌 내가 어떤 사람인지 몰라.

> 대니 : 전기가 필요해. 컴퓨터를 켜서 니바움의 파일을 보도록. 또 인질에게
> 줄 음식과 이불도.
> 크리스 : 인질 한 명을 풀어 줘. 그 외엔 안 돼.
> 대니 : 반장을 데려가.
> 크리스 : (무전으로) 전기를 도로 켜시오.
> 본부(E) : 정신 나갔소?
> 크리스 : (무전으로) 지금 인질 한 명과 같이 나갈 테니 내 말대로 전기를 켜요.
> 전기가 들어오고, 크리스는 반장을 데리고 나간다.
> 반장을 데리고 나가면 환호하는 관중들.

일급 저격수에 폭탄 전문가이자, 협상전문가인 대니 로만 형사는 동료형사의 살해 누명을 쓰게 된다. 그는 자신에게 누명을 씌운 자들과 관련이 있는 내사과의 니바움을 찾아갔다가, 자신의 결백을 증명하기 위해, 인질극을 벌이게 된다. 그는 이 일이 경찰 내부인과도 관련이 있음을 판단, 자신과의 협상을 하기 위해 크리스 세비언을 불러달라고 한다. 크리스와 1차 협상 도중 불의 급습을 받은 대니는 저격팀을 인질에 추가하고, 그 중 한 명을 본보기를 죽인 척한다. 크리스는 다시 대니와 2차 협상을 하기 위해, 내사과 사무실로 올라간다.

텍스트에 제시된 부분의 쟁점은, 크리스 입장에서는 비위를 맞추느라고 요구조건을 다 들어 주어도 안 되고, 그렇다고 무조건 강하게 밀고 나갈 수도 없다. 대니는 크리스를 자신의 무죄를 증명하고 내부의 범인을 색출하려는 근본적인 목표를 이루기 위해 크리스를 자신의 뜻대로 활용하려고 한다. 밀리고 밀리는 상황이 유지되는 상황 속에서 팽팽한 긴장감이 고조된다. 그 속에서 교묘한 심리전을 펼치고 있다. 이 부분에서 대니와 크리스의 대화의 목표는 일차적으로 협상에서 주도권을 쥐는 것이라고 할 수 있을 것이다.

〈책략1〉 협상에서 우위를 점하기 위해서 상대에게 명령을 하라(①. ③). 그것에 대한 상대의 반응을 통하여 먼저 우위의 정도를 점검할 수 있고 또한 상대가 명령에 고분고분 따른다면 이미 우위를 점하고 있으며, 화자의 뜻대로 상황을 관리하고 있는 것이 된다.

대니는 자신이 협상에서 우위에 있는 지 여부를 명령의 형식으로 점검하고 있다. 명령은 상대방으로 하여금, 자신이 우위에 있음을 느끼도록 하는

방법이다. 따라서 ①은 협상에서의 우위를 점하기 위한 책략이 될 수도 있을 것이다.

〈책략2〉 상대의 명령 따위의 고압적 언행을 받아들이지 말라(②).

〈책략3〉 협상에서 우위를 차지하기 위하여 상대가 곤란한 처지에 있으며, 그것을 해결할 수 있는 사람이 나 밖에 없음을 인식시킨다(④, ⑤, ⑥, ⑦).

크리스는 대니에게 의문을 제기하면서(②) 대니의 점검을 거부한다. 크리스가 협상에서 우위를 점하기 위해서는 대니의 우위를 인정하면 안 된다. 그러므로 크리스는 대니의 상황점검을 반드시 거부해야 한다. 한편 ②의 질문은, 단순한 거부에 그치지 않는데, 이는, 대니는 남에게 '무엇인가를 바라는 사람'이고, 자신은 '그 바라는 바를 해줄 수 있는 사람'이라는 뜻을 내포하고 있어서, 대니가 그것을 인정할 경우, 크리스는 협상에서 우위를 차지하게 된다. 따라서 대니는 자신이 여전히 협상의 주도권을 쥐고 있다는 것을 밝히기 위해서 크리스의 질문에 대한 대답을 거부하고, 상대방에게 자신이 우위에 있도록 느끼게 하는 〈책략1〉을 다시 한번 사용한다(③).

그러나 크리스는 ②의 질문을 ④의 단정으로 대체함으로써, 대니의 점검을 무시하고, 협상에서 대니의 위치를 자신보다 아래에 있는 것으로 규정짓는다.〈책략3〉

〈책략4〉상대를 이해시키기 위해서는 ㉠ 자세히 설명하라. ㉡ 상대 스스로 생각해서 대답하도록 질문하라. ㉢ 상대의 생각이 옳거나 틀렸다는 것을 입증하기 위해서 곧바로 행동으로 옮기거나 곧 옮길 것임을 분명히 하라.

그리고 계속해서 크리스는, 심문하는 방식(⑤,⑦)을 사용하여, 대니로 하여금 불안감을 유발시키도록 하고11) 〈책략4 ㉡〉 세상에는 너(대니)와 너를 죽이는 자, 그리고 나(크리스)만이 있을 뿐이라는 것을 강조함으로써(⑥), 자신의 가치를 상승시킨다. 이로써 협상에 있어서 크리스의 입지는 넓어지고 대니의 입지는 좁아지는 것이다.

그러나 대니는, 예상되는 물리적 피해를 언급하여 상대를 협박함으로써, 그러한 불안감을 떨쳐버리고, 자신의 우위를 지켜내고자 한다(⑧).〈책략3〉,

---

11) 캐묻기 혹은 심문하는 방식은 상대방이 도대체 무슨 의도로 저런 질문을 하고 있는지를 생각하게 되어 불안해하거나 두려움을 느끼게 하는 방식이다(구현정, 2000:219~229).

〈책략4 ㉠〉

그러자, 크리스는 즉석에서 거부함으로써(⑨) 대니의 상황 점검에 대처한다.〈책략4 ㉡〉

이에 대니는 원칙의 제시(⑩)와, 다른 사람들의 신뢰성 업음을 지적하여(⑪) 자신의 입장을 합리화시키는 방향으로 선회함으로써, 크리스와의 대결구도에서 협력구도로의 전환을 시도한다.〈책략4 ㉠〉

크리스는 대니에게 약속을 받아 내는 것으로(⑫) 대니의 점검을 받아들이고, 다시 한번 자신의 가치를 확인시킴으로써(⑬), 대니의 약속에 의무감을 부여한다.〈책략4 ㉠,㉡〉

이로써 다시 원활한 협상이 전개된다.

(5) 〈상황2〉

> 예수께서 거기서 나가사 두로와 시돈 지방으로 들어가시니 가나안 여자 하나가 그 지경(地境)에서 나와서 소리질러 가로되, ①"주 다윗의 자손이여 나를 불쌍히 여기소서. 내 딸이 흉악히 귀신들렸나이다." 하되 ②예수는 한 말씀도 대답하지 아니하시니 제자들이 와서 청하여 말하되 ③"그 여자가 우리 뒤에서 소리를 지르오니 보내소서." 예수께서 대답하여 가라사대 ④"나는 이스라엘 집의 잃어버린 양(羊) 외에는 다른 데로 보내심을 받지 아니 하였노라." 하신대, 여자가 와서 예수께 절하며 가로되 ⑤"주여 저를 도우소서." 대답하여 가라사대, ⑥"자녀의 떡을 취하여 개들에게 던짐이 마땅치 아니하니라." 여자가 가로되 ⑦"주여 옳소이다마는 개들도 제 주인의 상에서 떨어지는 부스러기를 먹나이다." 하니, 이에 예수께서 대답하여 가라사대 ⑧"여자야 네 믿음이 크도다. 네 소원대로 되리라." 하시니 ⑨그 시로부터 그 딸이 나으니라.

〈책략1〉 성공적으로 처신하고 대화를 하기 위해서는 상황을 정확히 점검하라.

〈책략2〉 반대 의견을 고집하는 분위기 속에서는 역으로 그들보다 더 반대하는 의견을 제시하면서 반응을 기다린다.

〈책략3〉 반대되는 여건을 활용하여 자신의 주장을 펴라.

위 텍스트는 두로와 시돈 곧 수로보니게 지역으로 들어가서 그 지역의 여인을 만나면서 이야기가 시작되는 장면이다. 유대교에 의하면 그 지역은 하나님으로부터 선택을 받은 민족이 아니라 이른바 이방인이 사는 지역이다.

물론 그 지역의 여인 역시 이방인이며, 그 이방인의 병을 고쳐주기는 커녕 말하는 것조차 금기시하던 당시의 유대교적 풍속에 젖어 있던 제자들과 함께 그 지역을 드러간 상황이다. 이때 가나안 수로보니게 여인이 ①과 같이 도움을 요청한다. 그녀의 요청을 제자들이 다 함께 들었으므로 예수도 틀림없이 그녀의 요청을 들었을 것이다. 그러나 ②에서처럼 예수는 못들은 척한다. 마침내 제자들이 ③에서처럼 반응한다. 그리고 그 반응은 그녀의 말을 듣고 그녀의 청을 들어주시라는 것이 아니라 그녀의 청을 듣지 말고 보내라고 하는 것이다. 예수는 제자들의 이런 반응을 통하여, 가나안 여인의 청을 들어 주는 것을 완강히 반대하고 있음을 확인한다.〈책략1〉

그래서 예수는 ④와 같이 말한다. ④는 예수의 가르침과 상당히 모순되는 말이다. 예수 이전의 유대교에서는 이방인과 이스라엘 민족을 엄격하게 구분하고 그들과 상종하는 자체를 꺼렸지만 예수의 가르침은, 육체적 할레를 받고 안 받고의 문제가 아니라, 정신적으로 하나님을 믿느냐 안 믿느냐의 문제라고 가르쳤다. 또한 그의 부모와 형제 자매는 육신의 핏줄에 있는 것이 아니라 오직 하나님을 믿고 안 믿느냐는 문제에 달려 있음을 분명히 하고 누구나 하나님을 믿으면 구원될 수 있을 가르쳐왔던 예수다. 즉, 핏줄이나 종족에 의하여 사람을 차별하지 않고 누구나 하나님을 믿으면 똑같은 하나님의 백성임을 강조하였던 것이다. 따라서 ④와 같은 편협한 말은, 제자들에게는 당연한 말로 들렸을지 모르지만, 예수를 이해하고 상황을 어느 정도 이해하는 사람의 관점에서 보면, 편협하고 경박하며 부도덕한 말임을 금방 알 수 있다. 따라서 그 말은 가나안 여자를 향하여 표현한 액면 그대로의 말이라기보다는 제자들의 반응을 살피고, 예수가 그녀의 청을 들어줬을 때 제자들의 반발을 무마할 빌미를 만들기 위하여 일부러 예수의 본래 의도와는 관계없는 표현이다. 따라서 그것은 철저한 상황관리라고 할 수 있는 것이다.〈책략2〉

그때 가나안 여인이 다시 한번 간청을 하고(⑤) 예수는 다시 한번 〈책략2〉를 사용하여 ⑥의 말을 한다. 그것 역시 ④ 이상으로 편협한 말로, 이런 말을 들으며 제자들이 예수를 향하여 불만을 터뜨릴 수 는 없을 것이다. 마침 가나안 여인은 아주 명답을 하게 되고(⑦), 그것을 칭찬하자 제자들이나 이스라엘 사람들 입장에서 일체의 불만을 느낄 수 없는 상황이 만들어진다. 그것은 가나안 여자의 대답이 훌륭해서였지만 예수가 그런 방향으로 흘러가도록 상황을 관리한 것이다. 여건이 마련되자 예수는 마음놓고 그 여인의 요구(그녀의 딸의 병을 고치는 일)를 들어주고 그것을 통하여 핏줄이나 종족에 관계 없이 믿음만 있으면 구원받을 수 있다는 평소의 예수의 가르침을 행동을 통하여 다시 보여주고 있는 것이다.〈책략3〉

그 결과로 예수는 ㉠ 제자들이나 이스라엘 사람들로부터 어떤 반대에도 부딪치지 않고, ㉡ 가나안 여인의 청을 들어 주었을 뿐만 아니라 ㉢ 평소의 그의 가르침을 행동으로 보여주는 효과를 보고 있다. 그것은 〈책략1, 2, 3〉을 통하여 상황을 관리한 결과이다.

상황성은 〈상황1〉, 〈상황2〉의 예를 통하여 살펴본 바와 같이 텍스트 생산과 관계되는 모든 상황에 대하여 중간조정을 통하여 그 상황을 점검하고, 그 상황에 적합하게 텍스트를 생산하는 데 관여하며, 나아가 상황을 생산자의 의도나 목적을 이루도록 상황을 변화 조정 관리해나가는 문제들에 관여한다.

2.6 텍스트상호성

텍스트상호성(intertexuality)은 텍스트를 생산하고 수용하는 생산자와 수용자들이 다른 텍스트의 지식을 이용하고 활용하는 모든 방식을 의미한다.

텍스트상호성에서 가장 중요한 하나는 텍스트의 유형론과 관계되는 것인데, 그것은 담화행위 및 그 상황의 유형과 관계가 있다. 그러나 이러한 유형이 범주화될 수 있는 것은 아니고, 상당한 경향성을 드러낸다고 하겠다. 텍스트의 유형을 간단히 언급하면 아래와 같다.

첫째, 기술(descriptive) 텍스트는 제어 중심이 사물, 상황, 속성 상태 등으로 이들의 모습을 잘 나타내기 위하여 수식어들이 밀도 있게 잘 쓰이는 모습을 띤다. 이와 가장 관계가 깊은 전국적 인지 패턴은 프레임(frame)이다.

둘째, 화술적(narrative) 텍스트는 원인, 이유, 목적, 시간적, 공간적 인접

성에 따른 연쇄순서로 행위와 사건을 배열하는 데 쓰인다. 이에 적용되는 전
국적 인지 패턴은 스키마(schema)이다.

셋째, 쟁론(argumentative) 텍스트는 어떤 신념이나 아이디어를 참이나
거짓, 긍정이나 부정으로 수용, 평가하는 것을 추진하는 데 사용된다. 이에
가장 흔히 적용되는 전국적 인지 패턴은 플랜(plan)으로 목표를 향해 나아가
는 사상과 상태들로 구성된다.

그러나 이러한 유형론은 범주화할 수 있는 것도 아니고 그렇다고 고정되
어 있는 것도 아니다. 명확한 분류가 잘 되지 않음으로 유형사이의 관계가
애매한 경우도 많다. 또한 많은 텍스트들에 이들이 혼합되어 있음을 본다.
특히 문학 텍스트, 시 텍스트들은 거의가 기술적, 화술적, 쟁론적 기능을 혼
합하여 사용하고 있다. 다만 텍스트의 유형은 그런 경향을 강하게 나타내며,
그것으로 하여 텍스트의 제어적 원리인 효율성, 유효성, 적절성을 제고하는
데 두드러진 작용을 한다는 것이다.

텍스트상호성에서 중요한 또 하나의 문제는 텍스트 인유(text allusion)의
문제이다. 텍스트 생산자가 기존의 이용 가능한 텍스트를 텍스트 생산과정에
서 직접 인용을 하든 변형을 하여 활용하는 것은 흔히 있는 일이다. 오히려
기존의 텍스트를 활용하지 않는 경우가 아주 드물 정도이다.

우리가 말을 할 때, 우리 주변에 있는 많은 사람들의 말을 인용하고 있는
데 그 모든 것들이 텍스트상호성과 관계가 된다. 남의 말을 인용하는 것 중
에, 주변의 많은 사람들 예컨대, 부모님이나 선생님들 또는 동료, 회사나 직
장의 상사 또는 동료들의 말을 인용하는 경우를 산정 할 수도 있다. 반면 동
시대를 사는 사람들 가운데 학문이나 사상을 논할 때 그 분야의 전문가들의
말을 많이 인용하고 대체로 그것들은 각각 그 권위로 인하여 많은 설득력을
지닌다. 그러나 동시대 사람들의 말 중에 최근에는 매스컴을 통한 탤런트,
MC, 코메디언, 개그맨들의 언어 등을 많이 흉내내거나 인용을 하게 된다.
동시대가 아닌 과거에 생존했던 사람들의 말들을 인용하는 경우도 그에 못지
않게 많은데, 과거의 사람들의 말은 대체로 문학적인 글이 아니면 가장 많이
인용되는 것들에는 아무래도 격언이나 속담, 또는 관용적 표현 따위들이 대
표적인 것들이다.

여기서 그러한 것 몇 가지만 예를 들어보면 다음과 같다.

(6) ㄱ. 가난한 자를 학대하는 자는 그 조물주를 업신여기는 것이다.
　　ㄴ. 교만은 멸망의 선도자이며 자랑은 실패의 선도자이다.
　　ㄷ. 아는 것이 힘이다.
　　ㄹ. 너 자신을 알라.
　　ㅁ. 인생은 짧고 예술은 길다.

(7) ㄱ. 등잔 밑이 어둡다.
　　ㄴ. 꼬리가 길면 밟힌다.
　　ㄷ. 종로에서 뺨맞고 한강에 가서 눈흘긴다.
　　ㄹ. 꼬부랑 자지 제 발등에 오줌 눈다.
　　ㅁ. 늙은 말이 콩 더 달라고 한다.

(8) ㄱ. 물찬 제비 같다.
　　ㄴ. 복날 개 패듯 한다.
　　ㄷ. 엎어지면 코 닿을 만큼 가깝다.
　　ㄹ. 중 대가리에 녹두알 굴러가듯 한다.
　　ㅁ. 댑싸리 밑 개 팔자.

위에서 (6), (7), (8)은 각각 격언, 속담, 관용적 표현들이다. 이들에 대하여 정확하게 구분을 논의한 것은12) 별로 없다. 이들은 ㉠ 표현이 짧고 간결하다는 것과 ㉡ 수사법을 쓰고 있다는 공통점이 있음에도 불구하고 다음의 차이점을 보여주고 있다.

〈격언〉
　　㉠ 말한 사람(성현, 철인 위인)이 있다.
　　㉡ 개인적, 개성적이다.
　　㉢ 경전, 고전 등에 실려 있다.(출전이 있다)
　　㉣ 귀중함, 지도적, 가르침, 경계 등 도덕적 교훈적, 인생의 지침으로서의 가치
　　㉤ 언중은 수동적 상위적 개념으로 인식하고 수동적으로 수용한다.
　　㉥ 직설적, 위압적 설명적 명령적이다.

---

12) 이석규(2003) 「속담의 문체론적 연구」, 이광정 편 『국어학의 새로운 조명』 참조.

ⓢ 수사법은 비유법은 거의 없고 대구, 대조 등 변화법, 과장법 등을 많이 쓰고 있다.
ⓞ 어휘는 주로 추상어가 주로 쓰인다.(78%)

〈속담〉

㉠ 어느 때 누가 한 말인지 모른다.
㉡ 민간에서 전해오며, 널리 퍼져있다. 따라서 속되다.
㉢ 알기 쉬우며, 교훈적 풍자적이다.
㉣ 공감(동감)-동류적 관점에서 어프로치한다.
㉤ 민족사회의 오랜 경험과 지혜를 반영한다.
㉥ 비유, 강조 변화법 등 수사법이 다양하게 쓰이고 있다.
㉦ 비유적 표현은 풍유가 가장 많고 직유, 은유는 아주 적다.
㉧ 어휘는 구체어가 주로 쓰인다.(98.7%)
㉨ 아이러니가 주조를 이룬다.

〈관용적 표현〉

㉠ 표현된 방식이 속담에 매우 가깝다.
㉡ 그러나 속담에 나타나는 교훈성, 풍자성 등이 없다.
㉢ 수사법은 비유가 주조를 이루고 있으며 과장 등 강조법도 보인다.
㉣ 비유법은 속담보다 오히려 더 많이 쓰이고 있으나, 직유와 은유에 편중되어 있다.
㉤ 구체어가 주로 쓰인다.(99%)

위에서 살펴본 바와 같이 일반적으로 격언은 권위적이며 따를 수밖에 없는 강제성을 느끼게 하는 반면 속담은 공감을 유도하기 때문에 친근감을 준다. 관용적 표현도 속담과 비슷하기는 하지만 교훈성이나 아이러니가 없는 단순 묘사에 불과하므로 우리의 일상생활에서 속담이 가장 많이 인용되며 오랜 세월 동안 언중의 사랑을 받고 있다. 그 중에서도 속담은 생활의 현장에서 발견되고 사용되고 그리고 오랜 세월의 수많은 사람들의 인증을 받아 오늘에 이른 것으로 표현이 아름답고 함축적이며 역설과 아이러니를 지녀 특히 많은 사람들에 의하여 끝없이 인용되고 있다.

다음은 문학작품 중에서 시의 인유와 패러디의 예를 하나만 들어 보고자 한다.

> (9) 슬퍼하는 자는 복이 있나니
>   슬퍼하는 자는 복이 있나니
>   슬퍼하는 자는 복이 있나니
>   슬퍼하는 자는 복이 있나니
>   슬퍼하는 자는 복이 있나니
>   슬퍼하는 자는 복이 있나니
>   슬퍼하는 자는 복이 있나니
>   슬퍼하는 자는 복이 있나니
>   저희가 영원히 슬플 것이요.

〈윤동주, '팔복' 전문〉

이 시는 1940년에 발표된 작품으로 서구문학의 근간이 되고 있는 성경을 비판적으로 재해석하고 있다. 원텍스트는 『마태복음』5장 3절에서 12절까지의 신상수훈이다.

> (10) 심령이 가난한 자는 복이 있나니 천국이 저희 것임이요
>   애통하는 자는 복이 있나니 저희가 위로를 받을 것임이요
>   온유한 자는 복이 있나니 저희가 땅을 기업으로 받을 것임이요
>   의에 주리고 목마른 자는 복이 있나니 저희가 하나님의 아들이라 일컬음을 받을 것임이요
>   의를 위하여 핍박을 받는 자는 복이 있나니 천국이 저희 것임이라
>   나를 인하여 너희를 욕하고 핍박하고 거짓으로 너희를 거스려 모든 악한 말을 할 때에는 너희가 복이 있나니
>   기뻐하고 즐거워하라 하늘에서 너희 상이 큼이라 너희 전에 있던 선지자들을 이같이 핍박하였느니라

〈『마태복음』 5장 3절~12절〉

'-한 자는 복이 있나니 저희가 -이오'라는 기본 통사가 반복되는 원텍스트의 8가지 복은 패러디 텍스트에서 모두 '슬픔'으로 뒤바뀌고 있다. 원텍스트의 팔복을 8가지(번)의 슬픔 아니 영원한 슬픔으로 재해석하고 있는 이 시는, 서구문학의 근간이 되고 있는 『성경』을 원텍스트로 하고 있고 그 텍스트를 의식적으로 전경화하고 있다.

2.7 응집성

2. 7. 1 응집성의 개념

텍스트 생산자는 의도성의 실현을 위하여 수용자의 용인성, 그리고 상황성과 텍스트상호성 등을 고려하여 가장 적합한 방식으로 정보의 수준을 결정하고 배치를 시도한다. 물론 심리적 요인과 사회적 요인, 정보처리적 요인, 그리고 언어적 요인들이 당연히 함께 작용하며, 아직은 개념의 형태를 띤다. 그것이 응집성(coherence)이다. 그러므로 응집성이란 텍스트를 이루는 여러 개념과 그 개념들 사이의 관계가 발화체 내부에서 서로 조화하고 의존하는 가능성 또는 적합성을 말한다. 다른 말로 응집성은 텍스트 안에서의 의의의 연속성이라고 할 수도 있다. 한 텍스트가 '의미가 있다'는 것은 텍스트를 이루는 표현들 사이에 의의의 연속성(continuity of senses)이 존재한다는 뜻이며, 어떤 텍스트가 무의미하다는 것은 수용자가 바로 이 의의의 연속성을 발견할 수 없거나, 텍스트가 수용자의 세계지식(world knowledge) 또는 인간적 기대(human expectation)와의 심각한 불일치가 일어나고 있다는 것을 의미한다. 텍스트의 가장 명료한 인지적 구성체는 표층텍스트 표현에 나타나는 의의이다. 그러나 텍스트의 세계는 표층 표현 이상의 의의가 있다. 그것은 현실 세계의 형과 일치할 수도 있지만 그 이상의 의미를 지니는 경우도 있을 수 있다. 응집성은 이러한 의의의 연속성을 모두 포함한다.

2. 7. 2 개념, 개념들의 관계

텍스트를 이루고 있는 개념은 인지적 일관성과 통일성을 가지고 마음 속에서 복원되거나 활성화 될 수 있는 지식의 구성체이다(보그란데와 드레슬러, 1981:130). 그것은 특정한 표현을 마주했을 때, 언어 사용자들은 대체로 같은 부류의 지식을 활성화하는 경향이 있다는 것으로도 설명할 수 있다. 그러나 언어의 사용에 있어서 용법이 매우 다양하기 때문에 개념의 의미를 가능한 용법의 총화라고 할 수도 있는 것이다. 실제 텍스트에서는 각 개념들은 다른 개념들과 하나 이상의 관계를 맺고 있는데, 이 관계들은 의의의 연속성을 나타낼 뿐만 아니라, 그 개념 용법을 제한하여 하나의 의의를 드러내 주는 기능을 하기도 한다. 이처럼 개념들의 연결고리의 역할을 하는 '관계'는 자신이 연결하는 개념의 명칭을 갖게 된다.

2. 7. 3 절차적 접근

응집성에서 가장 중요한 것은 텍스트 안에서 표현에 대한 개념적 의의 (senses)들이 어떻게 지정되고, 그 의의들이 텍스트 세계라는 인지적 구성체로 어떻게 합쳐서 들어갈 수 있는가를 밝히는 일이다. 텍스트에서 언어가 의미를 가지는 것은 인간의 활동 양식 중에서 지식을 저장하거나 습득하거나 사용하는 경우이다. 그런데 이것을 연구 대상으로 삼는 방법론이 절차적 접근 방식이다. 텍스트를 하나의 절차적 관점에서 접근하면 플랜 작성, 아이디어화, 아이디어 전개, 표현, 통사분석 등의 생산과정을 거친다. 그 중에서 응집성의 결정 단계는 표현의 단계에 해당된다. 이 단계에서 텍스트의 활동기저를 이루는 것이 프레임(frame), 스키마(schema), 플랜(plan), 스크립트 (script) 등의 양상으로 나타나는 전국적 인지패턴(global patterns)이다. 그것은 당면한 처리과제의 요구에 따라 다른 양상을 띨 수도 있다. 수용자들은 텍스트의 주제(topic)가 무엇이며 텍스트 세계는 어떻게 구성되어 있는가에 대한 가설을 수립하고 검증할 목적으로 지식 패턴을 사용한다. 그 밖에도 확대활성화, 의미의 상속 문제가 있다.

2. 7. 4 개념 표시 망

응집성이란 주제를 중심으로 한 지식공간들로 구성된 하나의 망으로서 그 안으로, 개념들과 그들의 관계가 결합해 들어감으로써 이루어지는 결과라고 상정된다.

개념들의 망[13]은 문법적 의존관계가 이루는 구성체의 틀을 참고하여 개념들의 의의를 구축하는데 주의 집중의 방향은 제어 중심이다. 제어 중심이 될 수 있는 것들을 1차 개념이라고 하여 대상물(objects), 상황(situation), 사상(events), 행위(action) 등을 상정하고 그 외의 개념들을 2차 개념으로 정해놓고 있다. 예컨대, 상태(stat), 동작주(agent), 관계(relation), 원인(caution), 이유(reason), 목적(purpose) 등 3, 40여 가지 항목을 제시하고 있는데, 이는 더 늘어날 수도 있을 것이다.

개념들의 망은 개념관계의 명칭뿐만 아니라, 연결관계의 강도나 경계, 그리고 연결관계의 성격 등 여러 가지 필요한 것들을 다양하게 표시할 수 있다. 그러나 이러한 방법들은 너무 복잡해서 실현성이 매우 적으며, 아주 짧은 텍스트이거나, 긴 텍스트일 경우에는 아주 거시적 개념관계의 표시만 가능하다. 물론 거시적 개념관계를 표시할 때는 위의 개념 표시들과 상당히 다를 수밖에 없을 것으로 보인다. 아무튼 이러한 표시방법을 필요한 부분에 부분적으로 사용한다면 아주 커다란 효과를 거둘 수 있을 것이다.

다음의 예를 보자.

> (11) 아들과 엄마가 스무고개를 한다.
> 　　　엄마: 우리 심심한데 스무고개나 할까?
> 　　　아들: 내가 생각했어요. 맞추어보세요.
> 　　　엄마: 생활에 꼭 필요한 거지?
> 　　　아들: 응!
> 　　　엄마: 우리집에도 있니?
> 　　　아들: 거의 없어서 항상 문제야…
> 　　　엄마: 엄마가 무지무지하게 좋아하는 거니?
> 　　　아들: 맞아, 나도 좋아하고…
> 　　　엄마: 알았다. 돈이구나?
> 　　　아들: 아니, 사랑…

아들과 엄마가 각각의 역할을 갖고 협력하여 전체적인 플랜에 참여한다. 모티브는 '스무고개'에서 출발하며, 아들과 엄마는 다음의 단계를 거친다.

　　ㄱ 생활에 꼭 필요한 것.

---

13) 보그란데와 드레슬러(1981:144~164)의 내용의 일부를 요약하여 소개한 것이다.

   ⓛ 우리 집에도 있긴 한데 너무 조금인 것.

   ⓒ 엄마와 아들이 아주 좋아하는 것.

㉠~ⓒ의 단계에서 나타난 바를 바탕으로 한, 세계지식의 작용, 또는 인간적 기대는 누구나 쉽게 대답을 추론할 수 있게 한다. 그 첫째가 '돈'이다. 사실 ㉠~ⓒ의 단계를 통하여 '돈'을 생각하는 것은 보통 인간, 특히 현대인이라면 너무나 당연한 생각이다. 그리고 그쯤에서 이야기가 끝난다면 그냥 평범한 텍스트가 되고 말 것이다. 그러나 이 텍스트의 생산자는 '돈' 말고도 ㉠~ⓒ의 단계를 공통적으로 만족시킬 수 있는 또 하나의 해답을 제시한다. 그것이 '사랑'이다. 사람의 형편이나 가치관에 따라서 다소간의 차이가 있기는 하지만, 인간은 누구나 '돈'과 '사랑'을 반드시 필요로 한다. 그런데도 현실 세계 속에서 이 두 가지는 항상 부족하다. 그런데도 '돈'은 물질적 형태가 있는 것이며, 그 가치가 가시적으로 드러나는 것이고, 그것을 통하여 자만심이나 욕심을 만족시키는 것이므로 '돈'에 대한 필요성, 결핍감은 누구나 절실하게 그리고 구체적으로 느낀다. 현실적으로 많은 사람들이 그것을 위해서 아파하고 고뇌하면서 정신 없이 뛰고 있기도 하다. 그러나 '사랑'은 물질적인 모습을 띠는 것도 아니고, 가시적으로 드러나지도 않는다. 사랑은 또한 많은 것을 희생하거나 감수해야만 되는 경우가 많다. 왜냐하면 그것은 받는 것이 아니라 주는 것이기 때문이다. 따라서 가정 안에서조차 돈을 추구하는 그런 절실함으로 사랑을 추구하지 않는 경우가 많다. 때때로 그것의 중요성을 상기했다하더라도 더 급한 많은 문제, 예컨대 돈을 버는 일 따위 때문에 잊어버리는 경우가 허다하다. 그러나 사실은 사랑이야말로 궁극적으로 인간을 인간답게 만들고 인간에게 진정한 행복을 주는 대상이다. 누구나 그것을 안다. 다만 때때로 현실 속에서 망각하고 지낼 뿐인 것이다. 텍스트 생산자는 ㉠~ⓒ의 단계를 거치면서도 미처 상기하지 못하는 소중한 세계에 대한 대답을 예기치 못한 순간에 제시하고 있다. 그리하여 수용자의 허를 찔러, 상대적으로 '돈'보다 절실하게 여기지 않던 '사랑'을 '돈'보다 훨씬 가치 있는 것으로 이를테면, '사랑'의 본래의 가치를 회복시키고 있는 것이다.

  이것을 응집성을 나타내는 개념과 개념들의 관계의 망[14]으로 표시해 보자.

---

14) 이상의 예시는 거시적 개념관계의 표시다. 그리고 일반적으로 시도되는 1차 개념 2차 개념

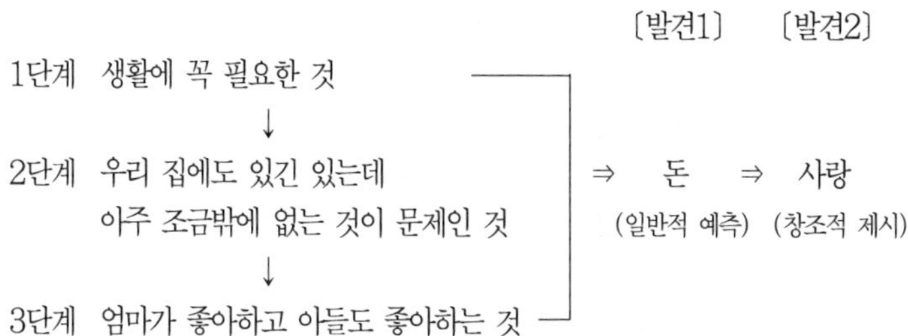

2.8 응결성

이제까지 심리적 요인, 사회적 요인, 정보처리적 요인 등이 함께 작용하는 과정을 살펴보았는데 마지막으로 그것을 선형화 된 언어의 연쇄로 바꾸는 과정이 응결성(cohesion)이다. 텍스트의 표층 구성요소들은 문법적 규칙에 따라 서로 의존하므로, 응결성은 당연히 문법적 의존관계(grammartical depedencies) 또는 통사규칙을 바탕으로 한다. 그런데 추상문법에서 통사구조의 주요단위들이 구(phrase), 절(clause), 문장(sentence)이라면, 텍스트의 응결성은 문장 이상의 단위들의 결합으로 이루어지는 경우가 대부분이므로, 문장을 뛰어넘는 긴 텍스트의 경우 이미 사용된 구조와 패턴들이 어떻게 다시 사용되고 수정되며 또한 압축되고 생략될 수 있는가에 관심이 집중된다. 이러한 것들은 텍스트 생산과 수용에 있어서 안정성과 경제성을 동시에 높이는 역할을 한다.

이러한 예로 중요한 것들이 회기법(recurrence), 부분 회기법, 병행구문(parallelism), 환언(paraphrase) 등의 쓰임에 관한 체계 있는 연구, 대명사, 대동사, 대형용사 등 대용형의 사용이라든지, 생략법, 시제, 상(aspect), 접속표현(junction)의 사용을 통하여 텍스트가 만들어내는 텍스트 세계의 사상(events)나 상황들의 관계를 표시하고 조정하는 문제에 관한 탐구, 기능문장 투시법(functional sentence perspective)과 같은 중요성이나 새로움의 정도를 나타내기 위한 배열 순서를 정하는 문제, 구술 텍스트에서의 억양 등 의미내용의 중

등을 포함한 위에 제시한 관계표시 망과는 상당히 다르다. 아직까지 이에 관한 정형이 따로 있는 것은 아니다. 다양한 방법으로 시험할 필요가 있다.

요성을 나타내는 매카니즘 등에 관한 연구들이다. 응결성의 한 예를 살펴보자.

> (12) 쮜리히의 빈민굴 뒷골목에서 <u>한 늙그수레한 노인</u>이 두리번거리며 무엇인가 소중히 주워 모으고 있었다. 한 줌이 되면 소중한 듯 주머니에 넣고 다시 길바닥을 살피는 데 여념이 없어 보였다. 이 수상쩍은 모습을 조금 전부터 지켜보던 순경은 필시 <u>그 노인</u>이 어린이들의 소지품이라고 노리는 파렴치한이라고 생각했다. 순경은 <u>노인</u>의 곁으로 다가서서, "여보시오, 무얼 하는 거요?" 하며 멋 적은 듯이 웃고 있는 <u>노인</u>의 주머니를 뒤져보았다. 그런데 그것은 깨어진 유리조각이었다. 어이 없는 순경은 "이것들을 도대체 무엇에 쓰려는 거요." 하고 물었다. <u>노인</u>은 거리를 뛰며 놀고 있는 소년들의 맨발을 가리키며 "저들의 발이 상할까 해서……" 하고는 여전히 길바닥을 살피고 있었다. <u>의 노인</u>이 근세 교육의 아버지인 스위스의 페스탈로찌 <u>그분</u>이었다.
>
> 〈김길수, "실제하는 사랑" 중에서〉

위 예문에서 우리는 대용형이라는 응결성 장치를 확인할 수 있다. 대용형 (pro-form)은 자체의 특정한 의미내용은 없는 경제적이고 짧은 단어가, 표층 텍스트에서 보다 명확하고 의미내용을 활성화하는 표현들 자리에 들어가 대신 사용되는 것을 말한다. 특히 공지성 표현보다 먼저 대용형을 사용하는 것을 후조응(後照應)이라고 하는데, 이는 불확실성을 생성하여 수용자의 관심을 고조시키기 위해 사용된다.

응결성에서 또 한가지 유의할 것은 추상문법에서는 도외시하고 있는 시간상의 과정이라는 측면이 고려되고 있다는 점이다. 이와 관련하여 보그란데와 드레슬러(1981)는 확대전이망(Augumented Transition Network, ATN)을 제시하고 있다. 확대전이망은 연결 고리로 연결된 절점들의 구성체인데, 이들 망은 언어사용자들이 사용하는 문법적 책략과 기대를 포착하며, 문법규칙도 이들의 사용절차로서 표현된다. 구, 절, 혹은 문장은 실제로 일어나는 문법적 거시상태(macro-state)로 나타나고, 그 안에서 각 요소들은 텍스트 체계의 미시상태(micro-state)로 나타난다.15) 특히 확대전이망은 통사구조를 나타내는 나무그림(tree diagram)과 달리 시간적 과정이 나타난다.

---

15) 텍스트의 미시구조와 거시구조 나아가 상징구조로 나아가는 확대 전이망의 구체적 모습들은 이석규 외(2001)를 보라.

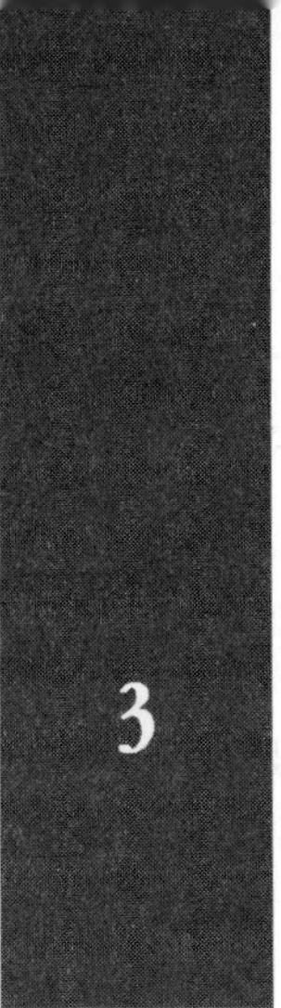

| 텍스트 분석과 텍스트 언어학의 전망 |

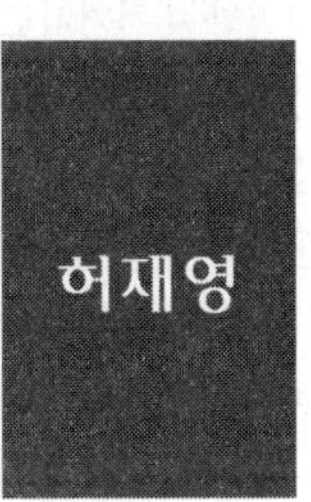

허재영

3.1 텍스트 분석 방법

3.1.1 텍스트 기술 모형과 텍스트 분석

어떤 현상이나 대상을 분석하고자 할 때는 그것을 이루는 요소를 찾아내고, 그 구조를 이해하는 것이 우선시되어야 한다. 이 점에서 특정 텍스트를 분석하고자 한다면 그 텍스트의 요소와 구조를 이해해야 한다. 그러나 텍스트학에서 사용하는 텍스트의 개념은 매우 다양하며, 그 대상도 매우 다차원적이어서 모든 텍스트를 효과적으로 분석할 수 있는 기준을 마련하는 일은 거의 불가능한 일처럼 보인다. 이 점에서 텍스트 분석은 텍스트성을 갖추고 있느냐를 전제 조건으로 하여, 텍스트성이 어떤 요소에 의해 실현되는가와 그 구조는 어떠한가를 중심으로 논의해야 할 것이다.

이러한 입장에서 볼프강 하이네만·디터 피이베커, 백설자 옮김(2002)에서는 텍스트학의 발전 과정에 나타난 여러 가지 텍스트 기술 모형을 다음과 같이 정리한 바 있다.

(1) 여러 가지 텍스트 기술 모형
ㄱ. 텍스트 현상을 설명하기 위한 수사학과 문체론의 접근법 : 수사학은 언제나 최상의 의사 소통 효과를 달성하는 문제에 관심을 두면서 '성공적으로 설득할 수 있는가'를 중시하는 텍스트 기술 모형을 말한다. 수사학적 모델에서는 주제를 효과적으로 처리하기 위하여 '착상 → 배열 → 표현 → 암기 → 발표'의 순서에 따라 처리한다. 또한 문체론도 수사학과 마찬가지로 표현 방법에 관심을 기울이게 된다.
ㄴ. 화용론적 전환 및 독자적 학문 분과인 텍스트 언어학의 방향 제시적 접근 방법 : 문장 문법을 확대하려는 입장에서 언어 사용의 실제 현상을 중시하는 기술 모형이 개발되었다. 이 모형은 기존의 언어학이 고립된 언어 단위에서 문장을 기술하는 데 비해 텍스트에서 하강하여 문장 및 언어학적 단위를 도출하는 방향으로 전개된다.
ㄷ. 문장 초월적 총체로서의 텍스트 기술 모형 : 텍스트라는 언어학적 단위의 특성을 전제로 텍스트의 문장 접속 모형과 문장 연쇄 모형을 기술한다. 이러한 모형에서는 개별 문장들을 집약하여 텍스트의 총괄성을 만드는 과정인 '텍스트화 조건'이 적용된다. 이러한 조건으로는 지시 관계의 일치성, 동일한 텍스트 대상과의 관련성, 어휘의 통일성, 의사 소통적 전달 시점의 통일성, 시제 구조의 통일성, 상위 관점의 통일성 등이 있다.
ㄹ. 의미 중심의 텍스트 기술 방향 : 문법적 모형에서는 텍스트의 통일성이 늘 표층구조의 일정한 신호에서 도출된 반면, 의미 기저구조를 연구의 중심으로 삼아 텍스트의 통일성을 기술하고자 하는 모형이다. 이 모형에서는 텍스트의 심층 구조, 명제 복합체로서의 명제 연결과 텍스트 내적인 거시 구조, 텍스트 주제의 위계 관계 등에 관심을 갖는다.
ㅁ. 의사 소통과 텍스트 – 화용지향적 텍스트 : 실제 삶의 맥락에서 나타나는 텍스트 작동 과정을 분석하는 모형으로 상황적·문맥적 요소를 체계적으로 고려하는 모형이다. 이 모형을 제창한 이젠베르크(1974)는 자칭 '텍스트 문법'이라고 이름을 붙이는데, 의사 소통 기능을 의도와 전제 구조 및 지시구조로 이루어져 있는 복합체로 나타내

고자 한다. 화용지향적인 텍스트 분석 모형에서는, 텍스트가 의사 소통의 기능을 수행한다는 점에서 발화 행위를 중시한다. 오스틴(1962)은 이러한 입장에서 발화 행위·발화 수반 행위·발화 효과 행위로 나눈 바 있으며, 써얼(1969, 1977)은 발화 행위·명제 행위(지시 행위와 술어 행위)·발화 수반 행위·발화 효과 행위로 나눈 바 있다. 이와 같은 입장에서 '행위'는 곧 '상황'과 관련을 맺게 되므로, 행위 지향 이론에서는 여러 가지 상황(활동 상황·사회적 상황·주위 상황 등)을 분석 모델 속에 포함시킨다.

ㅂ. 정신 과정의 산물인 텍스트 : 최근의 텍스트 언어학에서는 언어 과정을 좀더 심리학적으로 설명하려는 경향이 나타난다. 이는 인간의 활동과 의식이 인지 과정과 밀접한 관련을 맺고 있음을 전제로 하는 것인데, 텍스트 구성 과정을 심리적으로 파악하고자 하는 모형이 이러한 경향을 대변한다. 이와 같은 입장에서 텍스트 구성 과정은 '인지 도식(스키마)과 틀(프레임)'에 토대를 두고 있으며, 지식의 활성화 과정과 밀접한 관련을 맺게 된다는 것이다. 이러한 이론에 토대를 둔 보그랑데/드레슬러(1981)에서는 인지적 과정의 주요 처리 단계를 분석 모형으로 삼는다. 그 과정에서 텍스트 산출 모형(계획하기 → 착상 → 전개 → 표현 → 문법적 종합)과 텍스트 수용 모형(문법 분석 → 개념 불러내기 → 압축하기와 중점 인식하기 → 생각 되불러내기 → 계획 되불러내기)을 제시한다.

ㅅ. 대화 분석 : 1950년대 초반 미국의 사회학과 민족학적 언어학에서 의사 소통 진행 과정의 형식적 구조 문제에 관심을 가지면서 민족방법론에 입각한 대화 분석이 시도되었다. 이와는 별도로 인간 의사 소통의 본원적인 형식으로서 대화를 분석하고자 하는 활동 중심적 대화 분석 방법이 널리 연구되었다.

　(1)에 언급된 여러 가지 텍스트 분석 모형은 텍스트학의 발전 과정에서 다양하게 나타난 텍스트 분석 모형들이다. 이와 같이 논의가 다양하고 산만할 수밖에 없는 까닭은 분석 대상으로 삼는 텍스트의 성격과 본질을 어떻게 볼 것인가에 대한 견해가 통일되어 있지 않기 때문이다. 이와 같은 입장에서 텍스트 분석은 개별적인 텍스트마다 분석 방법이 달리 적용될 수 있음을 인정해야 할 것이다.

　이와 같이 개별 텍스트가 다양하고 분석 방법이 다차원적이라고 할지라도 텍스트 분석을 위한 기본적인 개념은 동일하게 적용될 수 있다. 그 까닭은 텍스트 표현이 언어적이든 비언어적이든 또는 통합적이든 텍스트를 생산하고 수용하는 과정에는 '의사 소통'이라는 전제가 작용되기 때문이다. 이 점에서 박정준(1995)에서는 텍스트 성분들 간의 관계를 나타내는 결속 기제를 중심으로 텍스트의 정보 처리 과정을 설명한 바 있는데, 이 논문에서는 '텍스트는 저마다의 주제를 갖고 있으며, 그 주제를 실현하기 위해 텍스트를 구성하는 문장들 간의 의미 연쇄를 위한 몇 가지 기제를 갖는다.'고 전제한 뒤, 이러한 의미 연쇄에 작용하는 기제를 결속 기제라고 부른다. 이러한 입장에서 텍스트 정보의 생산 및 이해의 주체로서 텍스트 참여자를 분석할 때 널리 도입되는 개념이 프레임 이론과 스크립트 이론이다. 이 때 사용되는 개념이 프레임, 스키마, 스크립트, 플랜이라는 것이다. 이를 소개하면 다음과 같다.

> (2) 정보 처리 과정에 도입되는 개념
>> ㄱ. 프레임 : 특정 상황의 전개에 필요한 사건들의 집합을 말한다. 이 때 특정 상황을 텍스트 상황이라고 하고, 그 상황을 표층에서 실현하는 명제를 텍스트 명제라고 이름 붙이면, 텍스트 상황은 여러 개의 텍스트 명제의 결속체로 이루어진다.
>> ㄴ. 스키마 : 시간적 인접성과 인과 관계로 연결된 사태 구조와 상태들이 일정한 순서로 배열되어 있는 양식을 말한다. 우리는 스키마를 토대로 하나의 사건 이후 다음에 이어질 사건이나 행위 정보를 예측하며, 이전의 사건을 추론하고, 정보를 복원하기도 한다.
>> ㄷ. 스크립트 : 프레임과 스키마를 혼합한 것으로, 프레임이 단지 어떤 상황을 구성하는 항목이나 사건 종류에 대한 정적 데이터베이스로서의 특징을 갖고, 스키마는 상황을 형성하는 사건간의 시간적 계기성을 정보화하는 데 비해, 스크립트는 이 두 가지 정보를 동시에 지닌 것을 말한다.
>> ㄹ. 플랜 : 의도된 목표를 실현하는 사건 및 행위로 구성된 지식 형태를 말한다.

(2)에 도입된 여러 개념들은 통합적 텍스트로서 정보의 생산과 수용 과정을 분석하는 데 도움이 된다. 달리 말해 텍스트의 주제를 어떻게 전개해 나갈 것인가는 프레임의 역할에 의해 결정되며, 전개하는 데 필요한 사건/행위의 시간적 배열에 대한 정보는 스키마에 의해 주어진다. 또한 텍스트 참여자

들의 참여 목표 및 계획에 대한 정보는 플랜이 담당하게 되고, 적절한 시점에 어떤 상황을 언급하는 것이 텍스트 정보의 순차적 진행을 가능하게 하는가를 스크립트가 담당한다[1].

　의사 소통(정보 처리)에 관여하는 실체로서의 텍스트 이해는 언어적으로 표현된 것 이외의 요소를 고려하여 분석해야 할 경우가 많다. 이와 같은 입장에서 텍스트 분석은 텍스트 내적인 세계뿐만이 아니라 텍스트 외적인 세계까지도 고려해야 가능해진다. 이 점에서 김혜정(2002)에서는 '비판적 읽기'라는 인지 행위를 전제로 하여 다음과 같은 분석 기준을 마련하고 있다.

　(3) 텍스트 인지 범주

텍스트 내적 세계	미시 구조적 차원	문장의 통사 구조 및 수사적 표현 방식에 대한 인지
	거시 구조적 차원	주제 및 의미의 지시적 흐름에 대한 인지
	초구조적 차원	구조의 유형 및 관계(기능) 인지
텍스트 외적 세계	맥락적 지식 차원	간텍스트성을 지닌 맥락의 인지
	가치적 지식 차원	가치관, 사회적 윤리 규범에 대한 인지

　(3)에서 제시된 텍스트 인지 범주는 텍스트 분석을 위해 고려해야 할 요소를 체계화시킨 것이라 할 수 있다. 이 논의에서 텍스트 내적 세계는 문 구조, 문 연속 구조와 같은 텍스트의 통사적 결속 구조를 바탕으로 텍스트가 어떻게 표현되는가에 관련되는 미시 구조 차원, 미시 구조의 개별 명제들 간의 의미 관계를 밝힘으로써 더 큰 명제 단위로 재구성된 거시 구조 차원[2],

---

1) 박정준(1994)에서는 이러한 역할을 집짓기에 비유하고 있다. 달리 말해 집의 구조에 대한 지식은 프레임과 관련되고, 집짓기를 계획하는 지식은 플랜과 관련된다. 집 짓는 일을 실현하는 사건/행위의 순서는 스키마의 역할과 같다. 이 비유에서 스크립트에 대한 언급은 없으나 논의 내용을 바탕으로 할 때 스크립트는 집 짓는 일 자체가 플랜에 따라 제대로 이루어지는지를 통합하는 기능을 하는 것으로 이해할 수 있을 것이다.
2) 김혜정(2002)에서도 내적 세계에 대한 이해는 반 다이크, 정시호 역(1995)의 논의를 바탕으로

전체 텍스트에 관여하는 소단위 텍스트들의 기능적 단위들로 구성된 초구조 차원으로 이루어진다. 따라서 텍스트를 분석할 때 텍스트 자체에서는 명제간의 조건적 연관성이나 지시 대상간의 일치 등을 분석할 수 있고, 이를 바탕으로 응집성과 화용적 해석을 할 수 있다. 미시 구조 분석은 명제들의 집합체로서의 거시 구조 분석에 기여하게 되며, 이 구조 분석을 통하여 텍스트의 주제 및 대화 주제를 밝혀낼 수 있다. 이에 비해 초구조적 차원의 분석은 구조 유형이나 관계를 이해함으로써 텍스트의 총괄적 의미를 파악하는 데 기여한다. 반데이크, 정시호 역(1995)의 논의에 따르면 초구조는 텍스트 내에서 반드시 언어적으로 표현되는 것은 아니다. 예를 들어 이야기나 논증 구조에서 의사 소통에 기여하는 여러 가지 자질이 초구조를 이룰 수 있기 때문에 그림과 같은 또다른 요소에 의해 드러나기도 한다.

텍스트 외적 세계는 텍스트 내적 세계의 의미 해석에 공조하기 위해 독자에 의해 수의적으로 동원되는 관념적 자원으로서 지식의 성격을 지닌다. 김혜정(2002)에서는 이러한 텍스트 외적 지식을 다시 맥락과 가치로 나누어 설명한 바 있다. 먼저 맥락이란 공시태적으로 사회 문화적인 환경, 과거와 현재를 이어주는 통시태적인 역사적 맥락을 앎으로써 주로 상황 맥락을 이해하는 것을 말한다. 이러한 맥락은 스크립트나 프레임의 형태로 저장되기도 한다. 이에 비해 가치에 대한 지식은 가치관으로 불리며 상대적으로 객관적인 체계의 맥락적 지식과는 달리 독자 개인의 정서·태도·성향 등에 따라 좌우된다.

이처럼 텍스트의 외적 요소와 내적 요소를 구분하여 접근함으로써 우리는 다양하고 다차원적인 텍스트를 효과적으로 분석할 수 있다. 이 때 유의할 점은 우선적인 분석 대상이 무엇인가를 이해해야 한다는 점이다. 이는 문학적 텍스트에서 가장 많이 논의되어 왔듯이3) 텍스트 내적 세계 분석이 우선시되어

하고 있다. 이 때 미시 구조는 선적 연관성을 만족시키는 구조이며, 거시 구조는 총괄적 연관성을 만족시키는 구조라고 볼 수 있다.

3) 작품과 관련하여 문학 작품을 감상할 때, 작품 자체만을 중시하는 내재적인 방법과 작품 이외의 요건을 고려하는 외재적 방법이 있다. 작품의 미적 구조를 중시하는 구조론적 접근은 전자에 해당하며, 작품에 반영된 사회 문화적인 맥락(반영론적 접근)이나 독자의 수용 정도를 파악하는 것(수용론적 접근)은 후자에 해당한다. 문학 작품 이해에서 우선 시 되는 것은 작품 그 자체이다.

야 한다. 따라서 텍스트의 미시 구조나 거시 구조, 초구조에 대한 이해와 분석이 텍스트 언어학의 주요 과제이다. 이러한 관점에서 텍스트 분석은 브링커(1992)에서 밝히고 있듯이, 명제·문장·텍스트 요소에 대한 분석을 주요 내용으로 삼는다.

3.1.2 언어적 텍스트 분석

텍스트 언어학적 관점에서 텍스트는 언어적 단위이자 통보적 단위로 이해된다(브링커, 이성만 역 1994). 따라서 텍스트 분석에서는 비언어적 표현이나 통합적 표현으로 이루어진 텍스트일지라도 언어적 국면이 논의의 중심을 이룰 수밖에 없다. 이와 같은 입장에서 텍스트 분석의 기본 단위는 문장이 된다. 그렇지만 독립된 한 개의 문장이 텍스트일 수는 없다. 왜냐 하면 텍스트 자체는 결속성과 응집성을 갖추어 의사 소통 체계를 이루기 때문인데, 독립된 문장이 화자의 의도를 반영하여 상황 맥락 속에서 의미를 실현하기는 어렵기 때문이다. 또한 몇 개의 문장이 모여 있다고 해서 그것을 모두 텍스트라고 부르기도 어렵다. 예를 들어 소설 속의 문장을 몇 개 나열한다고 해서 작품의 의도나 의미가 살아나기 어렵기 때문이다. 그렇기 때문에 문장이 모여 텍스트를 이룰 때 중간 단계의 단위가 존재하는 것으로 간주할 수 있다. 이에 대해 이은희(2000)에서는 레이커, 하인즈, 전병선 등의 논의를 종합하여 다음과 같은 단위를 설정한 바 있다.

(4) 텍스트의 기본 단위
　　ㄱ. 레이커(1979) : 문장 – 단락 – 담화
　　ㄴ. 하인즈(1979) : 문장 – 글분절 – 단락 – 담화
　　ㄷ. 전병선(1995) : 문장 – 문장군 – 문단 – 단편 – 텍스트

언어학적 기준에서 문장이 '문장답다' 또는 '문장답지 않다'라는 판단을 내릴 때에는 문법규칙을 지켰는가 그렇지 않은가에 따른다. 달리 말해 문법적

이와 마찬가지로 텍스트 분석에서도 텍스트 내적 요소에 충실한 이해가 우선시되어야 할 것이다.

으로 완결된 문장은 문장다운 것이며, 문법적으로 적격하지 않거나 불완전하면 문장답지 않은 셈이다. 그렇지만 텍스트의 기본 단위로서 문장은 텍스트다운가 아닌가를 기준으로 하여 판단한다. 고영근(2001)에서는 이 때 적용할 수 있는 텍스트다움의 기준으로 다음과 같은 항목을 제시한 바 있다.

> (5) 텍스트다움의 기준
> ㄱ. 응결성의 장치(1)
>   - 자소론적 응결 장치
>   - 음운론적 응결 장치
>   - 형태론적 응결 장치
>   - 통사론적 응결 장치
> ㄴ. 응결성의 장치(2)
>   - 의미상의 등가성에 기댄 응결 장치
>   - 기능상의 등가성에 기댄 응결 장치
> ㄷ. 응집성
>   - 의도성과 수용성
>   - 정보성과 상황성
> ㄹ. 간텍스트성4)
>   - 응결성에 기댄 간텍스트성
>   - 응집성에 기댄 간텍스트성

이와 같은 입장에서 텍스트가 몇 개의 문장으로 이루어져 있는가는 그다지 중요한 문제가 될 수 없다. 다만 텍스트 언어학에서는 텍스트의 기본 단위로 문장을 설정하고, 그것이 어떻게 완결된 의미를 실현하는가5)를 따지는

---

4) 간텍스트성은 텍스트 참가자들이 텍스트 생산과 수용 과정에서 여타의 텍스트에 의존하게 되는 것을 말하며, 이 책에서는 이를 '텍스트상호성'이라는 용어로 설명하였다.

5) 독립된 문구나 문장이 텍스트인가 아닌가 여부는 텍스트성을 갖추고 있는가에 따라 판단될 것이다. 이미 논의한 바대로 응결성, 응집성, 의도성, 용인성, 상황성, 텍스트상호성 등은 텍스트의 성립 여부를 판단하는 기준이 된다. 예를 들어 우합류 도로를 표시하는 교통표지판이 존재한다고 할 때, 그 표지판이 도로에 설치되어 있다면 텍스트로서의 가치를 지닐 수 있지만, 산 중턱에 세워져 있다면 텍스트로서의 가치는 없을 것이다. 마찬가지로 언어적 표현으로 된 문구나 문장도 그것이 존재하는 상황 속에서 완결된 의미를 실현하는가 여부에 따라 텍스트로서의 가치가 부여될 수 있을 것이다.

것을 텍스트 문법이라고 부를 수 있을 것이다. 그렇기 때문에 속담이나 광고 카피, 교통 표지와 같이 하나의 문구나 문장으로 이루어진 텍스트도 존재한다.

텍스트 문법에서 중시되는 개념은 접속 관계와 접속 구조이다. 그 까닭은 텍스트의 기본 단위로서 문장이 존재할 때 여러 개의 문장이 연결되어 전체 구조를 이루어야 텍스트를 이루기 때문이다. 이에 대해 브링커, 이성만 역(1994:18)에서는 기본 단위로서의 문장을 '부분문장'이라고 부르고 이들 문장이 모여 이룬 문장을 '전체문장'이라고 부른다. 또한 부분문장이 전체문장을 이루는 관계를 '문장접속'이라고 한다. 텍스트언어학의 문장 접속 관계는 기존의 언어학에서 중시하는 통사 층위만을 고려하지는 않는다. 왜냐 하면 텍스트의 문장접속은 응집성의 관점에서 설정되는 개념이기 때문이다. 이러한 입장에서 이은희(2000)에서는 접속관계의 개념과 기능을 비교적 자세히 고찰하고 있다. 이를 바탕으로 접속관계의 개념과 기능을 설명한 바 있다. 이에 따르면 '접속관계는 언어적 구조체의 통일성을 형성하는 요소의 하나로, 두 접속 대상 사이의 의미적 관련성을 뜻하는 개념'이라고 볼 수 있다. 다시 말해서 접속 관계는 두 접속 대상 사이의 의미적 관계를 의미하며, 접속 대상은 접속 관계에 의해서 연결되는 언어적 요소를 의미한다. 이를 바탕으로 이은희(2000)에서는 접속 관계의 성립 방식과 접속 관계의 언어적 명시화를 다음과 같이 기술하고 있다.

(6) 접속 관계의 성립 방식과 언어적 명시화
   ㄱ. 접속 관계의 성립 방식

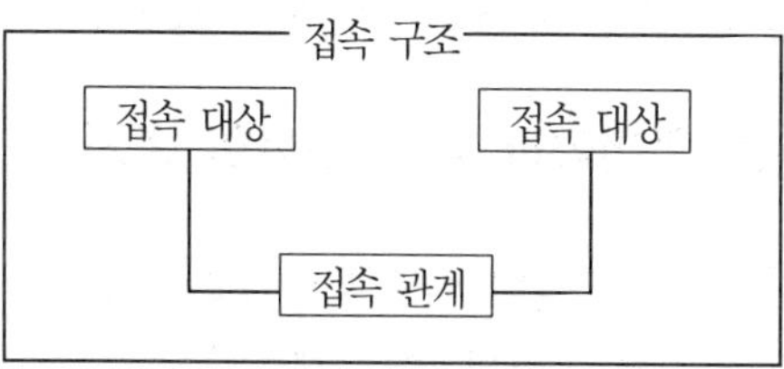

   ㄴ. 접속 표지의 유형 : 접속 조사, 접속 어미, 접속 부사, 구절적 접속 표현

(6ㄴ)에 제시된 접속 표지의 유형은 모두 접속 관계의 언어적 표출이라는 면에서 동일하다. 그런데 기존의 문법 연구에서는 문장 이하의 단위에 관심

을 기울인 데 비해 텍스트 언어학에서의 접속 관계는 구조적·인지적 기능에 중점을 두어 텍스트를 분석한다는 점에서 어절에서부터 전체 텍스트의 구조를 형성하는 과정을 중시하기 때문에 접속 표지의 기능을 좀더 다차원적으로 분석해야 한다.

이와 함께 텍스트의 연결성을 표시하는 다른 장치들과 접속의 개념을 구분하여 사용할 필요가 있다. 이러한 개념으로는 지시, 대치, 어휘적 응집 등이 있다. 그 가운데 지시는 두 요소들 사이의 의미적 층위에서 성립하는 것이고, 대치는 어휘문법적 층위에서 성립하는 것이다. 지시와 대치는 모두 선행 요소와 후행 요소의 언어적 또는 맥락적 회복 가능성에 따라 성립한다는 점에서 '대용 관계'라는 용어로 묶어 설명할 수 있다. 달리 말해 지시 대상이 먼저 나오고 이를 대신하는 표현이 뒤에 나오거나(선행 대용) 그 반대의 구조(후행 대용)를 가지거나 모두 의미상의 회복 가능성을 전제로 한다. 이 점에서 결속 구조는 '두 요소를 맺어주기 위해 존재하는 것'이지만 대용 관계는 언어적으로 명시되어 회복 가능성을 갖고 있어야만 성립되는 것이다. 따라서 언어적 텍스트 분석에서 우선적으로 고려해야 할 사항은 결속 관계와 응결성을 파악하는 일이다. 이를 바탕으로 전체 텍스트의 내적 세계와 외적 세계를 고려하여 텍스트를 분석하게 된다.

3.2 텍스트 언어학과 국어 교육

3.2.1 텍스트 언어학과 국어 교육의 관계

텍스트 언어학의 발달은 국어 교육에도 많은 영향을 미쳤다. 그 까닭은 국어 교육의 목표가 국어를 창의적으로 사용하는 능력과 태도를 중시하며, 정확하고 효과적으로 국어 생활을 영위하고, 미래 지향적인 민족 의식과 건전한 국민 정서를 함양하며, 국어 발전과 국어 문화 창달에 이바지해야 한다는 것(교육부 1997:18)과 관련이 있다. 따라서 국어 교육은 단순히 국어학이나 국문학을 교과학의 입장에서 가르치는 것이 아니며, 국어 연구와 문학 연구성과를 유기적으로 결합하지 않으면 안 된다6). 이 점에서 텍스트 언어학이 지향하는 바는 국어 교육의 발달에 많은 공헌을 하게 되었다.

텍스트 언어학은 기존 언어학이 문장 차원의 연구를 벗어나지 못했던 데 비해 문장 이상의 텍스트를 연구 대상으로 삼음으로써 국어 교육을 통한 언어 사용 능력의 신장이라는 목표를 좀더 효율적으로 달성할 수 있도록 해 주었다. 이 점에서 텍스트 언어학을 응용하여 국어 교육에 접맥하고자 하는 시도가 교과 교육학자들을 바탕으로 폭넓게 시도된 바 있다. 이러한 입장에서 이성영(2001:18)에서는 텍스트 언어학과 국어교육의 관계를 다음과 같이 설명하고 있다.

> (7) **텍스트 언어학과 국어 교육의 관계**
> 텍스트의 구조와 기능을 해명하려는 텍스트 언어학은 국어 교육과 밀접한 관련을 갖는다. 국어 교육은 국어 사용 능력, 곧 학생들로 하여금 국어로 된 텍스트의 생산과 수용 능력을 길러 주는 것을 목표로 하기 때문이다. 사실상 텍스트 언어학이라는 분야가 생기기 훨씬 전부터 국어 교육에서는 텍스트를 다루어 왔다. 다만 그것이 체계적인 연구로 나아가지를 못했을 뿐이다. 이런 상황에서 텍스트 언어학은 국어 교육의 주된 관심사인 텍스트를 학문적인 차원에서 체계적으로 연구할 수 있는 바탕을 마련해 주었다는 점에서 의의가 깊다7).

이와 같은 입장에서 한국텍스트언어학회의 『텍스트언어학』10호에서는 "언어 교육과 텍스트 언어학"을 특집으로 다루고 있다. 이 특집에서 박영목(2001)은 쓰기 교육과 읽기 교육을 텍스트 언어학적 이론으로 접근하고 있는 연구들에 대한 동향을 소개하고 있으며, 이은희(2001)에서는 국어 지식교육에 텍스트 언어학의 이론이 어떠한 모습으로 접목되어 있는지를 살피고 있다. 나아가 국어 지식교육에 도움을 주기 위해서는 어떠한 방향으로 텍스트

---

6) 이와 같은 입장에서 민현식(2000)에서는 국어 교육을 위한 응용 국어학이라는 개념을 도입하고 있다. 이 용어는 순수 이론국어학과 대립되는 용어로 모국어 교육, 국제 한국어 교육, 보조 국어학, 인접 국어학 등을 지칭하는 개념으로 사용된다. 이 연구에서는 보조 국어학의 한 분야로 국어텍스트학을 설정하고 있다.

7) 이런 맥락에서 나온 박사 학위 논문으로 주경희(1992), 이은희(1993), 이삼형(1994), 서혁(1996) 등이 있다.

언어학적 연구가 이루어져야 할 것인가를 살피고 있다. 연구 결과에 의하면 텍스트를 생산 이해하는 다양한 언어 활동 과정에서 어떠한 의사 소통의 방식이 나타나며, 이를 어떻게 절략화 할 것인가에 대한 연구가 함께 이루어진다면, 국어 사용 능력 향상에 많은 도움을 줄 수 있을 것이다. 김혜정(2002)에서는 비판적 읽기 과정을 설명하기 위한 텍스트 분석의 여러 층위를 보여주고, 텍스트의 구조가 읽기에 어떻게 관여하는지를 살피고 있다. 이 연구는 비판적 읽기는 텍스트에 대한 1차적인 수용이 전제되지 않고는 이뤄질 수 없는 것이기에 텍스트 분석은 중요하며, 또한 2차적인 관망은 텍스트의 보다 상위 구조에 대한 관찰을 필요로 한다는 것을 강조하고 있다. 또한 이희자(2001)에서는 외국어로서의 한국어 교재 텍스트의 효과적인 교습에 텍스트를 단위로 한 언어 분석 이론을 도입한 설명의 필요성을 살피고 있다. 이 글은 텍스트가 정보 전달을 목적으로 주제부-설명부 구조로 짜여 있다는 것을 전제로 하고, 이 개념에 대한 바른 이해와 교육이 텍스트의 상당 부분을 이해시킬 수 있다는 사실을 밝히고 있다.

이러한 경향은 이 특집이 마련되기 이전에도 산발적이기는 하지만 비교적 깊이 있게 논의되어 왔다. 예를 들어 노은희(1999)에서는 국어 교육 분야에서 대화에 대한 교육이 올바르게 이루어지기 위해서는 대화의 특성과 과정을 살피는 것이 중요함을 강조하고 있다. 이 논문에 의하면 '대화'는 음성으로 표현하는 구어 담화이고, 두 사람 이상이 발화를 주고받는 양방향성 담화이며, 참여자간의 인간 관계를 중시하는 관계중심 담화이다. 대화는 역할과 화제가 정해지지 않는다는 면에서 자유롭지만, 참여자들이 순서 교대와 화제 교섭을 대등한 방식으로 전개한다는 면에서 나름의 일정한 흐름을 갖게 되는 특징을 지닌다. 또한 박진용(1998)에서는 국어 교육의 기초 자료가 되는 텍스트에 대한 연구가 미흡하다는 인식을 바탕으로, 텍스트의 개념을 고찰한 후 일정한 기준에 따라 국어 교육에서 사용되는 텍스트의 유형을 체계적으로 분류하고 있다.

텍스트성을 바탕으로 국어 교육을 논의해야 한다는 입장에서의 연구도 비교적 다양하게 논의된 바 있다. 이러한 경향을 드러내는 논의로는 서혁(1998)이 있다. 이 논의에서는 보그란데와 드레슬러(1981)가 제시한 텍스트 다음의 기준인 텍스트성에 대해 재론하고 있다. 그는 텍스트성 판단의 1차적 기준으로 '텍스트 중심적 일관성 조건(A), 텍스트 수용자 중심의 응집성 조건(B, 개인적 용인성 차원), 텍스트 문화적 조건(C, 집단 용인성)'으로 구분하고 있다. 그리고 위 세 조건 중 어느 하나만 만족시킨다면 텍스트로 판단할 수 있다고 보았다. 아울러 국어 교육이 지금가지 학습자의 발달 단계와 관련하여 어휘 발달 단계 이상에는 관심을 기울이지 못한 것을 비판하면서 공시적, 통시적 측면에서 학습자의 텍스트에 대한 지속적이고도 총체적인 연구로 그 범위가 확장 발전되어야함을 주장하고 있다. 이러한 연구 성과들을 바탕으로 국어 교육의 교재화나 교육과정의 계열화, 체계화가 가능하다고 보았다.

또한 텍스트 분석과 국어 교육 방법론에 관심을 기울여 온 또다른 성과로 이은희(2000)를 주목할 수 있다. 이 논의에는 텍스트 언어학적 접근을 통해서 국어 교육을 어떻게 연구할 것인가에 대한 고민이 담겨 있다. 1부에는 국어 교육에서 언어 연구가 왜 필요하며 어떤 방향으로 이루어져야 하는가에 관해 전체적으로 살펴본 후 제2부에서는 언어 연구 방법으로서 텍스트 언어학이 어떤 특성을 지니고 있으며 국어 교육에서 어떤 의의를 지니는가에 관해 고찰하고 있다. 제3부와 제4부에서는 텍스트 언어학적 연구 방식에 따라 어떻게 국어 교육에 접근할 것인지를 구체적으로 탐색하고 있다. 제3부에서는 접속관계라는 현상을 대상으로 국어 교육에서 텍스트 언어학적 연구가 구체적으로 어떻게 이루어질 수 있는지를 살피고 있으며, 제4부에서는 텍스트 언어학적 연구 결과를 국어 교육에 어떻게 적용할 수 있는지를 모색하고 있다8).

---

8) 이와 같은 연구 성과는 이은희(2000:39)의 연장선상에서 이루어진 것이라고 할 수 있다. 이 논의에서는 텍스트 언어학적 측면에서 이루어진 국어 교육 연구를 크게 두 가지 경향으로 나누었는데, 하나는 언어 현상에서 출발하는 것이며, 다른 하나는 언어 표현 및 이해 활동에서 접근하는 것이다. 전자는 구체적 언어 현상을 텍스트 언어학적 관점에서 이해하고 이의 국어 교육적 의의를 찾아가는 방식이라면, 후자는 언어사용 활동을 설명하기 위해 텍스트 언어학적 연구 성과를 수용해 가는 방식이라고 할 수 있다. 전자의 입장에서 이루어진 연구로 주경희(1992), 이은희(1993), 이삼형(1994), 김봉순(1996) 등을 들 수 있고, 후자의 입장에서 이루어진 연구로 서혁(1996), 김재봉(1995) 등을 들 수 있다. 이렇게 연구 방향이 두 가지로 나타나는 것은 국어 교육에 접근하는 방법적 차이로도 볼 수 있지만, 다른 한편으로는 텍스트 언어학이 가지는 두 가지 특성, 즉 구조 중심적 측면과 언어 사용 활동적 측면에 기인한 것으로도 볼 수 있다.

지금까지 살펴본 바와 같이 텍스트 언어학의 발달은 텍스트의 생산과 수용 과정에 작용하는 여러 가지 요소를 분석·기술하고, 아울러 그 과정에 적용되는 책략을 고려할 수 있다는 점에서 언어 사용 능력과 언어 지식, 언어 예술을 교육 내용으로 삼는 국어 교육의 발달에 큰 기여를 하였다. 이와 같이 텍스트 언어학이 국어 교육의 발달에 기여할 수 있었던 점은 권재일 (1999:479)에서 논의한 바와 같이, '텍스트 언어학은 텍스트의 생산과 수용 과정에 작용하는 책략과 절차들이 효율성, 유효성, 적절성 기준에 의해 통제되면서, 언어 교육에 공헌할' 수 있다는 점에서 자연스런 현상이라고 할 수 있다.

이러한 입장에서 이 글에서는 텍스트 언어학이 국어 교육에 미친 영향을 국어 교과학적 기준에 따라 좀더 자세히 살펴보기로 한다. 이를 위해 국어 교과학에서 설정하고 있는 국어 교과 교육의 내용을 읽기, 쓰기, 말하기·듣기, 문학, 언어 지식으로 나누어 살펴보자.

3.2.2 텍스트 언어학과 읽기 교육

텍스트 언어학이 읽기 교육에 영향을 줄 수 있는 까닭은 텍스트가 특정한 독자에게 얼마나 적절하게 수용될 수 있는가 하는 그 수용 가능성의 정도를 결정하는 데 유용하기 때문이었다. 이 점에서 읽기의 성격과 읽기 지도 방법 등에 텍스트 분석 방법이 다양하게 적용되어 왔다.

텍스트 언어학의 연구 성과는 일반적인 언어 교육에서 널리 적용되어 왔는데, 이러한 흐름은 박영목(2001)에서 잘 정리된 바 있다. 이에 따르면 텍스트 언어학이 읽기 교육에 미친 영향은 두 가지 차원에서 정리될 수 있는데, 하나는 텍스트의 구조적 특성에 관한 연구이며 다른 하나는 텍스트 의미 구성의 구조적 측면에 관한 연구이다.

먼저 텍스트의 내용을 조직하는 데 사용된 기본적인 골격 또는 개요라고 할 수 있는 텍스트 구조에 대한 이해는 언어 현상을 이해하는 것뿐만 아니라 이를 응용하여 교육적으로 실천하는 데도 유용하다. 그렇기 때문에 교과서 개발자는 잘 조직되고 일관성을 갖춘 교과서를 만들 수 있으며, 학생들을 지도하는 교사는 교과서의 내용을 효과적으로 학습하는 방법을 익혀 학생들에게 효과적으로 가르칠 수 있다. 따라서 교육 활동에서는 텍스트가 어떤 구조를 갖고 있는가를 유형화하고 각 유형의 텍스트마다 어떤 특징이 있으며 어떻게 그것을 가르쳐야 하는가를 유념하게 된다. 박영목(2001)에서는 이와 같은 연구가 서사 구조의 텍스트9)와 설명 구조의 텍스트를 중심으로 발달되어 왔다고 한다. 이러한 연구 사례로 킨취(1975)와 마이어(1975)가 있으며, 특히 마이어는 서사적 텍스트의 구조를 '최상위 구조, 대단위 명제, 소단위 명제'로 구분하고 그 가운데 최상위 구조와 대단위 명제는 독해가 끝난 다음 독자의 기억 속에 쉽게 저장되는 특성을 밝혔다. 이러한 구조 분석은 텍스트를 이해하는 데 작용되는 요소가 무엇인가를 밝히는 데도 유용하게 작용한다. 이 점에서 베라이터(1978)는 아동들의 독해 전략이 텍스트의 구조 유형에 따라 점진적으로 발달해 나가는 것으로 설명하고 있는데, 아동들은 구체적 수준의 서사적 텍스트에서 추상적 수준의 설명적 텍스트 순으로 독해 전략을 학습해 나간다는 것이다. 이러한 순서와 함께 텍스트의 복합적 측면을 이해하기 위해 기저 구조, 텍스트의 친숙성, 아이디어의 응집성, 아이디어의 복잡성 등의 개념도 여러 학자들에 의해 가미되었다.

이와 함께 읽기 교육 분야에서 설명적 텍스트의 가독성과 관련된 문제는 오랜 관심사를 이루어 왔다. 박영목(2001)에 정리된 바에 따르면 가독성 연구는 1970년대 이전에는 1) 단어의 사용 빈도를 단어의 난이도에 대한 지표로 삼았으며, 2) 쉽게 측정이 가능한 문장 구성 요소들을 면인으로 한 복합 회귀 분석법을 통하여 가독성 공식을 만들었고, 3) 텍스트의 내용이나 조직 혹은 의미 등의 변인들을 토대로 하여 만든 가독성 공식은 거의 활용되는 일이 없었고, 4) 가독성 공식은 주로 텍스트의 학년 수준을 제시하였는데 학년

---

9) 박영목(2001)에서는 서사 구조의 텍스트 연구로 루멜하트(1975)의 이야기 문법이 대표적인 연구로 인정되고 있음을 밝히고 있다. 이야기 문법을 이용한 서사 구조의 기억에 관한 연구 결과는 널리 인정되고 있는데, 그 주요 내용은 1) 이야기 문법에서 규정한 사건의 순서는 실제 이야기의 사건 순서와 일치하는 경우가 많으며, 2) 잘 구성된 이야기는 이야기 문법의 구조에서 벗어나지 않고, 3) 잘 구성된 이야기를 듣고 그것을 다시 이야기할 수 있는 능력은 4세 내지 5세 때부터 발달한다는 것이다.

별 교과서의 적절성 여부를 판단하는 데 널리 활용되었다. 이에 비해 1970년대 이후에는 수많은 가독성 공식이 개발되었는데 단어의 빈도, 난이도, 문장의 길이, 음절의 수 등과 같이 쉽게 측정될 수 있는 변인들을 바탕으로 한 공식이 대부분이었다. 이러한 가독성 공식은 교육용이나 연구용으로 널리 활용된다.

언어 연구와 언어 교육의 관계와 마찬가지로, 텍스트 언어학이 국어 연구에 도입되면서 읽기 교육의 성격 규명이나 지도 내용, 지도 방법 연구에 많은 영향을 주었다. 이러한 흐름에서 두드러진 바를 정리하면 다음과 같다.

첫째로, 읽기의 성격과 관련하여 박수자(1995)를 주목할 수 있다. 이 연구에서는 읽기의 개념을 '기능, 정보 처리 과정, 의미 재구성'이라는 세 가지 차원에서 정리한 뒤 독해에 필요한 언어 지식의 성격과 지도 방법을 탐구하고 있다. 이를 통하여, 읽기에 사용되는 독해의 특성은 통일성의 형성에 목적을 두고 있지만, 효과적 독해를 위한 단서로 응집적 기제(cohesive device)라는 언어 지식이 필요함을 밝히고 있다.

둘째로, 텍스트 구조를 이해하고 기억하는 과정과 관련된 연구 성과도 비교적 많이 이루어졌다. 예를 들어 김봉순(1995)에서는 텍스트 구조를 구성하는 내용 명제들간의 관계를 명시적으로 표현하는 언어 형식인 텍스트 구조 표지가 텍스트 이해에서 수행하는 기능을 탐색했다. 이 연구는 상향적 독해의 한 요소로서 텍스트 구조 표시의 기능을 규정하고, 독자가 이해 과정에서 이 텍스트 구조 표지를 의미 구조의 구성에 이용함을 실험을 통해 증명하고 있다. 이와 함께 김봉순(1996)은 설명적 텍스트를 대상으로 텍스트 의미 구조 표지(markers of text-structure)의 체계와 기능을 밝혀, 텍스트의 생산과 독해를 효과적으로 수행할 수 있는 표현 책략과 이해 책략을 절차적 과정에 따라 제시하고 있다. 같은 맥락에서 서혁(1996)에서는 글에 있는 여러 내용들이 어떤 구조를 이루고, 이 구조에서 중심이 되는 주제는 무엇인가, 이 내용 구조와 중심 주제를 독자가 찾아내는 방법은 무엇인가 등에 관한 연구를 진행하고 있다. 이러한 연구는 김봉순(1996)의 연구와 함께 읽기 과정에 미치는 텍스트 변인을 포함한다. 텍스트 읽기 과정에 미치는 변인에 관한 또 다른 연구로는 김명순(1998)이 있다. 이 연구는 읽기에서 독자 변인과 글 변인이 서로 어떤 영향을 미치며 서로 어떻게 상호작용을 하는지를 밝히기 위한 연구이다. 실험 결과 내용 이해에는 글의 구조보다는 독자의 사전 지식이 중요한 요인으로 작용하였으며, 반대로 중요도 평정에서는 사전 지식보다 글의 구조가 더 큰 영향을 미쳤다는 결과를 보고하고 있다.

셋째로, 독자가 텍스트를 이해하고 정리하여 기억하는 과정에 관한 연구도 다차원적으로 이루어졌음을 확인할 수 있다. 예를 들어 김재봉(1995)에서는 요약규칙이라고 할 수 있는 거시규칙을 적용하여 읽기의 한 요소인 텍스트를 요약하는 과정을 살피고 있다. 또한 김재봉(1999)은 요약을 통한 언어 사용 기능의 신장을 위해서 텍스트 요약 전략을 수립하고, 수립한 전략을 적용하여 그 교육적 효용성을 구명하고 있다.

넷째로, 텍스트에 대한 이해력 발달 과정과 지도 내용 구성에 관한 연구도 비교적 폭넓게 논의된 바 있다. 이러한 입장에서 김봉순(2000)은 초등학교 1학년부터 고등학교 2학년까지의 11개 학년을 대상으로 설명적 텍스트의 텍스트 구조에 대한 이해력 및 표현력 발달 과정을 실험 연구를 통해서 밝혀내고 발달 단계에 맞는 학년별 지도 내용의 설정과 교재의 구성 내용 설정을 모색하고 있다. 이 연구는 학습자의 발달 수준을 전제해야만 교육 목표, 교육 내용, 교수 학습 방법, 평가 방법 등에 대한 교육적 판단이 가능할 수 있다는 점에서 매우 의미 있는 논문이다.

3. 2. 3 텍스트 언어학과 쓰기 교육

텍스트 생산 활동으로서의 쓰기는 독자와의 의사 소통 시도를 의미한다. 필자는 쓰기 활동 과정에서 전달하고자 하는 의도와 목적을 지니게 되며, 이를 여러 가지 정보를 활용하여 구조화한다. 이와 같이 텍스트 생산이라는 측면에서 쓰기 교육과 텍스트 언어학의 접맥이 이루어져 왔다.

이미 박영목(2001)에서 정리된 바와 같이 텍스트 연구와 쓰기 교육의 관계는 1950년대부터 1960년대에 이르기까지 표면적 구조 중심의 텍스트 연구를 바탕으로 전개되어 왔다. 촘스키 학파의 영향을 받은 사람들은, 이 과정에서 쓰기 능력 발달을 위해 학생들이 작성한 텍스트의 핵심 구조를 'T-unit(하나의 주절과 그에 딸린 종속절)'이라는 개념을 도입하여 통사적인 성숙도를 측정하고자 했다. 이러한 연구로 헌트(1965)에서는 세 개 학년의 수준별 문법 구조를 개발하고, 텍스트 생산 능력의 발달에 따라 각각의 T-unit별 단어의 수, 문장별 T-unit의 수, 매 T-unit별 절의 수, 매 절별 단어의 수 등이 어떻게 증가하는가를 검증한 바 있다. 이러한 연구 결과는 쓰기 지도에서 문장 결합 훈련을 성행하게 만들었다. 이러한 결합 훈련은 학생들로 하여금 통사론적 형식에 대한 의식적 집중을 하게 하고, 고쳐 쓰기를 위한 체계적인 기법을 제공하며, 문장 구성에 대한 자신감을 갖게 하고, 통사론적 유형에 대한 친숙도를 높이도록 하였다.

이와 같은 연구는 텍스트의 구조적 특징을 표면적·통사론적으로만 한정 지을 수 있다는 점에서 텍스트 생산 과정에 작용하는 여러 가지 요소를 통합적으로 다루지 못하는 한계를 지닐 수 있다. 이러한 한계를 극복하기 위하여 언어 단위의 결속성 변인을 중심으로 하여 텍스트 생산과 관련된 요인을 찾고자 하는 시도가 나타난다. 이러한 방법으로서 자료 분석 연구가 널리 활용되었는데, 바이커(1988, 1995), 그랩스(1992) 등에서는 텍스트 분석을 위한 여러 가지 요인을 찾아내어 쓰기 교육에 활용할 수 있도록 하였다. 표면적 구조화와 작문 능력 발달의 관계는 기능적 관점에서 문장이 결속되는 관계에 대한 다양한 연구로 이어졌다. 이러한 연구는 텍스트 구조와 의미 사이의 관계, 텍스트가 존재하는 언어 외적 상황, 텍스트가 지니고 있는 의사 소통적 기능, 텍스트 생산자나 수용자의 동기와 지식 등의 정보화 구조에 관심을 기울이며, 이에 따라 문장의 화제 구조, 화제 개발, 화제 구조 분석 등을 연구 대상으로 삼는다.

내적 구조 중심의 텍스트 연구는 텍스트 구성 현상을 설명하고자 하는 다양한 노력을 통하여 이루어져 왔다. 그레이브와 카플란(1996)은 텍스트 구성 모형을 설계하는 과정에서 반드시 고려해야 할 요인으로 통사구조, 의미도식, 결속 표지, 장르와 조직, 어휘 형식과 관계, 텍스트 구조의 문체론적 측면, 지식 기저 등을 제시하고, 이들 각 요인들은 하위 요인들로 구성되며, 각 요인들 사이에는 복잡한 상호 작용이 일어나는 것으로 설명하고 있다(박영목

2001:8). 이러한 텍스트 구성 모형을 표로 제시하면 다음과 같다.

(8) 텍스트 구성 모형(그레이스와 카플란 1996, 박영목 2001에서 다시 옮김)

		표면		내면	텍스트 외적 요인
문법적 특성	문장 수준	통사		의미	지시 대상, 배경지식,
기능적 특성	텍스트 수준	결속성	어휘	일관성	기억, 정서, 지각, 의도,
문체적 특성	대인적 수준	자세		입장	수사학적 유형, 상황

(8)에 나타나는 바와 같이 텍스트 구성 요인들 가운데 일관성 요인이나 텍스트 구성 요소들을 결합하고 조직하는 방식에 대한 관심은 쓰기 교육의 오랜 관심사 가운데 하나였다. 이처럼 텍스트의 구조와 일관성, 텍스트의 기저에 내재하는 여러 요인 등에 대한 연구는 텍스트 생산 과정을 이해하는 데 도움이 되었다.

국어 교육에서 쓰기 교육의 패러다임이 변화되기 시작한 것은 1990년대에 이르러서이다. 이러한 변화는 최영환(1998)에서 언급한 바와 같이 구성주의 언어 교육관이 널리 도입되고 나서부터이다. 구성주의는 기존의 구조주의와는 달리 인지적인 영역을 중시하며, '분석과 통찰', '언어 습득의 생득성', '의식 상태 중시', '심층 구조 중시' 등의 특징을 갖는다. 따라서 읽기에서의 '의미 재구성'과 쓰기에서의 '글 쓰는 사람의 정신적 과정' 등이 중시된다. 이러한 연구 경향에 따라 쓰기 교육 연구도 큰 변화를 보일 수밖에 없다. 이에 대하여 최영환(1998)은 다음과 같이 진술하고 있다.

(9) 쓰기 교육 과정의 설계 방안
  지난 20여 년 동안 국어 교육에서 쓰기 영역에 대한 연구는 국어 학습 상황에서 학생들이 생성해 내는 쓰기의 인지적 과정 및 발달 과정에 제한되어 왔다. 최근의 쓰기 연구는 쓰기가 이루어지는 <u>다양한 맥락</u>에 대한 연구를 강조하고 있다. 쓰기 과정 자체의 <u>복잡성을 체계적으로</u> 이해하는 데 중요한 정보를 제공할 뿐 아니라, 글을 생산하는 과정에서 아이디어를 <u>조직하고, 표현하는 방식</u>까지 포괄할 수 있는 기반을 제공한다는 점에서 교육적 의의를 갖기 때문이다.(밑줄은 글쓴이가 표시함)

(9)에 제시된 쓰기 교육 연구의 변화는 결과적으로 텍스트 언어학적 연구

경향과 맥락을 같이 한다.

이러한 흐름은 텍스트 언어학의 발달과 마찬가지로 1990년대 쓰기 교육 연구가들에 의해 다양하게 전개되어 왔다. 그 가운데 원진숙(1994/1995)에서는 논술 텍스트를 대상으로, 논술의 지도 방법을 언어학적 관점과 교육학적 관점에서 복합적으로 연구하였다. 즉 논술문을 어떻게 가르치고 평가할 것인가에 대한 문제를 의사 소통적 상호 작용 모델의 관점에서 고찰함으로써 작문 교육의 이론적 기초를 다지고 새로운 지도 방법론을 제시하고 있다. 논술 텍스트의 구성 원리로서의 '응집성' 개념을 도입하고 이러한 응집성 개념을 토대로 독자로 하여금 텍스트 이해에 어려움을 겪게 하는 '응집성 저해' 요인을 유형별로 분석하였다.

또한 쓰기 교수-학습 방법과 관련하여 심영택(1998)에서는 원리 중심의 고쳐 쓰기 활동의 필요성을 제기한 바 있다. 이 활동은 전통적인 '글다듬기(퇴고)'의 수준을 벗어나 실제적인 차원에서 사물이나 세계, 그리고 텍스트가 구축하는 세계에 대해 폭넓게 사고할 수 있는 프로그램으로 구성되어 있다. 심영택(1998)에서 제시된 고쳐 쓰기의 원리는 '교체의 원리(어휘적 차원, 문법적 차원)', '삭제의 원리', '재배열의 원리', '추가의 원리'를 바탕으로 하고 있는데, 고쳐 쓰기 내용을 직접 교수법에 의하여 단계별로 접근하도록 하였으며 아울러 같은 내용을 가지고 문장에서 문단, 그리고 글 차원으로 옮겨가면서 지도하도록 구성되어 있다. 이와 같은 지도 방법은 텍스트의 응결성을 이해하는 데 효과적이며, 필자의 쓰기 능력을 전략적으로 향상시키는 데 기여할 수 있을 것으로 보인다.

텍스트 언어학과 쓰기 교육의 관계는 교육 내용, 교수-학습 방법에만 국한되지는 않는다. 이 점에서 김봉순(1998)은 '쓰기 영역 교육 과정 평가의 체계'를 재검토하면서 쓰기 평가에 영향을 미치는 요인을 세 가지 차원으로 제시하였다. 그 내용은 1) 필자 요인 : 쓰기 기능과 전략, 전략에 대한 지식, 배경 지식, 동기·태도·습관, 2) 과제 요인 : 제재(주제·화제) 선택, 목적, 가상 독자, 담화 양식에 대한 이해, 상황, 3) 평가 요인 : 평가 방법, 평가 주체의 성향, 평가 자료 표집 방법, 과제에 담긴 정보량, 과제의 진술과 피험자의 과제 해석 능력 등으로 구성되어 있다. 김봉순(1998)에서 제시한 필자 요인과 과제 요인은 하나의 텍스트를 생산하는 데 작용하는 요인들로 어떤 것들이 있는가를 구체적으로 고려하여 설정되었다는 점에서 텍스트 언어학을 국어 교육에 적용한 사례라고 볼 수 있다.

이와는 별도로 쓰기를 사회적 문해력의 모습으로 접근하고자 하는 시도도 있었다. 예를 들어 조희정(2002)에서는 조선 세종조의 과서 시험을 대상으로 텍스트의 생산 과정에서 지배적 문해력과 생성적 문해력이 어떻게 작용하는가를 집중적으로 연구한 바 있다. 이러한 경향은 쓰기 활동이 단순한 의사소통으로만 끝나는 것이 아니라 사회·문화적인 배경과 밀접한 관련이 있음을 보여주는 연구라고 할 수 있다. 이와 같이 텍스트 언어학의 발달은 쓰기 교육의 내용 구성이나 지도 원리, 평가 등에 포괄적으로 적용되고 있으며, 사회·문화적인 관계와도 밀접한 관련을 맺고 있다.

3.2.4 텍스트 언어학과 말하기·듣기 교육

언어 교육과 텍스트 언어학의 관계는 '말하기·듣기' 분야에서 가장 현격하게 드러난다. 그 까닭은 텍스트 언어학이 의도하는 바가 '의사 소통 체계'로서의 텍스트 이해와 분석에 있기 때문이며, 아울러 텍스트 언어학의 발달 과정과 담화 분석[10]이 밀접한 관련을 맺고 있기 때문이다.

담화 분석과 텍스트 언어학의 관계에 대해서는 박용익(2001)에서 비교적 자세히 검토된 바 있다. 이 저서에서는 담화라는 용어 대신 '대화'라는 용어를 사용하고, 대화 분석 연구사를 '민족방법론적 회화 분석론', '입말 연구론', '텍스트 언어학', '화행론'의 네 가지 방향에서 정리하고 있다. 그 가운데 '텍스트 언어학과 대화'의 관계에 대해서는 다음과 같이 진술한다.

---

10) 국어 교육에서 입말을 대상으로 하는 '말하기·듣기'는 여러 가지 용어로 표현된다. 그 가운데 텍스트를 이루는 입말을 표현할 경우 '담화', '대화' 등의 용어가 사용되는데 이 글에서는 두 용어를 혼용한다. '대화', '담화', '회화' 등의 용어 쓰임새에 대해서는 박용익(2001:19~20)을 참고할 수 있으나 이 글에서는 국어 교육의 한 분야로서 입말 텍스트의 성격을 논의하고 있으므로 담화 분석과 대화 분석을 같은 의미로 사용하는 셈이다.

(10) 대화 분석론 발달사에서 텍스트 언어학
    텍스트와 대화는 여러 면으로 보아 비슷한 점을 많이 보이고 있는 만큼 텍스트 언
    어학과 대화 분석론도 많은 유사성을 지니고 있다. 뿐만 아니라 혹자는 대화 분석
    론이 텍스트 언어학의 계승 발전된 언어학의 한 분야라는 견해를 제시하기도 한
    다(헬비히, 1990).

(10)의 진술처럼 대화 분석론이 텍스트 언어학의 한 분야인가 아니면 유사 학문인가 하는 문제는 쉽게 결론이 날 성질의 것은 아니다. 그렇지만 헬비히(1990)에서 정리한 바대로 텍스트의 최소 구성 자질11)은 대화에서도 유효하게 적용된다. 이 점에서 대화 연구는 텍스트 언어학적 방법을 유추하여 적용할 수 있다.

국어 교육에서 대화 연구와 텍스트 언어학의 관계는 노은희(1997)에서 비교적 뚜렷이 드러난다. 이 논문은 담화유형의 하나인 '대화'에 나타나는 '응결성의 기제'를 분석한 논문이다. 이 논문의 주요 내용은 대화의 참여자가 응집성을 이루어내는 방식에는 차이가 있는데 이러한 방식의 차이에 관한 연구는 언어사용 능력과 그 지도에 유용한 시사점을 제공할 수 있다는 것이다. 이와 마찬가지로 노은희(1998)는 실제 대화를 분석하여 수업 모형과 교수-학습의 실제 단계를 제시하고 있다.

담화 연구에서도 담화의 구조를 연구하고자 하는 폭넓은 시도가 있었다. 예를 들어 서혁(1995)에서는 담화의 표현, 이해를 설명하기 위해 필요한 담화의 구조, 주제 문제를 해결하기 위한 기본 연구로서 담화의 기능과 유형에 관해 탐색했다. 이 논문에서는 기존의 다양한 모형들을 비판적으로 검토한 후, 담화수반력에 따라 텍스트의 기능과 유형을 '담화적, 담화 수반적, 담화 효과적'인 것의 셋으로 구분하였다. 이 논문은 담화 유형이나 주제 논의에 많은 시사점을 줄 수 있을 것이다. 이와 함께 담화, 텍스트 측면에서 이루어진 학위논문으로 민현주(1995), 박정숙(1995), 김상희(1995), 김호정(1995) 등이 더 있다.

---

11) 헬비히(1990)에서 제시한 텍스트 최소 구성 자질은 1) 글말 혹은 입말에서 사용되는 문장의 복합체, 2) 문장 연속체 사이의 응집성, 3) 하나의 주제를 갖고 있는 언어 단위, 4) 비교적 완결된 언어 단위, 5) 인식 가능한 의사 소통 기능을 갖는 언어 단위 등이다.

담화 구조와 함께 담화에 대한 인식 요소를 분석하고자 하는 논문으로는 이경화(1999)를 주목할 수 있다. 이 논문에 의하면 담화 구성력이 긴밀한 담화 구조를 가진 글에서 담화 구조 인식도 높고, 언어회상 정도로 높게 나타났다고 한다. 그리고 독자가 필자와 동일한 담화 구조를 사용하는 경우에 회상에 도움이 되는 것으로 나타났다. 이러한 연구 결과는 읽기 학습에서 글의 상위 구조인 담화 구조 유형에 대한 인식과 그 구조를 사용할 수 있도록 구조 전략을 가르칠 필요가 있음을 보여 준다. 이러한 분석은 담화 텍스트를 이해하는 차원뿐만 아니라 생산 차원까지 다차원적으로 적용되며, 아울러 말하기·듣기의 교수-학습 방법에도 시사하는 바가 크다고 할 것이다.

3.2.5 텍스트 언어학과 문학 교육

텍스트 언어학과 문학의 관계는 작품의 생산과 수용이라는 차원에서 폭넓게 연구되어 왔다. 이러한 경향은 텍스트가 사람의 의도적인 통보 매체라는 점과 문학 작품이 다른 텍스트와는 달리 허구적 세계가 미적으로 구축되어 있다는 점과 관련이 있다. 왜냐 하면 다른 텍스트는 의도성이 쉽게 판단되나 문학 작품은 상상력이 작용되며 우회적이고 정제적(整齊的)인 특징이 있기 때문이다. 따라서 문학 교육은 텍스트를 자세하게 해석하고 설명하고자 하는 경향이 있는가 하면 텍스트 자체보다는 그것의 이해와 감상이라는 측면을 강조하고자 하는 경향도 있다.

그렇지만 텍스트 언어학이 문학 교육에 미친 영향은 텍스트학이 통합적 성격을 지닌다는 점에서 비교적 뚜렷한 경향을 보인다. 그 경향은 문학을 독립적인 것으로 파악하는 것이 아니라 통합적인 것으로 파악한다는 것이다. 이러한 경향은 고영근(1997)에서 시도된 바 있다. 이 논문은 '텍스트란 그것이 어떠한 형태를 띠고 있건 간에 생산자와 수용자의 사이를 이어주는 다리 내지 운하의 역할을 하는 매체적 기능'을 갖고 있다는 전제 하에 텍스트 생산과 수용 과정을 정리하고, 그것을 바탕으로 다시 '통합적 언어 문학론'을 내세운 점이 특징이다. 이 두 가지 원리를 정리하면 다음과 같다.

(11) 텍스트의 생산·수용 과정과 통합적 문학론의 과제
  ㄱ. 텍스트의 생산과 수용 과정
     (물려받음) – 생산(생산자) – 가공(텍스트) – 수용(수용자) – 가공 – (물려줌)

     (물려받음과 물려줌을 괄호로 에운 것은 그 행위가 반드시 필수적이 아니라는 뜻이다.)
  ㄴ. 통합적 문학론의 과제
     – 우선 작품에 대한 이본과 그 전승에 따르는 표기 체계의 차이를 탐색해야
       한다.
     – 다음으로는 한 작품의 구성 원리를 탐색해야 한다. 이른바 응결성의 기제를
       탐색한다.
     – 응결성이 의의의 그물 조직인 응집성과 어떤 상관 관계를 맺고 있는가를 탐
       색한다.
     – 작품의 기호 공간적 구조를 탐색한다.
     – 작품에 대한 화용론적 접근을 탐색한다.
     – 작품에 대한 동적인 특징, 곧 담론적 속성을 탐색한다.
     – 시, 소설, 희곡의 문학언어기호에 적용되는 틀의 공통성과 차이점을 탐색한다.
     – 민담, 전설, 설화 등 구비 문학 갈래에 적용될 수 있는 틀을 마련하여 작품
       텍스트와 어떤 관계를 맺고 있는가를 밝힌다.

이와 같은 논의는 전통적인 문학 연구가 언어 기호와 문학 기호가 다르다
는 점을 강조하면서, 문학 연구의 독자성만을 강조하는 경향을 비판하는 데
서 출발하는 셈이다. 달리 말해 모든 텍스트는 (11ㄱ)의 원리와 같이 생산되
고 수용된다. 이 과정에서 '물려받음'은 텍스트 생산에 작용하는 다른 텍스트
의 작용12)을 의미한다. 이를 텍스트상호적작용이라고 부를 수 있는데, 이는
우리의 지식이 대부분 다른 사람들의 말이나 책 등의 문화 유산과의 상호 접
촉을 통해 이루어진다는 뜻이다. 문학 작품이 다른 텍스트와는 달리 허구적
이고 정제적인 특징을 갖고 있다고 할지라도 (11ㄱ)의 틀을 벗어나는 것은
아니다. 이 점에서 문학 작품도 언어적 텍스트와 마찬가지로 생산되고 수용
된다. 그렇기 때문에 일상언어기호와 문학언어기호를 통괄하는 '통합적 문학

---

12) 이를 고영근(1997)에서는 '간텍스트작용'이라고 부른다. 이 책에서는 간텍스트라는 용어 대신
   텍스트상호성이라는 말을 사용한 바 있다.

론'이 제기될 수 있는 것이다. 이를 위해 논자는 (11ㄴ)과 같은 텍스트 이해의 자세가 필요함을 역설하고 있는 셈이다.

　이와 같은 경향은 텍스트 언어학에 기대고 있는 문학 연구에서 대체로 일관되게 나타난다. 그 가운데 '시 텍스트'를 대상으로 한 김창원(2000ㄱ)에서는 '국어 교육계에서 오랫동안 대립되어 왔던 언어 교육과 문학 교육의 이분법을 넘어서 문화교육으로서의 국어 교육을 지향하면서 텍스트학, 인지과학, 문화과학이 국어 교육의 관점에서 재해석·통합될 수 있음'을 강조한 바 있다. 또한 김창원(2000ㄴ)에서는 시 교육의 이론적 틀을 모색하기 위한 전제로 1) 시 교육은 본질적으로 의사 소통의 한 양상이며, 2) 시 교육은 텍스트로서의 시를 다루는 것이며, 3) 시 교육은 교육적으로 계획된 텍스트의 의미 해석 과정이라고 본다13). 이와 같은 입장에서 시 교육은 시 텍스트의 소통 구조와 밀접한 관계를 맺을 수 있음을 밝힌다. 다음은 이 저서에서 기본 개념으로 설정하고 있는 시 텍스트 소통의 제요소와 소통의 기본 구조도이다.

(12) 시 텍스트 소통의 제요소와 기본 구조도
　　ㄱ. 시 텍스트 소통의 제요소

지시대상
|
상호텍스트
|
발신자 － 텍스트 － 수신자
|
시적 규약
|
상황 맥락

---

13) 이와 같은 전제는 시 교육의 이론적 범주가 달리 설정될 수 있기 때문에 설정한 것으로 보인다. 김창원(2000ㄴ:22)에서는 시 교육의 이론적 범주로 반영론, 표현론, 형식론, 수용론, 장르론이 있으며, 이러한 범주는 단순한 구조적 도식으로 끝나서는 안 됨을 강조하고 있다.

ㄴ. 시 텍스트 소통의 기본 구조

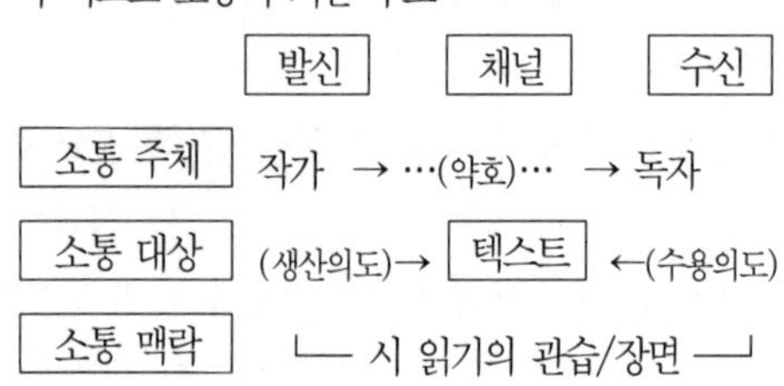

　(12)의 텍스트 이해는 문학 텍스트도 일상 언어텍스트와 마찬가지로 의사 소통을 위한 통보 매체로서의 역할을 하며, 그에 관련되는 여러 요소를 소통 구조 속에서 해석할 수 있음을 보여준다. 이러한 시도는 문학 교육을 단순 작품 감상 차원에서 벗어나 통합적인 문화 교육으로서 바라볼 수 있도록 한다는 점에서 의미가 있다.

　이와 같은 맥락에서 다양한 문학 텍스트에 대한 해석이 이루어져 왔다. 예를 들어 정진원(1997)에서는 고시가, 임석규(2001), 신지연(2001)에서는 청산별곡과 속미인곡을, 박종성(1995), 심우장(2001)은 설화와 구연 전략을 분석 대상으로 삼는다. 이와 같은 흐름에서 이석규(2001)의 '시와 텍스트 언어학의 만남'은 시의 응집성과 응결성, 상징 구조 등에 대한 통합적인 원리 제시와 함께 구체적인 작품 분석 사례를 제시한다는 점에서 텍스트 문예학의 정착 가능성을 보여준다. 이와 같은 텍스트 문예학의 발달은 전반적인 문학 교육 과정에 반영된다.

3.2.6 텍스트 언어학과 국어 지식

　언어적 텍스트 분석 원리는 궁극적으로 전통적인 문법관을 뒤흔들 수밖에 없었다. 이러한 입장에서 텍스트 언어학은 국어 지식 교육 분야에도 변화를 가져올 수 있다. 이와 같은 변화는 언어 지식 영역의 연구에서 기존의 문장 단위의 연구를 벗어나 담화, 텍스트 층위로 옮겨가는 현상과 밀접한 관련을 맺는다. 이러한 경향은 언어 사용 기능 향상에 도움을 줄 수 있는 언어 지식을 탐구한다는 면에서 긍정적이다. 따라서 국어 사용 능력을 중시하는 입장에서 담화, 텍스트 층위의 언어 현상을 연구한 업적이 다양하게 나타나게 되었다. 그러한 성과를 담은 연구로 이은희(1995, 2000)가 있다.

이은희(1995)에서는 문장 대상의 문법이 아닌, 텍스트 언어학적 관점에서 대용 표현이 가진 기능을 텍스트 구조 형성과 텍스트 이해라는 두 측면에서 접근하고자 하였다. 이러한 접맥은 국어의 구조를 이해하고, 이를 바탕으로 국어 사용 능력을 향상시킨다는 관점에서 텍스트 언어학적 관점에서의 국어 연구 성과를 반영한다. 이러한 관점에서의 연구는 결속 관계와 결속 요소를 연구 대상으로 한다. 따라서 접속 어미나 접속 부사, 지시어, 대용어 등이 중점적으로 연구되었다. 예를 들어 이은희(1993)는 접속 관계의 연구를 기존의 문장 중심의 접속 관계 연구에서 벗어나 구조 형성 측면에서 연구하였다. 기존의 연구 방법으로는 국어에서 접속관계가 가진 기능과 양상을 규명할 수 없기에, 텍스트 언어학적인 연구 방법을 가지고, 접속관계의 언어적 명시 형태보다는 본질적인 의미 관계에 중점을 두고 연구를 하였다.

또한 이삼형(1994)에서는 설명적 텍스트의 내용 구조 분석을 통하여, 텍스트 수용의 방법론을 제시하고 있다. 텍스트 분석에 있어서, 두 문장 간의 의미 관계를 파악하는 것이 아니라 텍스트 전체 수준에서 분석하고 있다. 분석 절차는 문장의 제시 순서에 따라 관계성과 구조가 달라진다는 점을 고려하여 문장의 제시 순서를 강조하고 있다.

문장 접속 요소만을 중점적으로 연구하고자 하는 시도도 여러 사람들에 의해 이루어졌다. 예를 들어 이창덕(1994)은 접속어미 '-는데'의 기능과 용법을 대상으로 연구하였으며, 이은경(1994)에서는 텍스트에서의 접속어미의 통사적 특징과 응집성을 대상으로 연구하였다. 이러한 연구는 텍스트 분석을 사전식으로 처리하여 말뭉치를 만드는 데까지 확장되었는데, 이희자·이종희(1998)는 이러한 경향을 보여준다.

어휘적 차원에서의 연구는 지시 및 대용 관계와 관련하여 여러 가지 연구 성과가 축적되기도 했는데 이성영(2000)에서는 '이, 그, 저'를 대상으로 대용 표현 능력 발달 과정을 연구한 바 있다. 이와 같은 연구 성과는 국어의 구조 이해가 국어 사용 능력의 발달에 기여할 수 있다는 입장에서 국어 지식 교육의 영역과 방법에 널리 응용되고 있다.

3.3 텍스트 언어학의 발전 · 전망

3.3.1 학제적 성격과 통합적 학문

텍스트학의 학제적 성격은 다학문 간의 교류를 가능하게 한다. 따라서 기존의 전문화 · 세분화된 언어 연구와는 달리 통합적인 성격을 띠며, 여러 학문에 동시에 적용되는 원리를 찾는 데 기여할 수 있다. 그렇기 때문에 '통보 지향적 의사 소통 매체'로서의 텍스트를 대상으로 하는 어떠한 분야의 학문이든 텍스트학의 범주에 들 수 있다. 이 점에서 텍스트학의 관심사는 텍스트의 기능과 유형, 텍스트 생산과 수용 과정에 작용하는 책략 등에 관심이 모아진다.

권재일(1999)에서는 텍스트 기능을 '의사 소통 공동체에서 일관되고 타당성 있게 규정된 수단을 통해 텍스트에 표현된 생산자의 의도를 일컫는 말'로 정의하고, 발화 수반 행위의 화행론의 입장에서 텍스트의 양식을 향해 표현한 의소 소통 방식을 규정하는 것이라고 한다. 이러한 개념은 브링커, 이성만 역(1994)에서도 확인할 수 있는데14), 그 기능은 제보 기능, 호소 기능, 의무 기능, 접촉 기능, 선언 기능으로 분류된다. 이를 좀더 정리하면 다음과 같다.

(13) 텍스트 기능
    ㄱ. 제보 기능 : 생산자는 자신이 수용자에게 지식을 전달(제보)하고 싶어한다고 수용자에게 이해시키는 기능을 말한다. 언론 매체의 보도, 보고문, 조사서, 비평 등이 있다.
    ㄴ. 호소 기능 : 생산자는 어떤 사실에 대해 일정한 관점을 받아들이거나 일정한

---

14) 브링커, 이성만 역(1994)에서는 텍스트 기능을 구분 짓고자 제안된 여러 가지 모델을 소개하고 있다. 그 가운데 형식면에서 뷜러(1934)의 도구 모델은 언어를 '도구'로 보며, 이 언어 사용 양식에 따라 '서술 기능', '표현 기능', '호소 기능'으로 구분한다. 또한 그로세(1976)는 뷜러의 모델을 변형하여 구속적인 상호 작용 규칙성을 알려주는 규범적 텍스트 기능과 비규범적 텍스트 기능으로 구분하고, 규범적인 기능(법률, 정관, 계약, 전권)은 다시 입법적 · 포고적 · 보증적 · 위임적 · 자책적 · 합의적 · 선언적 기능으로 나누며, 비규범적 기능은 자기서술 · 요청 · 정보전달 · 접촉기능 · 집단표시적 기능으로 나눈다.

행위를 수행하도록 수용자의 마음을 움직이고 싶어한다는 점을 수용자에게 이해시키는데, 이를 호소기능이라 한다. 광고문, 언론의 논평, 작업 안내서, 사용법, 법률 조항, 청원서, 설교 등이 있다.

ㄷ. 의무 기능 : 생산자는 수용자가 일정한 행위를 수행할 의무가 있음을 수용자에게 이해시키는데, 이를 의무 기능이라고 한다. 계약서, 합의서, 보증서, 서약서, 맹세문 등이 있다.

ㄹ. 접촉 기능 : 생산자는 자기가 문제삼고 있는 것이 수용자와의 개인적인 관계(특히 개인적 친교를 만들고 유지하는 일)임을 수용자에게 이해시키는데 이를 접촉 기능이라고 한다. 감사, 사과, 축하, 불평, 환영, 조의, 저주 등이 포함된다.

ㅁ. 선언 기능 : 생산자는 수용자에게 주어진 텍스트가 새로운 현실을 창조하고 있음을 이해시키는데 이를 선언 기능이라고 한다. 임명장, 유언장, 판결문, 위임장, 증명서 등이 있다.

텍스트의 기능과 유형적 접근은 텍스트학의 대상과 범위가 얼마나 넓은가를 그대로 보여준다. 따라서 자칫하면 텍스트학 자체가 매우 산만하고 복잡하여 일관성 있는 분석과 설명이 어려운 학문처럼 여겨질 수도 있다. 이 점에서 텍스트학의 학제적 성격이 더욱 뚜렷해 진다. 이에 따라 오늘날 텍스트학은 언어학뿐만 아니라 인문학, 사회 과학 및 커뮤니케이션을 포함한 인간 행동학 등으로 그 영역을 확대하고 있다. 이러한 경향에 대하여 권재일(1999)에서 논의된 내용을 바탕으로 좀더 살펴보기로 하자.

첫째로 인문학과 관련하여 텍스트 언어학은 언어 교육, 문학 연구, 역사학, 인류학, 심리학, 인지 과학 분야에 많은 영향을 끼쳤다. 이 논문에서 설명된 텍스트 언어학과 인문학의 관련성을 정리하면 다음과 같다.

(14) **텍스트 언어학과 인문학**

ㄱ. 언어 교육, 응용언어학 : 텍스트의 생산과 수용 과정에 작용하는 책략과 절차들이 효율성·유효성·적절성 기준에 의해 통제되면서 언어 교육에 공헌하게 되었다15).

ㄴ. 문학 연구 : 문학 연구에서 문체론은 특히 텍스트 언어학과 깊은 관련을 맺는

---

15) 자세한 내용은 앞의 '텍스트 언어학과 국어 교육'을 참고할 수 있다.

　　　다. 문체에 대한 접근 방식은 다양하지만 단일 텍스트나 한 작가의
　　　모든 텍스트, 비슷한 경향을 띤 작가들의 텍스트 집단, 한 역사적
　　　시대 전체를 대표하는 텍스트, 그리고 심지어는 문화 전체와 그 대
　　　표적인 언어로 쓰인 전형적 텍스트를 연구 대상으로 삼을 수 있다.
　　　이러한 연구는 문학 텍스트 사용에 대한 연구에까지 확장되었으며,
　　　문학 비평 역시 연구 대상이 되었다.

ㄷ. 역사학 : 역사학은 대개 전시대의 사회적·문화적·정치적·경제적 실상과
　　　기타의 실상에 대한 여러 가지 종류의 텍스트를 다루는 것이라고 할
　　　수 있다. 이런 관점에서 보면 역사학 자체가 텍스트 과학이 된다.

ㄹ. 인류학 : 인류학은 인간의 문화적 산물을 조사·연구함에 있어서 텍스트를 엄
　　　밀한 고찰의 대상으로 삼았다. 역사학이 서로 다른 여러 텍스트와
　　　서로 다른 시대간의 시간적 일치와 차이를 명백히 밝혀서 역사를 재
　　　구성한다면, 인류학은 텍스트, 텍스트 종류 및 텍스트 사용에 있어
　　　서 장소적·지역적·문화적 차이를 연구한다.

ㅁ. 심리학 : 심리언어학은 추상적 언어 체계가 실제로 어떻게 기능하는가 하는
　　　것을 밝히려고 한다. 이러한 추상적인 언어 체계가 어떻게 획득되며
　　　그리고 언어 사용자가 텍스트를 생성하고 이해할 때 어떠한 규칙과
　　　책략이 적용되는가를 밝히려는 것이다.

ㅂ. 인지 과학 : 인지 과학은 1950년대를 기점으로 시작하여 1970년대 중반에
　　　비교적 뚜렷한 모습을 갖추어 나타난 복합 학문적 과학이다. 인지
　　　과학의 주요 특징은 첫째, 인지의 문제를 정보 처리적 관점에서 접
　　　근하며, 둘째, 인간과 컴퓨터에 있어서 정보를 부호화하여 내재화하
　　　며, 셋째, 복합 설명적·복합 방법론적 접근을 필요로 하고, 넷째,
　　　학문 간 공동 연구를 필요로 한다는 데 있다. 이와 같은 연구에서
　　　언어학은 언어가 인지 과정의 핵심이며 인지의 주도구이자 형식이
　　　라는 점에서 중요한 역할을 맡는다. 따라서 언어의 문법 구조, 언어
　　　와 인지의 관계, 의미론, 자연언어 처리 등의 문제를 직관적·실험
　　　적·모의 실험적 방법을 사용하여 연구하게 되는데, 텍스트는 이러
　　　한 연구에서의 주된 관심사이다.

　이와 같은 맥락에서 인문학 분야의 텍스트 이해와 텍스트 생산 및 수용의
기제와 관련된 연구는 통합적 학문을 지향하면서 더욱 발전할 것으로 보인
다. 이와 함께 언어적 문제로서 인지 과학과 인간 행동 과학까지도 폭넓은
연구 대상으로 포함될 것이다. 예를 들어 실어증 환자나 정신분열증 환자의

병리학적 텍스트 형식에도 관심을 기울일 수 있다.

둘째로 텍스트 언어학과 사회과학의 관계를 살펴볼 수 있다. 이는 텍스트 구조가 개인의 지식·의도에 영향을 받거나 다른 사람의 자세·태도에 영향을 미칠 뿐만 아니라 집단·계층 역시 텍스트와 밀접한 관계를 맺기 때문이다. 이미 연구된 바대로 목사·신부·재판관 등과 같이 어떤 권위나 기능을 갖는 사람들의 텍스트는 그 나름대로의 독특한 형식과 내용을 갖는다. 이러한 텍스트를 분석하고, 그 텍스트의 생산과 수용 과정을 이해하는 데에 텍스트언어학적 접근이 유용하다. 이러한 관점에서 정치가의 연설, 정책 토론, 국제 회의, 정당 정책, 법률 등의 텍스트를 연구할 수 있다. 예를 들어 김광해(2000)에서는 우리나라 판결문의 텍스트성을 대상으로 연구를 진행한 바 있으며, 박용익(1996, 2000) 등에서는 텔레비전 정치 토론회나 신문 텍스트를 대상으로 연구를 진행한 바 있다.

또한 텍스트가 의사 소통을 위한 통보 지향적인 언어 체계라는 관점에서 기존의 커뮤니케이션 이론과 텍스트 언어학의 접맥은 필연적일 수밖에 없다. 이러한 연구 경향을 드러내는 것으로는 박정순(1999), 박금자(1999), 김봉순(1999), 김정자(1999), 신선경(1999), 박용익(1999), 임칠성(2001), 오장근(2001), 구본관(2001), 남지애(2001) 등이 있다. 이들 연구에서는 기존의 커뮤니케이션론이 의사 소통상의 특징이나 기제에 대한 관심을 기울인 데 비해, 텍스트의 특성과 적절성, 텍스트 생산 및 수용 과정에 적용되는 책략 등에 관심을 기울인다.

이와 같이 텍스트 언어학은 통합적 학문을 지향하면서 다양한 분야에 적용되어 왔다. 이러한 경향은 인문학과 사회과학뿐만 아니라 자연과학이나 그밖의 어떤 텍스트에도 적용되어 갈 것이다. 따라서 문자 텍스트뿐만 아니라 영상 텍스트나 전자 미디어 등도 텍스트 언어학의 연구 과제에 포함됨은 당연한 일이다. 다만 이러한 연구 대상의 확장 과정에서 주요 매체는 '텍스트' 자체에 있으므로, 기존의 각 학문 분야의 연구 방법론이나 연구 태도와는 다른 성격을 지닌다. 예를 들어 박용익(2001)에서 설명된 바와 같이 텍스트 언어학에서 '대화'를 대상으로 연구한다면, 대화 자체의 텍스트성에 관심을 기울이겠지만, 담화 분석의 입장에 서 있는 사람이라면 텍스트로 존재하지 않는 대화 현상을 포함시켜 연구하게 될 것이다. 이와 같은 입장에서 '전체론적 철학'을 내세우는 자연과학 연구의 흐름도 텍스트 과학과 관련을 맺게 될 가능성이 높다. 달리 말해 극도로 전문화·세분화된 자연과학 분야에서 학문 방법론의 공유를 논의한다면 메타과학16)이 되겠지만, 자연과학 텍스트를 통합적 관점에서 바라본다면 그것은 텍스트 과학의 과제에 포함될 것이다.

3. 3. 2 텍스트 언어학과 번역학

지식의 소통 구조에서 번역 문제는 매우 중요한 의미를 갖는다. 서로 다른 언어 체계에서 생산된 텍스트를 정확하게 이해하고 수용하기 위해서는 올바른 번역이 전제되지 않으면 안 되기 때문이다. 이 점에서 텍스트 언어학은 번역의 등가성을 확보하고, 원문 언어 텍스트의 의도성을 제대로 살려내어 도착어로서의 텍스트를 재구성하는 데 어떤 원리가 작용되어야 하는가를 보여준다. 이와 같은 입장에서 텍스트 언어학이 번역학에 미친 영향을 살펴보자. 이러한 흐름은 번역 행위에 대한 인식, 번역 텍스트의 성격, 번역 방법 등으로 나누어 고찰할 수 있다.

첫째로, 번역에서 번역 행위를 어떤 관점으로 보아야 할 것인가에 대한 논의는 비교적 활발하게 진행되었음을 확인할 수 있다. 예를 들어 박여성(1994:30)에 의하면 텍스트를 분류함으로써 번역 분야에서 커다란 효용을 얻을 수 있다. 그에 따르면 "번역행위는 형태론, 의미론, 통사론, 화용론 등 모든 층위에 걸쳐 복잡한 문제를 야기한다. 이때 번역자는 텍스트 자체를 인지하고 산출하고 번역하는 것이 아니라, 항상 어떤 텍스트 종류의 실현체를 인지하고 번역하는 것이기 때문에, 궁극적인 논의의 차원은 구체적 실현체인 텍스트 종류(장르) 층위이다. 여하한 종류의 수용(이해)이나 산출(번역)도 결

---

16) 자연과학의 통합적 성격에 대해서는 장회익(1990)을 참고할 수 있다. 이 저서에서는 자연과학의 통합을 '메타과학'으로 설명하고 있는데, 학문 상호 간의 교류와 통합이라는 관점에서는 텍스트 과학이 지향하는 바와 다르지 않다. 다만 메타과학은 자연 현상을 설명하는 원리와 연구 방법의 통합에 관심을 기울이는 반면, 텍스트 과학은 텍스트를 대상으로 통합적인 분석과 이해를 전제로 한다는 점에서 관점상의 차이가 있다.

국은 텍스트 종류의 규제 하에 이루어진다."고 한다.

둘째로, 번역 텍스트의 성격에 대한 논의를 살펴보자. 이러한 논의로 이난희(1995:435)에서는 번역 가능성의 문제와 더불어 출발어에 초점을 맞추어 번역할 것인가, 번역에 초점을 맞추어 번역할 것인가, '충실하게' 직역할 것인가, '자유롭게' 의역할 것인가 등에 관심을 기울인다. 이러한 논의는 지금까지의 번역 이론에서는 "가능한 한 글자 그대로 그리고 필요만 만큼만 자유롭게" 번역할 것이 권장되어 온 한계를 지적하는 데서 출발한다. 이러한 한계는 그 동안의 언어학이 문장을 분석의 단위로 언어 체계 내에서 문법성과 적격성 분에 치중한 시각의 결과라 하겠다. 그러나 최근 들어 언어사용의 맥락 및 상황 요인에 대한 인식이 높아지면서 문장은 텍스트를 이루는 일부로서 전체 텍스트와 연관성을 가질 때 그 의미가 있으며, 결코 독립되어서는 의사소통의 단위를 이룰 수 없다는 견해가 지배적이다. 그러므로 현대 언어학에서는 ―특히 그것이 언어사용에 주안점을 두었을 경우― 문장이 아니라 텍스트가 의사소통의 기본 단위이며, 언어기술의 기본 단위로 간주된다.

셋째로, 번역 방법에 대한 논의도 폭넓게 이루어져 왔음을 확인할 수 있다. 예를 들어 권재일(1998:480)에서는 이론에만 충실했던 전통 언어학은 번역 이론의 발전에 도움이 되지 못했지만, 언어 요소와 구조들을 처리와 조작의 관점에서 고찰하는 텍스트 언어학은 번역 이론의 발전에 큰 도움을 주고 있음을 밝힌 뒤, 번역의 두 접근 방식, 축어적 번역과 자유 번역이 가지는 문제를 해결하는 데 도움이 될 수 있음을 언급한 바 있다. 지나친 축어적 번역은 어색하거나 의미가 불분명하게 되며, 지나친 자유 번역은 원래의 텍스트를 붕괴시키거나 완전히 사라지게 할 수 있다. 이러한 문제를 텍스트 언어학의 이론이 해결할 수 있다는 것이다.

이와 같이 번역학에서 번역 행위, 번역의 텍스트의 성격, 번역 방법 등을 통합적으로 정리하고자 하는 시도도 나타났다. 예를 들어 이석규 외(2002)는 외국어를 한국어로 번역할 때, 한국어답게 번역하는 문제에 대해 고민하고 있다. 많은 번역가들이 외국어 능력은 있지만 한국어에 대한 소양이 부족하여 전혀 우리말답지 않은 경직된 번역이 이루어지는 문제점을 지적하고 그 해결방안을 모색하고 있다. 이 책은 언어학적 이론, 특히 텍스트 언어학의 이론을 바탕으로 체계 있는 번역이론을 수립하고 있다. 이 과정에서 번역 행위는 등가성을 목적으로 원문텍스트의 텍스트성을 훼손하지 않는 상태에서 도착어 텍스트가 재생산되어야 함을 강조한 바 있으며, 번역 대상의 텍스트는 결국 원문 텍스트와 도착어 텍스트를 같은 위치에서 바라보지 않으면 안 됨을 역설한다. 이는 기존의 번역이 원문 텍스트에 매달려 있는 한계를 지적한 것으로 '우리말답게'라는 의미는 도착어 텍스트로서의 우리말다움을 강조하는 셈이다.

이처럼 텍스트 언어학의 발달은 서로 다른 언어 체계로 이루어진 텍스트의 소통 관계를 좀더 적절하게 할 수 있도록 유도한다는 점에서 의의가 있다. 이 점에서 번역은 원문 텍스트의 구조 분석과 텍스트 내·외적 세계 이해 못지 않게 도착어 텍스트의 구조 분석과 텍스트 내·외적 세계 이해도 중요한 과제로 대두될 수밖에 없으며, 이와 같은 연구는 번역학자들에 의해 더욱 폭넓게 진행되어 갈 것으로 보인다.

3. 3. 3 텍스트의 새로운 양식

텍스트 언어학의 발달은 새로운 양식의 텍스트 구조를 분석하는 데에도 적용된다. 새로운 양식의 텍스트는 전통적인 텍스트가 문자 중심의 선형적인 구조를 취하는 데 비해, 문자 이외의 다양한 요소가 관여되는 텍스트이다. 이러한 텍스트는 매체의 발달과 밀접한 관련을 맺는다. 이 점에서 매체 텍스트의 특징은 복합적이며 다중적이다. 이러한 텍스트를 이광호(2001)에서는 '융합 텍스트'라는 용어17)를 붙이고, 그 특징을 다음과 같이 정리한 바 있다.

---

17) 이광호(2001)에서 관심을 기울인 분야는 멀티미디어 텍스트이다. 이 논문에서는 멀티미디어를 1) 하나의 목적을 위하여 도형·음성·영상·문자 등 복수의 표현 수단을 통일적으로 취급하여 정보를 효과적으로 표현하는 수단, 2) 문자·데이터·음성·영상 등의 많은 미디어를 컴퓨터를 사용하여 인간과 기계가 교환하면서 검색·추출·갱신·편집을 하는 것, 3) 화상·문자·음성·컴퓨터 데이터 등 서로 다른 정보를 조합시켜 동시에 표시하거나 재생시키는 작업 또는 그 기기, 4) 기존 미디어인 텔레비전·출판물·음악용 CD 등의 매체가 가지고 있는 특성을 지니면서 이와 함께 개인용 컴퓨터라는 새로운 정보 전달의 특성도 동시에 가지고 있는 미디어, 5) 모든 미디어의 정보를 컴퓨터에 융합시켜 취급하는 기술 등의 관점에서 정의할 수

(15) 인쇄 텍스트와 융합 텍스트

	인쇄 텍스트	융합 텍스트
자체특성	문자연속체 문자와 그림의 부수적 결합	문자, 영상, 음성, 음향, 음악 등 매체간의 필수적 융합
문화특성	내용 중심	이미지 중심
감각	시각	시가 + 청각 : 시각 경험의 극대화 추구
소요시간	읽기를 통한 순차적 인지 및 이해(느림)	시각을 통한 순간적 인지 및 이해(빠름)
기억	지속성 약함	이미지 형태로 영상이 각인됨, 지속성이 강함
속도	느린 인쇄	빛의 속도인 전자
언어와의 관계	언어와 시각이 분리될 수 없음	언어와 시각의 인위적 분리, 인위적 재결합
내용	논리적, 학구적	상업적, 감각적
형식	논리적 사고 전개를 위해 장황해질 수 있음	간단·명료, 장황하고 지루하면 안됨
상호작용	없음(인쇄 텍스트는 완고함)	양방향성

　(15)의 융합 텍스트는 텍스트 존재 형식을 특징으로 한다. 이러한 입장에서 미디어 텍스트와 전자 텍스트가 모두 융합 텍스트에 해당한다. 그러나 미디어 텍스트와 전자 텍스트를 구분하여 접근하고자 하는 연구 경향도 뚜렷이 나타난다. 그 까닭은 미디어 텍스트와는 달리 전자 텍스트, 특히 '하이퍼 텍스트'는 비선형성을 특징으로 하기 때문에 텍스트 생산과 수용 과정에서 기존의 텍스트와는 전혀 다른 성격을 지니기 때문이다.

　전자 텍스트는 넓게 보아 전자 저널, 정보 탐색과 검색, 항해, 전자 우편 등 '전자 매체를 통한 의사 소통의 다양한 국면에서 접하게 되는 텍스트를 말한다[18]. 전자 텍스트는 인쇄 텍스트가 가진 시공간적 제약을 뛰어넘도록 구

있다고 보았다.

[18] 매체 이론가들은 텔레비전이나 라디오와 같은 매체 텍스트도 전자 텍스트의 하나라고 본다. 그러나 방송 매체는 전자 매체라기보다는 전기적 매체의 확장으로 이해하는 편이 타당하다.

성되었으며, 쌍방적 의사 소통이 가능하도록 구성되었다. 컴퓨터와 네트워크로 대변되는 전자 매체에서의 텍스트는 의미 요소, 구조 요소, 시각적 배치 요소 등이 기본적으로 불안정하기 때문에 기존의 텍스트와는 상당한 차이를 보이고 있다.

전자 텍스트의 발전은 전자 공학적 지식과 인간의 상상력을 집약하여 두 뇌에서 행해지는 인간의 사고 방식의 특징을 구현하는 텍스트 양식에 접근해 갔다. 그 결과 문자 텍스트를 통해 각인된 선형적인 전개 방식을 벗어나 비선형적 수사법을 가능하게 하는 하이퍼 텍스트를 만들었다(김성해, 2001:17).

하이퍼 텍스트란 조합적 링크들을 이용하여 정보의 화면에 연결하는 DBMS (Database Management System)를 말한다. 텍스트 존재 양식이 네트워크상에서 다양한 연결체로 조직되어 있기 때문에 '비선형성'을 띠며, 따라서 정보량이 무한대에 가까울 정도로 다양하고 크기 때문에 '초텍스트'라는 개념의 '하이퍼 텍스트'라는 용어가 사용된다. 이러한 텍스트 유형은 인터넷의 발달과 밀접한 관련이 있다. 이에 대해 야후 용어 사전에서는 하이퍼 텍스트를 다음과 같이 풀이하고 있다.

> (16) 하이퍼 텍스트의 개념
> 하이퍼 텍스트는 처음부터 끝까지 읽어가지 않으면 의미를 알 수 없는 책과는 달리 어떤 정보를 보고자 할 때 그것에 관련된 정보를 즉시 참조 할 수 있는 "비선형 (Unlinear)"의 문서를 말한다. 예를 들면 책을 읽을 때 "피카소"라는 인물이 나오고 그 인물에 대해 자세히 알고 싶은 경우 끝까지 계속해서 읽어가거나 색인을 보아서 관련된 정보를 찾아야만 한다. 그러나 이 책이 하이퍼 텍스트의 방법으로 만들어져 있다면 피카소라 는 단어는 관련정보(약력, 그림, 영향받은 화가 등)와 link 되어 있으므로 link를 찾아감으로서 자세한 정보를 간단하게 즉시 얻을 수 있다. 현재는 텍스트에 이미지 및 음성까지 취급할 수 있게 되어 하이퍼 텍스트를 확장하여 하이퍼 미디어라 부르는 일이 많아지고 있다.

하이퍼 텍스트의 연구 방향은 크게 두 가지 관점으로 나누어 볼 수 있다. 하나는 전자 테크놀로지와의 연관성을 강조하여 전자 텍스트의 한 유형으로

이에 대해서는 정지영(1999)을 참고할 수 있다.

보는 관점이고, 다른 하나는 지면을 통해서도 하이퍼 텍스트의 특징적 형태를 구성할 수 있다고 보는 관점이다. 어떠한 관점을 취하든 하이퍼 텍스트를 규정하는 데는 세 가지 핵심적인 측면이 드러난다. 첫째는 하이퍼 텍스트의 구성에 관한 것으로 개인 혹은 여러 명이 공동으로 다양한 링크를 담은 텍스트를 구성한다는 점이 그것이며, 둘째는 텍스트의 속성에 관한 것으로 다양한 링크에 의해 구성되기 때문에 '비순차성', '비선형성', 혹은 '열린 텍스트성'으로 규정되는 것이 그것이다. 셋째는 하이퍼 텍스트의 이용에 관한 것으로 비선형적으로 연결된 링크를 따라 다양한 경로의 자유로운 항해를 가능하게 한다는 점이다. 따라서 하이퍼 텍스트의 발달은 기존의 텍스트 언어학적 관점에서의 텍스트 분석, 텍스트 생산 및 수용의 기제가 그대로 적용될 수 없도록 만들었다. 이와 같은 관점에서 텍스트 언어학은 새로운 변화를 맞이하게 될 것이다. 이와 같은 변화 모습이 간단히 진술될 수는 없겠지만, 하이퍼 텍스트의 구조나 이용 방법 등은 기존의 텍스트 언어학에서 '의사 소통을 위한 통보 지향적 매체'라는 텍스트의 개념을 단순하게 적용할 수 없도록 만든다는 점에서 필연적인 것으로 보인다. 달리 말해 하이퍼 텍스트는 텍스트의 결속 구조나 결속성을 중시하지 않는다. 따라서 텍스트 생산 및 수용 과정이 개방적이지만 텍스트 자체는 불안정한 특징을 지닌다. 이 점에서 기존의 텍스트성을 기준으로 삼아 하이퍼 텍스트가 텍스트인가 아닌가 하는 근본적인 회의까지도 일어날 수 있다. 하지만 하이퍼 텍스트의 생산 및 수용 현상은 웹 상에서 보편적으로 확인할 수 있으므로 텍스트로서 존재하는 것은 틀림없다. 이 점에서 텍스트 언어학의 변화는 필연적이라고 할 수 있다.

참고 문헌

강범모(1998), 「통계적 방법에 의한 한국어 텍스트 유형 및 문체 분석」,
    『언어학』 22, 한국언어학회.
강범모·김흥규·허명회(2000), 『한국어의 텍스트 장르, 문체, 유형 -컴퓨터
    와 통계적 기법의 이용』, 태학사.
고성환(1999), 「설명형·논증형 주제 전개 모형과 읽기 교육」,
    『텍스트 언어학』 7, 한국텍스트언어학회.
고영근(1990), 「텍스트 이론과 국어 통사론 연구의 방향」, 『배달말』 15.
────(1995), 『단어·문장·텍스트』, 한국문화사.
────(1996a), 「윤선도 '오우가'의 텍스트 분석」,
    이기문 교수 정년 퇴임 기념 논총, 신구문화사.
────(1996b), 「한국 고전 작품에 대한 텍스트 언어학적 분석」,
    『새국어생활』 6-1, 국립국어연구원.
────(1997a), 「텍스트 이론과 문학작품의 분석」, 『텍스트언어학』 4,
    텍스트언어학회.
────(1997b), 「텍스트 형성과 응집성의 문제」, 『어문학논총』, 태학사.
────(1998a), 「좋은 텍스트를 만드는 길」, 『새국어생활』 8-4(겨울),
    국립국어연구원.
────(1998b), 「동양의 훈고학 및 고전시학과 텍스트이론」,
    『텍스트 언어학』 5, 한국텍스트언어학회.
────(1999), 『텍스트 이론-언어문학통합론의 이론과 실제』, 아르케.
────(2000), 「텍스트학과 문예학」, 『텍스트언어학』 8, 한국텍스트언어학회.
────(2002), 「텍스트과학, 그 정체성을 찾아서」, 『텍스트 언어학 12』,
    한국텍스트언어학회.
고영근 외(2001), 『한국텍스트과학의 제과제』, 역락.
고인숙(1998), 「현대시의 텍스트 언어학적 연구」,
    부산외대 교육대학원 석사학위 논문.
곽영선(1999), 「뉴스 담론의 구조와 의미 구성」,
    『언어와 기호(기호학연구6)』, 한국기호학회.
구본관(2001), 「컴퓨터 통신 대화명의 조어 방식에 대한 연구」,

『텍스트언어학』 10, 한국텍스트언어학회.
구현정(1997), 『대화의 기법』, 한국문화사/ 개정증보판(2000), 경진문화사.
─────(2000), 「유머 담화의 구조와 생성 기제」, 『한글』 248, 한글학회.
권재일(1992), 『한국어 통사론』, 민음사.
─────(1998), 「텍스트 언어학과 인문학의 발전」, 『추상과 의미의 실재』,
            박이정.
─────(1999), 「텍스트언어학과 인문학」, 『언어학과 인문학』,
            서울대학교출판부.
김갑년(1997), 「신체적 결함으로 인한 조롱의 화행론적 고찰」,
            『텍스트 언어학』 4, 텍스트언어학회.
김경훈(1997), 「텍스트의 성립 요건과 텍스트 구성소에 대하여」,
            『개신어문연구』, 충북대학교 국어국문학과.
김광해(2000), 「우리나라 판결문의 텍스트성에 대한 연구」,
            『텍스트언어학』 8, 한국텍스트언어학회.
김대행(1998), 「매체언어와 국어교육」,
            한국국어교육연구회 봄 학술대회 발표자료집.
김도남(2000), 「상호텍스트성의 개념과 국어교육적 함의」,
            『한국어문교육』 9, 한국교원대 한국어문교육연구소.
김명순(1999), 「텍스트 구조와 사전 지식이 내용 이해와 중요도 평정에 미치
            는 영향」, 한국교원대 석사학위 논문.
김봉순(1995), 「'텍스트 구조표지'의 독해에서의 기능」, 『국어교육연구』 5,
            국어교육학회.
─────(1996), 「텍스트 의미 구조의 표지 연구」, 서울대학교 박사학위 논문.
─────(1998), 「쓰기 영역 교육과정과 평가 체계」, 『쓰기 수업 방법』,
            박이정.
─────(1999), 「신문 기사에 반영된 필자의 주관성」, 『텍스트언어학』 7,
            한국텍스트언어학회.
─────(2000), 「학습자의 텍스트 구조에 대한 인지도 발달 연구 -초중고 11
            개 학년을 대상으로」, 『국어교육』 102, 한국국어교육연구회.
─────(2001), 「구성주의적 읽기 교육의 텍스트 언어학적 기반」,
            『텍스트 언어학』 11, 한국텍스트언어학회.
김상희(1995), 「국어과 수업 담화 분석을 통한 교수 전략 연구 : '말하기/듣
            기', '언어'영역을 중심으로」, 서울대학교 석사학위 논문.

김성해(2001), 「전자텍스트 읽기 지도에 관한 연구」,
      서울대학교 대학원 국어교육과 석사학위 논문.
김성훈(1993), 「텍스트에서의 생략현상에 대한 연구」, 『텍스트 언어학』 1,
      텍스트연구회.
김순자(1999), 「대화의 맞장구 수행 형식과 기능」, 『텍스트 언어학』 6,
      한국텍스트언어학회.
김영순(2001), 「영상 광고의 텍스트성과 구성 원리」, 『텍스트 언어학』 11,
      한국텍스트언어학회.
김완진 외(1996), 『문학과 언어의 만남』, 신구문화사.
김용도(1996), 『텍스트 결속이론』, 부산외국어대학교 출판부.
김인자(1993), 「텍스트 화용론적 관점에서의 합성명사 고찰 – 독일어, 한국
      어 신문기사의 임시합성명사를 중심으로」,
      고려대학교 독문과 박사학위 논문.
김재봉(1995), 「문 주제 중심의 텍스트 요약과 거시규칙」,
      『텍스트언어학』 3, 텍스트연구회.
────(1996), 「텍스트 요약 전략에 대한 국어교육학적 연구」,
      조선대학교 박사학위 논문.
────(1999), 『텍스트 요약 전략에 대한 국어교육학적 연구』, 집문당.
김정선(1997), 「텔레비전 광고 텍스트의 구조와 대화」, 『한양어문』 15,
      한양어문학회.
────(1999), 「상거래 대화에서의 공손 책략」, 『텍스트 언어학』 7,
      한국텍스트언어학회.
김정자(1999), 「잡지 기사의 구어성 분석」, 『텍스트 언어학』 7,
      한국텍스트언어학회.
김진권(1997), 「상호텍스트성」, 『텍스트 언어학』 4, 텍스트언어학회.
김진호(1998), 「문학작품의 텍스트 분석-김유정의 「안해」를 중심으로」,
      『한국어학』 7, 한국어학회.
김창원(2000), 「국어표현의 문화와 반문화-국어교육 철학의 가능성을 위하여」,
      『국어 표현·이해 교육』, 집문당.
김태옥(1996), 「텍스트 언어학과 현대문학 : 문학적 커뮤니케이션의 대체성」,
      『새국어생활』 6-1, 국립국어연구원.
김태옥·이현호(1995), 「담화연구의 텍스트성 이론과 적합성 이론」,
      『담화와 인지』 1, 담화·인지 언어학회.

김태자(1999), 「담화분석에 의한 수용자 측면에서의 시조의 분석 -이영도의
           '황혼에 서서', '달무리', '아지랑이'를 중심으로」,
           『한국언어문학회』 42, 한국언어문학회.
김혜숙(1995), 「담화 층위에서 본 시 텍스트의 구조 분석」,
           『새국어교육』 51, 한국 국어교육 연구회.
김혜정(1997), 「신문 표제어의 텍스트 양상 연구 -명사 조어와 생략 현상을
           중심으로」, 『선청어문』 25, 서울대학교 국어교육과.
────(2001), 「비판적 읽기를 위한 텍스트 분석 시론 -읽기 연구에 있어서
           텍스트 이론의 적용」, 『텍스트 언어학』 10,
           한국텍스트언어학회.
────(2002), 「텍스트 이해와 과정과 전략에 관한 연구」,
           서울대학교 국어교육학과 박사학위 논문.
김호정(1995), 「텍스트의 함축 의미 해석에 관한 연구」,
           서울대학교 석사학위 논문.
김흥수(1996), 「소설에서 관계절의 텍스트 기능」, 『어문학논총』 15,
           국민대 어문학연구소.
나은영(1997), 「주례사 텍스트 유형 분석」, 『태릉어문연구』,
           서울여대 국어국문학과.
남지애(2001), 「라디오 편지 텍스트의 특징」, 『한국텍스트과학의 제과제』,
           역락.
노석기(1988), 「우리말 담화의 결속관계 연구」, 동아대학교 박사학위 논문.
노은희(1997), 「교육적 관점에서의 대화의 결속기제 고찰」, 『국어 교육』 93,
           한국 국어교육 연구회.
────(1998), 「대화 지도를 위한 반복표현의 기능 연구」,
           서울대학교 박사학위 논문.
────(1999), 「대화의 특성과 지도 방법」, 『텍스트 언어학』 7,
           한국텍스트언어학회.
민병곤(2000), 「신문 사설의 논증 구조 분석」, 『국어국문학』 127,
           국어국문학회.
────(2001), 「TV 토론 담화의 논증 분석- 화용·대화론적 접근법을 중심
           으로」, 『텍스트 언어학』 11, 한국텍스트언어학회.
민현식(1996), 「농가월령가에 대한 텍스트 언어학적 고찰」,
           『문학과 언어의 만남』, 신구문화사.

──(2000), 『국어교육을 위한 응용언어학』, 서울대 출판부.

민현식 외(1996), 『무슨 말을 어떻게 할 것인가』, 숙명여대 출판부.

민현주(1995), 「텍스트의 화제 분석과 주제문 파악에 관한 연구」,
　　　　　서울대학교 석사학위 논문.

박근영(1998), 「{네}의 담화분석적 연구」, 『한국어문학연구』 9,
　　　　　한국외국어대 한국어문학연구회.

박금자(1995), 「〈釋譜詳節〉·〈월인석보〉의 텍스트 범위와 텍스트 통합성」,
　　　　　『텍스트 언어학』 3, 텍스트연구회.

──(1997), 『15세기 언해서의 협주 연구』, 집문당.

──(1999), 「일간신문 제목에 나타나는 응집성, 패러디, 생략 현상」,
　　　　　『텍스트 언어학』 7, 한국텍스트언어학회.

──(2000), 「〈월인천강지곡〉의 간텍스트성-〈석보상절〉과 〈석가보〉·'諸
　　　　　經'과의 비교」, 『텍스트 언어학』 8, 한국텍스트언어학회.

박성철(2001), 「'white lie'에 대하여-그 개념, 동기 및 발생기제를 중심으로」,
　　　　　『텍스트 언어학』 11, 한국텍스트언어학회.

박성현(1996), 「한국어 말차례 체계와 화제」, 서울대학교 박사학위 논문.

박수자(1990), 「글 처리 능력 향상을 위한 글의 구조 지도에 관한 실험 연구」,
　　　　　서울대학교 석사학위 논문.

──(1994), 『독해와 읽기 지도』, 국학자료원.

──(1995), 「텍스트 독해와 독해 지식에 대한 연구」,
　　　　　『국어교육학연구』 5, 국어교육학회.

박여성(1994), 「화행론적 텍스트유형학을 위하여」, 『텍스트 언어학』 2,
　　　　　텍스트연구회.

──(1995), 「간텍스트성의 문제 : 현대 독일어의 실용 텍스트를 중심으로」,
　　　　　『텍스트 언어학』 3 , 텍스트연구회.

──(2002), 「텍스트 언어학의 입장에서 고찰한 "번역투"의 규명을 위한
　　　　　연구」, 텍스트언어학회 춘계학술대회 발표요지.

박영목(2001), 「쓰기 교육과 읽기 교육에 대한 텍스트 언어학적 연구의 동향」,
　　　　　『텍스트 언어학』 10, 한국텍스트언어학회.

박영철(1997), 「텍스트 유형 '치침'의 구조와 기능-화행론적 텍스트 분석」,
　　　　　경북대학교 박사학위 논문.

박용익(1997), 「텔레비전 정치토론의 대화분석」, 『텍스트언어학』 4,
　　　　　텍스트언어학회.

──────(1998), 『대화 분석론』, 한국문화사/ 개정 증보판(2001), 역락.

──────(1999a), 「대화 분석론의 이론과 전망」, 『텍스트언어학』 6,
        한국텍스트언어학회.

──────(1999b), 「드라마 분석을 위한 언어학적 대화 분석의 응용가능성」,
        『텍스트언어학』 7, 한국텍스트언어학회.

──────(2000), 「신문텍스트의 대화성과 행위유형」, 『텍스트언어학』 8,
        한국텍스트언어학회.

박정숙(1995), 「고등학교 작문 교과서의 문단 분석 및 평가」,
        부산대 교육대학원 석사학위논문.

──────(2002), 「'소지'의 텍스트 언어학적 분석-서사구조 분석을 중심으로」,
        텍스트 언어학 12, 한국텍스트언어학회.

박정순(1999), 「미디어 내용에 대한 의문」, 『텍스트언어학』 7,
        한국텍스트언어학회.

박정준(1994), 「담화의 텍스트언어학적 분석 연구」,
        서울대학교 언어학과 석사학위 논문.

──────(1995), 「프레임, 스크립트 이론과 텍스트 정보처리과정」,
        『텍스트 언어학』 2, 텍스트연구회.

박진용(1998), 「국어과 교육의 텍스트유형 분류」, 『청람어문학』 20,
        청람어문학회.

박채화(1993), 「국어 담화의 주제 구조 연구」, 서울대학교 석사학위 논문.

박현선(1995), 「텍스트에서의 양태성 연구」, 『텍스트 언어학』 3,
        텍스트연구회.

반 다이크(T. A. van Dijk)(1980)/ 정시호 역(1995), 『텍스트학』, 민음사.

벨(R. T. Bell)(1991)/박경자·장영준 옮김(2000), 『번역과 번역하기』,
        고려대학교 출판부.

보그란데·드레슬러(Beaugrande and Dressler)(1981)/
        김태옥·이현호 공역(1991), 『담화·텍스트 언어학 입문』,
        양영각.

하이네만·피이베거(W. Heinemann and D. Viehweger)(1991)/
        백설자 옮김(2001), 텍스트 언어학 입문, 역락.

브링커(K. Brinker)(1993)/이성만 옮김(1994), 『텍스트언어학의 이해』,
        한국문화사.

서 얼(J. R. Searle)(1969), *Speech Acts*, Cambridge Univ. Press.

서승아(2000), 「시 텍스트의 언어학적 분석 이론 -황지우의 제4시집을 중심
　　　　　　으로」, 동국대 교육대학원 석사학위 논문.
서정철(1998), 『기호에서 텍스트로』, 민음사.
서　혁(1994), 「요약능력과 요약규칙」, 『국어교육연구』 4, 국어교육학회.
──(1996), 「담화의 구조와 주제 구성에 관한 연구」,
　　　　　　서울대학교 국어교육과 박사학위 논문.
──(1998), 「국어교육적 관점에서의 텍스트 분석」, 『텍스트 언어학』 5,
　　　　　　한국텍스트언어학회.
석귀화(1996), 「국어의 텍스트 언어학적 연구 : 심청전 이본을 중심으로」,
　　　　　　경북대 교육대학원 석사학위 논문.
송경숙(1998), 「제15대 대통령 후보 초청 TV 합동 토론회 분석」,
　　　　　　『사회언어학』 6-1, 한국사회언어학회.
──(2002), 「전자담화에서의 전제(presupposition)분석 -인터넷 채팅을
　　　　　　중심으로」, 『텍스트 언어학』 12, 한국텍스트언어학회.
송효섭(1997), 『문화기호학』, 민음사.
수잔 바스넷-맥과이어/엄재호 옮김(1993), 『번역학 개론』, 인간사랑.
슈미트(Schmidt, Siegfried J.)(1975), Zur Linguistik der sprachlichen
　　　　　　Kommunikation, in : Jarbuch 1973 IDS, Dusseldorf.
슐리반 랑에(B. Schlieben-Lange)(1979)/소만섭 역(2001), 언어 화용론
　　　　　　(*Linguistische Pragmatik*), 한국문화사.
스터브즈(M. Stubbs)(1983)/송영주 역(1993), 담화분석(*Discourse Analysis*),
　　　　　　한국문화사.
신명선(1998), 「독립신문의 텍스트 구조적 특성에 대한 연구」,
　　　　　　서울대학교 석사학위 논문.
신선경(1999), 「TV 광고의 텍스트 언어학적 특징-발화 단위와 형식을 중심
　　　　　　으로」, 『텍스트 언어학』 7, 한국텍스트언어학회.
신지연(1996), 「속미인곡의 텍스트 언어학적 고찰」, 『문학과 언어의 만남』,
　　　　　　신구문화사.
──(1998), 『국어 지시용언 연구』, 태학사.
신현정(1998), 「〈정석가〉의 텍스트 언어학적 고찰」, 『한밭한글』 3,
　　　　　　한글학회 대전지회.
심재만(1991), 「시어의 일탈성과 등가성에 대한 텍스트 언어학적 연구」,
　　　　　　서강대학교 박사학위 논문.

안정근(1997), 「시장에서 행해지는 가격 흥정의 담화 분석」,
　　　　『사회언어학』 5-2, 한국사회언어학회.
엄　훈(2002), 「조선 전기 공론 영역 논변의 사례 분석」,
　　　　『텍스트 언어학』 12, 한국텍스트언어학회.
오선경(1997), 「지시어 '이, 그, 저'에 관한 연구 -담화상에서의 의미 기능을
　　　　중심으로」, 중앙대학교 교육대학원 석사학위 논문.
오스틴(J. L. Austin)(1962), *How To Do Things With Words*.
　　　　Oxford : Clarendon Press.
오장근(2001a), 「사건보도, 사태보도, 르포르타주 -정보위주 신문텍스트의
　　　　텍스트유형 분류를 위한 연구」,『텍스트 언어학』 10,
　　　　한국텍스트언어학회.
─────(2001b), 「텍스트 유형 '편지'로서 빌레몬서의 텍스트 화행론적 분석」,
　　　　『텍스트 언어학』 11, 한국텍스트언어학회.
원진숙(1994), 「작문교육의 이론적 기초와 방법론 연구」,
　　　　고려대학교 박사학위 논문.
─────(1995), 『논술교육론』, 박이정.
유동엽(1997), 「대화 참여자의 대화 전략에 관한 연구 -상호작용을 위한 대
　　　　화를 중심으로」, 서울대학교 석사학위 논문.
유송영(1997), 「국어 청자 대우 어미의 교체사용(switching)과 청자 대우법
　　　　체계-힘(Power)과 유대(Solidarity)의 정도성에 의한 담화분
　　　　석적 접근」, 고려대 대학원 박사학위 논문.
윤석민(1989), 「국어의 텍스트 언어학적 연구시론」,『국어 연구』 92,
　　　　국어연구회.
─────(1996), 「현대국어의 문장종결법연구」, 서울대학교 박사학위 논문.
─────(1999), 「설화 텍스트의 대화 분석-화행적 기능을 중심으로」,
　　　　『텍스트 언어학』 6, 한국텍스트언어학회.
─────(2000), 「〈월인천강지곡〉의 텍스트성-기85-기92의 응결성과 응집성
　　　　을 중심으로」,『텍스트 언어학』 8, 한국텍스트언어학회.
이경화(1999), 「담화 구조와 배경 지식이 설명적 담화의 독해에 미치는 효과
　　　　에 관한 연구」, 한국교원대 박사학위 논문.
이광숙(1993), 「문학 작품에서 텍스트 언어학적 접근 가능성」,
　　　　『텍스트 언어학』 1, 텍스트연구회.
이광호(2001), 「융합텍스트의 분석을 위한 접근」,

『한국텍스트과학의 제과제』, 역락.

이기갑(1995), 『한국어의 담화표지 '이제', 담화와 인지』 1, 담화·인지언어학회.

이난희(1995), 「번역에 있어서 텍스트 유형 구분의 문제」,
　　　　『텍스트언어학』 3, 텍스트언어학회.

이도영(1999), 「유머 텍스트의 웃음 유발 장치」, 『텍스트 언어학』 7,
　　　　한국텍스트언어학회.

이삼형(1994), 「설명적 텍스트의 내용구조 분석 방법과 교육적 적용 연구」,
　　　　서울대학교 박사학위 논문.

―――(1999), 「텍스트 구조 분석 연구-화제 전개를 중심으로」,
　　　　『텍스트 언어학』 6, 한국텍스트언어학회.

이상섭(1980), 『언어와 상상-문학이론과 실제 비평』, 문학과 지성사.

이상태(1999), 「국어 텍스트의 결속 표지 기능 연구」, 『중등교육연구』 43,
　　　　경북대 중등교육연구소.

이석규(1997), 「텍스트의 정보성에 관한 연구-신약성서 '선한 사마리아인'을
　　　　중심으로」, 『경원어문논집』 1, 경원대학교 국어국문학과.

―――(1998), 「시 텍스트의 정보성 탐색 연구」, 『국어 교육』 96,
　　　　한국 국어교육 연구회.

―――(1999), 「시 텍스트의 결속성 및 의미확대 표지에 관한 연구」,
　　　　『국어 교육』 100, 한국 국어교육 연구회.

―――(2003), 「속담의 문체론적 연구」, 이광정 편 『국어학의 새로운 조명』,
　　　　역락

이석규 외(2001), 『텍스트 언어학의 이론과 실제』, 박이정.

이석규 외(2002), 『우리말답게 번역하기』, 역락.

이선묵(1993), 「일간신문과 대중신문의 표제어에 나타난 생략현상」,
　　　　『텍스트 언어학』 1, 텍스트연구회.

이성만(1993), 「텍스트 구조의 이해」, 『텍스트 언어학』 1, 텍스트연구회.

―――(1994), 「화용문체론적 텍스트분석 시론」, 『텍스트 언어학』 2,
　　　　텍스트연구회.

―――(1995), 「텍스트의 화용구조-텍스트 구조의 총체적 서술을 위한 시론」,
　　　　독일언어문학.

―――(1996), 「텍스트 언어학의 위상과 과제」, 『인문논총』 10.

―――(1998), 「독자편지의 텍스트 유형론적 연구」, 『독어교육』 16.

―――(2002), 「텍스트문화와 텍스트모형-텍스트종류 '부음'의 문화적 차이

와 변화를 중심으로」, 『텍스트 언어학』 12,
    한국텍스트언어학회.
이성영(2001), 「작문교육을 위한 텍스트 분석 방법」, 『텍스트 언어학』 11,
    한국텍스트언어학회.
이원표(1998), 「한보 청문회에서의 질문 분석 : 제도상황과 화제의 태도 표
    현」, 『사회언어학』 6-1, 한국사회언어학회.
─── (2001), 『담화분석』, 한국문화사.
이은경(1994), 「텍스트에서의 접속어미의 기능」, 『텍스트 언어학』 2,
    텍스트연구회.
─── (1998), 「텔레비전 토크쇼 텍스트의 연결 어미 분석」,
    『텍스트 언어학』 5, 한국텍스트언어학회.
이은미(1993), 「텍스트 종류로서의 기상 통보 텍스트 분석에 관한 연구」,
    『텍스트 언어학』 1, 텍스트연구회.
이은희(1993), 「접속관계의 텍스트 언어학적 연구」,
    서울대학교 박사학위 논문.
─── (1995), 「대용 표현의 텍스트적 기능에 관한 연구」,
    『국어교육학연구』 5, 국어교육학회.
─── (1997), 「언어 이해 과정에서의 텍스트 연구」, 『한성어문학』 16,
    한성대 국어국문학과.
─── (1998), 「텍스트 언어학의 국어교육적 의의」, 『국어교육학 연구』 8,
    국어교육학회.
─── (2000), 『텍스트 언어학과 국어교육』, 서울대학교 출판부.
─── (2001), 「국어지식교육과 텍스트 언어학」, 『텍스트 언어학』 10,
    한국텍스트언어학회.
이응백·이주행(1992), 『말을 어떻게 할 것인가』, 현대문학.
이재원(2001a), 「응집성, 응집성들」, 『텍스트 언어학』 10,
    한국텍스트언어학회.
─── (2001b), 「드 보그란데/드레슬러(1981)의 텍스트성에 대한 비판적 고
    찰」, 『텍스트 언어학』 11, 한국텍스트언어학회.
이재호(1993), 「한국현대시의 텍스트언어학적 연구」,
    서울대학교 박사학위 논문.
이정복(2002), 「전자편지 텍스트의 구조와 기능」, 『텍스트 언어학』 12,
    한국텍스트언어학회.

이정식(2000), 「'지혜문'의 의미 해석 문제」, 『텍스트 언어학』 9,
　　　　　　한국텍스트언어학회.
이지연(1998), 「하이퍼텍스트 환경에서 항해보조도구의 유형별 특성 및 활
　　　　　　용방식에 관한 연구」,
　　　　　　서울대학교 대학원 국어교육과 석사학위 논문.
이창덕(1994), 「'-는데'의 기능과 용법」, 『텍스트언어학』 2,
　　　　　　한국텍스트언어학회.
이현호(1993), 『한국현대시의 담화·화용론적 연구』, 한국문화사.
이현호 외(1997), 『한국현대희곡의 텍스트 언어학적 연구』, 한국문화사.
이희자(1994), 「국어의 주제부/설명부 구조 연구 -텍스트의 구성성분으로서
　　　　　　의 '발화문'과 발화문의 구성성분으로서의 '주제부/설명부'」,
　　　　　　『국어학』 24.
─────(2001), 「한국어 교재 텍스트의 효율적인 분석 방법론」 1,
　　　　　　『텍스트 언어학』 10, 한국텍스트언어학회.
이희자·이종희(1998), 『텍스트분석적 국어조사의 연구』, 한국문화사.
임규홍(1997), 「'쉼'의 언어 기능에 대한 연구」, 『한글』 235, 한글학회.
─────(1998), 「부사 '정말'류의 담화적 의미」, 『한국어 의미학』 2,
　　　　　　한국어의미학회.
임칠성(2000), 「컴퓨터 공개 대화방 대화의 매체 언어적 성격과 대화 양식
　　　　　　고찰」, 『텍스트 언어학』 9, 한국텍스트언어학회.
─────(2001), 「컴퓨터 공개 대화방 매체 언어적 성격과 대화 양식 고찰」,
　　　　　　『텍스트 언어학』 9, 한국텍스트언어학회.
윌라이트(P. E. Wheelwright)(1962)/김태옥 역(1982), 『은유와 실재』,
　　　　　　문학과 지성사.
장경희(1997a), 「국어 대화에서의 서법과 양태」, 『국어교육』 93,
　　　　　　한국 국어교육 연구회.
─────(1997b), 「대화 텍스트의 결속구조」, 『한양어문』 15, 한양어문학회.
─────(1999a), 「진술에 대한 긍정과 부정」, 『한국어 의미학』 5,
　　　　　　한국어 의미학회.
─────(1999b), 「대화의 접속과 내포」, 『텍스트 언어학』 7,
　　　　　　한국텍스트언어학회.
─────(2000), 「청유 화행에 대한 수락과 거절」, 『텍스트 언어학』 9,
　　　　　　한국텍스트언어학회.

장병도(1998), 「텍스트 결속성 수단으로서 포커스에 관한 연구」,
　　　　　　 원광대학교 박사학위 논문.

장회익(1990), 『과학과 메타과학』, 지식산업사.

장석진 편(1994), 『현대언어학-지금 어디로』, 한신문화사.

전병선(2000), 『본문언어학』, 박이정.

전성기(2002), 「번역과 현대 한국어」, 『텍스트 언어학』 12,
　　　　　　 한국텍스트언어학회.

전정례·허재영(2002), 『얘기 좀 할래요?-대화의 기법』, 건국대학교 출판부.

정끝별(1997), 『패러디 시학』, 문학세계사.

정달현(1992), 「국어 작문교육에서의 단락이론과 그 적용에 관한 분석적 연구」,
　　　　　　 한양대학교 박사학위 논문.

정동현(1994), 「텍스트 결속성과 주제」, 효성여자대학교 독문과 박사학위 논문.

정　민(2000), 「고전문장이론상의 篇章字句法으로 본 〈온달전〉의 텍스트
　　　　　　 분석」, 『텍스트 언어학』 9, 한국텍스트언어학회.

정시호(1998), 「반 다이크의 텍스트학 이론에 대하여」, 『텍스트 언어학』 5,
　　　　　　 한국텍스트언어학회.

정영벽(2001), 「성경 텍스트의 상황성 연구-예수와 사마리아 여자의 대화를
　　　　　　 중심으로」, 『경원어문논집』 4·5합집,
　　　　　　 경원대학교 국어국문학과.

정유상(1993), 「텍스트 결속성에 대한 연구」,
　　　　　　 부산대학교 독문학과 박사학위 논문.

정지영(1999), 「하이퍼텍스트 구조의 수사학적 패턴」,
　　　　　　 연세대학교 박사학위 논문.

정진원(1993), 「설화자 화법으로 살핀 텍스트 분석」, 『텍스트 언어학』 1,
　　　　　　 텍스트연구회.

─────(1994), 「「치화평 상」에 나타난 『용비어천가』 텍스트의 종결구조 분
　　　　　　 석」, 『텍스트 언어학』 2, 텍스트연구회.

─────(1997), 「나옹화상의 〈고루가(枯髏歌)〉 텍스트 분석」,
　　　　　　 『텍스트 언어학』 4, 텍스트언어학회.

정형철(1996), 「하이퍼텍스트와 문화적 변화」,
　　　　　　 『오늘의 문예비평』 1996년 여름호.

정효진(1999), 「일반대화함축과 명시 의미의 관계성에 대한 연구」,
　　　　　　 동국대학교 석사학위 논문.

조영돈(2001), 「논증적인 글의 텍스트 언어학적 분석」,
　　　　　　경원대학교 박사학위 논문.
조희정(2002), 「사회적 문해력으로서의 글쓰기 교육 연구」,
　　　　　　서울대학교 대학원 박사학위 논문.
주경희(1992), 「국어 대명사의 담화분석적 연구」, 서울대학교 박사학위 논문.
──────(1998), 「문결속 기능으로의 속담 사용 -바꿔쓰기에 의한 속담 사용
　　　　　　을 중심으로」, 『텍스트 언어학』 5, 한국텍스트언어학회.
지인자(1995), 「성공적인 의사소통의 기본 전제들」, 『텍스트 언어학』 3,
　　　　　　한국텍스트언어학회.
최영환(1998), 「쓰기 교육 패러다임과 교육 과정」, 『쓰기 수업 방법』,
　　　　　　박이정.
최형용(2000), 「광고 전략과 언어적 중의성」, 『텍스트 언어학』 9,
　　　　　　한국텍스트언어학회.
코세리우(E. Coseriu)(1981)/신익성 옮김(1995), 『텍스트언어학』,
　　　　　　사회문화연구소.
파　터(H. Vater)(1994)/이성만 옮김(1995), 『텍스트언어학 입문』,
　　　　　　한국문화사
한득재(2000), 「대화의 원리와 문답 표현에 대하여」,
　　　　　　동국대학교 석사학위 논문.
한성일(2001), 「유머 텍스트의 구조와 원리」,
　　　　　　『국어화법과 담화전략』(화법연구3), 한국화법학회.
──────(2002a), 「유머 텍스트의 원리와 언어학적 분석」,
　　　　　　경원대학교 박사학위 논문.
──────(2002b), 「골계의 개념과 범주에 대한 고찰」, 『경원어문논집』 6,
　　　　　　경원대학교 국어국문학과.
──────(2002c), 「유머 텍스트의 사회 언어학적 연구」, 『사회언어학』 10-2,
　　　　　　한국사회언어학회.
허금회(1993), 「테마-레마 분절과 번역」, 『텍스트 언어학』 1, 텍스트연구회.
허　쉬(E. D. Hirsch)(1967), *Validity in Interpretation*, New Haven ：
　　　　　　Yale univ. Press.
허　웅(1983), 『국어학-우리말의 오늘 어제』, 샘문화사.
황미향(1998), 「한국 텍스트의 계층구조와 결속 표지의 기능 연구」,
　　　　　　경북대 박사학위 논문.

제 **2** 부

텍스트 분석의 실제

시의 언어적 효용성 분석

이석규

1.1 머리말

시처럼 텍스트 생산자의 의도가 치밀하게 계획되고 관리되는 표현은 없을 것이다. 시 텍스트는 화자의 의도를 실현하기 위하여 그 표현에 있어서 최선의 유효성(effectiveness)과 효율성(efficiency) 그리고 적절성(appropiateness)(Searl, 1969)을 추구하는 것을 목표로 삼는다. 그것을 이루기 위하여 상상과 파격 그리고 창의성을 향하여 활짝 열어놓는 세계, 시인의 정신적 깊이를 마음껏 펼쳐지는 세계 그것이 바로 시이다. 자신과 진실의 내부를 파고들든 남이 상상할 수 없는 기발하고 먼 곳으로 우회하든1) 그 누구도 할 수 없는 자

---

1) 보다 새롭고 효과적으로 표현하기 위하여 주어진 화제 내부를 정밀하게 파고들어 그 내부에서 아무도 생각하지 못한 대답을 찾아내는 경우와 화제의 밖으로 남들이 생각할 수 없는 곳까지 멀리 또는 엉뚱한 곳으로 우회하여 결과적으로 수용자의 공감을 유도하는 방법이 있다. 예를 들면

신만의 진실의 세계를, 그 긴장감의 무늬를 형상화하기 위하여 시인은 마음을 열고 상상력을 집중한다. 물론 보다 효과적인 개념과 개념들의 관계, 곧 응집성을 이루기 위한 플랜도 세운다. 그리고 정보성의 극적 효과를 이루기 위하여 배치와 수위 조절도 계산한다. 그러나 시는 생각으로 씌어지는 것이 아니라 말로 쓰여지는 것이다. 결국 그것을 형상화할 수 있는 최선의 어휘배합을 위한 탐구에 집중한다. 따라서 시 텍스트의 생산은 어휘의 배열에서부터 시작된다.

어휘배열의 새로움, 그것은 리듬이나 이미지 그리고 의미의 발견이나 의미부여, 의미확대 등을 포함한다. 그것은 통상 은유, 환유, 우의 등 비유와 상징, 그리고 아이러니, 패러독스 등 온갖 수사기법을 동원하여 말을 꼬기도 하고 비틀기도 한다. 이른 바 '낯설게 하기', '시치미 떼기', '의도적 오류' 이런 모든 것들이 시인의 의도를 실현하기 위해서 치밀한 계획아래 활용되며 상황에 맞게 중간조정(mediation)을 하고 상황을 점검(situation monitoring)하며 상황을 관리(situation management)한다[2]. 또한 어떤 형태의 텍스트보다 많은 부분을 침묵하고 생략하는 것도 형식상의 특성 외에도 중간조정의 실현이라는 것을 기억해야 한다.

시 텍스트는 언어 배열의 새로움을 창출함에 그치지 않고, 시 전체에 이중 삼중의 새로운 의미를 부여하고 있다는 점이 다른 창조적 언어와의 차이라고 할 수 있을 것이다. 따라서 일반 텍스트와는 달리 이러한 표현상의 특성문제가 그 어떤 것보다도 중요하게 다루어야한다는 점을 염두에 두고 '신대철'의 〈박꽃〉과 서정주의 〈동천(冬天)〉을 살펴보기로 하겠다.

위트는 전자에 해당하고 유머는 후자의 경우라고 할 수 있다.

2) 이에 관하여는 보그란데와 드레슬러(1981) 6장, 8장 참조

1.2 시 텍스트 분석

1. 2. 1 '신대철'의 〈박꽃〉[3]

먼저 텍스트를 살펴보자.

① 박꽃이 하얗게 필 동안
② 밤은 세 걸음 이상 물러나지 않는다

③ 벌떼같은 사람은 잠들고
　　침을 감춘 채
④ 뜬소문도 잠들고
⑤ 담비들은 제 집으로 돌아와 있다

⑥ 박꽃이 핀다

⑦ 물소리가 물소리로 들린다

(신대철 '박꽃' 전문)

이 시를 절차적 접근이라는 관점에서 볼 때 우리는 언어의 연쇄를 통해 응결성을 살피고 그 응결성 내면에 있는 응집성과 정보성 그리고 그와 함께 상황성, 텍스트상호성의 영향이나 가치를 탐구하며 궁극적으로 의도성을 확인하게 되는 것이다. 그러나 이런 주장은 그야말로 뜬구름을 잡는 것과 마찬가지다. 왜냐하면 그것들의 정답이랄 수 있는 종착역(시 텍스트가 구체적으로 의미하는 바)이 어디인지를 정확히 알고 그것이 옳다는 것을 확인하기가 힘들기 때문이다. 그것을 확인할 길도 없고 대부분의 경우는 말로써 설명하거나 기술하기도 너무나 어렵다. 그냥 사람마다 자신의 내면세계에 기록된 세계지식[4]을 바탕으로 개연성이 있다고 인식되는 지점에서 머무르고, 그것으로 끝

---

3) 신대철(1945~) : 충남 홍성 출생. 연세대 국문과 졸업. 1968년 조선일보 신춘문예에 '강설의 아침부터 해빙의 저녁까지'가 당선되어 등단. 현재 국민대학교 국어국문학과 교수. 시집에 『무인도를 위하여』(1977), 『개마고원에서 온 친구에게』(2000) 등이 있다.
4) 보그란데와 드레슬러(1981)에서 페퇴피(Petöfi, 1974)를 인용하여 사용한 용어.

나는 것이 일반적이다. 그러나 그렇다고 해서 텍스트의 인식 기준이나 범위
가 그냥 막연하기만 한 것은 아니다. 그것은 누구나 대부분이 공통으로 인식
하는 인간세계의 기대를 기준으로 하여, 첫째 맥락과 둘째 논리성 그리고 셋
째 그것을 바탕으로 한 추리 또는 상상을 통하여, 하나의 입체적 개념 또는
개념들의 관계를 구상화하게 되는 것이다. 그리고 그로써 위에서 제기한 응
집성이나 정보성 또는 의도성을 발견하고 알아내며 확인하게 되는 것이다.
특히 시는 보다 많은 추리와 상상의 뒷받침이 필요하며, 무엇보다도 인간적
기대와 세계지식의 활용이 중요하다고 하겠다. 이러한 관점에서 먼저 응결성
과 함께 응집성을 다음과 같이 필요한 만큼만 살펴보자.

1) 응집성

이 시는 위에서 보는 바와 같이 ①, ③, ⑥, ⑦의 4개의 문장으로 되어 있
는데 그들이 문장은 다르지만 한 뭉치에 포함된 형식을 확인할 수가 있다.
이 시 텍스트의 내부구성요소 간에 의미적 연결관계를 살펴보면 다음과 같다.

> ①의 시간은 ②의 상태이다.
> ②의 상태에 있을 때 ③, ④, ⑤의 현상이 일어난다
>
> ③, ④, ⑤의 현상이 일어난 결과
> → ⑥이 일어나고 그 결과(또는 동시에)
> → ⑦의 형상이 일어난다.

②의 상태에서 ③, ④, ⑤의 현상이 일어나는 것과 ⑥의 현상이 일어나는
것은 동격관계에 있다. 그러면서도 ③, ④, ⑤의 현상의 결과 가 ⑥이다. 그
러니까 ③, ④, ⑤는 ⑥의 원인이요, 상황요인이다. 또한 이 글의 제목이 '박
꽃'이기 때문에 최종의 결과가 ⑥이 되는 것이 상식인데 ⑥의 결과로 ⑦을 제
시하고 있다. 관념의 크기가 분명 ⑥보다 ⑦이 크기 때문에 이러한 배치는
타당해 보인다. 그러나 ⑥과 ⑦의 관계는 어느 쪽이 크고 작음을 나타내는
데 있는 것이 아니라, 동급 동격의 사실로서 ⑥이 일어나면 ⑦이 일어나고,
⑦이 일어나면 ⑥이 일어날 수 있는 것이다. 그런 관점에서 ⑦은 ③, ④, ⑤

와 함께 ⑥의 원인이요 상황이요 배경이라고 할 수 있는 것이다. 그리고 ③, ④, ⑤, ⑥이 일어나는 원인과 상황은 물론 ②이며, ②는 ①의 상태요 배경이 되는 것이다. 그리고 그것은 다시 ⑥으로 반복되는 것이다. 이러한 거시적 개념관계를 그림으로 표현하면 다음과 같이 된다.

【그림 1】

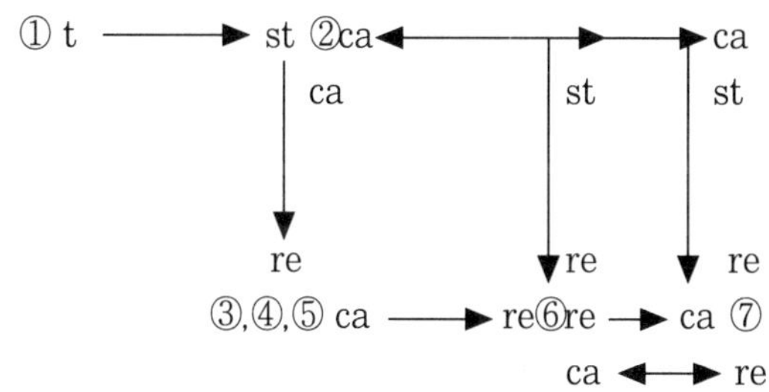

〈t : 시간, ca : 원인, re : 결과, st : 상태, re : 결과〉

2) 정보성, 상황성 그리고 의도성

위의 그림으로 표시한 응집성에 관한 개념적 이해 뿐 아니라 내용 전반에 대한 정보성과 상황성 그리고 생산자의 의도성까지 알아보기 위하여 그림으로 표시한 부분의 설명과 함께 내용설명을 덧붙일 필요가 있다.

먼저 ①과 ②의 관계에 관해서이다. 반복을 피하여 한번에 모든 것을 논의 하겠다.

"①박꽃이 피는 동안 ②밤은 세 걸음 이상 물러나지 않는다." 곧 박꽃이 피는 동안은 밤이 계속되고 있다. 밤의 상태다. 밤의 상태가 계속 유지되다가 새벽녘이 되어서 완전히 피었다는 의미이다. '세 걸음'은 멀리 가버린 것이 아니라 아직 아주 가까이에 있다는 말이다. 날이 새지는 않았고, 단지 새벽을 향하여 아주 조금 움직였다는 의미이다. 밤이 물러가는 모습을 활유법을 이용하여 인간 또는 동물의 행위로 감각화하고, 두 걸음 세 걸음으로 계량화한 것은, 수용자로 하여금 밤에 대하여 보다 구체적 감각적으로 인식하도록 유도하며, 밤과 박꽃이 피는 공간과의 근접성, 곧 '함께 있음' 나타내려는 의

도이다. 그것을 탐색작용을 통한 인식작용이 일어났을 때 이 언어적 정보성
의 효과는 I부 2.4.4에서 언급한 바 '새로움의 창조'이다. 그로 하여 수용자
는 경이감을 느끼며 흥미 유발이 이루어진다. 또 한가지는 위의 그림에서 살
펴본 바와 같이 모든 것의 원인이요 상황이 되는 '밤'에 대하여 뚜렷한 인격
을 부여하는 의미를 갖는다. 그리고 그것은 매우 중요한 일이 된다.
　둘째는 밤이라는 상황과 원인으로 하여

　　③ 벌떼같은 사람은 잠들고
　　　 침을 감춘 채
　　④ 뜬소문도 잠들고
　　⑤ 담비들은 제 집으로 돌아와 있다

　③, ④, ⑤의 결과가 일어난다. ③은 벌떼 같은 사람들이다. 그들은 독침을
갖고 사람을 마구 찌르고 공격한다. 시기하고 질투하고 증오하며, 억압하고
수탈하고 음해한다. 그들의 언행은 이 세상의 안정과 평화를 말살한다. 그런
데 밤이 오니 남을 공격하던 무서운 독침도 감추고 잠들어 버린다. ④뜬소문
도 잠들어 세상은 남을 비방하고 비난하고 모략하는 언행이 잠잠해진다. 밤
이 깊어지면서 이제 인간의 모든 독하고 추한 것들은 사라져버린다. 모처럼
세상은 밤의 고요 속에 잠긴다. ⑤소음과 공해를 도저히 견디지 못하고 어디
론가 도망갔던 담비도 족제비도 노루도 오소리도 모두모두 원래의 제집으로
돌아온다. 모든 것이 제자리를 찾는다.
　밤, 그것은 이 텍스트 안에서 거룩하고 신성한 인격을 갖춘 존재이다. 우
리 곁에서 숨쉬며 살아있는, 그리하여 우리를 감싸고 평화와 안식을 회복시
켜 준다. 밤은 이제 인간의 모든 불안정을 가라앉히고 독소와 강퍅함을 잠재
운다. 그리고 성스럽고 신성한 원래의 이 세상, 원래의 지구의 모습을 회복
시킨다.
　이러한 밤의 작용, 그것이 바로 ②, ③, ④, ⑤로 대변되는 이 시의 배경이
고 상황이며 원인이 된다. 그리하여 마침내 ⑥박꽃이 핀다. 박꽃은 그렇게
순결하고 순수하다. 깨끗하고 신성하다. 박꽃이 핀 밤의 세상, ②어느덧 새
벽이 다가오려는가. ⑦물소리가 물소리로 들린다. 세상은 마침내 완전한 신
성함을 되찾는다. 신성함을 되찾아서 박꽃이 피었든 아니면 박꽃이 피어서

신성함을 되찾았든, 아무튼 박꽃은 그렇게 고결하고 성결한 자연 본원의 질료로서 이 세상에 피어난 것이다.

이제 이 시 텍스트의 거시적 개념을 다시 정리하면 다음과 같다.

> 박꽃은 밤에 핀다.
> 밤은 신성하다.
> 밤의 신성함 속에 인간 속세의 독하고 추잡한 모든 것이 잠들고
> 모든 것이 제 자리를 찾는다.
> 밤의 신성함 속에 박꽃이 피고
> 물소리를 비롯한 모든 것이 신성한 본래의 속성을 회복한다.
> 그런 밤에 피는 박꽃은 순결하고 신성하다.

그러나 이런 개념은 역시 시가 아니다. 시 텍스트 속에 내재된, 감동과 감각이 배제된 '개념'일 뿐이다. 시 텍스트를 통해서 나타내고자하는 지은이의 의도된 개념, 곧 사상이다. 지은이는 수용자로 하여금 시 텍스트 본문의 표현이 주는 기쁨과 놀라움과 쾌감을 맛보면서 궁극적으로 이 '개념'을 받아들이도록 하는 것, 그것이 이 시 텍스트 생산자의 '의도'인 것이다.
이 시의 표현을 보면 마치 만화가가 만화를 그릴 때, 대상의 상세한 모든 내용을 생략하고 단지 선 몇 개로서 그 특성을 들어냄으로써 나머지는 독자들의 상상력으로 메우게 하는, 아니 나머지가 더 있는지조차 느낄 수 없을 만큼 완벽하게 그려내는 수법과 너무도 비슷하다는 것을 알 수 있다. 위의 〔개념〕은 이를테면 만화의 내용이다. 그림을 표현하는 선 하나하나는 사용된 언어들이다. 예컨대, "②밤은 세 걸음 이상 물러나지 않는다" 가 주는 인격화, ③, ④, ⑤를 통한 밤의 신성함을 극대화한 언어의 효용성, 그리고 "③벌떼같은 사람은 잠들고 침을 감춘 채 ④뜬소문도 잠들고 ⑤담비들은 제 집으로 돌아와 있다"에서 보듯이 환유를 이용한 순수함, 성결함의 회복에 관한 구체적 감각화 된 표현. 그리고 그것을 배경으로 한 "⑥박꽃"의 순결함, 고결함에 대한 사자후. 마지막으로 "⑦물소리가 물소리로 들린다"로서 박꽃의 성결함과 함께 우리가 잊고 살았던, 잃어버렸던 소중한 인간과 자연의 근원적 가치의 재발견을 이 시는 한 마디의 설명도 없이 웅변으로 말해주고 있는 것이다.
요컨대 시라는 하나의 텍스트가 어떻게 언어의 효용성을 극대화하는가를

보여주는 하나의 본이라고 할 수 있는 것이다.

1. 2. 2 '서정주'의 〈동천〉[5]

내 마음 속 우리 님의 고운 눈썹을

즈믄 밤의 꿈으로 맑게 씻어서

하늘에다 옮기어 심어 놨더니

동지섣달 날으는 매서운 새가

그걸 알고 시늉하며 비끼어 가네

(서정주의 '동천(冬天)' 전문)

이 시 텍스트는 대부분의 다른 시 텍스트가 그러하듯이 응결성에는 아무 문제가 없다. 단 하나의 문장으로 되어 있는데다가 특별히 회기나 병행구문 등이 없으며 또한 대용어의 사용도 거의 없다. 그보다는 인간적 기대에 어긋나는 비예측적 언어 배열이 많이 눈에 띤다. 대부분 그러한 것들은 상징이나 은유적 표현인데 그것이 결국 정보성을 격상시키고 있다. 따라서 그것에 대한 탐색을 바탕으로 먼저 개념, 그리고 개념들 사이의 관계를 살피며 그 다음에 문제 해결을 위한 탐색의 과정을 상세히 고찰하고 그것을 바탕으로 응집성을 재구성하여야 한다. 그 다음 텍스트 생산자의 의도를 확인하는 단계로 순서를 밟는 것이 합리적이라 하겠다.

먼저 비예측적 언어(개념) 배열의 예를 살피면,

(가) 마음 속의 눈썹을 즈믄 밤 동안이나 꿈으로 씻었다는 것.

(나) 마음 속의 눈썹을 하늘에 옮기어 심었다는 것

---

5) 서정주(1915~2000) : 호는 미당(未堂), 1936년 동아일보 신춘문예에 시 〈벽(壁)〉이 당선되어 문단에 등단. 이어 동인지 〈시인부락〉(1936)을 주재함. 시집에 『화사집(花蛇集)』(1938), 『귀촉도(歸蜀道)』(1946), 『동천(冬天)』(1968) 등이 있다.

(다) 그 눈썹을 심어 놓은 것을 알고 새가 시늉하며 비끼어 날아간다는 것 등이다.

우선 이러한 문제들을 그냥 덮어놓은 채 하나하나 인간적 기대와 세계지식을 바탕으로 주로 추론을 통하여 탐색하기로 한다.

① 이 시의 제목은 '동천(冬天)', 즉 '겨울하늘'이다. 그리고 그 겨울하늘에 나타난 것은 단 두 가지의 사물이다. 하나는 '초생달'이고 또 하나는 '새' 한 마리다. 그밖에는 구름 한 점 나타나 있지 않다. 맑고 추운 겨울 하늘, 구름 한 점 없는 겨울의 저녁 하늘, 이 시에서 그리고자 하는 것은 그런 하늘의 정경이다. 아무 것도 없는 겨울의 저녁 하늘 그 속에 초생달과 새 한 마리의 대비되고 있을 뿐이다.

② 눈썹 : 이 시(詩)에서는 초생달(초승달, 상현달)에 관한 언급은 전연 없다. 다만 '눈썹'을 맑게 씻어서 하늘에다 옮겨 심었다고 말하고 있다. 그러니까 우리는 하늘에 있는 초생달이 아니라, 하늘에 있는 눈썹에 관하여 말하고 있는 셈이다. 그런데 '눈썹 같은 초생달'이나 '초생달 같은 눈썹' 등은 흔히 보는 관용적 표현이다. 따라서 눈썹이 초생달을 언급하고 있다고 생각하는 것은 전혀 무리가 아니다.

그런데 초생달은 그냥 초생달이 아니라 눈썹을 맑게 씻어서 심은 것이다. 그리고 '눈썹'은 그냥 눈썹이 아니라, '내 마음 속에 있는', '우리 님의 고운 눈썹'이다.

'눈썹'은 아미(蛾眉)라고 하여 미인의 이름다움을 나타내는 표상으로 일컬어 왔다. 그래서 미인의 경우 '고개나 머리를 숙인다'는 말 대신 환유적 표현으로 '아미를 숙인다'고 하여, 곱고 아름다우며 기품 있는 모습을 형용하는 관용적 표현으로 여겨 왔다. 결국 눈썹은 아름다움, 멋짐, 사랑스러움의 표상으로 표현되어 있다. 여인의 아름다움을 이야기하는 것이므로 고결하고 순결한 아름다움이 먼저 연상되지만 또한 관능적 아름다움, 극단적으로는 욕망의 대상으로서의 아름다움도 포함하는 것으로 보인다. 왜냐하면 일반적 인간의 내면의 세계는 바로 이상적인 아름다움과 함께 욕정의 대상으로서의 아름다움도 완전히 배제할 수는 없는 것이기 때문이다. 아무튼 '내 마음속 우리

님의 고운 눈썹'은 그 모든 것을 포함하여 우리가 생각할 수 있는 최고의 아름다움의 표상인 것이다. 우리의 인식 공간에 간직하고자하는 가장 이상적인, 서럽도록 정제된 그런 아름다움인 것이다.

③ 즈믄 밤의 꿈으로 맑게 씻어서 : 그러나 '우리 님의 고운 눈썹'은 그 표현 자체가 인간적 유한한 아름다움의 한계를 뛰어넘지는 못한다. 그래서 즈믄 밤의 꿈으로 맑게 씻어내야 한다. 즈믄 밤은 '천일 간'이란 뜻보다는 '오랜 세월 동안'을 환유적으로 표현한 것이다. 그 속에는 '긴 세월'과 함께 '온갖 정성을 다하여'라는 뜻도 포함된다. 곧, 오랜 세월 동안을 한결같이 정성을 다하여 맑고 깨끗하게 씻어낸다는 것이다. '꿈'과 '맑게 씻어서'를 연결하여 '꿈'의 의미를 생각해보면, '꿈'은 이상적 아름다움, 완전한 아름다움을 추구하는 염원(念願)이다. 피안(彼岸)의 세계에 도달하려는 인간의 영원한 비원(悲願)이다. 그러므로 그 꿈의 속성은 당연히 무욕의 순수성을 바탕으로 한다. 맑게 씻기 전의, 마음속에 새겨진 '인간적 아름다움'을 '이상적 완전한 아름다움'으로 완성하겠다는 정성으로 오랜 세월 동안을 갈고 다듬고 씻어 낸다. 아름다움은 더욱 아름다워진다. 그리하여 아름다움은 말할 수 없이 투명해져서 그 속에 깃들인, 인간적 속성으로는 빼어놓을 수 없는 관능적 욕망에 속하는 부분마저 모두 없어지게 되고 마침내는 완전무결한 아름다움에 도달하게 된다. 그것은 여성적 아름다움을 거룩하고 신성한 아름다움으로 승화시키는 내면의 닦음, 곧 도(道) 세계의 표상인 것이다.

④ 하늘에다 옮기어 심어 놨더니 : 그렇게 된 후에 하늘에 옮겨 심어놓은 것이 초생달이다. 그리하여 완성된 초생달은 원래부터 그 자리에 있었던 것이 아니다. 마음 속에서 이루어진 '최상의 이상적인 아름다움(씻긴 눈썹)'을 '하늘로 옮겼다'는 사실과 '심었다'는 사실에 주목해야 한다. 하늘에 옮겨심기 이전까지는 아직 '눈썹'이었다. 그러나 하늘에 옮겨진 후에는 수용자들의 인식 공간에서는 자동적으로 '초생달'로 변모한다. 또한 '심었다'는 사실은 그 전에는 없던 것을 시의 화자가 하늘이란 공간에 새로이 창조했다는 것이다. 이상을 【그림 2】와 같이 요약할 수 있다.

【그림 2】

눈썹 → 초생달
마음 속 → 하늘

　'하늘'과 '초생달'은 마음의 세계와 그 속에 추상적으로 존재하던 미의식(눈썹)이 사실의 세계로 구체화 된 것이요, 추상의 세계, 관념의 세계를 구상의 세계로 형상화한 시적 창조의 세계인 것이다. 따라서 하늘은 마음의 세계가 형상화된 모습이요, 마음은 하늘로 상징된 인간 내면의 인식공간을 의미한다. 그러므로 마음인 동시에 하늘이고 하늘인 동시에 마음이며, 눈썹인 동시에 초생달이고 초생달인 동시에 눈썹인 것이다. 추상과 구상의 오버랩, 그것이 이 시 '동천'의 진실이다. 그러나 수용자는 당연히 구상의 세계, 곧 '하늘과 초생달'을 통해서 '마음의 세계와 눈썹'을 인식하게 되며, 그것이야말로 생산자가 수용자로 하여금 어려운 추상세계에 쉽게 접근할 수 있도록 표현의 효율성을 제고한 고도의 수법이라 할 수 있다.

　⑤ 동지 섣달 날으는 매서운 새가 : 새는 '동지섣달을 날'아가고 있다. 동지섣달은 추운 계절이다. 유한한 생명체인 새가 살아가기에는 너무도 힘들고 고통스러운 계절이다. 음식이 충분하지도 않고 서로 간에 사랑의 포근함도 느끼지 못한다. 자신을 지키기 위해서, 욕망과 이득을 위해서 한없이 냉정하고 잔인해져야 한다. 겨울은 편견과 부정이 가득하고 쟁취와 수탈로 얼룩진, 비정한 인간사회와 같은, 그런 계절이다. 그런 계절에 살아 남기 위해서는 '매서워질' 수밖에 없다. 어려운 현실을 살아가는 악착스럽고 기회에 민첩한 인간의 모습이 저절로 연상된다. 겨울 하늘에 그처럼 매서운 새가 날고 있듯이 인간의 마음의 공간에도 이러한 매서운 새가 살고 있다.

　⑥ 그걸 알고 시늉하며 비끼어 가네 : '그것'은 초생달이다. 내면에 생성된 인간적 아름다움을 맑은 꿈으로 오랜 세월을 맑게 씻고 또 씻어서 완전무결에 이른 신성한 아름다움의 표상인 것이다. 차갑고 쓸쓸한 겨울 하늘에서 초생달을 새가 봤다. 쓸쓸하고 메마른 마음의 공간에서 또 하나의 시적 자아는 마침내 초생달을 발견한 것이다. 그리하여 순간적으로 초생달 쪽을 향하여 그 모습을 흉내내며 날아간다. 그러나 순식간에 그 자리에서 사라지고 만다.

아니, 새의 평생을 그 자리에서 날고있다 해도 그것도 순간에 불과하다. 하물며 초생달을 향하여 곧장 날아가는 것도 아니고 비끼어 갈 뿐인 데 있어서라. '비끼어' 간다는 표현은 영원의 존재인 초생달과 순간자인 새와의 좁혀질 수 없는 거리감의 표출이다. 물론 새의 눈을 빌어 언뜻 봤을 때 자신의 모습이 초생달과 비슷하게 보일지 모르겠으나 전혀 그렇지 않다. 본질과 근본이 전혀 다르다.

'초생달'과 '새'는 다음과 같이 대조된다.

초생달은 맑고 깨끗하며 아름답다. 세상을 밝게 비친다. 또 겨울하늘이 춥다는 것도 모른다. 그리고 영원하다. 그런데 새는 매섭고 악착스럽다. 세상을 밝게 비치지도 못한다. 새에게 겨울하늘은 춥기만 하다. 추위를 견디기 위해서 강하고 매서워져 있다. 새는 영원한 존재가 못된다.

초생달이 인간의 숭고한 신성(神性)이 오랜 세월의 연마를 통해 창조한 '진실의 세계', 영원한 '아름다움의 세계'라면, 새는 질곡과 좌절 속에 사는 유한하고 파괴될 수밖에 없는 현실적 인간의 세계로서 대비된다. 그것은 진리(眞理)와 가상(假像)의 대조이며 영원(永遠)과 순간(瞬間)의 대조이다. 아름다움과 추함의 대조이며, 사랑과 증오(憎惡)의 대조이다. 실로 진짜와 가짜의 대조라고 할 수 있는 것이다.

【그림 2】에다 ⑤와 ⑥에서 논의한 내용을 첨가하여 이 시의 공간구조를 【그림 3】과 같이 재구성할 수 있다.

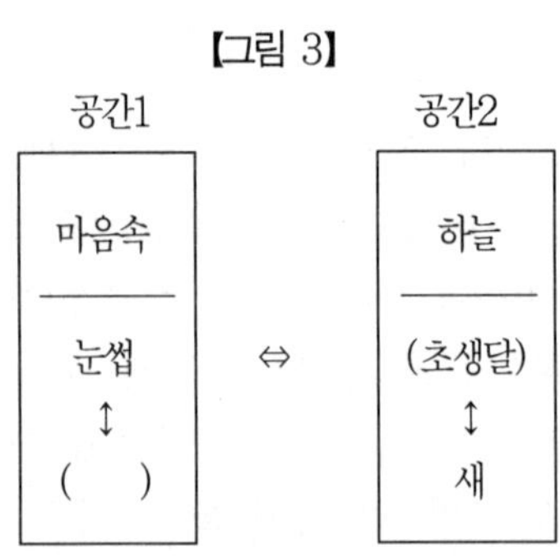

【그림 3】

( )는 시 속에 명시되지 않고 공란으로 남아 있는데, ②의 논의에서 (초생

달) 유추를 통하여 설정하였으나 공간 1의 ( )는 공간 2의 새와 대응되는 것을 설정하지 않았으므로 빈 괄호 상태로 나타내고 있다. 그러나 ⑤의 논의를 통하여 '하늘'에 '초생달'과 대응하는 '새'가 있다면 마음의 공간에는 아름다운 눈썹에 대응하는 눈썹처럼 아름답고자하지만 결코 그렇게 아름다워질 수가 없는 마음의 한 가닥을 유추할 수 있을 것이다. 그것은 개인적 세계지식에 따라 다르겠지만 '욕망', '에고' '자아' 등을 나타내는 미디어로 재구성하면 될 것이다. 그러나 여기서는 따로 구체적 미디어를 제시하지 않고 '욕망'이란 말로 논의를 해 나가도록 하겠다.

아무튼 마음의 공간에 진실과 아름다움을 추구하는 이상과, 자신을 지키기 위해 무장을 하고 사는 욕망의 대응이 '하늘'로 구상화 된 공간에서는 초생달과 새의 대응으로 대비되고 있는 것이다.

이제까지의 진술을 바탕으로 시의 화자의 의도를 추리해 보자. 시의 화자는 "이 세상에서 번뇌하는 인간 마음의 현실"을 겨울 하늘로 보고 있다. 춥고 배고프고 힘들고 괴롭다. 그런 속에서 매서운 새는 매섭지 않은 척하면서 아름다운 모습을 해 보인다. 그러나 그것은 모습만 비슷할 뿐 완전한 아름다움과는 거리가 멀다. 이에 비해 시공(時空)과 주관과 욕망을 초월한 절대 진리의 세계는 초생달처럼 뚜렷이 그리고 영원히 온 세상을 비춘다.

영원한 진리의 길은 마음 속의 최선의 아름다움에다, 다시 그것을 완전한 이상을 향한 꿈으로, 온갖 정성을 다하여 속됨과 혼탁함을 씻어낼 때 도달할 수 있는 아름다움이다. 속되고 인간적인 모습으로 흉내를 내는 것은 근본적으로 다른 차원의 세계라는 것을 보여 주고 있는 것이다.

그러나 인간이라고 하는 순간자는 가상(假像)과 암흑 속에 파묻혀 영원한 좌절의 늪에 빠져버리고 말아야 하는 존재는 아니다. 힘든 대로, 어려운 대로, 현격한 거리가 있는 대로 흉내내며 비스듬히라도 다가가는 것, 그것이야말로 진리의 세계를 향하여 커드는 작은 등불처럼 소중한 인간 영성(靈性) 존귀함인 것이다.

인간 세상을 비추는 영원한 진리의 아름다움과, 어림도 없지만 그것을 닮아가려는 순간자적인 인간의 유한한 실제의 모습과의 대비를 통하여 인간의 실체를 제시하고 그것을 수용자가 받아들여주기를 간절히 바라는 것, 그것이 이 시 텍스트 생산자의 의도일 것이다. 또한 이 짧은 텍스트를 통하여 이 엄청난 정보를 가장 능률적으로 전달하는 생산자의 인간의식과 언어의 효율성을 극대화한 언어능력에 대하여 옷깃을 여미게 하는 바가 있다.

이 시에 관하여 위의 설명을 바탕으로 개념구조를 다음과 같이 그림으로 나타낼 수 있으며 그것을 아래의 상징구조를 상정할 수 있다.

【그림 4】

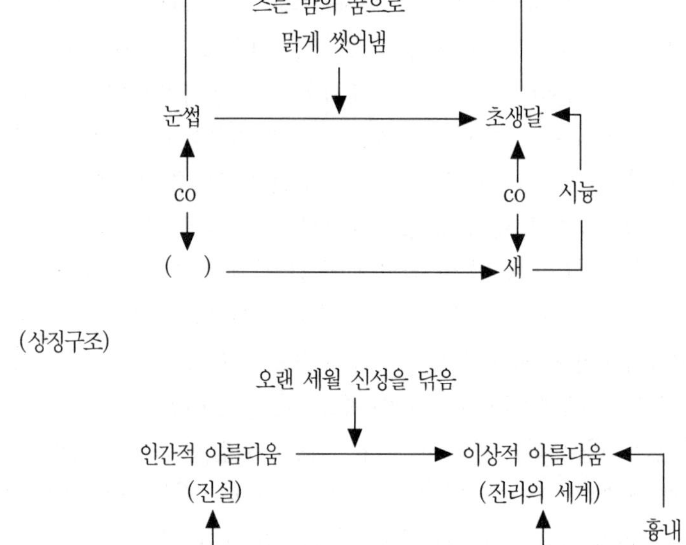

시 '동천'에 관하여 "오랫동안 갈고 닦아온 삶의 참뜻을 내놓으니 속중(俗

衆)이 외경의 뜻을 표하며 비킨다"고 하여 반속주의(反俗主義)라고 주장하는 견해가 있다.6) 즉 이 시는 엘리트 의식을 가진 사람의 시로 일반 세속적 대중을 폄하하는 내용의 시라는 주장이다. 그러나 이는 객관적이지도 합리적이지도 못한 견해라고 생각한다. 왜냐하면, 위의 논의에서 고찰한 바와 같이 초생달은 완전한 아름다움, 진리의 세계를 표상하는 것으로 보는 것이 가장 합리적이고 가치 있는 해석이기 때문이다. '초생달'을 시적 화자나 현실의 기득권자, 지성인들을 나타는 것으로 보는 것은 이 시의 내용을 왜곡하는 결과를 가져온다. 시의 화자나 기득권자들은 완전무결한 존재도 지극히 아름다운 사람들도 아니다. 또한 '새'가 속된 민중을 뜻하는 것으로 보는 것도 아주 편협하고 비합리적 견해이다. 오히려 새는 시의 화자를 포함한 진리와 아름다움을 추구하는 유한한 인간 모두를 상징하고 있다고 보아야할 것이다.

이상의 논의를 통해서 앞에서 제시한 언어(개념)의 비예측적 표현, 다시 말하면 언어적 정보성에 대한 탐색을 하였다. 그리하여 "내 마음과 동천", "눈썹과 초생달", "욕망의 세계와 새"의 대조를 통하여 추상과 구상, 내면과 현상이 대립되는 세계에 대한 사상적 자의식을 재구성할 수 있었다. 그리고 이런 과정에서 (가), (나), (다)의 정보성의 문제를 해결할 수도 있었다.

결론적으로 이 시는 시의 화자의 세상에 대한 '종교적 인식'을 구상적으로 이미지화하여 세상에 우주와 인간의 진리를 제시한 텍스트라고 할 수 있다.

1.3 맺음말

시 텍스트는 일회성 대화는 말할 것도 없고 연설문, 신문기사 또는 어떤 문학장르보다도 표현의 효용성을 극대화하기 위하여 철저히 계획되고, 중간 조정이 된 텍스트이다. 따라서 다른 어떤 종류의 텍스트보다도 더 정제되고 함축적이며 더욱 새로운 표현을 표방한다. 그러기 위해서 모든 수사기법을

---

6) 신경림 외(1981), 한국현대시의 이해, pp.174~175참조

동원하는 외에도 엄청난 절제로 과감한 생략을 감수하며, 리듬이나 이미지를 창출하기를 마다하지 않는다. 그리하여 계획적으로 배치된 정보를 알맞게 노출시킴으로써 시 텍스트의 표면은 물론 배후에 숨겨진 이중 삼중의 함축 또는 상징을 탐색하도록 유도하여, 인간의 본원적 문제에 대한 사색을 요구하고 깨달음의 기회를 제공하며, 감각과 미의식을 자극하여 인간의 총체적 발전을 도모하는 고도의 의사소통 방식인 것이다.

따라서 세계지식을 활용한 시 분석을 통하여 수용 능력을 단련하는 것이나 시의 창작을 통하여 의도성 실현의 영역을 넓혀나가는 일은 생산과 수용이라는 텍스트(언어) 활동의 근본인 언어능력을 극대화하는 것이다. 그런 의미에서 시 텍스트에 대한 끊임없는 접근은 의사소통 및 문화의 발전과 능력 확대의 기본 바탕이 되는 것이다.

이러한 신념을 바탕으로 신대철의 〈박꽃〉과 서정주의 〈동천〉을 살펴보았다. 시 〈박꽃〉은 언어 표현의 효용성이 어떻게 극대화되는가 하는 점과 함께 우리가 잊고 사는 가장 소중한 인간과 자연의 근원적 가치를 재발견하도록 안내하는 시인의 신성한 미의식을 발견할 수 있었다.

서정주의 동천은 특히 언어(개념)의 비예측적 배열을 통하여 이중 삼중으로 함축된 정보성을 탐색하도록 교묘하게 유도하면서도 쉽사리 드러내지 않는 고도의 배치 기법과, 그 속에 내재해 있는 "인간 진실" 대한 종교적 깨우침을 이미지화하여 수용자에게 강변하고 있음을 살펴보았다.

시 텍스트에 대한 접근은 특히 개념과 일정한 관계를 바탕으로 조화된 개념들의 구조 사이에 내재한 다양한 정보를 발견함으로써 생산자의 의도를 파악하고 나아가 모든 텍스트성을 포함한 세계지식, 미의식의 향상과 영적인 고양을 포함한 인간의 총체적 발전을 도모하는 의미 있는 작업이라 하겠다.

참고 문헌

고영근 외(1999), 『텍스트 이론』, 아르케.
로만 야콥스/신문수 편역(1989), 『문학 속의 언어학』, 문학과 지성사.
레이코프 · 존슨/노양진 · 나익주 옮김(1995), 『삶으로서의 은유』, 서광사.
보그란데 · 드레슬러/김태옥 · 이현호 공역(1991), 『담화 · 텍스트 언어학 입문』,
        양영각.
신경림 · 정희성(1981), 『한국 현대시의 이해』, 진문출판사.
이석규 외(2001), 『텍스트 언어학의 이론과 실제』, 박이정.
토도로프/이기우 옮김(1995), 『상징의 이론』, 한국문화사.
필립 윌라이트/김태옥 옮김(1982), 『은유와 실재』, 문학과 지성사.
하이네만 · 피이베거/백설자 옮김(2001), 『텍스트 언어학의 입문』, 역락.

| 21세기 都·農 담론 분석 |
- 김종광의 『모내기 블루스』를 중심으로-

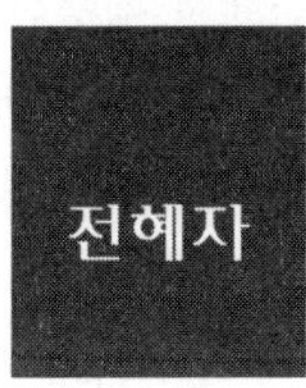
전혜자

2.1 머리말

김종광의 『모내기블루스』는 제목 자체가 도시와 농촌의 융화라는 지배담론적인 성격을 띠고 도시와 농촌의 기존의 대립적인 관계담론과 차별화를 보이는 점에서 탈자동화성격을 지니고 있다.

영국의 사회주의 비평가인 레이몬드 윌리암즈(Raymond Williams)는 그의 저서 『시골과 도시』(London, 1973)에서 영문학에 나타난 시골과 도시의 유기적 관계를 영국의 사회배경과 관련시켜 다루었다. 이런 연구 결과 윌리암즈가 얻은 결론은 문학에서 시골과 도시는 항상 상반성을 보여 왔다는 것이다. 즉 고전시대부터 시골과 도시는 인간의 사회경험에서 항상 대조를 보여 왔듯이 시골은 자연스런 생활방식에서 평화, 순수, 단순의 이미지로 표상되었다면 도시는 문화, 교육, 정치, 경제 등의 중심지로서 인간의 욕망과 야망을 성취시킬 수 있는 공간으로 형상화되어 왔다는 것이다. 이와 같은 대비관계 현상은 과거 300년 간의 영국작가들의 시골과 도시를 보는 관점에 나타난 성격을 분석해서 얻은 결과이다.

필자가 윌리암즈의 이론을 기저로 개화기소설에서 해방기까지의 장편, 중편, 단편 총 490편을 대상으로 시골과 도시의 유기적 관계를 연구한 결과(『현대소설사연구』, 1987) 개화기나 식민지 시대의 점진적 준비론이 지배했던 1910년대까지는 시골과 도시가 대조를 보여왔으나 자연주의, 사실주의, 비판적 리얼리즘, 사회주의적 리얼리즘 등의 이입, 수용과 함께 일제 식민지 하의 시골과 도시는 빈궁과 절망의 공간으로서 도시와 농촌의 관계는 그 속성에서 대조를 보이거나 긍정, 부정 양면에서 평행선을 달리는 변모를 보여 주었다.

그런데 『모내기블루스』에서 19세기식 모내기와 21세기식 블루스의 어울릴 수 없는 두 용어의 하모니란 지배이데올로기가 담론화 과정을 통해 읽혀지는 것은 기존의식의 '낯설게 하기'라고 볼 수 있다. 표층적인 의미에서는 모내기란 언어와 블루스란 언어의 부조화가 대칭을 보이고 있으나 심층적인 의미에서는 21세기 도시가 19세기의 농촌과 조화를 이루고 있다.

실상 『모내기블루스』를 제라르 주네트(Gerard Genette)식으로 서술하면 "36살 골치 덩어리 노총각 대춘이 고향에 여자친구 서해와 함께 돌아오다"라는 문장을 확장시킨 것이라고 볼 수 있다. 본텍스트의 시작은 어려서부터 '말종 중의 말종'으로 '사라졌다가 불쑥 나타나는 짓거리에 능숙한' 대춘이 색시감으로 보이는 서해를 데리고 나타나는 데서부터이다. 비교적 순행적 구성으로 담론의 시간은 사흘 간이며 이야기내용의 시간은 대춘의 중학교시절부터 시작한 가출과 서해의 고등학교시절의 가출까지 소급 제시된다. 이야기를 언어적 구조물로 보았을 때 그 의미단위의 분절을 통해 『모내기블루스』란 제목에서 시작해서 결말부분의 순이, 양규 부부의 어깨춤과 막걸리장단 그리고 서해의 블루스 스탭 장면으로의 막내림이 어떤 이야기구조를 거쳐서 이루어졌는지 롤랑 바르트(Roland Barthes)식의 쓸 수 있는 텍스트로서의 능동적 분석을 시도해 보는 것도 이야기체에 들어있는 기호들의 체계적 모음인 텍스트연구에 의미를 부여하는 것이라 생각된다.

2.2 『모내기블루스』란 표제의 이차적 의미

　로버트 스탠튼(Robert Stanton)에 의하면 표제는 전체적으로 작품과 관련된 것이다. 사뮈엘 베케트(Samuel Beckett)의『고도를 기다리며』처럼 작가가 의도적으로 내용과 전혀 관계없어 보이는 제목을 정하는 경우도 있지만 대부분 제목이란 텍스트를 대표하고 상징하는 얼굴로 주제와 직결되어 있다고 생각된다.

　구인환(『小說論』, 三知院, 1997:343~344)은 소설의 제목이 차지하는 비중을 세가지 이유를 두어 설명한다.

　첫째, 소설의 제목은 독자를 유인하는 유인적 기능을 가진다.

　둘째, 소설의 제목은 함축적 기능을 갖는다.

　셋째, 소설의 제목은 환기적 기능을 갖는다.

　『모내기블루스』란 제목은 우선 모내기란 농촌문화와 블루스란 도시문화를 표층적인 층위에서 대등한 입장에 놓는 것으로 대칭을 이루고 있는 듯이 보인다. 명시적 텍스트의 제목은『모내기블루스』이면서 잠재적인 이야기체는 어떤 것인가 하는 호기심을 독자에게 일으키게 한다. 말하자면 독자를 유혹하는 표제이다. 바르트를 빌어서 말하면 명시적 제목은 일차기호로 외시의미가 대칭을 보이고 있지만 주관적 의미의 수준인 이차기호 즉 함축적 의미는 모내기란 기호와 블루스란 기호가 대칭을 이루는 것이 아니고 융합이라는 것을 알게 된다. 그런 의미에서 이 제목은 함축적이다. 다시 말해서『모내기블루스』의 명시적 구조는 현실적인 의미에서 도시와 시골이 대립을 이루고 있으나 잠재적 구조는 도시와 시골의 조화란 깊은 의미를 나타내 주고 있다.

　이제『모내기블루스』란 명시적인 텍스트표제의 일차적인 의미를 기본으로 해서 이차적 의미가 어떻게 구조화되어 있는지 텍스트기호의 의미화 과정을 환기시켜 보고자 한다.

　『모내기블루스』는 표면적으로 농촌과 도시가 아래와 같이 서로 배타적 관계에 있는 것같이 이항대립쌍을 보여주고 있다.

농촌 : 19세기, 막걸리, 젓가락장단, 산해진미, 푸성귀, 휴양지, 원시적, 이앙기
도시 : 21세기, 양주, 블루스, 인스턴트식품, 카오스, 착취, 대망의 2천년, 인터넷, 단
　　　란주점

그러나 텍스트에서 수행되는 기호과정을 나름대로 바르트식의 기능단위와
지표단위로 나누어 분석해 보면 본텍스트의 헤게모니가 되는 도시와 시골문
제가 지배이데올로기에서 대립관계가 아님을 알게 된다.

2.3 『모내기블루스』의 이야기시학

2. 3. 1 기능단위의 환유적 과정과 행위만들기

토마셰프스키(Boris Tomashevsky)는 소설의 기본단위를 문장으로 보고 문
장이 모여 하나의 작은 사건 즉 단위사건을 만들고 또한 그것을 모티프라고
불렀으며 독립성있는 작은 사건 즉 단위사건들이 병렬 또는 삽입되는 형식으
로 하나의 전체 이야기가 구성된다고 생각했다. 서술의 기본단위를 모티프로
보는 것과 유사하게 프로프는 서술의 기본단위를 기능적 단위라고 생각했다.
구조주의자인 바르트는 기능을 이야기의 기본적 요소로 보는 프로프의 이론
을 근거로 기능개념을 보조단위개념을 전제하는 핵단위와 징조와 정보를 나
타내는 지표단위들로 대체시켰다. 주기능으로 핵심이 되는 단위는 핵단위라
고 하며 핵심단위를 연결해 주는 촉매단위는 보조단위라고 지칭한다. 또한
장면을 구체적으로 만들어 정보를 알려주는 정보단위와 성격, 감정, 분위기
조성에 관련된 징조단위 등 네 개의 단위가 상호 시퀀스를 이루어 전체 이야
기를 구성한다고 보았다.

『모내기블루스』란 이야기를 우선 위의 네 개의 단위로 나누어 이야기행위
와 그 의미를 분석해 보기로 하자.

1. 마지막 버스가 간이정류장에 사람을 내려놓는다.
2. 순이가 한 달여 만에 가출한 장남이 돌아 온 것을 보고 반색한다.
3. 장남은 20대에 10회 가출, 30대에는 반농사꾼, 반노가다로 전전, 한 두 달만에 고향에 나타나곤 했다.
4. 순이가 아들 옆에 색시를 발견, 반긴다.
5. 양규는 서해가 며느릿감이 아닌 것에 서운해한다.
6. 서해는 푸성귀음식을 잘 먹는다.
7. 양규는 서해를 며느릿감으로 무조건 합격이라고 생각한다.
8. 대춘이 30세 때에는 며느릿감에 대해서 조건을 달았으나 반복된 맞선 실패로 조건이 없다고 생각한다.
9. 아르바이트로 농촌에 온 서해에 대해 양규는 실망하나 시간이 해결해 줄 것이란 기대와 논일을 할 수 있을까 하는 의심이 교차한다.
10. 수리조합이 가문 논에 저수지물을 공급해 주는 상황이다.
11. 순이는 아들과 서해가 밤새도록 노는 장면을 목격하고 양규와의 젊은 시절을 떠올린다.
12. 대춘은 성능 나쁜 경운기를 타고 댓골논으로 간다.
13. 양규는 모내기하려고 물장화까지 사온 아들의 사람노릇에 대견해 한다.
14. 고장난 경운기래도 논바닥에서 그 역할을 한다.
15. 부자는 다정하게 댓골논을 로터리치고 써레질한다.
16. 대춘은 준호의 트랙터가 경운기보다 훨씬 좋은 것을 안다.
17. 양규는 참으로 나온 막걸리를 마신다.
18. 양규는 집에서 자고 있는 서해에 대해 궁금해한다.
19. 대춘은 안골의 준호와 같이 참을 먹는다.
20. 구제역 방역으로 인한 애로를 준호는 대춘과 이야기한다.
21. 준호는 농촌부호지만 조합의 빚도 지고 있다.
22. 준호는 농사철에 아들이 안올까봐 걱정했던 양규를 재안심 시키곤 했다.
23. 양규는 아들에게 휴대폰이라도 갖고 다니라고 권고한다.
24. 대춘은 청라논 로터리와 잿골논 못자리를 걷었다.
25. 다음날은 댓골논, 청라논 모심기를 할 작정이다.
26. 양규 부부가 댓골논 흙을 고르는 사이 서해는 편히 잤다.
27. 서해는 가출한 후 항상 아침에 자서 오후 2, 3시경에 기상하곤 했다.
28. 서해가 깨우지 않았다고 불퉁대는 것까지 순이를 기쁘게 만들어 주었다.
29. 대춘과 서해가 정답게 토닥거린다.
30. 대춘은 농사가 그래도 물장사보다 낳다고 생각한다.

31. 서해는 깨우지 않을까봐 대춘과 발목을 서로 묶었다.
32. 양규 내외는 졸면서 새벽밥을 먹는 서해가 며느릿감으로 괜찮다고 생각한다.
33. 서해는 일복을 입고 경운기 짐칸에 올라탄다.
34. 안골사람들이 그 진풍경에 놀라면서도 대춘이 도시색시와 짝짓기를 내심 원한다.
35. 양규 부부는 잿골논에서 모판을 뗀다.
36. 양규 부부는 서해가 논일을 구경나온 것으로 지레 판단한다.
37. 서해가 논일을 하기 위해 물장화를 신는 것에 미소를 짓는다.
38. 서해가 모판을 줄기차게 옮기는 것을 보고 가족 모두가 놀랜다.
39. 서해는 3년간 무일푼 보수로 착취당할 때의 오기를 연상한다.
40. 대춘이 모판을 경운기 짐칸에 쌓는다.
41. 대춘이 서해의 능력을 인정하기 시작, 부모가 논일을 맡기게 한다.
42. 경운기 안장 위에 타고 환호성 지르는 서해가 떨어질까봐 조마해 한다.
43. 서해, 대춘은 댓골논에 모판을 하역한다.
44. 서해는 19세기 식 농사방법을 개탄하면서도 모심기를 구경만 하는 것이 짜증이 났다.
45. 빈모판을 닦자 흙색으로 변해 버린다..
46. 서해는 쉬지 않고 일하는 것을 즐긴다.
47. 대춘이 모판 닦는 시범을 보인다.
48. 서해는 모판을 닦고 집어주며 바쁘게 일했다.
49. 그런 참한 서해를 예의는 없어도 양규 부부는 더욱 며느릿감으로 간절해 한다.
50. 양규 부부는 댓골논에, 대춘·서해는 청라논으로 모심으러 간다.
51. 서해는 다른 논의 6조 승용이앙기의 신속한 기계모심기에 관심을 보인다.
52. 대춘은 4조 보행이앙기의 잦은 고장에 모심기를 중단한다.
53. 서해는 농촌이 좋다고 대춘에게 역설한다.
54. 서해는 댓골논으로 자리를 옮겨 순이가 주는 막걸리를 서슴없이 마신다.
55. 수리 일정이 밀린 농기계수리센터는 농사일 진행에 도움이 안 된다.
56. 양규는 서해가 술집출신이래도 상관이 없다고 생각한다.
57. 순이 부부는 아직도 서해를 일시키기가 겁이 나 무시하고 모땜방을 한다.
58. 서해는 모땜방하는 일을 잘 관찰한 후 시도하다가 모를 밟고 넘어진다.
59. 논일이 술집에서 춤추는 일보다 어렵다는 것을 인식한다.
60. 서해는 대춘 부모의 땜방 행위를 흉내내서 오기로 땜방을 한다.
61. 오한이 나고 어렵지만 끝까지 해냈다.
62. 양규가 감탄을 한다.
63. 대춘은 장단을 맞추는 양규, 어깨춤을 추는 순이, 블루스 스탭을 밟고 있는 서해를
    목격한다.

64. 서해는 일당 받을 날짜를 달력에 체크한다.
65. 순이 부부는 서해가 며느리가 될 거라고 생각한다.
66. 나흘째 되는 날 아침 서해는 몸살 감기로 일어나지 못한다.

이상 단위별로 나누어 본 것을 기능(핵단위, 촉매단위)과 지표(정보단위, 징조단위)로 구분해보자.

핵단위 : 1, 4, 12, 15, 24, 25, 33, 35, 38, 43, 48, 50, 54, 57, 58, 60, 63, 64
촉매단위 : 2, 6, 17, 19, 20, 26, 29, 31, 37, 40, 42, 45, 47, 52, 66
정보단위 : 3, 8, 10, 14, 16, 21, 23, 27, 30, 36, 39, 41, 46, 51, 53, 55, 59, 61
징조단위 : 5, 7, 9, 11, 13, 18, 22, 28, 32, 34, 44, 49, 56, 62, 65

또한 본텍스트의 핵심사건을 내러티브 텍스트 그 자체 즉 레시(Récit)로 정리해 보자.

① 대춘이 한 색시를 데리고 고향에 돌아오다.
② 이튿날 대춘은 부모와 같이 댓골논을 써레질한다.
③ 오후에 청라논과 잿골논 못자리를 걷다.
④ 도착한지 사흘째 되는 날 서해색시는 일복으로 갈아입고 경운기를 타고 논으로 나가다.
⑤ 양규 부부가 잿골논에서 모판을 뗀다.
⑥ 양규 부부는 서해가 끈질기게 모판을 떼는 것을 보고 놀란다.
⑦ 양규 부부는 댓골논으로, 대춘·서해는 청라논으로 모심으러 가다.
⑧ 댓골논에서 서해는 순이가 주는 막걸리를 서슴없이 마신다.
⑨ 서해는 모뜀방을 시도하다가 모를 밟고 넘어진다.
⑩ 오기로 서해는 뜀방을 한다.
⑪ 양규는 젓갈로 장단을 맞추고 순이는 어깨춤을, 서해는 블루스 스탭을 밟는다.
⑫ 서해는 일당 받을 날짜를 달력에 체크한다.

위에 나열된 ①~⑫는 본텍스트의 뼈대가 되는 중심사건으로 주로 장면으로 제시되며 대춘이 귀향한 후 나흘 동안의 이야기하기에서 댓골논, 잿골논, 청라논을 왔다 갔다 하며 모판을 떼서 모를 심는 장면이 사흘이나 반복되어 제시된다. 그것은 서울의 술집색시인 서해가 도시에서 기른 오기를 단계적으로 시험해 볼 수 있는 필수공간으로 등장되기 때문이다. 결국 젓가락 장단과 어깨춤 그리고 블루스 스탭의 어울림은 모내기 하역작업의 어설픔을 끈질긴 도시적 오기로 만회한 축제의 싸인이라 볼 수 있다.

또한 1~66 단위별 구조에서 3, 8, 27, 39, 59는 회상 즉 아날렙시스(Analepis)이고 25, 36은 예기 즉 프롤렙시스(Prolepsis)로 나타나 있지만 이 스투아르(Histoire)의 시간과 레시의 시간 사이가 큰 차이가 없다. 스토리와 플롯관계에서 비교적 아나크로니(Anachrony)의 빈도가 심하지 않은 것은 서술자의 의도가 모더니즘적 기교부리기보다 리얼리즘적 이데올로기에 있기 때문이다. 나흘 동안의 슈제트(Sujet)에서 사흘이나 모판을 떼고 모심기장면을 클로즈업시킨 것이 그 이유이다. ⑤~⑩에 걸쳐서 전혀 농사일이란 것은 못할 것 같은 서해에 대해 양규 부부가 모심는 솜씨가 차츰 대단해지는 농사꾼 낳다고 감탄하게 되면서 진정한 며느릿감이라고 생각하게 된다.

그러나 ⑫에서의 서해의 일당 챙기기 달력 체크는 오 헨리(O. Henry)식 결말법을 연상시킨다. 그렇지만 21세기 다문화 시대의 도시여자다운 주체성 보이기라고 볼 수 있다. 말하자면 21세기 도시와 19세기 식 농촌의 퓨전에서 도시성과 농촌성이 각각 나름의 고유의 특성을 지키면서 조화를 이루고 있는 것이다.

이제 촉매단위가 되는 주변사건을 살펴보면 중심사건의 지배담론이 명확히 드러난다.

①로 아들의 귀향을 목격한 모친 순이는 반색한다. ④의 확대는 도시색시 서해가 시골의 푸성귀음식을 잘 먹는 것으로 농촌 적응화의 가능성을 독자들이 눈치채게 유도한다. 농촌의 상징인 막걸리를 참으로 제시하고 구제역으로 인한 방역작업의 애로가 농촌부호인 준호와 대춘과의 대화에서 결코 비관적인 것은 아니게 제시된다. 26에서 서해가 안골에 도착한 다음날 하루종일 편안히 잠을 푹 자는 행위는 서울에서의 오후 2, 3시경에 기상했던 리듬을 깬 것으로 시골이 도시인에게 편안한 안식처가 될 수 있음을 제시해 준 것이다. 29, 31에서 대춘과 서해의 정다운 토닥거림과 서해가 대춘의 발목을 자신의 발목과 서로 묶은 것은 모내기와 블루스의 융화를 위한 전주곡의 몫을 하고

있는 보조행위이다. 주변사건 37은 도시색시 서해가 물장화 신은 것에 양규가 미소를 짓는 것으로 도시색시에 대해 예상했던 상황의 급전의 결과이다. 경운기를 타고 환호성을 지르는 행위나 온통 흙색으로 변한 일복이나 모판을 닦는 일 등은 농촌 일을 할 것 같지 않은 도시색시 서해에 대한 양규 부부의 의구심 풀어가기 과정으로 핵사건의 보조적인 역할이다. 또한 이앙기의 잦은 고장으로 농촌의 농사현황의 애로점을 나타내기도 하는데 이것은 어디까지나 보조적일 뿐이다.

2.3.2 지표단위의 은유적 의미와 인물의 서술상황

본텍스트의 주된 인물설정은 양규, 순이 내외와 아들 대춘, 도시 술집색시 출신 서해 넷이며 마이너 케릭터로서 농촌의 부호지만 빚을 지고 있는 준호 그리고 익명의 안골사람들이다. 텍스트에서의 네 인물의 위치는 동등하게 다주체이다. 단지 인물의 형상화방법이 양규, 순이 부부가 초점의 주체로서 대춘과 서해를 초점의 대상으로 하는 것에 포인트를 둔다고 볼 수 있는데 그것은 36살의 노총각 아들 대춘과의 관계에서 서술이 진행되고 있기 때문이다.

네 인물의 서술상황을 인격적 특성이나 감정과 분위기를 알려주는 징조단위와 시간과 공간의 어떤 요소를 정확하게 가리키기 위해 사용되는 정보단위를 통해서 알아보자.

36세 노총각인 대춘은 중학교시절에 가출했고(정보단위 3) 고교졸업장도 어거지로 받았을 뿐 아니라 감옥생활, 공장, 목장, 어부 등 객지인 행세를 하는 인물로 반농사, 반노가다로 가출했다가 보름만에 또는 한 두 달만에 불쑥 나타나는 인물이란 점. 서해는 고등학교 시절에 가출해서 술집에서 일한 경력을 갖고 있으며 아침에 자고 오후 2, 3시에 기상하는 리듬으로 살아 온 인물이란 점.(정보단위 27, 59) 두 인물 다 역동적이고 변화하는 인물로 주체의 경험에 초점을 맞춘 분위기가 지배적이다.

양규와 순이 내외는 정착을 못하는 아들 대춘 때문에 속타는 인물로 대춘이 30세 때만 해도 색시감으로 조건을 달았지만 맞선이 반복해서 실패하자

전혀 조건이 없이 단지 농촌 일을 감당할 만한 색시감이면 된다고 생각한다. 이들이 갈망하는 것은 오직 아들이 노총각 신세를 면하고 고향에서 농사를 짓는 일이다. 그런 이들에게 서해의 출현은 놀라움과 기쁨 그 자체이다.(징조단위 7, 13, 32, 56, 62, 65)

대춘과 서해에 관해서는 주로 서술자의 말하기에 의한 정보단위를 통해서이고 양규와 순이는 거의 대춘과 서해를 바라보는 시점이기 때문에 주로 징조단위에 의한 감정이나 분위기파악을 통한다.

주체가 되는 각 인물들의 경험에 초점을 맞추고 주로 지표단위와의 관계에서 서술과정을 살펴보자.

1) 순이-반색-아들 옆에 색시 발견(4)
2) 양규-실망-색시감이 아닌 것(5)
3) 순이-기쁨-푸성귀음식 잘 먹음(6)
4) 양규-반김-며느릿감으로 무조건 합격(7)
5) 양규-실망-아르바이트하러 온 것과 농촌일 불가인상(9)
6) 순이-기쁨-흉허물없는 아들·색시관계(11)
7) 양규-기쁨-물장화 사온 아들 대견(13)
8) 양규-궁금-색시에 대한 호기심(18)
9) 순이-기쁨-깨워주지 않은 것에 대한 색시의 불평(28)
10) 양규·순이-인정-며느릿감으로 생각(32)
11) 양규·순이-오해-논일 구경 나온 것으로 생각(36)
12) 양규-미소-서해의 물장화 신음(37)
13) 양규·순이-놀람-서해의 모판 옮김(38)
14) 양규-간절-모내기 끝난 후 며느릿감으로 열망(49)
15) 양규-인정-술집출신 상관없음(56)
16) 양규·순이-의심-모땜방을 할 수 있을까에 대한 의심(57)
17) 양규-감탄-모땜방을 끝까지 해냄(62)
18) 양규-확인, 예기-며느리가 될거라고 생각(65)

양규와 순이가 서해를 보는 시각은 기쁨, 실망, 의심, 경탄 등이 반복되게 교차하면서 서해가 반드시 며느릿감이 될 거라고 확인, 예기에까지 이른다. 18회나 되는 감정 표현 중 반김, 기쁨, 인정, 미소, 놀람, 간절, 감탄, 확인은 유사한 +요소로 13회나 되고 부정적 -요소는 4회 그리고 1회는 알고 싶은 호기심의 감정이므로 굳이 분류를 한다면 +요소로 간주할 수 있겠다. 결국 양규·순이부부가 서해가 꼭 며느리가 될 거라고 확인하고 예기함은 14회나 반복되는 +적 요소과정의 인과적 결말이라고 볼 수 있다.

이제 서해의 시각에서 서술과정을 살펴보면 도시와 농촌의 상호관계가 확연해 진다.

1) 잘먹기-푸성귀 잘먹다(6)
2) 잘자기-도착 이튿날 저녁까지 푹 잠(26)
3) 잘놀기-대춘과 밤새 토닥거림(29)
4) 잘묶기-발목끼리 묶기(31)
5) 잘타기-일복 입고 경운기에 타기(33)
6) 잘버티기-모판떼기를 오기로 버티기(38)
7) 짜증내기-모심기를 구경만 하는 것에 짜증냄(44)
8) 잘닦기-빈모판 깨끗이 닦기(45)
9) 즐기기-쉬지 않고 일하는 것 즐기기(46)
10) 잘일하기-모판 집어 닦고 집어주기(48)
11) 자신감갖기-모내기 끝난 후 별거 아니라고 생각하기(49)
12) 관심갖기-6조이앙기기계 살피기(51)
13) 애호감갖기-농촌이 좋다고 역설하기(53)
14) 잘마시기- 순이가 주는 막걸리 마심(54)
15) 잘관찰하기-모땜방 잘 보기(58)
16) 고충느끼기-논농사의 어려움 느낌(59)
17) 오기갖고 끝까지 해내기-오한이 나도 해내기(61)
18) 체크하기-일당 날짜 표시하기(64)
19) 못일어남-몸살감기로 일어나지 못함(66)

농촌에 대한 서해의 시각은 모심기를 그냥 구경만 하고 있는 것이 짜증이 날 정도이다. 농촌현장에서의 일하기는 도시술집에서의 치욕스런 돈벌기 행위와는 비교도 할 수 없을 만큼 의욕을 불러일으키며 힘은 들어도 보람을 갖게 하는 행위이며 도시에서 오기로 버틴 행동과는 비교도 할 수 없을 만큼 자부심을 일으키게 하는 일이다. 서해에게 농촌은 어머니의 품과도 같이 편안하며 이렇게 좋은 곳을 왜 마음 잡지 못하고 방황하는 지 대춘에게 역설할 만한 공간이다. 농촌은 서해에게 잘자고 잘먹고 잘마시고 잘버틸 수 있는 곳이며 도시에서 길러졌던 버틸 수 있는 오기가 십분 효력을 발휘할 수 있는 곳이다. 비록 일당을 체크하는 도시성을 발휘하긴 했어도 그것은 21세기 식의 다문화 속의 도시적 특성일 뿐 농촌에 대한 엔티적 테제는 아니다. 또한 몸살감기로 일어나지 못하는 상황설정은 리얼리즘소설로서의 개연성 효과를 갖는다.

　이번에는 대춘의 시각에서 서술과정을 살펴보기로 하자.

  1) 경운기타기-성능 나쁜 경운기 타고 댓골논으로 가기(12)
  2) 써레질하기-양규와 다정하게 로터리치기(15)
  3) 준호기계 살피가-경운기보다 좋은 준호 트랙터 보기(16)
  4) 참먹가- 준호랑 농사일 얘기하며 참먹기(19)
  5) 고충말하기-구제역 방역 애로점 말하기(20)
  6) 정답게 놀기- 서해랑 토닥거림(29)
  7) 결정하기- 물장사, 농사 중 농사선택(30)
  8) 모판쌓기-경운기 짐칸에 싣기(40)
  9) 맡김-서해능력 인정하고 논을 맡기기(41)
  10) 아낌- 서해가 말안장에서 떨어질가봐 조바심(42)
  11) 하역- 댓골논 모판 내려놓기(43)
  12) 시범보이기- 모판 닦는 모범 보이기(47)
  13) 중단하기- 이앙기고장에 모심기 중단(52)
  14) 목격하기- 부모와 서해 춤추는 장면 보기(63)

　1)~14)과정에서 대춘은 결코 '니나노'식의 농사꾼이 아니다. 그에게 잦은 가출은 농사짓기로 결심하기까지의 통과의례이다. 부호지만 빚을 지고 있는 준호를 마이너 케릭터로 등장시킨 점도 촉매단위로서 소도구역할을 하고 있다. 글쓴이의 숨은 의도가 김유정처럼 유모와 위트, 해학적인 언어로 포장되어 있다. 그러나 식민지배 하에 농촌이 피폐화와 착취로 온통 점철된 시기의 텍스트와는 변별된다. 김유정의 풍자는 눈물과 탄식이 섞여 있어 그냥 웃어 넘길 수가 없는 풍자지만 김종광의 풍자는 농촌 문제점의 이성적인 꼬집음이

다. 말하자면 이제 농사짓는 일에 정착해야겠다는 결심을 굳힌 한 청년의 초석 다지기라고나 할까.

또한 소외층이며 변두리계층의 인물들인 농부에 대한 관심 끌기로 농촌현실의 예리한 직시적 그러면서도 간접적인 언어표현이 두드러진다. 본텍스트에서의 민중언어인 사투리, 욕설 등 비속어사용 등의 세헤라자드식의 구수한 이야기는 글을 읽는 이들에게 향토애를 일으키게 하며 21세기 디지털시대에 우리들의 갈증을 해소시켜줄 수 있는 이야기하기라고 볼 수 있다.

원래 풍자는 사전식 개념에 의하면 한 눈으로는 인간의 옳음을 보면서 다른 눈으로는 인간의 사악함과 어리석음을 조롱하는 개량식 목적을 가졌다는 점에서 사회적, 도덕적이며 긍정적 가치를 보존하려는 목적을 가진다. 본텍스트 전체에 걸친 서술자의 풍자적 어조는 원론적 의미에서 19세기 농촌이 경운기고장, 구제역 등의 문제점은 있지만 21세기도시가 편하게 숨쉴 수 있는 긍정적인 공간임을 구현해 주고 있다. 도시와 농촌의 취약점은 다 드러내면서도 당위론적인 희망의 여백을 남기고 있다. 끝매김을 서해의 트로트와 양규의 젓가락장단, 순이의 어깨춤으로의 하모니로 했기 때문에 더욱 그렇다. 또한 농촌의 전통적 고정관념 깨기가 서해의 거침없는 능청스런 말투와 술집 호스테스출신인 서해를 무조건 며느릿감으로 반기는 양규·순이 부부의 자세에서 파격적인 낯설게 하기로 선을 보이고 있다. 양규·순이 내외는 결코 맞간 세대가 아니다. 대춘이 휴대폰을 갖고 다니길 종용하는 인물들이며 할아버지라고 부르는 서해에게 아저씨라고 호칭을 바꾸라고 말하는, 말하자면 농촌의 전형적인 고정관념을 깨는 인물이기도 하다.

그런 의미에서 『모내기블루스』의 외시적인 이항대립체계는 겉으로는 서로 대립되어 있는 것처럼 보이지만 실상은 이원항의 지양이 내재해 있음을 서술의 의미화 과정을 통하여 읽을 수 있다. 그것은 아버지와 아들의 인물상황에서도 유사하게 나타난다. 두 인물이 각각 전통보전과 전통혁신에서 순응과 모방을 동시에 수용하고 있기 때문이다. 또한 대춘의 가출이나 방황은 마치 돌아온 탕아의 비유처럼 탕자가 됨으로써 스스로 성인식을 행한 셈이 되는 것으로 자아형성의 잠재적 구조로 깊은 의미를 띠고 있다.

2.4 맺음말

롤랑 바르트는 텍스트를 읽을 수 있는 텍스트와 쓸 수 있는 텍스트로 나눈 바 있다. 읽을 수 있는 텍스트란 리얼리즘 계열의 작품처럼 독자가 수동적으로 소비하는 텍스트를 가리키는데 비하여 쓸 수 있는 텍스트는 모더니즘계열처럼 독자가 능동적으로 참여하여 의미를 만들어 내는 텍스트를 말한다. 말하자면 독자의 중요성을 강조하고 주어진 열린 텍스트를 통해 독자가 주관적 의미를 생성해 내는 것이다.

『모내기블루스』는 제라르 주네트의 서사담론 이론의 서사시간의 순서상 이스투아르시간과 레시시간 사이의 관계에서 시간상의 불균형인 아나크로니가 별로 일어나지 않는 전통적인 리얼리즘계열의 소설이지만 초점화에서 양규, 순이, 대춘, 서해의 네 인물에 대해서 말하는 디에게시스(Diegesis)가 아닌 미메시스(Mimesis)수법을 지배적으로 구사하고 있어서 영화화하기에 적절한 분위기를 지니고 있다. 또한 텍스트에서 흔히 나타나는 회고의 아날렙시스와 예기인 프롤렙시스 역시 소위 소포클레스의 『오이디프스대왕』에서의 구성상 불가피한 플래시 백-대춘의 고등학교시절 잦은 가출과 그동안의 방황 및 서해의 가출과 서울에서의 호스테스생활-과 플래시 포워드 -양규·순이 부부가 서해를 며느리가 될 거라고 반복해서 예견하는 것- 가 등장할 뿐이다. 또한 청라논, 잿골논, 댓골논 등의 현장에서의 모심기를 여러 번 장면으로 반복하는 레시는 도시색시 서해의 시골생활 적응해가기를 통한 농촌화과정 보여주기로 도시가 시골과 결코 이항대립적이 아님을 해체적 시각에서 보여주고 있다.

『모내기블루스』는 지방언어를 김유정식 해학으로 구사한 재미나는 이야기이다. 이런 면에서 소설의 본질을 잘 체득하고 있는 언어 구조물이라 볼 수 있다. 소설을 평가하는 시각이 '무엇을'보다 '어떻게'에 포인트를 두고 있는 상황에서 텍스트의 의미보다 의미가 생성되는 과정에 초점을 두고 있는 것은 주지의 사실이다. 언어와 서사의 상동성에 기초이론을 동원해서 텍스트를 의사소통의 수신자적 입장에서 분석해 보는 것은 소위 텍스트의 저자에서 독립하여 텍스트중심적 세계에 몰입하는 것으로 저자의 소멸이며 동시에 독자의 생장력 고홍이다. 텍스트는 명시적 구조이면서도 잠재적 구조이므로 텍스트의 깊은 의미를 기호들의 유기체적 구조를 통해서 파악해 내는 것은 독자들의 몫이다.

『모내기블루스』는 기존의 시골·도시의 이항대립구조의 자동화현상에서 탈피해서 시골과 도시관계를 낯설게 한 미적 효과를 보이고 있다. 또한 서술주체와 그 주체가 전달하는 이야기사이 관계가 영화장면적 기법의 구사로 풍자적, 해학적 언어유기체가 지니는 특성인 교육적 효과는 내재된 채 마치 루크레티우스(Lucretiuse)의 '문학당의정'같은 효과를 나타내고 있다. 이 문제는 1960년대 산업화시대의 급격한 등장으로 70년대부터 나타나기 시작한 농촌의 얼치기도시화가 주는 부작용과는 다르다. 공업우선정책으로 인한 이농현상이나 공동체 미덕상실, 전통질서의 와해현상 등 농촌사회의 구조적 모순을 비판하는 어조는 텍스트공간에서 찾아볼 수 없다. 물론 도시·시골 각각에 대한 결핍현상의 여운은 남기지만 본 텍스트의 인터넷시대가 부르는 도시의 스피드와 시골의 낙후성 -19세기는 19세기대로 21세기는 21세기대로의 의미를 지닌채- 이 그런대로 변증법적 조화를 꾀하는 데서 본텍스트의 의미를 찾고 싶다.

참고 문헌

김종광(2002), 『모내기블루스』, 창작과 비평사.
한국현대소설학회 엮음(2001), 『2001 올해의 문제소설』, 신원출판사.
김경용(1994), 『기호학이란 무엇인가』, 민음사.
김욱동(1996), 『〈광장〉을 읽는 일곱가지방법』, 문학과 지성사.
───(1998), 『전환기의 비평논리』, 현암사.
문학이론연구회 엮음(2002), 『담론분석의 이론과 실제』, 문학과 지성사.
서정철(2002), 『인문학과 소설텍스트의 해석』, 민음사.
전혜자(1987), 『현대소설사연구』, 새문社.
다이안 맥도넬/임상훈 역(1992), 『담론이란 무엇인가』, 한울.
린다 허천지음/김상구 외 역(1992), 『패로디이론』, 문예출판사.
쉬클로프스키(외)/한기찬 역(1980), 『러시아형식주의 문학이론』, 月印齋.
스티븐 코핸·린다 사이어스/임병권 외 역(1997), 『이야기하기의 이론』,
        한나래.
S. 채트먼/한용환 옮김(1991), 『이야기와 談論』, 1980.
Williams, Raymond(1973), *The Country and The City*,
        Cox & Wyman Ltd.

3

│ 대화 텍스트의 구조 │

구현정

3.1 머리말

언어학에서 문장 이상의 단위로서 텍스트에 대한 관심이 고조된 것은 1960년대부터라고 할 수 있다. 초기의 연구는, 텍스트의 개념을 정의하면서 텍스트와 문장을 구별짓는 요인이 무엇인가에 대한 관심[1]이 많았던 것으로 미루어 생각할 수 있듯이, 텍스트 언어학은 문어의 여러 장르들을 중심으로 연구되어 왔으며, 텍스트가 의사소통의 단위라는 점과 관련하여 구어체 텍스트에 관한 연구도 이루어진 것은 비교적 최근의 일이다.

구어체 텍스트를 다루는 연구에서 '담화 텍스트'나 '대화 텍스트'라는 용어

---

1) 권재일 외(1999:199)에서는 텍스트와 문장은 그 길이 즉 분량의 많고 적음으로 차별화 되는 것이 아니라는 점을 강조하면서 텍스트는 의사소통의 단위이고 문장은 문법의 단위이며, 텍스트는 동적인 과정이고 문장은 정적인 과정이라는 점에서 차이가 있다고 하였다.

는 많이 사용하고 있지만, '텍스트 담화'나 '텍스트 대화'라는 용어는 사용되지 않는다. 또한 '텍스트', '담화', '대화', '회화' 등의 용어가 뒤섞이어 사용되지만, 그 명확한 경계에 대해서 명확한 정의를 내리고자 시도한 연구는 찾아보기 어렵다. 텍스트와 담화, 담화와 대화는 어떤 관계를 가지는가? 이 글에서는 대화 텍스트 연구를 위해서 가장 기초가 되는 텍스트와 담화, 담화와 대화 사이의 경계를 구분하여 체계를 세우며, 이를 바탕으로 대화 텍스트의 구조를 살펴보기로 한다.

3.2 텍스트, 담화, 대화

3.2.1 텍스트와 담화

대화 텍스트와 관련해서 먼저 규정해야 할 것은 텍스트와 담화(discourse), 대화(conversation) 사이의 관계이다. 텍스트와 담화의 관계는 연구자들에 따라 텍스트와 담화를 동일하게 보는 관점과 텍스트를 담화의 상위 개념으로 보는 관점, 그리고 담화를 텍스트의 상위 개념으로 보는 관점의 세 가지 유형으로 나타난다.

첫째, 텍스트와 담화를 구별하지 않고 사용하는 관점은 해리스(Harris, 1964) 등 비교적 초창기의 학자들에 의해 시도되었으며[2], 체이프(Chafe, 1992)에서도 이어지고 있다. 체이프는 텍스트와 담화는 모두 문장보다 큰 언어 단위를 가리키는 용어로서 서로 교환되어 사용될 수 있으며, 텍스트 분석과 담화분석은 같은 분야를 의미하는 것이라고 하였다.

이러한 주장의 근거는 텍스트의 정의나 텍스트성에서부터 찾을 수 있다. 텍스트에 관한 정의는 여러 가지로 시도되고 있지만, 응집적인 연쇄를 가지고 있으며, 통일성(응결성)을 표출하는 문장 이상의 단위를 의미하는 통사·의미적인 측면과, 의사소통적 맥락 속에서 일정한 의사소통적 기능을 수행하는 화용적 측면의 양면적인 특성을 가진 것(이은희, 2000:48)으로 요약될 수

---

2) 노석기(1990:94)에서도 담화와 텍스트의 구분을 지양하고 부려쓰인 월이라는 개념을 사용하였다.

있다. 이러한 정의는 텍스트의 특성인 동시에 담화의 특성이기도 하다. 따라서 텍스트와 담화를 구분할 수 있는 근거가 마련되지 않는다.

텍스트성이란 언어 발화체를 텍스트로 판정하는 기준을 말한다. 보그랑드와 드레슬러(Beaugrande & Dressler, 1981)에서는 텍스트성을 응집성, 응결성, 의도성, 용인성, 정보성, 상황성, 상호텍스트성의 일곱 가지를 설정하였다. 응집성은 텍스트 표층의 구성요소들이 하나의 연쇄 속에서 서로 연관짓는 방식에 관여한다. 응결성은 표층 텍스트의 기저에 있는 구성체의 구성요소들이 서로 수용가능하고 적합성을 띠게 하는 방식에 관여한다. 의도성은 텍스트 생산자의 태도를 반영하는 방식에 관여하고, 용인성은 텍스트 수용자의 태도를 반영하는 방식에 관여한다. 정보성은 생산자가 제시한 발화체가 새로운 것인가, 확실한 것인가 또는 예측 가능한 것인가에 관여하는 요인이다. 상황성은 어떤 텍스트를 의사소통 상황에 적합하도록 하는 요인들과 관계 있으며, 상호텍스트성은 어떤 텍스트를 사용함에 있어서 사전에 경험한 텍스트에 의존하도록 하는 요인과 관련을 맺는다. 이들이 공통적으로 지니고 있는 자질은 바로 의사소통성이다(권재일 외, 1999: 207~208).[3] 그러나 이러한 텍스트성도 모두 담화의 특성과 일치하고 있다. 따라서 이러한 텍스트성의 기준으로도 텍스트와 담화를 구별할 수 있는 근거가 마련되지 않아서, 텍스트와 담화를 구별하지 않고 동일하게 보는 것이다.

둘째, 텍스트를 담화의 상위 개념으로 정의하는 관점에서는 담화가 텍스트의 여러 유형 가운데 하나라고 주장한다.[4] 따라서 담화분석은 결국 텍스

---

3) 텍스트 언어학이 학문으로서 텍스트 구조의 특성을 규명해야 할 뿐더러 텍스트가 의사소통 상황에서 기능할 때의 특성도 설명해야 한다는 요구는 의사소통학의 방향으로 몰고 가기도 한다. 텍스트를 의사소통적 상호작용에서 나타나는 의사소통 신호의 집합 전체라고 정의하기도 하는데, 이렇게 본다면 무엇보다도 의사소통의 모든 현상과 조건을 설명하는 것도 텍스트 언어학의 대상 영역이 되게 될 것이다(백설자 옮김, 2001:19). 따라서 몸짓언어나 근접학(Proxemik) 등도 텍스트에 포함된다고 본다. 그러나 일반적으로는 언어로 된 의사소통 신호의 산출과 수용에 국한하여 텍스트의 개념을 정의하고 있다. 텍스트 언어학은 텍스트 구조와 텍스트 표현 방식 연구에 국한하되, 이를 각각 의사소통적 맥락 및 일반 사회학적, 심리학적 맥락과 연관시켜야 한다(백설자 옮김, 2001: 21).

4) 박용익(1998:25)에서도 텍스트와 담화와의 관계를 언급하면서 하르베크(Herweg, 1971)에서는 담화가 텍스트의 여러 유형 가운데 하나로 보았다는 견해, 다시 말해 텍스트는 담화의 상위단위

트 언어학적 방법론에 근거하는 것이어야 한다는 것이다. 이러한 주장도 담화가 텍스트의 속성을 모두 가지고 있다는 점에서 출발한다. "의사소통 상황 속에서 하나의 주제를 표현하기 위하여 응집성이나 응결성이 유지된 채 연속된, 문장 이상의 언어 표현"이라는 텍스트의 특성은 그대로 담화에도 적용된다. 다만 텍스트와 달리 담화에서는 구체적인 의사소통 상황과 구체적인 화자/청자가 설정되고, 순서교대를 통하여 화행이 이루어진다는 개별 특성을 지닌 텍스트의 하위 유형이라는 것이다.

밴 다이크(Van Dijk, 1977)에서는 문장이 발화에 의해서 말로 구현되듯이 담화는 추상적인 이론적 구성체로서의 텍스트가 말로 구현된 것이라고 보았고, 고영근(1990:3, 1995:265)에서는 이와 유사하게 담화를 관찰적인 층위의 단위로 보고, 텍스트를 추상적인 층위의 단위로 보아 담화가 텍스트에 종속되는 개념으로 파악하였다. 정희자(1999:7)에서는 넓은 의미에서 담화와 텍스트는 '실제 상황에서 사용되는 문장들의 연쇄체'의 개념으로 동일하게 간주하고 있지만, 좁은 의미에서는 서로 구별이 되어서, 담화는 언어수행, 구어, 기술에 초점을 두는 반면, 텍스트는 언어능력, 문어, 규범화에 초점을 둔다고 하였다. 그러나 담화와 텍스트 사이에 절대적인 대립은 없다고 보았다.

셋째, 담화가 텍스트의 상위 단위라고 보는 관점5)은 텍스트가 아무리 그 자체로 완결된 구조를 가지고 있어도 결국 수용자인 청자의 수용 과정이 없으면 의사소통 기능을 수행하기 어렵다는 점에 근거한다. 그러므로 텍스트가 오히려 담화의 부분 요소로서, 완결되지 않은 담화의 불완전한 형태이며, 두 개 이상의 텍스트가 모여 하나의 담화를 구성한다는 점에서 텍스트는 담화의 구성 요소라고 주장한다. 이것은 모든 담화는 화자와 청자간의 양방향적인 화행으로 이루어지는 데 반해서, 텍스트는 보통 주로 막연한 수용자(청자 또는 독자)를 상대로 하는 생산자(화자 또는 필자)의 일방적인 화행이라는 점을 강조한 것이다.

이 연구에서 '대화 텍스트'라는 용어를 사용한 것은 이와 같은 텍스트와 담화의 여러 관점 가운데 텍스트가 더 넓은 개념이고, 담화는 텍스트의 유형

이고, 담화는 텍스트 전체의 한 부분으로 보았다는 견해를 소개하고 있다.
5) 박용익(1998:25)에서는 이러한 견해는 담화를 의사소통의 최소단위로 보는 프랑케(Franke, 1980)나 바이간트(Weigand, 1984)의 견해로 소개하고 있다.

가운데 하나라는 관점을 수용한 결과이다. 텍스트는 스스로는 응결성을 가지고, 전체적으로는 인지가능한 의사소통의 기능을 수행하는 언어기호들의 연쇄이다. 따라서 문어와 구어를 모두 포괄하는 넓은 개념이라면, 담화는 그 가운데서 상호작용성, 즉 구어성을 가지고 있는 요소들의 묶음이라는 점에서 텍스트의 한 구성요소가 된다고 본다. 따라서 담화를 텍스트의 한 유형으로 보고 '대화 텍스트'라는 용어를 사용하는 것은 타당하다고 생각된다.

담화가 텍스트의 유형 가운데 하나라고 해서 담화와 관련된 이론들이 모두 텍스트 언어학의 분야에 종속되는 것은 아니다. 텍스트와 담화는 연구 대상이 다르기 때문에 담화에 관한 연구는 텍스트 언어학과는 방법론적으로 독립된 언어학의 한 분야이다. 그러나 현재 담화 연구와 텍스트 언어학은 지금까지 따로따로 진행된 발전과정을 점점 버리면서 쌍방의 학문분과의 연구 결과를 서로 수용하는 경향을 보이고 있다.6)

3. 2. 2 담화와 대화

담화에 관한 연구는 고대의 수사학에 뿌리를 둔 것으로 오랜 역사를 가지고 있다. 그러나 문법의 연구는 글로 쓰여진 문어의 연구에만 관심을 기울이고 있었고, 담화에 관한 이론이 현대 언어학의 독자적 영역으로 자리잡은 것은 구어에 대한 관심이 고조된 1970년대로 간주된다(체이프, 1992). 담화와 대화는 별다른 뜻의 구별이 없이 선호하는 용어를 사용하는 경향이 있기도 하지만, 담화와 대화의 개념 규정과 관련해서는 담화와 대화를 구분하지 않는 관점과 담화와 대화를 별도로 구분하는 관점의 두 가지 양상으로 나타난다.

첫째, 담화와 대화를 구분하지 않는 관점이다. 담화에 대한 정의도 텍스트의 정의와 마찬가지로 연구 방법에 따라 달리 정의되고 있다. 구조적 관점에서는 담화를 여러 층위의 구성 요소로 이루어지는 문장의 상위 구조, 또는 다른 단위의 텍스트보다 높은 구조로 보았다. 반면에 기능적인 관점에서는 담화

---

6) 훈츠누르셔(Hundsnursher, 1984:88)에서는 텍스트 언어학의 방법은 근본적으로 담화문법론에서 유추할 수 있으며, 담화분석의 화행 유형이나 대화이동 등에 상응하는 텍스트 언어학의 개념들이 개발되어야 할 필요가 있음을 주장하였다(박용익 1997:31 재인용).

를 언어의 사용으로 보거나 실제상황에서 사용되는 발화체들로 보았다(정희자, 1999:7).

담화를 포괄적인 용어로 사용하는 경향은 담화분석을 "사용되고 있는 상태로서의 언어 분석"이라고 한 브라운과 율(Brown & Yule, 1983)에서 발견할 수 있다. 쉬프린(Schiffrin, 1994)에서는 담화를 "문장 이상의 단위", "언어 사용", "발화문"이라는 요소들로 정의하고 있고, 이를 수용하여 이원표(2001:4)에서는 담화 분석을 첫째, 하나의 절 또는 발화문 이상의 언어 단위를 분석하며, 둘째, 직관에 의해 인위적으로 만들어 낸 것이 아니라 자연스럽게 발생하는 자료, 따라서 연구자 이외의 다른 사람에 의해서 무의식적으로 만들어지는 한 문장 이상의 언어적 산물을 의미하는 소위 '언어수행 자료'에 바탕을 두며, 셋째, 담화분석은 언어의 구조가 아니라 언어의 사용에 관한 것을 연구하는 것이라고 정의하였다.7)

포괄적 관점에서 담화의 유형은 문학적 담화와 비문학적 담화의 두 유형으로 분류하는 것이 일반적이다(이원표, 1997, 정희자, 1999 등). 문학적 담화는 '종교적'과 '역사적'이라는 기준에 따라 동화, 무용담, 신화, 전설의 네 유형으로 나눌 수 있고,8) 비문학적 담화의 유형은 기술적(descriptive), 이야기체(narrative), 설명적(explanatory), 논증적(argumentative), 지시적(instructive) 담화로 분류되며, 제시되는 방법에 따라 저자의 인식에 근거한 주관적인 것과 독자에 의하여 검증될 수 있는 객관적인 것으로 세분된다. 이러한 관점에서 담화는 기존의 'discourse'에 해당하는 개념뿐만 아니라 'conversation'과 'dialogue'까지를 포괄하는 개념이다.9)

---

7) 이원표(2001:4)에서는 이러한 관점에서의 담화분석은 우리말로 담화분석이라는 동일한 표현으로 번역되는 특정한 접근법으로서의 담화분석과 사회학적인 개념들에 근거하여 대화가 이루어지는 모습을 분석하고자 했던 대화분석과도 구분되는 용어이며, 이 접근법은 모두 포괄적인 담화분석의 한 하위분야가 된다고 하고 있다.

8) 이원표(1997)에서 제시한 문학적 담화는 동화(-종교적, -역사적), 무용담(-종교적, +역사적), 신화(+종교적, -역사적), 전설(+종교적, +역사적)로 분류된다.

9) 박용익(1997:48)에서는 Konversation은 부담 없는 자연스러운 분위기에서 나누는 의례적인 잡담을 표시하는 것으로, Diskurs는 구술 또는 주장 혹은 메타커뮤니케이션과 같은 언어행위를 표시하는 개념으로, Dialog은 광범위한 개념을 표시하기 위한 표현법으로 파악한 헤스-뤼티히(Hess-Lüttich, 1989:178)의 견해를 소개하였다. 그러나 이러한 제안은 널리 수용되지 않

둘째, 담화와 대화를 구분하여, 대화를 담화의 하위 유형으로 보는 관점이다. 스테거 외(Steger et al., 1974)에서는 화자의 수(단수/복수), 화자들의 지위(평등/불평등), 주제의 고정(미리 결정된 주제, 결정되지 않은 주제), 주제의 취급 방법(기술적/논증적/연상적)에 의하여 제시, 메시지, 보고, 공개 토론, 대화, 면담의 여섯 가지 유형으로 다음과 같이 분류하였다.

담화 상황 / 담화 유형		제시	메시지	보고	공개토론	대화	면담
화자의 수	단수	+	+	+			
	복수				+	+	+
지위	평등				+	+	+
	불평등	+	+	+			
주제의 고정	기정 주제	+	+	+	+		+
	미정 주제					+	
주제의 취급 방법	기술적		+	+			
	논증적	+			+		+
	연상적					+	

이 기준에 의하면 대화는 복수의 화자가 평등한 지위로 미정의 주제를 가지고 연상적으로 나누는 담화라고 정의할 수 있다. 이 외에 담화와 대화를 가르는 요소에 대하여 언급한 많은 연구들이 있으며,10) 담화와 대화를 별도의 영역으로 구별하는 연구 경향이 더 일반적이다. 담화와 대화의 구분은 담화를 대상으로 연구하는 담화분석(Discourse Analysis : DA)과 대화를 대상으로 연구하는 대화분석(Conversational Analysis : CA)으로 크게 나뉘어 진다. 담화분석은 정량분석(quantitative analysis)을 통해 정보의 배분을 분석하는

고 대개는 동의어로 인정하는 경향이 지배적이라고 하였다.

10) 이원표(1997)에서는 상호 교류의 유무를 기준으로 '대화'와 '독백'을 분류하였고, 상호교류적인 담화인 대화는 화자들의 지위를 기준으로 대칭적 대화와 비대칭적 대화로 분류하였다. 대칭적 대화는 친구 사이의 대화이며, 비대칭적 대화는 검사의 심문(interrogation)에서처럼 대화 참여자들이 평등한 권리를 갖지 못하는 경우이다.

데 중점을 두는 기능언어학적 연구방법론인데 반해, 대화분석은 정성분석 (qualitative analysis)을 통해 상호작용의 체계성을 파악하는 데 중점을 두는 연구 방법론으로, 이 시각으로는 담화와 대화가 엄격하게 구별된다.11)

담화분석과 대화분석은 자료의 사용과 분석 시각, 분석 방법 등에 있어서 큰 차이를 보이고 있다.12) 실제 담화자료를 분석하는 경우에도, 실험적 상황을 조성하여 추출한 담화나 대화자료를 적절한 자료로 보는 관점이 담화분석의 시각이라면, 자연스럽게 언어가 사용되는 대화맥락에서 관찰되는 언어자료를 수집해서 연구하는 것을 필수적으로 보는 관점이 대화분석의 시각이다. 담화분석에서는 글로 쓰여진 텍스트나 구술담화의 형태로 화자 혼자서 이야기를 한 자료를 추출하여 분석하는 경우가 많다. 구술담화 자료는 많은 경우 실험적인 상황에서 녹취되는데, 사람들에게 무성영화를 보여준 후에 영화 내용에 대해 이야기하도록 한다든지, 개인적인 경험이나 친숙한 환경에 대하여 이야기하게 하는 방법이 사용되기도 하고, 화자들이 서로 이야기를 하는 대화자료인 경우에도 실험적인 상황을 조성하고 서로 말을 하도록 하여 자료를 수집하는 경우도 있다.

이와는 달리 대화분석에서는 구체적인 대화의 구조를 순서교대, 순차구조 등 대화참여자가 선행 맥락에 반응하여 현재 발화를 하고 그 발화행위가 후행 맥락을 조성하는 하는 상호작용적 과정의 체계성을 파악하고자 한다(헤리티지(Heritage, 1984)). 대화분석에서 분석 대상으로 삼는 자료는 실제 상황에서 관찰되는 대화를 녹음하거나 녹화하여 전사한 자료이다. 분석자는 해당 대화를 전사하는 데에 있어서 가능한 한 발화문의 세부적인 사항, 즉 대화상의 모든 언어 및 비언어적인 현상을 가능한 한 있는 그대로 전사자료에 반영

---

11) 담화와 대화를 구별하는 것보다는 'discourse'와 'conversation'을 구별하는 경향이 더 분명하다. 실제로 'discourse analysis'를 하면서 '대화분석'이라는 제목이 사용되기도 하고, 'conversation analysis'를 하면서 '담화분석'이라는 용어를 사용하고 있다. 또한 'conversation analysis'를 하면서 '회화분석'이라는 용어를 사용하기도 하고, 'dialog analysis'를 하면서 '대화분석'이라는 용어를 사용하기도 하여서 용어 사이의 혼란은 매우 심각한 상황이다. 이것은 'discourse'와 'conversation'을 번역하는 과정에서의 문제라고 생각된다.

12) 이러한 관점에 대해서는 김규현(2000)에서 자세히 논의하고 있다.

하려 한다. 이것은 아무리 미미하게 보이는 세부적인 현상이라 하더라도 의사소통과 상호작용의 체계성을 구성하는 데에 어떤 중요한 역할을 할 수 있다는 전제를 배경으로 하는 것이다. 따라서 분석자는 철저하게 경험주의적인 입장에서 대화 현상의 체계성을 해당 대화상황에 참여하는 대화 참여자의 시각에서 파악하려는 시도를 하게 된다.

담화분석에서는 담화구조를 주로 정보의 흐름과 분포 측면에서 파악하고, 대화분석에서는 주로 화자와 청자의 상호작용적 맥락 측면에서 파악하고자 한다는 점에서도 차이를 보인다. 레빈슨(Levinson, 1992)에서는 담화분석은 담화의 구조를 분석해 내는 데 있어 화행이 매우 기본적인 차원의 것이라 규정하고, 화행의 연속적 규칙들을 형식화함으로써 담화의 응집성을 밝히려 하는 것이라고 하였다. 담화분석에서는 연속체로서의 언어에 '행위(act)'와 같은 기본 단위를 부여하고, 이런 기본 단위가 결합되어 대화이동(move), 교환(exchange), 화제(topic), 이야기(story) 같은 단위를 형성해 나가는 방법이나 과정을 기술하는 데 큰 관심을 기울이고 있다.

이에 반해 대화분석은 분석하고자 하는 현상을 가능한 한 있는 그대로 실제 참여자의 시각에서 기술하고 설명하고자 하는 입장을 대변한다. 분석자가 어떤 현상을 관찰하고 분석한다고 할 때 자신의 시각을 그 현상에 투영함으로써 갖게 되는 편견에서 벗어나고자 하는 것으로, 이것은 현상학이나 민족방법론(ethnomethodology)[13]의 이론 및 방법론적 입장에 기인하는 것이다. 이는 오늘날 주류 언어학의 기본이 되고 있는 이성주의에 대한 비판적 시각으로서, 경험주의적 입장을 대변하고 있다고 할 수 있다.

지금까지 살펴본 바와 같이 담화와 대화는 별다른 구별 없이 사용되는 것이 일반적인 쓰임이지만, 담화는 구어가 실제로 사용된 모든 유형을 포괄하는 용어로 사용되고, 대화는 그 가운데에서 복수의 화자가 평등한 지위로 미정의 주제를 가지고 연상적으로 나누는 담화로 구별할 수 있어서 담화의 한

---

13) 민족방법론이란 1960년대 가핑클(Garfinkel)이 주도한 사회학의 한 분파인 민족방법론에 기초한 것으로, 민족방법론이라는 낱말이 가지고 있는 뜻 그대로 하나의 특정한 사회를 이루는 구성원(Ethno- 민족)들이 사회의 질서와 실재성을 구성하기 위해서 상호작용의 과정 속에서 사용하는 방법(methodologie 방법론)에 대해서 연구하는 학문이다.

유형이라고 정리할 수 있다. 그러나 실제로 지금까지의 연구에서는 '담화'와 '대화'가 뒤섞이어 사용되고 있었고, 연구자에 따라서는 이 연구와는 반대의 개념으로 사용한 경우도 있어서 두 가지를 엄격히 구분하기는 매우 어렵다. 구어의 유형으로서의 담화와 대화가 구별되는 것도 있지만, 그보다는 방법론으로서의 담화분석과 대화분석이 더 큰 차이의 양상을 보인다. 따라서 대화를 담화의 한 유형으로 보더라도 담화분석의 방법론에서 다루고 있는 대화와 관련된 요소들은 대화의 구조 연구에 포함되어야 한다.

3.3 대화 텍스트의 구조

이 장에서는 복수의 화자가 미정의 주제를 가지고 연상적으로 나누는 담화라고 하는 대화의 정의를 전제로 하여 그러한 대화가 어떤 구조를 가지고 있는지 살펴보기로 한다. 대화 텍스트의 구조에서는 대화의 구조에서 일반적으로 나타나는 특성과 대화의 조직에서 나타나는 특성으로 나타난다.

대화의 구조에서 일반적으로 나타나는 특성은 주로 민족방법론에 입각한 대화분석의 시각에서 연구되었다. 여기서는 대화도 사회적인 약속이기 때문에 어떻게 시작하고, 어떻게 이어가며, 어떻게 끝맺는가와 관련된 일정한 규칙이 있다는 점에서부터 대화의 구조에 접근한다. 이 가운데서 특히 화자와 청자 사이에 나타나는 순서교대와 두 사람이 동시에 말을 하게 되는 중복 현상, 그리고 주고받는 말이 쌍을 이루고 있는 대응쌍이 핵심적인 관심의 대상이 된다.

(1) 1. 지영 : 집이 다 머세요 여기서?
    2. 양수 : 저는 일산이에요. 둘은 봉천동이구요.
    3. 지영 : 봉천, 봉천동이 어디 있지?
    4. 수영 : ⌈ 봉천동이 서울대/
    5. 양수 : ⌊ 집이 어디신데요?
    6. 지영 : 전 대치동이요.

(연세구어말뭉치14))

위의 예 (1)에서 1.과 2. 사이에서 지영과 양수 사이의 순서교대를 확인할 수 있으며, 4.와 5. 에서는 수영과 양수가 동시에 발화하는 중복을 확인할 수 있다. 또한 1.의 묻는 말에 대한 2.의 대답, 3.의 묻는 말에 대한 4.의 대답, 5.의 묻는 말에 대한 6.의 대답과 같이 주고받는 말이 쌍을 이루고 있는 대응쌍을 확인할 수 있다. 이와 같이 순서 교대와 중복, 대응쌍을 통해 대화의 구조를 분석할 수 있다.

대화의 조직에서 나타나는 일반적인 특성은 주로 담화분석의 방법론으로 깊이 있게 연구되었다. 다이크의 텍스트 언어학적 개념을 이용한 테히트마이어(Techtmeyer, 1984)의 연구에서는 대화구조를 거시구조와 미시구조로 나눈다. 거시구조는 두 명 이상의 참여자가 공동으로 구성하는 대화의 구조이며, 여기에 속하는 대화의 구성단위는 단계와 연속체라고 하였다. 이와는 달리 미시구조는 대화 참여자 한 명이 개별적으로 구성하는 단위이며, 여기에 속하는 대화의 구성단위는 대화이동과 대화화행이라고 하였다.

대화를 거시구조와 미시구조로 나누어서 살펴보는 것은 대화의 구조화에 매우 유용하다. 이 관점에 의하면 대화분석에서 다루고 있는 순서교대는 거시구조와 미시구조의 경계를 나누는 요소로서 의미를 가지고, 대응쌍은 거시구조의 연속체에 속하는 요소가 된다. 또한 미시구조의 체계를 통하여 구어 말뭉치의 주석 체계15)를 만드는 일에도 실제적으로 활용될 수 있는 구체적인 구조 목록을 만드는 것이 가능하다. 따라서 대화의 구조를 거시구조와 미시구조로 나누어 살펴보기로 한다.

---

14) 문화관광부의 "21세기 세종계획"의 특수말뭉치분과의 한 부분으로 연세대학교 언어정보개발연구원에서 전사한 100만 어절 규모의 구어 말뭉치이다. 자료를 제공해 주신 서상규 교수님께 감사드린다.

15) 1996년 Pennsylvania 대학에서 열린 Discourse Research Initiative(DRI)의 Multiparty Discourse Group에 의해 개발된 구어 말뭉치 주석 방식인 Dialog Act Markup in Several Layers(DAMSL)에는 이와 같이 대화행위의 유형과 전망적/회고적 기능에 바탕을 둔 주석 내용들이 사용되고 있다.

3.3.1 거시구조

거시구조는 두 명 이상의 대화 참여자가 공동으로 구성하는 대화의 구조이다. 헤네와 레복(Henne & Rehbock, 1979)에서는 대화의 구조를 전반적으로 구조화하면서 대화 분석의 범주를 거시 차원과 중간 차원, 그리고 미시 차원의 세 단계로 구분하였다. 거시 차원은 대화에서 이루어지는 만남의 인사라든지 혹은 대화의 핵심주제를 다루기 전에 이루어지는 의사소통의 단계를 말하는 시작단계, 대화의 핵심 주제를 다루고 난 이후에 이루어지는 종료단계, 대화의 핵심 주제와 그와 관련한 하위 주제들이 다루어지는 중간 단계, 그리고 핵심 주제와 직접 관계가 없는 부차적인 주제들이 다루어지거나 대화 도중 기대하지 않았던 일이 발생하여 본래의 대화가 중단되고 다른 주제에 대한 의사소통이 일시적으로 이루어지는 주변단계로 구분된다. 테히트 마이어(1984)에서는 거시구조를 도입 단계와 목적달성 단계, 그리고 종료 단계로 구분하였다. 이현호(1998)에서는 대화를 첫인사 → 화제의 도입 → 대담의 수행 → 대화의 마무리 → 끝인사의 순서로 제시하고 있는데, 첫인사가 시작 단계, 화제의 도입과 대담의 수행이 중간 단계, 그리고 대화의 마무리와 끝인사가 종결 단계로 되어 있다. 이것은 모두 고프만(Goffman, 1976)에서 체계부문(system components)으로 설정한 요소들이다. 대부분의 대화분석 연구자들은 시작부와 중심부, 그리고 종결부의 세 차원을 대화의 거시 구조에 포함시키고 있다. 시작부는 대화의 통로를 여는 부분이고 중심부는 이야기하고자 하는 내용들을 주고받는 부분이며, 종결부는 대화의 통로를 닫는 부분이다.

1) 시작부

시작부는 대화를 시작하는 부분이다. 여기서는 의사소통에 대한 준비와 도달하고자 하는 근본 목적에 대한 상대방의 능력이나 권한 등을 파악하고, 근본 목적의 실현에 동참하도록 상대방에게 영향을 주는 단계이다. 대화의 통로를 열기 위해서는 한 사람이 다른 사람의 주의를 끌고 대화하기 원한다는 신호를 보내야 한다. 따라서 '호출 - 응답 - 연결'의 순서로 이어지는 것이 보통이다. 대화를 하고자 하는 쪽, 즉 먼저 말을 건네는 쪽이 호출자가 되고, 그것에 응답하는 쪽이 응답자가 되는데, 이때에 쓰이는 신호는 비교적 간단하면서도 관용적인 것들이다.

> (2) A : 안녕하세요? (호출)
>   B : 예, 안녕하세요? (응답)
>   A : 네네. (연결)
>   B : 네 불광동에 사는 양미경이라고 하는데요. (연세구어말뭉치 : 전화상담)

위의 예 (2)에서 보듯 먼저 말을 건네는 A의 인사는 관용적인 호출용 신호가 된다. 호출에 대한 응답으로 사용된 B의 대답이 이어진 후 A는 대화가 연결되었음을 나타내는 말로 대화를 이어가게 된다.

2) 중심부

준비 작업이 끝난 상태에서 본격적인 대화 활동이 시작되는 부분이 중심부이다. 대화를 시작한 사람의 관점에서는 목적과 용무를 수행하는 부분이다. 이 부분은 다른 부분에 비해 길이가 길고, 정형화되어 있지 않다는 특성을 갖는다.

시작부가 끝나고 나면 바로 제1화제가 등장한다. 이 부분에서는 화제 제약 조건이 작용되지 않으므로 어떤 화제라도 도입하는 것이 가능하다. 그러나 일단 하나의 화제가 이야기되는 동안에는 화제 제약 조건이 적용된다. 따라서 첫째, 화제 비약이 일어나서 대화의 결속력을 깨뜨려서는 안 된다. 둘째, 선호적 대화는 한 사람 A가 어떤 화제 X에 대해 이야기하고 있을 때 다른 사람 B가 다른 화제 Z에 대해 이야기하고 싶으면, 다른 화제를 이야기하고 싶어하는 화자 B는 두 화제 X와 Z가 Y라는 화제 범주에 속해서 자연스러운 결속력을 가지도록 이야기할 방법을 찾아야 한다. 두 사람이 같은 화제에 대해 이야기한다는 것은 첫째, 같은 일이나 같은 지시물에 대해 이야기하는 것, 즉 공지시성(co-referentiality)을 갖는 것이고, 둘째, 같거나 관련된 개념에 관하여 이야기하는 것, 즉 공유된 개념을 갖는 것이다.

일단 하나의 대화 화제가 확립되어 그것과 관련한 이야기가 계속되다가 그 화제를 중심으로 하여 화제가 조금씩 변하여 가는 것을 화제의 전이(topic transition)라고 하고, 전혀 관련이 없는 화제로 옮아가는 것을 화제의 전환(topic change)이라고 한다.

화제의 전환이 이루어질 때는 화제를 바꾼다는 신호를 보내야 하는데, 이것은 화자가 새로운 화제를 갑작스럽게 생각해 냈음을 표시하고 주의를 끌 수 있는 언어적 표현으로 나타난다. 우리말에서는 일반적으로 "맞아.", "아니(근데)", "그러나 저러나", "그나저나", "하여튼", "어쨌든" 등이 화제 전환을 나타내는 대화표지로 사용된다(박성현 1996).

> (3) 1. 수영 : 요즘은 미팅을 원래 이렇게 하는 거예요?
>   2. 지영 : 아니요.
>   통성명을 해야 되는데 사람이 하나 안 와서,
>   3. 향용 : 사람이 한 명 더 오면 같이 하기로 한대.
>   4. 양수 : 근데 잘못 오는 전화가 많은 지 모르겠어. 내 핸드폰에는
>   5. 지영 : ⟨vocal desc = '웃음'⟩
>   요즘 저희는 집 전화에 잘못 온 전화가,
>
>   (연세구어말뭉치)

위의 예 (3)에서 보듯 1.~ 3.에서는 [미팅]에 관한 화제로 대화가 지속되었으나, 4.에서는 '근데'라는 화제 전환 표지를 사용하여 [잘못 오는 전화]에 관환 화제로 전환이 이루어짐을 볼 수 있다.

화제가 전환되는 시기는 첫째, 화제에 대하여 이미 충분히 이야기되었을 때, 둘째, 화제를 지속해 갈만한 새로운 내용이 없을 때, 셋째, 진행 중인 화제에 대해 더 이상 관심이 없을 때, 넷째, 진행 중인 화제를 피하거나 바꾸고 싶을 때이다.

3) 종결부

종결부의 일반적 형식은 다음과 같이 이루어진다.

첫째, 앞의 내용을 정리하거나 상대방 가족에게 안부를 부탁하는 것과 같이 대화가 끝나간다는 것을 암시하는 말로 화제를 마무리한다. 이 때 어느 한 쪽이 동의하지 않고 새로운 화제를 꺼내면 대화는 종결되지 않고, 다시 반복된다.

둘째, "그래.", "좋아.", "알았어." 등과 같이 종결을 준비하는 표현(pre-closing items)이 대응쌍을 이룬다. 이 대응쌍의 주는 말은 상대방에게 혹시 보류된 말이 있으면 하라는 신호로 해석되고, 받는 말은 보류된 것이 없다는 것으로 받아들인다. 따라서 대화 종결에 대해 상호 동의가 이루어지는 부분이다.

셋째, 마무리하는 인사를 서로 교환한다.

> (4) 미영 : 그럼 6시 반에 만나는 거다.
> 숙희 : 그래, 알았어 6시 반.
> 미영 : 어, 그래 그럼 그 때 보자
> 숙희 : 어, 그래
> 미영 : 그래, 들어가.
> 숙희 : 그래.
>
> (연세구어말뭉치)

위의 예 (4)는 종결부의 원형적인 유형에 속한다. 종결부 구조의 변이형은 얼마든지 가능하다. 그러나 효과적인 대화 종결의 구조에는 반드시 서로 종결 의사가 있음을 확인하는 종결 준비 단계가 포함되어 있음이 확인된다.

3. 3. 2 미시구조

거시구조가 두 명 이상의 대화참여자가 공동으로 구성하는 단위라고 한다면, 미시구조는 대화참여자 한 명이 개별적으로 수행하는 부분행위이다. 대화의 미시구조에 속하는 대화의 구성 요소로는 대화이동(move)과 대화행위

(speech act)가 있다. 대화이동은 화자가 추구하는 주목적을 달성하기 위해서 직간접적으로 관련이 있는 부분 목적을 달성하기 위해 수행하는 발화로 이루어지며, 여러 개의 발화로 구성될 수 있다. 순서 교대 단위 안에서 이루어지는 단위이며, 주대화와 부대화로 구성된다.

> (5) 1. 양수 : 서울에서 태어나신 거 마= 맞아요? (질문)
>   2. 지영 : 예. (대답)
>   3. 강남 쪽밖에 지리를 잘 몰라요. (한정)
>   4. 거의 그쪽에서 살아 가지구 (이유)
>
> (연세구어말뭉치)

위의 (5)에서 1.에 대한 순서교대는 2..,3.,4.로 구성된다. 그런데 두 번째 화자의 발화는 여러 단위로 구성되어 있다. 2.는 1.의 질문에 대한 대답 발화이고, 3.은 2.의 내용을 한정하는 발화이며, 4.는 3.에 대한 이유를 제시하는 발화이다. 이와 같이 한 화자의 순서 안에서 이루어지는 발화들의 관계는 대화이동을 통해 구조화할 수 있다.

미시구조에서는 대화행위를 중심으로 분석한다. 오스틴은 대화란 단순히 말의 차원에 머무는 것이 아니고, 인간의 행동이라고 보아서 대화가 가지는 행동의 측면을 대화행위(speech act)라고 하였다(Austin 1962:9). 대화행위란 이 세상에서 일어나는 활동으로서 기존의 상태에 변화를 가져온다[16]는 점이다. 오스틴은 말하는 사람이 무엇인가를 말하면서 무엇인가를 행동한다는 점에서 대화행위를 '표현행위(locutionary act)'와 '수행행위(illocutionary act)', 그리고 '결과행위(perlocutionary act)'로 나누었다. 표현행위란 우리가 무엇인가를 특정한 언어 형식으로 말하는 것 자체를 말하고, 수행행위란 그 표현행위가 가지고 있는 말의 힘, 즉 효력을 말하는 것이고, 결과행위란 그 언어 형식이 수행된 결과로 나타나는 영향을 말한다. 이 가운데 의사소통에서 가장

---

16) 대화행위의 개념을 이해하기 위해서는 행위와 사건을 구별하는 것이 필요하다. 사건은 특정한 시간 및 장소에 구속되어 있고 일회 발생적이며, 또한 객관적으로 관찰 내지는 인식 가능한 현상을 말한다. 이와는 반대로 행위는 일회 발생적이며 객관적으로 관찰 가능한 사건을 하나의 특정한 무엇으로 해석한 결과이다(박용익, 1997:33~34).

중요한 역할을 하는 것은 수행행위이다.

　상호협력을 위한 대화를 수행해 가면서 화자는 지금하고 있는 말이 청자의 미래의 믿음이나 행동에 어떤 제약을 주는지, 그리고 담화에 어떤 영향을 주는지를 생각하는 전망적인 기능과 함께 지금 하고 있는 발화가 이전의 발화와 어떤 관계를 가지고 있는지를 생각하는 회고적 기능을 고려해야만 한다. 보그랑드(1997:152)에서는 의사소통을 모형화하는 데 있어서 언어의 선형성에 주목한다. 실시간으로 작동하는 복잡한 체계와 같이, 언어와 담화는 제약들을 평가하고 언어와 담화 연쇄의 여러 지점에서 일련의 작동이나 선택이 공유할 수 있는 선형적 원리들을 요구한다는 것이다. 회고의 원리와 전망의 원리는 그가 제시한 일곱 가지 선형적 원리17)에 속하는 요소들이다.

1) 전망적 기능

　전망적 기능은 이후에 발화되는 대화 텍스트에 대한 순행적 접근을 가능하게 하는 요소로 현재의 발화가 참여자의 미래의 믿음이나 행동에 어떤 제약을 주는지, 그리고 담화에 어떤 영향을 주는지에 따라 달라진다는 점에서 대화행위의 유형과 밀접한 관계를 가지고 있다. 상호작용에서 화자가 현재 발화를 통하여 청자에게 하고자 하는 행위의 유형이다.

---

17) 선형적 원리들은 다음과 같다.
　　1) 속도 조절의 원리(pacing principle) : 온라인 연쇄체의 속도를 일시적으로 높이거나 낮추거나 유지하는 것을 가능하게 한다.
　　2) 회고의 원리(look-back principle) : 이전에 나온 텍스트에 대한 역행적 접근을 가능하게 한다.
　　3) 전망의 원리(look-ahead principle) : 이후에 나온 텍스트에 대한 순행적 접근을 가능하게 한다.
　　4) 병합의 원리(merging principle) : 배견되는 일련의 선택항들 중에서 하나를 선택하거나 그것들을 하나의 선택항으로 결합한다.
　　5) 열거의 원리(listing principle) : 한 연쇄체 안에서 동등한 항목들의 병치를 다룬다.
　　6) 핵과 부속의 원리(core-and-adjunct principle) : 중심 개체와 주변 개체를 구별한다.
　　7) 부하의 원리(loading principle) : 자원의 처리량을 변화시키는 초점, 강조점, 요점의 정도를 조정한다.

첫째, 진술행위(representative)가 있다. 이것은 현재 일어나고 있는 행동이나 상태를 나타내야 한다는 데에 초점이 있다. 진술행위는 화자가 세상에 관해 주장을 하는 것으로, 화자가 청자의 신념을 바꾸려고 할 때는 단언을 하고, 화자가 이미 주장된 내용을 다시 말할 때는 재단언을 하며, 단순한 보고를 할 수도 있다.

> (6) a. 이번 학기 성적이 생각보다 잘 나왔어. (진술)
>   b. 다인이가 그렇게 말한 것이 분명해. (단언)
>   c. 다시 말하거니와 그 사람이 잘못한 것이 확실해. (재단언)
>   c. 과학생회는 어제 총회에서 다 구성이 되었어요. (보고)

둘째, 지시행위(directive)가 있다. 이것은 청자로 하여금 어떤 일을 하게끔 지시한다는 데에 초점이 있다. 지시행위는 청자에게 잠정적으로 행동을 요구할 때를 말하며, 청자에게 의무를 부과하지 않는 선택 개방(open-option)과, 청자에게 행동을 하거나 거절하는 것에 대해 설명해야 할 의무가 있는 행동 지시(action-directive), '질문'과 같이 청자에게 정보를 제공해야 하는 의무가 부가되는 정보 요구가 있다.

> (7) a. 빨리 일어나. (행동 지시)
>   b. 문 좀 닫아 줄 수 있겠니? (선택 개방)
>   c. 여기서 뭘 하니? (정보 요구)

셋째, 언약행위(commissive)가 있다. 이것은 화자가 무엇인가를 하겠다고 약속하는 데 초점이 있다. 언약행위도 지시행위처럼 실제 세계를 언어에 맞추는 것으로서, 의도를 표현하는 것이며, 명제는 화자가 미래에 할 행위를 나타낸다. 예를 들면 (8)에서 보는 것처럼 청자가 받아들이기만 하면 화자가 이행하는 제안(offer), 청자와는 관계없이 약속하는 언약(commit), 그리고 청자에게 불리한 약속인 협박이 여기에 속한다.

> (8) a. 시간도 많은데 천천히 하자. (제안)
>   b. 내년에는 꼭 멋진 선물 해줄게. (약속)

　　　c. 너 그렇게 놀다가는 졸업 못 한다. (협박)

넷째, 표출행위(expressive)가 있다. 이것은 어떤 심리적 상태가 표출된다는 데에 초점이 있다. 표출행위는 언어로 표현되는 것과 실제 세계 사이의 일정한 관계는 없고, 광범위한 심리 상태가 표현될 수 있다. 여기서의 명제는 화자나 청자의 동기를 나타낸다. 예를 들면 (9)에서 보는 것처럼 감사, 용서, 환영, 축하 따위가 이에 속한다.

　　(9) a. 이렇게 내 옆에 있어 주어서 정말 고마워. (감사)
　　　　b. 이제 그 일은 더 이상 마음에 담아두지 않을게. (용서)
　　　　c. 무사히 귀국하신 것을 환영합니다. (환영)
　　　　d. 합격을 축하합니다. (축하)

다섯째, 선언행위(declaration)가 있다. 이것은 세계에 무엇을 불러일으킨다는 것에 초점이 있으며 언어가 실제 세계를 반영하기도 하지만 실제 세계가 언어를 반영하기도 하여서 양쪽 방향에서 맞추기가 일어난다. 선언행위는 제도화된 일의 상태에 즉각적인 변화를 가져오는 것으로 언어 외적인 제도에 의존하므로 심리적 상태는 표현되지 않으며, 어떤 명제든지 나타날 수 있다. 예를 들면 (10)에서 보는 것처럼 전쟁 포고, 해고, 제명, 명명, 선고 따위가 이에 속한다.

　　(10) a. 이제부터 우리는 범죄와의 전쟁을 선포합니다. (전쟁 포고)
　　　　 b. 딴 일자리를 찾아보시죠. (해고)
　　　　 c. 넌 앞으로 예술회에 나오지마. (제명)
　　　　 d. 우리 강아지 이름은 '뽀삐'가 좋겠어. (명명)
　　　　 e. 이 사람은 정상을 참작하여 집행유예 2년을 선고함. (선고)

2) 회고적 기능

회고적 기능은 이전에 이루어진 대화 텍스트에 대한 역행적인 접근을 가능하는 것으로, 현재의 발화가 이전의 발화와 어떤 관계를 가지고 있는 지를 나타내는 것이다. 대화를 통한 상호작용에서 청자가 수행한 이전의 발화에 대하여 현재 발화가 가지고 있는 관계를 나타내는 것이다.

첫째, 동의행위(agreement)가 있다. 동의행위는 선행한 청자의 발화에 대하여 수용하는 정도에 따라 수용(accept)과 부분 수용(accept-part), 가능성(maybe), 부분 거절(reject-part), 거절(reject), 보류(hold)로 나누어진다.

> (11) 선행발화 : 밥하고 국 줄까?
>   a. 네. 주세요. (수용)
>   b. 밥만 주세요. (부분 수용)
>   c. 생각해 볼게요. (가능성)
>   d. 국은 필요 없어요. (부분 거절)
>   e. 아니요. 됐어요. (거절)
>   f. 어제 먹던 거 말이에요? (보류)

둘째, 이해행위(understanding)가 있다. 이해행위에는 단지 듣기만 하는 것에서부터 화자의 의도를 충분히 파악하는 것까지 여러 단계가 있다. 이해하는 데 있어서 명백하게 문제가 있는 이해 불가(non-understanding)와 선행 발화의 의도를 명백하게 파악한 인정(acknowledge), 선행발화를 반복하거나 수정해서 발화하는 반복-환언(repeat-rephrases), 화자가 의도한 바를 청자가 채워 넣는 보충(completion)[18], 화자가 잘못 말한 것이라고 믿고 수정하는 오류 수정(correct-misspeaking)이 이에 속한다.

> (12) a. 그게 무슨 말이에요? (이해 불가)
>   b. 그래, 좋아. (인정)
>   c. 미영 : 왜냐하면 내가 나는 내가 싫어. 줄은 다 다 다른데 앞에서 보면 [막

---

[18] 보충은 대화분석의 관점에서는 협력적 완결(collaborative completion)이라는 용어로 사용된다. 협력적 완결은 화자가 상대방이 앞에서 한 말의 의미를 제대로 이해했는지 확인하는 맥락에서 자신이 이해한 것을 후보로 제시함으로써 상대방의 발화문을 완성시켜 주거나, 상대방이 암시적으로 표현한 부분을 명시적으로 표현해 줌으로써 상대방 화자로 하여금 이를 확인하도록 이끄는 대화행위이다(Lerner 1992, Lerner and Takagi 1999). 협력적 완결 행위는 대화 참여자 상호간의 이해 상태를 확인함으로써 상호주관성을 얻을 수 있도록 한다는 점에서 매우 중요한 대화장치이다.

정미 : 정신 산만하니까?
미영 : 정신 산만하잖아. 그리고 너무 시끄러워. (반복-환언)
d. 명선 : 그래 다시 알아봐야겠다. 될 수 있으면 문자 메시지를 이용해야겠다.
은희 : 응 문자 메시지 요금 안 나간다고 그러던데.
명선 : 그리구 017은 왜 한 사람 명의로 가입하[면
은희 : 네 대까지 된다더라. (보충)
e. 경 : 코스코로 오라고 했지?.
진휘 : 아니, 코스코가 아니라 코코스겠지. (오류 수정)

셋째, 답변행위(answer)가 있다. 이것은 청자가 수행한 이전의 발화에 대해 대답하는 수행행위이다.

(13) 진휘 : 몇 시야 지금?
지영 : 시계가 없어.

3.4 맺음말

이 연구에서는 지금까지의 텍스트, 담화, 대화에 관한 연구를 토대로 이들 사이의 경계를 구분하여 체계를 세우며, 이를 바탕으로 대화 텍스트의 구조를 살펴보았다. 이 연구는 그동안 텍스트, 담화, 대화 등이 서로 간의 관계에 대한 명확한 규명도 없이 혼재하여 사용되고 있던 문제점에 대한 해결방안을 모색하고 이를 바탕으로 대화의 구조를 살펴보기 위한 것이다.

이 연구에서는 대화 텍스트의 구조를 거시구조와 미시구조로 나누어 살펴보았다. 거시구조에서는 대화 참여자가 공동으로 대화의 구조를 구성하는데, 이를 시작부, 중심부, 종결부의 세 차원으로 나누어 구분하였다. 또한, 미시구조에서는 대화행위를 중심으로 분석하여 수행행위가 어떠한 기능을 하는가에 따라 전망적 기능과 회고적 기능으로 나누어 살펴보았다. 대화를 거시구조와 미시구조로 나누어서 살펴보는 것은 대화의 구조화에 유용하다는 장점을 지닌다. 이 관점에 의하면 대화분석에서 다루고 있는 순서교대는 거시

구조와 미시구조의 경계를 나누는 요소로서 의미를 가지고, 대응쌍은 거시구조의 연속체에 속하는 요소가 된다. 또한 미시구조의 체계를 통하여 구어 말뭉치의 주석 체계를 만드는 일에도 실제적으로 활용될 수 있는 구체적인 구조 목록을 만드는 것이 가능하다. 뿐만 아니라, 대화의 체계적인 모형을 정립하는 데에 기초적인 연구가 될 수 있다고 생각한다.

언어사용의 양상은 매우 다양하여서 하나의 관점에서 기술될 수 없다. 어느 한 관점에서의 기술은 다른 관점에 대한 깊이 있는 인식이 전제되어야 한다. 문장 이상의 단위를 문어성이 강한 텍스트와 구어성이 강한 대화로 분리하는 이원론보다는 양쪽의 방법론을 모두 수용하는 논의로 변화되는 경향이 이를 반영하고 있다. 대화의 구조에 관한 연구를 포함하여 대화의 체계적인 모형을 정립하는 데에는 텍스트언어학, 담화분석, 대화분석과 같은 여러 관점에서 연구된 결과들의 수용이 필요하며, 나아가 의사소통론이나 자연언어처리와 같은 인근 학문과의 교류를 통한 학제적인 연구도 이루어져야 할 것이다.

참고 문헌

고영근(1990), 「문장과 이야기의 관련성에 관한 연구」, 『관악어문연구』 15.
―――(1995), 『단어, 문장, 텍스트』, 한국문화사.
고영근 외 편(2001), 『한국텍스트과학의 제과제』, 역락.
구현정(2000), 『개정 대화의 기법 : 이론과 실제』, 경진문화사.
권재일 외(1999), 『언어학과 인문학』, 서울대학교 출판부.
김규현(2000), 「담화와 문법 : 대화분석적 시각을 중심으로」,
　　　　　『담화와 인지』 7-1, 담화 · 인지 언어학회.
김형정(2001), 「한국어 입말 담화의 결속성 연구」,
　　　　　연세대학교 석사학위 청구논문.
박용익(1998), 『대화 분석론』, 한국문화사.
서상규 · 구현정 편(2002), 『한국어 구어 연구 (1)』, 한국문화사.
이원표(1997), 『담화 연구의 기초』, 한국문화사.
―――(2001), 『담화분석』, 한국문화사.
이은경(1999), 「구어체 텍스트에서의 한국어 연결 어미의 기능」,
　　　　　『국어학』 34집, 국어학회.
이은희(2000), 『텍스트언어학과 국어교육』, 서울대학교출판부.
이현호(1998), 「한국어 부 대화 현상 연구」, 『인지과학』 9-3,
　　　　　한국인지과학회.
전영옥(1999), 「한국어 담화에 나타난 반복표현 연구」,
　　　　　상명대학교 대학원 박사학위 논문.
정희자(1999), 『담화와 문법』, 한국문화사.
Beaugrande, R. de & Dressler, W.(1981), *Introduction to Text Linguistics*, London : Longman. 김태옥 · 이현호(공역)(1991), 『담화 · 텍스트 언어학 입문』, 양영각.
Beaugrande, R. de(1997), *cognition, communication, and the freedom of access to knowledge and society*, Norwood : N. J. : Ablex Publishing corporation. 민병곤(2001), New foundations for a science of text and discourse 서평, 고영근 외(2001), 401~480.

Biber, D.(1986), Spoken and written textual dimensions in
          English : Resolving the contradictory findings.
          Language 62, 384~414.
Brown, G. & Yule, G.(1983), *Discourse Analysis*,
          Cambridge : Cambridge University Press.
Chafe, W. L.(1980), The deployment of consciousness in the
          production of a narrative. *The pear stories : Cognitive,
          cultural, and linguistic aspects of narrative production*,
          ed. by W. L. Chafe, 9~50.
          Norwood, NJ : Ablex.
─────────────(1992), Discourse. in Bright, W.(ed.),
          International Encyclopedia of Linguistics,
          Oxford : Oxford University Press.
Ford, C. E. & Thompson, S. A.(1996), Interactional units in
          conversation : Syntactic, intonational, and pragmatic
          resources for the management of turns. ed by Ochs,
          E. *et al.*, 134~184.
Ford, C. E., Fox, B. A.& Thompson, S. A.(1996), Practies in the
          construction of turns : The "TCU" revisited.
          Pragmatics 6.3, 427~454.
Goffman, E.(1976), Replies and responses, *Language in society*,
          5, 3 : 254-313.
Halliday, M.(1967), *Explorations in the functions of language*,
          London : Arnold.
Harris, Z.(1964), Discourse Analysis, *Language* 28, 1~30.
Heinemann, W. & Viehweger, D.(1991), *Textlinguistik : eine
          Einführung, Tübingen* : Niemeyer.
          백설자 역(2001), 『텍스트 언어학 입문』, 역락.
Helbig, G.(1990), *Entwicklung der Sprachwissenschaft seit*
          1970. 2. unveränd, Aufl.
          Opladen : Westdeutscher Verlag.
Henne, H. & Rehbock, H.(1979), *Einführung in die Gesprächsanalyse*,
          Berlin/N.Y. : de Gruyter.

Heritage, J.(1984), *Garfinkel and Ethnomethodology*,
   Oxford : Basil Blackwell.
Lerner, G. H.(1992), Assisted storytelling : Deploying shared
   knowledge as a practical matter.
   Qualitative Sociology 15-3, 247~271.
Lerner, G. H. and Takag, T.(1999), On the place of linguistic
   resources in the organization of talk-in-interaction :
   A co-investigation of English and Japanese grammatical
   practices. *Journal of Pragmatics* 32, 49~75.
Levinson, S.(1992), Active types and language, In Drew, P. &
   Heritage, J.(eds.), *Talk at work*,
   Cambridge : Cambridge University Press.
Makri-Tsilipakou, M.(1994), Interruption revisited : Affiliative
   vs. disaffiliative intervention.
   『*Journal of Pragmatics*』 21, 410~426.
Ochs, E., Schegloff, E. A., andThompson, S. A.(1996), *Interaction
   and grammar*.
   Cambridge : Cambridge University Press.
Petöfi, J.(ed.)(1988), *Text and discourse construction*,
   Berlin : Walter de Gruyter.
Schegloff, E. A.(1989), Reflections on language, development, and
   the interactional character of talk-in-interaction.
   Interaction in human development, ed by M. C.
   Bornstein and J. S. Bruner, 139~153.
   Hillsdale, NJ : Lawrence Erlbaum.
─────────(1996), Turn organization : One intersection of
   grammar and interaction. ed. by E. Ochs *et al.*,
   52~133.
Schiffrin, D.(1994), *Approaches to discourse*,
   Oxford & Cambridge : Blackwell.
Steger, H. et al.(1974), Redekonstellation, Redekonstellationstyp,
   Textexemplar, Textsorte im Rahmen eines
   Sprachverhaltensmodells, In Moser, H.

Gesprochene Sprache, Jahrbuch 1972,
Düsseldorf : Scawann, 39~97.
Van Dijk, T.(1977), *Text and Context*, London : Longman.
Vitacolonna, L.(1988), 'Text'/ 'Discourse' Definitions,
In Petöfi, J.(ed.).

| 심리적 갈등 구조와 대화의 구조 |

전정례

4.1 대화와 갈등

우리의 삶은 '너'와 '내'가 만나서 서로를 알아 가는 과정이다. 너와 내가 서로를 알아간다는 것은 서로가 말을 사용하여 대화를 나눔으로써 가능하다. 우리는 주고받는 대화를 통하여 서로의 생각과 느낌을 전달하고, 이해하면서 세계에 대한 의미를 키워 나간다. 그런데 말에는 '말의 법칙'이 있듯이, 말을 사용하여 이루어지는 대화에도 대화의 법칙이 있는 것은 아닐까? 우리가 늘상 주고받는 대화는 항상 유동적이고 다양하여 규칙화하기가 어렵기 때문에 이에 대하여 논리적으로 설명하거나, 대화 속에 일정한 법칙이 있다고 생각하는 사람은 많지 않다. 그러나 대화를 연구한다는 것은 여러 가지 대화와 관련된 과학적인 연구를 하여 대화 속에서 일정한 법칙을 찾아냄을 뜻한다고 볼 수 있다. 그러므로 대화를 연구한다는 것은 '너'와 '나'의 관계 속에서의 의미를 연구하는 것이기 때문에 사람이 분석의 대상에 포함된다. 또한 말 자체의 의미보다는 발화된 맥락 속에서 사용된 의미 해석에 비중을 둔다. 그러나 사람이라는 대상을 일관적이고 객관적으로 분석하기란 매우 어려운 일이며, 맥락 속에서의 발화의 의미를 정확히 분석하기도 어려워서 우리는 단지 추론할 수 있을 뿐이다.

우리가 상대방과 대화를 할 때 의미 내용과 함께 중요한 것이 상대방과의 관계이다. 그 의미를 어떻게 해석해야 하는가는 상대방과의 관계 층위에서 결정되는 것이라고 볼 수 있다. 그런데 모든 관계는 갈등을 필수적으로 수반하다. 갈등이란 하나로 통합될 수 없는 욕망들이 동시에 서로 대립하고 있는 불안한 심리적 정서로 이해할 수 있는데 이러한 갈등 현상은 한 개인의 내면 속에서 일어날 수도 있고, 개인과 개인, 개인과 사회, 집단과 집단 사이에서도 일어날 수 있다. 인간 관계에서 갈등이 생겨나는 근본적인 이유는 인간이 각각 독립된 개체로 살아가기 때문이다. 인간은 개별적인 존재로서 서로의 성격과 생각이 다르고 욕구가 다르며, 사물이나 세상에 대해 인식하는 방식이 다르다. 이러한 다른 개체가 서로 관계를 맺게 되는 대인관계에서 갈등이 생겨나는 것은 당연한 이치이다. 우리는 흔히 어떤 사람과 관계를 맺기 시작할 때는 크게 갈등을 느끼지 않다가도 그 관계가 발전되면서 어쩔 수 없는 갈등이 자리잡고 갈등 구조가 만들어져, 결국 그것을 해소해야만 하거나 그렇지 않으면 결렬되는 상황에까지 이를 수도 있다. 이렇듯 인간 관계에서 갈등이란 필수적인 개념으로 이해할 수 있다.

갈등이 존재하는 데 이를 적절히 해결하지 못하면 심리적인 고통이 발생하여, 우리는 외부에 적절히 대응할 수 없게 되고 심지어는 좌절과 무기력증에 빠질 수 있다. 이러한 심리적 상태는 바람직하지 못한 것으로서 우리는 이러한 갈등을 어떠한 방법으로든지 해소하지 않으면 살아갈 수가 없을 것이다. 이럴 때 서로 마음을 터 놓고 대화를 할 수 있다면 갈등을 해소하는 가장 좋은 수단이 될 것이다. 그러나 대화가 꼭 갈등을 해소해 주는 것은 아니고 오히려 증폭시킬 수도 있다는 것이다. 우리는 흔히 사소한 것으로 시작한 갈등이 대화를 하는 방식에 따라서 점점 커져 가는 것을 볼 수가 있다.

대화1)
    남편 : 오늘 아침에는 왜 쥬스를 갈아주지 않는 거지?
    아내 : 아침에 나도 바빠요. 오늘 아침엔 냉동주스 그냥 마셔요.
    아내 : 날씨가 추워진 것 같죠?
    남편 : … … …
    아내 : 또 시무룩해질 때가 됐군. 당신은 그것밖에 할 줄 모르니까. 당신은 내 생각
          은 해주지도 않아.
          나도 이제 당신 응석 받기가 신물이 나.
    남편 : 아니지, 당신이 내 생각을 해주지 않는 거지. 에잇, 지겨워.
          (남편이 아침 식사를 포기하고 일어서 버린다)
                    – 레저러스(1997), 〈감정과 이성〉 대화 형식으로 구성한 것임

위의 대화는 아침 식사시간에 남편과 아내 사이에 벌어진 갈등 구조 속의
대화이다. 남편은 아침마다 아내가 갈아주는 신선한 쥬스가 없음에 기분이
상했고, 이를 수습해 보려는 아내는 남편의 침묵에 다시 기분이 상했다. 그
뒤부터 아내는 '분노'라는 감정의 소용돌이 속에 휘말려 버렸고, 드디어 남편
이 아침 식탁을 박차고 일어나는 바람에 이들의 대화는 결렬되어 버렸다. 위
의 대화는 서로의 갈등을 해소하기보다는 오히려 증폭시켰다고 볼 수 있다.
이런 상황에서는 이성적이고 논리적인 대화가 어렵게 되고 결과적으로 서로
감정적인 대화를 하게 되기 때문이다.

우리는 위 대화1)에서 나타난 갈등의 심리적 기제를 좀더 깊이 들여다 볼
필요가 있다. '왜 아내가 아침에 쥬스를 갈아주지 않았을까?'와 '왜 남편이 그
토록 침울했을까?'이다. 이 두 요소는 바로 이들이 갈등을 일으키고 있는 직
접적인 요소이다. 이는 다음 대화에서 설명이 된다.

대화2)
    남편 : (출근하려고 코트를 입으며, 아주 괴로운 목소리로)
          나 말이야. 감봉을 당할 것 같아.
    아내 : … … …

아내 : 난 그것도 모르고. 당신이 어젯밤부터 시무룩하게 말도 하지 않고 그래서 무
　　　시당한 느낌이었거든. 여보, 미안해요.
남편 : 아니야, 괜찮아. 나도 화내서 미안해.
— 위의 책에서, 대화 형식으로 구성한 것임

위의 대화는 앞의 식탁에서 일어난 대화가 방으로 옮겨져 계속된 것인데 이 대화를 통하여 두 사람의 갈등은 해소된다. 이 대화를 통하여 우리는 아침에 왜 아내가 쥬스를 갈아주지 않았는지, 그리고 남편이 왜 그토록 말이 없이 침울했는지를 이해하게 된다. 이렇듯 우리 마음 속의 갈등은 대화를 통하여 해소될 수 있는 것이다.

4.2 갈등의 요인

4.2.1 입장의 차이

갈등이 발생하는 요인은 여러 가지가 있겠지만 가장 근본적인 경우는 입장의 차이에서 비롯된다고 볼 수 있다. 입장이란 자기 자신이 서 있는 위치나 역할, 또는 생각 등을 일컫는 말이다. 사람들은 입장이 같다면 행동 양식이 동일해질 가능성이 높고, 대인 관계에서 그만큼 문제가 발생할 소지가 적어진다. 그러나 입장이 다르다면 갈등이 발생할 가능성은 그만큼 높아지는 셈이다. 입장을 구성하는 요소는 아주 다양하기 때문에 입장의 차이도 다양하게 발생할 수 있다. 즉, 이해 관계에서 오는 차이, 신분이나 지위에서 오는 차이, 역할이나 기대에서 오는 차이, 사상이나 가치관에서 오는 차이, 상황의 변화에서 오는 차이 등 다양하다. 보통 인간 관계에서 입장의 차이는 관점의 차이를 낳고, 관점의 차이는 논리의 차이를 낳으며, 논리의 차이는 갈등을 유발하는 요인으로 작용한다고 볼 수 있다. 때로는 가족이나 사회와 같은 집단적인 요소가 개인의 입장을 결정하기도 한다. 이와 같이 입장의 차이에서 오는 갈등이 존재할 때 대화가 잘 이루어지지 않는 것은 당연한 일이다.

대화3)

    산드라 : 당신, 오늘 하루 어땠어요?

    래　리 : 좋았어.

    산드라 : 무슨 일은 없었어요?

    래　리 : 늘 똑같지 뭐.

    산드라 : 이번 주말에 당신은 뭘 하면 좋겠어요?

    래　리 : 난 아무래도 좋아. 당신은 뭘 하고 싶은데?

    산드라 : 친구들을 집으로 초대하면 어때요?

    래　리 : 모르겠어… 텔레비전 프로그램 예정표 어디 있는지 봤소?

    산드라 : (기분이 언짢아지며) 당신은 왜 나와 이야기를 안 하려는 거예요?

    래　리 : (당황한 나머지 잠자코 있다.)

    산드라 : 당신, 나를 사랑해요?

    래　리 : 물론, 사랑하오. 그러니까 당신하고 결혼한 거고.

    산드라 : 어떻게 날 사랑한다고 말할 수가 있어요? 우리 사이에는 전혀 대화가 없어요. 당신은 거기에 앉아서 내게 한마디도 말을 걸지 않잖아요? 이젠 나에게 아무 관심도 없나요?

–존 그레이(2001), 〈화성에서 온 남자, 금성에서 온 여자〉

위의 대화에서 남편과 아내는 서로가 입장의 차이를 나타냄으로써 대화의 갈등을 빚고 있다. 밖의 일로 피곤한 남편은 집에 돌아오면 좀 편하게 쉬고 싶어하고, 아내는 주말에 집으로 친구들을 초대하고 남편과 함께 대화를 나누기를 원하고 있다. 이처럼 서로의 입장의 차이는 이들 사이에 갈등을 일으키게 하고 이러한 심리적 갈등 구조가 대화의 갈등 구조로 나타나게 되는 것이다.

4.2.2 심리적 거리

갈등을 이해할 때 상관 관계가 있는 것은 또한 대상과의 심리적 거리이다. 즉, 심리적 거리가 가까울수록 갈등이 심하다는 것이다. 자주 만나지 않는 사람과는 갈등이 존재하지 않으나 관계를 깊게 맺고 심리적 거리가 가까운 사람과는 갈등도 크다. 그 만큼 내 안에 그가 차지하는 비중이 크기 때문이다. 이렇듯 관계는 갈등을 키우기가 쉬운 것이다. 대화 참여자의 이러한 심리적 거리는 대화의 성격을 규정하는 동시에 갈등의 크기를 결정하는 요소가 되기도 한다. 우리는 심리적 거리가 멀수록 격식을 갖추고 정중 화법을 사용하고, 심리적 거리가 가까울수록 격식을 갖추지 않고 정중하지 않게 된다. 그러므로 가까운 관계에서 이루어지는 대화일수록 그만큼 갈등이 발생할 소지가 큰 것이다.

사람 사이에 존재하는 거리는 우리가 맺고 있는 관계마다 다르다고 할 수 있는데, 우리는 서로 가깝게 닿고 싶은 욕망과 좀 떨어져 있고 싶은 욕망을 동시에 가지고 있다. 쇼펜하우어의 다음과 같은 '고슴도치 이야기'는 우리가 관계를 맺는 사람 사이의 거리에 대하여 시사하는 바가 크다 할 것이다.

예문1)
고슴도치는 겨울나기를 할 때 서로의 체온으로 몸을 녹이려 가깝게 달겨든다. 그러다 뾰족한 바늘이 서로의 몸을 찌르면 뒤로 물러난다. 그러다 추워지면 다시 달겨들고, 찔리면 다시 물러나면서 찔리지 않고 체온을 나눌 수 있는 적정한 거리를 찾는다.

우리도 그렇다. 상대방에게 가깝게 다가섰다가, 상처를 받으면 좀 물러서기도 하면서 적정 거리를 유지하며 서로 관계를 맺고 살아가는 것이다. 그러므로 대화를 할 때에도 우리는 상대방과 갖는 유대감을 최적의 거리에서 유지하도록 조절하여야 할 필요성이 있는 것이다. 심리적 거리는 상대방과 갖는 신체적 거리에도 영향을 미친다. 우리는 심리적으로 가까운 사람과는 공간적 거리도 가깝게 유지하고, 심리적으로 먼 사람과는 공간적으로도 거리를 멀리 잡는다. Pease(1992)에서는 친밀한 거리(15~46cm), 개인적 거리(46cm ~1.2m), 사회적 거리(1.2~3.6m), 공공적 거리(3.6m 이상)로 나누어 흔히 사람 사이에서 유지되는 거리를 제시하였다. 여기서 친밀한 거리는 아주 가까운 사이에서, 개인적 거리는 친구 사이에서, 사회적 거리는 낯선 사람과의 사이에서, 공공적 거리는 연사와 청중 사이에서 적당한 거리이다.

본 연구는 인간 관계와 거기서 발생하는 심리적 갈등 구조가 대화 구조에 어떻게 나타나는가에 초점이 맞추어져 있다. 즉, 우리와 심리적 거리가 가장 가까운 관계라고 할 수 있는 사람들과의 관계를 남성과 여성, 부모와 자녀, 친구 관계로 나누어 이들의 대화 구조 속에서 갈등의 핵은 무엇이며, 그들의 대화 양태는 어떻게 나타나는가를 다음에서 살펴보게 될 것이다.

4.3 남성과 여성의 대화

남성과 여성의 대화에 나타나는 특성은 무엇이며, 그들간의 대화에서의 문제점은 무엇인가? 성 역할과 성 정체성 문제는 심리학자들이 오랫동안 흥미롭게 연구해 온 과제 가운데 하나이다. 왜냐 하면 남성과 여성은 가장 기초적인 인간 분류의 범주이며, 이러한 이분법은 인간의 전형적인 사고 양식의 하나이면서 이들의 차이는 인류의 다양한 문화권에서 보편적으로 발견되기 때문이다. 이들은 생물학적·문화적으로 차이가 나는데, 이들의 문화적 차이는 어떤 것이 남성적이고 어떤 것이 여성적인가 하는 성 역할 고정 관념의 문제이다. 많은 심리학자들의 이에 대해 조사한 바에 따르면, 남성은 도구적·이성적·독립적·성취 지향적인데 비해, 여성은 표현적·감정적·협동적·관계 지향적인 특성을 갖는다고 한다. 이러한 고정 관념은 외모와 성격의 특질뿐만 아니라 옷차림, 행동, 직업 등에까지 확대된다.

이처럼 여성과 남성의 차이는 생물학적·문화적 차이에서 오랜 시간을 거치면서 형성되어 왔다. 우리의 관심은 이와 같은 차이가 심리적 차원, 즉 능력이나 성격, 태도 등에서도 존재하는가 하는 문제이다. 심리학자들은 보통 공간 지각 능력이나 공격성에서 남성이 여성보다 더 발달되어 있고 언어 능력이나 수용성은 여성이 남성보다 발달되어 있다는 일반론을 펴기도 한다. 그러나 성을 전제로 한 논의는 어디까지나 일반론일 뿐 개개인에 적용되는 논의는 아님을 유의해야 한다.

이를 전제로 여기서 우리가 접근하고자 하는 문제는 여성들만의 대화와 남성들만의 대화에 어떤 차이점이 존재하는가와 남성과 여성이 함께 대화를 나눌 때 성별 차이가 어떻게 대화의 갈등 구조를 일으키는가 하는 문제이다.

4. 3. 1 누가 더 말이 많은가

'수다스러움'은 흔히 여성들의 특성으로 간주되는 경향이 있다. 이러한 생각은 동서양을 막론하고 보편적으로 존재해 온 것으로 보이는데, 이를 증명하는 것은 속담이나 격언이다.

예문2)
- 여자들이 많으면 말이 많고, 거위들이 많으면 똥이 많다 (영국 속담)
- 여자가 셋이 모이면 접시가 깨진다 (한국 속담)

이들 속담은 수다스러움에 관한 동서양의 인식을 반영하고 있다. 이러한 특성은 실제 언어 생활에서 자주 발견된다. 가정에서 아내의 대화나 사교적 대화에서 여성들의 대화는 남성들에 비해 섬세하면서도 자세한 경우가 많다. 여성들이 친구들을 만나거나 전화를 할 때 수다를 떠는 것을 흔히 들을 수 있다. 왜 그럴까? 전통적인 고정 관념은 '여성이기 때문에 그렇다'는 것이다. 이러한 고정 관념은 다음과 같은 우스개 이야기에도 들어 있다.

대화4)
(한 부인이 남편과 이혼하려고 소송을 제기했다.)
판사 : 왜 이혼을 원하십니까?
부인 : 남편이 2년 동안 제게 말을 한 마디도 하지 않았어요.
판사 : 당신은 왜 그랬습니까?
남편 : 저는, 단지 그녀의 말을 방해하고 싶지 않았기 때문입니다.
- Tannen(2001)에서 대화체로 옮김

여성들의 대화가 수다성을 바탕으로 한다는 생각은 O. Jespersen(1922)에서 비교적 자세하게 언급된 바 있다. 그는 남자와 여자가 전연 판이한 언어를 사용하거나 또는 약간 다른 말투를 사용하는 종족도 있음을 지적하면서 문화적인 특성을 고려하여 남성과 여성의 언어에 차이가 있음에 주목하였다. 그가 흥미를 갖고 접근한 문제는 남성어와 여성어에서 금기, 어휘 선택, 부사, 수식어 사용 등이 어떻게 달라지는가 하는 문제였지만, 궁극적으로 성별어의 일반적 특성을 설명하면서는 여성의 대화가 수다스럽다는 점에 주목한다. 이 때 수다스러움의 기준은 무엇인가? 그가 고려한 것은 말을 빨리 하는가 느리게 하는가와 누가 더 불필요한 얘기를 많이 하는가였다. 이에 대해 여성의 언어가 남성에 비해 빠르며, 또한 장식적이라는 결론을 얻고 있는데, 이와 같은 생각은 오늘날까지 고정 관념화되어 존속되는 경향이 있다.

하지만 수다스러움이 여성과 남성의 성별 차이에서 오는 언어적 특징이라는 생각은 고정 관념일 가능성이 높다. 왜냐 하면 주부가 말이 많고, 전화로 불필요한 이야기를 늘어놓게 되는 이유는 여성이기 때문이 아니라 그들의 생활 문화가 그렇게 만들고 있을 가능성이 높기 때문이다. 즉 언어에 반영된 이와 같은 차이는 여성과 남성의 성별 차이가 아니라 문화적 차이가 성 역할 고정 관념을 형성시킨 결과로 보는 편이 더 타당할 것이라는 것이다. 그렇기 때문에 우리는 수다스러움에 대하여도 다음과 같이 말할 수 있을 것이다. 여성의 말이 꼭 수다스러울 필요는 없다. 그렇지만 문화적으로 수다스러움이 자연스럽게 배어 있을 뿐이라고.

이러한 이유로 대체로 우리가 접할 수 있는 성별 대화의 양상은 여성끼리의 대화에서는 장식적이고 수다스러운 표현이 많으며, 남성보다 말을 하는 양도 많은 편이다. 이에 대해 D. Jones(1980)는 남성의 언어가 진지성을 바탕으로 하는데 비해 여성의 대화는 비공식성을 띠고 있다는 결론을 내리고 있다. 그렇기에 여성 대화의 장소는 보통 가정이나 슈퍼마켓, 미장원 등으로 한정되는 경향이 있다. 이 또한 문화나 고정 관념이 만들어 낸 산물이다.

4. 3. 2 누가 더 감성적인가

D. Jones(1980)의 흥미로운 관심사는 여성의 대화와 남성의 대화가 지니는 특성이었다. 이에 의하면, 대화에서 남성들은 힘에 근거한 상호 작용 방식을 추구하지만, 여성들은 유대 관계와 상호지시에 바탕을 둔 방식을 추구한다는 점이다. 이러한 주제는 Stone(1983)에서도 재확인되고 있는데, 그의 관심사는 여성어와 대립되는 남성어였다. 예를 들어 아이들을 돌보는 과정에서 남성이 여성의 역할을 맡으면서 보인 담화 방식은 가정 일을 얘기하더라도 논리적이고 경쟁적인 방식을 취한다는 결론을 얻었다. 또한 Kalcik(1975)이나 Aries(1976) 등도 의사소통 능력상 성의 차이를 관심 있게 관찰하면서, 남성의 언어는 경쟁적 담화 특성을 보이는데 비해, 여성의 대화는 협조적이고 감성적이라는 결론을 얻고 있다. Tannen(2001)에서는 남성은 보고를 위한 대화를 하고, 여성은 공감을 얻기 위한 대화를 한다고 결론 내린다. John Gray(2001)에서도 남성은 주로 해결책을 제시하려고 하며, 여성은 보살핌에 관심이 있다고 비교하였다.

대화5)
> 남편 : 아내는 더 이상 옛날의 그 수줍고 보호 본능을 불러일으키던 여자가 아니예요. 웃을 때 수줍게 배시시 웃던 미소는 오래 전에 사라졌어요, 소리내어 웃을 때는 목젖이 다 보여요.
> 아내 : 나는 아직도 여자예요. 지금도 자상한 남편의 사랑을 받고 싶고, 하얗게 쌓인 눈길을 함께 걷고싶고, 그리곤 조용한 찻집에 들러 따뜻한 차를 함께 마시고 싶어요.

위의 대화에서도 알 수 있듯이 아내는 남편에게서 아직도 자상한 남편의 사랑을 받고 싶고 감성적인 대화를 바라고 있다. 그런데 이렇듯 거창해 보이는 사랑도 다음과 같은 아주 사소하고 일상적인 대화에도 듬뿍 담길 수 있는 것이다.

대화6)
> 여성 : 자기야, 우리 무슨 차 마실까? 커피? 녹차?

　　　남성 : 응, 아무거나 다 좋아. 자기 좋은 걸로 나도 하겠어.
　　　여성 : 자기야, 고마워.

　　대화7)
　　　여성 : 자기야, 우리 무슨 차 마실까?
　　　남성 : 아무거나.
　　　여성 : 커피? 녹차?
　　　남성 : 글세, 아무거나.

　대화란 상대방에게 서로 행복을 선사할 수 있을 때 가장 성공적인 것이라고 할 수 있을 것이다. 어떤 연인이 더 행복감을 느끼면서 차를 마시겠는가?

4.4 부모와 자녀의 대화

　가족은 모든 사회에서 공통적으로 발견되는 가장 중요한 사회 집단이다. 가족은 미국의 인류학자 G.P. Murdok의 '공동 주거, 경제적 협력, 그리고 출산의 기능을 담당하는 사회 집단'이라는 정의를 가장 고전적인 것으로 받아들인다. 이 집단에는 양성(兩性)의 부부를 포함하여 자녀로 구성된다. 그렇기 때문에 가족 관계는 크게 '부모와 자녀의 관계', '부부 관계', '형제·자매 관계'로 나타난다. 이 곳에서는 부모와 자녀의 관계에서 이루어지는 대화의 구조를 살펴 볼 것이다.

　부모와 자녀의 갈등은 본질적으로는 떨어져 나가려는 자녀의 심리와 떨어내는 상실감을 견뎌내야 하는 부모의 심리 사이에 형성되는 갈등이라고 볼 수 있다. 또한 현실적으로는 자녀가 가정 밖에서 귀속되는 또래집단과 부모 세대 사이에 존재하는 세대 차이에 의한 갈등으로 나타난다. 이러한 세대간의 갈등은 부모와 자녀, 교수와 학생, 기성 세대와 젊은 세대에 걸쳐 폭넓게 존재하는 갈등이다. 이러한 갈등은 시대와 사회를 뛰어 넘어 보편적이고 필연적인 것이라고 볼 수 있다.

대화8)
　부모 : 우리는 참 안 그랬었는데, 요즘 애들은 도대체 이해가 안된단 말이야.
　자녀 : 어른들은 우리를 이해 못해요. 지금은 옛날과 다르단 말이에요.

보통 부모들은 자녀가 부모의 뜻을 따르지 않고 제멋대로 한다고 한탄한다. 자녀들은 부모들이 자녀의 마음과 기분을 이해하지 못하고 나무라기만 한다고 불평한다. 이러한 갈등은 상호의 이해 부족에서 기인하는 경우가 대부분이다. S. Freud는 청소년기에는 성호르몬이 왕성하게 분비되고 신체적인 정력이 넘치는 시기이나 충동과 욕구를 충족시키는 것이 금지된 상태에서 갈등을 일으킨다고 한다. 부모들은 자신들 역시 청소년기를 겪었음에도 불구하고 과거의 기억을 망각한 채, 자녀들의 행동을 선뜻 이해하거나 용납하지 못하는 경향이 있는 것이다. 세대간의 갈등 문제를 연구한 이순형(1992)에 따르면 일반적으로 세대간의 갈등이 나타나는 요인은 각 세대의 생활 환경의 차이, 사회 환경이나 문화적인 차이, 그리고 대중 매체의 영향 등이 복합적으로 작용한다고 한다. 부모와 자녀의 갈등 역시 부모 세대가 성장했던 시절의 생활 방식이나 사회 환경이 자녀들이 성장해 가는 환경과 방식에서 차이를 보이기 때문이다.

이처럼 부모와 자녀의 갈등이 보편적이고 필연적인 것이라 할지라도 대화 속에 갈등이 내재되는 이유는 또다른 차원에서의 이해가 필요하다. 이는 부모와 자녀의 대화가 본질적으로 동등한 입장에서 이루어지지 않는다는 점이다. 즉, 부모와 자녀의 대화 속에는 본질적으로 힘의 원리가 작용하면서 대화의 걸림돌이 존재하기 마련이다. 이러한 힘의 원리는 부모와 자녀의 대화에서 부모는 권위를 갖고 있고 자녀는 그 권위를 따라야 하는 입장으로 나타난다. 이 점은 부모와 자녀간의 효과적인 대화 방법에 관하여 연구한 Gorden. T. & J. Gorden(1976)에서 적절하게 언급된 바 있다. 곧 부모는 자녀의 말을 들을 때 부모의 판단을 앞세우는 경향이 있다. 이미 자신들의 권위(힘)를 전제로 자녀를 대하는 셈이다. 반면에 자녀들은 방어적인 논쟁이나 힘에 대한 반발 심리를 전제로 대화를 하게 된다. 이렇듯 맞서는 심리로 시작하는 대화가 제대로 이루어질 리가 없는 것이다.

부모와 자녀의 갈등 양상은 자녀의 성장에 따라 달리 나타난다고 볼 수 있다. 여기서는 이를 세 시기로 나누어 아동기, 사춘기, 청년기로 나누어 고찰해 본다. 이는 부모와 자녀 사이에 발생하는 갈등이 성장 시기에 따라 서로가 기대하고 관심 두는 영역이 다름으로써 그 갈등 양상도 달라지기 때문이다.

4. 4. 1 **아동기**

갓 태어난 아이에게는 자아 개념이 없다. 그러므로 주위 사람들로부터 자기가 어떻게 다루어지느냐에 따라 자기의 존재가 어떤 것이라는 것을 인식하게 된다. 온정과 관심 속에서 사랑을 받으며 자란 아이와 냉정과 무관심 속에서 사랑을 받지 못하고 자란 아이 사이에는 그 아이가 자라 세상을 살아가는 데 있어서 많은 차이를 드러내게 된다. 즉, 아이에게 인식되는 주위 사람들의 태도는 아이의 가치관을 형성하는 데에 뿌리가 되는 것이다.

아이에게 세상에서 가장 먼저 다가오는 엄마에 대하여도 아이는 다음과 같은 여러 가지 엄마의 태도를 경험한다. 즉, 자기에 대한 긍정적인 태도와 부정적인 태도를 다 경험하면서 '우리 엄마는 어떤 사람'이라는 엄마에 대한 일반화가 이루어지는 것이다. 엄마의 어떤 태도를 더 많이 접하느냐는 아이의 '자아 개념' 형성에 또한 영향을 미치게 될 것이다.

대화9)
- 아유, 예뻐라.　　　　　　　　　　(나를 예뻐하는 엄마)
- 그래, 참 잘했어.　　　　　　　　　(나를 칭찬하는 엄마)
- 네가, 이 세상에서 제일 좋아.　　(나를 좋아하는 엄마)
- 너, 이리 안 와? (큰 소리로)　　　(소리지르는 엄마)
- 너, 정말 이럴거야? (화내며)　　(화내는 엄마)
- 너, 왜 그랬어? 맞을래?　　　　　(꾸중하는 엄마)

아동기의 자녀는 부모와 자녀 사이에 힘에 있어서 많은 불균형이 작용하는 시기로서 자녀가 부모를 무서워하고 부모에 대한 의존심이 많을 때이다.

자녀가 대항할 힘이 약하기 때문에 부모의 효과적인 설득화법이 필요한 시기라고 볼 수 있다.

4. 4. 2 사춘기

이 시기는 부모의 힘(권위)과 자녀의 자기 방어가 가장 첨예한 대립을 보이는 시기이다. 사춘기는 아동이 성인 역할을 학습하는 시기라고 볼 수 있다. 아동으로부터 성인에 이르는 중간 지점인 사춘기 시절에는 아동으로서의 생활 양식을 벗어나 성인으로서의 역할을 학습하는 과정에서, 힘과 권력에 눈을 뜨게 되고 이를 가지고 있는 부모에 도전하게 되는 것이다. 이러한 변화는 T Gorden이 말한 바와 같이, 부모의 힘과 권위에 대한 반응 양식의 변화라고도 볼 수 있다. 아동기에는 부모가 신처럼 절대적인 힘을 갖고 있는 것으로 생각하였는데, 사춘기가 되면 이러한 생각에 큰 변화를 갖게 된다는 것이다. 그러므로 이 시기의 자녀들과는 그들의 세대를 당당하게 주장하는 그들과 세대차이로 대립되고, 힘에 있어서도 서로 쟁탈전이 시작된다고 볼 수 있을 것이다.

우리의 현실적 측면을 고려해 보면, 사춘기 갈등의 핵심은 부모의 관심사가 공부인데 비해, 자녀의 관심사는 다른 문제일 경우가 많다는 것이다. 특히 이 시기 자녀들의 생활 양식에 영향을 미칠 수 있는 최대의 관심사는 또래집단과 이성인데 비해 부모는 이를 잘 이해하지 못하는 경향이 있다. 다음은 이 시기에 있는 또래들의 대화이다. 거기에 비춰진 부모세대의 모습을 살펴보면 이들의 가치관이 부모들과 얼마나 다르다는 것을 알 수 있을 것이다.

대화10)
    가 : 야, 걔 집에 전화 걸지마. 걔 엄마가 안 바꿔준대.
    나 : 왜?
    가 : 맨날 공부하는 애한테 전화질이나 한다고 욕만 먹었어.
    나 : 진짜?

다 : 그렇게 공부시킨대?

가 : 야, 말도 마라. 저번에 몸살 걸려서 공부하다 깜빡 졸았다고 종아리 맞아가지구
　　다음날 종아리에 줄가서 왔어. 그러니 그렇게 공부를 잘하지. 그래도 넌 그러고
　　살 수 있을 것 같냐? 나 같으면 집 나왔어.

다 : 그런 애들 많아. 내 친구는 걔네 엄마가 공부에 방해된다고 집안에서 텔레비전,
　　라디오 다 치워 버렸어.

나 : 야, 내 친구도 그런 애 있거든. 공부 되게 잘하는데 인간성이 완전 '싸가지'야.
　　뭐라는 줄 알어?
　　'저는요, 제가 한 번 싫은 건 싫구요, 친구도 골라서 사귀어요.' 왜 그러냐구 했
　　더니 '친구도 좀 수준에 맞는 애를 사귀어야죠.' 그리고는 하는 말이 자기랑 친
　　구할 수 있는 애는 자격이 있어야 된다나 뭐라나. 어렸을 때부터 전교 일등이었
　　는데 집에서는 맨날 가둬 놓고 공부만 시키고 그러니까 몸이 너무 약해서 잘 뛰
　　지도 못한대.

가 : 걔 애들이 따돌리지?

다 : 당연 빳다지.

가 : 그런 애들 엄마들은 또 얼마나 웃기는 줄 아냐? 애 친구네 집에 전화해서 자기
　　네 남편은 00대 나왔는데 그쪽 남편은 00대 나왔다고 무시한다는 거야. 그게
　　뭐니? 자기가 나온 것도 아니면서.
　　진짜 웃기지 않냐? 그런 엄마들 맨날 다른 애들이랑 비교하니까 애들이 미칠
　　라고 그러지.

-〈월간 우리교육〉 98. 5.에서

　　결국 청소년기의 부모와 자녀 사이의 갈등은 세대간의 갈등 양상을 보인
다. 손승영(2001)에서는 부모 세대에 비해 자녀 세대는 사회 변화에 민감하
게 반영하며, 학교와 기성 제도에 낮은 신뢰도를 갖고 있는 경우가 많다. 또
한 그들은 자신이 속한 또래 집단의 문화적 압력이나 요구에 훨씬 민감하게
반응하며 미래에 대한 뚜렷한 태도를 갖고 있지는 않다. 이에 비해 부모는
자녀의 인생에 대해 비교적 뚜렷한 목표를 갖고 있으며 자신이 자녀의 앞날
을 주도해 가야 한다는 믿음을 갖고 있다. 이 점이 갈등의 핵이 되는 것이다.
부모와 자녀는 모두 상호 관계를 바탕으로 하고 있으나 서로의 기대가 달리
작용하는 것이다. 가족 내에서 세대간의 갈등이라고 볼 수 있는 부모와 자녀
의 갈등은 부모의 관심사인 성적, 친구 사귀기, 학교 생활과, 자녀의 관심사

(또래집단의 관심사)인 연예인, 취미 생활, 놀이 등의 기대차이에서 생겨난다고 볼 수 있는 것이다.

4. 4. 3 청년기

사춘기를 거쳐 청년기에 이르면 세계관이나 인생관이 뚜렷해지기 시작한다. 보통 이 시기에는 새로운 인생을 설계하기 시작하며, 직업과 결혼 등에서 자기 정체성을 갖추어 나가게 된다. 즉, 점점 부모에게서 떠날 준비를 하고 있는 것이다. 그리하여 청년기의 가장 큰 관심사는 부모 곁을 떠나 함께 살아갈 자기의 반쪽을 찾는 사랑의 문제이다. 특히 자아 정체성과 자율성이 확보되는 청년기에서 사랑의 의미는 남다르다. 이 시기는 김중술(1998)에 따르면 18~22세부터 어른이 되기 직전의 22~34세 전후까지의 시기로, 사랑을 시작하여 결실인 결혼에 도달하는 시기이다.

이 시기에는 자기가 스스로 생각하고 결정한 가치관, 목표, 능력을 통합하여 자기 것으로 정립해 나가야 할 필요가 있다. 이러한 통합 과정에서 사회적 기대 및 요구와 자신의 주관적 선택이라는 두 가지 요소가 복합적으로 작용하며, 그 과정에서 부모의 기대와 자녀의 반응이 상반될 수가 있다. 결국 이 시기에는 부모로부터 독립된 자아를 형성하게 되는데, 이러한 자녀의 독립성과 부모의 기대감 사이에 충돌이 발생할 수 있다. 이러한 문제 가운데 가장 대표적인 것이 자녀의 결혼에 대한 것이다. 다음의 대화는 결혼 적령기에 있는 자녀와의 대화이다.

　대화11)
　　딸　 : 난 정말 내가 사랑하는 사람하고 결혼할 거야.
　　엄마 : 사랑이 뭐 밥 먹여 준다니?
　　딸　 : 엄마는 뭐 사람이 밥만 먹고살아요?
　　엄마 : 그럼, 사람이 사랑만 먹고사니?
　　딸　 : 그래도 사랑이 더 중요하지요.
　　엄마 : 남녀간에 살다보면 다 사랑이란 생기는 법이다.

> 딸 : 요새 세상에 노력하면 다 밥은 먹고 살 수 있어요.
> 엄마 : 살아봐라. 내 말이 맞을 테니까. 다 너 행복하라고 그러는 거지.
> 딸 : 알아요, 두고 보세요. 난 행복하게 살 거니까.

위의 대화에서 우리는 엄마와 딸이 서로 다른 자기의 결혼관을 얘기할 뿐 합치점을 찾기는 쉽지 않아 보인다. 딸은 '사랑'을, 엄마는 '밥(조건)'을 결혼에서 중요하다고 생각한다. 자녀가 이 시기가 되면 세대 차이에서 오는 가치관의 차이와 함께 힘(권위)면에 있어서도 서로가 팽팽해서 누가 누구를 설득할 수는 없고, 서로 이해를 구해야 할 수밖에 없는 상황이 되는 것이다. 청소년기의 자녀를 둔 많은 부모의 관심이 '공부를 잘하는 것'에 있었다면, 이제 결혼 적령기의 자녀를 둔 부모들의 최대 관심사는 '결혼을 잘하는 것'이다. 여기서 확실한 것은 모든 부모가 다 자녀의 행복을 위해서라는 점이다. 그런데, 왜 이런 문제로 부모와 자녀가 갈등을 겪는 것일까? 그리고 한 가지 또 확실한 것은 그 부모들도 그 시기에 똑같은 갈등을 그들 부모들과 겪었다는 것이다. 바로 이것이 세대 차이에서 오는 가치관의 차이이며, 이의 극복이 어려운 것은 인생의 시기마다 중요한 것의 순서가 다르기 때문일 것이다. 부모는 지금 세대에서 볼 때 중요한 것을 이야기하고, 자녀는 그 시기에 자기에게 중요한 것을 우선 순위로 이야기하는 것이다.

청년기에서 힘의 소재는 부모에게서 성인 자녀 쪽으로 옮겨지는 상태라고 볼 수 있다. '자식 이기는 부모 없다'는 말처럼 대부분의 부모는 결국 자식의 선택을 따르게 되는데, 이는 자기 인생을 자신이 결정하고 자신이 책임을 진다는 차원에서도 바람직하다 할 것이다. 그러나 이 때에도 서로 충분한 대화를 통해서 합의를 도출해 내는 과정이 필요하며, 이 때 갈등을 효과적으로 치유하지 못한다면 상처가 깊게 남을 수 있다. 이러한 상처가 깊게 새겨진 말들을 우리는 흔히 듣는다.

대화12)
　- 내 눈에 흙 들어가기 전에는 안 돼.
　- 너, 정 그러면, 부모 자식지간 연을 끊자.

  - 나, 자식 없는 셈 치면 되지 뭐.
  - 무자식 상팔자라는 말이 딱 맞는다니까.
  - 내가 너를 어떻게 길렀는데, 네가 내게 이럴 수 있나?

이런 '말의 상처'는 극단적인 상황에서 흔히 사용하는 말이다. 서로에게 상처가 되므로 부모로서는 이러한 말을 자제해야 할 것이다. 자녀의 입장에서도 부모의 처지를 잘 들여다보고 이해하도록 하며 부모와 공감어린 대화를 통하여 상처를 최소화하도록 노력하여야 할 것이다. 더욱이 권위의 상실이 가져오는 허탈감이 부모의 심리에 작용할 경우 부모는 무기력감마저 느낄 수 있는 것이다. 그럴 때에 부모는 자녀가 더 이상 모성애나 부성애를 필요로 하지 않는 대상으로 인식되는 것이다.

4.5 친구 사이의 대화

인간은 본질적으로 외로움의 존재다. 사회심리학자 Fromm은 '인간은 자연 상태(어머니 몸)에서 독립하는 순간부터 외로운 존재'라고 한다. 그렇기 때문에 누군가 곁에 있어 주길 바라고, 또 외로움을 달랠 여러 가지 수단을 모색한다. 그것이 때로는 대인 관계로 나타나기도 하고, 때로는 놀이나 심지어 마약과 같은 일탈 행위로 나타나기도 한다. 그 때 우리에게 생각나는 '말벗', 즉, 가까운 친구야말로 우리가 애기를 나눌 수 있는 가장 좋은 대상임에 분명하다. 친구란 사전적으로 정의한다면 오래 두고 정답게 사귀어 온 두 사람을 뜻하는 말이다. 대인 관계론을 연구하는 사람들에 따르면 친구는 수용, 신뢰, 존중의 바탕 위에서 성립된다고 한다. 예를 들어 Davis & Todd (1985)는 250여명의 대학생과 일반인을 대상으로 우정과 사랑의 특징을 조사한 바 있다. 그들은 우정에 대하여 '함께 있으면 즐겁다', '있는 그대로 받아들인다', '서로 깊게 신뢰한다', '서로 도와주고 믿을 수 있다', '서로 비밀이 없다', '서로 이해할 수 있다'라고 정의내린다.

친구 관계의 형성에 관심을 보인 사람으로는 교육 심리학자 Piaget (1965), Sullivan(1953) 등을 들 수 있다. Piaget는 친구 관계가 다른 인간 관계와는 달리 자발적으로 형성되는 특징을 갖고 있음을 주목하고, 이 관계가 도덕성이나 사회적 기술, 유능함, 나아가 자아존중감의 발달에 어떤 영향을 주는지에 관심을 기울였다. 또한 Sullivan은 친구 관계는 청소년기 발달에서 필수적이며, 친구 관계의 속성을 친구에 대한 친밀감과 친구의 욕구에 자신을 적응시키는 협응이라고 말한 바 있다. 또한 친구 관계가 형성되는 요인을 분석한 Lowenthal et al.(1975)의 연구 결과에 따르면 친구 관계의 본질은 흥미나 행동 그리고 태도에 있어서 유사성과 공통성을 말하는 유사성의 차원, 서로 도와주거나 지지해 주는 상호성의 차원, 친구간의 별다른 다툼이나 갈등이 없이 잘 어울려 지낼 수 있는 양립 가능성의 차원, 친구의 질적인 문제와 상관없이 살고 있는 지역의 근접성이나 교류해 온 시간에 의한 구조성의 차원, 역할 및 행동 모델로 삼을 수 있는가의 차원에서 이루어진다고 설명한다. 이러한 친구 관계는 다음과 같은 심리적 기제를 특성으로 갖는다고 볼 수 있다.

4.5.1 **관계의 양면성**

우리는 부부나 연인 관계에서나 부모와 자녀 관계에서 털어놓을 수 없는 자기 고충이나 비밀 얘기까지도 친구한테는 털어놓을 수도 있다. 바로 이 점이 우리가 친구를 필요로 하는 이유이다. 그만큼 친구는 가족보다도 가깝고 친밀한 감정을 가질 수도 있는 존재이다. 그런데 한편 우리는 친구에게 양면적인 감정을 가지고 있음을 확인할 수 있다. 친구와의 관계는 친밀하면서도 한편 은근한 질투심, 경쟁 심리, 자존심의 대결 양상이 있다. 친구간의 갈등은 바로 이러한 경쟁심리와 자존심을 바탕으로 하고 있다고 할 수 있다. 이는 친구와의 관계가 동등관계라고 여기는 심리적 경쟁의식에서 비롯되는 것일 것이다.

　이렇듯 친구 관계는, 우정에 대하여 서로의 진지한 접근이 이루어지지 않는 한, 친밀성과 질투심의 양면성을 가지고 있다고 말할 수 있다. 그러므로 친구와 대화를 나눌 때에는 바로 이러한 심리적 기제를 잘 이해하고 대처하면서 접근해야 한다. 자기나 자기 가족의 자랑이나 성공에 대하여 화제를 삼는 것을 가능하면 자제하여야 한다. 반면, 친구 쪽에서 그러한 얘기를 해올 때에는 자기 입장을 버리고 그 친구의 입장에 서서 함께 공감해 주어야 한다. 다 터놓고 얘기할 수는 있지만 다 받아줄 수는 없는 관계 – 이것이 참으로 진실한 친구를 가질 수 없는 인간의 한계인지도 모른다.

4.5.2 자존심과 경쟁심

　우리에게 친구는 왜 필요한 것일까? 첫째는, 자신의 고민을 함께 나누고 자신을 지지해 줄 수 있는 사람이 필요하다는 느낌 때문이다. 이를 심리학자들은 '정서적 공감자이자 지지자로서의 역할'이라고 부르고 있다. 즉, 친구가 필요한 까닭은 어떤 문제가 있을 때, 우리는 그 문제가 사소한 것이든, 심각한 것이든 자신의 이야기를 들어주고 심정적으로 지지해 줄 사람을 필요로 한다는 뜻이다. 이와 같은 상담자로서의 친구 모델은 상대방이 관심이 있거나 없거나 자신의 문제를 이야기하고 싶은 충동을 느낄 때 쉽게 찾아볼 수 있다. 둘째는, 자기 삶을 평가하는 비교의 준거가 될 사람이 필요하다는 생각 때문이다. 이때 동등관계에 있는 친구가 바로 그러한 사람이 된다. 우리는 타인과 비교를 함으로써 자신의 존재를 확인하게 되는데 그 중 친구는 가장 쉬운 비교 상대자가 되는 것이다. 그런데 바로 이 점이 친구간의 대화에서 가장 중요한 갈등 요소로 작용할 수도 있다. 결국 자신의 정체성을 친구를 통하여 확인하면서, 친구는 자신의 자존심을 지켜줄 수도 또한 파괴할 수도 있는 존재가 될 수 있기 때문이다. 그러므로 친구 사이에서 자존심을 건드리는 말을 사용하게 되면 갈등은 증폭된다. 동등관계에서 오는 경쟁심리도 친구 사이의 갈등을 증폭시키는 요인이 될 수 있다. '친구가 잘 되면 나도 좋다'라는 생각은 우정에 대한 진지한 비판이 이루어진 사람에게만 적용되는 생각일 수 있다. 우리는 다음과 같은 간단한 대화 속에도 감정의 양면성과 경쟁 심리를 엿볼 수 있다.

대화13)
 - 성적 우수자에게 : 어이, 우등생! (친구의 성공을 비아냥거리는 말)
 - 친구의 성공에 : 넌 참 좋겠다.   (성공을 인정하면서도 자신을 안타까워하는 말)

다음으로 우리에게 흥미를 가져다 주는 것은 여자끼리의 친구 관계와 남자끼리의 친구 관계가 친구 관계를 유지하는 목적이나 양태에 있어서 사뭇 다르다는 점이다. 여자들은 친구 관계를 서로 공감해주는 것을 중요시하는 반면, 남자들은 자신들이 하고 있는 일에 필요한 정보 교환에 관계된 인간 관계를 중요시한다. 또한 여자들은 친구 관계를 끊임없이 만나고 우정을 확인하면서 유지하지만, 남자들은 필요할 때만 만나도 스스럼이 없다. 또한 여자들은 주고받는 대화에서 서로 맞장구치기를 함으로써 유대감을 확인하지만 남자끼리의 대화에서는 오히려 농담으로 비아냥거릴망정 좀처럼 맞장구치기를 하지 않는다.

대화14)
〈여자 친구끼리의 대화〉
 가 : 어제는 숙제 때문에 한 숨도 못 잤지 뭐니?
 나 : 그래? 피곤하겠다, 애. 나도 요새 숙제 때문에 죽을 지경이야.
 가 : 어머, 너도 숙제가 많아? 너도 그럼 힘들겠구나.

〈남자 친구끼리의 대화〉
 가 : 어제는 숙제 때문에 한 숨도 못잤지 뭐냐?
 나 : 어쭈, 제법인데? 밤새고 숙제씩이나 하고.
 가 : 너도 이 형님처럼 밤새워 학문을 논해봐. 인생이 달라질테니까.

우리는 이러한 양성간의 대화법의 차이를 서로 이해해 줌으로써 이성간의 대화에서 불필요한 오해를 줄일 수 있을 것이다.

4.6 맺음말

인간 관계는 필수적으로 갈등을 동반하며, 너와 나의 관계 속에서 의미를 공유하는 대화에서의 갈등은 필수적이다. 이러한 갈등은 너와 나의 입장 차이에서 비롯하며, 심리적 거리가 가까울수록 갈등의 정도가 심하다. 또한 갈등은 우리가 기본적으로 자기 중심적 사고와 심리를 가지고 있기 때문이며, 우리는 이성과 감정 사이에서 이러한 갈등을 조정해 나가며 살고 있는 것이다. 그러면 우리는 대화에서 갈등을 극복하기 위해 어떻게 대처해야 할 것인가? 그것은 갈등의 근원지를 파악하는 것이고, 그 근원의 밑바닥에는 바로 내가 전제되어 있다는 것을 인식해야 한다. 그러므로 갈등의 해소는 자아를 객관적으로 인식하는 데에서 시작된다. 즉, 나를 인식하고 상대방을 이해하는 작업을 대화를 통하여 하여야 한다. 이는 자아를 상대방에게 알리는 데에서부터 시작한다. 이렇듯 '자아 노출'은 상대방과의 관계를 맺는 데 첫 걸음이 되는데, 이는 대화를 통하여 자연스럽게 이루어진다.

우리의 대화 연구는 대화의 갈등 요소인 대화의 걸림돌을 제거하고 대화의 디딤돌을 놓는 일이다. 그러면, 이러한 대화의 디딤돌을 놓는 주체는 누구여야 하는가? 그건 바로 나다. 나는 남과 나 사이에 흐르는 강에 이 디딤돌을 놓아 징검다리를 만들고 그 강을 건너 서로 닿을 수 있어야 하는 것이다. 대화의 디딤돌을 놓는 일은 **나는 누구인가?, 나는 어떤 사람인가?**에서부터 시작하여야 한다. 다음의 이야기를 보자.

대화15)
    (낯선 사람이 포장마차를 몰고 달려와서 물었다)
가 : 여기 사는 사람들은 어떻습니까?
나 : 좋아, 그렇다면 먼저, 당신이 온 곳에서 살던 사람들은 어떤 사람들이었습니까?
가 : 음, 대부분 천하고, 거짓말쟁이고, 남의 말을 좋아하고, 험담꾼들이지요.
나 : 그렇다면 여기서도 그런 사람들을 만나게 될 겁니다.

대화16)
(다른 낯선 사람이 또 포장마차를 몰고 달려와서 물었다)
가 : 여긴 어떤 사람들이 삽니까?
나 : 좋아, 그렇다면 먼저, 당신이 온 곳에서는 어떤 사람들이 살고 있었습니까?
가 : 대부분 품위 있고, 열심히 일하며, 법을 지키며, 친절한 사람들이었죠.
나: 그렇다면 여기서도 그런 사람들을 만나게 될 것입니다
- Myers(1995), 〈대인 관계와 의사소통〉에서 재인용

나를 바로 알고 상대방을 이해하는 자세를 갖는 것이 대인 관계에서 가장 중요한 일임을 알 수 있다. 이는 대화를 함에 있어서도 핵심 과제가 되는 것이다. 이 때 나를 안다는 것은 객관적으로 자아(self)를 인식한다는 뜻이며, 자아 개념을 갖는다는 것을 의미한다. 자아 개념이 명확하고 긍정적인 사람일수록 건강한 자긍심과 자신감을 지니게 되며, 자아 개념이 미약하고 부정적인 사람일수록 열등감과 낮은 자존심을 갖게 되는 것이다.

그런데, 많은 심리학자들은 이러한 자아 개념이 근본적으로 사람들이 서로 주고받는 의사소통을 통하여 습득된다고 한다. 이 말은 나 스스로를 어떻게 보느냐는 '다른 사람들이 나를 어떻게 본다고 생각하느냐'의 산물이라는 것이다. 즉, 자신을 긍정적으로 생각하면 다른 사람들이 긍정적인 관점에서 나를 볼 것이라 생각하고, 자신을 부정적으로 생각하면 다른 사람들이 나를 부정적으로 볼 것이라고 생각한다는 것이다. 여기서 지적해야 할 중요한 점은 다른 사람들이 나를 실제로 어떻게 보느냐가 아니라 '다른 사람들이 나를 어떻게 볼 것이라고 내가 생각하느냐'라는 것이다. 이는 대인 관계가 본질적으로 자기 정체(self-identity)의 순환성의 원리에 의해서 파악됨을 의미한다.

이렇듯 좋은 대화를 위해서는 남을 밝히는 것이 아니라, 나를 밝히는 대화, 곧 자아를 노출시키는 전달법이 효과적인데, 이러한 대화의 전달법을 나-전달법이라고 한다. 대화상에서 나-전달법과 너-전달법은 전달 과정에서의 부호화와 해독 과정이 서로 다른 차원에서 이루어진다. 나-전달법은 청자에게 화자의 상태를 밝힘으로써 청자가 화자를 이해할 수 있으며, 화자 스스로

도 자신의 솔직한 상태를 직접 표현하도록 한다. 반면 너-전달법은 화자의 의도를 드러내지 않음으로써 청자가 화자를 이해하는데 어려움이 있고 흔히 화자에게 심리적 부담을 안겨 준다. 이러한 나-전달법이 성립되기 위해서는 객관적인 정보와 화자 자신에 대한 자각, 화자 자신의 생각과 느낌의 정리라는 세 가지 요소가 필요하다.

대화17)
  가 : 당신이 내 말을 들으면서 딴전을 피니까, <u>내가</u> 얘기를 지루하게 하는가 보다는 생각이 들어서 말을 멈추게 돼요.
  나 : 내 말을 들으면서 딴전을 필 때 보면, (당신은) 상대방이 말하고 싶은 기분을 없애 주는 재주가 있네요.(집중해서 들으세요.)
- 이미나, 〈흔들리는 중년 두렵지 않다〉에서

위의 예 중에서 '가'의 표현은 '나-전달법'을 사용한 경우이고, '나'의 표현은 '너-전달법'을 사용해서 상대방에게 충고를 하고 있는 경우이다.

본 논문에서는 심리적 거리가 가장 가깝다고 할 수 있는 인간 관계와 그 사이에 존재하는 갈등 구조가 대화 구조에 어떻게 나타나는가를 살펴보았다. 우선 남녀간의 대화에서는 갈등의 핵은 남녀간의 성별차이라는 것이다. 남과 여는 다르다. 생물학적으로 다르고, 문화적으로 다르다. 그러므로 그들이 나누는 대화도 다르다. 남성의 대화는 사회적 힘의 우열에 기초하여, 경쟁적이고, 공격적이고, 주도적이고, 권위적이고, 공적이고, 정보 전달적이다. 여성의 대화는 유대감에 기초하여, 상호 지지적이고, 방어적이고, 협조적이고, 사교적이고, 사적이고, 정적 공감을 중요시한다. 이렇게 다른 남성과 여성이 서로 대화를 나누는데, 어찌 이런 차이에서 오는 갈등이 없겠는가? 우리는 그 차이를 인정해야 한다. 서로가 다르다는 것을 이해하는 것만으로도 갈등을 많이 줄일 수 있다. 남편이 집에서 말이 없는 것은, 가정이라는 공간이 그들의 사회적 공간에 비하여 비경쟁적이고, 비공격적이고, 비주도적이고, 비권위적이고, 사적이고, 정보 전달이 필요 없기 때문이다. 결코 아내를 사랑하지 않아서인 것은 아니다. 이와 마찬가지로 아내들은 주로 그들이 생활하는 가정이라는 공간이 서로 이해하고, 지켜 주며, 도와주고, 친밀하고, 사적이고, 정적이고, 공감이 필요한 곳이기 때문이다. 그러므로 남성과 여성이 대화에서 성공적으로 만나기 위해서는 남성은 좀더 가정적이어야 하고, 여자는 좀더 사회적이어야 한다.

가족 간의 대화에서 갈등의 핵은 세대 차이에서 오는 가치관의 차이와 힘의 소재와 이동이다. 가족 간의 대화에서는 무의식적으로 상대방이 자신을 무조건 이해해 준다고 착각하기 쉽다. 어찌본다면 이러한 생각은 '이해해 주어야 한다'는 당위 논리가 더 작용할 수도 있다. 그렇기 때문에 은연중 합의보다는 힘의 논리를 내세운다. 자녀와 부모의 대화나, 남편과 아내의 대화가 제대로 이루어지지 않는 이유도 여기에 있다. 그렇기 때문에 상대방을 이해하고, 자신을 정확히 노출하는 전략이야말로 가족 간의 대화에서 꼭 필요한 전략이다. 자녀는 자기 정체성의 혼란과 역할 관계의 혼란을 겪으면서 갈등하고 성장해 간다고 볼 수 있으며, 이러한 전 과정을 지켜보는 부모도 이를 통하여 갈등하면서 또한 성숙된다고 할 수 있을 것이다. 결국 이러한 전 과정을 부모와 자녀는 끊을 수 없는 관계 속에서 끊임없이 대화함으로써 갈등을 해결하고 서로의 역할 관계를 재조정해 나간다고 볼 수 있는 것이다. 또한 가족 간의 대화에서는 특히 갈등 당사자들이 누가 이기고 누가 진다는 개념을 버릴 수 있어야 한다. 상담 심리학에서는 이를 '무패법'이라고 부른다. 무패법은 갈등이 존재할 때 갈등 당사자들이 모두 심리적으로 만족할 수 있는 방법을 의미한다. 즉, 누가 이기고 누가 지는 이른바 '승패법'과 대립되는 개념이다. 대화에서 모두가 승리한다는 것은 모두가 만족한다는 뜻이다. 승패의 기본 원리는 힘의 원리이다. 부모의 권위가 대화를 이끌었든, 자녀의 독립 욕구가 대화를 지배했든 자신의 힘을 내세운 대화는 성공을 거둘 수가 없다. 가족 대화에서 갈등은 본질적으로 권위를 바탕으로 형성되며, 이 권위(힘)는 부모에서 자녀 쪽으로 점점 옮겨지기 때문에 힘의 원리인 승패라는 관념에 지배되기 쉽다. 그러나 가족 대화는 다른 대화와는 달리 승패가 지속될 수 없는 특징이 있다. 그것은 부모와 자식의 관계가 청산될 수 있는 것이 아니기 때문이다. 따라서 부모와 자녀 모두가 승리하는 무패법이 적용되어야 한다.

친구 관계에 발생하는 갈등은 우리가 친구에게 갖는 심리적 양면성 때문으로, 친밀감과 동시에 갖는 질투심이다. 이러한 양면성은 동등관계에서 일어나는 경쟁심리로 해석될 수 있다. 즉, 친구에게는 '너는 그러는데, 나는 왜?'와 같은 자신과 동일시하려는 심리가 있는 것이다. 바로 여기에서 친구 관계에 긴장이 오고 갈등구조를 형성하게 되는 것이다. 외로울 때 우리는 가장 먼저 친구를 떠올린다. 우리는 친구와 '기쁨도, 슬픔도, 외로움도 함께'한다. 친구와 함께라면, 가족관계나 연인 관계에서도 나눌 수 없는 얘기도 나눌 수 있다. 그러나 이렇게 가까운 친구이기 때문에 이들 관계에서 형성되는 갈등 또한 매우 크다. '너의 00한 점이 좋아서' 자연스럽게 친구가 되었다가 '너의 00한 점이 싫어서' 자연스럽게 헤어지기도 한다. 즉, 둘 사이에 발생한 갈등을 해소하지 못하면 친구 관계는 끝나게 되는 것이다. 우리는 친구관계에 이러한 파국이 오기 전에 갈등을 해소해야 하는데, 역시 대화로 푸는 수밖에 없다. 이러한 갈등 구조도 사실은 친구 사이에 주고받는 대화에서 비롯되는 수가 많기 때문이다.

참고 문헌

강문희·이광자·박경(2001), 『인간 관계의 이해』, 학지사.

구현정(1995), 「남성형-여성형 어휘의 형태와 의미 연구」, 『국어학』 25,
　　　　　국어학회.

김중술(1998), 『신사랑의 의미』, 서울대학교출판부.

김혜숙·박선환·박숙희·신은영·이주희·정미경(2000), 『인간관계론』,
　　　　　양서원.

이미나(2001), 『흔들리는 중년 두렵지 않다』, 한겨레신문사.

전정례·허재영(2002), 『얘기 좀 할래요?』, 건국대학교 출판부.

정동빈(1992), 『심리언어학』, 중앙대학교 출판부.

민현식(1996), 『성별어 연구사』, 사회언어학.

주은희(2001), 「청소년의 친구 관계와 가족」, 『청소년의 일상과 가족』,
　　　　　생각의 나무.

이은해·고윤주(1999), 「대학생 친구에 대한 만족감과 친구의 기능 및 친구
　　　　　관계망의 구적적 변인간의 관계」, 『교육학연구』 37-3.

크리스챤 아카데미 편(1992), 『대화의 철학』, 서광사.

허창운(1999), 「정신분석학과 언어학, 그리고 인문학」,
　　　　　『언어학과 인문학』 4-2, 사회언어학회, 서울대학교출판부.

Aries, E.(1976), Interaction patterns and themes of male, female
　　　　　and mixed group.(제니퍼 코트, 김희숙 1998에서 재인용)

Deborah Cameron, 이기우 옮김(1995), 『페미니즘과 언어 이론』,
　　　　　한국문화사.

Ervin-Tripp S.(1972), An analysis of the interaction of language,
　　　　　topic and listener, in Fishman, J.(ed) Reading in the
　　　　　Sociology of Language. Mouton, The Hauge.

Jennifer Coats, 김희숙 옮김(1998), 『성과 언어』, 청주대학교 출판부.

John Gray·김경숙 옮김(2001), 『화성에서 온 남자, 금성에서 온 여자』,
　　　　　친구미디어.

Jones, D.(1980), Gossip : note on women′s oral culture,
　　　　　The Voices and Words of Women and Men,

Pergamom Press, Oxford.

Gale E. Myers, 임칠성 옮김(1995), 『대인관계와 의사소통』, 집문당.

Joseph Luft(1984), *Group Process : An Introduction to Group Dynamics* (맥케이 1999 참고)

Kalcik, S.(1975), …like Ann′s gynaecologist or time I was almost raped-personal narratives in women′s rap group. (제니퍼 코트, 김희숙 1998에서 재인용)

Maria Yaguello, 강주헌 옮김(1994), 『언어와 여성』, 여성사.

Otto Jespersen(1922), *Language : Its Nature Developement and Origin*, The Norton Libary W.W. Norton & Company. Inc, New York.

Murray Singer, 정길정·연준흠 옮김(1994), 『언어심리학』, 한국문화사.

Piaget, J.(1965), The Moral Judgement of the Child, New York : Free Press.

Pease A. 정현숙 역(1992), 『바디랭귀지』, 을지서적.

Richard & Bernice Lazarus, 정영목 옮김(1997), 『감성과 이성』, 문예출판사.

Ross R.S.(1983), *Speech Communication*, Prince-Hall Inc.

Sternberg, R.B.(1986), A triangular theory of love. 『*Psych-Rev*』, 93.

Stone, M.(1983), Learning to say it in cup of tea language, *The Guardian*(Women′s Page) 19-4-1983.

Sullivan, H. S.(1953), The Interpersonal Theory of Psychiatry, New York : Norton.

5

| 유머 텍스트의 의도성과 용인성 |

한성일

5.1 머리말

텍스트를 텍스트답게 만들기 위해서는 보그란데와 드레슬러(1981)가 제시한 일곱 가지 텍스트성(textuality)[1]을 갖추어야 한다. 보그란데와 드레슬러는 텍스트를 "텍스트성의 일곱 가지 기준들을 지키는 통보적 출현체"라고 정의하면서 이 기준들 가운데 어느 하나가 지켜지지 않았다고 간주되면, 이 텍스트는 '통보적'이지 못한 것으로 간주된다고 하였다. 때문에 텍스트성을 유지하지 못하는 텍스트는 비텍스트로 취급받게 된다.

---

1) 텍스트성은 텍스트를 텍스트답게 만드는 데 작용하는 여러 요인들을 말한다. 통화행위 속에 실현되는 텍스트성은 모두 일곱 가지인데, 텍스트적 요인에 해당하는 응결성(cohesion)과 응집성(coherence), 심리적 요인에 해당하는 의도성(intentionality)과 용인성(acceptability), 사회적 요인에 해당하는 상황성(situationality)과 상호 텍스트성(intertextuality), 정보 처리적 요인에 해당하는 정보성(informative)이 그것이다.

그런데 문제는 생산자의 오류, 특히 문법적인 적격성의 문제에 의해 텍스트성이 유지되지 못하는 경우에는 그 텍스트를 비텍스트로 처리할 수 있겠지만, 생산자의 의도에 의해 텍스트성이 고의로 파괴되는 경우에 과연 그것을 비텍스트로 단정지을 수 있느냐 하는 점이다. 우리는 실제 통화 상에서 텍스트성을 유지하지 못하는 텍스트를 흔히 발견할 수 있고, 의도적인 텍스트성의 파괴는 오히려 하나의 텍스트의 유형화에 기여하는 경우가 있다. 유머 텍스트의 경우도 텍스트성의 의도적인 파괴가 유머 텍스트만의 독특한 텍스트성을 만들어 내고 유머 텍스트의 웃음 유발이라는 목적을 달성하고 있다 (한성일, 2002a:88).

본고는 텍스트성 중 심리적 요인에 해당하는 의도성과 용인성을 중심으로 유머 텍스트의 특성을 살피고자 한다. 의도성과 용인성을 대상으로 한 것은 유머 텍스트가 가지고 있는 본질적 특성은 그것이 언제나 상대적이고 조건적이기 때문이다. 다시 말해, 유머 텍스트의 성패에 있어 생산자와 수용자의 의도와 수용이 매우 중요하기 때문이다.

이 연구 결과는 유머 텍스트의 원리를 규명하는 데 도움을 줄 수 있을 뿐만 아니라 유머 텍스트의 유형화에도 크게 기여할 수 있을 것이라고 생각된다. 본고에서 다루고자 하는 유머 텍스트는 '남을 웃기기 위해 의도적으로 만든 일정한 구조를 갖춘 이야기'만을 의미함을 밝혀둔다.

5.2 유머 텍스트의 의도성

의도성은 좁은 의미에서는 텍스트 생산자가 지금 생산하고 있는 언어 구성체를 응결성과 응집성을 구비한 텍스트로 만들고자 의도한다는 것이다. 보다 넓은 의미에서는 텍스트 생산자가 의도하는 바를 추구하고 달성하기 위해서 텍스트를 사용하는 모든 방식을 가리킨다.

유머 텍스트에는 웃음을 일으키려는 수용자의 의도가 나타나게 된다. 패러디 텍스트에서 원텍스트의 원리를 교묘히 변형시키는 것이나, 수수께끼형에서 질문에 수용자가 풀 수 없도록 방해 요소들을 적절히 사용하는 것들이 모두 의도성과 관련이 있다. 또한 그라이스의 대화의 격률을 위배하는 것도 자신의 플랜(plan)을 달성하려는 생산자의 의도에 의한 책략으로 의도성과 관련이 있다.

여기서는 유머 텍스트의 구조, 대화의 격률 위배 그리고 배경지식의 활용 등을 통해 구현되는 유머 텍스트 생산자의 의도를 살펴보도록 하겠다.

5. 2. 1 유머 텍스트의 구조에 반영된 생산자의 의도

칸트가 "무엇인가 중대한 것을 기대하고 긴장해 있을 때, 예상 밖의 결과가 나타나 긴장이 풀리며 나타나는 감정의 표현"이라고 웃음을 정의하고 있는 데서도 알 수 있듯이, 웃음은 비예측적 표현에서 발생한다. 따라서 웃음 유발을 목적으로 하는 유머 텍스트가 비예측성을 유발할 수 있는 독특한 구조와 책략을 갖추어야 하는 것은 당연한 일이다.[2]

다양한 유형[3]을 지닌 유머 텍스트는 일반적으로 「구조 만들기 → 급소 찌르기」의 구조로 이루어져 있다.[4] 구조 만들기에서는 다른 담화와 구별되지

---

2) 유머 텍스트의 구조와 책략에 대해서는 한성일(2001a, b, 2002a, b, 2003)을 보라.

3) 한성일(2002a)에서는 유머 텍스트를 독립적인 구조를 가지고 있는 이야기를 생산자가 처음부터 끝까지 서술하는 유형인 '서술형'과 생산자와 수용자간에 묻고 답하는 형식을 지닌 유형인 '문답형'으로 분류하였다. 서술형에는 인물·사건·배경의 구조를 갖춘 '이야기형', 특정인의 목소리를 흉내내는 '성대 모사형', 동일한 대상의 유사점과 차이점을 비교 분석하는 '비교·분석형', 다른 텍스트를 교묘하게 모방하여 꾸민 '패러디형'이 있고, 문답형에는 전통적인 수수께끼의 형식을 사용하는 '수수께끼형', 상대방에게 운을 떼게 하고 그 운에 맞추어 시를 짓는 방식인 '삼행시형', 단어·구절·문장의 의미를 새롭게 구성하고 분석하는 '재분석형' 등이 있다.

4) 쉐르쩌(Sherzer, 1985)에서는 "이야기 놀이담화"는 도입단계, 준비단계(the set up), 반응 완성단계(the punch line)로 이루어진다고 하였다. 도입 단계에서는 "너 이런 이야기 들어 봤니?"나 "내가 재미있는 이야기 해 줄게." 등의 방식으로 이야기의 시작을 알리고, 준비단계에서는 도입부분과 함께 반응 완성부분을 극대화하는 이야기를 제시한다. 반응 완성단계에서는 다양한 장치를 사용하여 "이야기 놀이담화"의 목표인 수용자의 반응(웃음)을 도출한다.
코언(Cohen, 1999)도 유머 텍스트를 두 가지 종류로 나누었는데, 첫 번째 유형의 경우 매우 짧은 길이의 지어 낸 이야기로, 사람들과 그들이 처한 상황과 그리고 그들의 행동에 대한 설명으로 시작하여 이른바 '펀치라인'이라는 짤막한 결론(보통 한 문장으로 된)으로 마무리된다.

않는 내용으로 이야기가 구성되어 가다가 급소 찌르기에서 나타나는 놀라움과 의외성이 웃음을 만들어 낸다. 이때 가장 중요한 것은 수용자가 생산자의 의도를 예측하지 못하도록 해야 한다는 것이다. 결말에 대한 예측이 빗나갈수록 놀라움과 함께 웃음 유발의 강도가 커지기 때문이다. 수용자의 예측을 방해하기 위해서 생산자는 '구조 만들기' 단계에서 다양한 책략을 구사하여야 한다. 결국 유머 텍스트의 구조는 수용자의 예측을 방해하여 궁극적으로 웃음 유발이라는 의도를 실현시키려는 생산자의 의도를 반영하고 있는 것이다.

　이러한 유머 텍스트의 구조를 조금 더 세부적으로 살펴보면, 세 가지 유형의 구조로 나누어 볼 수 있다.5) 첫째는 수용자가 방심한 상태에서 급소 찌르기를 하는 구조, 둘째는 수용자가 예측하기가 어려운 상태에서 급소 찌르기를 하는 구조, 셋째는 수용자가 예측하도록 한 상태에서 급소 찌르기를 하는 구조이다. 여기서는 이 중 예측 오류형 하나만을 살펴보자.

　예측 오류형 구조를 지닌 유형의 텍스트에서는 생산자가 수용자에게 많은 것을 예측하도록 유도한다. 이러한 생산자의 의도대로 수용자는 나름대로의 예측을 시도한다. 그런데 전혀 엉뚱한 결론에 도달하게 되고 이러한 비예측성이 웃음을 유발한다.6) 이 구조에서 생산자는 이야기를 시작할 때 하나의 강력한 관점을 제시함으로써 수용자가 이야기 속의 상황들을 생산자 자신이 의도한 관점으로 보도록 유도하는 구성 전략을 사용한다.

> (1) ① 교황이 바티칸 안에 정원을 만들기로 결심했다. 명상을 위해 만들어 놓은 개인 정원만으로는 부족하다고 생각한 그는 마침내 정원사들을 대상으로 입찰 공고문을 내걸었다. 얼마 후, 세 사람의 정원사가 입찰에 응했고 각각 폴란드인, 이탈리아인, 시카고 출신 미국인이었던 그들은 한 사람씩 응찰 조건을 교황에게 제시했다.
> ② 첫 번째는 폴란드인 정원사의 순서로, 그는 이렇게 말했다. "교황 성하, 저는 성하와 같은 폴란드인으로서 이눈드와 사탕무 같은 폴란드 향료와 폴란드 관상

---

5) 이러한 세 가지 구조는 한성일(2002a)에서 제시한 것으로 분류 기준이 다소 주관적이라는 한계를 지닌다. 보다 객관적인 분류 기준을 제시하는 것은 앞으로의 연구 과제이다.
6) 결말에 대한 예측은 수용자에 따라 전혀 다르게 나타날 수 있다. 수용자에 따라서는 동일한 텍스트에 대해 정확하게 예측할 수도 있고, 전혀 예측하지 못할 수도 있다. 따라서 본고에서 예측의 어려움에 대한 결정은 전적으로 필자의 판단에 의한 것임을 밝혀둔다.

수 등으로 장식된 멋진 폴란드의 정원을 선사해 드리겠습니다. 비용은 겨우 600달러입니다. 그 가운데 200달러는 재료비, 200달러는 인건비 그리고 나머지 200달러는 제가 취할 이익입니다."

"놀라운 조건이군요." 교황이 고개를 끄덕이며 말했다. "하지만 다른 분들의 조건도 들어 봐야겠습니다."

③ 다음은 이탈리안인 정원사의 차례였다. "교황 성하. 금방 폴란드인 정원사가 나가는 것을 봤습니다. 성하께서 그를 마음에 들어하신다는 것은 저도 짐작하고 있습니다만 성하, 여긴 로마입니다. 멋진 이탈리아식 정원을 꾸미는 것이 훨씬 나을 것이라는 뜻이지요. 토마토와 오레가노, 바실 등의 이탈리아 향료로 가꾸어진 멋진 정원을 만들어 드리겠습니다. 그러면서도 비용은 단돈 1천200백달러만 받겠습니다. 400달러는 재료비, 400달러는 인건비 그리고 나머지 400달러는 제가 취할 이익입니다."

"훌륭하군요." 교황이 말했다. "좋은 계획입니다만 일단 마지막 응찰자의 이야기도 들어 봐야겠습니다."

④ 마지막으로 시카고인 정원사가 들어왔다. "좋아요, 교황님. 제가 교황님께서 좋아하실 만한 걸 준비했죠. 여긴 추천장이 있습니다. 구청장님이 쓴 거죠. 교황님이 원하신다면 시카고 시장, 공원 담당 과장 등등 누구에게든 추천장을 받아드릴 수 있습니다. 그리고 비용은 1천800달러입니다."

"잠깐, 잠깐." 교황이 의아한 표정으로 물었다. "당신은 어떤 정원을 만들지는 전혀 말을 하지 않는군요. 그리고 1천800달러는 도대체 어떻게 나온 액수인가요?"

⑤ 그러자 시카고인이 대답했다. "에이, 교황님두. 다 아시면서⋯⋯. 600달러는 교황님 몫, 600달러는 제 몫, 나머지 600달러는 일을 시킬 폴란드인 정원사 몫이죠."

(코언 1999, 강현석 역 2001:195~196)

위 텍스트에서 ①~④는 '구조 만들기'에 해당하고, ⑤가 '급소 찌르기'에 해당한다. 생산자는 ②와 ③을 통해 하나의 관점을 제시한다. 즉 수용자의 예측을 일정한 방향으로 유도하는 것이다. 이탈리아인 정원사와 폴란드인 정원사의 견적 내용을 제시함으로써 수용자는 같은 맥락에서 시카고인 정원사의 견적 내용을 예측하게 된다. 물론 수용자는 위 텍스트가 유머라는 것을 인식한다면 시카고인 정원사의 견적 내용이 앞의 두 사람의 견적 내용과 유사한 스타일이 아닐 것이라는 것을 어느 정도 예측할 수는 있다. 그러나 앞에서 "재료비 얼마, 인건비 얼마, 이익 얼마"라는 견적 내용의 틀과 600달러, 1200달러, 1800달러라는 식의 일정하게 상승하는 비용 내역 등이 수용자의 예측을 일정한 방향으로 유도하고 있다. 따라서 교황의 몫, 자신의 몫, 폴란드인 정원사 몫이라는 내역을 예측하기는 쉽지 않다.

다음의 유머 텍스트는 결말의 예측이 더욱 어려워 보이고, 따라서 급소 찌르기에 의한 수용자의 놀라움의 정도가 더 크게 느껴진다.

> (2) ① 아프리카의 한 장관이 러시아를 공식 방문해 러시아 장관 집에 저녁 초대를 받았다. 으리으리한 저택과 벽을 가득 메운 예술품들을 본 아프리카의 장관은 경악했다. 쥐꼬리만한 월급을 받는 줄로 알았던 러시아 장관이 엄청나게 호화롭게 사는 것이 아닌가.
>
> ② 러시아 장관은 그를 창가로 데리고 갔다. "저기 고속도로가 보이죠?" "예" "실공사비용이 200억 루블이었고 업체는 250억 짜리 계산서를 끊었습니다. 그 차액은 나에게 보내구요."
>
> ③ 2년 뒤 러시아의 장관이 아프리카를 공식 방문해 그 장관 집을 방문했다. 그는 생전에 보지 못한 궁전을 보고 놀라 물었다. "이해할 수 없군요. 2년 전에 당신은 내 생활이 왕과 같이 화려하다고 하지 않았습니까? 그런데 당신에 비하면……."
>
> ④ 아프리카의 장관이 어리둥절해 있는 그를 창가로 데리고 갔다. "저기 고속도로가 보이죠?"
>
> ⑤ "아뇨." "바로 그겁니다."

(이중희, 2001:157)

위 텍스트에서 ①~④는 구조 만들기에 해당하고 ⑤는 급소 찌르기에 해당한다. 생산자는 역시 ①과 ②를 통해서 수용자가 ⑤에서 앞선 내용과 유사한 결과를 예측하게 한다. 특히 ④를 듣는 순간 수용자는 '아프리카 장관이 러시아 장관과 마찬가지로 고속도로 공사비를 일부 착복했구나.'라는 예측을 하기 쉽다. 그러나 결과는 전혀 엉뚱하다. 아프리카 장관은 고속도로 자체를 건설하지 않고 그 많은 공사비를 착복한 것이다. 급소 찌르기에 의한 이러한 놀라움이 수용자를 웃음 짓게 하는 것이다.

그런데 텍스트의 이러한 구조가 전형화되면서 많은 수용자들은 유머 텍스트의 원리에 익숙해져 있다. 다시 말해서 생산자의 의도대로 쉽게 예측하지

않는다는 것이다. 이러한 상황에서 수용자의 의도를 역이용하는 텍스트가 나
타났다.

> (3) 어느 아이에게 남다르게 '칠칠맞은' 개 한 마리가 있었는데, 보는 사람들마다 녀석
> 의 남다른 칠칠맞음에 대해 한 마디씩 하곤 했다. 어느 날 아이는 '칠칠맞은 개 경
> 연 대회'가 있다는 걸 알게 되었고, '남달리 칠칠맞은' 자신의 개를 출전시킨 아이
> 는 예선에서 본선까지 상이란 상은 모조리 휩쓸기에 이른다. 결국 아이는 '세계 칠
> 칠맞은 개 경연 대회'에까지 출전하게 되었는데, 대회에 출전한 모든 '칠칠맞은' 개
> 들을 둘러본 심사위원들은 마지막으로 등장한 아이의 개를 보곤 이구동성으로 이
> 렇게 말했다.
> "별로 칠칠맞지 못한걸?"
>
> (코언 1999, 강현석 역 2001:26)[7]

작품이나 유머를 접하는 수용자의 입장에서는 그저 실망스러운 것이든,
완전히 허를 찌르는 것이든 결말에 대한 어떤 기대를 갖게 마련이다. 위 유
머 텍스트의 생산자는 이러한 수용자의 심리를 역이용한다. 수용자는 너무
상식적인 질문을 듣고 생산자가 무언가 새로운 대답을 의도하고 있으리라고
생각하면서 새로운 것을 찾으려고 노력하게 된다. 이때 나온 대답은 너무나
당연한 사실로 수용자의 예측은 빗나가게 된다. 이런 부류 중 다음과 같은
유머가 최근에 '허무 개그'라는 이름으로 유행하기도 했다.

> (4) Why did the chicken cross the road?(왜 닭이 길을 건너갈까요?)
>   To get the other side.(반대편으로 가기 위해서)
>
> (『laughLAB』, 2002:18)

이상에서 유머 텍스트의 일반적인 구조를 살펴보았다. 「구조 만들기 → 급
소 찌르기」로 이루어진 유머 텍스트의 구조는 수용자의 예측을 빗나가게 하
여 웃음을 유발시키는 효율적인 구조로 생산자의 의도를 적절히 반영하고 있
다고 할 수 있다.

---

7) 코언(1999)에서는 '칠칠맞은 개'이야기가 짜릿한 결말을 기대하는 사람들의 심리를 역이용하는
  유머로 다소 따분한 이야기라고 소개하고 있다.

5.2.2 대화 격률의 위배

그라이스(Grice, 1975)는 대화에서의 '협력의 원리'를 제시하고, '격률(maxims)'이라고 불리는 네 개의 소 원리들을 다음과 같이 제시했다.

> (5) 협력 원리 : 대화가 진행되는 단계에서, 당신이 참가하고 있는 대화교환의 방향으로 필요 되어지는 만큼 대화하라
>
> 격률들
> ① 양(quantity)의 격률 – 필요한 양만큼의 정보를 제공하라.
> ② 질(quality)의 격률 – 진실된 사실만을 말하라.
> ③ 관련성(relevance)의 격률 – 적합성이 있는 말을 하라.
> ④ 방법(manner)의 격률 – 명쾌하라, 표현의 애매함을 피하라, 중의성을 피하라, 간결해라, 순서대로 말하라.

대화의 참여자들이 협력의 원리와 그 격률을 따르는 한, 그들이 무엇을 전달할 의도를 가졌는지는 쉽게 파악된다. 그러한 의도적으로 격률을 위반할 경우에는 대화의 함축이 발생할 가능성이 커진다. 따라서 텍스트 생산자는 격률을 적절히 위해함으로써 자신의 의도대로 대화를 이끌어갈 수 있다.

구현정(1999)에서는 이러한 점에 착안하여 유머에서의 불일치는 대화 전제의 위배와, 대화의 원리가 되는 기본 격률을 지키지 않아서 발생한다고 보았다.[8] 대화 전제(conversational presupposition)는 대화에서 당연하다고 여기는 사실들을 말한다. 대화 전제를 구성하는 것은 배경 지식이나 세상사에 대한 지식, 문법이나 표현의 특징으로부터 분명하게 드러나는 고정 전제, 동일한 민족이나 문화 공동체에서 공유되는 문화적 전제 등이 포함된다. 유머 텍스트에서는 이와 같이 당연하다고 생각되는 전제를 위배함으로써 불일치를 일으키고, 이것이 결과적으로 웃음을 발생시키는 원인이 된다는 것이다.

---

8) 최지현(1994:144)에서는 덩달이 씨리즈 한 편을 소개하면서 이 텍스트가 대화의 격률 중 관계의 격률을 위배하고 있고, 이러한 격률의 위배가 대화의 단절을 가져오지 않고 대화를 지속적으로 이끌고 있음에 주목하였다. 물론 그는 대화 격률의 위배가 유머의 웃음 유발의 원리라는 점을 직접 언급하지는 않았지만, 대화 격률의 위배가 유머 텍스트의 원리가 됨을 인지하고 있었던 것으로 보인다.

> (6) 남자 : 아버님 희정 씨를 제게 주십시오. 열심히 살겠습니다.
>
> 아버지 : 내 집사람은 만나봤나?
>
> 남자 : 예!
>
> 아버지 : 그래, 어떻던가?
>
> 남자 : 예쁘시긴 하지만 저는 역시 희정 씨와 결혼하고 싶습니다.

(6)에서 "내 집사람을 만나봤나?"라는 아버지의 질문 속에는 '내 집사람에게 허락을 받았는가'하는 전제가 함축되어 있다. 그런데 남자는 그 대화의 전제를 위배하는 답변을 함으로써 불일치가 일어나고 웃음이 발생하게 된다.

> (7) A man Walking down the street sees another man with a very big dog. One man says to the other : 'Does your dog bite?' The man replies : 'No, my dog doesn't'. The man pats the dog and has his hand bitten off. 'I thought you said your dog didn't bite,' said the injured man. 'That's not my dog,' replied the other.
>
> (『laughLAB』9), 2002:39)
>
> 한 남자가 거리에서 커다란 개와 함께 걸어가는 사람을 보았다. 남자는 그 사람에게 "<u>당신의 개는 뭅니까?</u>" 하고 물었다. 그 사람은 "<u>내 개는 물지 않습니다</u>"라고 대답했다. 이에 남자는 그 개를 쓰다듬었는데 그 순간 개가 손을 물었다. 손을 다친 남자는 "당신의 개는 물지 않는다면서요!" 라고 소리를 질렀다. 그러자 그 사람이 하는 말 "<u>그 개는 내 개가 아니에요.</u>"

이 유머 텍스트의 한가지 문제점은 의사소통과 관련 있는데, 특히 발화되어진 것보다 그 이상의 것을 가정하게 된 남자에게 문제가 있다. '당신의 개' 속의(in your dog) 가정은(즉 그 사람은 개를 가지고 있다) 두 화자 청자에게 사실이므로, 전제에는 아무 문제가 없다. 사실 진짜 문제는 그의 질문 '개가 뭅니

---

9) 『laughLAB』은 영국 하트퍼드셔대학 심리학과 리처드 와이즈만(Richard Wiseman) 교수 연구팀의 프로젝트로 그들은 1년여에 걸쳐 미국과 유럽의 200만 명을 설문 조사하여 70개국의 4만여 유머 중 세계 최고를 선정했다. 그러나 섬나라와 문화적 특성 때문에 우스갯소리에 대한 선호도는 차이가 나는 것으로 나타났다. 이 연구에 의하면 많은 사람들의 공감을 일으키는 유머는 우월감을 느끼게 하고, 걱정을 없애주고 위안을 주거나, 극적인 반전(反轉)을 보여주는 공통점이 있다.

까?'와 그 사람의 대답 '아니오' 둘 다를 그들 앞에 있던 개에 적용한 한 남자의 가정에 있는 것이다. 이 남자의 입장에서 볼 때, 그 사람의 대답은 예상보다 적은 정보를 주었던 것이다. 즉 남자는 그 사람이 위의 대화 맨 마지막에 나타난 정보, 즉 '그 개는 내가 아니에요' 라는 정보를 제공해 주기를 기대했던 것이다. 그러나 만약 그 사람이 이 정보를 좀더 일찍 제공했다면 위 텍스트는 유머 텍스트로서 성립하지 못할 것이다.10) 위 유머 텍스트에서는 이러한 '양의 격률'을 위배함으로써 웃음을 유발시키고 있다.

이상에서와 같이 효율적인 대화의 격률을 위배하는 것이 오히려 효율적인 대화를 이끌 수 있다는 점을 유머 텍스트에서 확인할 수 있었고, 이는 텍스트 생산자의 의도가 반영되어 있음을 알 수 있다.

5.2.3 배경지식의 활용

유머 텍스트를 이해하기 위해 필요한 배경을 청자의 몫으로 돌리고, 그러한 배경을 철저히 활용하는 것, 역시 생산자의 의도에 의한 책략이다. 생산자는 수용자가 잘 알고 있을 법한 배경지식을 전경화해서 생산자의 예측을 일정한 방향으로 유도해 나간다.

> (8) ① 이집트에 맞서 영웅적 투쟁을 전개하던 민족의 지도자 모세가 이스라엘 백성을 이끌고 이집트를 탈출하기 위해 홍해에 도착했다. 반나절 거리에 이집트 군사가 뒤쫓고 있는 정체절명의 순간이었다. 홍해 검푸른 바다 앞에 우뚝 솟은 바위 위로 올라서서 모세는 기도를 드렸다. 모세의 이마에서는 땀이 비오듯했고 옷자락은 바람과 관계없이 펄럭였다. 얼마나 지났을까. 모세가 지팡이를 들어 힘껏 바위를 내리쳤다. 푸르던 하늘은 갑자기 먹구름이 몰려와 어두워졌고, 수많은 번개가 하늘로부터 내려와 홍해 바다를 내리쳤다. 드디어 홍해 바다가 갈라졌다.
> ② 그런데…홍해가…홍해가… 가로로 갈라졌다.
>
> (이중희, 2001:17~18)

---

10) 율(G. Yule 1995, 서재석 외 역 2001:55)에서도 (7)텍스트와 거의 동일한 유머 텍스트를 예로 들어 대화 격률의 위배를 설명하고 있다.

위 텍스트에서 생산자는 수용자가 '모세 이야기'에 대한 배경지식을 가지고 있을 것이라는 전제 하에서 유머를 생산해 낸다. 모세의 기도에 의해 홍해 바다가 갈라졌다는 이야기는 웬만한 상식을 지닌 수용자라면 익히 알고 있는 사실이다. 그런데 마지막 결말에서 바다는 가로로 갈라졌다. 모세가 바다를 건너가기 위해서는 당연히 세로로 갈라져야함에도 바다는 엉뚱하게도 가로로 갈라졌다. 자신의 배경지식에 의해 원텍스트를 떠올리고 있는 수용자에게 이러한 엉뚱한 결말은 당혹감을 주고 이로 인해 웃음을 짓게 된다.

> (9) ① 산신령이 연못에서 나와 나무꾼에게 물었다. "금도끼, 은도끼가 네 것이냐?" 고개만 젓던 나무꾼은 쇠도끼가 나오자 고개를 끄덕인다.
> ② 그런데 산신령이 갑자기 묻는다. "쇠도끼는 뭐에 쓰려고?" 그 때 나무꾼이 갑자기 쇠도끼를 들며 신령을 위협한다. "가지고 있는 금도끼 다 내놔"

(9)의 텍스트의 책략 또한 (8)과 동일하다. 생산자는 ①에서 원텍스트(Ur-text)의 전경화[11]로 상황을 점검한다. ①은 우리가 잘 알고 있는 옛날이야기 '금도끼 은도끼 텍스트'와 내용이 똑같다. 이때 수용자는 자신의 배경지식을 활성화해서 원텍스트의 뒷부분을 떠올리게 된다. 그런데 ②에서 신령이 나무꾼에게 "쇠도끼는 뭐에 쓰려고?"하고 묻는 대목, 즉 원텍스트의 내용이 새롭게 변용되는 순간 수용자의 호기심은 최고에 달한다. 그 순간 생산자에 의해 새롭게 개작된 "금도끼 다 내놔"라는 표현에서 수용자는 원텍스트의 착한 나무꾼에서 강도로 돌변한 새로운 모습의 현대판 나무꾼의 모습에 당황하게 된다. 위 텍스트의 생산자는 수용자가 원텍스트의 내용을 알고 그 내용을 떠올리기를 기대하고 있는 것이다. 여기에 생산자의 의도가 담겨 있다. 이러한 생산자의 의도대로 수용자의 예측은 빗나가게 되고 이러한 비예측이 웃음을 유발한다.

---

11) 정끝별(1997:60)에 의하면 '전경화(foregrounding)'란 독자들의 주의를 환기시키기 위하여 전체 문제에서 그 부분이 앞으로 돌출되어 있음을 의미한다. 패러디란 원텍스트를 어떤 형태로든지 독자에게 알리기 위해 주의를 환기하도록 장치해야 한다는 점에서, 그 모든 장치를 '원텍스트의 전경화 장치'라 부른다.

5.3 유머 텍스트의 용인성

가장 좁은 의미에서 용인성은 텍스트 수용자로 하여금, 한 언어 구성체를 응결성과 응집성을 만족시킨 사용 가능한 텍스트로서 수용하게 하는 것이다. 넓은 의미에서 용인성은 담화에 참여하고 공통의 목표를 가지려는 능동적 의지로서 수용 행위를 포함한다.

동일한 내용의 유머 텍스트를 들었을 때 어떤 수용자는 박장대소를 하는 반면 다른 수용자는 아주 썰렁하다는 듯이 반응하는 경우가 있는데, 이는 바로 용인성과 관련이 있다. "익살의 성공은 익살을 듣는 이의 귀에 달린 것이지, 익살을 하는 이의 혀에 달린 것은 아니다."(세익스피어, 『사랑의 헛수고』 5막 2장)라는 말에서도 알 수 있듯이 유머의 성패는 수용자의 용인 여부에 달려 있다고 해도 과언이 아니다.

이러한 용인성의 문제는 좀더 세부적으로 세 가지 측면에서 접근할 수 있는데, 첫째는 수용자의 배경지식의 문제, 둘째는 적합성의 문제, 셋째는 허구적 세계에 대한 용인이다. 그 각각에 대해 살펴보자.

5. 3. 1 배경지식의 문제

여기서 배경지식의 문제는 앞서 다룬 의도성의 측면에서 본 배경지식과는 조금 다른 관점에서 접근해야 한다. 수용자의 배경지식에 따라 유머의 성패가 결정된다는 점에서는 같은 이야기이지만, 의도성의 관점에서는 수용자가 익히 알고 있을 만한 내용을 활용해야 하는 책략적 측면으로 이해할 수 있다. 반면에 용인성의 관점에서는 수용자가 용인할 수 없는 유머, 즉 수용자의 배경지식으로 이해할 수 없는 유머는 좋은 유머 텍스트가 될 수 없기 때문에 생산자는 수용자의 배경지식을 고려한 유머를 구사해야 한다는 것이다.

> (10) 프랑스를 여행중인 한 외국인이 성당에서 결혼식을 구경하다가 옆에 있던 사람에게 물었다. "신랑이 누굽니까?" "쥬느쎄빠." 다음날 다시 성당에 들러보니 이번엔 장례식이 열리고 있었다. 그는 옆자리의 중년부인에게 물었다. "죽은 사람

이 누굽니까?" "쥬느쎄빠." 대답을 들은 외국인이 혀를 차며 가엾다는 듯 말했
다. "쯧쯧, 결혼한 지 하루만에 죽다니."

(김진배, 1997:56)

이 유머 텍스트는 '쥬느쎄빠'라는 프랑스어의 의미를 수용자가 이해하느냐
하지 못하느냐에 따라 그 성패가 달라진다. '쥬느쎄빠'는 불어로 '모른다'는
뜻이다. 잘 모르겠다는 프랑스인의 대답을 외국인이 이름으로 착각했다는 것
이 웃음의 포인트이다. 그러니 '쥬느쎄빠'가 뭔지 아는 사람은 웃지만 그게
뭔지 모르는 사람을 웃을 수가 없는 것이다.

또 다른 예를 보자.

> (11) 빌 게이츠가 노환으로 임종을 맞게 되었다. 꿈에 천사들이 나타나서 천당과 지옥
> 의 모습을 보여주며 마음에 드는 곳을 고르라고 말했다. 그런데 모니터에 등장한
> 천당의 모습은 별로 특별한 것이 없는 반면에 지옥은 뜻밖에도 너무나 아름답고
> 평화롭게 보였다. 온갖 기화요초가 피어있는 길가에는 반라의 미녀들이 하프를
> 연주하고 있었다. 게다가 강물에는 꿀이 흐르고 나무엔 돈다발이 주렁주렁 열린
> 것이 그야말로 약속의 땅이 따로 없는 것이 아닌가. 그는 주저없이 지옥을 선택
> 하겠노라고 말했다.
> 그러나 정작 지옥에 도착해 보니 모니터에서 본 모습은 어디에서도 찾을 수 없었
> 다. 사방이 불구덩이요, 폭염과 한파가 하루에도 열 두 번씩 교차하는 가운데 사
> 람들은 죄다 중노동에 시달리고 있는 것이다. 실망한 빌 게이츠가 염라대왕에게
> 따졌다. "어떻게 모니터의 모습과 실제 모습이 이렇게 다를 수가 있습니까?"
> 그러자 염라대왕이 음산하게 웃으며 대답한다. "<u>그건 데모버전이었느니라.</u>"

(김진배, 1997:57~58)

컴퓨터에 대해 어느 정도의 관심이나 지식이 있는 사람이라면 당연히 함
께 웃음을 터뜨릴 수 있겠지만, '데모버전'이 무엇인지 모르는 수용자는 웃고
싶어도 도무지 웃을 수가 없다.

이상에서와 같이 수용자의 배경지식은 매우 중요하다. 그렇다면 생산자가
수용자들에게 유머를 알아듣는 데 필요한 정보를 먼저 제공하면 어떨까? 결
론부터 말하자면 수용자는 유머와 관련된 배경지식을 생산자가 말해 주지 않
은 상태에서 알고 있어야 한다. 물론 문제에 대한 사전 지식이 없는 사람이

라 해도 해법을 충분히 이해하고 받아들일 수 있다. 생산자가 자세히 설명해 주면 그만이다. 하지만 유머를 나눌 때 이런 방법을 쓰면 유머는 거의 실패하게 마련이다. 왜냐하면 우스개는 두 사람이 같은 배경을 공유하고 있다는 암묵적인 합의에서 출발하는 것이기 때문이다. 이것이 바로 우스개의 기반이 되는 '친교'이다. 친교란 공동체에 속한 사람들이 함께 나누는 느낌이라 할 수 있다. 구체적으로 말하면 공통의 세계관과 어떤 일에 대한 공통된 반응이다(코언 1999, 강현석 역 2001:68).[12]

5. 3. 2 적합성의 문제

용인성은 그 범주를 넓힐 경우 상황의 적합성과도 관련이 있다. 유머 텍스트는 생산자와 수용자 사이의 상호 작용이 완벽하게 조화를 이루었을 때 가장 이상적인 텍스트가 될 수 있다. 상대방과의 대화에서 적절한 상황에서 표현된 유머는 상대방의 웃음을 유발하지만 적절한 상황에서 벗어난 유머는 오히려 대화 분위기를 서먹하게 만드는 역효과를 가져올 수가 있다.

구현정(2000:365~371)에서는 유머 텍스트가 표적으로 삼는 특정 부류를 열등집단과 우월집단으로 나누어 설명하고 있다. 그에 따르면 열등집단에는 약자인 여성, 유색인종, 특정 방언권의 사람들, 정신적·육체적 열등집단, 사회적 열등집단 등이 포함되고, 우월집단에는 정치인, 의사, 판사, 변호사, 교수, 종교인, 연예인 등이 포함된다. 열등집단을 유머 텍스트에 등장시키는 이유는 유머 텍스트의 수용자에서 상대적 우월감을 느끼게 함으로써 웃음을 유발시킬 수 있기 때문이다. 반면에 우월집단을 대상으로 한 유머 텍스트는 주로 그 집단의 부정적인 면을 폭로하고 풍자함으로써 상대적 열등감에 빠져 있는 대부분의 수용자들에게 쾌감을 줄 수 있다. 또한 풍자의 대상이 되는 우월집단에 속한 수용자들의 경우에도 그러한 유머 텍스트를 통해 자신들에 대한 비판을 겸허하게 수용하고 반성할 수 있는 계기가 될 수 있다.

---

12) 실제로 생산자와 수용자의 '친교'가 유머 텍스트의 성패에 커다란 역할을 한다고 볼 수 있다. 그러나 이에 대한 객관적 검증은 아직까지 이루어지지 못하고 있다.

　그러나 특정 집단을 소재로 한 유머 텍스트는 특정 집단을 대상으로 구연될 경우 심한 불쾌감을 초래할 수도 있다. 앞에서 살핀 (1)과 (2)의 경우 텍스트에 등장하는 시카고인이나 러시아인 그리고 아프리카인 등을 대상으로 이런 유머를 구사한다면 웃음보다는 불쾌감을 유발하기 쉬울 것이다.

> (11) 덩달이가 할머니와 끝말잇기 놀이를 하고 있었다. 벌칙은 진 사람이 물 한 사발 마시기였다. 덩달이가 어려운 단어로 시작을 했다. 덩달이가 "마을"하자 할머니가 "을굴(얼굴)"하고 되받았다. 덩달이는 물 한 사발을 들이켰다.
> 2차전. 덩달이는 회심의 일격을 날렸다. "오뎅." 그러자 할머니가 되받았다. "뎅장국." 덩달이는 또 물 한 사발을 들이켰다.
> 3차전. "이번엔 어려울 거야." 분노에 찬 덩달이는 또 "오뎅"하고 소리쳤다. 그러나 결국 덩당이는 세 번째 사발을 들이킬 수밖에 없었다. 할머니 왈, "뎅그랑 땡."
>
> (이중희, 2001:35~36)

　위 텍스트는 할머니의 무식함을 통해 웃음을 유발하고 있다. 물론 할머니들의 정확하지 못한 발음 등이 유머의 소재가 되는 경우도 많지만, 그 대상이 할머니로 특징지어질 때는 자칫 노인에 대한 경시, 나아가 여성에 대한 비하라는 측면으로 이해되기 쉽다. 특히 할머니들을 대상으로 이러한 유머를 구사한다면 웃음보다는 불쾌감을 주기 쉽다.

　외설적 유머 텍스트에서도 그 내용이 수용자나 수용자와 관련된 사람의 이야기일 경우 웃음을 유발하지 못한다. 또한 여성들 앞에서의 노골적 음담패설은 웃음보다는 오히려 심한 불쾌감을 줄 수 있다.

> (12) 남편의 의지가 약하다고 마누라가 바가지를 긁었다. "뭐예요? 술 안 마신다고 해놓고 매일 술에 취해 퇴근하고 조깅복을 사놓고 하루도 뛰지 않았어요. 옆집 아저씨 보세요. 담배를 끊는다 하고는 벌써 3개월 째 금연을 실천하고 있대요." "좋았어. 오늘부터 나도 결의를 보이는 뜻으로 금욕 생활 시작이다." 그렇게 말한 날부터 그는 부인 곁에는 얼씬도 하지 않았다. 일주일이 지나자 부인이 남편의 베개 옆에 와서 속삭인다. "여보, 옆집 아저씨가 다시 담배를 피우기 시작했대요."
>
> (서정범, 1998:192)

(12)와 같이 성과 관련된 유머 텍스트는 쾌락을 억제하는 현실원칙 아래에 잠재되어 있는 인간의 성적 욕망을 분출시켜 주고 있다는 점에서 인간 본연의 욕구를 잘 보여 주고 있다고 할 수 있고, 웃음을 불러올 수도 있다. 그러나 이러한 성적인 이야기는 상황에 적합하지 않을 경우 불쾌감을 줄 수 있다. 또한 상대방이 여성인 경우에는 특히 조심해서 구사할 필요가 있다.

5.3.3 허구적 세계에 대한 용인

유머 텍스트의 또 하나의 특징은 현실에서는 실현될 수 없는 허구적 상황을 용인할 때 유머 텍스트가 성립될 수 있다는 것이다.

> (13) 박첨지 : 쉬이, 여보게 큰일났네.
> 　　신반이 : 뭐가 큰일나.
> 　　박첨지 : 평안감사께서 꿩을 잡아 내려가시다가 저 황주 동설령 고개에서 낮잠
> 　　　　　　 을 주무시다가 개미란 놈에게 불알땡금줄을 물려 직사하고 말았다네.
> 　　신반이 : 그럼 상여가 나오겠군.
>
> (꼭두각시 놀음 -평안감사 마당,)

(13)의 '개미에게 불알땡금줄을 물려 직사했다'는 것은 실제 현실에서 있을 수 없는 허구적인 것이다. 그런데 이러한 허구적인 것을 용인했을 때만이 유머는 성립된다. 소설 속의 세계도 허구이다. 그러나 소설 속의 세계는 실현 가능성이 있는 허구이다. 반면에 유머 텍스트 속의 허구는 현실에서 실현되기 어렵다. 이러한 허구의 세계를 용인해야만 성립할 수 있다는 것은 유머 텍스트의 특성이라고 할 수 있다. 그런데 이러한 허구의 세계를 수용자는 용인하면서도 용인할 수가 없다. 이러한 모순적인 이중 구조에서 오는 낯설게 하기가 웃음 유발의 원동력인 것이다

> (14) 먹고 자고 컴퓨터만 하는 컴퓨터 도사가 하루는 위조 지폐를 만들었다. 그런데
> 　　　신나게 만들고 나서 보니 1만 2천 원짜리를 만든 것이었다. 이 친구는 작품이
> 　　　아까워서 두메 산골에 가서 사용하기로 했다. 산골 마을에서 할머니가 혼자 보

는 만만한 슈퍼를 물색한 컴퓨터 도사는 담배 한 갑을 사고 지폐를 내밀었다. "이번에 새로 나온 1만 2천 원짜리 지폐입니다." 그러자 할머니가 이렇게 말했다. "3천 원짜리로 거슬러 드릴까, 4천 원짜리로 거슬러 드릴까?"

(이중희, 2001:82)

위 텍스트에서 1만 2천원짜리 지폐를 만들어 사용한다거나, 할머니가 3, 4천 원짜리 지폐를 사용한다는 것은 현실적으로 용인하기 어렵다. 그러나 앞서 살핀 대로 이러한 용인없이 유머는 성립할 수 없다.

5.4 맺음말

모든 텍스트에는 생산자의 의도가 반영되어 있고, 생산자는 자신의 의도를 충족시키기 위해서 텍스트를 효과적으로 구성하게 된다. 마찬가지로 유머 텍스트는 웃음 유발이라는 궁극적 목적을 효과적으로 실현시키기 위해 다양한 책략들이 구성요소로 활용되고 있다.

생산자는 웃음 유발의 효과를 극대화하기 위해서 「구조 만들기 → 급소 찌르기」라는 일반적 구조를 활용한다. 이때 대화격률의 위배나 배경지식의 활용과 같은 책략들이 함께 어울려 웃음의 효과를 극대화한다.

그런데 모든 텍스트는 수용자에게 용인될 때 텍스트로서의 생명력을 갖게 된다. 특히 유머 텍스트에서는 용인성이 유머 텍스트의 목적 달성 여부를 결정하기 때문에 매우 중요하다. 그런데 용인성은 수용자의 세계지식, 나이, 성별, 직업, 성격, 현재의 심리 상태에 따라 현저하게 달라질 수 있는 주관적인 것이므로, 생산자의 입장에서는 수용자의 수준을 파악해서 유머 텍스트를 생산하는 것이 중요하다.

이상에서 살핀 유머 텍스트의 의도성과 용인성에 대해서는 좀더 구체적이면서 객관적인 검증 작업이 필요하다. 앞으로의 연구 과제가 될 것이다.

참고 문헌

구현정(1999), 「대화와 유머」, 『한글사랑』 봄호, 한글사.
─── (2000), 『개정 대화의 기법』, 경진문화사.
김진배(1997), 『성공하는 리더를 위한 유머기법 7가지』, 뜨인돌.
남경완(2002), 「유머 텍스트의 내적 구조와 추론 양상」,
　　　　텍스트언어학회 2002년 가을 발표대회 요지문.
노지니(2001), 「이야기 놀이 담화의 구성전략」,
　　　　『한국 텍스트과학의 제과제』, 역락.
서정범(1998), 『거덜별곡』, 한나라.
이도영(1999), 「유머텍스트의 웃음 유발 장치」, 『텍스트 언어학』 7,
　　　　한국텍스트 언어학회.
이석규 외(2001), 『텍스트 언어학의 이론과 실제』, 박이정.
이중희(2001), 『상상력을 자극하는 철학적 유머』, 북라인.
이현비(1997), 『원리를 알면 공자도 웃길 수 있다』, 지성사.
최지현(1994), 「우스갯소리에서 제삼자의 위치」, 『국어교육연구』 1,
　　　　서울대학교 국어교육연구소.
한성일(2001a), 「유머의 원리」, 『경원어문논집』 4·5 합집,
　　　　경원대학교 국어국문학과.
─── (2001b), 「유머 텍스트의 구조와 원리」, 『화법연구』 3, 한국화법학회.
─── (2002a), 「유머 텍스트의 원리와 언어학적 분석」,
　　　　경원대학교 대학원 박사학위 논문.
─── (2002b), 「유머 텍스트의 사회 언어학적 연구」, 『사회언어학』 10-1,
　　　　한국사회언어학회.
─── (2003), 「웃음 유발 책략으로서의 중의성 연구」,
　　　　이광정 편 『국어학의 새로운 조명』, 역락.
Beaugrande, R. de & Dresser Wolfgang.(1981), *Introduction to Text Linguistics*,
　　　　김태옥·이현호 공역(1991), 『담화·텍스트 언어학 입문』, 양영각.
Bergson, H.(1924), *Le Rire, Essai sur la significaton du comique*,

정연복 역(1992), 『웃음– 희극성의 의미에 관한 시론』, 세계사.

Berlyne, D. E.(1969), Laughter, Humor and Play, in G. Lindzey and E. Aronson(ed.) *Handbook of Social Psychology*, 2nd ed, Vol. 3, New York; Addison-Wesley.

Cohen, T.(1999), Jokes : Philosophical Thoughts on Joking Matters, Chicago University Press, 강현석 역(2001), 『농담 따먹기에 대한 철학적 고찰』, 이소출판사.

Freud, S.(1960), *Jokes and their relation to the unconscious* (J. Strachey, Trans), New York : W. W. Norton. (Original work published 1905), 임인주 역(1997), 『농담과 무의식의 관계』, 프로이트 전집 8권, 열린 책들.

Grece, H.P.(1975), Logic and Conversation, Ms., auszugsweise in : Cole/Morgan.

Sherzer, Joel.(1985), Puns and Jokes, Teun A. van Dijk(ed). *Handbook of analysis(v.3)*. London : Academic Press.

The British Aaaociation for the Advancement of Science(2002), *laughLAB – The Scientific Quest for World's Funniest Joke*, London : Arrow Books.

6

| 관용 표현의 유형과 구조 |

민현식

6.1 언어 단위와 텍스트

본 장에서는 속담 텍스트와 같은 관용 표현 텍스트의 특성을 다루도록 한다. 그런데 속담과 같은 짧은 언어 표현은 근본적으로 텍스트라 부르기 어려운 점이 있다. 즉, 텍스트를 문장이 모여 이루어지는 단락 이상에 대해서만 적용한다고 보면 속담이나 관용어구들은 단락이 결코 될 수 없고 겨우 단어, 구, 절, 문장 단위에 머무는 것들이기 때문이다. 따라서 속담과 같은 관용 표현들을 속담 텍스트, 관용 표현 텍스트 따위로 부르는 것은 문제가 될 수 있다. 이런 점에서 우리는 그동안 학계에서 혼란스럽게 통용하고 있는 텍스트라는 용어 문제부터 살피도록 한다.

언어학은 그 지식의 기초성과 응용성에 따라 理論言語學과 應用言語學으로 나뉜다. 이론언어학은 언어의 내용과 형식에 따라 하위 영역을 나눌 수 있다. 이론언어학(theoretical linguistics)은 순수언어학(pure linguistics)으로도 부르며 Corder(1973:82)는 언어학적 언어학(linguistic linguistics) 또는 미시 언어학(micro-linguistics)으로 부르기도 한다.

이론언어학에서 언어의 내용 곧 의미를 연구하는 것이 의미론이며 언어의 형식을 그 단위인 음운(phoneme), 형태소(morpheme), 단어(word) 그리고 글말의 문장 단위인 문장(sentence), 입말의 문장 단위인 발화(utterance)에 따라 연구하는 것이 음운론, 형태론, 문장론(통사론)과 화용론(발화사용론)이라 할 수 있다. 물론 이들 형식 단위에 따른 연구에서 의미 문제를 전혀 배제할 수는 없다.

文章과 發話 이상의 단위에 대한 연구는 학계에서 흔히 '설명문 텍스트, 광고 텍스트, 논설 텍스트, 사설 텍스트, 연설문 텍스트, 담화 텍스트, 구어 텍스트, 문어 텍스트…' 등이라 하여 '텍스트'라는 용어를 사용하고 있고 그것을 연구하는 분야를 '텍스트언어학'이라 부르고 있다. 대체로 단락(문단, paragraph) 이상의 구어(입말)의 말덩이나 문어(글말)의 글덩이의 완결된 언어 단위를 다루고 있는데 이 완결된 글덩이와 말덩이 단위를 '텍스트'라는 외래어로 쓴다는 것은 국어 순화의 관점에서나 학문 자주성의 관점에서나 문제가 있다. 우리의 학문 용어로 글 텍스트와 말 텍스트에 해당하는 단위를 표현한다면 결국 글 텍스트는 '글'이고 말 텍스트는 '말'이라는 기존의 단어로 표현하면 충분하기 때문이다. 또한 이들을 합한 개념이 필요하다면 이들의 통합 개념인 '말글'이란 용어를 신조하여 '텍스트'의 대역어로 제안할 수 있다. 만일 '글말'이라 부른다면 '글말'은 '입말'의 반대어로 '문어'만 가리키므로 '말'과 '글'을 모두 다 가리킬 수 있는 통합 개념으로는 '글말'은 부적합하여 '말글'과 같은 신조 합성어를 사용하는 방안을 고려할 수 있는 것이다.

이와 관련하여 학계에서는 80년대 이래 화용론에 대한 연구도 활발해지면서 '담화 분석(discourse analysis)'도 방법론으로 활발히 도입되었다. 그러다 보니 텍스트언어학은 문어 텍스트 중심 분석 연구에 집중하고, 화용론이나 담화분석론은 구어 텍스트 연구에 집중하여 자연스러운 구분이 이루어진 것으로 보이는데, 한편으로는 텍스트언어학은 담화분석론과 다른 텍스트 분석의 방법론으로 구어 텍스트에 대한 연구도 할 수 있어 두 분야가 구어 텍스트 연구에 관한 한 중복적 인상은 불가피하다.

남기심·고영근(1985)과 통일 학교문법(1985, 1991, 1996, 2003)에서는 'text'와 'discourse'의 대역어를 모두 고려한 듯 '이야기'란 말을 문장 단위 이상으로 쓰고 학교 문법에서도 이를 도입하여 쓰고 있다. 그런데 '텍스트'라는 용어가 문어와 구어를 다 아우르는 표현으로 본다면 '이야기'라는 용어는 통상 우리 사회에서 구어 특성을 반영하여 구어 텍스트만 가리키는 것으로 통용되는 경향이 강하므로 구어 텍스트만 가리키는 것으로 오해되기 쉬운 약점이 있다. 그런 점에서 '이야기'라는 용어도 문제점이 있다. 그러나 마땅한 용어가 없으므로 '말글' 같은 용어를 신조하여 쓰지 않고 '이야기'를 문어 텍스트까지 아우르는 용어로 써 준다면 차선책으로 순화한 용어로 써 줄 수는 있다.

이런 문제 때문인지 7차 국어교육과정에서는 '이야기'를 '담화'로 바꾸어 썼지만 '고교 문법'(2003)에서는 그동안 학교 현장이 '이야기'라는 용어에 익숙해져 있다는 점을 고려하여 여전히 '이야기'를 단원명으로 채택하여 변동이 없다. 실상 '담화'라는 용어도 대중 표현 속에서는 구어 텍스트만 가리키기 쉬운 용어라 '이야기'보다 개선된 용어라 보기 어렵다. 그 밖에 '담론'이란 말도 문학계에서는 많이 쓰이는데 '담론'은 '이야기, 담화'와 반대로 문어 텍스트만 가리키기 쉬운 용어라 역시 문어 테스트와 구어 텍스트를 아우르는 용어로는 부적합하다.

한편, 북한에서는 '텍스트'에 대해 '본문'이란 말을 써서 '텍스트언어학'도 '본문언어학'이라 한다. '본문'을 쓰는 것도 그 나름대로는 비교적 의미 있는 번역 용어라 할 수 있다. 그러나 '본문'이 아닌 것은 무엇인가라는 생각에 미쳐서는 용어의 문제점이 없는 것도 아니다. 따라서 우리는 구어 텍스트가 곧 말이고 문어 텍스트가 곧 글이란 점에서 기존 용어인 말과 글을 합성한 '말글'을 '텍스트'의 번역 신조어로 제안해 보는 것이다. 이에 따라 '텍스트언어학'도 '말글언어학'이 될 것이다. 말 단위와 글 단위의 언어를 모두 다루는 언어학인 것이다. 텍스트언어학을 '입말언어학'과 '글말언어학'으로 나누어 다루는 것도 한 방안이라고 본다.

언 어 단 위 : 음 소, 형태소   문장/발화   단락, 글/말
                  ↗ 문장론(통사론) ↘   (글말언어학)
이론 언어학 : 음운론, 형태론   → 말글(텍스트)언어학
                  ↘   화용론   ↗   (입말언어학)

위 분류는 화용론을 그 단위인 '발화'를 중시하여 문장론에 대응시켰고, 단락 이상의 언어 단위에 대한 연구를 입말 텍스트 연구와 글말 텍스트 연구로 구별하였다. 또한 텍스트언어학을 단위의 관점에서 이론언어학에 넣었는데 이는 전통적으로 이론언어학은 문법론까지만 다루었지만 여기서는 '단위'의 관점에서 확대 재분류를 시도한 것이다.

이제 이상과 같은 단락 이상의 언어 단위에 대한 연구를 말글언어학(텍스트언어학)의 소관으로 제한한다면 단락보다 작은 단위인 속담과 같은 관용 표현들을 속담 텍스트라고 부르고 텍스트언어학에서 다루는 것은 문제라 하겠다.

그런데 언어 단위라는 형식적 관점에서 이러한 문제점이 있다고 해서 속담과 같은 관용 표현들을 텍스트언어학의 관점에서는 전혀 다룰 수 없는 것인가? 우리는 이들 관용 표현들이 단위 형식상으로는 비록 단락 미만의 것들로 즉 문장 이하 수준의 단위이지만 그 의미 전달 효과는 텍스트적 단위의 효과를 창출하는 면이 있기에 텍스트 의미론적 관점에서는 어느 정도 텍스트라는 단위를 붙이는 면이 예외적으로 허용될 수 있다고 본다. 즉, 이야기 전개 과정에서 한 마디의 속담이나 비유적 관용 표현 한 마디가 주는 효과라든가, 길거리에 걸린 공공 계몽의 표어 하나는 몇 백자 분량의 말글(텍스트)을 함축하고 있기 때문에 의미 효과 차원에서는 속담과 같은 관용 표현들을 속담 말글(텍스트), 관용 표현 말글(텍스트)이라고 부르는 것도 예외적으로 허용할 수 있다고 본다. 따라서 본 절에서는 위와 같이 텍스트라는 용어 단위 문제를 엄격히 사용할 것을 제기하면서 관용 표현들의 경우에는 예외적 처리가 가능할 수도 있다는 점을 미리 밝히고 본 논의를 전개한다.

6.2 관용 표현 말글(텍스트)의 분류

관용 표현에 대해서는 용어와 분류에 대한 개념 정의가 다양하여 이렇다 할 정설이 없다. 먼저 '慣用'의 정의를 살펴보면 사전적으로는 '관용'을 '습관적으로 늘 씀' 정도의 뜻풀이를 하고 있다. '관용'의 뜻 안에 내포된 '습관'이란 말은 시간성에서도 반복성, 지속성을 내포하는 말이다. 따라서 '관용 표현'이란 '일정 시간 반복적, 지속적으로 언어공동체에서 통용되는 표현'이라 할 수 있다.

여기서 우리는 '관용'을 '통시적 관용'과 '공시적 관용'의 두 개념으로 나눌 필요가 있다. 통시적 관용이란 유구한 시간 동안의 지속 통용을 뜻하고 공시적 관용이란 특정 시기 동안만의 지속 통용을 뜻한다. 유행어라는 것은 이 공시적 관용 표현에 속하므로 '유행어'란 '공시적 관용어'라 할 수 있다. 이에 따라 우리는 관용 표현을 크게 ①전래 관용 표현과 ②유행 관용 표현으로 나누도록 한다.

연구자들의 용어 사용은 혼란스러워 '관용구, 관용어, 관용어구, 관용 표현, 숙어, 익힘말, 익은말' 등이 통용되고 있다. 이처럼 혼란스러운 것은 관용 표현의 단위가 사자성어, 유행어와 같은 단어 차원에서부터 관용 어구와 같은 單語나 句를 거쳐 속담, 표어와 같은 文章 단위에까지 넓게 가리키기 때문이다. 더 나아가 고전 설화(신화, 민담, 전설류)나 현대의 유행담(우스개이야기, 풍자담, 괴기담 등)도 오랜 세월 또는 특정 시대에 관용적으로 회자되는 이야기 자료라는 점에서 관용 표현에 포함할 수 있다.

따라서 우리도 관용 표현의 단위를 ①사자성어, ②유행어처럼 단어 차원에서 ③관용 어구(숙어)처럼 구 차원, ④수수께끼, ⑤속담, 표어처럼 문장 차원, ⑥설화(고전 설화, 현대 유행담)처럼 말글(텍스트, 이야기) 차원에 이르는 것을 포괄하는 것으로 정의하도록 한다.

이 중에 가장 정의 내리기 어려운 것이 ③관용 어구이다. 문금현(2002)에서는 관용구, 상용구, 연어, 일반 구절의 네 종류를 구별한다. '미역국을 먹다'가 "불합격하다"의 의미를 가지는 것은 구성 요소의 축자적 의미로는 해명이 안 되는 것이라 관용구이고, '미역국 먹다'가 축자적으로 "미역국을 먹다"

이면 '밥 먹다, 물 먹다…'처럼 일반구가 된다. 따라서 네 분류 중에 관용구와 일반구는 구성 요소의 축자적 의미 해석 여부, 상호 선택 제약(대치 제약) 유무에 따라 구별이 가능하다.

문금현이 설정한 상용구는 구성 요소의 한 쪽만 추상화한 경우로 부분 관용구라 할 만하다. 연어와 일반구는 축자적으로 해석되는 점이 같은데, 연어는 단지 구성 요소간 상호 제약이 있으나 일반구는 자유롭게 교체할 수 있어 제약이 없음이 다르다.

그런데 위 분류에서 관용구와 상용구의 구별은 불필요하다고 할 수도 있다. 부분적이든, 전체적이든 관용화 요소가 들어 있기 때문에 이들을 합하여 관용구로 넓게 묶는 것도 가능하다. 교육적으로도 관용구를 가르치면 상용구만 빼놓을 수도 없기에 합하는 것이 가능하다. 실제로 사전들은 관용구와 상용구를 구별하지 않으며 심지어 위의 관용구, 상용구, 연어까지 모두 관용구로 묶어 설정하는 경향이 있다. 이제 문금현(2002)에서 제시한 구분 원리와 도표, 풍부한 용례를 토대로 이들의 관계를 재조정하여 도표화하면 다음과 같다.

	관용구		연어	일반구
	전체 관용구	부분 관용구(상용구)		
특징	추상적 의미		축자적(문자적) 의미	
	전체 추상 (전체가 추상적 의미화)	부분 추상 (일부 요소만 추상적 의미화)	요소간 선택 제약 (요소간 상호 제약)	요소간 선택 무제약 (요소간 자유 교체)
의미의 구조	$A+B=C$	(1)$Aa+B=AaB$ (2)$A+Bb=ABb$	$A+B=AB$	$A+B=AB$
의미의 투명성 (유추 가능성)	불투명	반투명	투명(축자적)	투명(축자적)
비유성 여부	有	有無	無	無
분석 가능성	불가능	가능	가능	가능
구성요소 대치	제약	반제약	반제약	자유 대치

통사적 제약		强	弱	無	無
용례	체언-용언구	눈을 감다(2)(死) 미역국을 먹다 (2)(不合格) 비행기 태우다(讚) 바가지 긁다 시치미 떼다 욕을 보다 (苦, 强姦) 갈림길에 서다(決) 등불을 밝히다(啓) 못을 박다 (2)(心傷/定)	(1)손이 크다 쑥대밭이 되다 기선을 잡다 탈이 나다 (2)속이 없다 더위 먹다 마음을 놓다 손을 떼다	기대를 걸다 기지개 켜다 떼를 쓰다 멱 감다 배가 고프다 목이 마르다 감기 걸리다 몸부림을 치다 손뼉을 치다	눈을 감다(1) 눈을 뜨다 미역국 먹다(1) 밥 먹다 국수 먹다(1) 기차 타다 못을 박다(1) 옷을 입다 영화를 보다
	체언구	*	*	우연의 일치 막다른 골목 선풍적 인기	규격의 일치 좁은 골목 치솟는 인기
	부사구	*	*	결코 …일 수 없다 …에도 불구하고	결연히 일어섰다 …에도 간다

　관용구들 중에는 '미역국을 먹다, 갈림길에 서다, 등불 밝히다, 못을 박다'처럼 축자적으로도 해석되고 추상적, 비유적으로 쓰여 중의성을 가지는 관용구가 많다.

　위에서 '추상적 의미'와 축자적(문자적) 의미라는 개념은 축자적 의미로 해석이 예측되는 연어(collocation) 관계와 구별하는 중요 기준인데 연어와 상용구 및 관용구와의 경계를 구분하는 일이 명쾌하지만은 않다. 다음과 같은 '눈'의 사례들도 (3)의 '눈이 맞다, 눈을 붙이다'의 경우 (2)의 연어로 내려올 가능성을 주장할 수 있고, (2)의 '눈에 익다' 같은 것을 (3)의 관용구로 보자는 주장도 나올 수 있기 때문이다. 이런 점 때문에 사전들에서는 위의 연어나 관용구나 모두 관용구로 설정하는 경향을 보이는 것이 사실이다.

(1) 일반구	(2) 連語	(3) 관용어구
눈을 뜨다 눈을 감다	눈에 선하다 눈에 익다 (남의) 눈이 무섭다	눈을 감다(죽다) 눈을 뜨다(계몽되다) 눈에 밟히다(잊혀지지 않다) 눈이 맞다(서로 마음 들어하다) 눈을 붙이다(잠을 자다) 눈이 뒤집히다(흥분하다) 눈에 흙이 들어가다(죽다) 눈에 쌍심지를 켜다(화내다)

따라서 (2)와 (3)의 의미의 세계를 억지로 구별하기보다는 연어나 관용어구나 같은 것으로 보는 방법도 가능하다. 이런 구별의 어려움을 해소하는 방안은 연어까지 넓은 의미의 관용어구로 처리하여 관용어구의 개념을 넓게 확대하는 방법이 가능하다.[1]

연어나 관용구 중에는 다음과 같이 주제별 유형도 가능하다.

① 문화 어구(관용 어구나 연어) : 송편 빚다, 제기 차다, 상을 당하다, 메주 쑤다, 향 피우다
② 문학적 어구(특수 시구) : 풀이 눕는다, 꿈을 씹는다, 광야의 소리… 등 유명 작품에서 유래하거나 문학적 수사법을 쓴 어구
③ 시사 어구 : 언론에서 빈번히 사용하는 시사적 관용 어구
　(ㄱ) 정치, 경제면 : 조치를 취하다, 대책을 마련하다, 수요가 늘다, 매듭을 짓다, 돈을 세탁하다, 시위를 벌이다, 신경전을 벌이다, 곤욕을 치르다, 공감대를 형성하다, 노고를 치하하다, 난색을 표하다, 입지를 굳히다, 박차를 가하다, 반발을 사다, 비리를 척결하다, 주가가 폭락하다
　(ㄴ) 사회면 : 벌금을 물다, 연연을 맺다, 혼선을 빚다, 투쟁을 벌이다, 이맛살을 찌푸리다, 난동을 부리다, 마찰을 빚다, 먹살을 잡다, 봉변을 당하다, 거액을 착복하다, 물의를 빚다, 공감대를 형성하다, 스트레스를 받다
　(ㄷ) 연예면 : 돈 벌다, 정상에 오르다, 주목을 받다, 몸을 풀다, 연막을 치다, 금

---

1) 최근에 김진해(2000), 이동혁(1998) 등에서 연어와 관용어의 차이를 구별하려는 시도들이 이루어지고 있으나 의미 구분에 한계를 보여 준다.

> 메달을 따다, 대박을 터뜨리다, 기염을 토하다, 돌풍을 일으키다, 소문이 나다, 호흡을 맞추다, 음반을 내다, 접전을 벌이다, 버디를 잡다, 능청을 떨다.

한편, 속담이란 말도 '속담, 속언, 격언, 잠언' 등의 말이 통용되는데 '속담'은 우리나라에 전래되는 것만을 가리키는 경향이 있고 '격언, 잠언'은 서구에서 전래되어 차용된 표현들에 적용되는 경향을 보인다. 따라서 우리는 다음과 같이 졸고(2000:55~59)에서 제시한 바 있는 관용 표현의 포괄적 분류의 큰 틀을 토대로 논의하도록 한다.

(1) 고사성어
(2) 관용 어구(=숙어) : ① 전통 관용어, ② 서구 관용어, ③ 욕설
(3) 수수께끼
(4) 인사말
(5) 속담 : ① 교훈담, ② 비유담, ③ 길흉담(금기담/ 권유담/ 징표담/ 해몽담)

그런데 위 분류에는 수정, 보충해야 할 것이 있다.

첫째, '인사말'은 너무 좁게만 설정되어서 이것을 확대하여 일상 의례에 쓰이는 표현들을 모두 포함하는 용어가 필요한데 이를 위해 '의례어'라는 표현을 쓰도록 한다. 이는 인사말, 감사 표현, 건배사, 사죄 표현, 덕담 등의 일상 의례에 쓰는 표현들도 관용 표현으로 전래되어 쓰이게 된 것이란 점에서 '의례어'라는 개념을 설정할 필요가 있기 때문이다. 그리고 이들 의례어는 욕설과 대비되는 것으로 재조정할 수 있으며, 인간 관계에 긍정, 부정 가치를 유발하므로 '인간 관계 표현'이라 묶어 '긍정 관계어, 부정 관계어'로 설정하도록 한다.

둘째, '표어'와 '구호' 표현들도 일정한 시기에 공공적, 계몽적, 의도적으로 유행시키려는 언어 표현으로 보고 공시적 관용 표현에 포함할 필요가 있다. 격언이나 속담을 통시적, 역사적 관용 표현이라 한다면 표어나 구호는 현대 사회 속에서 공공적, 계몽적 동기에 따라 시대의 필요에 따라 계몽, 유행시키고자 생성되는 것으로 전래 속담의 교훈담, 권유담에 상응하는 가치와 표현 효과를 유발한다고 보기 때문이다.

셋째, 전술한 대로 '유행어'도 관용 표현으로 설정할 필요가 있다. 유행어라는 것이 통상 입말 속에서 생성, 통용된다는 점에서 이러한 유행어의 속성은 관용 표현들이 입말 속에 생성, 통용되는 면과 비슷하기 때문이다. 물론 관용이란 말속에는 관용이 인정될 일정한 시간 길이가 요구되므로 유행어들을 관용 표현으로 포함하는 데는 반대 의견이 있을 수 있다. 유행어란 관용화라는 정착 단계 이전의 표현들이라고 보아야 한다고 주장할 수도 있기 때문이다. 이런 논리에서는 유행어가 정착되어야 비로소 관용어가 된다는 논리이다.

그러나 유행어라는 것이 통용되는 기준 시간은 분명히 단정할 수 없는 것이라 1, 2년 또는 3~5년 정도 통용되다 사라지는 것도 있고 한 세대인 30여 년 통용되다 사라지는 것도 있어 유행어의 판정 시기를 정하기가 쉽지 않다. 가령, 레슬링 경기에서 나온 '빠떼루 주어야 합니다'라는 표현은 '벌 또는 벌점을 주어야 한다, 경고해야 한다' 정도로 쓰인 것으로 몇 년 전 어느 국제 경기대회 때 해설자가 한 말에서 유행한 것인데 몇 년 쓰이다 요즘은 약화되었다. '모던 보이, 모던 걸'은 일제 때 나온 이종극(1937)의 '모던 외래어 사전'에 나오는 일제 시대의 유행 외래어로 오늘날은 '플레이보이, 플레이걸'로 대치되어 쓰인다. 이처럼 한 시대에 쓰이다 사라지는 유행 표현들이라도 그 시대에는 당대의 언중에게 일시적으로 관용 표현들로 통용되는 제한적 관용성의 특성이 있었던 사실은 부정할 수 없으므로 '공시적 관용 표현'으로 설정할 필요가 있다.

이처럼 상당수 유행어들은 일시적 유행어로 끝날 가능성이 큰 것이지만 아무리 짧게 유행되더라도 그것은 '일시적, 제한적 관용'이라는 방식을 취하기 때문에 유행어를 관용 표현으로 보는 데는 어려움이 없다. 따라서 우리는 '유행어'라는 용어는 단어 차원만 포함하므로 단어, 구 차원의 유행어를 '유행 어구'라고 부르도록 한다.

그런데, 유행 언어 표현에는 '유행 어구' 외에 '유행 속담'이 있으며, 유행 속담에는 전술한 대로 교훈담, 권유담과 유사한 기능의 표어나 구호도 따로 설정해야 한다. 전래 속담을 변형한 것들은 '형광등 위가 어둡다, 아는 길도 물어 가면 시간 낭비다'처럼 대부분 언어 유희적 성격이 강하므로 '유희 속담'이라고 부를 수도 있다. 또한 '이 사람 믿어 주세요, 저도 알고 보면 부드러운 남자입니다…'처럼 유행 어법도 일시적으로 통용된다는 점에서 문장 차원의 유행 어법으로 유행 속담에 포함해야 한다.

더 나아가 유행 언어 표현에는 현대 대중 설화 차원으로 볼 수 있는 '덩다리 시리즈, 만득이 시리즈, 참새 시리즈…' 등과 같은 말글(이야기, 텍스트) 단위 차원의 각종 '유행 담화'(우스개이야기, 괴기담, 음담패설, 풍자담 등)도 있으므로 이들을 모두 포함하여 '유행어'가 아닌 '유행 언어 표현'이라 하도록 한다.

특히 유행 언어라고 하는 것이 기존 관용 표현들을 변형(패러디)해서 만드는 것들도 상당수 있다는 점에서 통시적으로 구비전승 된 관용 표현들을 '전래 관용 표현'이라고 본다면 당대의 유행 언어 표현들은 공시적 관용 표현이므로 '유행 관용 표현'이라고 볼 수 있다. 가령, 오늘날 '동고동락'을 변형한 '동거동락'을 만들거나, '등잔 밑이 어둡다'를 '형광등 위가 어둡다'로 변형하든지, 주식 투자 격언 20개[2]를 만들어 낸다든지, 만득이 이야기 시리즈를 만들든지 하여 유행 관용 표현은 고사성어에서 속담, 유행담에 이르기까지 갈래가 다양하다.

넷째, 전술한 대로 전래 고전 설화나 현대의 유행담들도 이야기 차원의 관용 표현으로 볼 필요가 있다. 무엇보다도 이들이 설화 차원에서 유사한 구조를 가지면서 생성되는 점이 공통적이다. 단지, 고전 설화는 오랜 세월을 구비 전승, 회자되어 통시적 관용화에 성공하였고, 현대 유행담은 아직 정착, 회자되기를 기다리는 점이 다르다고 하겠다.

---

2)   〔주식 격언 20 가지〕

낮은 가격에 사서 오르면 팔라.	신규상담은 증권회사를 찾아가라.
미래의 수익을 목적으로 하라.	배우자 고르듯 장래성을 보라.
밀짚모자는 겨울에 사라.	소문은 1명이 만들고 99명은 좇는다.
달걀을 한 바구니에 담지 말라.	장미꽃 따려다 벼랑에서 떨어진다.
여름철 투자자는 쉬어도 주가는 움직인다.	
자손은 크는 재미, 주식은 느는 재미.	
술꾼은 비틀려도 자기 집을 찾는다.	
가장 오래 오른 주가 가장 빨리 떨어진다.	
남이 살 수 없는 주식을 사라.	내일이라는 날도 있다.
독수리는 참새를 잡아먹는다.	대중에게 명백한 것은 명백한 잘못이다.
산이 높으면 골도 깊다.	주식을 사지말고 때를 사라.
첫 반락에 사라.	주식을 사고 싶으면 3일 후에 사라.

그 밖에 용어도 '전통 관용 어구'를 '전래 관용 어구'로 고치고, '서구 관용어'라 한 것도 '외래 관용어'로 수정한다. 이상에 따라 앞 분류에 표어와 유행어를 포함하여 새로 조정한 틀을 제시하면 다음과 같다.

관용 표현
Ⅰ. 전래 관용 표현(=통시적 관용 표현)
   (1) 고사성어
   (2) 관용 어구(=숙어)
      ① 전래 관용 어구
      ② 외래 관용 어구
   (3) 인간 관계 표현
      ① 긍정 관계어 : 의례어(인사말, 감사 표현, 사죄 표현, 건배사, 덕담 등)
      ② 부정 관계어 : 욕설
   (4) 속담
      ① 교훈담
      ② 비유담
      ③ 길흉담(예언담, 속신담)
         ㄱ. 금기담
         ㄴ. 권유담
         ㄷ. 징표담
         ㄹ. 해몽담
   (5) 수수께끼
   (6) 전래 설화(=전래담) : 신화, 전설, 민담
Ⅱ. 유행 관용 표현(=공시적 관용 표현)
   (1) 유행 성어 : 고사성어를 신조, 변형한 것
   (2) 유행 어구 : 관용 어구를 신조, 변형한 것
      ① 자생 유행 어구 : 국내에서 자생적으로 생성된 유행 어구
      ② 외래 유행 어구 : 외래 표현에서 차용된 유행 어구
   (3) 유행 인간 관계 표현
      ① 긍정 관계어 : 유행 의례어
      ② 부정 관계어 : 유행 욕설
   (4) 유행 속담
      ① 유행 교훈담 : 신조, 변형한 교훈담
      ② 유행 비유담 : 신조, 변형한 비유담

③ 유행 길흉담 : 신조, 변형한 길흉담
④ 유행 어법 : 유행 어구보다 큰 단위인 문장 단위의 유행 어법
⑤ 표어와 구호
(5) 유행 수수께끼 : 수수께끼를 신조하거나, 전래 수수께끼를 변형한 것
(6) 유행담 : 신조, 변형한 우스갯소리, 괴기담, 풍자담, 음담패설 등

이제 이상과 같은 분류의 틀에서 이들 관용 표현의 구조적, 내용적 특성을 살펴본다.

6.3 전래 관용 표현

6.3.1 고사성어

고사성어는 故事나 古典에서 유래하는 한자성어로 대부분 출전 근거가 드러나는 점이 중요한 조건이다. 가령, '千里眼'이란 말은 중국의 '魏書' 楊逸傳에 나오는 고사로 楊逸이란 젊은 지방관이 지성으로 백성을 섬기며 선정을 베풀어 관리들이 몰래 뇌물을 받고 부정을 저지르려고 해도 "우리 양 장관은 천리를 내다보는 눈이 있어 좀처럼 속일 수 없다"라고 한데서 유래한 것이다. 이런 고사성어는 허다하여 '殺身成仁, 戰戰兢兢, 道聽塗說, 異端, 啓發'은 '논어', '五十步百步, 緣木求魚, 先覺者'는 '맹자', '大器晩成, 嚆矢'는 '노자', '一日三秋'는 '시경', '臥薪嘗膽, 刎頸之交, 蛇足'은 '사기', '千里眼'은 '魏書', '出師表'는 '삼국지', '古稀, 白髮三千丈'은 두보와 이태백의 시에서 각각 유래한다.

한국에서 발생한 고사성어 역시 '삼국유사, 삼국사기' 등의 역사서, '춘향전, 구운몽'과 같은 고소설, 홍만종의 '旬五志', 정약용의 '耳談續纂'과 같은 속담집 등에서 유래한다. 우리 고유의 고사성어로는 '烏飛梨落, 賊反荷杖, 草綠同色, 咸興差使, 弘益人間, 三日天下, 高麗公事三日' 같은 것이 있으며, 우리가 속담처럼 쓰는 '고래 싸움에 새우 등 터진다' 등과 같은 말도

'鯨戰蝦死'라는 漢字成語에서 나온 말이다.

고사성어는 4자로 된 고사성어가 대부분이지만 우리나라의 속담을 한자로 풀이한 정약용의 '耳談續纂'에서는 8자로 풀이하여 가령, '참새가 방안간을 그저 지날까'라는 속담을 '未有瓦雀虛過碓閣'이라고 8자로 풀어쓰기도 한다. 고사성어에는 '東家宿西家食, 百聞不如一見'과 같은 6자어, '瓜田不納履, 五十步百步, 白髮三千丈'과 같은 5자어도 있으며, '紅一點, 出師表, 千里眼, 登龍門, 未亡人'과 같은 3자어나 '不遇, 白書, 杞憂, 完璧, 鷄肋'과 같은 2자어로 된 것도 있다.

서양의 고사성어 역시 한자로 번역되어 쓰이기도 하는데 '帝王切開, 百日天下' 등의 한자어로 번역된 성어들을 들 수 있다.

6. 3. 2 관용 어구

관용 어구는 숙어라고도 하는 것으로 숙어는 크게 체언 어구와 용언 어구로 나눌 수 있다. 체언 어구는 '책상물림, 바지저고리, 중의 빗, 그림의 떡, 물 찬 제비, 독 안에 든 쥐, 하늘의 별 따기' 같은 것인데 '책상물림, 바지저고리'처럼 합성어로 올라 있거나 '중의 빗, 그림의 떡…'처럼 속담 표현으로 보기도 하는 것이 있다.

용언 어구들은 국어에서 가장 생산적으로 나타나는 것들이다. '애 쓰다, 기가 막히다, 시집가다, 장가가다, 눈 밖에 나다, 황천 가다' 등과 같이 관용적으로 쓰이는 표현들이 이에 해당하는데 통사 구조는 매우 다양한데 NV 유형이 대부분이다.

① N이/가 V : 기가 막히다, 물이 오르다, 손이 곱다, 손이 모자라다, 손이 거칠다, 손이 닳도록, 손이 맵다, 눈이 밝다, 눈 깜짝할 사이, 배가 맞다, 눈이 높다, 눈이 뚫어지게, 눈이 빠지도록 기다리다, 눈이 십리만큼 들어갔다, 발이 넓다, …

② N을/를 V : 애(를)쓰다, 시집(을)가다, 장가(를)가다, 국수(를)먹다, 책을 뒤적이다, 사회 물을 먹다, 손을 끊다, 손을 내밀다, 눈을 딱 감다, 눈을 끌다, 눈을 맞추다, …

③ N에 V : 눈밖에 나다, 황천(에/으로)가다, 손에 붙다, 손에 넣다, 왜놈 손에 놀아나
　　　　　다, 눈에 거슬리다, 눈에 밟히다, 눈에 띄다, 눈에 선하다, 눈에 차다, 입에
　　　　　풀칠하다, 귀에 거슬리다, …
④ N에 N이 V : 눈에 불이 나다, 눈에서 번개가 번쩍 나다, 눈에 이슬이 맺히다, 눈에
　　　　　　흙이 들어가다, …
⑤ N에 N을 V : 손에 반지를 끼다, 손에 땀을 쥐다, 손에 손을 잡다, N에 손(을)떼다,
　　　　　　N에 손(을)씻다, 눈에 불을 켜고, …

이러한 관용 어구의 유형은 그 유래에 따라 다음과 같이 나뉜다.

　(1) 전래 관용 어구 : 우리나라에서 역사적으로 형성된 관용 어구들이다. '바지저고리,
　　　　　　　　　책상물림, 뒤를 보다, 낯을 붉히다(싸우다), 한잔하다, 시치미떼
　　　　　　　　　다, 파리 날리다, 눈에 흙이 들어가다' 등의 체언구와 용언구들
　　　　　　　　　이 해당된다.
　(2) 외래 관용 어구 : 대부분 서구에서 번역 차용된 것으로 '판도라의 상자, 뜨거운 감
　　　　　　　　　자, 황금알 낳는 거위, 악어의 눈물, 노아의 방주, 마이더스의
　　　　　　　　　손, 지킬 박사와 하이드씨, 소돔과 고모라, 콜롬부스의 달걀, 코
　　　　　　　　　페르니쿠스적 전환, 베니스의 상인, 위험한 관계, 악의 꽃, 25
　　　　　　　　　시, 금단의 열매, 카인의 후예, 쿠오바디스, 오이디푸스 콤플렉
　　　　　　　　　스, 시지푸스의 바위' 등처럼 신화, 작품명 등에서 나온 서구 관
　　　　　　　　　용 어구가 번역 차용되어 우리의 언어생활에서도 잘 쓰인다.

사실 앞에서 살핀 고사성어는 '관용 어구'에 흡수하여 분류하여도 된다. 우
리나라에서 자생한 소수의 고사성어는 전래 관용 어구에 속하고 중국에서 유
래한 대부분의 고사성어는 외래 관용 어구에 속하는 것으로 볼 수 있기 때문이다.

6.3.3 인간 관계 표현

관용 표현 중에는 인간 관계에 영향을 끼치는 표현들이 있어 이들은 '인간
관계 표현'으로 부를 수 있는 것으로 인간 관계를 긍정적으로 강화시켜 주는
것과 부정적으로 강화시켜 주는 것이 있다.

(1) 긍정 관계어 : 의례어

긍정 관계어는 인간 관계를 강화시켜 주는 유익한 표현으로 달리 '의례어'라 부를 수 있다. 인사말, 감사 표현, 사죄 표현, 건배사, 덕담 등이 이에 속한다.

① 인사말 : 우리나라의 인사말은 아침, 점심, 저녁, 밤별로 구별되지 않은 것이 특징이며, 조석 문안 인사 정도로 대별된다. 즉 '안녕하세요, 안녕히 주무셨습니까'와 '안녕히 주무세요'가 대별되며 '진지 드셨습니까, 별고 없으시지요, 많이 드세요, 맛있게 드세요, …' 등이 있다.

② 감사 표현 : 감사합니다. 고맙습니다. 덕분에 잘 되었습니다, 여러모로 힘써 주셔서 감사합니다, …

③ 사죄 용서 표현 : 죄송합니다, 미안합니다, 이를 어쩌지요, 무어라 드릴 말씀이 없습니다, 죽을 죄를 지었습니다, …

④ 건배사 : 건배, 위하여, 얼씨구 좋다, 지화자, …

⑤ 덕담 : 새해 복 많이 받으세요, 새해 만수무강하시고 평안하시기 바랍니다, 올해도 좋은 일만 많이 생기시기 바랍니다(이상 설날 인사와 덕담), 내 더위 사시오(정월 대보름 덕담), 입춘대길, …

⑥ 편지 문안 : 안녕히 지내셨습니까, 그동안 평안하셨습니까, 氣體候 一向 萬康하옵신지요, 옥체 보전하소서, 不肖 小子 올림, 불효자 올림, …

(2) 부정 관계어 : 욕설

부정 관계어는 인간 관계를 해치는 표현들로 욕설, 저주, 조롱, 비아냥 표현이라든가, 비유적 비하 표현 등이 해당된다.[3]

① 비유, 별명적 욕설 : 개XX, (불)여우, 곰, 돼지, 구렁이, 빈대, 너구리, 암캐, 영계, 건달. 호모. 식충이, 깍쟁이, 얌체, 졸장부, 구두쇠, 도둑놈, 땅딸보, 뚱보, 애꾸, 병신, 바보, 멍청이, 후레자식, 꼰대, 공돌이, 공순이, 촌놈, 시골뜨기, 양놈, 되놈, 왜놈, 검둥이, 쪽발이, 싸가지(없는 X), …

특히 이 범위에는 여성 차별 표현이 두드러지게 많다. 예) 여편네, 마누라, 가시나, 계집애, 화냥X, 갈보, 문둥이 가시나, 냄비 같은 여자, 걸레, 수염도 안 나는 게, 군대도 안

---

3) 욕설에 대해서는 윤재천·이주행(1983~1984), 신기상(1992), 김동언(1998, 1999), 김상윤(2002) 참고

가는 게…

②성 표현의 욕설 : X 같은…, 니 에미 X할, …

성 표현 욕설은 성기를 지칭하는 욕설과 근친상간형 욕설이 있다. 특히 후자는 아들과 어미와의 근친상간이 너무 충격적이기에 그 말은 빼고 그저 '너의 어머니와…'의 뜻인 '니 에미…'만으로 통하는 욕설인데 다른 언어에도 보인다. 영어의 '…유어 마더!', '..투 마더!', 중국의 '첸니 데마!', '쯔아오니마!'가 그것이다.

③ 욕설 : X년, *놈, XX끼, 뒈X라, 염X할, 젠장, 제길할, 지랄, 쳐죽일 X, 못된X, 못 배 워먹은 X, 덜 떨어진 X, 망할X, 빌어먹을X, 쓸개 빠진 X, 엿 먹어라, X물에 튀 길 X, …

④ 형벌 관련 욕설 : 육시할 놈, 오라질 놈, 오살할 놈, 주리틀 놈…

⑤ 조롱, 협박, 과격 표현 : 잘한다 잘해, 너 죽어, 두고 보자, 잘났어 정말, 잘 빠졌다, 자폭해라, 처단하자, 물러가라, …

6. 3. 4 속담

속담의 특성은 민중성, 향토성, 구비성, 시대성, 간결성, 가변성(창조성, 변용성), 교훈성 등을 특징으로 한다(이두현 외 1991, 최창렬·심재기·성광수 외 1986, 최래옥 1993, 김종택 1992 참고). 역사적으로 우리나라의 속담에 대한 근원 설화는 삼국유사의 '郁面 설화'에 보인다.

욱면이란 하녀가 주인의 미움을 받아 매양 곡식 두 섬을 찧도록 할당받았는데 초저녁에 다 찧고 와서 절에 와서 염불을 하며 밤낮으로 게을리 하지 않았다는 이야기인데 '己事之忙 大家之舂促'(내 일 바빠 한댁 방아를 서두른다)이라는 속담 원문이 여기에 나온다(삼국유사 권 5, 郁面婢念佛西昇). 이 속담은 그동안 잘못 전승되어 '내 일 바빠 한데 방아'라 불러오면서 '한데'를 '野, 露'의 뜻으로 해석해 왔다. 그러나 삼국유사의 이 부분에 '大家'라고 나와 '한데'는 '큰댁'을 뜻하는 '한댁'이 '한데'로 와전된 것으로 드러났다. 이 속담은 오늘날 다음과 같이 사전에 올라 있다.

〔내 일 바빠 한댁 방아〕 (국립국어연구원, 표준국어대사전)

① 큰댁의 방아를 빌려서 자기 집의 쌀을 찧어야 하겠으나 할 수 없이 큰댁의 방아 찧는 일을 먼저 거들어 주어야 한다는 뜻으로, 내 일을 하기 위하여 부득이 다른

사람의 일부터 해 줌을 비유적으로 이르는 말.
② 일이 바쁠 때는 모든 도구를 갖추지 못하고서도 서둘러 함을 이르는 말.

속담은 고정적인 것이 아니라 유사형(파생형) 속담 즉 同意 俗談群이 대단히 많으며 그런 것이 새로운 변용의 토대가 되므로 가변적인 특성을 지닌다. 가령, 다음과 같이 속담들에는 동의 속담군이 많다.

① 남의 작은 허물을 흉봄을 비유하는 동의 속담군
　가랑잎이 솔잎더러 바스락거린다고 한다. =겨울 바람이 봄바람보고 춥다 한다.
　=똥 묻은 개가 겨 묻은 개를 나무란다. =똥 묻은 접시가 재 묻은 접시를 흉본다.
② 어떤 일을 이루려면 선행 조건이 필요함을 비유하는 동의 속담군
　거미도 줄을 쳐야 벌레를 잡는다. =눈을 떠야 별을 보지. =바다에 가야 고기를 잡는다.
　=범굴에 가야 범을 잡지. =산에 가야 꿩을 잡는다. =서울에 가야 과거에 급제하지.
　=잠을 자야 꿈을 꾸지. =죽어 보아야 저승을 알지. =호랑이굴에 가야 호랑이새끼
　를 잡는다.

특히 가장 집합적으로 형성되어 있는 사례로는 성차별적 속담 표현들을 들 수 있다.[4]

① 여성의 시기, 질투 표현의 속담군
　·계집의 곡한 마음은 오뉴월에 서리친다
　·계집은 질투를 빼놓으면 두 근도 안 된다
　·계집이 늙으면 여우가 된다
　·여자의 소매는 마를 새가 없다
② 여자 행동에 대한 금기담
　·여자가 그릇을 잘 깨면 팔자가 세다
　·여자가 머리 빗고 군빗질하면 소박맞는다
　·여자가 팔짱 끼고 다니면 과부 된다
　·여자가 음성이 크면 과부가 된다

이런 속담은 외국에도 다양하게 나타난다.

---

4) 여성어와 여성 차별 표현에 대해서는 졸고(1997) 참고.

· 침묵하는 여성이 지껄이는 여성보다 훨씬 낫다(이탈리아)
· 여성의 입은 악담의 보금자리다(몽고)
· 여성의 입을 열게 하기 위해서는 수천의 방법이 있지만 여성의 입을 다물게 하는 방법이 전혀 없다(프랑스)
· 여성은 긴 머리카락과 그것보다 긴 혀를 가진 동물이다(러시아)

이처럼 수많은 속담의 유형을 분류하는 것은 연구자들에 따라 다양한데 기준에 따라 여러 유형으로 나눌 수 있다. 우리는 속담의 분류를 졸고(2000: 55~59 참고)에 따라 다음과 같이 분류한다.5)

(1) 용도별 유형
　① 교훈담 : '콩 심은 데 콩 나고 팥 심은 데 팥 난다, 낮말은 새가 듣고 밤말은 쥐가 듣는다'와 같이 교훈적 성격을 띠는 속담이다. 그런데 교훈담 중에는 한국에서 유래된 전래 교훈담도 있지만 '하늘은 스스로 돕는 자를 돕는다, 구르는 돌에는 이끼가 끼지 않는다, 피는 물보다 진하다,'처럼 서구나 중국, 일본과 같은 외국에서 유래된 외래 교훈담도 있다. '예술은 길고 인생은 짧다, 기하학에 왕도(王道) 없다, 주사위는 던져졌다, 루비콘 강을 건너다, 모든 길은 로마로 통한다' 등은 서양의 역사, 또는 역사적 인물에 의해서 만들어진 속담들로 교훈이나 비유 표현에 쓰인다.
　　그동안 쓰인 '격언, 금언, 잠언'이라는 용어는 교훈담을 달리 이르는 말로 보아야 할 것이다. 특히 전래 교훈담 중에는 무명씨의 것도 많지만

---

5) 인터넷 사이트에는 다음과 같은 고사성어, 속담, 명언, 이야기 사이트들이 많이 있고 그 나름대로의 기준으로 속담들을 분류하기도 하여 참고되는데 이런 사이트 덕분에 관용 표현들의 대중화와 활용에는 어려움이 없다.
속담토피아(http://hometopia.com/proverb/indexpro.html),
명언뱅크(http://maximlee.x-y.net/),
사이버서당(http://www.cybersodang.co.kr/),
이야기 한자여행(http://www.hanja.pe.kr/),
한글+한자 문화(http://www.hanja-edu.com/),
유림학당(http://hanja4u.com.ne.kr/f1.htm),
사임당 한문서당(http://user.chollian.net/~k71421/menu.htm),
이야기나라(http://dialog.duri.net/),
코미디뱅크(http://www.comedybank.com/) 등이 있다.

유명 저서에 실려 전하거나 유명 정치인, 철학자, 작가, 사회운동가 등
이 한 말에서 유래한 實名의 격언도 많다.

동서양의 속담들은 유사한 것도 많고 같은 것도 있다. 가령, '父傳子
傳', '類類相從', '사공이 많으면 배가 산으로 올라간다', '쇠뿔은 단
김에 빼라' 같은 우리 속담들은 '그 아비에 그 아들'(Like father, like
son), '같은 깃털의 새들은 함께 모인다'(Birds of a feather flock
together), '요리사가 많으면 국을 망친다'(Too many cooks spoil the
broth), '쇠는 달구어졌을 때 때려라'(Strike while the iron is hot) 같
은 영어 속담들과 대단히 흡사하다. '사귀는 친구를 보면 그 사람을 알
수 있다' 같은 것은 우리말과 영어가 똑같다.

서구의 교훈담은 잘못 해석하는 경우도 있다. 가령, '구르는 돌은 이끼
가 끼지 않는다'라는 서양 속담을 우리는 '활발하게 활동하면 쇠퇴하지
않는다'는 의미로 이해하는 이가 있지만 영어에서 실제 의미는 '이사를
자주 하거나 직업을 자주 바꾸면 재산이 모이지 않는다'는 뜻으로 쓰인
다. 'The best things in life are free'라는 속담을 '인생에서 최고
의 가치는 자유라는 말, 자유롭게 사는 것이 최고이다'라고 해석하는
것은 잘못이며 이 속담의 뜻은 '인생에서 가장 소중한 것들은 값을 매
길 수 없다'는 뜻이다.6)

② 비유담 : 이는 교훈적 요소보다도 비유적, 풍자적 성격을 위주로 하는 속담이
　　다. '수박 겉핥기, 중의 빗, 꿀먹은 벙어리, 개팔자, 청산유수다' 등이
　　그러하다. 전술한 서구 관용 어구들인 '판도라의 상자, 뜨거운 감자,
　　황금알 낳는 거위, 악어의 눈물, 노아의 방주,…, 코페르니쿠스적 전
　　환, 카인의 후예, 소돔과 고모라' 등은 문장형 속담은 아니지만 체언형
　　어구로만 된 비유담으로도 볼 수 있다.

③ 길흉담(예언담, 속신담) : 금기, 권유, 징표, 해몽 관련 속담으로 주로 길흉을 예
　　언하는 속담이다. 이들은 조상들의 오랜 경험적 사고를 바탕으로 이루
　　어진 것으로 그것이 현대의 과학으로 타당한 것만 있는 것은 아니며 때
　　로는 비과학적인 미신도 있다.

　ㄱ. 금기담 : '밤에 손톱 깎지 말라, 쌀 먹으면 어미 죽는다'처럼 금기적 행동을
　　　　요구하는 속담이다. 따라서 금기를 어기면 좋지 않은 일이 생길
　　　　것이란 예언을 간접적으로 암시한다.

　ㄴ. 권유담 : 이는 금기담의 반대 유형으로 '아이 많이 울려야 목청 좋아진다,

---

6) 동서 속담의 비교에 대해서는 변재옥 편(1989), 김용철 편역(1997), 김성곤(조선일보 2002. 11.
　15, '동서양의 속담 문화') 참고.

아침에 일찍 일어나면 부자된다'처럼 권유적 행동을 담은 속담이다.

ㄷ. 징표담 : '가마가 둘이면 두번 장가간다, 아침에 까치 울면 재수 있다'처럼
어떤 징표를 통해 예언을 담고 있는 속담류이다.

ㄹ. 해몽담 : '꿈에 흰옷 입으면 안 좋다. 꿈에 똥 만지면 운이 트인다.'처럼 꿈
의 내용을 가지고 현실 세계에 대해 예언을 하여 행동을 근신, 권
유케 하거나 좋은 예감을 고취케 하는 속담류이다.

다음으로 속담이라고 다 교훈적이거나 진리를 담고 있는 것은 아니며 미
신적이거나 부정적 심리를 조장하는 것도 많다.

· 아는 것이 병이요 모르는 것이 약이다 : '아는 것이 힘'인 시대에 역행한다.
· 돌다리도 두드려 보고 건너라 : 도전 정신이 부족하여 지나친 소심함을 보여 준다.
· 암탉이 울면 집안이 망한다 : 남녀 평등에 위배되며 여성의 참정권 강화가 요구된다.
· 구관이 명관이다 : 변화와 혁신을 거부하는 태도다.
· 모로 가도 서울만 가면 된다 : 과정보다 결과만 중시하여 부도덕한 수단을 정당화한다.
· 모난 돌이 정 맞는다 : 개성과 창의력과 도전 정신을 저하시킨다.
· 윗물이 맑아야 아랫물도 맑다 : 윗사람에게만 책임 전가할 수 있다.
· 산 입에 거미줄 치랴 : 게으름을 조장한다.
· 가만히 있으면 중간은 간다 : 자기 주장이 없고 기회주의를 조장한다.
· 오르지 못할 나무는 쳐다보지도 말라 : 도전 정신을 위축시킨다.

속담 중에는 건강의 교훈을 담은 경우도 있다. '재물을 잃는 것은 조금 잃
는 것이요, 친구를 잃는 것은 많이 잃는 것이며, 건강을 잃는 것은 다 잃는
것이다'라는 서양 속담처럼 우리 속담에도 '복 중에는 건강 복이 제일'이라는
속담이 있다. 또한 현대적으로 속담을 재해석하는 시도도 있다.7)

(ㄱ) 동가식(東家食) 서가숙(西家宿) 한다 : 동쪽에서 밥 먹고 서쪽에서 잠자는 등 떠
돌이 생활을 의미하는 말인데 현대 의학적으로 해석하면 식사는 채식 위주의 동양
(東洋)식으로 하고, 잠은 침대 등을 이용한 서양(西洋)식으로 하라는 권고로 받아
들일 수 있다.

(ㄴ) 간(肝)에 기별도 안 간다 : 먹은 음식이 양에 차지 않을 때 흔히 하는 이 말은 상
당한 과학적 근거를 갖고 있다. 우리 몸에 들어온 음식물은 일단 소화되면 위장과

---

7) 조선일보 2002년 2월 21일자. '옛 말속에 건강비결 담겨있다' 참고

소장의 정맥을 타고 맨 처음 간으로 들어간다. 간은 이렇게 들어온 탄수화물·단백질·지방 등 각종 영양소의 최종 산물을 저장했다가 필요할 때마다 온 몸의 장기에 보내는 일을 한다.

(ㄷ) 술에는 장사가 없다 : 과음으로 인한 폐해를 경고하는 속담이다. 과음은 간질환은 물론 소화기관과 성 기능, 암 발생에도 영향을 미친다.

(ㄹ) 냉수 먹고 속차려라 : 철없는 행동을 하거나 과욕을 부리는 사람에게 쓰는 말이다. 마신 물은 위로 들어가 위벽을 통해 일부 흡수되고 나머지는 소장에서 음식물이 흡수될 동안 액체 상태를 유지케 하여 소화를 도와준다. 공복 시 찬물은 위장을 자극해 대장의 연동 반사를 일으킨다.

(ㅁ) 감기는 밥상머리에 내려앉는다 : 감기가 들면 잘 먹어야 낫는다는 말이다. 음식을 잘 먹으면 감기 바이러스를 죽이는 면역세포가 늘어나는 것으로 나타났다고 한다.

(ㅂ) 문둥이 콧구멍에 박힌 마늘 씨도 빼먹는다 : 지나치게 인색한 사람을 질타하는 속담이지만, 옛 조상들이 마늘을 범상히 보지 않았다고 풀어볼 수 있다. 마늘은 미국 암센터가 권장하는 항암식품 1위에 올라있다.

(ㅅ) 산에 가서 벌에게 잘만 쏘이면 10년 지기 병이 낫는다 : 최근 인기를 끌고 있는 봉독약침의 유래를 추정해볼 수 있는 속담이다. 꿀벌의 독(봉독)에는 멜리틴·아파민·포스포리파제A2·아돌라핀 등 인체에 염증 반응을 낮추는 데 유효한 성분들이 많아 소염, 진통, 면역기능 조절 등의 효과를 낸다.

(ㅇ) 세살 버릇 여든까지 간다 : 영양학 교과서에는 세살 이전에 먹어 보지 못한 음식은 평생 잘 먹지 않는다고 명시돼 있다. 이는 세살 이전에 골고루 음식을 섭취해야 성인이 돼서 편식하는 것을 예방할 수 있다는 것을 말한다.

(ㅈ) 재수가 없으면 뒤로 넘어져도 코가 깨진다 : 머리 뒤쪽에 가해진 충격이더라도 그 세기가 크다면 뇌를 받치고 있는 두개골의 바닥(두개기저부)이 골절될 수 있다. 그러면 뇌척수액이 코로 흘러 내려 위험한 상황이 된다.

(ㅊ) 사촌이 땅을 사면 배가 아프다 : 스트레스와 복통이 연관된 것으로 해석된다.

(ㅋ) 어질병이 지랄병 된다 : 작은 병이 점점 더 도져서 큰 병이 된다는 뜻이다. 모든 병은 초기에 치료해야 말끔히 치료할 수 있고 비용도 적게 든다. 잔병 앓는 사람이 오래 산다는 말도 가벼운 질환으로 병원에 자주 다닌 사람이 중병도 조기에 발견, 바로바로 치료받기 때문으로 해석된다.

다음으로 속담들을 구문 구조로 분류하면 다음과 같다. 구문의 분류 기준은 종속절을 부사절로 보고 부사절, 관형절, 명사절을 모두 내포절로 처리하며, 대등절 구문만 따로 설정한다. 또한 대등절, 내포절이 혼합된 것은 혼합문으로 설정한다.

(2) 구문별 유형

① 단순문형

  (ㄱ) 체언형 : 핵 성분이 체언으로 끝나는 것.

     중의 빗, 파리 목숨, 꿩 대신 닭, 눈 뜬 장님, 눈의 가시, 희망의 등대, 빙산의 일각

  (ㄴ) 용언형 : 서술어가 용언으로 끝나는 것.

     · 깨가 쏟아진다.

     · 가난은 죄가 아니다.

     · 장대로 하늘 재기.

② 내포문형

  (ㄱ) 명사절 내포문

     · 감나무 밑에 누워 <u>연시 입안에 떨어지기를</u> 기다린다.

     · 갓 쓰고 <u>구두 신기</u>.

     · 벌거벗고 <u>還刀(환도) 차기</u>.

  (ㄴ) 관형절 내포문

     · <u>가던</u> 날이 장날이다.

     · <u>가을 식은</u> 밥이 봄 양식이다.

     · 오르지 못할 나무는 쳐다보지도 말라.

  (ㄷ) 부사절 내포문(=종속문)

     · <u>개도 기르면</u> 은혜를 안다.

     · <u>여자 셋이 모이면</u> 사발이 말한다.

     · <u>날 받아놓고</u> 죽는 사람 없다.

     · <u>기름을 지고</u> 불로 들어간다

③ 대등문(=병렬문)형

  · <u>작은 복은 제게 달렸고</u>, 큰 복은 하늘에 달렸다.

  · <u>내 말은 남이 하고</u>, 남 말은 내가 한다.

  · <u>눈은 뜨고</u> 입은 다물어야 한다.

④ 혼합문(내포문과 대등문이 혼합된 것)

  · 하늘을 올라만 가고 내려올 줄 모르는 용은 후회할 때가 있다.

  · 하루 가다 보면 소도 보고 말도 본다.

  · 가루 팔러 가니 바람이 불고, 소금 팔러 가니 이슬비 온다.

속담은 대등절이나 종속절이 많은데 종속절의 경우는 가정의 연결어미 '-면', 설명의 연결어미 '-고'가 많이 나타난다. 이는 표현하는 상황에 대해 가

정을 하고 경고, 교훈, 묘사하는 경우가 많기 때문이다.

6.3.5 수수께끼

수수께끼(riddle, conundrum, puzzle, enigma)는 질문-응답 구조를 통해 지혜를 겨루는 전래담이다. 어떤 사물에 대하여 바로 말하지 않고 빗대어서 말하여 그 사물의 뜻이나 이름을 알아맞히는 놀이를 두고 말한다. 우문현답(愚問賢答)이나 현문우답(賢問愚答)의 문답법이다. 실제의 답은 평범하나 문제가 의외여서 잘 알 수 없으며 또 기발하여 듣는 사람으로 하여금 난처하게 만든다.

수수께끼는 동서양에서 단순한 기지를 겨루는 놀이일 뿐만 아니라 사건의 해결을 구하는 문제로도 쓰였다. 서양에서는 유명한 스핑크스의 수수께끼가 있다. 스핑크스는 이집트 외에 시리아, 페니키아, 바빌로니아, 페르시아, 그리스 등지에도 일찍부터 알려져 있다. 특히 그리스 신화에서는 에키드나와 오로토로스의 아들, 또는 라이오스의 딸이라는 등 여러 가지 전설이 있다.

그 중에서도 테베의 암산(岩山) 부근에 살면서 지나가는 사람에게 "아침에는 네 다리로, 낮에는 두 다리로, 밤에는 세 다리로 걷는 짐승이 무엇이냐"라는, 이른바 '스핑크스의 수수께끼'를 내어 그 수수께끼를 풀지 못한 사람을 잡아먹었다는 전설은 유명하다. 그러나 오이디푸스가 "그것은 사람이다(사람은 어렸을 때 네 다리로 기고, 자라서는 두 발로 걷고, 늙어서는 지팡이를 짚어 세 다리로 걷기 때문에)"라고 대답하자, 스핑크스는 물 속에 몸을 던져 죽었다고 한다.

그러나 수수께끼를 다룬 최고의 고전은 성경이다. 구약 성경 사사기 14장에 나오는 삼손의 수수께끼가 구약에서 대표적이다. 삼손이 이방인 여자와 결혼한 후에 삼손이 잡아죽인 사자의 주검에 다시 가본즉 벌떼와 꿀이 있음을 보고서 이방인인 블레셋 사람들에게 "먹는 자에게서 먹는 것이 나오고 강한 자에서 단 것이 나왔느니라"가 무엇을 뜻하는지 7일 안에 풀도록 하였는데 삼손이 정답을 아내의 간청에 끌려 풀어준 결과 아내가 동족들에게 누설하여 풀게 한 이야기이다.

구약의 솔로몬은 지혜의 왕이라고도 하여 구약 열왕기 상 10장 1절부터는 스바 여왕이 찾아 와 솔로몬의 지혜를 시험한 이야기가 나온다. 같은 이야기가 역대 하 9장에도 나온다.8) 솔로몬의 지혜로움은 한 아이를 서로 자기 아이라고 주장하는 두 여인에게 재판한 유명한 솔로몬의 재판 이야기(구약 열왕기 상 3장 16절~28절)에도 나온다.9) 구약 외경인 '벤시락(Ben Sira)의 지혜서'(기원전 180년경. 성경의 정전으로 인정받지는 못함)에서는 솔로몬을 수수께끼의 창안자라고도 하였다. 신약 성경에서도 인류의 미래를 예언한 '요한 계시록'은 전체가 수수께끼 같은 책이라 할 수 있다. 가령, 요한계시록 13장의 구절은 현대 성서 연구에서도 수수께끼 같은 책이다.10)

---

8) 스바 여왕이 여호와의 이름으로 말미암은 솔로몬의 명예를 듣고 와서 어려운 문제로 저를 시험코자 하여 예루살렘에 이르니 隨員이 심히 많고 향품과 심히 많은 금과 보석을 약대에 실었더라 저가 솔로몬에게 나아와 자기 마음에 있는 것을 다 말하매 솔로몬이 그 묻는 말을 다 대답하였으니 왕이 隱微하여 대답지 못한 것이 없었더라(구약 열왕기 상 10장 1절~8절)

9) 때에 창기 두 계집이 왕에게 와서 그 앞에 서며 한 계집은 말하되 내 주여 나와 이 계집이 한 집에서 사는데 내가 저와 함께 집에 있으며 아이를 낳았더니 나의 해산한지 삼일에 이 계집도 해산하고 우리가 함께 있었고 우리 둘 외에는 집에 다른 사람이 없었나이다 그런데 밤에 저 계집이 그 아들 위에 누우므로 그 아들이 죽으니 저가 밤중에 일어나서 계집종 나의 잠든 사이에 내 아들을 내 곁에서 가져다가 자기의 품에 누이고 자기의 죽은 아들을 내 품에 뉘었나이다 …(중략)…

왕이 가로되 이는 말하기를 산 것은 내 아들이요 죽은 것은 네 아들이라 하고 저는 말하기를 아니라 죽은 것이 네 아들이요 산 것이 내 아들이라 하는도다 하고 또 가로되 칼을 내게로 가져오라 하니 칼을 왕의 앞으로 가져온지라

왕이 이르되 산 아들을 둘에 나눠 반은 이에게 주고 반은 저에게 주라

그 산 아들의 어미되는 계집이 그 아들을 위하여 마음이 불 붙는 것 같아서 왕께 아뢰어 가로되 청컨대 내 주여 산 아들을 저에게 주시고 아무쪼록 죽이지 마옵소서 하되 한 계집은 말하기를 내 것도 되게 말고 네 것도 되게 말고 나누게 하라 하는지라

왕이 대답하여 가로되 산 아들을 저 계집에게 주고 결코 죽이지 말라 저가 그 어미니라 하매 온 이스라엘이 왕의 심리하여 판결함을 듣고 왕을 두려워하였으니 이는 하나님의 지혜가 저의 속에 있어 판결함을 봄이더라(구약 열왕기 상 3장 16절~28절).

10) 저가 권세를 받아 그 짐승의 우상에게 생기를 주어 그 짐승의 우상으로 말하게 하고 또 짐승의 우상에게 경배하지 아니하는 자는 몇이든지 다 죽이게 하더라

저가 모든 자 곧 작은 자나 큰 자나 부자나 빈궁한 자나 자유한 자나 종들로 그 오른손에나 이마에 표를 받게 하고

누구든지 이 표를 가진 자 외에는 매매를 못하게 하니 이 표는 곧 짐승의 이름이나 그 이름의 수라 지혜가 여기 있으니 총명 있는 자는 그 짐승의 수를 세어 보라 그 수는 사람의 수니 육백 육십 육이니라(요한계시록 13장 15~18절)

　동양에서도 周易, 史記, 鄭鑑錄 등에는 예언 관련 圖讖思想이 보인다. '사기'의 '秦始皇本紀'에는 道士인 '盧生'이 바다에 들어갔다가 돌아와서 도참을 진언하기를 "진나라를 망하게 하는 것은 胡입니다"라고 했다. 진나라 시황은 그 말을 믿고 군사를 보내어 匈奴族을 격파하고 북쪽 국경에 萬里長城을 쌓았다. 그러나 실지로 진나라를 망하게 만든 것은 시황의 작은 아들 胡亥의 虐政이었다.

　前漢 말기에 王莽이 득세했을 때, 우물 속에서 꺼낸 흰 돌에 "안한공 망에게 알린다. 황제가 되리라(告安漢公莽爲皇帝)"는 8글자가 붉은 글씨로 씌어 있었다. 왕망은 이것을 근거로 野心을 성취하였고, 그 후부터 帝王이나 제왕이 되고자 하는 자가 이것을 많이 모방했다.

　한국에서도 삼국시대에 이미 도참설이 있었다. '삼국사기'의 '百濟本紀'에 보면, 660년(의자왕 20년)에 귀신 하나가 하늘로부터 내려와서 "백제는 망한다. 백제는 망한다"라고 연거푸 외치고 나서 땅 속으로 들어갔다. 왕이 사람을 시켜 그 자리를 파게 하니, 길이 90cm쯤 들어가서 거북 한 마리가 나왔는데, 그 등에 "백제는 둥근 달 같고, 신라는 초승달 같다(百濟同月輪 新羅如月新)"는 예언의 구절이 있었다 한다. 이와 같은 도참설이 구체화한 것은 신라 말, 고려 초기의 道詵國師 때부터이다.

　고려의 건국과 관련된 도참설로는 '삼국사기'의 '최치원열전'에, 최치원이 지은 "계림은 누른 잎이고 송악은 푸른 소나무(鷄林黃葉 松嶽靑松)"란 참언 구절이 있다.

　공민왕 때는 중 辛旽이 '道詵秘記'의 '松都氣衰說'을 이용하여 충주로 천도하기를 奏請하기도 하였다. 현재 민간에 돌아다니는 유일한 秘記로 風水

위 구절은 앞으로 예수를 대적하는 敵그리스도(antichrist)가 평화의 메시아로 가장하여 나타나 인류에게 전쟁을 막고 모든 범죄의 원인인 돈을 주고받지 않고 결제하는 무현금 이상사회를 바코드 시스템으로 실현시킨 후 장차 자기에게 경배를 강요하는 독재사회를 실현할 것을 예언한 것이라고 해석되고 있다. 특히 666은 성서에서 인간이 제6일에 창조되어 인간의 수를 상징하는 6의 삼위일체를 뜻하며, A(6), B(12), C(18)…에 6의 배수로 배당하여 COMPUTER에 배당하면 C(18)+O(90)+M(78)+P(96)+U(126)+T(120)+E(30)+R(108)=666이 된다는 사실도 드러났다. 이 구절은 장차 컴퓨토피아를 이용하여 정치, 경제, 종교적 통제 독재사회를 만들어갈 거짓 메시아의 도래를 경고한 것으로 보기도 한다. 이러한 해석의 진위에 대한 논란이 있지만 이처럼 성경 예언서에 수수께끼 같은 요소가 있는 것은 분명하다.

와 圖讖을 결부시켜 새 왕조의 출현을 예언한 '鄭鑑錄'이 있는데, 조선 중기에 만들어졌다고 하나 유래가 분명하지 않다.

수수께끼 관련 설화로는 '삼국유사'에 신라 소지왕 때 못 가운데서 한 늙은이가 나타나 글을 쓴 봉함을 주었는데 그 겉봉에는 '이것을 뜯어보면 두 사람이 죽을 것이요, 안 뜯어보면 한 사람이 죽을 것이요'라고 하여 그때에 日官이 그 뜻을 풀어 '두 사람은 보통 사람을 가리키고, 한 사람은 임금님을 가리킨다'고 풀어 왕은 봉함을 풀어 위해를 예방하였다는 이야기가 있다.

이상과 같이 동서양의 수수께끼는 국가 예언적 기능에서 단순히 지혜 학습에 이르기까지 다양한 기능을 하였는데 대부분 아동에 대한 지혜 학습이었으니 평소에 자녀를 생각하게 하고 궁리하게 하는 훈련으로 유익하다. 수수께끼는 문답식이므로 반드시 질문 형식의 끝말에 '…이 무엇이냐?'처럼 의문문으로 끝난다. 질문의 소재는 온갖 다양한 사물을 모두 대상으로 한다.

그런데 수수께끼는 동일한 답변이라도 이를 유도한 질문은 여러 가지인 것도 특징이다. 가령, 다음 예들은 답은 같지만 질문 방식은 다양하다.

① ㄱ. 객이 오면 먼저 나가서 인사하는 것이 무엇이냐? - 개

ㄴ. 달을 부르면 오는 것이 무엇이냐? - 개(개를 부를 때 '월이 월이' 하는 데서 '월'을 '月 유'로 보는 것에서 유래한 풀이임)

② ㄱ. 뒤통수에 눈 박힌 것은? - 개구리

ㄴ. 발이 없다가 꼬리가 하나이다가 발이 넷인 것은? - 개구리

ㄷ. 뛰는 고리가 무엇이냐? - 개구리('-구리'와 '고리'의 유사성을 이용)

ㄹ. 자식 삼천을 낳아서 천은 제가 먹고 천은 뱀을 주고 천은 새끼 치는 게 무엇이냐? - 개구리

③ ㄱ. 기둥을 물고 있는 자가 무슨 자냐? - 가운데 中 자

ㄴ. 입에 기둥 세운 것이 무엇이냐? - 가운데 中 자

④ ㄱ. 내가 웃으면 따라 웃고, 성을 내면 따라서 성을 내고, 좋은 것을 입으면 따라서 좋은 것을 입는 것은 무엇이냐? - 거울

ㄴ. 남쪽을 향해 앉으면 북쪽을 향해 앉는 것은? - 거울

⑤ ㄱ. 위로 먹고 배로 나오는 것은? - 맷돌

ㄴ. 머리로 먹고 옆으로 토하는 것은? - 맷돌

수수께끼 중에는 한자의 破字를 이용한 글자 수수께끼가 있다.

① 나무가 둘이면 수풀 림(林)자 셋이면? 수풀 삼(森)
② 나무(木목) 가운데에 해(日일)가 걸려 있으면? 동녘 동(東)자
③ 나무 옆에 돼지(亥해)가 서 있으면? 씨 핵(核)
④ 눈(目목)에 발 두 개(八여덟 팔) 달린 것은? 조개 패(貝)자
⑤ 눈(目)의 네 귀퉁이에 눈썹이 달리면? 귀 이(耳)자
⑥ 수레(車거) 세 대가 소리내며 가는 것은? 수레 소리 굉(轟)자
⑦ 산(山) 아래 달(月월) 둘이 들어 있으면? 산 무너질 붕(崩)자
⑧ 해(日일)가 수평선(一 한 일) 위에 떠오르면? 아침 단(旦)자
⑨ 하늘에 달(月월) 둘이 사이 좋게 있는 것은? 벗 붕(朋)자
⑩ 입(口구)이 넷 달린 개(犬견)는? 그릇 기(器)자

6. 3. 6 전래 설화(=전래담)

전술한 대로 신화, 전설, 민담과 같은 전래 고전 설화들도 구비전승 되면서 오랫동안 회자되어 언중의 기억에 남아 언어생활에 이용되므로 사자성어, 관용 어구, 속담과 다를 바 없다. 전래 설화들의 내용이 민중에게 이야기의 즐거움을 주고 교훈, 풍자, 비유 등의 의미를 전달함도 사자성어, 속담 등의 효과와 다를 바 없다. 단지 단어, 구절, 문장 차원이 아니며 말글(이야기, 텍스트) 단위 차원의 거대 담화 구조로 된 관용 표현이라는 점이 다를 뿐이다. 다음 예처럼 같은 이야기도 사자성어로 표현되거나 한 문장의 속담으로 표현되기도 하고 이야기(말글)로 표현되기도 한다는 점에서도 이들의 구비적 관용성은 일관되게 부여할 필요가 있다.

(ㄱ) 성어 차원 : 문일지십(聞一知十)
(ㄴ) 속담 차원 : 하나를 들으면 열을 안다. 하나를 들으면 백을 통한다.
(ㄷ) 설화 차원 : 〔이야기 출전 : 논어 公冶長 편〕
　　　어느날 공자가 자공에게 묻는다.
　　　"너는 안회와 비겨 누가 낫다고 생각하느냐?"
　　　자공이 대답했다.
　　　"제가 어찌 안회를 바랄 수 있겠습니까? 안회는 하나를 들으면 열을 아는데 저는 하나를 듣고 겨우 둘을 깨달을 뿐입니다."
　　　공자께서 말했다.

"못 미치느니라, 나도 너도."

따라서 우리는 관용 표현에 이들 전래 고전 설화들을 포함하며 그 하위 분류는 구비문학에서 분류하듯 신화, 전설, 설화의 세 가지 유형으로 한다. 이에 대한 구체적인 것은 구비문학 분야의 연구에 기댄다.

6.4 유행 관용 표현

앞에서 밝혔듯이 관용 표현이 관용성을 인정받으려면 일정 기간 통용, 유행하면서 언중에 회자된 후 정착 과정을 거쳐 인증되어야 한다. 그런데 이처럼 관용화되기 전의 통용, 유행 단계도 일종의 제한적, 일시적, 예비적 관용화 단계라는 관점에서 유행 언어 표현들도 관용 표현의 논의에서 다루어야 한다. 이러한 유행 언어 표현의 갈래는 전래 관용 표현의 갈래와 같아 새 유행 표현을 신조하거나 전래 관용 표현을 각색, 변형하고 있다. 따라서 그 종류도 전래 관용 표현처럼 유행 성어, 유행 어구, 유행 수수께끼, 유행 인간관계 표현(유행 의례어, 유행 욕설), 유행 속담, 유행담이 있다.11)

6.4.1 유행 성어

이것은 사자성어를 신조하거나 전래 성어를 변형(패러디)한 사례이다. 전래 고사성어는 교훈적 성격이 대부분이지만 유행 성어는 '身土不二, 都農不二, 政經癒着'처럼 교훈적으로 생성되기도 하지만, 대부분 오락이나 언어유희, 풍자 목적으로 생성된다. 가령, 군대 경계 근무 용어로 '엎드려 꼼짝하지 않는다'라는 뜻의 '복지부동'이 공무원의 무사안일주의를 풍자하며, '복지안동(땅에 납작 엎드려 눈만 말똥말똥 굴린다), 복지뇌동(땅에 엎드려 머리만 굴린다),

---

11) 유행 표현에 대해서는 박갑수(1994, 1985), 강신항(1975), 최기호·김미영(1998), 오은하(2000)를 참고. 유행어 자료 수집은 서정범(1985~1998)의 유행어 수집 자료를 참고.

복지수동(땅에 엎드려도 고스톱은 친다), 매지부동(아예 땅파고 들어가 움직이지 않는다), 요지부동, 착지부동, 복지미동, 복지냉동(땅에 엎드린 채 아예 얼어붙었다)' 같이 다양한 파생형을 만든다. 이러한 사자성어의 생성과 이를 이용한 풍자는 인터넷에 유행하며 언론 사이트 중에는 '사자성어로 보는 세상'과 같은 독자 게시용 사이트가 있다(인터넷 조선일보 사이트 참고). 한편, 전래 고사성어는 한자어들이지만 현대의 유행 성어는 다음의 '눈치코치, 아랫도리, 미친자식'의 고유어 부분처럼 고유어들도 사자성어로 만드는 점이 특징이다.

눈치코치 : 눈 치고(때리고) 코 치고(때리고).
아랫도리 : 여자/남자가 지켜야 할 도리
미친자식 : 미국과 친하려는 사람.
개인지도 : 개가 사람을 가르친다.
난간견변(難看犬便) : 개똥도 약에 쓰려면 찾기 힘들다.
남녀평등 : 남자나 여자나 모두 등이 평평하다.
남존여비 : 남자가 존재하는 한 여자는 비참하다.
노발대발 : ① 老足大足, 할아버지 발은 크다. ② 노태우 발은 큰 발(도둑놈은 발이 크니까.).
돼지방구 : '돈까스'를 순수한 우리말로 바꾼 것.
동문서답 : 동쪽 문을 닫으니까 서쪽 문이 답답하다.
동반몰락(同伴沒落) : 거래소 무너지면 코스닥도 무너진다.
무운답변(無運踏便) : 재수가 없으려니 X을 밟다.
박학다식 : 博學多食, 박사와 학사는 밥을 많이 먹는다는 뜻.
백설공주 : 백방으로 설치고 다니는 공포의 주둥아리.
보통사람 : 보기만 해서는 통 알 수 없는 사람.
삼고초려(三顧草廬) : 쓰리 고를 했을 때에는 초단을 조심하라.(三GO草廬)
아편전쟁 : 아내와 남편의 부부싸움
우중난타(雨中亂打) : 비 오는 날 먼지 나도록 패다.
원앙부부 : 원한과 앙심이 많은 부부.
유비무환(有備無患) : 비가 오는 날에는 환자가 없다.(有비無患)
주차금지 : 酒茶禁止, 술과 커피는 안 팝니다.
죽마고우 : 죽치고 마주 앉아 고스톱 치는 친구.
천고마비 : 하늘에 고약한 짓을 하면 온 몸이 마비된다. 천 번 고약한 짓을 하면 손과 발이 마비된다.
천재지변 : 천 번 봐도 재수 없고 지금 봐도 변함 없는 사람.

3당 4락 : 대학입시에 3시간 자면 붙고 4시간 자면 떨어진다.
유전무죄 무전유죄 : 돈 있으면 풀려나고 돈 없으면 형벌 받는다.
설상가상, 설왕설래, 전진후퇴, 점입가경, 황홀지경 : 입맞춤의 묘사 표현.

이러한 유행성어는 수수께끼 식으로 유행되기도 한다. 가령, '형제가 싸우는데 항상 형을 편드는 사람은 없고 아우 편만 든다는 것을 네 글자로 무어라 하나?'에 대해 '형편없다'라고 답하는 식이다. '형편없다'의 '形便'을 '兄便'으로 풍자한 것이다.

6. 4. 2 유행 어구

유행 어구는 단어와 구절 차원의 유행어와 유행구를 통칭하는 말이다. 문장 차원의 유행 표현은 '유행 어법'이라 하여 후술할 유행 속담에서 다루도록 한다. 현대 사회는 다양한 언어적 표현 욕구가 분출하므로 언론, 광고, 영화, 연예 오락 프로그램을 통해 엄청난 양의 유행 어구, 유행 문장이 생성, 유행한다. 전래 관용 어구가 전래 관용어와 외래 관용어로 나뉘듯이 현대 유행 어구들도 자생 유행 어구와 외래 유행 어구로 나뉜다.

(1) 자생 유행 어구 : 국내에서 자생적으로 생성된 유행어와 유행구로 '열린 수업, 열린 000, 방탄국회, 명퇴, 실세 총리, 아줌마, 2+4 회담, 가문의 영광, 아햏햏…'처럼 시사 전문 어구에서부터 인터넷 유행 어구에 이르기까지 다양하며, '꽃미남, 꼰대, 노털, 조폭, 군바리, 왕창, 한탕하다, 짱이다, 토끼다, 조지다, 당근이지, 배 째라, 벙찌다, 열받다, 장난이 아니다…' 등의 비속 어구도 많다. '아줌마' 같은 경우는 기존 단어가 새롭게 의미가 확대되어 유행하는 경우이다.
(2) 외래 유행 어구 : 외래 언어 표현에서 차용된 유행 어구로 대부분의 유행 외래어 표현들이 이에 해당한다. '신지식인, 지식 경영, 가격 파괴, 복제 인간…'처럼 일본계 한자어의 시사적 사용이라든가, '밀레니엄, 밀레니엄 베이비, Y2K(컴퓨터대란), Sky Love(채팅), 섹시하다, 터프하다, 오픈하다, 델리케이트하다, 폭탄 세일, 캡이다(← captain?), 나 홀로 차량 나 홀로 족(외국 영화 '나 홀로 집에'의 번역 차용에서 유

래), 에일리언이다, X파일이다, ET 같다, 못 말리는 OOO…' 등
의 표현을 말한다.

전래 관용 표현들이 대개 한 세기 이전부터 형성되어 온 것으로 전통 농업
사회 기반의 생활문화의 소산인데 반하여 개화이래 현대 문물이 반영된 관용
표현들도 수십 년의 세월이 지나면서 유행 관용어가 전래 관용어 차원으로
자격이 바뀌어 등재된다. 가령, 다음 어례들은 개화기, 일제, 해방 후의 신문
화 사대를 거치면서 유행하던 것이 관용 표현으로 정착되어 사전들에도 올라
있거나 잘 쓰이는 표현이다.

  (1) 유행어 : 단어 차원의 유행 표현
         지그재그, 오케이, 제로, 시오니즘, 와이셔츠, 파마, 인텔리, 티셔츠, 드라
         이브, 아베크족…
  (2) 유행구 : 구 차원의 유행 표현
    ① 체언구 : 희망의 등대, 온실 속의 화초, 평화의 사도, 핑퐁 외교, 알파와 오메가,
         화이트 크리스마스
    ② 용언구 : 강단에 서다(=교사가 되다) / 교문을 나오다〔나서다〕(=학교를 졸업하다) /
         깡통(을) 차다(=빌어먹다) / 메가폰을 잡다(=영화 따위의 감독을 맡다) / 메
         스(를) 가하다(=수술을 하다) / 지휘봉을 잡다(=어떤 무리나 조직의 우두머리
         가 되다) / 조인트 까다(=속어 : 구둣발로 정강이뼈를 걷어차다) / 운전대(를)
         놓다(=자동차 따위의 운전을 아니하다) / 십자가를 지다(=큰 죄나 고난 따위를
         떠맡다)…

이처럼 새 유행어들은 유행하다가 언중에 회자되면 정착되지만, 그렇지
못한 것은 대부분 일시적으로 유행하다 사라지게 마련이다. 1960년대 이후
나타난 '자의반 타의반, 복부인, 큰손, 치맛바람' 같은 것은 유행 어구가 어느
정도 정착되어 가고 있는 예라 하겠다.

다음은 최근에 생긴 유행 어구들이 언어 유희를 즐기는 사례를 보여 준다.
가령, '오노스럽다, 오노 같은 놈'이라는 말이 2002년 미국 동계올림픽의 스
케이트 선수 '오노'의 헐리우드 액션에서 유래하여 '거짓 행동을 하다'의 뜻으
로 유행하였는데 2002년 6월의 월드컵 열풍 뒤에 다음과 같은 유행어의 뜻
풀이가 인터넷에 나타났다.

(ㄱ) 황선홍스럽다 : 1. (2002년 이전) 기대를 한 몸에 받았으나 결정적인 순간에 '삑사리'를 내는 사람. 혹은 골문 앞에서 헛발질하는 축구선수를 가리킬 때 쓰는 형용사. 2. (2002년 이후) 오랫동안 切齒腐心(절치부심), 최후의 한 방을 날리는 멋쟁이를 묘사하는 말. 3. 갖은 어려움에도 불구하고 조직과 개인의 명예를 위해 몸바쳐 일하는 사람을 가리킴. 붕대를 휴대하는 특징이 있다. 同義語는 「이임생스럽다」.

(ㄴ) 유상철스럽다 : 1. (2002년 이전) 축구에서 곧잘 야구 등 他종목의 기술을 써먹는 선수를 가리킬 때 쓰는 말. 특히 상대의 골문 앞에서 공을 그라운드 바깥으로 멀리 차내는 기술에 능한 사람을 묘사할 때 쓰였다. 2. (2002년 이후) 攻守에 능한 올 그라운드 플레이어(All Ground Player)를 가리킴.

(ㄷ) 반지의 제왕 : 1. 영국의 소설가 J.R.R 톨킨의 판타지 소설 제목. 2. 톨킨의 판타지 소설을 原作으로 컴퓨터 그래픽 기술을 이용해 만든 2002년 개봉된 할리우드 영화 제목. 3. 좋은 일을 성취할 때마다 결혼 반지에 키스를 하며 아내에게 애정을 표하는 각 분야 최고수. 同義語는 「안정환」, 「라울」.

(ㄹ) 6·10 : 1. 한국에서 日帝 식민지 시대 일어났던 독립만세운동. 2. 1987년 발생한 한국의 민주화운동. 3. 2002년 韓日 월드컵 韓美戰에서 극적으로 미국과 무승부를 이루던 날. 안정환이 「오노 골세리머니」로 스포츠계에서의 미국에 횡포에 항거한 날.

(ㅁ) 대중스럽다 : 음흉하고 사기성 있다. 예) 대중스러운 놈하고는 사업을 하지마.

(ㅂ) 영삼스럽다 : 단순무식하다는 뜻. 예) 못생겨 가지구 영삼스럽기는 자슥!

(ㅅ) 종필거리다 : 이리 붙었다 저리 붙었다 하다. 간에 붙었다 쓸개에 붙었다 하다. 예) 너 자꾸 지조없이 종필거릴래?

(ㅇ) 회창바람 : 1. 창자에서 부는 칼바람, 겨울에 살끝을 에는 바람보다 더 날카로운 바람. 2. 피바람, 회칼바람. 예) 요새 회사분위기 살벌해 구조조정으로 회창바람 불고 있어.

위 예들은 언어 유희 차원에서 신조되지만 '캡이다, 짱이다, 당근이다, 000 죽이기, 000 백배 즐기기, 000 알아보기…' 등과 같은 유행어나 유행구는 앞으로 얼마나 더 지속될지 두고 볼 일이다. 특히 오늘날 통신언어는 유행어구의 대표적 산실이기도 한데 이에 대해서는 많은 연구들이 있어 상론하지 않는다.[12] 비속어들도 끈질긴 생명력을 가지고 있어 '쪽 팔리다, 열받다, 핏대 올리다, 가방끈이 길다, 공갈치다, 공주병 왕자병, 왕따' 같은 일부 비어나 속어들은 꾸준히 통용되고 있다.

---

12) 통신언어의 문제는 이정복(2000), 민현식 외(2001), 조오현·김용경·박동근(2002) 참고.

6. 4. 3 유행 인간 관계 표현

전래 인사말이나 욕설을 대치하여 새롭게 나타나는 표현들이다.

> (1) 긍정 관계어 : 유행 의례어
> 좋은 아침, 반가반가, 예뻐졌네요, 날씬해지셨네요, 부자 되세요, 신수가 좋아지셨네요...
> (2) 부정 관계어 : 유행 욕설
> 졸라, 퍼큐(영어 Fuck You), 쉿(shit), 사이코(psycho), 바카야로(ばかやろう) …

영어의 'Good Morning'을 번역한 '좋은 아침'이라는 번역투 인사말이 드라마나 현실 직장에서 젊은 세대 사이에 퍼져 가고 있다거나 영어 욕설이 유학생 세대나 팝송 세대를 통해 유통되는 것도 세계화 시대의 한 단면 풍속도라 하겠다.

6. 4. 4 유행 속담

유행 속담의 생성도 새로운 속담을 신조하거나 기존 속담을 변형하여 교훈, 풍자, 언어 유희를 목적으로 이루어진다. 따라서 유행 속담도 전래 속담처럼 다음과 같이 분류할 수 있다.

1) 유행 교훈담

'아는 길은 곧장 가라. 아는 길도 물어 가면 시간 낭비다'처럼 전래 속담을 풍자적으로 변형하거나 '순간의 선택이 십 년을 좌우한다'처럼 광고문구에서 유래한 것도 있으며, 전술한 주식 투자 20훈 따위, 연애 10계명, 건강 10계명 따위처럼 여러 개가 집합적으로 생성되기도 한다. 현대에도 시대에 따라 '소련 놈에 속지 마라 미국 놈 믿지 마라 일본 놈 일어난다 조선 사람 조심하라, 법은 보호할 가치가 있는 정조만을 보호한다, 못살겠다 갈아보자 갈아봤자 별 수 없다, 심증은 가나 물증이 없다' 같은 표현들이 생성되었다.

특히 교훈담과 유사한 기능을 하는 것으로 표어나 구호를 들 수 있는데, 현대 사회에서 표어나 구호의 기능이 크므로 이에 대해서는 편의상 다음 (5)에 따로 다룬다.

2) 유행 비유담

'티셔츠 입고 티자도 모른다. 번데기 앞에서 주름 잡는다, 닭의 모가지를 비틀어도 새벽은 온다'처럼 비유로 쓰이는 것이다.

3) 유행 길흉담(예언담, 속신담)

전래 속담처럼 다음과 같이 분류할 수 있는데 현대적 소재를 통해 나타난다. 흔히 징크스라고도 하는 것도 여기에 속한다.

> ① 금기담 : 달걀을 한 바구니에 담지 말라(모두 한 가지 주식에 투자하지 말라)
> 　　　　　 노루 잡으면 지뢰 사고난다(전방에서 노루 잡지 말라는 뜻)
> ② 권유담 : 아침 공복에 찬물 마시면 위장병 낫는다.
> 　　　　　 나이에 따라 다양한 운동을 하는 '멀티 플레이어'가 돼라.
> ③ 징표담 : 가장 오래 오른 주식이 가장 빨리 떨어진다.
> 　　　　　 아침에 여자가 첫 손님이면 재수 없다.
> ④ 해몽담 : 꿈에 넥타이를 선물 받으면 승진하거나 애인이 생긴다.
> 　　　　　 꿈에 신발을 선물 받으면 교통사고를 조심하라.

그런데 유행 속담은 교훈적 성격의 것들도 있지만 상당수가 다음 예처럼 전래 속담을 변형하여 언어 유희나 풍자적 성격으로 생성되는 것이 많다. 이는 교훈담, 비유담, 길흉담으로 소속할 수도 있지만 이들만 따로 묶어 '유희 속담'이라 부를 수도 있다.

> ・개똥도 약에 쓰려면 없다. ⇒ 개똥으로 약 만들면 징역 간다.
> ・고생 끝에 낙이 온다. ⇒ 고생 끝에 병이 든다.

- 공자 앞에서 문자 쓴다. ⇒ 번데기 앞에 주름잡는다. 포크레인 앞에 삽질한다.
- 낫 놓고 기역자도 모른다. ⇒ 빨래집게 놓고 A자도 모른다. 티셔츠 입고 티자도 모른다.
- 낮말은 새가 듣고 밤말은 쥐가 듣는다. ⇒ 도청장치하면 밤이고 낮이고 종일 듣는다.
- 닭 잡아먹고 오리발 내민다. ⇒ 자동차 훔치고 오토바이 내 놓는다. 자동차 훔치고 자전거 내 놓는다.
- 등잔 밑이 어둡다. ⇒ 형광등 위가 어둡다.
- 뱁새가 황새 따라가다 가랑이 찢어진다. ⇒ 티코가 그랜저 따라가다 엔진 터진다.
- 서당개 삼 년이면 풍월을 읊는다. ⇒ 식당 개 삼 년이면 라면을 끓인다. 동두천 개 삼 년이면 팝송을 듣는다. 서당개 삼 년이면 보신탕감이다. 용산 개 삼 년이면 펜티엄 조립한다.
- 소 잃고 외양간 고친다. ⇒ 자가용 잃고 주차장 고친다.
- 하룻강아지 범 무서운 줄 모른다. ⇒ 플로피 디스크가 시디 무서운 줄 모른다.
- 딸 아들 구별말고 둘만 낳아 잘 기르자. ⇒ 아들딸 낳지 말고 우리끼리 행복 찾자, 덮어놓고 낳다 보면 거지꼴 못 면한다.

유행 속담 중에도 전래 속담으로 정착되는 경우가 있다. 50~60년대의 정치 구호 속에 나온 '구관이 명관이다' 같은 것은 정착되어 전래 속담으로 보아도 손색이 없다. 그러나 '김밥 옆구리 터지는 소리하고 있다, 남자는 여자하기 나름이에요, 누구도 몰라 며느리도 몰라' 같은 유행 어법들은 교훈담 또는 비유담 수준의 것도 있지만 정착 여부는 불확실하다. 이러한 유행 속담들 중에는 여성과 남성 차별적 속담들도 많다.

(ㄱ) 여성 차별적 속담

여자는 밥은 아무데서나 먹을 수 있어도 잠은 한곳에서 자야 한다

남자는 바람피워도 집안이 안 망하지만 여자가 바람피우면 집안이 망한다

안경 낀 여자가 첫 손님이면 재수 없다

여자는 밥하고 청소하고 빨래나 잘하면 된다

여자의 사회생활이 가정파탄의 주범이야

여자가 고등학교만 졸업하고 남자 잘 만나서 시집 잘 가면 그만이다

여자는 많이 배우면 못 쓴다

돈 많은 남자 만나면 여자는 성공한 거야

여자니까 참아야 한다

아녀자는 남편을 편하게 해주어야 한다

      남자는 자고로 여자를 꽉 잡아야 한다
      여자는 시집가면 끝이야
      여자는 키워 봐야 소용없어
      남자가 이야기할 때 여자는 끼어 들지 마라
      자고로 여자들은 몸을 함부로 놀려서는 안 된다
      여성에게 말이 없으면 내숭이고 남성에게 말 없으면 과묵이다
  (ㄴ) **남성 차별적 속담**
      남자는 태어나서 세 번 우는 거야
      사내가 눈물을 보이면 안 된다
      남자가 칼을 뽑았으면 호박(무)이라도 찔러야지
      남자는 부엌에 들어가면 안 된다
      남자란 한번쯤 이런 일 저런 일도 해봐야 한다
      술 담배 못하는 남자는 남자도 아니다
      남자는 여자와 달라 모든 걸 잘 해야 된다
      남자가 똑똑하면 능력이 있고 여자가 똑똑하면 독하다

4) 유행 어법

유행하는 언어 표현 중에 유행어나 유행구와 달리 문장 단위의 표현이면서 속담과 유사한 일련의 유행 문장 표현을 유행 어법이라 하여 설정한다. 가령, 이주일 씨가 남긴 어록이라고 하는 '못생겨서 죄송합니다, 뭔가 보여드리겠습니다, 정치도 잘돼야 코미디도 잘됩니다, 일단 한번 와보시라니깐여?, 담배를 끊지 않은 것을 뼈저리게 후회합니다'와 같은 표현처럼 연예인이나 저명인이 남기는 문장 단위의 유행 언어도 비록 속담 수준은 아니지만 대부분의 속담과 문장 단위라는 점에서 유사하며, 교훈이나 풍자를 담고 있어 '유행 어법'을 따로 설정할 필요가 있다.

드라마 '야인시대'의 최고 유행어인 "종로는 긴또깡(김두한)이 접수한다"를 패러디한 "××는 내가 접수한다" 등의 조폭 용어라든가 '나 이 사람 믿어주세요, 저도 알고 보면 부드러운 여자(남자)입니다, 하늘이 두 쪽 나도 ~하겠다, 너희가 게 맛을 알아, 그것을 알고 싶다, 왕 재수 없다, 국민이 원한다면, 각하 시원하시겠습니다, 탁 치니 억 하고 쓰러졌다, 가자 북으로 오라 남으

로, 우째 이런 일이, 박사 위에 육사 육사 위에 보안사 보안사 위에 여사, 좋
아하시네, 웃기지마, 그거 말되네, 아니 그렇게 심한 말을/ 아니 그렇게 깊은
뜻이……' 같은 표현도 유행 어법으로 볼 수 있으며, 이들은 끊임없이 유행
언어 표현으로 생성, 소멸을 되풀이한다.

5) 표어와 구호

현대의 유행 속담에는 공공기관에서 생성하는 각종 공적 표어나 구호들도
속담과 구조가 비슷하고, 교훈적, 계몽적 효과를 주기 때문에 이들도 유행
속담의 범주에 포함할 필요가 있다. 표어나 구호는 전래 속담과 비슷한 구조
와 표현 효과를 가지는 것으로 개인, 가정이나 사설 기관(기업), 공공 기관(정
부, 학교, 교회 등)에서 구성원들끼리 개인의 좌우명, 가훈, 기업 정신이나 공
동체 계몽과 의식을 공유하기 위해 필요에 따라 만들어 일정 기간 동안 통용
한다. 여기에서는 유행 교훈담의 하위 분류에 넣도록 한다.

언어적으로 표어는 문어적 성격이 강하고 구호는 구어적 성격이 강한 것
이 차이이다. 표어는 좀더 공적이고 구호는 좀더 사적인 면이 강하다. 용도
에서 구별되는 면도 있다. 운동 경기장에서의 응원 구호는 표어라고 하지 않
듯이 구호만의 특성으로 구어성, 동적 역동성, 오락성을 들 수 있다. 그러나
표어를 입으로 외치면 구호가 되므로 구별이 안 되는 공통의 측면도 있다.
여기서도 구호는 따로 다루지 않고 표어와 같이 다룬다.

개인의 표어나 구호라면 학업 성취, 출세 성공 전략을 목표로 책상 앞에
써 붙인 표어나 마음으로 간직한 '좌우명' 같은 것을 들 수 있다. 물론 좌우명
의 상당수는 고전이나 교훈담에서 따오기도 하지만 개인이 창안할 수도 있
다. 가정에서는 가정의 화목을 위해 써 붙인 '가훈'도 표어나 구호의 일종이
라 할 수 있다.

기업에서는 '공격 경영, 세계 경영' 등처럼 기업마다 창업주나 경영주가 내
세운 '기업훈'을 경영 표어나 구호로 내세우며, 영업사원들은 영업회의에서
특정의 구호를 정하여 복창하는 일도 흔하다. 공장이나 공사 현장에는 안전
구호나 '열 손 모아 만든 제품 한 손 잘못 불량된다, 믿음으로 찾은 고객 품

질로써 보답하자'와 같은 생산 구호 같은 것이 달려 있다.

정부는 국정지표를 내걸고 각 부처마다 부처별 지표를 내세운다. 특히 공산 전체주의 국가들은 국가적으로 전체주의적인 표어나 구호를 많이 내걸어 사상 통제적 수단으로 삼는다. 정부나 공공 기관, 단체들은 수많은 표어나 구호를 생성해 내는 중요 주체들이기도 하다. 학교는 학교 교육 목표를 '교훈'이나 '급훈'으로 교실이나 교문에 내걸고 교육 지표로 삼는다. 교회들은 성경 구절을 매년 한해의 신앙 지표로 제시하기도 한다.

일반적인 공공 계몽적 표어의 특징은 대체로 16자 구성으로 하고, 대조, 비교, 반복법을 활용하는 것이 특징이다. 그러나 국정지표, 가훈, 좌우명, 교훈, 기업훈, 급훈과 같은 것은 계몽적 표어와 달라 글자수의 제약이 없다.

(ㄱ) **국정 지표**
· 2001년도 국정지표
　민주인권국가 구현
　국민대화합의 실현
　지식경제강국 구축
　중산층과 서민 보호
　남북평화협력 실현
· 2002년도 국정지표
　일류 경제경쟁력 실현
　남북화해와 협력 증진
　국제경기 대회의 성공
　중산층과 서민생활 향상
　완벽한 공명선거 실시
(ㄴ) **안전 운전 표어**('도로교통안전관리공단' 홍보 표어 http://www.rtsa.or.kr/2001/)
　내가 지킨 정지선 우리 가족 행복선
　운전할 땐 가족생각 주차할 땐 이웃생각
　출근길 통화 말고 퇴근길 음주 말자
　천만 대가 좁혀 논 길 질서로 넓혀 쓰자
　과속은 죽음의 속도 안전운전은 생명의 속도
　당신이 먹는 술은 당신 가족의 눈물입니다
　한순간의 위험순간 안전띠가 살려준다

한두 번 어긴 교통법규 나도 모르게 습관 된다
지키면 안전이 가깝고 서둘면 사고가 가깝다
지금 당신은 생명을 운전하고 있습니다
내다 버린 주차양심 막혀 버린 소방통로
때론 마음의 여유가 가장 빠른 지름길입니다

(ㄷ-1) **불조심 표어**(한국화재보험협회 http://www.kfpa.or.kr/poster/)

내 가정 내 일터 내가 먼저 불조심
불나는데 휴일 없고 불조심에 밤낮 없다
마음마다 불조심 손길마다 불조심
철저한 점검 신속한 보상
태우고 슬퍼 말고 미리 살펴 재난 막자
설마 속에 화재 있고 조심 속에 화재 없다
화재 예방 있는 곳에 웃음 있고 행복 있네
나를 위해 이웃 위해 나라 위해 불조심
잠깐실수 후회말고 순간순간 불조심
화재는 계절 없고 불행은 예고 없다
바로 쓰면 고마운 불 방심하면 무서운 불
마음속에 불조심 생활 속에 불조심
함께 지킨 불조심에 함께 웃는 밝은 생활
불낼 사람 따로 없다 너도 조심 나도 조심
부주의가 부른 화재 평생 두고 후회한다
화재시간 따로 없고 화재시간 예고 없다

(ㄷ-2) **불조심 표어**(한국소방안전협회 http://211.233.73.25/04_fire_publicity/)

마음으로 불조심 행동으로 불조심
불씨 살핀 밝은 마음 불행 막는 복된 생활
화재는 불행이며 예방은 번영이다
나라 위해 불조심 우리 위해 불조심
불날 자리 표시 없고 불날 시간 예고 없다
잘못 다룬 작은 불씨 이웃 불행 나도 불행
잘 다루면 고마운 불 못 다루면 무서운 불
확인점검 너나 없고 화재예방 휴일 없다
안전하다 방심말고 다시 한번 소방점검
하나같이 불조심 한결같이 화재예방
설마 하고 마음놓다 나도 몰래 큰불 낸다

화재예방 따로 없다 불조심이 제일이다
서로 믿고 방심말고 서로 먼저 화재예방
조심하면 고마운 불 방심하면 무서운 불
타는 불 지켜보고 꺼진 불 확인하자

(ㄹ) 반공, 방첩 표어

승공 만이 살길이다 북진통일 이룩하자　　때려잡자 김일성 물리치자 공산당
어둠 속에 떨지 말고 자수하여 광명 찾자　우리 모두 계승하자 이승복의 반공정신
의심나면 다시 보고 수상하면 신고하자　한순간의 좌경사상 후손들의 눈물 된다
혼란 속에 간첩 오고 안정 속에 번영한다　북한속셈 변화 없다 위장평화 경계하자
체제전복 획책하는 좌익사범 신고하자　　확고한 안보의식 자유민주 꽃피운다
환상적 통일논의 경계하자 적화통일　　　화랑정신 삼국통일 멸공정신 조국통일
집집마다 멸공정신 마을마다 안보태세　　육이오는 다시없다 삼천만의 총력안보
나라있고 내가있다 멸공통일 앞장서자　　똘똘 뭉친 멸공정신 빈틈없는 자주국방
아빠는 안보역군 엄마는 총화역군　　　　간첩 잡는 아빠되고 신고하는 엄마되자
잘 보면 보입니다. 그러나 우리가 무관심하면 결코 보이지 않습니다

특히 반공 표어는 시대에 따라 변화되어 왔다. 90년대까지 반공, 방첩 중심의 표어가 중심이었으나 2000년대 들어 국가 정보 보안 차원의 표어가 중심이 되고 있다.

(ㄱ) 해방이후~1970년대

승공만이 살길이다 북진통일 이룩하자
때려잡자 김일성 물리치자 공산당
어둠 속에 떨지 말고 자수하여 광명 찾자
우리 모두 계승하자 이승복의 반공정신

(ㄴ) 1980년대

의심나면 다시 보고 수상하면 신고하자
한순간의 좌경사상 후손들의 눈물 된다
혼란 속에 간첩오고 안정 속에 번영한다

(ㄷ) 1990년대

북한속셈 변화 없다 위장평화 경계하자
체제전복 획책하는 좌익사범 신고하자
확고한 안보의식 자유민주 꽃피운다
환상적 통일논의 경계하자 적화통일

(ㄹ) 2000년대

작은 정보, 큰 도둑	혹시! 당신의 모습은 아닙니까
나라의 안보가 위협받습니다	보안 가는데 안보 간다.
빈틈없는 보안으로 안전한 국가를	눈길마다 보안확인 손길마다 보안점검
웃음 속에 흘린 보안 눈물 되어 돌아온다	
생활 속의 보안의식 다져지는 국가안보	
한잔 술로 나눈 정담 흔들리는 국가안보	
정보사용 올바르게 보안관리 철저하게	

위 예들을 분야별로 보면 빈도 높게 쓰인 단어가 드러난다. 가령, 안전 운전에서는 '생명, 안전, 죽음, 지키다…' 따위가 자주 쓰이며, 불조심 표어에서는 '불조심, 예방, 살피다, 조심하다, 설마…' 따위가 자주 쓰였으며, 반공, 보안 표어에서는 '반공, 간첩, 보안, 신고…' 등이 잘 쓰였다. 표어가 계몽적 성격을 띠다 보니 종결어미는 청유형인 '-자'가 많으나 이 외에도 다양한 어미가 선택되는 편이다.

그 밖에 가족계획, 호국 보훈, 공명 선거, 저축 장려, 과학 진흥, 과소비 예방, 건강 보건, 자진납세, 국방 의무, 공중질서 함양, 환경보호 등을 주제로 한 표어가 사회 계몽적 성격을 띠며 정부 기관이나 공공 기관, 단체들에서 제작, 게시하고 있다. 이런 자료를 모아 인터넷에서 제공하는 사이트들도 있다. 다음은 '명언 뱅크'(http://maximlee.x-y.net/)라는 사이트에 공개된 자료에서 인용한 것이다. 이들 표어는 청유형어미 '-자'보다 하십시오체의 평서형어미 '-습니다/ㅂ니다'를 더 많이 쓰고 있는데 이는 정중한 권유의 계몽을 위한 공손 전략으로 보인다.

딸 아들 구별말고 둘만 낳아 잘 기르자. - 가족계획 표어
잘 키운 딸 하나 열 아들 안 부럽다. - 가족계획 표어
힘 모아 나라사랑 뜻 모아 겨레 사랑 - 국가보훈처
가슴 가득 호국충정 손길 가득 보훈 사랑 - 국가보훈처
건강한 몸과 사회는 우리의 소중한 자산입니다. - 국민건강협회
'과소비' 자신도 모릅니다. - 공익광고협의회
금연, 빠르면 빠를수록 좋습니다. - 보건복지부
길바닥이 껌 바닥. - 조선일보 공공광고

나눔은 생명입니다. - 국립장기이식관리센터

나눌 수 있을 때 세상은 아름다워집니다. - EBS 캠페인

나무를 죽이는 건 벌레가 아니라 공해입니다. - 공익광고협의회

낙태란 임산부와 의사간의 문제라고 말할 때, 그들은 누군가를 잊고 있습니다.
- 낙태반대 공익광고

난민들은 아래와 같은 평범한 단어들을 잃어버렸습니다. 집, 가족, 직업, 인권, 미래…
- UNHCR(유엔 난민 고등 판무관실)

남녀차별, 미성숙한 인격에게나 어울리는 말입니다. - 여성특별위원회

내가 먹은 칼로리와 소비한 칼로리는? - 대한영양사회

내 탓이요. - 천주교 캠페인

당신이 이 세상을 구해낼 수 있습니다. - Unicef(유니세프)

대중 교통을 이용하는 당신이 아름답습니다. - 서울특별시

돈이라면 남기시겠습니까? 음식도 결국 돈입니다. - 공익광고협의회

마약은 스스로 파는 무덤입니다. - 공익광고협의회

말은 달라도 뜻은 같습니다. 환경보존은 세계인의 공통과제입니다. - 공익광고협의회

모든 어린이들은 우리 자신보다도 더 신성합니다. - Unicef(유니세프)

문화가 새로운 시대를 이끌어갑니다. - 문화관광부

부끄러우세요? 질서는 당신의 얼굴입니다. - 공익광고협의회

사랑은 생각이 아니라 실천입니다. - 보건복지부

사랑의 헌혈, 건강의 상징입니다. - 대한적십자사

서로 당기기만 해서는 곤란합니다. - 한국광고주협회

선진교통문화는 안전운전에서부터 - MBC 교통문화 캠페인

손가락 만한 원숭이가 있습니다. 엠파이어스테이트 빌딩보다 2배나 높은 폭포가 있습니다. 이것이 열대 우림입니다. - WWF(야생생물 세계기금)

아무나 할 수 없는 일, 그러나 누구나 할 수 있는 일. - 코카콜라 환경 캠페인

안전띠는 바로 당신 가족의 마음입니다. - 공익광고협의회

약자는 이렇게 짓밟혀도 좋다는 말입니까? - 파스퇴르 의견광고

어린이의 목소리에 귀 기울여 주십시오. - 유니세프 한국위원회

에너지 절약, 아주 작은 관심에서 시작됩니다. -한국전력공사

열대 우림이 타버리는 것은 한 번도 읽지 않은 많은 책들이 가득 찬 도서관에 불을 놓는 것과 같다. - 자연보호 세계기금

예절 교육의 요람은 언제까지나 가정입니다. - 공익광고협의회

올바른 시민의식이 삶의 질을 높입니다. - 시민의식 캠페인

우리 집 밥상에는 「대화」가 반찬. - 공익광고협의회

운동을 통한 건강증진. - 세계보건기구(WHO)

운전은 인격입니다. - 제일화재보험

유권자가 일류면, 정치가 세계 일류. - 공보처

읽으면 행복합니다. - 문화관광부

1이 100을 무너뜨립니다. 과소비의 시작은 그다지 크지 않습니다. 그러나…
　　　　　　　　　　　　　　　　　　　　　　　　　- 조선일보 공공광고

1초에 할 수 있는 말. - 안녕하세요. 반갑습니다. 도와 드릴까요? 실례합니다. 감사합
니다… 누구나 할 수 있는 이 짧은 말들이 우리나라를 친절한 나라로 만듭니다.
　　　　　　　　　　　　　　　　　　　　　　　　　- 2002년 문화시민운동

자연은 일회용이 아닙니다. - 공익광고협의회

작은 도움이 엄청난 결과를 가져올 수 있습니다. - Unicef(유니세프)

작은 부주의가 큰 아픔으로 남습니다. - 한국가스 안전공사

작은 사랑을 나누러 왔다가 큰사랑을 담아 가곤 합니다. - 삼성 자선 캠페인

작은 여유, 아름다운 세상. - 한국도로공사

장애인, 그들을 볼 수 없는 우리가 장애인인지도 모릅니다. - 공익광고협의회

절제와 절약은 바로 저축의 시작입니다. 자린고비의 미덕, 생활 속에 하나씩 실천해 봅
시다. - 공익광고협의회

종이컵 망국. -1년에 28억 개. - 조선일보 공공광고

좋은 환경은 우리주부들 손에서부터. - OB 맥주(그린 마케팅)

중요한 것은 그 사람이 잃은 능력이 아니라 그 사람이 갖고 있는 능력이다.
　　　　　　　　　　　　　　　　　　- 미국 신체장애자의 직장개척운동의 슬로건

청소년 여러분, 흡연은 유행이나 멋이 절대 아닙니다. - 보건복지부

친절은 표현할 때 더욱 값진 것이 됩니다. - 공익광고협회

칼은 흉악범이 들면 흉기가 되고, 주부가 들면 식칼이 됩니다. - 파스퇴르 의견광고

투표! 올바른 선택이 좋은 세상을 만듭니다. - 공익광고협회

필름은 되돌릴 수 있어도 생명은 되돌릴 수 없습니다.

하루 15분이면 40년 후엔 1,000권을 읽게 됩니다. - 공익광고협의회

한 보따리의 돈을 안겨주는 것만으로 난민들은 그들이 선택한 새 나라에 정착시킬 수
없는 것입니까. 난민이었던 아인슈타인을 생각해 보십시오.
　　　　　　　　　　　　　　　　　　　　　- UNHCR(유엔 난민 고등 판무관실)

한 권의 책이 인생을 바꿀 수 있습니다. - 공익광고협의회

한 명이라도 약속을 어기면 다른 사람의 생명을 위협하게 됩니다.
　　　　　　　　　　　　　　　　　　　　　　　　　- 도로교통안전관리공단

한번 쓰고 버리는 성냥개비를 만드는데 12년이 걸려요. - 조선일보 공공광고

할 수 있다는 마음만 있다면, 반은 성공한 것입니다. - 공익광고협회
헌혈, 또 하나의 기쁨입니다. - 대한적십자사
헌혈, 사랑의 실천입니다. - 대한적십자사
생명을 되살리는 기적, 헌혈은 기적입니다. - 공익광고협의회
환경을 살립시다. 온 누리 깨끗하게. - 공익광고협의회
환경, 이제는 실천입니다. 자연은 반드시 돌려줍니다. - EBS 환경 캠페인
후손에게 빌려쓰고 있는 지금의 환경. 깨끗하게 가꾸어 되돌려 줍시다. - 환경처
흔들리는 지하철, 당신의 양보가 필요합니다. - 공익광고협의회
마음에는 평화, 얼굴에는 미소. - 베트남 승려 '틱낫한' 스님의 명상 저서 제목
Think Globally, Act Locally! 생각은 지구의 차원에서, 실천은 자신이 있는 곳에
서부터! - 지구포럼(Global Forum)의 환경구호

이상과 같은 표어나 구호들은 전래 교훈담, 권유담의 성격과 비슷한데 이
들 중에 얼마나 후대에까지 생명력을 지니며 전래 속담으로 정착될지는 알
수 없으나 생성의 용도와 취지가 시대별 특성에 따라 쓰이는 것이라 전래 속
담화할 것은 많지 않을 것이다.

6.4.5 유행 수수께끼

다음과 같은 것은 현대 시대 상황에서 생성되는 수수께끼들이다. 이런 현
대의 유행 신조 수수께끼들은 때로는 난센스 퀴즈라 불리기도 하는데 우스갯
소리 차원에서 생성되는 해학형 수수께끼와 아동들의 지능 훈련 차원에서 생
성되는 지능형(학습형) 수수께끼가 있다. 지능 훈련용 수수께끼는 수학, 과학
교과에서 문제 풀이 학습용 수수께끼 차원으로 제시되어 교과 학습 방법으로
활용되기도 한다(http://z-math.com/ 등의 수리 교과용 퀴즈 사이트 참고). 따라
서 관용 표현으로서의 수수께끼라 하면 전자만을 가리켜야 할 것이다.

1) 해학형 수수께끼

· 안 도는 것 같은데 돈다고 하는 것은? 지구
· 더우면 더울수록 키가 커지고, 추우면 추울수록 키가 작아지는 것은? 온도계
· 고개 숙이고 눈물 흘리는 것은? 수도
· 까만색을 칠해야 깨끗해지는 것은? 검정구두
· 날마다 길가에서 사람들에게 윙크하는 것은? 신호등
· 날마다 학교에 가지만 공부는 전혀 하지 않는 것은? 책가방
· 아무리 높은 사람이라도 모자를 정중하게 벗어야 되는 곳은? 이발소
· 프랑스에도 한국에도 있는 것은? 파리
· 삼강오륜은? 낙동강, 두만강, 압록강; 자전거, 용달차, 승용차, 트레일러, 기차
· 유전적 원인 등에 의한 뇌 기능 이상으로 지능발달이 떨어지는 정신장애의 명칭은?
돌대가리

· 사람이 즐겨 마시는 피는? 커피
· 실컷 두들기고 고맙다는 말을 듣는 것은? 안마사
· 일 할 때에는 모자를 꽁무니에 쓰고 일없을 때에는 대가리에 쓰는 것은? 만년필
· 산림 경비원이 가장 좋아하는 날과 휴가철은? 비 오는 날과 장마철
· 죽었다 깨어나도 못하는 일은? 죽었다 깨어나는 일
· 할머니를 다섯 자로 말하면? 흰머리 소녀
· 세 개 국어를 동시에 사용하여 가장 간단한 문장을 만들면? 핸들 이빠이 꺾어.
· 머리 감을 때 제일 먼저 감는 것은? 눈(눈감고 머리 감으니까).

2) 지능형(학습형) 수수께끼

(ㄱ) 수수께끼를 좋아하는 형제가 있었다. 어느 날 그들은 동네 놀이터에서 사이좋게
놀고 있었다. 그런데 산책을 나왔던 동네 어른이 그들을 보고 물었다.
"너희 둘이 닮은 것을 보니 형제간인 모양이로구나?"
"맞아요, 아저씨. 제가 형이고 애는 동생이예요."
동네 아저씨는 형의 머리를 쓰다듬어주고는 다시 물었다.
"그런데 너희들은 각각 몇 살이냐?"
"제가 동생에게 한 살을 주면 우리 둘은, 동갑이 되고, 동생이 저에게 한 살을 주
면 동생의 나이는 저의 절반이 되어요."
동네 아저씨는 머리를 갸우뚱거리면서 생각에 잠겼다.

과연 이들 형제의 나이는 각각 몇 살일까? ⇒ 답 : 형이 7살, 동생이 5살이다.
(ㄴ) 기차 안에 서 있는 사람들은 김씨, 이씨, 그리고 박씨인데 그들은 안내원, 검표원,
기관사입니다. 그러나 위에서 말한 순서대로 서 있는 것은 아닙니다. 한편, 기차
를 타려고 하는 사람들은 3명의 회사원들로 이들 또한 위와 같은 성을 갖고 있습
니다. 즉, 김 과장, 이 과장, 박 과장입니다. 이들이 다음과 같은 조건들을 만족할
때, 과연 기관사의 성은 무엇일까요? ⇒ 김 씨
　- 박 과장은 대전에 산다.
　- 검표원은 서울과 대전의 중간에 산다.
　- 이 과장은 정확히 1년에 1000만원을 벌고 있다.
　- 승객 중 검표원과 가장 가까이 사는 사람의 수입은 정확히 검표원의 3배이다.
　- 김씨는 탁구 시합에서 안내원을 이긴다.
　- 검표원과 같은 성을 가진 승객은 서울에 산다.

6. 4. 6 유행담[13]

　전래하는 고전 설화의 신화, 전설, 민담들 중에서 잘 알려진 것들은 어려
서부터 구비 전승되면서 교훈, 풍자, 비유 등의 기능으로 한국인의 대화에
등장하여 의사소통에 기여한다. 가령, 단군 신화, 이도령과 춘향이 이야기,
효녀 심청 이야기, 토끼와 거북이 이야기가 나오면 무슨 취지의 이야기인지
한국인이라면 이해하고 대화에 활용한다.

　마찬가지로 현대에 끊임없이 생성되는 유행담은 현대판 설화로서 신조 또
는 각색한 우스갯소리, 괴기담, 풍자담, 음담패설 등을 말하는데 그 나름대
로 언중 사이에서 해학, 교훈, 경계, 풍자, 비유, 오락, 언어 유희의 기능을
제공한다. 유행담의 구성도 다음 (ㄱ)과 같은 이야기 구성형, (ㄴ)~(ㅁ)과
같은 항목 나열형, (ㅂ) 운문형(삼행시 따위), 앞 4.4와 같은 수수께끼형(문답
형) 등 다양하다. 몇 예를 들어본다.

　(ㄱ) 만득이 아들이 조기 영어를 배워와 아버지 앞에서 자랑했다.
　　"A, B, C…"
　　만득이는 버럭 화를 내며

---

13) 유행담에 대해서는 한성일(2002) 참고.

　　“뭐, 애비가 시시해?”

(ㄴ) 나라 팔아먹는 사람

- 업소에 다니며 돈 뜯는 공무원
- 수입이 엄청난데 세금을 쥐꼬리만큼 내는 사람
- 죄 진 자를 무혐의 처리하는 조사관
- 무고한 자에게 죄를 뒤집어씌우거나 죄인 편을 드는 경찰관
- 실력도 없으면서 권위를 앞세워 아랫사람을 못살게 하는 공무원
- 낙하산을 타고 난데없이 등장하는 공무원이나 공기업 임직원
- 월급은 별거 아닌데 호화 생활을 하는 공무원
- 3~4만원, 5~6만 원짜리 식사만 골라서 먹는 국회의원
- 향응 제공, 돈 살포로 당선된 국회의원
- 교통신호 위반을 밥먹듯 하는 버스
- 일정한 직업이 없는데도 외국을 자주 드나들며 호의호식하는 자
- 유해 물질을 첨가하여 식품을 제조하는 사람
- 공용 차를 자기 차처럼 사용하는 사람

　　　　　　　　　……(생략)……

이런 사람을 아시는 분은 가까운 시민단체나 부추연(부정부패추방시민연합회)에 알려 주시기 바랍니다. 양심을 걸고 청소 작업에 나서겠습니다. 제보를 기다리겠습니다.

(ㄷ) 정치인과 개의 공통점

- 가끔 주인도 몰라보고 짖거나 덤빌 때가 있다.
- 먹을 것을 주면 아무나 좋아한다.
- 어떻게 짖어도 개소리다.
- 자기 밥그릇은 절대로 뺏기지 않는 습성이 있다.
- 매도 그때 뿐 옛날 버릇 못 고친다.
- 미치면 약도 없다.

(ㄹ) 싸우는 학생들을 보면서…

- 경영학과 교수님 : “싸우면 손해다. 밑지는 장사 왜 해?”
- 국어국문학과 교수님 : “애들아, 말로 해라, 말로 해.”
- 의류학과 교수님 : “옷 찢어질라..”
- 행정학과 교수님 : “경찰불러~!”
- 응용통계학과 교수님 : “일주일에 한번꼴이니..쯧쯧”
- 아동학과 교수님 : “애들이 배울라~”
- 신방과 교수님 : “남들이 보고있다는 거 모르니? 잘못하면 방송 나가!”
- 중어중문학과 교수님 : “임전무퇴”

　　· 신학과 교수님 : "회개기도 합시다…" 그리고…
　　· 영문학과 교수님 : "Fighting!!"
　　· 경제학과 교수님 : "돈 안되는 녀석들. 부모 돈만 축내는 녀석들…"
　　· 식물학과 교수님 : "박터지게 싸우네. 싹이 노랗네…"
　　· 생물학과 교수님 : "코피나게 싸워봐. 너희들 혈액형 뭐야?"
　　· 축산학과 교수님 : "짐승들도 요즘은 안 그러는데…"
　　· 법학과 교수님 : "너희들 다 구속감이다!!"
　　· 변호사법 전공교수님 : "내가 화해시켜줄게. 일루 와바바…"
　　· 사진학과 교수님 : "니들 다 찍었어 이 녀석들아"
　　· 식품영양학과 교수님 : "도대체 뭘 먹고 저 난리들이지?"
　　· 러시아어학과 교수님 : "이노무스키… 저노므스키.."
　(ㅁ) '잘 모르겠는데요'의 세계화
　　· 긴가민가 : 우간다
　　· 알쏭달쏭 : 프랑스
　　· 아리까리 : 일본
　　· 갸우뚱 : 중국
　(ㅂ) 삼행시
　　성탄절에 나신 예수님을 보고
　　탄식하여 사람들이 말하길
　　절세에 이 같은 영광이 없도다…

　이들 유행담은 (ㄱ), (ㅂ) 방식처럼 최불암 시리즈, 만득이 시리즈, 덩달이 시리즈, 썰렁 개그, 삼행시 등처럼 연작 방식, 말놀이 형식으로 유포되는데, 비교육적 내용들도 많지만 사회 풍자적 성격이 강한 것도 많으며, 삼행시 짓기처럼 문학 창작 방식으로 교육적 활용이 가능한 경우도 있다.

6.5 결론

　지금까지 우리는 관용 표현의 유형과 구조를 다루었다. 먼저 우리는 관용이라는 용어의 개념을 통시적 관용과 공시적 관용으로 나누었는데, 통시적 관용 표현은 전래 관용 표현에 해당하며, 공시적 관용 표현은 당대의 유행 표현을 가리키는 것으로 설정하였다.

또한 언어 단위의 관점에서도 그동안의 연구에서는 관용 표현을 고사성어, 관용 어구, 속담 정도만 다루었으나 우리는 이들의 구비전승의 특성을 중시하여 '전래 관용 표현'에 고사성어, 관용어구, 수수께끼, 인간 관계 표현(인사말과 욕설), 속담, 고전 설화를 포함함으로써 단어에서 구, 절, 문장, 이야기 차원에 이르기까지 언어 단위 관점에서 넓게 확대하였다.

또한 이들 전래 관용 표현들은 고사성어-설화 장르에 이르기까지 현대에도 끊임없이 동일한 원리와 유형으로 신조, 각색, 변형되어 유행 성어, 유행 어구, 유행 수수께끼, 유행 인간 관계 표현(유행 인사, 유행 욕설), 유행 속담, 유행담(우스갯소리, 괴기담, 음담패설 등)을 생성하고 있어 이들을 공시적 관용 표현 즉 유행 관용 표현으로 설정할 것을 주장하였으며, 표어나 구호, 유행 어법도 유행 속담 차원에서 다루었다.

이들 유행 표현들도 장차 회자, 정착되면 장차 통시적 관용 표현으로 정착할 가능성이 있는 것이며, 유행 현상이란 것도 '일시적, 제한적, 예비적 관용화'의 성격을 띤다는 점에서 이들 유행 표현을 '유행 관용 표현'이라 부르고 '전래 관용 표현'과 대비하였다. 이상의 논의를 전체 구도로 제시하면 다음과 같다.

I. 전래 관용 표현	II. 유행 관용 표현	언어 단위
(1) 고사성어	(1) 유행 성어	단어
(2) 관용 어구(=숙어) 　① 전래 관용 어구 　② 외래 관용 어구	(2) 유행 어구 　① 자생 유행 어구 　② 외래 유행 어구	단어나 구
(3) 인간 관계 표현 　① 긍정 관계어 : 의례어 　② 부정 관계어 : 욕설	(3) 유행 인간 관계 표현 　① 긍정 관계어 : 유행 의례어 　② 부정 관계어 : 유행 욕설	단어, 구, 문장

(4) 속담 ① 교훈담 ② 비유담 ③ 길흉담(예언담, 속신담) 　ㄱ. 금기담 　ㄴ. 권유담 　ㄷ. 징표담 　ㄹ. 해몽담 (5) 수수께끼	(4) 유행 속담 ① 유행 교훈담 ② 유행 비유담 ③ 유행 길흉담 ④ 유행 어법 ⑤ 표어, 구호 (5) 유행 수수께끼	구, 절, 문장
(6) 고전 설화 (신화, 전설, 민담)	(6) 유행담 (우스갯소리, 괴기담, 풍자담, 음담패설 등)	말글 (＝이야기, 텍스트)

참고 문헌

강등학(1997), 「속담의 유형과 기능」, 『구비문학연구』 6집.

강신항(1975), 「유행어에 반영된 세태」, 『세대』 8월호.

──(1991), 『현대 국어 어휘사용의 양상』, 태학사.

강위규(1988), 「관용어의 특성에 대하여」, 『부산한글』 7집.

──(1990), 「우리말 관용표현 연구」, 부산대학교 박사논문.

──(1990), 「관용 표현의 개념과 성립 요건」, 『한글』 209, 한글학회.

──(1998), 『국어 관용표현 연구』, 세종출판사.

강현화(1988), 「국어 숙어 표현에 대한 고찰」, 연세대 석사논문.

김광해(1995), 『국어어휘론 개설』, 집문당.

김규선(1979), 「국어 관용어구(idioms)의 연구」, 『논문집』 14, 대구교대.

김기종(1989), 『조선말 속담 연구』, 동북조선민족교육출판사.

김기종 편(1981), 『조선말 속담사전』, 연변대 조선어문학부.

김기종·송기순(1981), 『조선말 한자어 성구사전』, 요녕인민출판사.

김도환(1975), 「한국 속담의 심리 분석 연구」,
　　　　　『부산대 사대 논문집』 2(인문과학편).

──(1993), 『한국 속담 활용 사전』, 한울 아카데미.

김동언(1998), 「국어 비속어의 개념과 특징」, 『강남대 인문과학논집』 5.

──(1999), 『국어 비속어 사전』, 프리미엄북스.

김문창(1974), 「국어 관용어의 연구 –숙어 설정을 중심으로–」,
　　　　　『국어연구』 30호, 서울대 석사논문.

──(1990), 「숙어 개념론」, 『강신항 교수 회갑기념논문집』, 태학사.

──(1990), 『관용어, 국어 연구 어디까지 왔나』, 동아출판사.

──(1998), 「한국어 관용어 연구 현황」,
　　　　　제3차 한국어 의미학회 전국 학술대회 발표요지.

김봉모(1994), 「경남 방언의 관용적 표현 연구」, 『인문논총』 44집,
　　　　　부산대학교.

김상윤(2002), 「욕설의 특징에 관한 연구」, 『화법연구』 4, 한국화법학회.

김선풍(1972), 「속담에 나타난 민족성」, 『한국 민속학』 5, 한국 민속학회.

김성배(1973,1988), 『한국 수수께끼 사전』, 집문당.

───(1975), 「한국의 금기어」, 『길조어』, 정음사.
김열규(1982), 「속담의 메타구조」, 『문학사상』 118호, 문학사상사.
김용철 편역(1997), 『두 언어로 본 속담과 격언』, 한림출판사.
김재문(1995), 『속담과 한국인의 법문화1-기본법편』, 교육과학사.
김종택(1978), 「한국인의 전통적인 여성관-속언,속담을 통하여-」,
　　　　　　『여성문제연구』 7, 효성여대 한국여성문제연구소.
김종택(1971), 「이디엄(idiom) 연구」, 『어문학』 25호, 한국어문학회
김종훈 · 김태곤 · 박영섭(1985), 『은어 · 비속어 · 직업어』, 집문당.
김진식(1997), 「관용어와 속담의 특성 고찰」,
　　　　　　『오당 조항근 선생 화갑기념논총』, 보고사.
───(1996), 「관용어와 속담의 특성 고찰(Ⅰ) -상이점을 중심으로」,
　　　　　　『개신어문연구』 13집, 충북대.
김진해(1995), 「관용어의 통사 · 의미론적 제약 연구」, 경희대 석사논문.
───(2000), 『연어 연구』, 한국문화사(← 국어 연어 연구, 경희대 박사논문).
김학언 편(2002), 『엣센스 일본어 관용어사전』, 민중서림.
김해성(1977), 「한국 대학생의 은어 조사」, 『국어국문학』 76, 국어국문학회.
김향숙(1996), 「인체어 '손'의 숙어 연구 -구약성서를 중심으로」,
　　　　　　인하대 석사논문.
김혜숙(1991), 『현대 국어의 사회언어학적 연구』, 태학사.
───(1991), 「익은말과 다른 관용어구와의 관계」, 『논문집』 18, 세종대.
───(1992), 「익은말의 통사 · 의미적 특성 및 유형」, 『한국문학연구』 15,
　　　　　　동국대.
───(1993), 「한국어의 익은말 연구」, 『목멱어문』 5, 동국대.
남기심(1983), 「새말(新語)의 생성과 사멸」, 『한국어문의 제문제』, 일지사.
노수연(1936), 「언어기구에 대하야 -관용구와 어법에 대한 고찰-」,
　　　　　　『正音』 16호, 조선어학연구회.
동아출판사 편(1992/1995), 『한국문화상징사전1 · 2』, 동아출판사.
문금현(1996), 「관용 표현의 생성과 소멸」, 『국어학』 28, 국어학회.
───(1996), 「국어의 관용 표현 연구」, 서울대 박사 논문.
───(1997), 「신문에 나타난 관용 표현의 특징」, 『국어국문학』 120호,
　　　　　　국어국문학회.
───(1998), 「외국어로서의 한국어 관용 표현의 교육」,
　　　　　　『이중언어학』 제15호, 이중언어학회.

―――(1999), 「관용 표현에 대한 국어교육학적 고찰」, 『선청어문』 27,
　　　　서울대 국어교육과.

민성홍(1991), 「현대 한일어의 관용적 비유표현 비교 연구 ―상징어의 비유
　　　　성을 인정하는 관점에서―」, 경희대 박사논문.

민현식(1994), 「개화기 국어 문체 연구」, 『국어국문학』 111, 국어국문학회.

―――(1995), 「국어의 여성어 연구」, 『아세아여성연구』 34,
　　　　숙명여대 아세아여성문제연구소.

―――(1997), 「국어 남녀 언어의 사회언어학적 특성 연구」,
　　　　『사회언어학』 5-2, 한국사회언어학회.

―――(2000), 『국어교육을 위한 응용국어학 연구』, 서울대 출판부.

민현식 외(2001), 「정보통신 언어의 순화 및 정보윤리교육의 학교교육 활용
　　　　방안 연구」, 교육부 정책과제.

박갑수(1984), 「언어에 관한 속담고」, 『국어와 민족문화』, 집문당.

―――(1994), 「유행어 사용 심리」, 『올바른 언어생활』, 한샘출판.

―――(1994), 「언어 생활의 변천 40년」, 『우리말 사랑 이야기』, 한샘출판.

박경현(1984), 「국어 특수어의 언어 사회학적 연구」,
　　　　『경찰대학 논문집 인문편』 3집.

박동근(1995), 「한국어 관용표현의 통사론적 특성 연구 ―사·피동법 제약을
　　　　중심으로」, 『건국어문학』 19·20, 건국대.

박영순(1985), 『관용어에 대하여, 국어교육』 53·54(선암 이을환 교수 화갑기
　　　　념), 한국국어교육연구회.

박영준·최경봉 편(1996), 『관용어 사전』, 태학사.

방종현·김사엽(1950), 『속담대사전』, 교문사.

변재옥 편(1989), 『동서속담사전 : 韓.漢.日.英.獨.佛.羅』,
　　　　영남대학교 출판부.

서병국(1981), 『응용국어학논고』, 학문사.

서정범(1985~1998), 『학원별곡/어원별곡/수수께끼 별곡/너스레별곡』,
　　　　범조사.

서정범(1992~1998), 『우스개별곡/너덜별곡/거덜별곡』, 한나라.

서　혁(1993), 「언어사용으로서의 속담표현의 특성」, 『선청어문』 21,
　　　　서울대 국어교육과.

성광수(1995), 「국어 관용표현의 구조와 의미적 특성」, 『성곡논총』 26-상,
　　　　성곡재단.

신기상(1992), 「우리말 욕설 연구」, 『국어 교육』 79·80,
        한국국어교육연구회.
심재기(1986), 「한국어 관용 표현의 화용론적 연구」, 『관악어문연구』 11,
        서울대 국문과.
안경화(1987), 「한국어 숙어의 유형에 대한 분석적 연구」, 서울대 석사논문.
양영희(1995), 「관용 표현의 의미 구현 양상」, 『국어학』 26집, 국어학회.
오은하(2000), 「유행어의 국어교육적 연구」, 숙명여대 석사논문.
윤재천·이주행(1983~1984), 「욕설에 관한 고찰(1)(2)」,
        『논문집』 27·28, 중앙대.
이기문(1962, 개정 1980), 『속담사전』, 일조각.
이동혁(1998), 「국어의 연어적 의미 연구」, 고려대 석사논문.
이상억(1993), 「국어 관용 표현의 분석과 어휘부 내에서의 처리」,
        『인문논총』 34집, 서울대.
━━━(1993), 「관용 표현과 합성어의 분석 및 어휘부 내에서의 처리」,
        『어학연구』 29-3, 서울대 어학연구소.
이성영(1991), 「속담어법의 국어교육적 의미」, 『국어교육』 73·74,
        한국국어교육 연구회.
이연섭(1992), 「한국 청소년의 언어 생활」,
        『청소년 문화의 실상과 문제(하)』, 한국정신문화연구원.
이옥련(1997), 「한국 대학생의 은어연구」, 『우리말과 사회 그리고 문학』,
        박이정.
이을환(1963), 「한국 여성 속담에 관한 연구(표현형식을 중심으로)」,
        『아세아여성연구』 2, 숙명여대 아세아 여성문제연구소.
━━━(1980), 『국어의 일반의미론적 연구』, 숙명여대 출판부.
이익섭·채완(2000), 『국어 문법론 강의』, 학연사.
이정복(2000), 『바람직한 통신언어 확립을 위한 기초 연구』,
        문화관광부 정책과제.
이종철(1993), 「의사소통능력 신장을 위한 함축적 표현의 연구」,
        서울대 박사논문.
━━━(1998), 『속담의 형태적 양상과 지도 방법』, 이회문화사.
이훈종(1961), 「관용구와 그 배후 민담」, 『국어국문학』 24집.
이희자(1995), 「현대 국어 관용구의 결합 관계 고찰」, 『대동문화연구』 30,
        성균관대 대동문화연구원.

임동권(2002), 『속담사전』, 민속원.

임지룡(1998), 『국어의미론』, 탑출판사.

장경희·장세경(1994), 「국어 관용어에 대한 연구」, 『한국학 논집』 25, 한양대.

장성언(1980), 『영어 관용법 사전』, 연세대학교 출판부.

정종화(1996), 『한국 전통 사회의 정신 문화 구조 양상 : 속담을 통해 본 가치관의 비교문화적 접근』, 고려대 출판부.

조오현·김용경·박동근(2002), 『컴퓨터 통신언어 사전』, 역락출판사.

조재윤(1988), 「한국 속담의 구조 분석 연구」, 고려대 박사논문.

주경희(1998), 「문 결속 기능으로의 속담 사용」, 『텍스트 언어학』 5집, 텍스트연구회.

──(1998), 「텍스트에서의 속담 사용 양상」, 『한국어교육』 9-1, 국제 한국어 교육학회.

──(1999), 「속담의 기능」, 『국어교육』 100, 한국국어교육연구회.

芝　山(1938), 「한자음 숙어의 의의 및 출처」, 『정음』 23·24호, 조선어학연구회.

최경봉(1992), 「국어 관용어 연구」, 고려대 석사논문.

──(1994), 「관용어의 의미구조」, 『어문논집』 33, 고려대.

──(1995), 「국어 사전에서의 관용적 표현의 처리문제」, 『한남어문학』 20, 한남대.

최기호·김미영 공저(1998), 「비속어, 유행어, 은어의 사회언어학적 분석」, 『언어와 사회』, 한국문화사.

최래옥(1993), 『구비문학론』, 와이제이 물산.

──(1994), 『민간 속신어 사전』, 집문당.

최승애(1998), 「한국어의 상투적 표현 연구」, 연세대 석사논문.

최정호(1984), 「한국 사람의 전통적 언어관 연구」, 『한글』 184, 한글학회.

최지훈(1999), 「전의(轉義) 합성명사의 인지의미론적 연구」, 이화여대 석사논문.

최창렬(1986), 『국어 의미론』, 개문사.

최창렬·심재기·성광수 외(1986), 『국어의미론』, 개문사.

한국방송통신대학교 편집부 편(1998), 『중국어 관용어 사전』, 한국방송통신대학교.

한성일(2002), 「유머 텍스트의 원리와 언어학적 분석」, 경원대 박사논문.

한윤수(1996), 『나를 살려준 속담』, 형제.

홍기선(1998), 「한국어 관용어구와 논항구조」, 『어학연구』 34-3,
          서울대 어학연구소.
홍재성(1997), 「제한된 동사 활용형으로 구성된 관용 표현」,
          『새국어생활』 7권 2호, 국립국어연구원.
황경자 외(2002), 「속담의 의미와 기능」, 『BK 21 언어학 총서』 3, 태학사.
황희영(1977), 「한국 익힘말(慣用語句)의 생성과 유형고」,
          『인문학연구』 4 · 5, 중앙대 인문과학연구소.
황희영(1978), 「한국 관용어 연구」, 『성곡논총』 9집, 성곡재단.
周宏溟(Zhou hong ming) 編著(1990), 『漢語 慣用語詞典』, 北京 : 商務
          印書館.
邢志遠(Xing, Zhiyuan) 主編(1996), 『英漢慣用語大詞典』 = A complete
          dictionary of English-Chinese idiomatic phrases,
          北京 : 新世界出版社.
本田知邦 外(2001), 『日本語 表現』, 서울 : 인터미디어.
Chafe, Wallace. L.(1970), *Meaning and the Structure of Language*,
          Chicago : The University of Chicago Press.
Chambers, J.K.(1995), Sociolinguistic Theory, Cambridge : Blackwell.
Coates, Jenniffer(1986 ; 2nd. 1993), Women, Men and Language,
          London : Longman.
Fraser, L. B.(1970), Idioms within a Transformational Grammar.,
          Foundations of Language 6, 22~42.
Fasold, Ralph(1990), The Sociolinguistics of Language,
          Oxford : Blackwell
          〔황적륜 외 역(1994), 사회언어학, 한신문화사〕.
Holmes, Janet(1992), An Introduction to Sociolinguistics,
          London : Longman.
Lyons, John(1969), *Introduction to theoretical Linguistics*,
          London & New York : Cambridge University Press.
Makkai, Adam(1972), Idiom structure in English, Hague : Mouton.
McCarthy, Michael & Felicity O'Dell(2002), English Idioms in
          Use, London & New York : Cambridge University Press.
Wardhugh, Ronald(1986, 1992), An Introduction to Sociolinguistics,
          Oxford : Blackwell

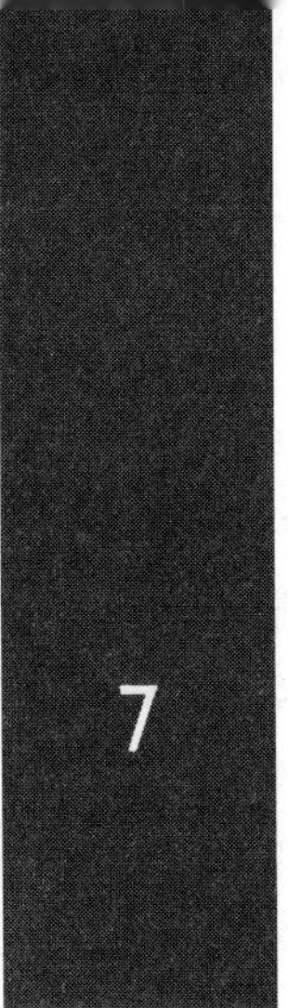

| 신문 기사문의 텍스트 이해 과정 |
- 텍스트 의미를 구성하는 독자의 인지 체계를 중심으로 -

김혜정

7.1 머리말

7.1.1 연구의 목적

인간이 의사소통한다는 것은 의미를 생산해 내는 발신자와 생산된 의미를 수용하는 수신자가 존재하고, 전달의미를 담아내기 위해 언어적/비언어적 표현 기제(mechanism)가 동원되며, 명시적 혹은 암묵적인 상황 맥락이 구성됨[1]을 의미한다. 언어를 총체적으로 이해하기 위해서는 이와 같이 인간의 언어사용 양태의 다각적인 면을, 즉 발신자, 수신자, 상황맥락, 언어적/비언어적 행동 등의 다각적 측면에서 그 기능들을 관찰해야 한다. 뿐만 아니라,

---

1) 맥락이 발화에서 주어지는 것인가 혹은 선택되는 것인가에 대한 스퍼버와 윌슨(Sperber & Wilson, 1986:132)의 논의는 김태옥·이현호 역(1993:184~190) 참조.

각 발화 요소들이 다른 요소와의 상호 작용 속에서 동시적으로 생성하는 사회·문화적 의미까지도 고려해야 할 것이다. 텍스트의 의미는 필자로부터 생성된, 고정적인 것이 아니기 때문이다. 의미는 상황적이며, 다시 말해서 의미가 객관적인 언어 기호의 상호작용으로부터 추론되는 것이라면, 그것은 전적으로 텍스트를 읽는 사람의 몫이다.

따라서 읽기 연구는 텍스트로부터 '무엇(화제)'을 찾을까에 치중하기보다는 '누가(독자)' 읽는가에 고민해야 할 것이다. 그 '누구'는 다양한 경험의 구성체로서, 텍스트 해석의 강도를 조정하는 상황 속의 독자이자 학습자이다. 텍스트를 읽는 독자의 인지적 작용은 텍스트 의미를 구성하게 하며, 동시에 읽기의 방법을 결정한다. 특히 현대와 같이 급변하는 사회적 상황에서 '읽기' 활동이란 바로 '비판적(태도)'으로 '사회와 문화 현상'을 읽을 것을 요구하는 것이다.

예컨대, 신문의 대부분을 차지하는 기사문들은 사건을 '객관적'으로 전달하며, 필자(기자, 편집장)의 주관적 해석이나 의도가 배제된 것처럼 보이나, 때로 필자가 고의로 혹은 무의식적으로, 또 명시적으로 혹은 묵시적으로 어떤 의도를 표현할 수 있다. 이는 하나의 사건/사실에 대해 두 신문이 각기 다른 보도내용을 담고 있는 경우를 보면 쉽게 알 수 있다. 그러나 단순히 한 사건에 대한 두 보도를 대조하는 것이 신문을 제대로, 비판적으로 읽는 것이라고 할 수 없다. 어차피 언어 표현 활동은 인간의 감각(특히, 시각)에 의해 지각되는, 사태에 대한 극히 개인적이고 주관적인 인지 결과—이를 소위 관점(觀點)이라 한다면—임을 인정해야 하기 때문이다. 아무리 사실 그대로 묘사한 기사문이라 할지라도, 기술 방식의 다양성 너머에 존재하는 무수한 기술 결과의 차이를 인정하지 않을 수 없다.

이와 같이, 다매체 시대, 따라서 다문화 시대에서 언어 기호로서의 텍스트는 우리에게 더욱 다층위적으로 읽히도록 기대된다. 텍스트 읽기의 목적과 이유에 따라 혹은 텍스트의 특수한 장르에 따라 독자는 읽기의 방법을 달리해야 하고, 읽기 결과도 달라질 것이다.

이와 같이 독자의 주체적인 의미구성 능력이 강조되고 있지만, 객관적인 상관물로서의 텍스트는 여전히 필자와 독자 사이에 존재하여, 의미 구성의

'프리즘' 역할을 한다. 예컨대, 독자는 이해 관계에 있는 특정 주제에 대해서는 텍스트의 내용(message)을 때로 확대하거나 축소하기도 하고, 특정 문체나 어조(tone)를 통해 필자 태도의 강도를 예측하는 반면, 자신의 판단 결과가 주관적이거나 과정이 비합리적이지 않도록, 또 예측의 범위가 한계를 넘지 않도록 텍스트 단서를 근거해야 한다. 따라서 비판적 독해를 위해서는 텍스트를 재점검하면서 자신의 이해 과정을 조정하는, 텍스트를 통한 엄격한 조율 과정이 필요하게 된다2). 읽기 행위가 텍스트의 내재적 의미를 '찾는 것(구조주의)'에서 텍스트를 매개로 의미를 '구성하는 것(구성주의)'으로 변화되고 있기는 하지만, 여전히 독자에게 주어진 유일한 과제는 실제 '텍스트'이다. 텍스트의 표현을 해석함으로써 독자는 텍스트 너머에 있는 세계를 구성해 나갈 수 있고, 이로써 주체와 세계 간의 의사소통이 성공적으로 이뤄지게 된다.

본고에서는 언어기호의 연쇄로서 파악되는 1차적인 텍스트 의미를 주로 '내용'과 '구조' 분석을 통해 설명하고자 한다. 여기서 '내용'은 텍스트에 제시되어 있는 개별 단어 혹은 텍스트의 부분, 그리고 이들 사이의 의미 관계, 즉 응집성(coherence)을 통해 구성되는 주제이고, '구조'는 단어와 문장들의 배열 순서, 개별 문장의 기능, 텍스트 전체의 조직 방식을 드러내는 수사학적 혹은 시각적 장치를 지칭하는 것(박영목, 2001)으로 응결성(cohesion)과 관련된다. 이러한 텍스트 중심적 분석을 바탕으로 독자는 2차적인 텍스트 의미, 즉 사회문화적 상황 맥락을 고려한 숨겨진 의도를 추론해낸다.

따라서 본고는 독자가 텍스트의 내용과 구조를 어떻게 자신의 스키마와 관련시키면서 텍스트의 의미를 구성해나가는지, 나아가 텍스트의 심층적 의미를 추론해나가는지 그 인지 과정을 중심으로 기술하고자 한다.

---

2) 최근 쓰기 연구의 대화주의적 관점에서는, 의미란 개인의 의식 내에 있는 것이 아니라, 언어사용의 상황에 의해 결정되는 것으로, 서로 다른 목소리를 가진 사람간의 상호작용을 통해 생성되고, 작가가 독자의 기대를 생각하면서 작자 자신의 목표를 조율하는 과정에서 생기는 것으로 작가와 독자의 대화적인 속성을 지니고 있는 것으로 보았다(이재승, 1997:300). 바흐친은 구조주의와 구성주의를 모두 비판하고, 담화공동체의 언어 사용 상황 그 자체에 주목하여 근본적으로는 사회구성주의와 통한다(박태호, 1996 참조). 뿐만 아니라, 보그란데(1997:102~129)의 텍스트 연구에서도 언어를 적응적 행위 공간(adaptive action space)으로 규정하고, 세계 그 자체와 인간이 가지고 있는 세계 모형 간의 변증법적 상호작용에서 해석자(이해자)의 의무는 단지 의미를 생산하는 것만이 아니라 그러한 의미를 제어하는 것(민병곤, 2001:271)이라고 했다.

7.1.2 연구 방법 및 제한점

본고는 독자가 텍스트에 대한 구조 분석을 1차적 토대로3), 텍스트와 독자가 속해있는 공동체의 가치와 요구, 이해 관계를 어떻게 조정하고 상황적 의미 세계("world-building situated meaning" :Gee, 2000:202)를 구성하는지, 나아가 세계와의 의사소통을 어떻게 성공적으로 수행해나가는지 그 과정을 사회문화적 접근에서 설명하고자 한다.

텍스트를 연구하는 학자들은 공통적으로, 텍스트 인지 과정을 설명하기 위해 텍스트를 몇 가지 층위로 분석하였다. 어윈(Irwin, 1986)은 3가지 층위로 구분하는데, 미시구조는 개별적인 명제나 정보의 항목이 연결되는 방식에, 거시구조는 문단에 제시된 복잡한 명제나 개념들이 주제에 연결되는 방식에, 그리고 최상위 구조는 글의 전반적인 조직 원리를 대상으로 하는 것으로, 텍스트 유형에 관한 일반적인 지식과 관련된다고 하였다. 또한 브링커(K. Brinker, 1992)는 텍스트의 기술 층위를 문법적 층위와 주제적 층위로 구분하기도 했다. 문법적 층위에서는 문법적 응집성, 즉 응집 관계(Textzusammenhang)에 관여적인, 텍스트의 연속하는 문장들 간의 통사론적 · 의미론적 관계를 연구하는 것이고, 주제적 층위에서는 텍스트가 문장들에 표현하는 사태들(문장 내용, 명제들) 사이에서 만들어내는 인지적 응집관계(kognitiver Zusammenhang)를 분석하는 것이다. 이러한 결과는 텍스트 분석을 위해서는 몇 가지 층위로 구분하여 설명하지 않으면 안되는 텍스트의 다면적 양상을 방증(傍證)하는 것이라 할 수 있다.

이에 따라 본고는 텍스트 이해를 두 가지 층위로 개념 구분한다. 첫째 표층적 의미를 파악하기 위해 텍스트의 1차적 층위에서 텍스트를 미시적 구조, 거시적 구조, 초구조라는 수사학적 구조 차원으로 구분하고, 이에 따라 텍스트의 통사적 결합 관계를 중심으로 설정되는 미시 구조와, 담화 주제(topic of discourse)를 찾기 위한 인지 처리 과정으로서의 거시구조와, 텍스트 유형을 표시해주는 초구조에 대한 단계적 관찰을 수행할 것이다4). 또한 텍스트의 2

---

3) 인지심리학 분야의 연구에서는 텍스트 구조가 텍스트의 의미적 일관성을 결정하는 데 가장 중요한 역할을 한다는 실증적 근거를 제시한다(van Dijk & Kintsch, 1983).

차적 층위에서는 1차적인 표층 의미가 구체적인 사회문화적 상황 속에서 의사소통의 배경을 지닌 다른 텍스트 의미로 전이될 수 있음을 보이고자 한다5). 이러한 사회문화적 의미는 열린 공간 속에서 독자에 의해 추가되거나 대체될 수 있는 구성적인 것이다. 동시에 이는 텍스트의 타당성 및 적절성, 효율성 및 가치 등에 관한 독자의 판단에 준거가 된다6). 텍스트에 대한 이러한 다층위적 이해는 텍스트의 의미를 보다 다각적인 차원에서 비판적으로 바라볼 수 있도록 하는 준거로서 작용할 것이다.

본고는 일상생활에서 쉽게 접할 수 있는 '신문기사'라는 특정 양식의 텍스트를 분석의 대상으로 정하고, 이를 비판적인 태도로 읽는 독자의 입장에서 텍스트 구조 및 의미에 대한 이해 과정을 살펴보고자 한다7).

끝으로 독자는 텍스트를 통해서 세계를 구성하며, 세계는 특정한 텍스트 표현 방식의 '선택 결과' 구현된다는 점을 기억해야 한다. 결국 언어가 구현하고자 하는 사실은 항상 '-식으로' 또는 '-로서'(특정 구조와 형식) 표현되며, 필자(표현의 주체, 텍스트 생산자)가 어떤 언어 형식을 선택했느냐에 따라 독자는 세계를 전혀 다르게 혹은 일부분만을 인식할 수 있다. 오히려 독자의 비판적 읽기가 긍정적일 수 있는 것은 바로 이 때문이다. 비판적인 태도로 텍스트를 해석하려는 노력은 독자의 판단 과정에 논리성과 타당성을 스스로 질문하고, 인식의 주체로서 독자의 적극적 참여를 유도한다.

---

4) 메이예(Meyer, 1975), 밀러(Miller, 1990), 어윈(Irwin, 1986), 판다이크(van Dijk, 1980, 1983), 킨취(Kintsch, 1974)와 같은 기존의 유사형식론자들의 연구 결과에 의하면, 텍스트는 명시적인 정보를 표상하고 있는 명제들의 단층적 연쇄가 아니라, 텍스트의 상위의 구조와 위계적인 관계를 맺고 있음을 알 수 있다.

5) 이는 기호학적 분석 모델에 근거하면, 텍스트 전체가 하나의 상징 기호이자, 기의를 함의하고 있는 기표로서 작용하는 것과 같다.

6) 사회언어학을 모태로 발전한 비판적 언어학(critical linguistics)에서도 커뮤니케이션의 과정에 내재되어 있는 이데올로기나 상징의 문제를 다루고 있다(판다이크, 1980/정시호(역), 2000:29~33, 위도우슨, 1996/유석훈 외(역), 2000:112).

7) 상기한 바와 같이, 텍스트 유형(장르)과 관계없이 어떤 글이든지 비판적 읽기의 대상이 될 수 있기는 하지만, 본고가 구체적으로 밝히려는 텍스트의 두 가지 다른 의미 층위의 양상—형식과 기능—을 분석하기에는 설득적이고 관습적인 텍스트의 종류가 효과적일 수 있기 때문이다.

7.2 본문

7. 2. 1 텍스트 이해의 인지 범주

텍스트를 읽는 동안 독자는 텍스트의 의미를 구성하기 위해 여러 가지 인지 과정을 거친다. 텍스트 구조를 머릿속에 도식화하기도 하고, 텍스트 의미를 추론하거나 가정하기도 한다. 이와 관련하여 본고는 독자가 텍스트를 읽으면서 해결해야 할 문제들을 인지적 조건이라 가정하고, 이러한 독자의 인지 과정에 작용하는 인지적 조건들을 적어도 두 가지 층위에서 범주화하여 설명하고자 한다. 이 때 인지 범주는 독자가 머리 속에서 의미를 구성해나가는 과정에서 설계되는 하나의 체계(scheme)라는 점에서 이를 '세계'라는 용어로 바꿔쓴다.

두 가지 인지 범주 중 하나는 텍스트의 통사적 결속구조와 의미적 계층 구조에 의해 형성되는 것으로, 텍스트의 표상적 형식과 내용에 의해 형성되는 텍스트 내적 세계이며, 다른 하나는 개별 텍스트의 형식/내용과 상호관련성을 지니고 있는 주변 세계로서의 텍스트 외적 세계로 나뉜다[8].

각각은 다시 몇 개의 인지적 차원으로 구분될 수 있는데, 먼저, 텍스트 내적 세계는 문구조, 문연속 구조와 같은 텍스트의 통사적 결속구조를 바탕으로 구체적인 텍스트의 표현과 관련되는 미시구조(Mikrostruktur) 차원, 미시구조의 개별 명제들 간의 의미 관계를 밝힘으로써 더 큰 명제 단위로 재구성된 거시구조(Makrostruktur)[9] 차원, 전체 텍스트에 관여하는 소단위 텍스트

---

8) '내적 세계'라는 개념은 인지적 구성체로서, 슈미트(S.J. Schumidt, 1994/ 박여성(역), 1997)의 '코뮤니카트(Kommunikat)'에서 인용한 용어로서, 상대적인 개념인 '외적 세계'는 '인지체계(cognitive system)'를 의미하며, 각 세계 내의 텍스트들은 추상적 텍스트로서 개별 텍스트와 구분된다. 기호학적 시각의 커뮤니케이션 연구에서는 텍스트는 두 가지 뜻으로 사용된다. 하나는 '관찰 가능한 기호들의 물리적 구조물'이고, 다른 하나는 '텍스트를 읽는 독자가 만들어 내는 의미작용'을 지칭한다. 특히 후자의 견지에서 텍스트의 수는 독자의 수만큼 다양하다고 할 수 있다. 본고에서는 '텍스트'는 전자의 뜻으로, '텍스트 의미'와 '텍스트 세계'는 후자의 뜻으로 사용한다.

9) 판다이크(1980, /정시호(역), 1995)는 문구조와 문연속 구조를 미시구조(Mikrostruktur)로, 추상적·이론적 구조로서 총괄적 의미 구조를 거시구조(Makrostruktur)로 구분하였다(1980:73 ~76). 이야기나 논증 외에도 대화의 총괄적 구조를 강조하면서, 여러 화자에 의한 텍스트 순서

들의 기능적 단위들로 구성된 초구조 차원으로 나눌 수 있다.

먼저, 텍스트 내적 세계를 구성하는 미시구조와 거시구조는 명제간의 조건적 연관성, 지시대상 간의 일치 등과 같은 조건을 만족시킴으로써 응집성(coherence)을 획득하고 화용적 해석이 가능하게 하며, 특히 거시구조 구성에 의해 텍스트의 주제 내지 대화 주제(topic of discourse/conversation)가 드러난다. 또한 거시구조와 초구조는 총괄적 의미 구조로서 개별명제의 선택이 아니라 의미적으로 추상화된 명제들의 계층적 연결이라는 점에서 공통점을 지닌다. 특히 초구조는 텍스트 유형을 표시해주는 총괄적 구조로서, 문법적 바탕에 근거하고 있지 않다는 점에서 초문법적이며, 언어공동체의 화자들이 대부분 초구조를 형성하는 인지적인 규칙/절차나 범주 체계를 알고 있고 또 사용한다는 점에서 경험론적이고, 텍스트의 형식 즉 유형이 문화적으로 대개 규정되어 있다는 점에서 관습적인 성격을 띤다고 할 수 있다.

다음으로, 텍스트 외적 세계란 텍스트 내적 세계의 의미 해석에 공조하기 위해 독자에 의해 수의적으로 동원되는 '관념적 자원'으로서, 지식10)의 성격을 지닌다. 이러한 텍스트 외적 지식은 다시 맥락(context)과 가치(value)에 관한 것으로 대별된다. 지식의 형태로 존재하는 텍스트 외적 세계는 세계지식(상식), 배경지식, 스키마(개념의 망구조) 등으로 불릴 수 있으며, 간텍스트성(intertextuality)을 기반으로 하는 관념적 텍스트 혹은 텍스트의 다발로 제시된다.

의 배열이자, 이 배열이 커뮤니케이션의 여러 자질로부터 유도되기 때문이라고 하였다(pp.239~240). 그는 초구조를 텍스트마다 필연적으로 존재하는 것으로 보고, 이에 따라 텍스트 유형을 나눈다(p.208). 그는 텍스트 이론의 범주와 규칙들의 일부를 더 포괄적인 인지 이론의 구성요소로 간주하고, 이에 텍스트 이론은 인지적으로 관여되며(relevant), 거시구조와 초구조는 (텍스트의) 심리학적 이론 형성에 중요하다고 언급했다(Ibid., pp.214~215. 참조).

10) 판다이크와 킨츠(van Dijk & W. Kintsch, 1983:303~304)는 텍스트 이해를 위한 정보는 텍스트 자체에 명시적으로 표현되지 않기 때문에, 담화가 관련된 사람, 사물, 사태(states of affairs), 행동, 사건(events) 등에 대한 언어 사용자의 지식으로부터 추출되어야 한다고 하였다. 그 지식은 우리의 선행 경험으로부터 단계적으로 해석되는 삽화적(episodic)인 지식과, 이런 삽화적 지식으로부터 추출되었지만, 추상화, 일반화, 탈맥락화, 재조합(recombination)의 학습 과정을 거쳐 보다 더 일반적이고, 안정된 성격의 지식으로 매우 다양한 인지 과제를 처리할 수 있는 지식으로 양분된다. 이러한 지식은 사회문화적으로 다양함에도 불구하고, 상호주관적 언어사용과 의사소통을 가능하게 할 만큼 일반적이라고 지적하였다.

먼저 맥락에 대한 지식은 개별 독자와 개별 텍스트가 공존하는, 공시태적인 사회문화적 환경과 과거와 현재를 이어주는 통시태적인 역사적 맥락에 대한 앎으로써, 주로 상황 맥락(context of situation)에 대한 지식을 뜻한다. 가령, 텍스트 내용과 관련하여 정치·경제·사회·문화 전반에 걸친 사회적 통념의 변화나 최신 정보 등에 대한 배경지식을 지니고 있음을 뜻한다. 이러한 지식들은 경우에 따라 스키마의 특수한 유형인 스크립트(scripts)와 프레임(frames)11)의 형태로 저장되기도 한다.

가치에 대한 지식은 가치관(view of value)으로 불리며, 상대적으로 객관적인 체계의 맥락적 지식과 달리, 독자 개인의 정서, 태도, 성향 등에 따라 좌우되는 것이긴 하나, 윤리적 가치, 미적 가치에 대한 보편타당한 규준, 혹은 그에 관한 지식을 뜻한다. 텍스트 외적 지식은 텍스트의 이해를 더욱 심층적이고, 생산적으로 만들어주며, 생략된 정보에 대한 독자의 추론을 활성화하며, 필자의 견해에 매몰되거나 독자가 편견에 빠지지 않도록 하는 준거를 제공한다.

텍스트 내적 세계의 구성은 텍스트의 1차적 의미, 즉 표면적 의미와 구조를 파악하는 것과 주로 관련되며, 텍스트 외적 세계의 구성은 텍스트의 2차적 의미, 즉 숨겨진 의도로서의 사회문화적 의미를 해석할 수 있도록 도와준다. 또한 텍스트 내적 세계와 텍스트 외적 세계는 고정적이거나 불변적인 것이 아니라, 독자가 텍스트를 읽어나가는 동안, 독자와 끊임없이 대화하며, 독자에 의해 각 세계가 구축되고, 혹은 수정되기도 하는 유동적이고 가변적

---

11) 말리노브스키(Malinowski, 1923)는 발화가 행해지는 상황, 즉 화자, 청자, 언어의 장(field), 언어적 행동, 비언어적 행동 등을 상황 맥락이라 칭하고, 언어 구조의 전후 관계에 의해 발화 의미(외연적 의미 denotation)가 결정되는 문맥(context, linguistic context)과 구분한다(영어학 사전, 신아사, 1990:276).

또한 '스크립트(script)'란 비교적 큰 규모의 사건 진행 및 행위 진행(레스토랑 스크립트, 슈퍼마켓 스크립트)과 관련하는 인지도식들로서, 반복하는 일정화된 행위진행을 구조화하는 스키마이다. 스크립트는 후속하는 텍스트 발화에 대한 기대를 구축하며 해당하는 상호작용 활동을 조장한다. '프레임'은 특히 반복적으로 경험된 사회적 관습들을 개념화하는 지식구조의 복잡한 조직을 지칭한다(박여성 역, 1996:446). 스키마에 대해서는 R. de Beaugrande & W.U. Dressler(1981)을 참조할 수 있음. 스크립트, 프레임 이론에 대해서는 박정준(1994 :61~), R. de Beaugrande(1980: 163~194) 참조

인 것이다. 특히 구체적인 과제가 주어지는 비판적 읽기의 특수한 목적에 따라, 해석에 기여하는 각 세계의 관련 정도가 결정되며, 각 세계의 하위 인지 요소들이 동기화(motivation)된다. 여기서 텍스트 내적 세계는 구조적·의미론적 세계이며, 텍스트 외적 세계는 일종의 기능적·화용적 세계이다.

요컨대, 위의 논의를 다음과 같이 정리할 수 있다.

비판적 읽기를 위한 텍스트 인지 범주12)

텍스트 내적 세계	미시구조적 차원	문장의 통사 구조 및 수사적 표현 방식에 대한 인지
	거시구조적 차원	주제 및 의미의 지시적 흐름에 대한 인지
	초구조적 차원	구조의 유형 및 관계(기능) 인지
텍스트 외적 세계	맥락적 지식 차원	간텍스트성(intertextuality)을 지닌 맥락의 인지
	가치적 지식 차원	가치관, 사회적 윤리 규범에 대한 인지

요컨대, 본 절에서는 텍스트의 1차적 의미 구성을 위해 텍스트의 내적 세계를 세 가지 차원, 미시구조, 거시구조, 초구조적 차원으로 임의 구분하고, 각 차원에서의 통사론적, 의미론적, 유형론적 분석을 시도하였다. 또한 각 차원에서의 텍스트 분석은 텍스트 외적 세계에 대한 인지와의 상호작용에 의해 이뤄지는 것이기 때문에 각 차원의 설명은 텍스트 외적 세계에 대한 상호 관련성을 염두에 두고 기술되었다. 이로써 텍스트의 1차적 의미가 구성되며, 텍스트 2차적 의미는 1차적 의미를 근거로, 텍스트의 생성 배경, 필자의 숨겨진 의도 등을 중심으로 사회문화적 모형에 근거하여 분석한다.

독자는 텍스트를 읽어나가면서 계속적으로 의미 체계(심리적 표상)를 수정한다. 즉 독자, 텍스트, 의미체계의 상관 관계는 실재 세계 속에서 작용하며, 필자가 텍스트를 생성할 때뿐 아니라, 특정 사회·문화 집단 속에 속한 독자의 의식에 영향을 미치고, 다시 독자의 추론과 판단에 도움을 주어 의미

---

12) 텍스트의 인지 범주를 두 차원으로 구분하는 개념은 Fillmore(1976)의 글 텍스트에 대한 '외적 문맥화(external contextualization)'와 '내적 문맥화(internal contextualization)'의 전통적 구분에서도 살펴볼 수 있다.

체계를 형성하게 한다. 이렇게 형성된 의미체계는 기존의 가치관이나 지식을 고수하던 독자를 변화시키기도 한다.

7.2.2 텍스트 분석의 실제

1) 텍스트의 1차적 의미 분석

(1) 텍스트의 미시적 차원과 텍스트 외적 세계13)

　텍스트의 미시구조를 구성하기 위해서는 우선 텍스트의 문법 구조와 유형 및 맥락과 관련된 분석이 선행되어야 한다14). 여기서는 텍스트를 구성하는 하위 언어 장치들의 결합 관계, 즉 결속구조(cohesion)와 응집성(coherence)을 중심으로 어떻게 텍스트가 수사적 표현 효과를 드러내는지 살펴본다. 다음은 신문 사설이다.

〈예문1〉
탄저병 등 세균질병 원리, 국내학자가 세계 첫 규명

　T1 〔미국에서 생화학 테러 공포가 확산되고 있는 가운데 국내 의학자가 세균 안에서 독성 물질을 만드는 단백질의 역할을 세계에서 처음으로 규명해냈다.〕 T1

　T2 〔전남대 의대 비브리오패혈증 연구소 최○○(사진) 교수는 12일 "모든 병원균 세균 속에서 독성 물질의 생산을 촉진하는 일종의 스위치 단백질(CRP)이 평상시엔 독성 물질을 만들지만 상황에 따라서는 오히려 독성물질 생산을 억제한다는 사실을 대장균 연구를 통해 규명했다"고 밝혔다.〕 T2

　T3 〔이는 독성물질 생산 촉진 단백질(CytR)이 별개라는 기존 학설을 뒤집은 것으로 'EMBO' 최신호에 '유전자 발현 조절에 있어 지킬 박사와 하이드씨'라는 제목으로 실렸다.〕

---

13) 다음에서 분석 틀은 크게 두 가지이다. 미시구조적 측면에서는 보그란데와 드레슬러의 응집성과 결속구조(응결성)의 개념과 브링커(K. Brinker, 1992)의 재수용 원리(Prinzip der Wiederaufnahme)를 이론적 바탕으로 하였고, 거시구조와 초구조적 측면에서는 주로 판다이크(1980)의 이론을 참고하였다.

14) 여기서는 하나의 완결된 글을 의미하는 '텍스트'에 대비되는 개념으로, 들여쓰기를 텍스트 경계로 하는 '소단위 텍스트'를 설정한다. 분석의 틀과 용어 및 응집성과 응결성에 대한 개념은 고영근(텍스트 이론, 아르케, 1999, 특히 제 5장에 의거한 텍스트성의 기준을 준거로 하며, 제 8장의 분석을 참고했다)을 참조함.

T3

　　T4 〔최 교수는 "현재까지의 항생제는 독성 자체를 막는 쪽으로 개발돼 왔으나 이번 연구를 통해 모든 세균에 있으면서 작동 원리도 같은 CRP만 조절하면 독성 물질의 생성을 막을 수 있게 됐다"면서 "비브리오패혈증이나 탄저병 등은 현재 마땅한 치료제가 없지만 앞으로 CRP를 겨냥한 항생제를 개발할 수 있을 것"이라고 말했다.〕 T4

〈동아, 2001/10/12〉

　　전체 텍스트는 4개의 소단위 텍스트로 구성되어 있다. 다시 T1은 하나의 문장으로 표현되어 있지만, 기저구조에서는 최소한 (주절과 부속절로 이루어진) 두 개 이상의 의미 명제가 종속적으로 연결되어 있다. S1의 주어명사구는 '국내 의학자가'로, 보조사 '이/가'를 사용하여 새로운 정보의 출현을 의미한다. 그러나 앞에 부속되는 구, '미국에서 생화학 테러 공포가 확산되고 있는 가운데'라는 부분에서 다음에 이어질 구의 명제 내용을 의미적으로 한정하는 역할을 하고 있다. 이것은 화용적으로 하나의 발화가 갖는 상황을 설명해 주는 과정이기도 하다. 앞서 나온 '생화학 테러'는 '세균 안에서 독성 물질을 만드는 단백질의 역할'과 의미적으로 등가하다. 즉 유사한 의미의 반복을 통해 이 두 개의 명제 내용은 서로 대응되는 통사적 구조를 보이고 있는 것이다. 이 글과 관련된 상황맥락을 잘 알지 못하는 독자라 할지라도 최소한 우리나라 의학계의 '규명'이 최소한 미국에서 확산되고 있는 테러 공포를 잠재울 수 있도록 하는 데 기여할 가능성이 있는 큰 발견임을 짐작할 수 있는 것이다. 따라서 맨 앞에 등장한 부속절 '~ 가운데'는 기사문을 쓴 필자가 이 의학적 발견이 상당히 중요한 내용임을 강조하는 역할을 하기 위해 문두에 위치한 것이다. 즉 이를 통해 독자는 다음에 나온 명제 내용의 중요성을 인식하고 이 보도 내용의 시의성(時宜性)을 다시금 확인하게 된다. 특히 '~ (하)는 가운데'라는 표현 방식은 다음에 이어질 명제 내용이 어떤 상황의 진행 단계에 있거나 최소한 그러한 상황 맥락 속에 있음을 알리는 텍스트 표지로 사용되고 있다. 맨 처음 제시된, '미국에서'는 뒤에 나오는 '국내 의학자가'의 '국내'와 의미적으로 대응된다. 즉 '가운데'를 기점으로 해서 국외의 상황과 국내의 상황이 대조적으로 연결되어 있다. 따라서 기저 구조상의 의미는 역접으로 연결되어 있다.

T2 역시 직접 인용절을 안은 하나의 문장으로 이뤄져 있다. 주어 명사구 '최○○ 교수는'은 앞의 T1의 '의학자'를 동지시하며 보조사 '은/는'을 사용하여 이미 나온 구정보임을 암시한다. 또한 '세균', '독성 물질', '단백질'은 T1에서 이미 나온 어휘를 동일 반복하고 있고, '평상시엔 ~ 억제한다'는 T1의 '역할'을 상세화한 구문이다. 이와 같이 T2는 T1의 부연 단락으로 볼 수 있다. T2에서 사용된 문장 성분들은 T1의 문장 내용을 반복하여 의미적으로 상세화하고 확대한 표현이기 때문이다. 따라서 이 두 소단위 텍스트들을 비교하면, 상대적으로 T2에 비해 T1은 '일반 문단(특수 진술의 상대 개념)'이 된다. 독자가 주제를 찾을 때, 독자는 머릿속에서 진술된 텍스트 명제들의 의미적 함의 관계를 따져 텍스트 내용을 요약하게 되는데, 이때 T2에 비해 T1이 선호된다. 이는 T1이 T2의 내용을 함의하고 있기 때문이다.

T2에서 직접 인용은 신문 기사문에서 진술 태도를 객관적이게 보이도록 하거나 생생한 사건 보도의 방법을 위해 자주 쓰이는 표현 방식이다. 또한 T2는 신문 기사문의 전형적인 진술 형식인 '언제, 누가, 어디서, 무엇을, 어떻게, 왜'라는 6하(5W1H) 원칙에 따라 기술되고 있다. 단지 '왜(Why)'에 해당하는 진술 내용이 불확실하지만, 이는 T4에서 다시 자세히 진술된다. T2에서 가장 많이 반복되는 어휘는 '독성 물질'인데, 이는 텍스트 전체에서도 가장 출현 빈도수가 많은 어휘이다. 이 '독성'이라는 단어의 사용으로 인해 생화학 테러의 공포가 확산되고 있는 미국에서 독자는 텍스트의 실제적인 소통 상황에서 느끼는 위기감이 한층 더 고조된다. 이 '독성 물질'을 둘러싸고, 단백질이 독성 생산을 촉진하다가 오히려 억제하게 된다는 사실은 독자가 느끼는 위기 의식을 극적인 안도감으로 몰아간다. '생산을 촉진하는'과 '만들지만', '생산을 억제한다는'에서 대립어의 반복적 사용으로 '~지만'이라는 역접의 접속어미를 중심으로 양편에 위치한 구가 서로 의미적으로 대응되며, 이로 인해 문법적 결속 구조를 만들어나간다. 특히 '일종의 스위치 단백질'이란 단어의 의미는 다음에 이어지는 내용, '평상시엔 독성 물질을 만들어 내지만 상황에 따라서는 오히려 독성 물질 생산을 억제하는'을 압축적으로 제시하는 역할을 하기 때문에 기능적으로는 등가성을 지닌다. 독자는 다음에 이어지는 구절 풀이로 인해 '스위치'라는 단어의 의미를 명확하게 이해하게 되는 것이다.

전술한 바와 같이, T2는 T1을 부연하는 단락이지만, T1에서는 테러 공포가 확산되고 있는 상황에서 '독성 물질을 만드는 단백질'을 소개함으로써 위기감을 고조시키고 독자로 하여금, 부정적인 뉴스 내용 소개에 대해 의아심을 갖게 하는 반면, T2에서는 앞의 단락에서 독자가 가졌던 의구심을 해명함으로써 극적인 갈등 상황을 해소하는 역할을 하게 된다.

T3의 '이는'은 대명사 지시에 의한 표현으로 앞 단락 전체를 지시한다. 이 내용은 T3에서는 '학설', '것'이란 압축성 있는 단어로 표현함으로써 의미자질의 공통성을 확보하고자 한다. T3은 T2의 내용 설명의 연장으로, 의학적 발견의 의의를 상세화한 것이다. 'EMBO'라는 과학 잡지를 알고 있지 못한 독자라 하더라도 신문 기사에서 인용한 사실만으로도 이 간행물이 최소한 관련 분야의 권위있는 잡지임을 추론할 수 있을 것이다. 필자가 이 영자명을 부가설명 없이 실은 것은 독자의 추론에 대한 이와 같은 가정을 전제한 것이라는 점에서 Grice(1975)의 대화 공준의 적절성 원칙을 발견할 수 있다. 또한 예외적으로, '유전자 발현 조절에 있어서의 지킬 박사와 하이드씨'라는 기사 제목을 직접 인용한 것도 비유적 표현을 빌어 T2의 따옴표 내용을 다시 한번 요약·강조하기 위한 의도라고 할 수 있다. '지킬 박사와 하이드씨'라는 소설은 지킬 박사가 인간이 잠재적으로 가지고 있는 선악의 모순된 2중성을 약품으로 분리할 수 있을 것이라는 착상에서 약품을 만들어 복용한 결과, 악성을 지닌 추악한 하이드로 변신하게 된다는 내용이다. 즉 하나의 물질 내에 두 가지 극단적인 성질이 내재한다는 점에서 스위치 단백질과 이 소설은 공통점을 지닌 것이다. 따라서 독자는 이러한 인용에서 두 가지 텍스트에 대한 내용적 관련성, 즉 간텍스트성(intertextuality)을 발견하게 되며, 소설 '지킬 박사와 하이드씨'와 '평소에는 독성 물질을 생산하다가 상황에 따라 독성물질 생산을 억제하게 되는 단백질'의 공통점과 차이점을 머릿속에 인지하게 된다. 이 둘은 텍스트 전체에서 원 관념과 보조 관념의 기능을 담당하게 된다.

T3의 안긴 문장, '독성 물질 생산 촉진 단백질이 별개라는 기존 학설을 뒤집은'은 앞에 제시된 T2의 내용을 필자가 요약한 부분으로, '기존 학설'의 '기존'은 다음에 등장하는 '최신호'의 '최신'과 의미적으로 상반된다. 필자의 치밀한 계산이 아니라 할지라도 '기존'의 '기(旣)'가 '최신'의 '신(新)'과 대조적인

뉘앙스를 제공하기 때문이다. 또한 '뒤집은'이라는 단어에서, 이 연구와 기존 학설과의 대조점을 극명하게 보이려는 필자의 어휘 사용의 주관을 엿볼 수 있다.

T4의 내용은 앞으로의 전망과 이 기사의 의의를 직접 인용을 통해 암시적으로 드러내고 있다. '최 교수'는 T1의 '국내 의학자', T2의 '최○○ 교수'를 공지시하며 반복되고 있다. 특히 '모든 세균'은 T1의 생화학 테러 공포를 일으키는 세균도 포함되는 것을 의미한다. 따라서 '모든 세균'과 '생화학 테러'는 의미상 공지시되는 부분이며, T4의 '독성 물질의 생성을 막을 수 있게 됐다'는 부분은 이 텍스트 전체에서 필자가 전달하고자 하는 주장 부분이다. 비록 직접 인용으로 표현되어 있지만, 최 교수의 발화를 통해 필자의 주장을 간접화하여 제시하고 있다. 즉 필자는 결론적으로 국내의 생물학적 발견이 미국의 생화학 테러를 막을 수 있는 계기가 될 수 있다는 것을 주장하려는 것이다.

전체적으로 T1에서 T4까지의 내용은 의미자질의 공통성이 있는 어휘들을 명사적 연쇄로 연결함으로써 결속 구조를 공고히 하고 있으며, 문법적 결속 관계에 의해 응집성을 구축하고 있다. 실제로 전달하고자 하는 정보 내용은 T1에 요약되어 있다. 따라서 T1은 T2~T4까지의 내용을 함의하고 있는 상위 문단의 기능을 하고 있는 것이다. 신문 기사에서 표제어(Head Line)는 본문(body) 내용 전체를 요약·압축 제시하는 역할을 한다. 그런데 이 표제어를 보다 상세화 할 필요가 있을 때는 전문(前文)에서 표제에서 제시한 내용을 요약문의 형식으로 자세하게 제시하기도 하는데, T1이 이와 같은 전문의 기능을 담당하고 있다고 할 수 있다. T1과 T2, T4의 주어명사구는 모두 '최 교수는'을 공지시하는 단어로 시작하고 있고, 문장 전체의 서술어도 각각, '규명해냈다', '~고 밝혔다', '~라고 말했다'로 마침으로써, 사실상 주어와 서술어가 동일한 의미 내용을 지시하도록 되어 있다. 즉 각 문단의 주어와 서술어가 유의어 관계에 있는 다른 단어로 바꿔씀으로써 주어와 서술어가 '반복'을 통한 연쇄 구조로 결속성을 확보하고 있는 것이다. 또한 T3를 제외한 각 문단은 신문 기사문의 쓰기 원칙인 육하원칙의 '누가 ~ 어떻게 했다'는 전형적인 문장 구조의 형식을 갖추고 있고, 형태·통사론적 결속성을 보여주고 있다. 이로 인해 T1을 읽은 독자는 T2~T4로 읽어 갈수록 간결한 사건 핵심 내용에서 추가적인 새로운 정보를 계속 보충해나갈 수 있다. 이와 같이, 유의어 관계에 있는 어휘의 반복적 사용 및 동일 어휘의 재인용, '누가'로 시작하는 동일한 문장 구조의 반복을 통한 통사론적 연쇄 등은 텍스트 결속성을 높일 뿐만 아니라, 독자로 하여금 읽기의 독이성(讀易性)을 향상하는 효과를 낸다. 다만 T3만은 '이는(이 학설은)'으로 시작하고 있는데, 기능상 T3는 T2의 내용을 보충해 주는 부연 문단이기 때문에, T2의 하위에 연결되어 이해되어야 한다.

　일반적으로 기사문은 본문으로 끝나는 경우가 많지만, 본문 뒤에 덧붙여 필자(기자)의 견해, 즉 사건의 전망, 분석, 평가 등을 덧붙이는 경우도 있다. 이를 '해설'이라고 하는데, T4는 표면적으로는 단순 인용 표현으로 보이지만, 그 화용적인 기능은 객관적인 보도인 것처럼 인용함으로써 필자의 주관적인 평가 결과를 간접적으로 드러내고 있다.

　위의 논의에서는 거시구조 및 초구조와의 관련성을 살펴보기 위해 기사문의 본문만 다루었지만, 본문 위에 등장한 표제어도 하나의 텍스트로 다루어질 수 있다. 대개 표제어는 글자체의 크기가 크고, 진하며, 기능적으로는 본문 내용의 핵심적인 사항을 압축하여 제시하며, 일반적으로 한 줄로 표현된다. 이로 인해 가독성(可讀性)이 높아지고 독자는 신문 기사를 접할 때 표제어를 제일 먼저 발견하게 된다. 표제어는 지면의 제약이 심하기 때문에 글자체로 조정할 수 없는 부분은 문법적 요소의 축약이나 생략을 통해 비문법적 표현을 자주 사용한다. 예컨대, 위의 예문에서 '규명'과 같이 용언의 어근만을 사용한 비통사적 표현을 이용하거나, '등' 다음에 '의', '세균질병' 다음에 '의', '원리' 다음에 '를', '국내' 다음에 '의', '세계' 다음에 '에서'와 같이 조사를 생략하여 표현한다. 특히 '규명'이 명사화함으로써 용언을 수식해야 할 부사어구, '처음으로' 대신에 '첫'이라는 관형사로 바꿔쓰기한 것은 특기할 만하다. 이 표제어를 문장으로 표현하면, '탄저병 등의 세균 질병의 원리를 국내의 학자가 세계에서 처음으로 규명했다'로 재구할 수 있다.

(2) 텍스트의 거시적 차원과 텍스트 외적 세계[15)

거시구조 측면의 분석은 문단에 제시된 복잡한 명제나 개념들이 주제에 연결되는 방식, 즉 주제부들의 연쇄성과 계층성을 파악하는 것이다. 즉 소단위 텍스트들과 텍스트 전체에서 주제부가 갖는 화용적인 의미를 먼저 파악해야지만이 주제 전개를 이해할 수 있다. 따라서 텍스트의 맥락적 국면이 중시된다. 텍스트를 분석하기 위해서는 먼저 전체 텍스트의 주제가 독자에 의해 가정되어야 한다.

위의 〈예문1〉을 거시적 의미 구조로 분석해 볼 수 있다. 일반적으로 텍스트를 읽는 첫 번째 목적은 텍스트의 의미를 구성하는 것이다. 이는 질문, '도대체 이 텍스트는 무엇(화제)에 대해 무엇(논평)이라고 말하고 있는가?'와 관련된다. 먼저, 미시구조적 측면에서 텍스트의 결속구조(응결성)와 응집성을 살펴보기 위해 재수용 원리(Prinzip der Wiederaufnahme, K. Brinker, 1992)를 위주로 '세균/독성물질/독성'에 대한 내용이 주됨을 짐작할 수 있다. 이에 대한 거시구조를 통해 담화 화제(discourse topic)의 이동이 다음과 같이 도식화된다.

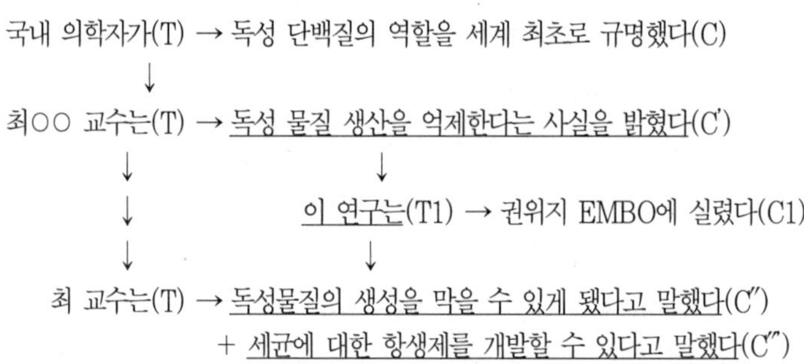

따라서 위 텍스트의 주제는 담화 화제(T: doscourse topic)와 논평(C: comment)의 연쇄성과 접속성의 구조로 보아 계속 순환되는(주제 순환식 구조) 주제를 선정하여, '국내 의학자가 독성 단백질의 역할을 세계 최초로 규명했다'로 거시구조를 파악할 수 있다.

---

15) 텍스트 구조를 주제부들의 연쇄성으로 파악하는 입장(다네쉬는 이를 주제전개(thematische Progression))에서는 텍스트 주제부들의 연쇄성과 접속성, 교체관계와 계층구조를 파악하는 것이 중요하다.

(3) 텍스트의 초구조적 차원과 텍스트 외적 세계

초구조는 텍스트가 적용되는 도식이다. 예를 들어 독자가 화자(필자)가 이제 어떤 이야기를 할 것인지를 알고 있다는 것은 해석 도식을 갖고 있다는 뜻으로, 텍스트가 무엇을 다루고 있는가 하는 것뿐만 아니라, 텍스트가 예컨대 하나의 이야기 혹은 논증이라는 사실을 독자(청자)의 머릿속에 인지하고 있다는 것을 의미한다.

읽기의 관점에서 보면, 이러한 이해의 '틀'에 대한 인식은 텍스트의 내용에 대한 단순한 인식을 넘어, '화자가 텍스트의 의도를 전달하기 위해, 무언가를 표현하는 데 효과적인 형식을 선택했음'을 독자가 인지하는 것이다. 따라서 이는 상위인지적 읽기(이해)와 관련된다고 할 수 있다. 특히 이해 '도식'이란, 말하려는 내용이 담긴 '형식(유형)'과 관련되기 때문에, 그 언어가 사용되고 있는 사회문화적인 맥락 내에서 오랜 동안 관습적으로 굳어진 의사소통의 방식과 관련된다. 여기서 정상적인 독자 혹은 언어 사용자는 일반적인 커뮤니케이션 능력으로서의 규칙성, 즉 텍스트의 종류에 따라 초구조가 구성되는 규칙을 알고 있다.

신문 기사나 사설은 표면적으로 드러나지 않지만, 일종의 관습화된 논증 유형을 띠고 있다. 대부분의 일상적인 발화에서처럼 신문 기사문의 논증은 설득적 목적을 발화의 기본적인 전제로 깔고 있기 때문에 표면상 드러나지 않는 경우가 많다.

위의 〈예문1〉을 '설명적 논증' 구조로 분석해보면, 표면적으로 드러나지 않은 필자의 주장을 추론해 낼 수 있다.

이 텍스트는 표제어에서 짐작할 수 있듯이 '국내 학자가 질병의 원리를 처음으로 규명해냈다'는 주장을 〈출발점〉으로 하여, 구체적인 인물의 설명이 제시되고, 그 인물의 발화 내용을 직접 인용하여 〈사실〉 정보를 전달하고 있다. 또한 이 〈사실〉 정보의 신빙성 및 객관성을 확보하기 위해 학회지 실명을 거론함으로써 자료화된 '권위'를 빌어 자신의 주장을 〈지지〉하고 있다. 또한 마지막 문단에서는 앞의 세 문단과는 약간 성격을 달리 하여 이 연구의 의의와 전망에 대해 긍정적인 평가를 내림으로써 자신의 보도 내용 혹은 그 속에 내재된 주장을 〈정당화〉하고 있는 방식으로 기술되어 있다.

이 텍스트는 전술한 바와 같이, 직접 인용을 통해 표면적으로는 보도의 객관성을 드러내려는 필자(기자)의 계산된 의도이거나 신문 기사문의 관습적인 텍스트 유형이 드러내는 효과로 볼 수도 있다. 어떤 이유로든 간에 필자의 주관적인 표현은 가급적 드러나지 않도록 기술되어 있다. 단지 T1에서 상황 설명을 하고 있는 부분, '미국에서 생화학 테러 공포가 확산되고 있는 가운데'라는 부분은 독자가 이 사건의 가치 평가를 위해 놓쳐서는 안 되는 부분이기도 하다. '미국에서 생화학 테러 공포가 확산되고' 있기 때문에 이러한 보도는 시의성(時宜性)을 확보하고 있는 가치있는 것이 된다. 따라서 T1의 관형절 '미국에서 ~ 확산되고 있는'은 이 사건 보도와 관련된 실제 사회적 상황 맥락에 대한 설명이기 때문에 '틀'로 간주할 수 있다. 뿐만 아니라, T3의 '기존 학설을 뒤집은 것으로'는 필자의 주관적 평가가 가미된 〈결론〉으로 볼 수 있다. 이로부터 '국외에서 생화학 테러의 공포가 가중되고 있지만, 국내의 과학자에 의해 생화학 테러의 해결책이 마련될 수 있다'는 최종적인 주제가 유도되고, 〈논증〉이 완결된다. 이를 도식화하면 다음과 같다. 다음에서 '암묵적'이라 함은 텍스트 표면에 드러나지 않지만, 독자에 의해 유추·추론될 수 있는 부분이다.

〈논증〉 생화학 테러를 막아야 한다(주장 : 암묵적)

〈틀〉 미국의 생화학 테러 공포 확산   〈출발점〉 국내 학자의 첫 발견
　↓ : 유추
〈결론〉 생화학 테러를 막는 방법이 고안되어야 한다(암묵적)

〈사실〉 전남대 의대 최 교수의 연구 결과   〈논거지지〉 직접 인용(암묵적)

〈논거지지〉 EMBO지의 인용   〈결론〉 기존의 학설과 상반된 것

〈정당화〉 이번 연구를 통해 독성 물질 생성을 막을 수 있게 됨, 치료제 개발
　↓ : 유추
〈결론〉 국내 의학적 연구 성과로 생화학 테러의 해법이 제안되었다(암묵적)

그러나 '논증'과 '정당성', '결론' 등 필자의 주장이 직접적으로 드러나는 범주들이 생략됨으로써 이 텍스트가 표면적으로는(1차적으로) '설명문'의 텍스트 유형을 띠게 되는 이유가 된다. 비판적 독자는 초구조를 인지함으로써 필자가 의도한16) 사회문화적 의미로서의 2차적 의미를 추론해낼 수 있다.

초구조 차원에서 읽기란 텍스트의 목적이나 의도를 가정하고, 이를 효과적으로 표현하기 위해 필자가 내용을 어떻게 범주화하고, 배열하고, 조직했는지를 파악하는 과정이다.

2) 텍스트의 2차적 의미 분석

텍스트의 2차적 의미는 텍스트가 생성된 사회 문화적인 공간, 그리고 그 속에서 텍스트를 대하는 독자에 의해 재구성되는 것이기 때문에, 다분히 맥락적이며, 유동적이다. 개별 독자의 측면에서 보면, 이러한 해석은 완결된

---

16) 텍스트의 표면적인 주제 이면에 숨겨진 의도(intention)가 존재하고, 독자가 이를 추론할 수 있다는 것은 의사소통의 전제이다. 어느 경우에나 대부분 인간의 의사소통은 의도적이다. 스페버와 윌슨(Sperber & Wilson, 1986)는 '의도(intention)'를 넓은 의미로, 즉 의사소통의 전제로 사용한다(Sperber & Wilson, 김태옥·이현호(역), 1993:92).

것이 아니라, 항상 가능성으로 존재하며, 독자가 이러한 가능성을 이끌어내기 위해서는 약호(code)의 기능을 파악하고 있으면서, 동시에 활발한 텍스트 외적 세계와의 관련성에 의존해야 한다. 즉 하나의 텍스트는 그것이 전달되는 '맥락'과 그것을 전달하고 받아들이는 인간의 '인식작용'을 통해 의미화 되기 때문에, 독자는 글을 읽으면서 텍스트가 궁극적으로 말하고자 하는 필자의 의도나 텍스트 표현의 결과로 발생되는 기능상의 효과 등을 계속해서 추론해야 한다. 본고에서는 이러한 텍스트의 2차적 의미가 사회문화적 맥락에 의존적이라는 점 때문에 사회문화적 의미로 명명한다.

우리는 텍스트를 의미와 형식이 결합된 언어학적 체계의 완결된 표상체로 볼 수도 있지만, '텍스트가 말하려는 "궁극적인" 목적이 무엇인가?[17]'에 대한 계속적인 질문, 즉 대상에 대한 끊임없는 탐구를 통해 텍스트의 의미와 형식을 새로이 평가할 수도 있다는 것이다[18].

가령 문화를 대상으로 하는 기호학(이하, 문화기호학)에서는 경험적이고 인식적인 시공간을 포함한 사회문화적 맥락이 텍스트의 해석에 중요한 단서를 제공한다고 보는데, 여기서는 텍스트의 '전이'를 통해 얻어진 메타텍스트의 개념으로 사회문화적 맥락과 밀접한 관련을 지닌 심층적 의미를 추론한다. 혹은 어떤 특수한 맥락적 조건과의 관련 하에 텍스트를 설명하고자 할 때도 체계의 전이가 중요하게 작용한다.

문화기호학에서는 일차적인 기호의 의미를 바탕으로, 메타적으로 추론할 수 있는 필자 혹은 텍스트 생산자의 숨겨진 의도가 존재하며, 이는 사실 자

---

17) 이러한 텍스트 의미에 대한 질문은 저 유명한 코세리우(Coseriu, 1980)의 정의를 연상시킨다. 그는 텍스트언어학은 텍스트의 의의(Sinn)를 탐구하는 학문이라고 하였다. 이 때 의의는 '이 텍스트의 "모든 것"은 무엇을 의미하는가'라는 질문에 대한 해답으로서 얻어지며, 텍스트의 기능을 탐구함으로써 얻어진다고 하였다(코세리우(1980)/신익성 (역), 1995:85, " "는 인용자주). 즉 코세리우에게 있어 텍스트의 의미는, 궁극적으로 텍스트의 기능을 밝히는 것과 관련된다.

18) 이를 위해 기호학에서는 텍스트의 단일 체계를 파악하는 외에, 하나의 체계를 다른 체계로 전이 혹은 재기술함으로써—즉 구체적인 텍스트로부터 추상적인 인식체로서의 메타텍스트를 구성해나가는 것— 새로운 의미를 발견하려고 했다. 이러한 체계의 전이로써 의미의 차원을 구분하려는 시도는, 퍼어스, 바르트, 리츠카, 코흐 등이 대표적이다(김형효, 1993:80). 특히 바르트는 현대문명이 자신의 기득권을 옹호하기 위하여 기호를 이용한다고 봄으로써, 문명사회비판의 측면에서 신화를 해석하려 했다.

체라기보다는 개별 텍스트의 1차적 의미에 대한 독자의 인식이라는 것이다[19]. 따라서 사회문화적 의미는 일의적이고 고정된 의미를 뜻하는 것이 아니라, 사회적 맥락이나 인간의 의식 작용에 의해 결정될 수 있는 해석의 '경향(la tendance, Barthes의 용어)'이라는 점에서 구성적이다. 이 장에서는 이러한 이론을 바탕으로 구체적인 개별 텍스트를 살펴본다.

(1) 맥락적 지식과 사회문화적 의미

전술한 바와 같이, 위의 예문은 표면적으로는 사건을 객관적으로 기술하는 듯 보이지만, 기저에는 필자의 주장이 암묵적으로 표현되어 있다. 이는 미시 구조 분석에서 살펴본 바와 같이, 몇 개 어휘와 문장 표현 방식에서 독자가 추론할 수 있다. 그러나 이 예문을 정확하게 이해하기 위해서는 이 기사 내용과 관련된 사회 문화적 상황 맥락에 대한 지식, 즉 맥락적 지식을 활용해야 한다.

이 기사는 2001년 9월 11일, 미국을 상징하는 유명한 건물 빌딩이 아랍계 테러조직에 의해 폭파된 사건과 관련된다. 즉 이로 인해 미국에서는 다음 테러의 대상 및 방법에 대한 공포가 확산되었는데, 그 중에서도 가장 유력한 것이 생화학 테러라는 것이다. 이로 인해 전세계는 '생화학 테러'에 대한 공포 및 관심이 높아지고 있는 가운데, 이러한 시의성을 타고 관련 보도가 독자들에게 주목을 받는 것이다. 따라서 기사를 읽는 독자는 이 보도가 나오게 된 이면의 배경을 추론하고, 보도의 중요성, 보도의 신빙성 및 과장 등에 대해 비판적으로 평가할 수 있어야 한다[20].

---

19) 본고는 체계의 전이로써 텍스트 해석을 시도하는 바르뜨(R. Barthes, 1983:201~202)의 이론, 즉 2차적 기호 체계로서의 '신화의 의미작용' 이론에 영향을 받았다. 바르트가 이발소에서 <파리 마치(Paris-Match)>라는 사진잡지의 표지를 보고 텍스트에 대한 두 가지 다른 해석을 제공하는데, 하나는 언어학적 체계의 '의미(le sens)'이고, 다른 하나는 신화적 체계의 '개념'이 그 것이다(아래 예문은 김형효(1993:75~77)와 송효섭(2000:272~273)에서 재인용). 예컨대, 전자는 '거수 경례를 하고 있는 흑인의 모습'이라면, 후자는 '프랑스 제국주의(압제자)에 충성을 다하고 있는 프랑스 식민인의 모습을 통해 프랑스 제국의 영광을 상징하는 것'이다.

20) 신문이라는 매체는 세계 정황에 영향을 미치는 중대사부터 이와 관련성이 떨어지는 일화에 이르기까지 흥미성와 정보성(informativity)을 위주로 편집(format)된다(R. de Beaugrande, 1980:126).

다음의 다른 예문을 살펴보자. 표면적으로는 어떤 특정 집단의 이익이나 견해를 구체적으로 옹호하는 주장을 직접 드러내 보이지 않으면서도 필자의 주장을 암시적으로 표현하고 있다.

〈예문2〉
IPI-민주당, '언론상황' 놓고 설전 "정부 언론경영권 위협 곤란"
한국 언론사태를 조사하기 위해 내한한 국제언론인협회(IPI)와 세계신문협회(WAN) 합동조사단은 7일 오후 ○○일보사를 방문, 대주주 구속 등 일련의 언론사태에 대한 ○○일보사측의 입장 등을 청취했다.
요한 프리츠 IPI 사무총장, 로저 파킨슨 WAN 회장, 브루스 브룩먼 IPI 미국 이사, 닐스 오이 IPI 노르웨이 이사 등 합동조사단은 이날 김학준 ○○일보사 사장 등 경영진과 만나 국세청의 세무조사, 대주주 구속 등 정권이 취한 일련의 조치들에 ○○일보사가 어떻게 대응해 왔는지를 자세히 물었다.
프리츠 사무총장은 "IPI는 모든 이사회 회원들의 의견을 취합해 한국을 언론탄압 감시 대상국 리스트에 포함시켰다"며 "우리는 한국의 언론사태를 계속 면밀히 주시할 것이며, 한국이 이른 시일 내에 리스트에서 제외될 수 있기를 바란다"고 말했다.
이에 대해 김학준 사장은 "○○일보는 권력의 압력에 굴하지 않고 권력에 대한 엄정한 비판정신을 지키기 위해 최선을 다할 것"이라고 말했다.
조사단은 이어 ○○일보사 노동조합을 방문, 현 언론사태에 대한 노조 집행부의 입장을 들었다. (밑줄은 인용자주)
〈2001/9/7 ○○일보〉

본문에서 필자는 주관적이거나 감정적인 용어 사용으로 사건을 해설하지 않기 때문에 필자 자신의 목소리는 드러나지 않는다. 따라서 이 텍스트는 객관적인 태도를 견지하고 있다고 할 수 있다. 구성 면에서도 전체적으로 그간 일련의 사태 진전에 대해 시간적 순서에 따라 기술하는 식으로 정보를 전달하고 있다. 필자는 자신의 견해를 가급적 배제하고 관련자의 진술을 '인용'하는 방식으로 기술하였다. 표제에서 IPI와 정부 입장을 대변하는 민주당과의 관계를 '설전(舌戰)'이라는 용어로 표현하고는 있지만, 이는 단지 상황에 대한 압축적이고 수사적 표현일 뿐, 어떤 이데올로기를 드러낸 표현으로 간주할 수 없다.

그러나 이 텍스트가 말하려고 하는 궁극적인 의미, 또는 필자의 의도를 탐색해 볼 수 있다. 잉여적이고 비핵심적인 정보의 삭제 및 대체 규칙을 통해 거시구조를 구성한 결과 다음과 같이 텍스트의 1차적인 주제를 설정할 수 있다. : 'IPI와 WAN 단체의 합동조사단이 한국의 언론 사태를 조사했다' 그리고 이 정보의 타당성을 제고하기 위해, 상세한 정보 내용, 즉 조사 과정상의 몇 차례 방문건과 인터뷰 내용을 인용하고 있다. 따라서 이 텍스트의 목적은 정보 전달이다. 그러나 독자는 장르나 표현 매체 등과 관련된 관습적인 글쓰기 방식에 대한 언어적 지식 및 그 사건과 관련된(간텍스트성의 관계에 있는) 사회문화적인 상황에 대한 지식을 즉각적으로 떠올리며, 이 사건과 관련된 일련의 사회문화적인 상황을 떠올려 맥락적 지식을 형성할 것이다.

독자는 텍스트 외적 세계를 다음과 같이 형성할 수 있다. : 이 기사가 쓰여질 당시에 일어난 사건은, 정부가 '언론 개혁' 정책 일환으로 각 언론사에 세무조사를 실시하였고 이 과정에서 세금 포탈 혐의가 드러난 몇몇 신문사의 사주들이 구속당했다. 신문사의 사주 구속은 단순히 개인적인 범죄 행위로 인식되지 않고, 신문사 측의 입장에서는 기업 이미지를 실추시키는 악영향을 미치며, 경영권에 대한 정부의 간섭이나 앞으로의 지속적인 개입, 즉 '언론 탄압'이라는 우려로 비춰진다. 불법 행위를 한 것으로 드러난 신문사 입장에서는 자신의 세금포탈 혐의를 인정하기보다는 정부가 언론을 탄압하려는 의도가 있음을 주장함으로써 자사의 이미지를 회복하고 정부의 정책이 잘못되었다는 쪽으로 여론을 몰아가려는 생각이다. 따라서 이 텍스트를 작성한 필자는 최소한 신문사의 직원이거나 신문사의 입장을 대변하는 사람일 것이다.

따라서 필자가 생각하기에 기업의 공신력 추락으로부터 가급적 신뢰를 회복할 수 있는 방법은, 공정한 판단력을 갖고 있다고 여겨지는 또 다른 공신력 있는 단체의 평가를 적극 인용하는 것일 것이다. 이 텍스트의 필자는 자신의 견해와 같은 특정 단체, 즉 국제언론인협회(IPI)와 세계신문협회(WAN) 합동조사단의 견해를 우연히 소개하는 듯이 서술함으로써, 독자로 하여금 그 입장을 객관적인 보도 자료인 것처럼 느끼도록 만든다. 또한 필자는 자신의 주관적인 판단을 가급적 배제하고, 전체 인터뷰 자료 중에서 자신의 입장을 간접적으로 옹호할 수 있는 내용만을 선택, 인용하는 방식을 취했다. 독자에게 언론단체에 대한 정부의 처우가 부당함을 알리고자 하는 의도를 더욱 효과적으로 표현하려는 전략을 세웠을 것이다. 이러한 추론과 정을 통해 텍스트의 2차적인 의미가 구성된다[21].

요컨대, 독자는 쟁점이 되는 텍스트의 논제에 대해 사회문화적인 맥락을 파악하고, 이를 바탕으로 표현의 효과성이나, 논거의 사실성이나, 내용 전개 및 조직의 논리성 및 필자 견해의 선입견 등을 평가할 수 있다.

(2) 가치에 대한 지식과 사회문화적 의미

텍스트 외적 세계에 대한 인식이 텍스트의 내적 세계를 구성하는 데 구체적으로 관여하기는 하지만, 텍스트를 이해하는 데에는 텍스트 내용과 관련된 상황 맥락적 지식만이 동원되는 것은 아니다. 텍스트를 수용하고 비판하는 활동의 주체는 최종적으로 독자 자신이기 때문에, 독자가 가진 가치관이나 윤리 의식에 의해 텍스트의 의미 내용에 대한 평가는 다른 국면을 드러낼 것이다. 앞에 나온 <예문1>의 경우, 텍스트 내용의 객관성이나 필자 주장의 의의를 판단하는 것은 최종적으로 독자의 주관에 달려 있다. 즉 독자의 가치관이나 윤리의식은 텍스트의 궁극적인 의미를 평가하는 최종적인 기준이 된다. 따라서 독자는 바로 보편타당하고 건전하며 사회적 통념과 상식에 어긋나지 않는 가치관을 지니고 있어야 한다[22].

다음 예문들은 하나의 사건에 대해, 상반된 견해를 가진 텍스트들이다. 텍스트들의 기능, 텍스트의 숨겨진 의도 등을 추론해 내기 위해 독자는 기

---

21) 텍스트를 정적인 대상으로서 문어 혹은 구어적인 것으로 보지 않고, 일종의 행위로 인식하는 행위이론 지향적 텍스트 연구에서는, 발화는 일차적인 의사소통뿐만 아니라 특정 사회적 상호 작용에 기여하며, 행위의 과정과 같이 표현 자체와 표현 의도와 표현 결과 등으로 구분될 수 있다고 본다. 이에 따르면, 언어적 행위의 분석, 즉 커뮤니케이션 과정에 있어서의 언어적 발화의 기능 분석 및 그 발화의 자질 분석이 중요하다. 일정한 맥락에서 적절하게 발생한 발화의 조건과 규칙을 파악하는 것은 텍스트의 사회문화적 의미를 구성하는 중요한 과정이기도 하다. 독자는 이러한 텍스트의 기능을 텍스트의 표면적·이면적 주제를 구성하는 과정에서 재발견한다.

22) 국어교육에서, 특히 비판적 읽기에서 가치관의 정립이 중요한 이유는 여기에 있다. 건전한 상식이나 사회 통념, 윤리적 가치, 미적 가치 등을 비롯한 가치관은 국어교육에서 정의적 영역의 사고와 관련되지만, 이의 설정 과정은 텍스트 외적 세계에 대한 통찰과 논리적 추론을 통해 형성되는 인지적인 성격을 지닌다.

사문의 내용 그 자체를 어떻게 받아들일 수 있을 것인지에 대해 고민하게 된다. 객관성을 표방하고 있는 동일한 사건 보도라 할지라도 그것을 통해 전달하려는 필자의 주장은 상반되기 때문이다.

〈예문3〉
WAN-IPI "한국 세무조사 대주주 구속, 언론 침묵시키려 시도"

T_1〔한국의 언론상황 실사를 위해 공동조사단을 파견키로 한 세계신문협회(WAN)와 국제언론인협회(IPI)는 4일 각각 성명을 내고 언론사 대주주 구속 등 <u>한국 정부의 언론 탄압에 우려를 나타냈다.</u>〕T_1

WAN은 성명에서 "우리는 세무조사와 대주주 구속이 한국 정부가 언론을 침묵시키려는 기도라고 항의한 바 있다"며 "로저 파킨슨 WAN 회장은 '명백하게 정치적 동기에 의해 이루어지는 세무조사가 언론 자유에 미칠 부정적 영향을 우려하고 있다'고 말했다"고 밝혔다. IPI는 "일부 한국 정부의 관리와 집권 민주당의 관계자들은 '언론과 전쟁을 치를 필요가 있다'고까지 말한다"며 "IPI는 세무조사가 '언론개혁'이라는 미명하에 한국의 독립언론에 재갈을 물리려는 정부의 조직적 움직임의 서곡에 불과하다고 믿는다"고 강조했다.

파킨슨 WAN 회장과 요한 프리츠 IPI 사무총장 등 공동조사단은 5일부터 8일까지 한국에 머물면서 정부와 정당, 언론 관계자들을 만나 조사활동을 벌이며 6일에는 공동 기자회견을 가질 예정이다.

〈동아일보, 2001/9/5 (파리, 박제균 기자)〉

앞 절에서 든 예문과 같이, 이 텍스트의 표현 방식도 인터뷰 내용의 요약적 인용이 주를 이루며, 본문 첫 소단위 텍스트 T1에서 표제의 내용을 다시 상세화 하고 있다. 기자의 주관적인 표현이 배제되고 가급적 객관적인 문체로 쓰였음을 드러내기 위해 WAN과 IPI 단체의 성명 내용을 큰따옴표를 써서 처리하였다. 독자는 앞서 설명되었던 텍스트 분석의 여러 범주를 오가며 텍스트의 의미를 이해하고자 할 것이다. 독자가 WAN이나 IPI라는 단체의 성격을 의심하지 않는다면, 이 텍스트는 단순히 정보를 전달하는 객관적인 시각을 견지하려는 것으로 이해될 수 있다. 다만 밑줄 친 '언론 탄압'이나 '우려', '강조했다'라는 표현에서, 필자가 이 사건을 최소한 '언론 개혁'이나 '고려'나 '발표했다'로 보지 않는다는 것을 짐작할 수 있을 뿐이다. 텍스트의 필자는 '언론 사태'와 관련된 정부의 정책이 바람직하지 못했다는 점을 독자에게 인식시키려고 한다. 독자는 이 텍스트의 사회문화적 의미를 '정부의 잘못된 정책을 바로잡으려는' 순수한 의도로 해석한다. 그러나 독자가 이 사건과 관련된 다른 기사를 만나면, 자신의 가치관이나 윤리적 관점에 의문을 제기하고, 읽기 결과를 수정하게 된다.

〈예문4〉
(6) IFJ 성명의 배경과 의미

크리스토퍼 워렌 회장을 비롯한 IFJ 대표단이 7일 기자회견을 통해 언론개혁을 지지한다는 입장을 재확인한 것은 세무조사를 둘러싼 공방에 중요한 시사점을 던져주고 있다.

6일 국제언론인협회(IPI)와 세계신문협회(WAN)가 언론사 세무조사를 언론탄압이라고 규정한 것과 달리 IFJ 대표단은 "기자는 민주선거를 통해 세워진 정부의 세금부과와 납세 시행 권리를 인정해야 하며 언론기업들은 정직의 선례를 만들기 위해 의무와 책임을 이행해야 한다"고 잘라 말했다. 〈중략〉

IFJ가 IPI 및 WAN과 이처럼 상반된 시각을 보이고 있는 것은 단체의 성격과도 연관이 있는 것으로 보인다. (a) <u>IPI 및 WAN이 각각 편집간부와 경영주들의 모임인 데 반해 IFJ는 현업에 종사하는 일선 언론인들의 조직이므로 언론의 자유 가운데서도 편집 자율권과 보도의 자유를 더욱 강조하고 있는 것이다.</u> 〈중략〉

주동황 광운대 미디어영상학부 교수는 "IPI는 현지조사를 실시하기도 전에 언론탄압 감시대상국에 올려놓는 불공정성을 드러냈다"고 비판한 뒤 "10년 전 조사단을 파견한 데 이어 지난 6월 서울에서 총회를 개최한 IFJ가 한국 언론의 현실과 개혁과제의 본질을 훨씬 제대로 보고 있다"고 평가했다.

〈2001/9/7 한겨레〉

위의 텍스트는 앞서 제시한 텍스트 내용과 상반된 주장을 하고 있다. 언론사 세무 조사에 대해 '언론 개혁'으로 표현하면서 필자의 주관을 강하게 드러내고 있다. (a)에서는 WAN, IPI 단체와 IFJ 협회의 견해가 상반되는 근본적인 이유를 제시하고 있다. 즉 신문사의 보도가 각기 다른 것은 각 신문사의 사주 구속과 직접적인 관련이 있다는 것을 알 수 있다. 신문사 사주는 편집권을 가진 각 부서 데스크(편집장)의 상층에 위치하는 권력층 인사이기 때문에, 사주가 구속된 신문사의 기자는 자의든 타의든 간에 그들의 구속이 부당함을 알리는 보도에 치중할 수밖에 없다. 신문사 사주 및 경영권자들로 구성된 WAN과 IPI는 자신의 권익 옹호에 유리한 쪽에서만 사건을 바라보고, 이것이 설사 편파적인 시각이라 할지라도 각 신문사 또한 자신에게 유리한

쪽의 정보만을 선택, 인용한 것이다. 〈예문3〉의 기사가 전달하려는 사회문화적 의미는 각 집단의 이해와 밀접한 관련을 가지고 생성된다. 반면에 〈예문4〉는 정반대의 입장에서 독자를 설득하고자 한다. 이 텍스트들의 1차적인 의미는 사실의 보도를 통해서 객관적 정보를 전달하거나 언론사의 잘못된 관행을 고발하는 것이다. 그러나 2차적인 의미는, 상반된 언론사들의 주장이 단순히 자유롭게 개진된 여러 견해들 중에서 상반될 수도 있는 견해가 아니라, 언론 권력과 자본이 결탁된 부도덕한 동기에서 비롯되었음을 독자들에게 암시적이지만, 강력하게 전달하고 또한 설득시키는 것이다.

따라서 〈예문5〉의 2차적인 의미는 탈세 포탈 혐의를 받고 있는 상대방 신문사들의 대변을 의례적 변명 쯤으로 보이게 하여, 상대적으로 자신들은 탈세 비리와 같은 의혹에서 자유로운, 깨끗한 언론임을 강조하는 것일 수 있다. 이는 상대방을 먼저 공격함으로써 자신의 무죄를 암묵적으로 드러내는 전략에 의한 것일 수 있다.

이와 같이, '텍스트의 표현이 주관적이다, 객관적이다'와 같은 평가를 넘어서 텍스트에 제기된 주장이나 정보 전달의 진의를 파악하는 것은 사실상 언어학적 분석의 대상이 아니다. 그러나 읽기가 궁극적으로 필자의 숨겨진 의도를 파악하는 것에까지 나아가야 한다면, 독자가 텍스트 내용의 가치에 대해 평가하고 수용하는 것이 필연적으로 뒤따를 수밖에 없다.

독자의 가치관이나 윤리의식은 세계와의 경험에 의해 형성되고 그러한 경험은 텍스트를 매개로 이뤄진다. 특정 매체나 장르의 경우, 텍스트가 말하고자 하는 궁극적인 의미나 필자의 의도는 암묵적인 방법으로 드러내는 것이 효과적이다. 독자는 무의식적으로 드러나는 필자의 관점이나 의도를 파악하고 그것을 평가하기 위해서, 자신의 가치관 혹은 세계관을 이용한다.

7.3 맺음말

본고에서는 신문 기사문에 한정하여 독자의 입장에서 텍스트 구조를 구성하여 텍스트에 대한 표면적인 의미 구조를 구성하고, 이를 바탕으로 텍스트에 숨겨진 의도, 즉 사회문화적 의미를 추론하는 방법에 대해 알아보았다.

신문 기사문을 읽을 때와 같이, 사회문화적 상황 맥락을 파악하는 것이 무엇보다 중요한 읽기의 요건이 되는 경우에도 텍스트 수사적 구조나 표현 방식에 대한 이해는 선결조건이 된다. 즉 독자의 텍스트에 대한 2차적인 의미 구성은 텍스트의 표층적인 의미 구조의 구성을기반으로 이뤄지고, 이러한 1차적인 텍스트 구조에 대한 이해가 텍스트의 내용을 추론하고 평가하는 독자에게 지속적으로 판단의 근거를 제공해 준다.

우리가 일상적으로 '어떤 내용을 비판한다'라고 했을 때는 텍스트에 나타난 정치·경제·사회적인 문제에 대한 사실의 진위를 파헤치거나 왜곡된 부분을 들추어 올바른 판단의 기준을 제시하거나 정견을 피력하는 것을 말한다. 그러나 이러한 과정은 텍스트에 드러난 어떠한 언어적 표현이 필자의 사고 및 가치관을 반영하는 것인지를 먼저 파악한 다음에 이뤄져야 한다. 그와 같은 텍스트 생산자의 의도를 '언어적 단서(언어 장치의 선택과 표현 방식)'를 통해 판단할 수 있는 것인지에 대해 고민해야 한다.

따라서 신문 읽기의 경우에도 여전히 텍스트의 구조에 대한 분석은 여전히 중요하다. 다만, '신문'이라는 매체의 특성상 독자는 언제나 신문 기사가 가지고 있는 그 의도성에 대해 다시 한번 생각해 봐야 할 것이다. 특히 오늘날과 같이 다양한 매체로 다량의 정보가 한꺼번에 쏟아지는 시대에는 비판적 읽기의 중요성이 부각되지만, 상대적으로 사회문화적 의미 혹은 숨겨진 의도를 파악하는 것은 그리 쉬운 일이 아니다. 신문 기사문과 같이 객관적인 보도를 표명하고 있는 매체에서 전달 내용의 진위나 전달 기제(매체)의 성격 등을 제대로 파악하는 것은 어렵기 때문이다. 그러나 독자의 의미 구성은 끝임없이 변화하고, 발전해나가는 하나의 과정이므로, 텍스트의 숨겨진 의미를 추론하고 예측하고 원인과 결과 및 대안을 추론하는 과정은 그 자체로 의의를 지닌다고 본다. 신문과 같은 매체 읽기에서 독자의 가치관 정립이 중요한 이유가 여기에 있다.

참고 문헌

고영근 외(2001), 『한국텍스트 과학의 제과제』, 역락.

기(J. P. Gee)(2000), Discourse and sociocultural studies in reading. In M. Kamil, P. Mosenthal, P.D. Pearson, & R. Barr (eds.) *Handbook of reading research, vol. Ⅲ*, NJ: LEA pp.195~208.

판다이크(T. A. van Dijk)(1980)/정시호(역)(1995), 『텍스트학』(*Textwissenschaft Eine inter disziplinare Einfuhrung*, Tübingen:Niemeyer), 민음사.

판다이크(T. A. van Dijk)·킨취(W. Kintsch)(1983), *Strategies of Discourse Comprehension*, Academic Press.

바르트(R, Barthes)(1973)/김희영(역)(1997), 『텍스트의 즐거움』, 동문선.

박갑수(1998), 『신문 광고의 문체와 표현』, 집문당.

박여성(1994), 「화행론적 텍스트 유형학을 위하여」, 『텍스트언어학』 2, 7~60.

박영목(1996), 『국어이해론-독서교육의 기저 이론』, 법인문화사.

보그란데(R. Beaugrande)·드레슬러(W. U. Dressler)(1981)/김태옥·이현호(공역)(1995), 담화텍스트 언어학 입문, 한신문화사.

보그란데(R. Beaugrande)(1997), *New Foundations for a science of Text and Discourse : Cognition, Communication, and the Fredom of Access to Knowledge and Society*, Norwood, New Jersey : Ablex Publishing Co.

브링커(K. Brinker)(1992)/이성만(역)(1994a), 『텍스트언어학의 이해』, 한국문화사.

손석춘(1997), 『신문 읽기의 혁명』, 개마고원.

송효섭(2000), 『문화기호학』, 아르케.

이석규 외(2001), 『텍스트 언어학의 이론과 실제』, 박이정.

이성만(1993), 「텍스트는 체계인가?-반 다익의 분석모델을 중심으로」, 『독일문학』 50, 303~327.

이성만(1994b), 「통보기능적 텍스트 유형론의 가능성과 문제점 - Klaus

　　　　　Bringker의 언어학적 텍스트분석론의 중심으로」,
　　　　　『독어교육』 10, 83~109.
이성만(1994c), 「텍스트의 의미구조 : 반다이크의 거시구조적 텍스트 이해론
　　　　　을 중심으로」, 『인문논총』 8, 129~198.
이성만(1995a), 「텍스트의 두 가지 차원 - 텍스트 이해의 지평」,
　　　　　『독일문학』 55, 411~433.
코세리우(E. Coseriu)(1980)/신익성(역)(1995), 『텍스트언어학』,
　　　　　사회문화연구소.
투울민(S. E. Toulmin)(1958), *The Uses of Argument*, NewYork :
　　　　　Cambridge Univ. Press.

8

| 인터넷 신문의 텍스트적 특성 |

이은희

8.1 머리말

현대 사회에서는 기술의 발달에 따라 과거의 대중 매체를 올드 미디어의 자리로 밀어내면서 다양한 대중 매체가 뉴미디어로 새롭게 등장하고 있다. 이 중 가장 최근에 등장한 대중 매체는 인터넷이라고 할 수 있을 것이다. 인터넷은 비록 그 역사는 오래 되지 않았지만, 오늘날 가장 강력한 대중 매체의 하나로 등장하면서, 다양한 기능을 수행하고 있다.

인터넷은 태동에서부터 1960~70년대의 발전 초기까지만 해도 단순히 새로운 정보 통신 채널의 성격을 지니고 있었다. 그러나 1990년대 들어서 월드와이드웹(WWW) 기술의 개발과 함께 사용자에게 편리한 그래픽 중심의 사용자 환경을 제공하는 기술이 발달되면서 인터넷은 대중화에 성공하였다.

세계적으로 인터넷은 엄청난 속도로 확산되어 가고 있는데, 그 확산의 속도는 과거 다른 미디어의 확산 속도와 견줄 수 없는 정도이다. 모건 스탠리 사의 조사에 의하면 미국에서 5,000만 가구에 라디오가 보급되는 데 38년, TV가 보급되는 데 13년이 걸렸지만, 인터넷이 보급되는 데는 불과 5년이 걸렸다고 한다(박금자, 2001:20). 우리 나라의 경우도 인터넷 사용 인구의 수와 그 증가 속도를 살펴보면 이러한 세계적 추세가 나타나고 있음을 알 수 있다. 2002년 한국인터넷백서에 따르면 2001년 12월말을 기준으로 인터넷 이용자가 2천 438만 명으로 나타났는데, 이는 일년 전의 경우와 비교해 볼 때, 534만 명이 늘어난 것이다. 특히 초고속 통신망을 통한 인터넷 이용자 수가 급격하게 증가하면서 현재 한국통신, 하나로 통신, 두루넷, 온세통신, 데이콤 등 초고속 인터넷 업체들의 가입자 수가 800만 명을 넘은 상황이다.

인터넷은 그 확산 과정 속에서 점차 다양한 방식으로 이용되면서 오늘날 강력한 대중 매체로서의 기능을 수행하는 데까지 이르게 되었다. 한국 사회에서 현재 인터넷은 과거 신문이나 방송과 같은 인쇄나 전파 매체의 뒤를 이어서 새로운 대중 매체로서의 기능을 수행하고 있다. 그렇기에 이제는 사이버 저널리즘이나, 인터넷 신문, 인터넷 방송과 같은 용어들이 더 이상 생소하지 않은 상황이 되었다. 그리고 이 중 특히 인터넷 신문의 발달 상황은 눈이 부실 정도이다. 이러한 발전의 과정 속에서 인터넷은 그 동안 대중 매체가 보여왔던 문제점, 특히 의사소통 체계의 일방성이나 지배적 이데올로기의 전달이라는 문제점을 해결해 줄 수 있는 대안 매체로서의 가능성을 제시하면서 많은 관심을 받고 있다. 이와 같이 인터넷이 기존의 언론이 지녔던 수직적 의사소통의 체계를 수평적으로 바꾸어줄 수 있는 대안 매체로서 많은 관심을 받은 것은 그 동안 우리의 언론이 보여왔던 한계성을 극복 할 수 있는 가능성을 인터넷에서 찾을 수 있다는 데서 그 원인을 찾아볼 수 있을 것이다.

본 연구에서는 이와 같이 새로운 대중 매체로 등장한 인터넷 중에서 인터넷 신문을 대상으로 해서 그 텍스트적 특성에 관해 고찰해 보겠다. 인터넷 신문은 그 사회적 기능의 면에서 많은 관심을 받아왔지만, 언어적 면에서 보더라도 또 다른 연구의 가능성을 보여주고 있다. 언어와 문화, 언어와 사회와의 관계에 대한 관심 속에서 대중 매체에서 나타나는 언어의 특성에 대해 최근 많은 연구가 이루어져 왔는데, 인터넷은 과거의 대중 매체와는 다른 모습을 보여주고 있다. 신문을 중심으로 생각해 본다면 과거에는 인쇄 텍스트를 통한 종이 신문이 주종을 이루어 왔는데, 인터넷 신문은 종이 신문과는 매우 다른 텍스트적 특성을 보여준다.

텍스트가 무엇이며 그것을 어떻게 연구할 것인가에 대해서는 연구자에 따라 매우 다양한 견해가 제시되고 있다. Brinker(1994)에서 언어학적 텍스트 개념 규정의 방향에 따라 텍스트언어학을 체계 지향적 텍스트언어학과 통보 지향적 텍스트언어학으로 나눈 것처럼, 텍스트를 규정하는 방식은 구조 중심적 방법과 기능 중심적 방법으로 나누어 볼 수 있다. 그렇지만 이 중 하나의 방법만으로는 텍스트의 특성을 명확하게 알기 어렵기에, 하나의 텍스트를 정확하게 이해하기 위해서는 구조적 특성과 기능적 특성 을 종합적으로 고찰하는 것이 필요하다. 따라서 본 연구에서는 소통 상황이라는 측면과 언어 구조체로서의 측면을 동시에 고찰함으로써 인터넷 신문이 지닌 텍스트적 특성을 살펴보겠다. 그리고 이에 앞서서 인터넷 신문의 발달과 그 특성에 대해서 개괄적으로 고찰해 보겠다.

8.2 인터넷 신문의 발달 및 특성

한국 사회에서 인터넷 신문은 짧은 기간 동안에 폭발적인 속도로 확산되었다. 한국에서 인터넷 신문은 1986년 한국경제신문이 데이콤에 신문 기사를 제공하는 온라인 데이터서비스를 시작한 데서 시작되어서, 그 후 1995년 중앙일보가 화상과 텍스트가 결합된 인터넷 신문을 선보이고, 그 뒤를 따라서 조선일보, 한국경제, 서울신문 등이 인터넷 신문 사업을 시작하였다. 이와 같은 기존의 신문사들이 운영하는 인터넷 신문에 더해서 2000년에는 온라인 상에서만 운영되는 오마이뉴스가 창간되면서 오늘날 인터넷 신문은 그 종류와 특성 면에서 매우 다양한 모습을 보여주고 있다. 이렇게 인터넷 신문이 급격하게 성장하게 된 데는 정부의 정보통신에 대한 정책적 강조와 언론사들의 인터넷 진출에 대한 열의와 인터넷에 대한 소비자의 욕구가 상호 작용을 했다고 볼 수 있다.

현재 한국에서의 인터넷 신문은 두 가지 다른 토대 위에서 이루어졌다. 하나는 기존의 인쇄 신문이 인터넷상으로 진출한 것이고 또 다른 하나는 온라인 상에서 이루어진 인터넷 신문이라고 할 수 있다. 소유 형태의 면에서 본다면, 인터넷 신문은 독립 법인 형태를 취하고 있는 것과 모기업에 소속되어 있는 것의 두 가지 형태를 지니고 있다. 이렇게 볼 때 한국의 인터넷 신문은 다음 【표 1】과 같이 네 가지 유형[1)으로 구분된다.

【표 1】 인터넷 신문의 유형

출발점 / 소유구조	독립 법인	모기업 소속
온라인	제1유형	제2유형
오프라인	제3유형	제4유형

제1유형은 독립법인 형태의 온라인 전문 신문사로, 오마이 뉴스나 뉴스보이와 같은 것이 이에 속한다. 제2유형은 포털 사이트에서 운영하는 뉴스 사이트로, 야후나 다음 등의 뉴스를 들 수 있다. 이 경우는 포털 사이트의 경쟁력을 높이기 위한 방안으로 운영되는 것으로, 대부분의 기사를 기존 언론사나 통신사에서 조달하기에 편집이나 취재 능력을 지니고 있지 못하다는 점에서 볼 때 진정한 의미의 인터넷 신문으로 보기에는 무리가 있다. 제3유형은 오프라인의 신문사에서 시작되었으나, 현재는 모기업으로부터 외형적으로는 독립되어 있으면서 적극적으로 모기업과 관련성을 맺고 있는 것이다. 조인스닷컴이나 동아닷컴과 같은 것이 이 유형에 속한다. 이 경우 아직은 대부분의 기사를 모기업인 오프라인 신문사에서 공급받고 있는 실정이지만, 제한적으로나마 취재나 편집의 기능을 지니고 있다. 제4유형은 오프라인 신문사의 한 부서로 존재하는 것으로, 모기업 신문사의 기사를 그저 온라인상으로 보여주는 데 그치고 있다. 주로 중소 신문사의 홈페이지가 이에 속하며 독자적 편집이나 취재의 기능을 지니지 못하고 있다. 이렇게 보면 진정한 의

---

1) 인터넷 신문의 유형에 관해서는 김명준(2001)을 참조할 수 있다.

미에서의 인터넷 신문이라고 할 수 있는 것은 제1유형과 3유형에 속하는 것이라고 볼 수 있을 것이다.

인터넷 신문의 등장은 대중 매체의 사회적 기능에 있어서 본질적인 변화를 가져왔다. 기존의 활자 신문의 경우 점차 거대 언론 집단화되면서 관료적이고 중앙집권적인 조직체로 작용하고 있으며, 정치 권력과 자본으로부터 자유롭지 못하기에 사회적으로 주류 집단의 목소리를 대변하는 경향이 강했다. 또 신문과 독자와의 관계를 보면, 독자는 다양한 게이트키핑의 과정을 거쳐 생산된 기사의 내용을 받아들이는 입장에 있기에 주도권이 생산자의 편에 놓여있었다고 할 수 있다. 이러한 상황 속에서 언론이 다양한 사회적 목소리를 담아내지 못하고 있다는 문제점이 지적되지만, 이러한 문제점을 해결하기 위한 방안으로 다양한 목소리를 담아낼 수 있는 새로운 언론사가 진입하기에는 그 진입 장벽이 매우 높았다.

인터넷 매체가 등장하면서 이러한 대중 매체 환경에 변화를 가져올 수 있는 대안적 매체(alternative medium) 즉 기존 언론이나 커뮤니케이션 구조, 기존 사회질서와 다르거나 혹은 이에 반대하고 대안을 모색하는 언론 매체로 기능할 수 있을 것이라는 가능성이 제시되었다. 즉 인터넷 매체는 지금까지의 대중 매체를 통한 수직적 커뮤니케이션의 구조를 수평적 커뮤니케이션의 구조로 전환시킬 수 있는 가능성을 보여주고 있다. 그리고 이러한 가능성은 다양한 유형의 인터넷 신문이 함께 보여주고 있지만 특히 제 1유형 즉 온라인에서 발생한 인터넷 신문의 경우 기자의 구성이나 기사의 주제, 기사를 통한 상호 작용의 강도 등에서 그 가능성을 여실히 보여주고 있다.

인터넷 매체로 인해 발행한 대중 매체 환경의 변화는 여러 가지를 들 수 있지만 그 중 특징적인 것으로 다음과 같은 점을 생각해 볼 수 있다.

① **지면의 제약을 탈피** : 인쇄 신문의 경우 지면의 제약이 존재했던 데 비해 인터넷 매체는 이러한 제약을 지니지 않으므로, 정보의 양을 확대할 수 있고 결과적으로 게이트키핑 과정이 줄어서 생생한 기사를 전달할 수 있다. 더구나 인터넷의 하이퍼 텍스트적 특성으로 인해 하나의 주제에 대해서 보다 다양하고 심층적인 내용을 제공할 수 있다.

② **시간적 제약을 탈피** : 종이 신문은 뉴스의 속도가 24시간 단위였던 데 비해 인터넷

에서는 더 이상 원고 마감 시간이 존재하지 않을 정도로 계속적 업데이트를 통한 속 보성을 지닌다2). 또한 기사가 일회성으로 사장되지 않고 필요에 따라 찾아 볼 수 있도록 영속성을 지니고 존재한다.

③ **도달 범위의 제약성 탈피** : 인쇄 신문은 배포 과정을 필요로 했지만 인터넷 신문의 경우 컴퓨터만 인터넷망에 연결되어 있으면 언제 어디서나 시공간의 제약 없이 24시간 내내 볼 수 있다. 그리고 급속히 발달하고 있는 자동 번역 기술의 보급으로 인해 언어의 제약 또한 점차 사라져가고 있다.

④ **정보 소통의 양방향성** : 인쇄 신문의 경우와 달리 독자가 자신의 필요에 따라 기사를 찾아 읽고 그 기사에 대한 의견을 제시함으로 인해 생산자와 이용자 사이에 의사소통의 통로가 열려 있다. 그리고 이용자의 관심과 취향에 따른 맞춤 뉴스 서비스도 점차 확산되어 가고 있다.

8.3 인터넷 신문의 언어 구조적 특성

인터넷 신문의 언어 구조적 특성에 대해 생각할 때 먼저 고려해야 할 점은 인터넷 신문은 인터넷을 통한 신문이라는 점이다. 즉 인터넷 신문은 새롭게 등장한 매체로서의 인터넷을 이용하지만 동시에 우리에게 익숙한 신문이다. 이런 점으로 인해 인터넷 신문의 언어 구조적 특성을 살펴보는 데 있어서 혼란을 느끼게 된다. 일견 인터넷 신문도 신문이기에 인터넷이라는 매체를 이용하기는 하지만, 그 언어 구조적 특성은 기존의 신문과 동일하다는 생각을 가지기 쉽다. 물론 인터넷 신문도 신문이기에 종이 신문과 공통점을 지니지만, 본 장에서는 과연 인터넷 신문은 그 언어 구조적 특성에서 기존의 종이 신문과 어떤 면에서 차이를 지니고 있는지를 중심으로 고찰해 보겠다.

우리는 인터넷에 대해 생각할 때 '미디어의 이해'에서 McLuhan이 제시한 "미디어는 메시지이다."라는 명제를 떠올리게 된다. 이 명제는 미디어는 단지 내용을 담는 그릇이며 중요한 것은 담긴 내용이라고 보는 일반적인 시각과는 궤를 달리하는 것으로, 미디어가 메시지를 결정한다는 사고를 보인다. 이는

---

2) 물론 종이 신문의 경우에도 판갈이를 통해 속보성을 유지하지만, 이는 인터넷 신문에 비해서는 제한성을 지닐 수밖에 없다.

사람들은 특정한 감각의 균형 또는 비율을 통해 그들의 환경에 적응하게 되고 그 시대의 주요한 매체가 특정한 감각의 비율을 결정해 낸다는 가설에 기반을 두고 있다. 이러한 명제를 통해 생각해 보면, 인터넷은 그 동안 우리에게 익숙했던 말이나 글을 중심으로 한 매체와는 그 특성을 달리 하기에, 기존의 매체와는 다른 방식으로 이해하는 것이 필요함을 알 수 있다.

먼저 사용되는 언어라는 면에서 보면, 인터넷 언어는 기존의 언어 전달 방식과는 다른 특성을 보인다. 기존의 매체 중심적 접근 방식은 일종의 양분법적 특성을 지니고 있다. 즉 하나의 언어 구조체는 음성 언어가 아니면 문자 언어이고, 문자 언어가 아니면 음성 언어가 되는 것이다. 그런데 인터넷의 언어는 지금까지 언어를 보아온 방식으로는 설명할 수 없는 복합적 특성을 보이고 있다.

매체와 그것이 전달하는 텍스트의 관계라는 측면에서 본다면, 이는 현대 사회에 있어서의 의사 소통 수단의 변화와 관련지어서 생각해야 할 것이다. 인류의 역사에 있어서 소통 수단의 변화와 그 영향에 대해서 Ong(1995)은 문화를 구술 문화와 문자 문화, 그리고 이 양자의 바탕 위에서 세워진 전자 문화로 나누어서, 이것이 단순히 소통 수단의 차이만이 아니라 정신 구조에 차이를 일으키는 것임을 설명하고 있다. 그는 구술성과 문자성의 차이를 설명하면서, 이를 통해 '2차적인 구술성' 즉 전화, 라디오, 텔레비전에 의해 형성되었으면서도 그 존립을 쓰기와 인쇄에 힘입고 있는 구술성의 시대이기도 한 전자 시대를 이해할 것을 주장한다. Mcluhan(1997)은 소통 매체에 따라 인류의 역사를 좀더 세분화해서 구두 커뮤니케이션의 시대, 문자 시대, 인쇄 시대, 전자 매체의 시대로 나누었다. 전자 시대의 텍스트의 특성을 융합 텍스트, 즉 문자, 음성, 몸짓, 영상, 음향 중의 일부 또는 전부가 분리될 수 없는 전체로서 통합된 텍스트라고 본다면, 인터넷의 언어는 융합 텍스트의 전형적인 모습을 보이고 있다. 즉 인터넷의 언어는 문자, 영상 등 다양한 전달 형식이 필수적으로 융합되어 있으면서, 언어 이해의 과정에서도 선조적인 방식이 아니라, 그 전달하고자 하는 의미가 이미지의 형태로 동시적, 순간적으로 제시, 이해되는 성격을 보인다.

전통적 개념에서의 '신문'은 인쇄 시대의 텍스트의 전형적인 모습을 보여

주고 있다. 즉 문자와 사진의 결합체로서의 모습을 보여주고 있는 것이다. 인터넷 신문이라고 했을 때 '신문'이라는 용어는 동시적으로 사용되고 있지만, 이는 전통적 의미의 인쇄 텍스트로서의 특성이 아닌, 공감각적인 융합 텍스트로서의 특성을 지니고 있다. 물론 인터넷 방송과 비교해 보았을 때 기사의 경우, 인터넷 신문은 청각적인 요소보다는 시각적 요소가 중심이 되었음은 분명하다. 그렇지만 광고 등의 경우에는 시각과 청각이 결합되어 있으며, 기사의 경우에도 문자를 중심으로 하고 있지만, 청각적 요소의 결합이나 동영상의 사용이 시도되고 있다는 점에서는 공감각적 융합 텍스트의 모습을 보이고 있다.

인터넷 신문이 가진 또 다른 특성은 하이퍼 텍스트성이라고 할 수 있다. 하이퍼 텍스트란 '노드(node)들이 링크(link)로 연결되어 네트워크 구조를 지니는 언어적, 비언어적 텍스트의 총체'(임천택, 2002:107)라고 개념을 규정해 볼 수 있다. 노드란 한 번 클릭해서 볼 수 있는 텍스트의 덩어리로 그 분량은 한 개의 낱말에서부터 대하 소설에 이르기까지 다양하다. 링크는 이러한 노드를 연결해 주는 기능을 하는 것으로 그 수는 다양하게 나타난다.

이러한 하이퍼 텍스트성으로 인해 인터넷 신문은 언어 구조적 면에 있어서 기존의 종이 신문과 모습을 달리 한다. 종이 신문의 경우 기사를 편집의 과정을 거쳐 배열하여 하나의 완성된 모습의 신문으로 만들게 된다. 즉 종이 신문의 경우 기사의 중요성 및 가치의 측정을 통해서 이를 등급화한 후 제목과 기사의 위치, 기사의 분량을 달리 해서 편집하는 과정을 거치면서 신문이 완성되는데, 신문의 모습은 동일한 판의 경우 동일한 모습을 지닐 수밖에 없다.

그러나 인터넷 신문의 경우 하이퍼 링크를 통해 기사가 연결되어 있기에 그것을 어떻게 찾아가느냐에 따라서 전혀 다른 신문이 만들어 질 수 있다. 하이퍼 텍스트는 네트워크 식으로 결합된 개별 텍스트 부분 내지 텍스트 모듈로 이루어진 것이기에 다양한 연결의 가능성을 지닌다. 즉 인터넷 신문의 경우 초기 화면은 하나의 동일한 모습으로 제시되지만 어떻게 읽어 나갈 것인지는 사용자의 관심과 결정에 달려 있다. 따라서 사용자가 인터넷 신문을 읽을 때 어떤 링크를 따라가느냐에 따라 상이한 신문의 모습이 형성된다. 그렇기에 이용자들은 동일한 인터넷 신문에서 복수의 현실을 경험할 수 있는 것이다.

이러한 인터넷 신문의 특성은 종이 신문의 1면에 해당한다고 할 수 있는 홈페이지의 초기 화면을 종이 신문의 1면 구성 방식과 비교해서 살펴보면 잘 드러난다. 종이 신문의 경우 60년대에는 주로 1면에서 정치면 기사를 다루었지만, 70년대 들어서 1면의 효율화를 위하여 종합 편집의 개념이 도입되면서 1면이 종합면의 성격을 띠게 되었다. 그래서 그 날의 기사 중에서 가장 중요성이 높다고 판단된 기사를 1면에 배열하는 방식을 취하고 있다. 그렇기에 비교적 소수의 기사가 1면에 배치된다. 그렇지만 인터넷 신문의 경우 초기 화면에 중요 기사 소개는 물론 신문 전체의 내용을 찾아볼 수 있는 디렉토리가 함께 제시되어 있다. 초기 화면의 구성 방식은 신문사에 따라 차이를 보이지만, 인터넷 신문 중 조선일보에서 운영하는 조선닷컴의 경우를 예로 들어 살펴보면 초기 화면은 좌우로 5단으로 구성되어 있다. 가장 왼쪽에는 디렉토리가 배열되어 있고 옆의 2단과 3단에는 기사가 있으며, 4단에는 경제 지표 및 소년 조선, 주간 조선 등의 제휴지 링크, 커뮤니티 관련 항목 등이 있으며, 5단에는 광고가 실려 있는 방식을 취하고 있다. 그리고 전체적으로 하단에는 dizzo 프리미엄 컨텐츠라는 제목으로 유료 정보를 제공하고 있다.

인터넷 신문의 초기 화면과 종이 신문의 1면에서 싣고 있는 기사의 양이 얼마나 차이를 보이고 있는지를 조선일보의 경우를 예로 들어 살펴보겠다. 인터넷 신문의 속보성을 고려해서 비교의 대상으로 삼은 것은 동일 시간 인터넷 신문의 초기 화면과 인터넷에서 제공하는 PDF 파일3)이다4). 종이 신문에서는 1면에 실린 기사가 '高建 인사 청문회 국회 대격돌 예고', '수도권 공장 입주완화', '美 "北核 안보리 회부 추진"', '北대표 "盧당선자 만날 용의"', '한반도사태 대비 日 게릴라戰강화'의 다섯 개에 불과하다. 그렇지만,

---

3) 인터넷 신문에서도 종이 신문의 디자인에 길들여진 독자들을 위해서 PDF 서비스를 제공하는 경우가 있는데, 조선닷컴에서도 이 서비스를 제공하고 있다. PDF(portable document format)란 Adobe사의 Acrobat Reader라는 프로그램을 이용해서 신문의 기사를 보는 것으로, 이를 통해 종이 신문과 동일한 활자체, 레이아웃 등의 형태로 인터넷 신문의 기사를 볼 수 있다. 즉 이는 종이 신문의 모습을 그대로 컴퓨터 화면으로 가져온 모습을 띤다.
4) 본 연구에서 비교의 대상으로 삼은 것은 2002년 1월 21일 20시 45분 인터넷 신문의 초기 화면과 동일 시간 PDF 파일로 제시된 22일자 신문의 초판 내용이다.

인터넷 신문 초기 화면에 제시된 기사5)는 이들 다섯 개를 포함해서 총 75개
나 된다.

인터넷 신문의 초기 화면에 제시된 기사는 종이 신문의 1면 기사와는 성
격을 달리 하고 있다. 인터넷 신문의 경우는 종이 신문에서처럼 전체 기사가
아니라, 기사의 제목과 전문 정도를 제시한 데 불과하다. 22일자 조선일보의
주요 기사라고 할 수 있는 '高建 인사 청문회 국회 대격돌 예고'는 인터넷 신
문에서도 기사의 위치와 글자의 크기로 볼 때 역시 가장 중요한 기사로 다루
고 있지만 그 내용은 다음에 불과하다.

> 한나라"철저검증"…盧,22일 徐 대표 방문
> 노무현(盧武鉉) 대통령 당선자는 22일 한나라당사로 서청원(徐淸源) 대표를
> 방문, 고건(高建) 새 총리후보자 내정 사실을 알리고, 국회 …

그리고 이들 기사의 제목을 클릭하면 보다 상세한 그 기사의 본문으로 이
어진다. 인터넷 신문의 경우 이용자는 초기 화면에 제시된 기사 중 자신이
흥미를 느끼는 부분을 찾아나가는 방식으로 신문을 읽어 나가게 된다. 그리
고 인터넷 신문은 하이퍼 텍스트 시스템을 이용해서 하나의 기사를 그와 관
련된 다른 기사와 연결하고 있다. 그렇기에 하나의 기사를 읽은 후 보다 상
세한 정보를 원하면 그 주제와 관련된, 또는 동일한 기자가 작성한 다른 기
사를 볼 수 있다. 이러한 하이퍼 텍스트성을 통해 인터넷 신문은 기사에 깊
이를 더해 줄 수 있다는 장점을 지닌다.

물론 인터넷 신문이 지닌 하이퍼 텍스트성이 효과를 거두기 위해서는 과
거의 다양한 기사가 저장된 형태로 확보되어 있는 것이 필요하다. 실제로 미
국의 경우 주요 언론사의 인터넷 신문에는 대략 수십만 페이지의 기사가 아
카이브즈(archives, 과거 기사)라는 이름으로 저장되어 있으며, '뉴욕 타임즈
온라인'의 경우에는 1996년 기사부터 기사 전문을 저장하고 있는데, 기사
꼭지 수로 50만개에 달한다고 한다(박금자, 2001:165).

또한 인터넷 신문의 경우 기사의 수 및 기사의 양 자체에서도 종이 신문에

---

5) 여기서는 2단과 3단에 실린 기사만 살펴보았다.

비해서 차이를 보인다. 종이 신문과 인터넷 신문의 기사 꼭지수를 비교해 보면, 인터넷 신문이 그 기사의 수에서 종이 신문을 훨씬 추월하고 있음이 드러난다. 그리고 동일한 기사의 경우도 인터넷 신문과 종이 신문을 비교해 보면 인터넷 신문의 기사가 훨씬 상세하고 많은 정보의 양을 담고 있다. '한글날, 국경일로 재지정 검토'6)라는 다음의 기사에서도 이러한 현상을 볼 수 있다.

〈예 1〉 종이 신문의 기사

> 대통령직 인수위원회와 문화관공부는 13일 국어정책의 실효성 확보와 국어 진흥 육성을 위한 법·제도적 기틀 마련을 위해 국어기본법 제정을 추진키로 하는 한편, 한글날을 국경일로 재지정하는 방안을 적극 검토하기로 했다.
> 인수위 정순균(鄭順均) 대변인은 "현재 개별 법령으로 산발적으로 규정돼 있는 한글 관련 법규를 국어기본법으로 통합한다는 데 인수위와 문화부가 의견을 같이 했다"고 말했다.

〈예 2〉 인터넷 신문의 기사

> 대통령직 인수위원회와 문화관공부는 13일 국어정책의 실효성 확보와 국어 진흥 육성을 위한 법·제도적 기틀 마련을 위해 국어기본법 제정을 추진키로 하는 한편, 한글날을 국경일로 재지정하는 방안을 적극 검토하기로 했다.
> 인수위 정순균(鄭順均) 대변인은 "현재 개별 법령으로 산발적으로 규정돼 있는 한글 관련 법규를 국어기본법으로 통합한다는 데 인수위와 문화부가 의견을 같이 했다"면서 "남북이 서로 다르게 쓰고 있는 컴퓨터 자판의 통일을 위해 국어 정보화 방안 등이 이 법을 통해 규정될 것"이라고 말했다.
> 인수위는 또 "문광부가 내년 폐지되는 '문화예술진흥기금'의 대안 마련과 문화재청장을 차관급으로 승격해야 한다는 의견을 보고했다"고 밝혔다.

이러한 차이는 종이 신문의 경우 지면의 제약으로 인해 편집 과정에서 많은 기사가 삭제되거나, 실린 경우에도 중요 부분만 실리게 되는 데 비해 인터넷 신문에서는 이러한 제약이 없기 때문에 발생한 것으로 볼 수 있다. 이는 결과적으로 종이 신문이 가지고 있던 지면의 제약을 탈피하는 데 중요한

---

6) 본 연구에서 비교의 대상으로 삼은 것은 2003년 1월 14일 조선일보 A30면 사회면에 실린 기사와 조선닷컴 사회면에 실린 기사이다.

기여를 하고 있다.

8.4 인터넷 신문의 소통 상황적 특성

인터넷 신문은 소통 상황적인 면에서도 과거의 종이 신문과는 그 성격을 달리 한다.의사소통을 수준(level)에 따라 나누어 보면, 한 개인이 혼자 말하고 생각하는 대내적 의사소통(intrapersonal communication), 개인과 개인 사이에 이루어지는 대인적 의사소통(interpersonal communication), 소규모 집단 또는 조직에서 일어나는 집단 또는 조직 의사소통(group/organizational communication), 공중을 대상으로 하며 대중 매체의 중재에 의한 대중 의사소통(mass communication)으로 나눌 수 있다. 신문은 대중 의사소통의 대표적인 방식으로, 대중 의사소통은 다른 수준의 의사소통과 비교해 볼 때, 사회적 차원에서 대중 매체를 매개로 해서 이루어지며, 수신자의 규모가 크며, 발신자는 전문 제작자 집단 또는 조직화된 언론 기업이 된다는 특징을 보인다. 이로 인해 종이 신문은 의사소통 체계의 일방성이나 지배적 이데올로기의 전달 체계라는 데서 비판의 대상이 되어 왔다.

이러한 비판에 대한 반성으로 공공저널리즘이 등장했다. 1980년대 후반부터 미국에서 실험되고 있는 공공저널리즘은 공공 문제에 대한 시민들의 토론을 활성화 시키고 언론과 시민들을 연결시키는 데 주안점을 두고 있다. 즉 많은 사람들이 공공의 토론장에 나오게 만들고 그들의 목소리를 장기적으로 언론에 반영하여 궁극적으로는 정책 입안에 시민들이 참여할 수 있는 장을 마련해 주어야 한다는 것이다. 공공저널리즘적 보도 관행의 대표적인 특징은 시민 중심의 보도와 과정 중심(process-oriented)의 장기적인 보도라고 할 수 있는데, 이는 기존 언론의 사회 재배층이나 전문가 등과 같은 사회 엘리트 중심의 보도 및 극단적 대립의 입장을 부각시키는 사건 중심적(event-oriented) 보도 방식과는 차이를 지닌다. 즉 공공저널리즘은 기존의 엘리트 중심적이고 사회 분화적인 언론 관행을 지양하고, 사회의 엘리트들과 일반 시민들간의 대화와 공통의 문제에 대한 원인 발견 및 해결을 지향하는 것이다(윤태진·강내원, 2001).

그렇지만 아무리 공공저널리즘을 추구한다고 해도 일반인들이 자신의 가족, 친구 등 가까운 사람들이 아닌, 공적인 토론의 장에 접근하거나 직접 언론 보도에 영향력을 미치기는 극히 어려웠다. 그런데 인터넷 기술이 발달하면서 인터넷 신문은 이러한 한계를 극복할 수 있는 가능성을 열어 주었다. 인터넷 기술은 상호작용성을 가능하게 해 주었으며, 인터넷 신문은 이러한 기술을 받아들여서 공공저널리즘의 실현 가능성을 열어주었다. 각 인터넷 신문에 따라 독자와의 상호 작용 방식은 다르게 나타나지만, 기자에게 이메일을 보내거나, 기사에 대한 평을 쓰거나 의견을 제시할 수 있는 의견난을 마련하거나, 독자들간의 커뮤니티를 마련해서 상호 의견을 교환할 수 있게 하는 방식 등을 대표적인 것으로 들 수 있다.

실제로 인터넷 신문 이용자들은 이러한 상호작용 과정에 능동적으로 참여하는 모습을 보여주고 있다. 예를 들어 살펴보면, 2003년 1월 22일 오전 8시 33분에 입력된 오마이뉴스의 '고건, '7대 의혹' 넘을 수 있을까 야당 개혁파 "정신기강 해이" 비난'이라는 기사에 대해서 1월 22일 오후 9시 30분에 벌써 191개의 독자 의견이 올라와 있는 것을 볼 수 있다.

인터넷 신문은 이러한 기사를 중심으로 한 상호작용성에서 한 걸음 더 나아가 일반인들이 기사의 생산자로서 기능할 가능성도 열어 놓고 있다. 아직은 모든 인터넷 신문에 보편화된 일은 아니지만, 대표적인 인터넷 전문 신문이라고 할 수 있는 오마이뉴스의 경우 다음 오마이뉴스 소개 부분에서 〈예3〉에서 제시한 바와 같이 '뉴스 생산 주체 : 직업 기자와 생활인 기자의 환상적 결합'을 내세웠다. 이는 인터넷 신문에서 일반인이 기사의 생산자로서 참여하는 모습을 잘 보여준다.

〈예3〉 오마이 뉴스 소개

> "모든 시민은 기자다"
> - "새소식을 가진 전국의 모든 생활인이여 OhmyNews에 모여라"

> "기자는 별종이 아니라 새소식을 가지고 있고 그것을 남에게 전하고 싶은 모든 시민들이다."
>
> 우리는 살다보면 거의 매일 '가슴 뛰는' 상황을 접한다.
>
> …
>
> 직업기자와 생활인기자의 환상적인 결합. 전통적 의미에서의 뉴스 생산자인 직업기자와 소비자인 생활인이 모두 뉴스 게릴라가 되어 만난다.
>
> – 직업 기자는 소수정예에 의한 게릴라전을 펼친다. 1일 1주제를 깊고 넓게 파헤친다.
>
> 그 주제에 관한한 그 어떤 일간지나 방송의 추종을 불허한다.
>
> – 생활인 기자는 '모든 시민은 기자다'라는 철학으로 무장한 '생생한 다수'다. 이들은 자기의 일터, 생활현장에서 일어나는 생생한 뉴스들을 바로바로 전한다. "만국의 기자 끼있는 모든 생활인이여 단결하라"
>
> – 무정부주의와 결별한다. 직업기자는 생활인 기자의 기사를 클릭 해 주고 뉴스 벨류를 부여하며 생활인 기자는 직업기자의 평가를 평가한다.
>
> – 프로와 아마 사이에는 '아마이고 싶은 프로들'이 있다. 직업기자 뺨치는 글솜씨를 가졌지만 자기 전문직종에서 종사하는 이들이 바로 그들이다. 이 중간자들을 광범위하게 엮어낸다.
>
> – 기존 언론사에서 일하고 있는 기자들과도 연대한다.
>
> – 기존 일간지 기자는 2백명에서 4백명이다, 그러나 OhmyNews 기자는 2001년 4월30일 현재 1만1천명이다.

이러한 활발한 상호작용성과 일반인의 기사 생산자로서의 참여 가능성은 결과적으로 기존의 종이 신문에서와는 다른 의사소통 상황을 열어주게 되었다. 인터넷 신문에서는 종이 신문에서와 같이 생산자에 의해 만들어진 정보를 이용자가 일방적으로 받아들이는 데서 벗어나서 정보의 생산자와 수용자 간에 계속적인 상호 작용이 발생하게 되었으며, 또한 이용자 상호간에도 상호 작용이 가능하게 되었다. 이는 결과적으로 인터넷 신문이 공공의 토론의 장으로서의 가능성을 가지게 되었음을 의미한다. 인터넷 신문에서 독자들은 하나의 주제에 대해 상호 토론하고, 해결책을 모색하면서, 여론을 형성하여 정책의 결정에도 영향력을 미칠 수 있게 되었다. 그리고 누구나 자신이 중요하다고 느끼는 내용을 공공의 장에 개재하고 이를 공공의 의제로 설정할 수 있는 가능성이 열리게 되었다.

인터넷 신문이 가지는 의사소통 상황의 차이는 이용자가 정보를 받아들이는 방식에 있어서도 변화를 가져 왔다. 종이 신문의 경우 정해진 공간적 배열에 따라 구성되어 있으며, 하나의 기사는 선형적(linear)인 모습을 지니고 있다. 그렇기에 인쇄 신문의 기사를 만들 때 생산자는 독자가 정해진 기점에서 정해진 연속적 과정을 거쳐, 정해진 종점까지 나아가서 기사의 내용을 이해할 수 있도록 기사를 구성한다. 따라서 기사를 읽을 때 독자는 이미 구성되어 있는 텍스트를 대상으로 그것이 지닌 의미의 내적 통일성을 발견하고, 그 자체로 이해해야 한다. 그렇기에 하나의 기사에 대해서 정해진 해석의 방향이 있으며, 다양한 수용자가 이해한 내용에 있어서 공통성이 존재한다. 그렇지만 앞에서 논의했던 바와 같이 인터넷 신문은 하이퍼 텍스트성을 지니고 있기에 그 이해 과정에서 전통적인 종이 신문과는 특성을 달리 한다. 하이퍼텍스트는 네트워크 식으로 결합된 개별 텍스트 부분 내지 텍스트 모듈로 이루어진 것이기에 비선형성을 지니며, 해석의 과정에서 다연결성을 지닌다[7]. 즉 주텍스트와 부텍스트를 구분할 수 없으며, 시작과 끝은 사용자의 결정에 달려 있기에 어떤 링크를 따라가느냐에 따라 상이한 담론의 구도가 형성된다. 그렇기에 이용자들은 하이퍼 텍스트에서 복수의 현실을 경험할 수 있다.

8.5 맺음말

한국의 인터넷 열기는 정부의 지속적 관심과 국가적 차원의 지원 속에서 보다 확대될 전망이다. 2002년 4월 17일 심의 확정된 제3차 정보화 촉진 기본계획인 'e-KOREA VISION(전자한국 비전) 2006'에 따르면, 정부는 앞으로 5년간 국가사회 정보화 촉진에 15조 9천 800억원, 정보인프라 고도화

---

7) 인터넷 신문의 경우 선택에 따른 시간적 순서 배열로 텍스트들이 연결된다는 점에서 시간적 구성의 특성을 지니고 있으며 이는 일견 방송과의 유사성을 보이고 있다. 그렇지만 방송의 경우 이미 배열된 방식으로 제시되기에 일정한 시간이 지나야 다른 내용을 접할 수 있지만, 인터넷 신문의 경우 선택적으로 시간의 배열이 가능하다는 데서 차이를 보인다.

및 정보기술 산업육성에 55조 2천 400억원, 글로벌 정보사회를 향한 국제 협력 강화에 1천 300억원을 각각 투입하게 된다. 이를 통해 정부는 2006년까지 전국민의 90%가 인터넷 활용 능력을 갖추고, 초·중·고교의 교과서 수업에 IT를 20% 이상 활용하며, 기업간 전자 거래를 확산, 고도화하고, 온라인 인증마크 제도를 도입해 디지털 경제를 실현하는 것을 목표로 한다. 또 행정 체계에도 인터넷망 사용을 확충할 수 있도록 온라인 민원서비스 범위를 모든 민원업무로 확대하고, 맞춤형 민원서비스 체계를 구축하며, 이동 중에도 업무처리 및 서비스가 가능한 모바일 행정 서비스 제공 기반을 확립하며, 각종 선거에 전자투표제를 도입키로 했다. 정부의 이러한 의지와 국민들을 대상으로 한 컴퓨터와 초고속 통신망의 보급, 기업들의 앞다툰 인터넷 사업 진출 등을 함께 고려해 보면 앞으로 인터넷은 단순한 통신망의 차원을 넘어서서 우리의 생활 방식에 영향을 미치는 문화적 현상으로 자리를 잡게 될 것이다. 즉 우리는 인터넷을 통해 문서를 주고받는 것뿐만 아니라 사람들과 대화를 하고, 정보를 얻고, 행정 업무를 보고, 교육과 진료를 받고, 금융 거래를 하는 등 모든 생활을 해 나갈 수 있게 될 것이다. 우리의 생활에서 더이상 인터넷은 단순한 통신망이 아니라, 우리가 호흡하고 생활하는 문화 현상이 된 것이다. 그리고 이러한 인터넷 문화의 확장 속에서 인터넷은 과거 우리의 전통적인 대중 매체를 대체할 또 다른 강력한 매체로 자리매김할 것으로 기대된다.

　본 연구에서는 인터넷 신문이 가지고 있는 텍스트적 특성이 무엇인지에 대해 언어 구조적 특성과 소통 상황적 특성이라는 두 가지 측면에서 고찰해 보았다. 이러한 연구를 통해 인터넷 신문이 기존의 종이 신문과는 어떤 차이가 있으며 어떤 면에서 가능성을 열어 놓고 있는가에 대해 알아 볼 수 있었다.

　본 연구에서 선택한 연구의 방식은 인터넷 신문을 종이 신문과의 비교를 통해 고찰하는 것이다. 언론사에 따른 차이를 가능한 배제하기 위해서 동일한 언론사에서 운용하는 종이 신문과 인터넷 신문을 비교하는 방식을 사용하였다. 본 연구에서 주된 비교의 대상으로 삼은 것은 동일한 언론사에서 운영하는 조선일보와 조선닷컴이었다. 조선닷컴의 경우 부분적으로 독자적인 기사가 있지만, 종이 신문의 기사를 많은 부분 이용하고 있기에 오마이뉴스와 같이 완전히 인터넷상에서만 발생한 신문과는 많은 차이가 있을 것이다. 이러한 연구 방법의 특성상 본 연구에서는 언어 구조적 고찰에서 인터넷 신문의 전체적인 특성만 살펴보고, 인터넷 기사의 문체적 특성은 고찰하지 못하였다. 인터넷 신문의 문체로 많이 논의되고 있는 것으로는 문체의 간결함, 문장 구조의 차이, 기사의 구조 등이 있는데 이에 대한 실증적 연구는 후고를 기약하겠다.

참고 문헌

김명준(2001), 「한국 인터넷 신문의 발달과 특성에 관한 연구」, 『사이버커뮤니케이션학보』 7.

김민주(2001), 「온라인 저널리즘의 특성에 관한 연구」, 한국외대 신문방송학과 석사학위 논문.

김양수(2001), 「국내외 주요 신문 사이트의 비교분석」, 『기초조형학 연구』 2.

박금자(2001), 『인터넷미디어 읽기』, 커뮤니케이션북스.

서정섭(1999), 『언론과 언어』, 북스힐.

윤영철(2001), 「온라인 저널리즘과 뉴스 패러다임의 변화」, 『사이버커뮤니케이션학보』 7.

윤영철·나승안(1999), 「신문뉴스의 '가상공간 저널리즘' 활용」, 『언론과 사회』 24.

윤태진·강내원(2001), 「온라인신문에 나타난 공공저널리즘적 특성에 관한 연구」, 『한국언론학보』 46-1.

임천택(2002), 「작문 교육을 위한 하이퍼텍스트 기반의 작문 공간 설계 방안」, 『국어교육학회 제20회 학술발표대회 자료집』.

조홍제(2000), 「인터넷 신문의 언론활동에 관한 연구」, 중앙대학교 신문방송대학원 석사학위 논문.

최창섭(1994), 「언론학원론」, 한국언론학회 편, 범우사.

한국전산원(2002), 『2002 한국인터넷백서』.

McLuhan, M., 박정규 역(1997), 『미디어의 이해』, 커뮤니케이션북스.

Ong, W. J., 이기우·임명진 역(1995), 『구술문화와 문자문화』, 문예출판사.

www.chosun.com

www.ohmynews.co.kr

| 광고 텍스트의 언어 사용 양상 |

이주행

9.1 광고의 본질

우리는 매일 원하든 원하지 않든 대중 매체를 통해 수많은 광고를 접하면서 생활하고 있다. Pride & Ferrel(1989)에서는 광고란 대중 매체를 통해 표적 청중에게 전달하기 위한, 조직이나 제품에 관한 유료의 비대인적 커뮤니케이션(nonpersonal communication)[1]의 한 형태라고 한다. Wells & Burnett & Sandra(1989)에서는 광고란 명시된 광고주가 대중 매체를 이용하여 청중을 설득하거나 영향력을 행사하려고 하는 유료의 비대인적 커뮤니케이션

---

1) 여기서 '비대인적(nonpersonal)'이라는 것은 광고가 다수의 사람에게 동시에 메시지를 전달할 수 있는 대중 매체 —텔레비전·라디오·신문·잡지 등— 를 수반하는 것을 뜻한다. 광고의 비대인적 특성은 일반적으로 메시지 수용에 대한 즉각적인 피드백의 기회가 없음을 나타낸다(이명천 외, 2002:22).

의 한 형태라고 한다. 양자의 정의를 종합하여 보면 광고란 명시된 광고주가 유료로 대중 매체인 텔레비전·라디오·신문·잡지 등이나 인터넷을 통해 일정한 표적 수용자에게 자신의 조직이나 제품에 대한 정보를 제공하고 설득함으로써 소기의 목적을 달성하려고 하는, 간접적인 커뮤니케이션의 한 형태임을 알 수 있다.

광고는 순기능과 역기능을 한다. 광고의 순기능으로는 제품에 대한 정보를 제공하거나, 수용자를 교육시키거나, 사회문화적 상황을 반영하고 유행을 창조하거나, 수용자의 생활 수준을 높이고 그것의 평준화를 도모하거나, 매체사의 재정에 도움을 주는 것 등을 들 수 있다. 광고의 역기능으로는 소비 심리를 자극함으로써 낭비를 조장하고 잘못된 소비관을 갖게 하거나, 문화에 악영향을 끼치거나, 불공정 경쟁을 조장하거나, 상품 가격을 인상하게 하는 것 등을 들 수 있다.

광고는 분류 기준에 따라 여러 가지로 나뉜다. 광고는 표적 수용자에 따라 소비자 광고(consumer advertising), 비즈니스 광고(business advertising)로 나뉜다. 비즈니스 광고는 다시 산업 광고(industrial advertising), 거래 광고(trade advertising), 전문 광고(professional advertising) 등으로 세분되기도 한다. 광고는 지역에 따라 국내 광고와 국제 광고로 나뉜다. 국내 광고는 전국 광고(national advertising)와 지역 광고(regional advertising)로 나뉜다. 전국 광고는 전국을 대상으로 하는 광고인데, 지역 광고는 특정한 지역을 대상으로 하는 광고이다. 한편 광고는 목적에 따라 제품 광고(product advertising)와 비제품 광고(non-product advertising)로 나뉜다. 이른바 기업 광고(institutional advertising)는 비제품 광고에 속한다. 이것은 광고주가 소비자들로 하여금 자신의 기업에 대해서 호의를 갖게 하기 위한 광고이다. 광고는 광고주의 수익 추구 여부에 따라 상업 광고(commercial advertising)와 비상업 광고(noncommercial advertising)로 나뉜다. 비상업 광고는 광고주가 수익을 추구하는 것이 아니라 자기 조직의 목적과 활동을 알리거나 사회 공익을 위해서 하는 광고이다. 비상업 광고는 공공 광고(non-profit organization advertising), 정치 광고(political advertising), 의견 광고(editorial advertising) 등으로 세분된다. 광고는 이용 매체에 따라 인쇄 광고(print advertising), 방송 광고(broadcast advertising),

옥외 광고(out-of-home advertising), 직접 메일 광고(direct mail advertising), 온라인 광고(online advertising) 등으로 나뉜다. 지금까지 언급한 광고의 종류를 정리하여 보면 다음의 【그림 1】과 같다.

【그림 1】 광고의 종류

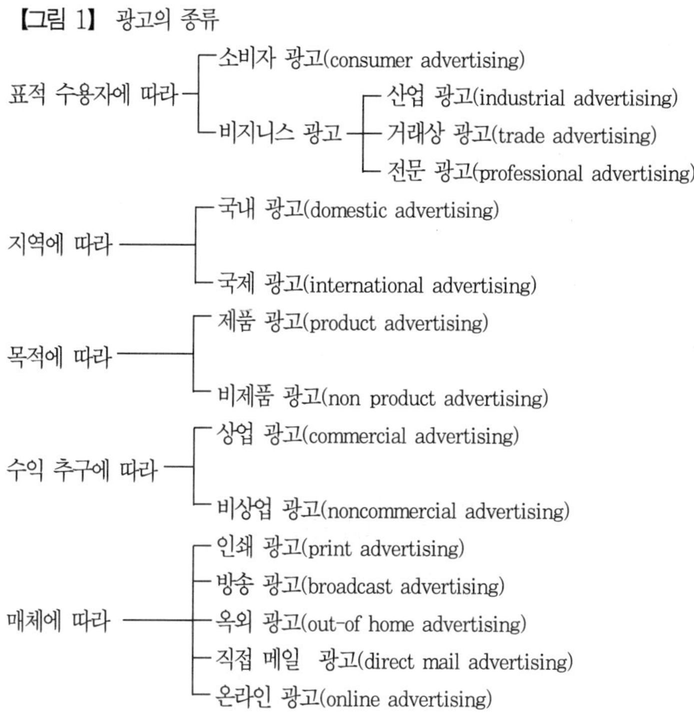

9.2 인쇄 광고 카피

인쇄 광고 카피는 압축된 텍스트로 다음과 같은 구조로 이루어진다.

①표제(headline)
②부표제(subhead)
③본문(body copy)
④캡션(captions) : 사진이나 일러스트레이션(illustration) 밑에 붙인 설명.

⑤벌룬(balloon) : 등장 인물이 말한 것을 풍선이나 기구 모양의 테두리 안에 넣어 나타
    낸 것.
⑥박스와 패널(box and panel) : 본문 중에서 특히 강조할 부분을 박스 안에 넣어 표시
    한 것.
⑦슬로건(slogan)
⑧로고타입(logotype) : 광고에 나타나는 회사나 제품의 이미지를 단적으로 나타내기
    위해 따로 만든 일종의 심볼.

광고에 따라 카피의 구성 요소가 모두 들어 있는 것이 있는데, 어떤 것은
표제만으로 이루어진 것이 있다. 다음 【보기 1】의 유한양행의 표백제 '유한
칼라모아' 광고는 표제, 본문, 로고타입 등으로 이루어져 있다.

【보기 1】

(조선일보, 2002년 11월 1일 B15)

Otto Kleppner(1969:92~93)에서는 카피를 접근 양식에 따라 사실적 접
근(factual approach) 카피와 정서적 접근(emotional approach) 카피로 나누고
있다. 내구성인 용품이나 전문 분야에서 쓰이는 제품은 사실적인 광고를 하
는데, 대중 소비 제품은 정서적인 광고를 한다.

【보기 2】 사실적 광고(조선일보, 2002년 11월 1일 C3)

【보기 3】 정서적 광고(조선일보, 2003년 1월 7일 A14)

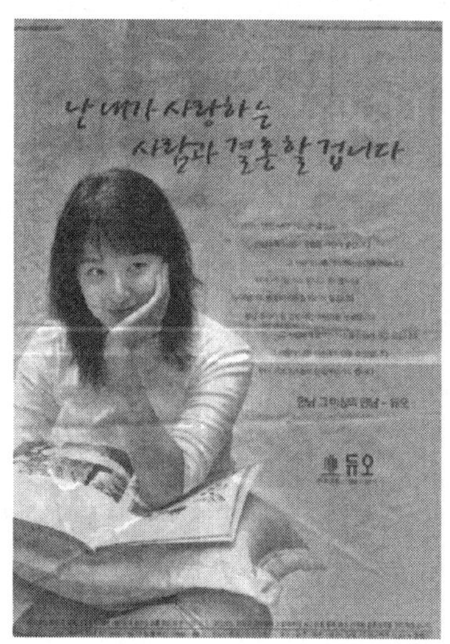

9.3 광고 텍스트의 언어 사용 양상

텔레비전 광고는 대개 문자 언어·음성 언어· 음향·음악·영상 등으로 표현되는데, 인쇄 광고는 문자 언어와 그림이나 사진 등으로 표현된다. 인쇄 광고에서는 메시지를 표현할 적에 일반적으로 문자 언어가 주요 기능을 한다. 이 글에서는 일간 신문에 실린 인쇄 광고 중 소비자 광고·국내 광고·제품 광고·상업 광고 등에 쓰인 문자 언어의 사용 양상을 문자·표기·어휘·문장 등으로 나누어 살펴보고자 한다. 이 글에서는 2002년 10월 28일부터 11월 2일까지 조선일보에 게재된 인쇄 광고 165개의 표제(headline)와 부표제(subhead)만을 연구 자료로 삼으려 한다. 조선일보는 우리 나라에서 가장 많이 읽히는 신문이고, 카피의 표제와 부표제는 카피에서 가장 중요한 기능을 하기 때문이다.

9. 3. 1 표기

오늘날 우리 나라의 인쇄 광고의 카피는 다양한 방법으로 표기된다. 165개의 표제와 부표제 중에서 한글만으로 표기한 것은 93개, 한글과 한자로 표기한 것은 6개, 한글과 로마자로 표기한 것은 16개, 한글과 한자와 로마자로 표기한 것은 3개, 로마자로 표기한 것은 1개, 한글과 아라비아숫자로 표기한 것은 33개, 한글과 특수 문자로 표기한 것은 1개, 한글과 한자와 아라비아숫자로 표기한 것은 4개, 한글과 로마자와 아라비아숫자로 표기한 것은 5개, 한글과 로마자와 특수문자로 표기한 것은 1개, 한글과 한자와 로마자와 아라비아숫자로 표기한 것은 1개 등이다.

(1) ㄱ. 두루넷으로 바뀌었습니다.

   ㄴ. 급한 해외 발송물이 있으시다면 꼭 DHL을 선택하십시오.

   ㄷ. 신제품 출시 기념 2인용 + 1인용 선착순 300분께

   ㄹ. 풍부한 임대수요를 갖춘 마포 新투자의 핵심 지역으로 태어납니다.

   ㅁ. 東大門 패션 TV 투자 적격!!!

   ㅂ. 제1회 쥬얼리 특별 기획 大展

ㅅ. the # 서초에 산다는 것
ㅇ. 일반 정기예금 이자는 5%, 나는 HSBC에서 7%를 노린다.
ㅈ. 손·발관리 토탈 미용샵 네일&네일스 가맹점 모집
ㅊ. Who?
ㅋ. 밀알 8시 뉴스 소설 野人時代에서 만나세요!
ㅌ. 新 국제공항 대우 디오빌 IBC 신공항과 서해바다가 보이는 평당 400만원대
　　의 투자 명품

　이것들 중에서 가장 많은 비중을 차지하는 것은 한글만으로 표기한 것으로 전체에서 56.4%를 차지한다. 그 다음으로 한글과 아라비아숫자로 표기한 것으로 전체에서 20%를 차지한다. 이 둘을 합치면 전체에서 76.4%로 3/4의 비중을 차지한다. 이와 같이 표기하는 것은 오늘날 광고주가 목표로 하는 수용자/소비자는 이른바 한글 세대이기 때문이다. 이러한 현상은 국어 문화의 정체성 확립 측면에서 볼 때 바람직한 것이다.

　165개의 카피의 표제와 부표제 중에서 띄어쓰기 규정에 어긋나게 표기된 것은 56개로 33.9%의 비중을 차지한다. 띄어쓰기 규정에 맞게 띄어 써야 수용자/소비자가 의미를 정확히 파악하게 된다. 광고의 효과 —수용자/소비자의 주의를 끌 의도— 를 거두기 위한 경우를 제외하고 되도록 띄어쓰기 규정에 맞게 띄어 쓰는 것이 원칙이다. 띄어쓰기 규정에 어긋나게 띄어 쓴 것을 들어 보면 다음의 (2)와 같다.

　(2) ㄱ. **남성고민해결**은 마노메디 비뇨기과와 함께
　　　 ㄴ. **국내최초** 미국 단기 유학
　　　 ㄷ. 부천역 **투자대박이** 터진다!
　　　 ㄹ. "**부부사랑**" 마음만으론 **안됩니다.**
　　　 ㅁ. 부동산 재테크의 **모범답안**

　이상의 (2ㄱ)의 '남성고민해결'은 '남성 고민 해결'로, (2ㄴ)의 '국내최초'는 '국내 최초'로, (2ㄷ)의 '투자대박'은 '투자 대박'으로, (2ㄹ)의 '부부사랑'은 '부부 사랑'으로, '안됩니다'는 '안 됩니다'로, (2ㅁ)의 '모범답안'은 '모범 답안'으로 띄어 써야 한다. 이것들은 합성어도 아니고 전문 용어도 아니기 때문에

띄어 써야 하는 것이다.

맞춤법에 어긋나게 표기한 것은 5개로 전체에서 3.03%의 비중을 차지한다. 그 보기를 들어 보면 다음과 같다.

> (3) ㄱ. 음이온 원적외선 방출 광촉매 **버티칼**
> ㄴ. 소 잃고 외양간 **고칠렵니까**?
> ㄷ. 노비타 **크린**샤워 비데
> ㄹ. 생활이 **향기로와지는** 곳
> ㅁ. 최저 가격 무이자 할부 大**찬스**
> ㅂ. 오리지널 항공**자켓** 사상최대 마지막 파격세일

(3ㄱ)의 '버티칼'은 '버티컬'로, (3ㄴ)의 '고칠렵니까'는 '고치렵니까'로, (3ㄷ)의 '크린'은 '클린'으로, (3ㄹ)의 '향기로와지는'은 '향기로워지는'으로, (3ㅁ)의 '찬스'는 '찬스'로, (3ㅂ)의 '자켓'은 '재킷'으로 바꾸어 써야 한다.

앞에서 든 (2)와 (3)과 같은 예는 광고 효과를 거두기 위한 의도적인 일탈 행위라고 간주하기가 어렵다. 카피 작성자는 광고 효과를 거두기 위한 특별한 경우를 제외하고 어문 규정에 맞게 표기하기 위해 힘써야 한다. 광고 언어는 수많은 수용자의 언어 생활에 많은 영향을 끼치기 때문이다.

9. 3. 2 어휘

광고 카피에서는 비표준어·외래어·외국어·혼종어·신조어 등을 사용함으로써 수용자/소비자의 관심을 끌려고 하는 경향이 있다. 국어 정체성 확립의 측면에서 볼 때 이와 같은 현상은 바람직한 것이 아니다.

> (4) ㄱ. **니들**이 '김두한'을 **알어**?
> ㄴ. 홍화씨**엑기스**는 의성 홍화씨 중에서도 제일 좋은 홍화만으로 제조하였습니다.
> ㄷ. **URGENT**/급한 해외 발송물이 있으시다면 꼭 **DHL**을 선택하십시오.
> ㄹ. 부동산 **재테크**의 모범 답안!
> ㅁ. 마음 편한 투자! 富**동산**에 투자하세요.

(4ㄱ)의 '니들'은 '너희들'의 비표준어이고, '알어'는 '알아'의 비표준어이다.
(4ㄱ)은 어느 텔레비전 방송 광고를 모방한 듯하여 진부한 느낌을 준다. (4ㄴ)
의 '엑기스'는 일본어 'ェキス'를 차용한 외래어이고, (4ㄷ)의 'URGENT'는
영어이며, (4ㄹ)의 '재테크'는 한자어 '財'와 영어 'tech'를 합쳐 만든 혼종어
(hybrid)이고, (4ㅁ)의 '富동산'은 신조어이다. 165개의 카피 표제와 부표제
에 쓰인 외래어로는 '클린, 엑기스, 메카, 자켓, 파일, 테스트, 프로젝트, 드
라이버, 디스크, 스탑, 뱅크' 등을 들 수 있는데, 고유어와 한자어에 비해 적
게 쓰인 편이다. 외국어로 가장 많이 쓰이는 것은 'open'이다.

카피에서 어휘 사용상의 특징 중 하나는 극단어인 '사상 최대, 국내 최초,
최대 규모, 초고효율' 등을 사용하는 것이다. 이것은 과장되고 진부한 느낌을
주기 때문에 광고의 효과를 거두지 못한다.

> (5) ㄱ. 오리지널 항공자켓 사상 최대
> ㄴ. 적은 투자로 큰돈 버는 국내 최초
> ㄷ. '국내 최대 규모' 일산가구공단
> ㄹ. 초고효율 보일러!

광고주나 카피의 작성자가 누구나 이해하기 쉬운 고유어나 표준어를 사용
하지 않고 비표준어·외래어·외국어·혼종어·신조어 등이나 극단어를 선
호하는 것은 이러한 방법이 수용자의 시선을 사로잡는 용이한 것이라고 판단
하기 때문이다. 그런데 식견이 있는 수용자는 이러한 것을 진부하게 생각한
다. 따라서 광고주나 카피 작성자는 광고란 융합 텍스트라는 것을 염두에 두
고 되도록 고유어를 사용하여 광고 효과를 거두기 위해 힘써야 한다.

9.3.3 문장

165개의 카피의 표제와 부표제가 완전한 문장으로 이루어진 것은 모두
103개로 전체에서 62%에 해당한다. 수용자/소비자는 일반적으로 카피의
구성 요소 중에서 표제와 부표제만을 읽고 마는 경향이 있다[2]. 따라서 완전

한 문장으로 전달하려는 메시지를 정확히 표현하는 것이 효과적이기 때문에 완전한 문장으로 표제나 부표제를 작성하는 것은 바람직한 현상이다.

103개의 완전한 문장 가운데 평서문은 72개로 전체에서 69.9%의 비중을 차지한다. 평서문은 주로 사물을 객관적으로 서술하는 문장이다. 수용자/소비자에게 신뢰감을 주어 소비 욕구를 자극하는 데 평서문이 효과가 있으므로 카피의 작성자는 평서문을 가장 많이 사용한다고 볼 수 있다. 평서문으로 이루어진 것들 중에서는 온점 대신에 느낌표을 사용하여 강조함으로써 수용자/소비자의 마음을 움직이려는 것이 있다. 강조의 효과를 거두고자 하는 것은 72개 중 33개로 44.4%의 비중을 차지한다. 그 보기를 들어 보면 다음의 (6ㄱ)~(6ㅋ)과 같다.

(6) ㄱ. 드디어 내일 입찰 분양 단, 한번의 기회뿐입니다!
    ㄴ. 천안 두정지구, 대단지는 이번이 마지막이다!
    ㄷ. 집을 팔아서라도 쾌변과 숙변을 해결해야 한다!
    ㄹ. 동대문 투자의 大門이 열렸다!
    ㅁ. 뜨거운 성원에 감사드립니다!
    ㅂ. 돈 버는 노래방은 따로 있다!
    ㅅ. 뼈를 바로 알면 장수가 보인다!
    ㅇ. 탈모, 시작은 같아도 끝은 달라질 수 있습니다!
    ㅈ. HP 프린터를 샀다!
    ㅊ. 듣기, 말하기 이보다 좋을 순 없다!
    ㅋ. 목·허리 통증이 사라진다!

명령문으로 형성된 표제와 부표제는 18개로 전체에서 17.5%인데, 평서문 다음으로 많은 비중을 차지한다. 광고 카피의 명령문에서 화자는 광고주이고 청자는 수용자/소비자이다. 명령문의 주체는 수용자/소비자이다. 따라서 카피의 명령문은 다음의 (7)과 같이 청자를 존대하는 경어체로 작성하는 것이 효과적이다. 17개의 명령문 중에서 '하십시오체'로 이루어진 것은 6개로 35.3%의 비중을 차지하고, '하세요체'로 이루어진 것은 9개(52.9%)로 가장 많은 비중을 차지한다. '하십시오체'는 구형 체계에서 극존대를 나타내는

---

2) Ogilvy(1963)에서는 카피의 표제를 본문보다 5배 읽힌다고 한다.

화계이고, '하세요체'는 신형 체계에서 극존대를 나타내는 화계이다. 40대 이상의 남성 수용자/소비자를 대상으로 하는 광고에서는 '하십시오체'를 사용하는 것이 효과적이고, 40대 이상의 여성에게는 '하세요체'를, 30대 이하의 젊은 수용자/소비자를 대상으로 하는 광고에서는 '해요체'가 더 효과적이다.

(7) ㄱ. 급한 해외 발송물이 있으시다면 꼭 DHL을 선택하십시오.
ㄴ. 때와 장소에 상관없이 어디서나 {출력하세요/출력해요}.

17개의 명령문 가운데 다음의 (8)에서 보듯이 '해체'와 '해라체'로 이루어진 것이 각각 1개이다. (8ㄱ), (8ㄴ)과 같이 비경어체로 명령문을 구성하면 수용자/소비자를 낮추어 대우하는 것이어서 수용자/소비자 중에 불쾌하게 생각하는 사람이 있을 수 있으므로 경어체 명령문을 사용하는 것이 바람직하다.

(8) ㄱ. 청소년 키 이렇게 키워라.
ㄴ. 强하고 싶은 男子의 욕망 구운 마늘로 갈증을 풀어.

의문문으로 이루어진 표제와 부표제는 15개로 전체에서 14.6%로 평서문과 명령문 다음으로 많은 비중을 차치한다. 카피의 표제와 부표제에는 다양한 유형의 의문문이 쓰인다. 15개의 의문문 중에서 판정의문문이 6개로 40.0%, 설명의문문이 5개로 33.3%, 선택의문문이 2개로 13.3%, 메아리의문문이 2개로 13.3%의 비중을 차지한다. 광고 카피에는 판정의문문과 설명의문문이 많이 사용된다. 판정의문문과 설명의문문이 카피에 많이 사용되는 이유는 이것들이 일상 언어 생활을 할 적에 흔히 사용되는 것들이어서 수용자/소비자에게 자연스럽게 접근할 수 있다고 판단되기 때문이다.

(9) ㄱ. 어머니, '수학공부'가 중요한 것 다 아시죠?
ㄴ. 벌써 기력이 딸리십니까?
ㄷ. 외식업이 힘들어 자신이 없다구요?
ㄹ. 주연테크 컴퓨터는 너무 싸서 오히려 믿을 수 없다?
ㅁ. 파견직이 맞을까? 정규직이 맞을까?
ㅂ. 맛지킴 기능이 있는가? 없는가?

ㅅ. 똑같은 나이인데 왜 나이 차이가 나 보일까요?
ㅇ. 왜 더 주고 사십니까?

이상의 예문 (9ㄱ)과 (9ㄴ)은 판정의문문이고, (9ㄷ)과 (9ㄹ)은 메아리 의문문3)이며, (9ㅁ)과 (9ㅂ)은 선택의문문이고, (9ㅅ)과 (9ㅇ)은 설명의문 문이다. 메아리의문문은 화제 전환·반문·확인·맞장구·감정 표현 등을 나타내는 기능을 하는 의문문이다. 메아리의문문 (9ㄷ)과 (9ㄹ)은 반문의 의미를 나타내는 의문문이다. (9ㄷ)에서는 외식업은 힘들지 않으니 자신을 가지고 하라는 의미를 내포하고 있으며, (9ㄹ)은 주연테크 컴퓨터는 싸면서 믿을 수 있다는 의미를 내포하고 있다.

청유문으로 이루어진 카피의 표제와 부표제는 2개로 전체에서 1.9%의 비 중을 차지한다. 이것은 일방적으로 요구하는 명령문과 달리 수용자/소비자 에게 함께 어떤 행위를 할 것을 권하거나 제안하는 것이므로 명령문보다 수 용자/소비자에게 거부감을 덜 준다.

(10) ㄱ. 우리 수학에 대해 한번 얘기해 봐요.
　　 ㄴ. 섬유 음료, 비교해 봅시다!

이상의 예문 (10ㄱ)은 신형 체계의 '해요체'에 해당하고, (10ㄴ)은 구형 체계의 '하오체'에 해당한다. (10ㄱ)은 친밀한 느낌을 주는데, (10ㄴ)은 권 위적이고 딱딱한 느낌을 준다. (10ㄴ)은 젊은 세대의 소비자를 겨냥한 광고 이므로 다음의 (11)과 같이 '하세요체'나 '해요체'로 바꿔 표현하여야 광고의 효과를 더 거둔다.

(11) ㄱ. 섬유 음료, 비교해 보세요.
　　 ㄴ. 섬유 음료, 비교해 봐요.

2002년 10월 28일부터 11월 2일까지 조선일보에 게재된 인쇄 광고 165 개 표제(headline)와 부표제(subhead) 중에서 감탄문으로 이루어진 것은 없

---

3) '메아리의문문'을 '반향의문문(反響疑問文)'이라고 일컫기도 한다.

다. 이 기간에 중앙일보에 게재된 예를 들어 보면 다음의 (12)와 같다.

(12) 몸에 좋은 게 맛도 좋네!(중앙일보, 2002. 10. 29. 3면)

광고 카피에서 감탄문은 화자의 제품에 대한 감동의 표현을 통해 수용자/소비자로 하여금 공감하도록 하는 기능을 한다. 감탄문이 효과적으로 사용되었을 경우 수용자/소비자는 거부감을 덜 느끼고 자연스럽게 화자의 의도에 따르게 하는 효과를 거둘 수 있다.

완전한 문장으로 이루어진 103개의 표제와 부표제가 모두 존대 화계로 이루어진 것은 78개(75.7%)로 가장 많다. 표제와 부표제 모두가 하대 화계로 형성된 것은 20개(19.4%)이며, 다음의 (13)과 같이 표제는 하대 화계로 표현하였는데 부표제는 존대 화계로 표현한 것은 5개(4.9%)이다.

(13) ㄱ. 맛지킴 기능이 있는가? 없는가?/좋은 김치냉장고를 선택하는 새로운 기준입니다.
　　ㄴ. 왜?/미국에선 센트룸일까?

수용자/소비자에게 거부감을 주지 않고 다가가려면 되도록 존대 화계를 사용하는 것이 효과적이다. 그리고 연속 규칙을 지켜 표제와 부표제를 동일한 화계로 표현하여야 한다.

표제와 부표제 중에는 부자연스럽거나 비문법적인 문장으로 표현된 것이 있다. 이러한 것을 식별할 수 있는 능력이 있는 수용자/소비자가 그러한 것을 보게 되면 그 광고를 신뢰하지 않을 가능성이 높다.

(14) ㄱ. **많은 분들**이 그 곳의 주인공이 되고자 하셨습니다.
　　ㄴ. 대한민국 초등학생들이 더욱 착해졌으면 하는 바람에서 선수학입니다.

(14ㄱ)의 '많은 분들'은 영어를 직역한 느낌을 준다. 이것은 '많은 분'으로 바꾸어 써야 자연스럽다. (14ㄴ)의 '선수학'은 한글로 표기되어 있는데 이 문장을 통해 볼 때 '善數學'인 듯하다. 그렇다면 (14ㄴ)은 다음의 (15ㄱ)이나 (15ㄴ)과 같이 표현하여야 할 것이다.

(15) ㄱ. 대한민국 초등학생들이 더욱 착해졌으면 하는 바람에서 '선수학'을 권합니다.
　　　ㄴ. '선수학'을 하게 되면 대한민국 초등학생들이 더욱 착해질 것입니다.

카피의 표제와 부표제 중에는 외설적인 것도 있다. 광고 심의 규정에도 성욕을 자극하는 표현이나, 성과 관계되는 건전치 못한 사실의 표현을 하지 못하도록 규정하고 있다.

(16) 아침이 선다! 벌써 기력이 딸리십니까?

광고주나 카피 작성자는 광고 효과를 거두는 데만 급급하지 말고 광고 언어가 수용자/소비자에게 악영향을 끼치는 점도 고려하여 카피를 작성하기 위해 노력하여야 한다.

9.3.4 결어

지금까지 이 장에서는 인쇄 광고의 카피 구성 요소 중에서 수용자/소비자가 주로 읽는 표제와 부표제에 쓰인 언어의 표기·어휘·문장 등의 실태를 살펴보았다. 그 결과를 요약하여 적어 보면 다음과 같다.

(1) 한글로 표기한 것이 가장 많다. 그런데 국내 광고임에도 불구하고 로마자로 표기한 것이 있다. 일정한 수용자를 표적으로 삼아 작성한 카피라고 할지라도 국내 광고인 경우에는 되도록 한글로 표기하여야 한다.

(2) 대체로 어문 규정에 맞게 표기하고 있다. 소수이지만 띄어쓰기 규정에 어긋나게 띄어 쓰거나 맞춤법에 어긋나게 표기한 것이 있다. 광고 언어는 수많은 수용자의 언어 생활에 많은 영향을 끼치기 때문에 카피 작성자는 광고 효과를 거두기 위한 특별한 경우를 제외하고 어문 규정에 맞게 표기하기 위해 힘써야 한다.

(3) 대부분 이해하기 쉬운 고유어나 한자어로 표제와 부표제를 표현하고 있다. 그런데 광고의 효과를 거두기 위하여 비표준어·외래어·외국어·혼종어·신조어·극단어 등을 사용한 것도 있는데, 되도록 이러

한 어휘의 사용을 자제하여야 한다.

(4) 카피의 표제와 부표제는 평서문·명령문·의문문·청유문·감탄문 등으로 표현된다. 문장의 유형 중에서 평서문이 가장 많이 쓰인다.

(5) 경어체로 표현된 것이 많다. 비경어체로 표현하지 않아야 수용자에게 거부감을 덜 준다. 40대 이상의 남성 수용자를 대상으로 하는 카피에 서는 '하십시오체'를 사용하고, 40대 이상의 여성에게는 '하세요체'를, 30대 이하의 젊은 사람을 대상으로 하는 카피에서는 '해요체'를 사용 하는 것이 효과적이다.

(6) 표제와 부표제가 부자연스럽거나 비문법적인 문장으로 이루어진 것이 있다. 카피 작성자는 자연스럽고 문법에 맞는 문장으로 카피를 작성 하여야 한다.

(7) 선정적인 의미를 내포하고 있는 것도 있다. 선정적이고 외설적인 표 현은 삼가야 한다.

광고는 그 시대의 사회상과 문화상을 반영하는 것이다. 광고주와 카피 작 성자는 광고 효과에만 연연하여 국어를 오염시키거나 어문 규정을 파괴하는 일을 하여서는 안 된다. 광고주와 카피 작성자는 광고의 효과를 거두면서 이 상적인 국어 교재를 생산한다는 사명감을 가지고서 어문 규정을 지키고 국어 를 아름답게 가꾸는 일에 앞장서야 한다.

참고 문헌

김선희(2000), 「광고 언어의 다양한 쓰임과 그 특성」, 『한글』 248호,
　　　　한글학회.

김혜숙(1999), 「광고의 언어 표현 행위에 나타난 사회언어학적 특성」,
　　　　『사회언어학』 7-2.

박인기 외(2000), 『국어 교육과 미디어 텍스트』, 삼지원.

신명선(2000), 「광고 텍스트의 문화적 의미와 국어 교육」, 『국어 교육』 103호,
　　　　한국국어교육연구회.

신선경(1999), 「TV 광고의 텍스트 언어학적 특성」, 『텍스트언어학』 7호,
　　　　한국텍스트언어학회.

신인섭(1984), 『광고실무론』, 나남.

안정임 · 전경란(1999), 『미디어 교육의 이해』, 한나래.

이두희(1997), 『광고론』, 박영사.

이명천 외 15인(2002), 『글로벌 시대의 광고와 사회』, 한울아카데미.

이석주 외(2002), 『대중 매체와 언어』, 역락출판사

이은희(2000), 「광고 언어의 생략 현상」, 『국어교육』 103호.

───(2002), 「국어교육과 광고 텍스트」, 『이중언어학』 20호,
　　　　한국이중언어학회.

이주행(1992), 「신문 · 잡지 광고에 나타난 언어의 문제」,
　　　　『새국어생활』 제2권 제2호, 국립국어연구원.

───(1997), 「방송 광고 언어에 관한 연구」, 『국어교육』 94호,
　　　　한국국어교육연구회.

이현호(1996), 『광고와 언어』, 커뮤니케이션북스.

최창섭(1994), 「언론 매체와 교육」, 『언론학원론』, 한국언론학회 편,
　　　　범우사.

한국언론정보학회(2000), 『현대 사회와 매스 커뮤니케이션』, 한울아카데미.

Ogilvy, David(1983), *Ogilvy on Advertising*, New York : Crown.

Wells, Williams, John Burnett & Sandra Moriarty(1989),
　　　　Advertising, Principle & Practice, Prentice.

| 옥외광고와 외래어 |

장영희

10.1 머리말

현대를 살아가는 사람들은 신문, 잡지, 텔레비전, 라디오 등과 같은 대중 매체를 통해서 뿐만 아니라 길거리의 간판이나 버스, 지하철 속에서 의식적이든 무의식적이든 수많은 광고 표현 매체들에 둘러 싸여 있다. 어느 곳에서 건 주변에 광고가 전혀 없는 환경을 찾아보기 어렵게 되었다. '광고 공해'니 '광고 홍수'니 하는 말들을 많이 듣게 되는데 실제로 우리 몸의 머리끝에서 발끝까지 먹고, 입고, 사용하는 모든 것이 광고된 상품들이라 해도 지나치지 않을 정도로 광고는 우리 일상 생활 속에 깊숙이 파고 들어와 있다.

광고는 상품뿐만 아니라 상품에 부여된 가치와 이미지 구현을 통해 우리에게 새로운 문화나 가치 규범을 전파하기도 하면서 우리의 생활 방식에까지 영향을 미치고 있다. 이것은 광고가 우리 사회, 우리 생활과 얼마나 밀접한 관계를 가지고 있으며 그것이 우리에게 미치는 영향력이 얼마나 클 수 있는가를 단적으로 보여주는 것이다. 여기에 우리가 광고에 사용되는 언어에 대해서 정기적이고 지속적으로 실태 조사가 이루어져야 하는 이유가 있는 것이다. 엄청난 광고의 영향력을 생각해 볼 때 광고 언어가 우리 생활 전반에 긍정적이고 바람직한 영향을 끼칠 수 있도록 하여 국어의 올바른 사용과 더 나아가 우리 국어 문화를 보존하고 전승·발달시킬 수 있으리라고 보기 때문이다.

광고(廣告)라는 말은 한자 그대로 풀이하면 '널리 알린다'는 말이다. 영어의 'advertising'은 라틴어 'ad vertere'에서 기원하는데, 이 뜻은 '마음을 어디로 향하게 한다'이다. 즉 광고는 소비자가 물건을 사도록, 혹은 좋은 느낌을 가지도록 만든다는 의미를 담고 있다. 따라서 광고가 일차적으로 추구하는 바는 사람의 관심과 호기심을 이끌어 내는 일일 것이다. 이를 위한 광고도 신문, 잡지 등과 같은 인쇄물을 이용한 인쇄광고, 텔레비전이나 라디오 등을 이용한 방송광고, 지하철, 버스, 택시 등 차체의 안팎을 이용한 교통광고, 각종 입간판 형태의 옥외광고 등 그 수단이나 방법도 무척 다양하다.

또한 이에 따른 언어상의 특징도 차이를 보이기 때문에 광고 수단에 따른 외래어 사용의 특징에 대해 기술하는 데는 어려움이 따른다. 최근에는 상품 종류에 따라서 외래서 사용 양상이 달라지는 것으로 보인다. 이러한 어려움이 있기 때문에 이 글에서는 광고의 범위를 제한하여 그 제한된 범위에서의 외래어의 특징을 살펴보고자 한다.

그 동안 광고 언어에 대한 조사와 연구는 주로 신문, 방송과 같은 대중매체의 광고 언어에 집중되어 왔다. 간판과 같은 옥외광고물의 외래어 실태 조사는 정책적으로 국어학회(이광호, 임홍빈 외, 1993)[1]와 한국국어교육연구회(이석주, 이주행, 김광해, 민현식 외, 2000)[2]에서 이루어진 바 있다. 본고에서는 한국국어교육연구회의 옥외광고물 외래어 표기 실태 조사 연구의 일환으로 실시된 전국 17개 도시의 중심가 간판 조사 가운데 본인이 맡은 광주 충장로

---

1) 전국을 7대 권역(서울권, 광주권, 대구권, 부산권, 인천권, 전주권, 제주권)으로 나누어 간판 상호의 언어 실태 및 언어 표기 상태를 조사한 것이다.
2) 전국 17개 도시의 번화가를 중심으로 각 지역 당 1,000여 곳 상점의 간판 언어를 어종, 외래어 어원, 언어 구조, 문자 구조별로 분석, 조사한 것이다

지역을 중심으로 외래어 사용 실태와 외래어 오용 표기 양상을 살펴보고자
한다.

전국적으로나 지역적으로 간판 상호의 언어적 실태를 전부 조사한다는 것
은 시간적으로나 물리적으로 불가능한 것이라 본 연구에서는 광주에서도 충
장로 지역을 중심으로 표본 조사 방법을 쓰도록 하였다. 광주에서 가장 번화
한 지역인 충장로 1가에서 5가까지의 직선거리와 이 거리를 중심으로 동심
원으로 확대하여 가는 방식으로 조사하여 총 1,000곳을 조사하였다. 이 지
역은 광주 상권의 중심지이다.

10.2 간판의 외래어 사용 실태 조사

10.2.1 간판 언어의 구조 분석

옥외 간판의 외래어 사용 실태를 조사하기 위해서 우선 상호명의 구조 분
석이 선행되어야 한다. 단위를 어떻게 분석하느냐에 따라 결과가 달라지기
때문이다. 옥외 간판에 쓰인 모든 전체 상호(대상호)는 대개 '서울 내과, 플라
자 호텔, 가든 사진관, 골든큐 당구클럽…'처럼 '상호부'와 '업종부'로 나누어
분석할 수 있다. 즉 다음과 같은 분석 원칙을 제시할 수 있다.

$$\frac{대상호}{서울내과} = \frac{상호부}{서울} + \frac{업종부}{내과}$$

그러나 대상호에 따라서는 '걷는 기쁨'이라고만 쓴 신발가게, '곰이네'라고
만 쓴 식당, '까치'라고만 쓴 다방, '김삿갓, 청사초롱, 고래사냥'이라고만 쓴
술집처럼 업종부가 생략된 경우도 있다. 반대로 '꽃세상, 컴퓨터, 오락실, 번
역의 집'이라고만 쓴 가게처럼 상호부가 생략된 채 업종부만 제시한 경우도
있다. 이런 경우 '상호부'나 '업종부'를 빈칸으로 처리하면 된다.

대상호 중에는 이러한 분석이 쉽지 않은 경우도 있다. 그래서 옥외 광고물

외래어 사용 실태 조사(이석주, 이주행, 김광해, 민현식 외, 2000)에서는 다음과 같은 업종명 분석 원칙 하에 분석이 이루어졌다.

　〔업종명 분석 원칙〕 접미어처럼 쓰이면서 ① 어떤 업종을 연상시키는 효과가 대중에게 이미 널리 인지되고 있거나 ② 새로이 업종명으로 신기성(新奇性), 호기심(好奇心)의 효과를 내면서 실험 중에 있는 것으로 판단되는 명칭으로 간주되면 업종명으로 간주한다.

　따라서 '의상실, 양장점, 패션' 등과 같은 여성 의류 가게의 명칭으로 많이 사용되고 있는 '부띠끄', '미장원, 미용실, 머리방'을 대신한 '헤어클럽, 헤어살롱, 헤어클리닉'과 같은 '헤어…'류, '-당, 제과점, 베이커리'와 같은 빵집의 명칭으로 사용되는 '바게트, 크라상(>크롸상)'은 이들 자체를 업종명의 하나로 처리하였다.

　특히 외래어 상호 가운데 '랜드, 월드, 타운, 플라자, 클럽, 하우스, 뱅크' 등은 여러 업종에 걸쳐 두루 유행처럼 빈번하게 사용되고 있다. 이 역시 신종 접미형 업종명으로 보아 업종명으로 처리하였다. 이를 유형별로 살펴보면 다음과 같다.

> 랜드(Land) - 게임랜드, 포토랜드, 컴퓨터랜드, 카피랜드, 부동산랜드, 팬시랜드 …
> 월드(World) - 게임월드, 만화월드, 시네마월드, 부동산월드, 아가월드, 인터넷월드, 토이월드, 북월드…
> 타운(Town) - 게임타운, 호프타운, PC타운, 주점타운, 비만타운, 헤어타운, 레코드타운, 문구타운, …
> 플라자(Plaza) - 게임플라자, 인터넷플라자, 넷플라자, 골프플라자, 웨딩플라자, 통신플라자, 란제리플라자, …
> 클럽(Club) - 게임클럽, 헤어클럽, 포켓클럽, 당구클럽, 헬스클럽, 가요클럽, 스포츠클럽, 안경클럽, 영상클럽, 소주클럽 …
> 하우스(House) - 게임하우스, 커피하우스, 당구하우스, 케잌하우스(케잌>케이크), 호프하우스, 헤어하우스, 소주하우스, 비어하우스, …
> 뱅크(bank) - 게임뱅크, 뉴스타 노래뱅크, 헤어뱅크, PC뱅크, 인터넷뱅크 …

10. 2. 2 **어종 분석**

어종 분석은 간판 조사의 중요한 사항으로 고유어, 한자어, 외래어 간판의 분포를 조사하는 것이다. 간판의 어종 유형은 다음과 같이 나눌 수 있으며, 이 때 상호부 따로, 업종부 따로, 다시 대상호 전체의 어종 분석도 가능하다.(아래 유형은 어종 분석시 어종의 배합 순서는 고려하지 않은 것이다.)

대상호 전체가,
(1) 고유어만 쓰인 것 : 고(상호부와 업종부 모두 '고'인 것)
(2) 한자어만 쓰인 것 : 한(상호부와 업종부 모두 '한'인 것)
(3) 외래어만 쓰인 것 : 외(상호부와 업종부 모두 '외'인 것)
(4) 외래어가 섞인 것 : 혼(상호부나 업종부의 어느 한쪽이 '외' 또는 '혼'인 것)
(5) 고유어와 한자어만 섞인 것 : 고한(상호부나 업종부 양쪽에 '고'와 '한'만 섞인 것)
(6) 기타 : 특(특수어만 쓰였거나 '고'나 '한'이 특과 섞인 것)

이에 따라 광주 지역의 상호부, 업종부, 대상호의 어종 분포를 구별하여 조사한 결과는 다음과 같다.

1) 상호부만의 어종 분포

전체 조사한 상호 1,000개 대상호 중에서 고유명사로서의 상호부가 명시적으로 나타난 것은 94%(940개)이다. 이것은 대부분의 옥외 간판에 상호부가 나타나고, 6%(60개)만이 '오락실, 번역의 집, 담배…'처럼 상호부가 생략된 채 업종부만으로 간판을 내걸었음을 뜻한다. 상호부만의 어종 종합 분포를 막대표로 제시하면 다음과 같다.

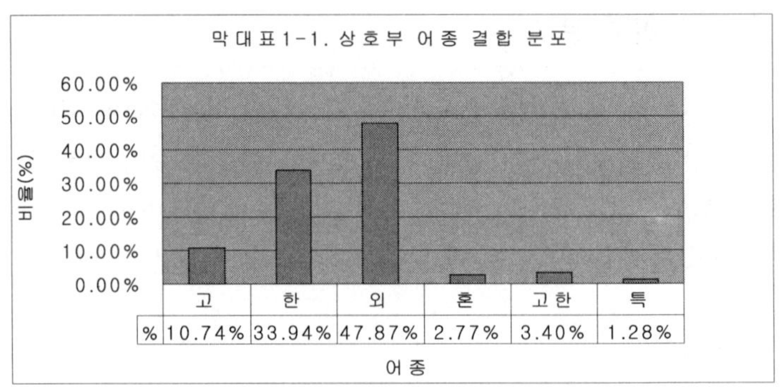

상호부에서 전체 어종 중 가장 많이 사용한 것은 외래어이다. 외래어의 경우 외래어만 쓰인 것 47.87%와 외래어가 섞인 것(혼합어) 2.77%를 합하면 50.64%나 된다. 이것은 고유명사 효과가 일반적으로 나타나는 위치인 상호부에 압도적으로 외래어가 사용되고 있음을 보여 준다. 한편 한자어의 경우 한자어만 쓴 것 33.94%와 고유어를 섞어 쓴 3.40%를 합하면 37.34로 외래어 다음으로 많이 사용한 어종이 한자어임을 알 수 있다. 그러나 고유어만 쓰인 것은 10.74%로 외래어나 한자어에 비해 상대적으로 적게 사용되고 있음을 알 수 있다.

2) 업종부만의 어종 분포

전체 조사한 상호 1,000개 대상호 중에서 업종부가 나타난 것은 600개로 60%이다. 나머지 상호는 업종부 표시없이 상호부만으로 대상호를 제시하고 있음을 알 수 있다. 이것은 상점의 업종을 표시하는 것이 명시적인 문자만으로 보이는 것이 아니며 진열품, 장식 등으로 그 가게의 업종을 보이거나 암시할 수 있기 때문이다. 또한 소비자 중에는 상호부보다 업종부에 더 관심이 많은 사람이 있어서 업주는 업종을 나타내는 것이 소비자의 주의를 효과적으로 끌 수 있을 것으로 인식하고 있는 것으로 보인다. 업종부만의 어종 종합 분포를 막대표로 제시하면 다음과 같다.

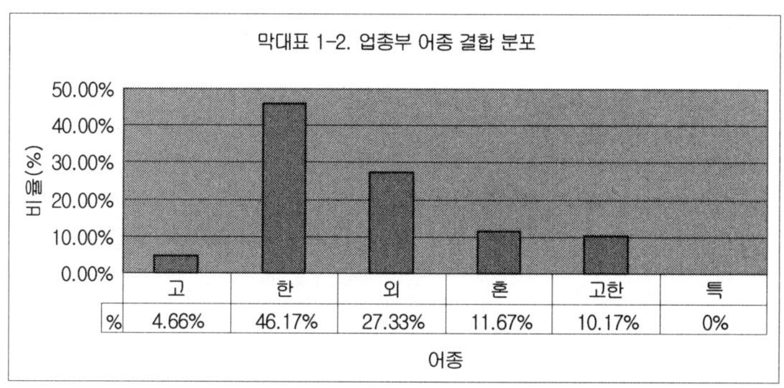

%	고	한	외	혼	고한	특
%	4.66%	46.17%	27.33%	11.67%	10.17%	0%

상호부에서 외래어가 가장 많이 쓰인 것과 달리 업종부에서 가장 많이 사용한 것은 한자어이다. 한자어의 경우, 한자어만 쓴 것 46.17%와 고유어와 함께 쓴 것 10.17%를 합하면 56.34%나 된다. 이것은 전체 간판의 절반 이상으로 업종부에서는 아직도 한자어가 압도적으로 쓰이고 있음을 보여 준다. 다음으로 외래어만 쓴 것이 27.33%이고 외래어가 섞인 것 11.67%를 합하면 39.0%로, 한자어 다음으로 많이 썼다. 이는 업종부 1/3에 외래어가 사용되고 있음을 보여 준다. 반면에 고유어 업종명의 사용은 4.66%로, 한자어와 함께 쓴 것(10.17%)을 합하더라도 14.83%정도로 한자어와 외래어의 사용에 비해 적게 사용되고 있음을 알 수 있다.

3) 대상호 전체의 어종 분포

대상호 전체의 어종 분석은 간판 1,000개의 대상호를 상호부와 업종부로 나누지 않고 각 대상호 전체마다 앞의 분류 기준으로 재분석한 것이다. 이에 따라 조사한 대상호 어종 종합 분포 비율을 막대표로 제시하면 다음과 같다.

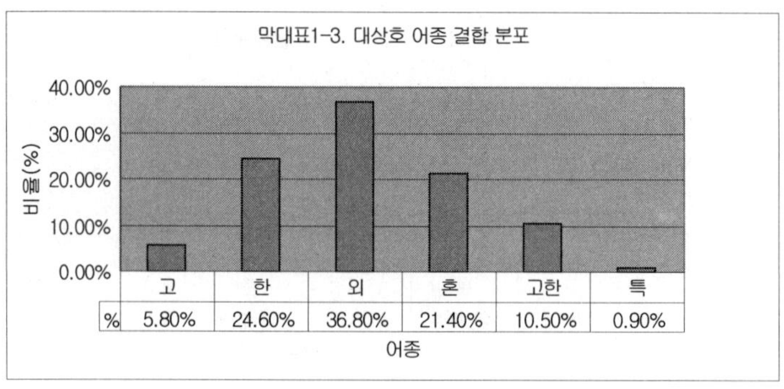

　대상호를 대상으로 전체 어종을 조사한 것을 보면 대체로 외래어, 외래어가 섞인 것, 한자어가 지배적으로 쓰이고 있는 것으로 나타났다. 외래어만 쓰인 것이 36.80%, 외래어가 고유어나 한자어 따위와 뒤섞인 외래어 혼합어가 21.40%로 외래어만으로 된 것 36.80%와 외래어 혼합형으로 된 것 21.40%를 합하면 전체 상호의 58.20%가 외래어가 포함된 것을 알 수 있다. 이는 결국 전체 상호의 절반이 넘는 것으로 간판 두 개 중에 하나는 외래어로만 되었거나 외래어가 뒤섞인 간판임을 보여 주는 것이다. 따라서 우리나라 상호는 이미 절반 이상이 외래어가 차지하고 있는 상황이다. 다음의 그 예를 보인 것이다.

외래어만으로 이루어진 간판의 예 : 드림 까페(까페>카페), 인터넷 PC하우스, 웨딩 카페, 카이저 호프, 챠밍 패션(챠밍>차밍), 골든 클럽, 파리 헤어스케치, 쥬얼 뱅크(쥬얼>주얼리) if, party 포토샵(샵>숍), LA 호프, order shop, AL PACINO …

외래어 혼합형으로 이루어진 간판의 예 : 글로발 어학원(글로발>글로벌), 서초 로타리 숯불갈비(로타리>로터리), 앵콜 노래 연습장(앵콜>앙코르), 덕진 칼라 현상소(칼라>컬러), 바디 가요주점(바디>보디), 퍼펙트 비디오방, 게임 1번지, 힛트방(힛트>히트) …

　이들 외래어 상호 다음으로는 한자어 상호가 24.60%로 외래어의 사용에 비해 적게 사용하고 있다는 것을 알 수 있다. 이에 비해 고유어는 순수 고유어만 사용된 것이 5.80%, 한자어와 함께 사용된 것까지 합해도 16.30%로 외래어와 한자어에 비해 사용이 저조함을 알 수 있다.

10. 2. 3 **어원 분석**

광주 지역의 외래어 사용 실태 조사 결과 조사 대상 간판 1,000개 가운데 외래어가 사용된 간판은 전체의 58.20%로 나타나고 있어 외래어의 사용 비율이 매우 높다는 것을 알 수 있다. 또한 가장 많이 나타난 어원은 영어이며 불어 이탈리아어, 독어, 일어 등 비교적 친숙한 언어가 전체의 90% 이상을 차지한다.

어원 분석은 외래어의 언어 종류를 알아보기 위한 것인데 어원을 판단하기 어려운 국적 불명의 외래어의 경우 어원 설정에 어려움이 있다. 이런 외래어는 '콩글리시(콩)'와 '?(어원 불명)'를 설정해야 한다. '뷰티피아'와 같이 외래어 자체가 혼합된 것은 어종은 '외'이고 어원은 '뷰티피아(영어 'beautiful'의 절단 형태 + 그리스어 'Utopia'의 절단 형태)'이므로 그대로 분석해 '영그'로 적으면 되겠지만 이런 한국식 외래 신조어(주로 콩글리시)들은 따로 '콩'으로 다루어 논할 필요가 있다.[3] 그래서 우리나라에서만 만들어 통용하고 있는 국적 불명어는 '콩글리시(콩)'로, 어원을 알 수 없는 어원 불명어는 '?(어원 불명)' 표시를 하여 구별하여 처리한다.

1) 상호부의 외래어 어원 분포

전체 간판 중에서 업종부를 제외하고 상호부에만 나타난 외래어의 어원 분포를 통계 처리한 것이다. 여기에서는 어떤 언어가 간판에 많이 쓰였는지, 그리고 두 개 이상의 어원이 결합된 경우 그 결합 유형은 어떻게 되는지 파악할 수 있다.

---

3) 이상향을 뜻하는 영어 'Utopia'를 이용하여 새로운 합성어를 만들어 사용한 간판 유형은 '뷰티피아'말고도 '아트피아', '포토피아', '게임피아' 등이 있다. 그리고 반드시 '-피아'만 결합하는 것이 아니라 '북토피아', '게임토피아'처럼 '-토피아'가 결합하는 유형도 있다. 이러한 접사들은 특정 업종과 관계없이 두루 나타나는 것이 특징이다.

어원(상호)	합계	비율(%)
일(일본)	9	1.891
?(어원불명)	23	4.832
그(그리스)	2	0.420
독(독일)	3	0.630
라(라틴)	2	0.420
모로코	1	0.210
베트남	1	0.210
불(불어)	29	6.092
스(스위스)	5	1.050
스영(스위스+영어)	1	0.210
영(영어)	367	77.101
이(이탈리아)	14	2.941
콩(콩글리시)	18	3.782
히(히브리)	1	0.210
총 합계	476	100.000

　　예상했던 대로 영어의 사용 비율은 77.10%로 가장 높다. 그 다음으로 많이 쓰인 외래어는 '불어>어원 불명어(?)>콩글리시>이태리어>일본어>스위스어 …' 순으로 나타났다. 어원 불명어(?)와 콩글리시가 3, 4위로 나타난 것은 외래어의 무분별한 사용 실태를 그대로 보여 준 것이다.

　　상호부에 이처럼 어원 불명어와 콩글리시가 많이 나타나고 있는 것은 업주들이 상호를 지을 때 전혀 새로운 말이나 일반적으로 잘 쓰지 않는 말로 상호의 신기성을 추구하거나 소비자에게 보다 고급스러운 인상을 주려는 의도4)로 보인다.

---

4) 김진형(1999:350)에서는 '레스토랑'이 국어 화자들에게 일반적인 '음식점'의 의미보다는 '고급스러운 음식점'의 의미로 받아들여지듯이 '회토랑', '패스토랑', '휴게텔', '수면텔' 등도 역시 보다 고급스러운 인상을 주려는 화용론적인 동기에 의해 생겨난 신조어라고 설명하고 있다.

2) 업종부의 외래어 어원 분포

전체 상호 중에서 상호부를 제외하고 업종부에만 나타난 외래어의 유형을 분석한 것이다. 역시 영어가 84.25%로 가장 많이 쓰이는 것으로 나타났다. 간판에는 무슨 업종을 취급하고 있는지, 즉 무엇을 하는 곳인지가 분명하게 나타나야 하므로 업종부는 상호부의 이름보다 더 중요하다. 이런 이유에서인지 업종부에서는 상호부와 달리 어원 불명어나 콩글리시는 적게 나타났다. 대신 다음과 같이 외래어의 오용 표기는 상대적으로 많이 나타났다.

크리닉(>클리닉), 수퍼(>슈퍼), 헤어샵(>헤어숍), 까페(>카페), 스넥(>스낵), 칼라(>컬러), 카텐(>커튼), 타올(>타월), 뷔페(>뷔페)…

어원(업종)	합계	비율(%)
일(일본)	4	1.702
일영(일본+영어)	1	0.426
독(독일)	8	3.404
독영(독일+영어)	1	0.426
불(불어)	3	1.277
영(영어)	198	84.255
영불(영어+불어)	3	1.277
이(이탈리아)	4	1.702
이영(이탈리아+영어)	2	0.851
콩(콩글리시)	11	4.681
총 합계	234	100.000

3) 대상호의 외래어 어원 분포

대상호의 어원 분포 현황은 전체 간판에서 각 어원어의 출현 횟수를 모두 합한 것이다. 다음 표의 '영'은 단독으로 쓰였든지 결합형으로 쓰였든지 영어가 나타나는 간판의 총 수효를 나타낸다. 즉 단일어이든 결합형이든 어떠한 형태로라도 한번 이상 나타난 간판수가 481개임을 보여준다.

어원	합계	비율(%)
영어	481	77.706
콩글리시	28	4.523
?(어원불명)	23	3.716
이탈리아	20	3.231
불어	32	5.170
베트남	1	0.162
일본	12	1.939
독일	11	1.777
스위스	6	0.969
라틴	2	0..323
히브리	1	0.162
모로코	1	0.162
그리스	1	0.162
총 합계	619	100.000

위에서 보는 바와 같이 영어가 77.70%로 가장 많이 나타났다. 영어 다음으로 불란서가 2위를 차지하며 그 다음이 콩글리시>어원불명어(?)>이탈리아>일어>독어>스위스어…의 순으로 나타났다. 이들 어원어의 문화가 우리 문화에도 많은 영향을 끼치고 있다고 하겠다.

그리고 업주들이 전혀 새로운 말로 특이성을 추구하다보니 일반적으로 잘 쓰지 않는 말을 찾아 쓰는 경우가 생긴다. 본 조사에서도 국적 불명의 특이 외래어가 많이 조사되었다. 외래어 중에는 다음과 같이 어원이 명확한 것도 있다. '레떼21'에서 '레떼(>레테)'는 그리스 신화에 나오는 망각의 강으로 이 물을 마시면 모든 근심이 없어진다는 뜻을 지닌 것인데 음료업소명으로 적절한 상호명이라 생각된다. '쥬노웨딩'은 결혼 예복 전문점인데 제우스의 부인 헤라의 이태리식 이름 '쥬노(>주노)'를 붙여 신부를 최상의 아름다운 존재로 부각시키고 있다.

이처럼 상호의 어원이 명확하다 할지라도 대다수 일반인들은 그 뜻을 모르고 사용하고 있다. 더구나 어원이 불명확하거나 까다로운 상호일수록 그것의 뜻을 정확히 알고 말해 주는 사람을 찾기 어려웠다. 종업원조차도 상호의 뜻을 모르고 사용하고 있었다. 아이꼴아이(aikolai)는 나는 나(I = I)라는 의미인지 아니면 다른 뜻을 가지고 있는지 모르겠고 '엔 마이브 인터넷 프라자'도 '엔'은 'net'을 줄여 n을 나타내는 것 같으나 '마이브'는 알 수가 없다. 이는 音相의 신기성을 통한 기억의 용이성을 도모하고자 한 결과인데 이러한 상호는 전문가가 아니면 대부분의 사람들은 무슨 말인지조차 이해하기 어렵게 되는 경우가 많이 생길 수 있다. 다음은 그러한 예를 보인 것이다.

카라카스, 뽀모도로, 메츠, 그라뽈로, 덴따이조, 에스필로, TODACOSA, 앙리오, 팡고광고, 겐조, iff, Soo Yoo, Texrec, ZZYZX, ZIONI, ZIOZIA, SOLRE, NODA, NUUS, E′z …

10.3 간판의 외래어 오용 표기 양상

우리 나라 광고 특히 간판에 사용된 언어를 보면, 외래어의 남용은 물론 외래어 표기 오용도 심각하다. 더구나 그 뜻을 모르거나 어원이 분명하지 않은 외래어도 적지 않다. 외국에서 사용되는 말이 아니고 우리 나라에서만 만들어 통용되고 있는 말이 있다. '뷰티피아, 게임토피아, 파크텔…' 등이 그런 예이다. 이런 현상들은 업주들이 소비자들에게 새롭게 보이고 흥미를 끌게 함으로써 구매 욕구를 불러일으키려는 데서 나온 결과로 보인다. 새로운 언어를 만들어내고 이들 언어를 시험해 보는 것으로서 긍정적 의미도 가지고 있을 것이다.

그러나 광고는 일반 대중을 상대로 하는 것이다. 또 그 시대의 문화를 반영하기도 한다. 이처럼 외래어나 외래어 오류 표기의 간판이 범람하는 것은 국민들의 올바른 국어 생활에 나쁜 영향을 끼칠 뿐만 아니라 국민 정서에도 심각한 해를 끼칠 수 있다. 다음에서 조목별로 외래어 표기 오용 사례를 구체적으로 제시해 보겠다.

(1) 외래어 표기법 제1장 제3항은 "받침에는 'ㄱ, ㄴ, ㄹ, ㅁ, ㅂ, ㅅ, ㅇ' 만을 쓴다."고 규정하고 있다. 그럼에도 간판에 나타난 외래어의 표기를 보면 무기 파열음 'p, t, k'로 끝난 단어를 표기할 적에 'ㅂ, ㅅ, ㄱ'으로 적어야 하는데 'ㅍ, ㅌ, ㅋ'으로 쓰는 예가 적지 않다. 국어의 음절말 자음은 'ㄱ, ㄴ, ㄷ, ㄹ, ㅁ, ㅂ, ㅇ'의 일곱 개인데 본 항에 제시된 받침과는 다소 차이가 있다. 국어의 음절말 자음으로는 'ㄷ'이 있으나 'ㅅ'은 없다. 외래어 표기에서는 받침으로 'ㅅ'은 인정하나 'ㄷ'은 인정하지 않는다. 요컨대 본 항의 받침은 표기에 관한 것이지 발음에 관한 것이 아님을 알 수 있다.

커피숖>커피숍, 수퍼마켙>슈퍼마켓 …

(2) 외래어 표기법 제1장 제4항은 "파열음 표기에는 된소리를 쓰지 않는 것을 원칙으로 한다."고 규정하고 있다. 이것은 어두에 유성 파열음 'b, d, g' 등을 가진 외국어에서 유래한 외래어의 표기와 주로 관련된 규정이다. 예를 들어 영어의 'bag, bus'를 '빽, 뻐스'로 표기하는 경우가 많은데 이를 '백, 버스'로 표기하도록 한 것이다. 마찰음의 경우에도 국제 음성 기호와 한글 대조표에 [s]는 'ㅅ'으로만 대응되어 있다. 그런데 간판에 나타난 외래어 표기에서는 'ㅆ'으로 적은 예가 많이 있다. 이는 외래어 표기법 규정에 따르지 않고 발음 나는 대로 표기한 결과이다.

싸롱>살롱, Cyber 싸이버>사이버, 빠리>파리, 씨티>시티, 돈까스>돈가스, 콘써트>콘서트, 까페>카페, 쎄븐>세븐, 써비스>서비스, 라 코스떼>라 코스테, 레떼>레테, 리베르떼>리베르테, 이꼬르>이쿼르, 까뮈>카뮈, 깐느>칸, 꼴라주>콜라주, 씨네하우스>시네 하우스, 헤어 쎈스>헤어 센스, 썬텐>선텐, 빠>바, 피씨방>피시방, 마가레뜨>마가레트 …

(3) 국제 음성 기호와 한글 대조표에 의하면 [f]는 'ㅍ'에 대응시키도록 되어 있다. 그러나 많은 사람들이 [f]를 'ㅍ'으로 적는 데 대하여 거부감을 느끼는 것이 일반적이다. 'ㅎ'으로 적으면 부드럽고 따뜻한 느낌을 주던 말들도

'ㅍ'으로 적으면 거칠고 차가운 느낌을 주기 때문에 'ㅎ'으로 적는 경우가 많은데 'ㅎ'으로 적을 경우에는 〔h〕음 표기와의 구별에 문제가 생긴다.

환타스틱>판타스틱, 휘가로>피가로, 화니>퍼니, 훼미리>패밀리, 후라이드 치킨>프라이드 치킨, 후레쉬>프레시, 후랑켄쉬타인>프랑켄슈타인, 휠링>필링 …

(4) 외래어 표기법 제3항 표기 세칙을 보면 원어의 발음이 〔ʤ〕, 〔ʒ〕 이거나 〔ʧ〕이어서 한글로 'ㅈ'이나 'ㅊ'으로 적게 될 경우에 이어지는 모음에는 이중 모음을 적지 않도록 되어 있는데 이를 안 지키는 예가 많다. 특히 이 규정이 안 지켜지는 것은 현행 외래어 표기법이 시행되기 이전의 문교부 표기법에서 'ㅈ, ㅊ' 다음에 이중 모음을 적는 것을 허용했던 것이 일반 국민들에게 혼란을 준 데도 원인이 있다고 본다.

챠밍>차밍, 비쥬>비주(프 : bijou 보석), 쥬라기>쥐라기, 쟝글>정글, 쵸콜렛>초콜릿, 쟈이안트>자이안트, 피쳐>피처, 레져>레저, 멀티비젼>멀티비전, 볼륨 댄스>볼륨 댄스, 쥴리엣>줄리엣, 쥬얼리>주얼리, 죠이 월드>조이 월드 …

(5) 어중의 〔l〕은 모음 앞에 오거나, 모음이 따르지 않는 비음 〔m〕, 〔n〕 앞에 올 때에는 'ㄹ'로 적기로 되어 있다. 그럼에도 불구하고 그렇게 하지 않은 예가 아주 많은데 이것 역시 발음 나는 대로 표기한 결과로 볼 수 있다. 한국인들이 가장 잘 틀리는 간판 외래어 표기는 '플라자'를 'ㄹ' 받침을 **빠트**리고 '프라자' 적는 것으로 나타났다.5)

크리닉>클리닉, 크럽>클럽, 크리닝>클리닝, 프라자>플라자, 나포리>나폴리, 페리카나 치킨>펠리카나 치킨, 그라스>글래스, 그로리아>글로리아, 부루스>블루스, 허리우드>할리우드, 싸롱>살롱, 할레루야>할렐루야, 에리트>엘리트 …

국어의 음운에서는 〔l〕과 〔r〕은 구별되는 것이 아니기 때문에 외국어에 나

---

5) 민현식(2001)에서는 외래어 표기오류를 빈도순으로 조사하였는데 고빈도 오류 표기로 10대 용례를 제시하고 있다.
프라자>플라자, 샵>숍, 센타>센터, 크럽>클럽, 쇼파>소파, 칼라>컬러, 빠리>파리, 스넥>스낵, 뷔페>뷔페, 로얄>로열 …

타나는 〔l〕과 〔r〕의 구별을 우리말의 외래어 표기에 반영하도록 되어 있는 것은 무리가 있다. 간판 언어의 외래어 표기에서 'ㄹ' 말음 탈락이 고빈도 오용 현상으로 나타난 것도 이런 무리한 표기 규정 탓도 있다고 본다. 〔r〕 발음의 경우 특히 그것이 어말에 오는 경우에는 '르'로 표기하도록 되어 있는데 이 역시 규범대로 적기 어려운 점이 있다. '앵콜'의 경우 '앙코르'로 적어야 옳은데 이렇게 적을 경우 음절수도 많고 발음하기에도 오히려 어색하다.

(6) 어말의 〔ʃ〕는 '시'로 적고, 자음 앞의 〔ʃ〕는 '슈'로, 모음 앞의 〔ʃ〕는 뒤따르는 모음에 따라 '샤', '섀', '셔', '셰', '쇼', '슈', '시'로 적기로 되어 있는데 잘못 적는 예가 있다.

리더쉽>리더십, 디망쉬>디망시 …

(7) 모음의 표기가 잘못 된 것도 매우 많다. 현행 외래어 표기법은 영어에서 온 말의 표기에 있어 철자에 준하지 않고 발음에 따라 적기로 되어 있다. 특히 'ㅏ', 'ㅓ' 표기 사이에 혼돈을 일으키는 예들이 많이 나타난다. 이는 영어 원음을 충실히 표기하기보다는 발음하기에 편리한 우리 식 표기를 따르고자 하는 데서 비롯된 것으로 보인다.

센타>센터, 미스타>미스터, 칼라>컬러, 캐피탈>캐피털, 글로발>글로벌, 도날드>도널드, 토탈>토털, 로타리>로터리, 로알>로열, 에스콰이아>에스콰이어, 스페샬>스페셜, 애버랜드>에버랜드, 메디칼>메디컬, 크리스탈>크리스털, 매니아>마니아, 콘텍트>콘택트, 스넥>스낵, 펜시>팬시, 켈리포니아>캘리포니아 …

또 '애'로 적도록 되어 있는 a〔æ〕를 'ㅏ'로 잘못 적은 예도 있다.

스마트>스매트, 맨하탄>맨해튼, 아리조나>애리조나, 탈렌트>탤런트, 클라식>클래식, 방크>뱅크, 악세사리>액세서리 …

이밖에도 탑>톱, 락>록, 바디>보디, 스투디오>스튜디오, 타올>타월, 뷔페>뷔페, 알미늄 샷시>알루미늄 섀시, 바비큐>바비큐, 커텐>커튼… 등 잘못 쓰인 예들이 많다. 조사 지역과 관련한 외래어 오용 표기의 양상은 위에서 보인 것처럼 파열음 표기에 관한 문제, 설측음 표기에 관한 문제, 파찰음 표기에 관한 문제, 모음 표기에 관한 문제들이 주를 이루고 있음을 알 수 있다.

이러한 표기 오류의 어떤 것은 외래어 표기법의 홍보나 교육의 부족으로 일반인들이 규범에 대한 인식 결여에서 온 것도 있을 것이다. 반면에 업주들이 극대의 광고 효과를 위해 의도적으로 정상 어법을 파괴하는 경우도 있을 것이다. 전자처럼 단순한 표기 오류는 시급히 시정하면 될 것이다. 그러나 후자와 같이 업주가 되도록 많은 사람의 주의와 시선을 끌기 위해 언어 파괴를 조장하는 경우는 사업적인 측면만 생각하는 업주들의 의식을 바꾸는 자세가 요구된다. 왜냐하면 이러한 무분별한 오용은 국민 정서를 해치고 국민의 언어 생활을 오도할 가능성이 높기 때문이다. 간판은 그 사회의 시대상과 사회 구성원의 의식을 반영하는 측면도 있으므로 가급적 올바르고 고운 우리말을 사용하는 것이 바람직하다.

10.4 맺음말

지금까지 광주 충장로 지역을 대상으로 총 1,000개의 간판을 조사하여 외래어의 사용 실태와 외래어 오용 표기 양상을 살펴본 결과는 다음과 같다.

(1) 어종별 분포 : 간판 전체(대상호)를 조사한 것을 보면 외래어가 58.20%, 한자어가 24.60%, 고유어만 쓰인 것이 5.80%이다. 상호부에서는 외래어가 47.87%, 한자어가 33.94%로 외래어가 가장 많이 쓰였으나, 업종부에서는 한자어가 46.17%, 외래어가 27.33%로 한자어가 가장 많이 쓰였다. 이는 업종부에 재래 한자어 상업 문화의 보수성이 남아 있음을 보여 주는 것이다.

(2) 어원별 분포 : 대상호 전체에서 외래어가 사용된 간판은 58.20%이고 이 중 영어가 77.70%로 가장 많으며 그 다음이 불어>콩글리시>어원불명어(?)>이탈리아어>일어>독어 순으로 많이 나타났다. 상호부의 경우 영어>불어>어원불명어…

순이고, 업종부의 경우 영어>콩글리시>독어…의 순서로 약간 다른데 둘 다 영어
가 압도적으로 많이 쓰이고 있다.

(3) 외래어 오용 표기의 양상은 '싸롱>살롱, 싸이버>사이버, 빠리>파리, 까페>카
페…' 등과 같은 파열음 표기에 관한 문제, '크리닉>클리닉, 크럽>클럽, 프라자>
플라자…' 등과 같은 설측음 표기에 관한 문제, '챠밍>차밍, 비쥬>비주(프 : bijou
보석), 멀티비젼>멀티비전…' 등과 같은 파찰음 표기에 관한 문제, '센타>센터, 스
페샬>스페셜, 콘텍트>콘택트, 스넥>스낵, 펜시>팬시…' 등과 같은 모음 표기에
관한 문제들이 주를 이루고 있다.

간판은 사람에 있어 얼굴과 같은 것이다. 사람에게 있어 첫인상이 중요하
듯이 간판도 소비자들의 발길을 결정하는 중요한 역할을 한다. 이에 업주들
은 자기 가게의 특성을 가장 잘 드러내기 위해서 색다른 상호명이나 디자인
에 신경쓰게 되는 것이다. 그래서 언어적으로도 사람들이 기억하기 쉽고 발
음하기 편리한 간판을 만들려고 하는 것이다. 그러나 이러한 효과를 위해 오
용 표기나 국적 불명의 언어를 무분별하게 사용하면 부정적인 효과를 가져
올 수도 있다.

간판에 사용되는 언어는 사회상을 반영함으로써 한 나라의 문화를 직접적
또는 간접적으로 나타내고 있다. 그러나 업주들이 업종의 성격과 특성을 잘
드러내기 위해 잘못된 표기나 국적 불명어를 무분별하게 사용한다면 자칫 국
민 정서나 언어 생활에 부정적인 영향을 끼칠 수가 있다. 그런데 이미 우리
사회는 외래어나 외국어를 사용한 간판이 홍수를 이루고 있다. 이 중 영어는
이미 보편적인 언어로 자리잡고 있다. 세계화의 추세에 우리 고유의 것만을
고집할 수는 없고 외래적인 것을 선호하는 업주나 소비자의 인식 변화를 기
대하기도 어려운 것이 현실이다.

그러나 올바른 간판 문화의 정착을 위해서, 상호가 소비자에게 강력하게
영향을 끼친다는 점을 자각하여 업주들은 스스로 곱고 올바른 표기를 사용하
도록 노력하여야 한다. 뿐만 아니라 국어학자들은 업주의 요구에 부응할 수
있는 우리 고유어의 상호를 많이 만들어서 널리 보급하여야 하며, 국가에서
도 지속적인 연구 지원과 계몽을 하여야 한다.

참고 문헌

국립국어연구원(2000), 『로마자 표기 용례 사전』, 계문사.
─────────(2001), 『한국 어문 규정집』, 국립국어연구원.
권재일·김동식(1991), 『간판 상호에 나타난 국어의 사용실태』,
　　　　　국립국어연구원.
김세중(1992), 「신문 광고와 외래어」, 『새국어생활』 제2권 2호.
김진형(1999), 「형태부와 통사부·화용부의 관련 양상」, 『형태론』 1권 2호,
　　　　　박이정.
김혜숙(1991), 「간판언어에 나타난 현대 국어의 사회적 표현 연구」,
　　　　　『갈음 김석득 교수 화갑기념논문집, 국어의 이해와 인식』,
　　　　　한국문화사.
문교부(1988), 『국어 어문 규정집』, 대한 교과서 주식회사.
문화체육부(1995), 『일본어투 생활용어 순화집』, 문화체육부.
문현정(1995), 「광고 언어의 설득적 표현에 대한 비판적 고찰」,
　　　　　서울대 석사논문.
민현식(2000), 『국어 정서법 연구』, 태학사.
─────(2001), 「간판 언어의 의미론」, 『한국어 의미학회』 9.
박갑수(1984), 『국어의 표현과 순화론』, 지학사.
─────(1994), 『올바른 언어생활』, 한샘출판사.
─────(1995), 『우리말 바로 써야 한다(1, 2, 3)』, 집문당.
박재승(1998), 「간판을 통해 본 우리말 오용의 실태와 개선 방향 연구」,
　　　　　『어문논총』 7, 충북대.
안유풍(1984), 「상호에 나타난 우리말 연구」, 연세대 석사논문.
유황우(1993), 「현대 서울 지역 상호의 언어학적 연구」, 국민대 석사논문.
이광호·임홍빈 외(1993), 전국 7개 도시 간판 실태 조사 연구, 국어학회.
이석주·이주행·김광해·민현식(2000), 「옥외 광고물 외래어 표기 실태 조
　　　　　사 연구」, 문화관광부 연구보고서.
이영아(2001), 「광고 언어의 국어교육적 효용성 연구」, 숙대 석사논문.
이현희·이지양(1991), 『1980년대 신문의 상호와 상품 이름 광고에 나타난
　　　　　국어 사용 실태』.

| 대통령 취임사의 국어 표현 |

박경현

취임사는 어떤 직무에 부임하는 사람이 공식적인 자리에서 그 직무와 관련 있는 사람들에게 자신의 생각을 처음으로 전달하는 연설텍스트 중의 하나다. 따라서 취임사는 그 나름의 텍스트성[1]을 지니게 된다. 대통령 취임사는 대통령 당선자가 대통령직에 취임하는 자리에서 국민에게 자신의 국정 철학, 시정 방침, 결의 등을 밝히는 연설문이다.

여기에서는 대한민국 역대 대통령의 취임사[2]를 대상으로 국어 표현상의

---

1) 텍스트성이란 이른바 '덩이글다움(textuality)' 곧 제대로 된 글, 정확한 문장이 갖추어야 할 요건을 뜻한다.

2) 여기에서 사용한 자료는 1대(1948년 7월 24일, 이승만), 2대(1952년 8월 15일, 이승만), 4대(1960년 8월 12일, 윤보선), 5대(1963년 12월 17일, 박정희), 6대(1967년 7월 1일, 박정희), 7대(1971년 7월 1일, 박정희), 8대(1972년 12월 27일, 박정희), 9대(1978년 12월 27일, 박정희), 10대(1979년 12월 21일, 최규하), 11대(1980년 9월 1일, 전두환), 12대(1981년 3월 3일, 전두환), 13대(1988년 2월 25일, 노태우), 14대(1993년 2월 25일, 김영삼), 15대(1998년 2월 25일, 김대중), 16대(2003년 2월 25일, 노무현)대통령의 취임사이다. 3대 대통령 취임사는 공개된 것이 보이지 않아 부득이 분석 대

특성을 비교 분석하고자 한다. 이런 분석은 앞으로 일반적인 연설텍스트의 요건을 마련해 보려고 하는 의도적인 작업 중의 하나이다. 국가 원수의 취임사는 그 나라의 말과 글의 본보기가 되는 것이고 그렇게 되어야 하는 것이다. 그러므로 이 연구는 앞으로 현행 국어교육의 내용과 방법을 깁고 고치는 데 필요한 자료를 모으는 일이 될 수 있을 것이다.

11.1 대통령과 국민의 관계를 나타내는 표현

취임사를 하는 대통령이 자신을 스스로 이르는 말, 대통령이 국민을 가리키는 말, 대통령이 국민을 부르는 말 등을 살펴보면, 대통령이 국민을 어떤 자세로 대하고 있는가를 파악할 수 있을 것이다.

11.1.1 대통령 자신을 이르는 말

대통령이 자신을 스스로 이르는 말은 대통령이 국민을 대하는 자세를 엿보게 하는 것이다. 역대 대통령 취임사에 쓰인 예는 다음과 같다.

○ 나, 이 몸(1대)
○ 나(2대, 4대, 6대, 7대, 8대. 9대)
○ 본인(10대, 11대)
○ 나, 본인(5대, 12대)
○ 저(13대, 14대, 15대, 16대)

대통령이 스스로를 '나같이 부족하고 무능한 사람'(4대), '겨레의 충성스러운 공복, 정의 깊은 대중의 벗, 분열과 낙오 없는 대오의 향도'(5대), '겨레의 공복'(7대), '정직을 생활의 신조로 삼아온 하나의 자연인'(12대), '국민의 동행자, 국민이 주인'(13대)이라고 하면서, 자신을 '본인'이나 '나'라고 한다면

상에서 제외하였다.

그것은 관료적·권위적인 느낌을 주는 호칭이다.

또한 대통령은 자신의 정부를 다음과 같이 '국민의 정부'라고 하면서 '본인'이나 '나'를 사용하면 더욱 어색하다. 대통령이 자신을 이르는 말은 '저'라고 하는 것이 적절하다.

    ○ 이제부터는 국민을 위한 정부라기보다도 진실로 국민의 정부이오니(4대)
    ○ 국민이 주인이 된 국민의 정부임을 선언합니다(13대)
    ○ 마침내 국민에 의한, 국민의 정부를 이 땅에 세웠습니다(14대)
    ○ 이 정부는 국민의 힘에 의해 이루어진 참된 국민의 정부입니다(15대)

11. 1. 2 국민을 가리키는 말

대통령이 국민을 가리키는 말은 다음과 같은 예가 있다.

    ○ 국민, 동포, 시민, 애국 남녀, 백성, 일반 국민, 3천만 남녀, 민중(1대)
    ○ 국민, 일반 평민, 한인 남녀, 동포, 민중(2대)
    ○ 피치자인 국민(4대)
    ○ 국민, 동포(5대, 6대, 7대, 8대, 9대, 12대, 13대, 14대)
    ○ 국민(10대, 11대, 15대, 16대)

이상의 예로 보아, 국민을 가리키는 말은 '국민', '시민', '동포'뿐 아니라 '평민', '백성', '민중' 심지어는 '남녀', '피치자인 국민' 등을 다양하게 사용하였다. 이제는 '국민' 그대로 굳어져 가고 있다.

11. 1. 3 국민을 부르는 말

청중을 부르는 말은 취임사의 첫머리나 중간에 쓰인다. 이런 말은 대체로 청중의 주의를 연사 쪽으로 모으거나 다음에 할 말을 무리 없이 이어갈 의도로 사용하게 된다.

이런 말은 1대부터 4대까지의 취임사에서 쓰이지 않고, 그 이후의 것에서만 다음과 같은 예가 보인다.

○ 국민 여러분(6대, 8대, 9대, 10대, 11대, 12대, 13대, 14대, 15대, 16대)
○ 사랑하는 국민 여러분(7대)
○ 존경하고 사랑하는 국민 여러분(15대)
○ 존경하는 국민 여러분(15대, 16대)
○ 친애하는 국민 여러분(6대, 7대, 8대, 9대, 10대, 11대, 12대, 14대, 15대)
○ 친애하는 동포 여러분(6대, 8대)
○ 친애하는 애국 동포 여러분(5대)
○ 나의 사랑하는 3천만 남녀(1대)
○ 나의 사랑하는 3천만 동포들이여(5대)
○ 친애하는 5천만 동포 여러분(8대, 9대)
○ 내외동포 여러분(9대)
○ 친애하는 국내외 동포 여러분(6대, 12대)
○ 사랑하는 5천만 국내외 동포 여러분(7대)
○ 친애하는 6천만 국내외 동포 여러분(13대)
○ 7천만 국내외 동포 여러분(14대)
○ 친애하는 7천만 국내외 동포 여러분(14대)
○ 5백만 해외동포 여러분(14대)

이상으로 보아, 청중을 부르는 말은 '국민 여러분', '동포 여러분' 앞에 '친애하는', '사랑하는', '존경하는' 수식어를 붙이는 꼴이 대부분이다. '지내는 사이가 아주 가깝고 친하게 사랑하는'을 뜻하는 '친애(親愛)'는 윗사람이 아랫사람에게 쓰는 것이 자연스럽다. '존경'은 그 반대이다. '사랑'은 수평적이고 수직적 관계 모두에서 이루어진다. 따라서 지금까지 관습적으로 쓰여 온 '친애하는'은 '국민'이나 '동포' 앞에 내세우는 것은 되도록 삼가는 것이 자연스러울 듯하다.

다음의 예에서도 대통령이 국민을 대하는 자세와 일치하는 높임법을 사용해야 할 것이다.

○ 먼저 본인을 대통령으로 선출하여 주신 통일주체국민회의 대의원 여러분과 국민 여러분에게 깊은 사의를 표하고자 합니다(10대)

→ 국민 여러분께

○ 막중한 소임을 맡겨 주신 국민 여러분에게 깊은 감사와 경의를 드리는 바입니다(12대)

→ 국민 여러분께

11.2 어휘 선택

취임사에서는 바른 역사 용어, 표준어, 순화 대상 용어, 난해하지 않은 단어, 진부하거나 일부러 만든 4자 성어 등을 사용하지 않는 것이 좋다.

11.2.1 역사 용어

대통령 취임사에서 역사 용어를 잘못 쓰면 국민에게 혼란을 줄 수 있다.

○ 조국의 광복(5대), 광복된 후(11대), 36년에서 광복된 지, 광복 이후 독립국가(12대)

○ 8.15해방(10대), 8.15해방과 함께(11대), 해방 이후(16대)

'해방(解放)'은 압박하거나 가두어 두었던 것을 풀어놓는 것이다. '권력남용으로부터 해방'(12대), '3대 고통으로부터의 해방'(12대) 등의 '해방'이 그런 뜻이다. '광복(光復)'은 빼앗긴 국권을 도로 찾는 것이다. '8.15 광복'을 '해방'이라고 하는 것을 역사 인식이 흐리게 하는 표현이다. '광복절', '광복군'이라고 하듯 '8.15광복', '광복 이후'로 써야 한다.

11.2.2 표준어

다음 예에서 '풍요롭다'는 아직 표준어로 인정되지 않는 말이다.

○ 풍요하고 품위 있는 사회(9대), 풍요한 복지국가(12대)

○ 풍요롭고 인간다운 생활(11대), 풍요로운 열매(13대), 더불어 풍요롭게 사는(14대)

'풍요롭다'는 형태상 가능성은 충분히 있는 말이고 '풍요하다'보다는 시적 운치가 있는 듯도 하나 바른 말이 아니다.

11. 2. 3 순화 대상 용어

1988년 국어 심의회 국어 순화 분과 위원회에서 순화 대상 용어로 심의 결정한 어휘가 대통령 취임사에 아직도 사용되고 있다. 이들 용어는 되도록 순화한 용어로 바꾸어 써야 한다.

○ 나로서는 일변 감격한 마음과 일변 감당키 어려운 책임(1대)
 → 일변(一邊) : 한편
○ 그 후임자는 각기 소관 투표구역에서 경선 보결하게 될 것(1대)
 → 보결(補缺)하다 : 빈자리를 채우다
○ 조성된 계기를 일실함이 없이(5대)
 → 일실(逸失)하다 : 잃어버리다
○ 부정부패의 소인을 국민 스스로 절개 청산해야(5대)
 → 소인(素因) : 까닭
○ 극단적 대립의식을 불식하고(5대), 시급히 불식해야 할 전근대적 요소(6대)
 → 불식(拂拭)하다 : 씻어 버리다
○ 국력배양에 일로 매진해왔습니다(8대)
 → 일로(一路) : 한길로 똑바로, 매진(邁進)하다 : 힘차게 나아가다
○ 작금의 국내정세의 추이(10대)
 → 작금(昨今) : 요즈음
○ 근자의 중동사태에 연유한 석유파동(10대)
 → 근자(近者) : 요즈음
○ 미소간의 긴장이 고조되는 가운데(11대), 고조되고 있습니다(16대)
 → 고조(高潮)되다 : 높아지다
○ 도래하고 있습니다, 고령사회의 도래에 대한 준비에도(16대)
 → 도래(到來)하다 : 오다, 이르다
○ 지금의 유럽연합과 같은 평화와 공생의 질서가 동북아에도 구축되게 하는 것이 저의 오랜 꿈입니다(16대)
 → 구축(構築)하다 : 쌓아 올리다, 쌓아 만들다 - 질서를 동북아에도 구축하는 것이

○ 외환위기를 초래했던(16대)

　　→ 초래(招來)하다 : 가져오다

○ 민족적 제과제를 수행할 것, 현실적인 제문제(5대), 제반 요인들(16대)

　　→ 제(諸) : 여러, 모든, 제반(諸般) : 여러 가지, 모든

○ 부단히 혁신해(16대)

　　→ 부단(不斷)히 : 끊임없이, 꾸준히

○ 문화를 함양하고(16대)

　　→ 함양(涵養)하다 : 기르다

○ 구조적 제도적 대안을 모색하겠습니다(16대)

　　→ 모색(摸索)하다 : 찾다

○ 농어민을 위한 대책을 강구하겠습니다(16대)

　　→ 강구(講究)하다 : (좋은 방법을) 연구하다/생각하다

○ 겨레의 소망에 부응하는 길(8대), 국민의 기대에 부응, 국민적 요망에 부응하는(10대), 여러분의 기대에 반드시 부응해(15대), 국가목표에 부응할 수 있도록(16대)

　　→ 부응(副應)하다 : 따르다

11.2.4 난해한 용어

　청중이 입말로 알아듣기 어려운 어휘나 뜻이 불분명한 어휘를 사용하면 대통령의 의사가 제대로 전달될 수 없다. 국민이 알아듣거나 말거나 현학적이고 전문적인 어휘를 쓴다면, 대통령은 이미 위민 정신(爲民精神)을 결여한 지도자일 것이다. 아래의 예들에서 난해한 표현은 쉬운 뜻으로 나타내는 표현으로 바꾸어 써야 한다..

○ 민의대로 준행(1대)

　　→ 민의(民意) 준행(遵行, 準行) : 국민의 뜻을 좇아(따라)

○ 나는 국회의장의 책임을 이에 사면하고 국회에서 다시 의장을 선거할 것(1대)

　　→ 사면(辭免)하다 : 그만두고 물러나다

○ 다 각각 제 직책을 행해서 위선 우리 정부를 사랑하며 보호해야 될 것(1대)

　　→ 위선(爲先) : 우선

○ 소회의 일단(4대)

　　→ 소회(所懷) : 마음에 품고 있는 회포, 일단(一端) : 사물의 한 부분 - 평소 생각

하고 있던 한 부분

○ 충용스러운 전몰장병(5대)

　　→ 충용(忠勇)하다 : 충성스럽고 용맹하다

○ 성급한 기대의 후면에는 허무한 낙망이 상접함을 명심하고(5대)

　　→ 상접(相接)하다 : 맞닿다, 서로 만나다

○ 몇 차례 분단의 비극을 극복하고 통일하고야 말았던 영용한 민족의 피를 이어받고(6대)

　　→ 영용(英勇)하다 : 영특하고 용맹하다

○ 북한 동포들에게 하느님의 인용 있기를 빌며(6대)

　　→ 인용(認容) : 인정하고 용납하는 것.

○ 통일해야 하겠다는 굳은 결의를 다시 한번 중외에 선언하는 바입니다(7대)

　　→ 중외(中外) : 국내외

○ 세계사의 진운 속에 드높이 발양해야 할 역사의 관문(8대)

　　→ 발양(發揚)하다 : (마음·재주·기운·기세 등을) 떨쳐 일으키다

○ 우리는 60년대 초 용약 기사회생의 전기를 잡고 일어났습니다(9대)

　　→ 용약(勇躍) : 용감하게 뛰어나가는 것

○ 무질서와 혼란이 조성된다면 국가방위능력을 저상(沮喪)시키게 될 뿐만 아니라(10대)

　　→ 저상 : 기운이나 생기를 잃는 것

○ 금후의 헌법개정에 있어서는 이같은 우리 헌정사의 과오를 깊이 자성하고(10대)

　　→ 금후(今後) : 앞으로 - 앞으로 헌법을 개정할 경우에는

○ 정치적 입장에 관한 소이(小異)에 집착하지 말고(10대)

　　→ 소이(小異) : 약간 다름

○ 나만 잘 먹고 잘 살면 된다는 사고방식이 팽배하였으며(11대)

　　→ 팽배(澎湃)하다 : 맹렬한 기세로 일어나다

○ 사회혼란을 초래하는 소지가 있는 헌법(10대), 국민의 불신소지를 가능한 한(11대)

　　→ 소지(素地) : 본디의 바탕

○ 공동의 인식하에, 냉엄한 상황하에서, 기회균등의 원칙하에(10대)

　　→ 인식 아래, 상황 속에서, 원칙 아래

○ 사회적 활력을 고무하는 것이(10대)

　　→ 고무(鼓舞)하다 : 북돋우다

○ 이 땅 위에 반만년 면면히 역사를 영위하면서(12대)

　　→ 면면(綿綿)하다 : 끊어지지 않고 죽 잇달아 있다, 영위(營爲)하다 : 경영하다,
　　　하다, 행하다

○ 이북의 공산주의자들은 이것을 공실히 깨닫고 일제히 회심해서(1대)

　　→ 공실히(?) : 사전에 올라 있지 않은 단어, 회심(回心)하다 : 마음을 고치다

○ 세계 모든 나라와 친린해서 평화를 증진하여 외교 통상에 균평한 이익을 누리기를(1대)
　　→ 친린하다(?) : 사전에 올라 있지 않은 단어, '親隣' 곧 '친하게 이웃하여'의 뜻일
　　　　듯하다, 균평(均平)하다 : 고루 공평하다
○ 어느 나라이던지 우리에게 친선히 한 나라는 우리가 친선히 할 것이오 친선치 않게
　　우리를 대우하는 나라는 우리는 친선히 대우할 수 없을 것입니다.(1대)
　　→ 친선(親善)은 '친선하다'의 형태로 잘 쓰이지 않으므로 '친선히'라는 부사로 파생
　　시키는 것이 부자연스럽다.
○ 선조의 거룩한 창국의 뜻(5대)
　　→ 창국(?) : 사전에 올라 있지 않은 단어, '創國' 곧 '나라를 창조하다'는 뜻으로 생
　　　　각된다.
○ 문예와 학술의 창발로 문화 한국 중흥에(7대)
　　→ 창발(?) : 사전에 올라 있지 않은 단어, '創發' 곧 '창조와 발전'의 뜻으로 생각된다.
○ 이같은 구시대의 잔행을 추방하고 참다운 민주복지국가를 건설(11대)
　　→ 잔행(?) : 사전에 올라 있지 않은 단어, '殘行' 곧 '남은 행위'의 뜻으로 생각된다.

11. 2. 5 **4자 성어**

진부한 고사성어나 일부러 만든 4자 성어는 자신의 의사를 전달하는 데
효과적이지 못할 경우도 있다.

○ 목석간장(木石肝腸), 부언낭설(浮言浪說), 만년반석(萬年盤石), 분투용진(奮鬪勇
　　進)(1대)
○ 백절불굴(百折不屈), 무염지욕(無厭之慾), 파괴소탕(破壞掃蕩), 적색학정(赤色虐
　　政), 동족상애(同族相愛), 호상원조(互相援助), 물가고등(物價高騰)(2대)
○ 누란(累卵)의 위기(危機), 설상가상(雪上加霜)(4대)
○ 혼연일체(渾然一體), 불철주야(不撤晝夜)(8대)
○ 상전벽해(桑田碧海), 아전인수(我田引水), 와신상담(臥薪嘗膽)(9대)
○ 대동단결(大同團結)(10대)
○ 사상누각(砂上樓閣)(11대)

11. 2. 6 **유의어**

같은 대상이나 생각을 나타내는 유의어들을 적절히 사용하면, 단조롭지 않은 문장이 될 수 있다.

다음의 예들에서는 '더불어 : 함께 : 같이 : 다같이'의 유의어 무리들이 서로 넘나들며 사용하고 있다.

○ 국민과 더불어 머리를 숙입니다, 더불어 풍요롭게 사는 공동체, 더불어 사는 사회 (14대)
○ 기쁨과 고통이 있는 현장에 함께 있을 것, 국민과 함께 기뻐하고 함께 아파할 것, 우리 다 함께 고통을 분담, 힘차게 함께 달려갑시다(14대)
○ 여러분과 함께 기뻐하면서. 이 자리에 함께 하신, 국민과 함께 큰 박수, 국민과 함께 반드시, 민주주의와 시장경제가 조화를 이루면서 함께 발전(15대)
○ 자랑스러운 국민 여러분과 같이, 고통도 보람도 같이 나누고. 모든 것을 여러분과 같이 상의, 땀도 같이 흘리고 열매도 함께 거둬야 합니다(15대)

다음 예에서의 '이바지하다 : 기여하다 : 공헌하다' 등 유의어 뭉치는 상호 바꾸어 써도 될 만큼 자연스럽게 쓰이고 있다.

○ 인류공영에 이바지하여(8대)
○ 실업문제를 해소하는데도 크게 이바지할 것입니다(15대)
○ 한미동맹은 우리의 안전보장과 경제발전에 크게 기여해 왔습니다(16대)
○ 세계 평화와 인류의 진보에 기여하는 나라입니다(14대)
○ 찬란한 동아시아 문화의 창조에 크게 공헌하여 왔습니다(12대)

다음의 예에서 '반드시 : 기필코'도 서로 유의 관계를 보이면서 상호 교체가 가능하다.

○ 기필코 고도 산업 국가를 이룩하여, 기필코 이 땅에서 전쟁의 그림자(9대)
○ 새 시대를 기필코 열어놓을 것이며(12대)
○ 우리는 해낼 수 있습니다. 반드시 해내야만 합니다(14대)
○ 국민과 함께 반드시 이루어내겠습니다(15대)
○ 쌀의 자급자족은 반드시 실현시켜야 합니다(15대)

○ 국민 여러분의 기대에 반드시 부응해내겠습니다(15대)
○ 만난을 무릅쓰고라도 반드시 성취하겠다(15대)
○ 4자회담을 반드시 성공시키는데(15대)
○ 경영자의 책임성 확립을 반드시 관철할 것입니다(15대)

11.3 문장 표현

취임사의 문장 표현은 명료하고 정확하고 평이하면서도 생동감이 있고 다양하여야 효과적이다. 그러기 위해서는 여러 가지 비유적 표현을 활용하고 상투적인 표현, 부풀린 표현, 젠체하는 표현, 외국어식 표현, 반복 표현 등은 삼가는 것이 좋다.

11. 3. 1 비유적 표현

여러 가지 종류의 비유적 표현은 각기 독특한 기능을 지닌다. 그러므로 비유를 할 때는 이런 기능을 염두에 두고 하는 것이 효과적이다.[3]

---

3) 박경현(1994), 연설문의 문체, 국어문체론(박갑수 편), 대한교과서(주)

○ 소위 정치상 파동이 일대위기라고 세계에 전파된 것이 실상은 솥 안의 풍파였든 것입니다(2대)
○ 내 민족의 역사를 뒤덮은 퇴영의 먹구름은 영원히 걷히지 않을 것입니다(5대)
○ 나는 우리의 대도시에서부터 벽촌, 낙도에 이르기까지, 민족중흥의 양광이 정체와 의타의 검은 안개를 무찌르고 서서히 퍼져나가(6대)
○ 침략의 먹구름을 몰아내고 평화의 열풍으로 발전되어 나가는(7대)
○ 능동적인 자기개혁으로 새 도전에 성공적으로 응전해야 합니다. 새는 스스로 알을 깨고 나와야 저 창공으로 날 수 있습니다(13대)
○ 곧바로 서 있는 물체의 그림자가 밝은 대지 위에서 굽어질 리는 없습니다. 저를 포함한 지도층이 스스로 정직과 진실의 수범을 보이도록 하겠습니다(13대)
○ 국민화합이라는 목적지를 향해 저 푸른 바다를 헤쳐 나갈 것입니다(13대)
○ 우리가 나가는 길 도처에 암초를 만들어 놓은 것도 사실입니다(13대)
○ 이 땅에 다시는 정치적 밤은 없을 것입니다(14대)

　직유법은 연사가 주장하는 바에 대한 설득력을 높이고 전달하고자 하는 내용을 좀 더 쉽게 이해시키는 기능을 한다.

　　○ 우리 정부 일이 좋은 시계 속처럼 잘 돌아가는 중에 이적을 많이 나타낼 것(1대)
　　○ 경제적 자유에 뿌리를 박지 않는 정치적 자유는 마치 꽃병에 꽂힌 꽃과 같이 곧 시들어지는 것입니다(4대)
　　○ 새마을 정신은 전국에 요원의 불길처럼 타오르고(8대)
　　○ 부국강병의 기틀을 반석같이 다져야(9대)
　　○ 한 방울의 물이 모여 도도한 대하를 형성하듯 우리 국민 모두가 영광된 조국의 새 역사를 창조(10대)
　　○ 정의가 강물처럼 흐르는 사회입니다(14대)
　　○ 민주주의와 시장경제는 동전의 양면이고 수레의 양바퀴와 같습니다(15대)

　은유법은 직유법에 비해 그 긴장의 정도가 훨씬 강렬하고, 대상을 보다 포괄적이고 종합적으로 드러낸다.

　대구 형식의 표현 방법을 사용하면, 연설문에 리듬이 형성되어 중요한 내용이 청중의 귀에 쉽게 들어간다. 다만 이런 방법을 지나치게 쓰다보면 내용보다 오히려 형식에 치우칠 염려가 있고, 청중보다 연사 자신이 자기 말에 도취하는 수가 있으니 특히 주의해야 한다. 말은 시 낭송과는 다른 것이므로 하나하나 그렇게 정확히 구를 대응시킬 필요는 없다.

　　○ 도약이냐 후퇴냐, 평화냐 긴장이냐의 갈림길(16대)

　취임사는 성격상 서술적인 구성으로 치우쳐서 능동적인 호소력이 부족할 가능성이 있다. 그렇다고 해서 서술적인 표현을 배제할 수도 없기 때문에 능동적인 호소력을 부여하기 위하여 수사 의문법을 간간이 사용하도록 하는 것이 좋다. 이 방법은 청중에게 질문한 것을 자문 자답을 하든가 해답이 자명한 것을 질문만으로 끝맺는 것이다. 질문을 던지면 청중은 적어도 그 질문을

　　○ 벤처기업은 새로운 세기의 꽃입니다(15대)
　　○ 개혁은 성장의 동력이고, 통합은 도약의 디딤돌입니다(16대)
　　○ 한반도는 중국과 일본, 대륙과 해양을 연결하는 다리입니다(16대)

풀어 보려고 생각하게 되고, 자기가 풀 수 없거나 푼 것을 연사가 어떻게 풀이할 것인가 하고 경청하게 되는 등 초조한 분위기를 조성함으로써 청중을 계속 연사의 영향권 안에 붙잡아 둘 수 있다. 연설의 처음-가운데-끝 어느 곳에서나 사용할 수 있는 이 방법은 간단명료하게 처리됨으로써 문제의 초점에 바르게 접근시키고 인상적으로 표현되는 등의 이점을 가지고 있다.

> ○ 한결같은 염원이 아니겠습니까(6대)
> ○ 어찌 이것이 나 혼자만의 소망이겠습니까?(7대), 민족의 염원이 아니겠습니까?(7대)
> ○ 숙명으로 돌려야 하겠습니까?(12대)
> ○ 땀을 흘렸던 것입니까?(13대)
> ○ 자랑스러운 일입니까?(15대)

취임사 내용이 객관적으로 표현될수록 청중은 더 많은 주의력과 참여의식을 갖게 된다. 이를 위해서 남의 견해를 인용하는 것이 효과적이다. 인용은 기억을 촉진하고 주제에 대한 참여의식을 부상시켜 주는 장점을 가지고 있다. 그리고 어떤 말 대신 속담을 이용하면, 통속성이나 간결성, 형상성을 강화할 수 있다.

> ○ 우리의 자유는 공동체를 위한 자유여야 합니다. 백범 선생의 말처럼 공원의 꽃을 꺾는 자유가 아니라 꽃을 심는 자유여야 합니다(14대)

환유법은 인상적이고 형상적이면서도 간결성을 지닌다. 제유법은 언어의 함축성, 형상성, 평이성을 드러내는 데 효과적이다.

> ○ 여하한 이유로써도 성서를 읽는다는 명목 아래 촛불을 훔치는 행위가 정당화할 수는 없는 것입니다(5대)

의인법은 생동감 넘치고 탄력 있는 문체를 구사하게 하고, 전달하고자 하는 분위기, 감정 등을 더욱 생생하게 그려낼 수 있으며, 설득력이나 호소력을 강화시킬 수 있게 한다. 활유법은 대체로 선명하고 강렬한 인상을 청중들에게 남기기 위해 사용되는 경우가 많으나, 경우에 따라서는 어떤 사람을 비하하고 희화화하기 위해 사용되기도 한다.

○ 부조리와 부패를 그대로 놓아둔다면 외부로부터의 침략이 아니라 하더라도 내부의
분열과 갈등으로 나라의 존립마저 크게 위협을 받게 될 것입니다. 백수의 왕인 사자
도 다른 맹수의 공격 때문에 죽는 것이 아니라 내부의 병균이나 기생충에 죽는 것에
비유할 수 있을 것입니다(11대)

감탄하는 형식을 써서 말을 끝내면 인상을 강렬하게 할 수 있다. 점층적인
표현을 하면 호소의 강도와 설득력을 높이고, 연설에 정연한 질서와 논리성
을 부여할 수 있다.

11. 3. 2 상투적인 표현

연설문에서 천편일률적인 진부한 표현이나 지나치게 대중적인 표현은 신
선미가 없으므로 필요 이상으로 늘어놓아서는 안 된다. 또한 참신한 표현을
한다고 하며 희귀하고 지나치게 낯선 표현은 삼가는 것이 좋다.

○ 구체적 방안이 나오기를 기대하여 마지않습니다(10대)
　→ 기대하고 있습니다
○ 우리는 그 동안 그토록 갈구하여 마지않았던 새 시대의 문턱(12대)
　→ 목마르게 바라던

위의 예에서 '-어/아 마지아니하다(않다)'는 앞말이 뜻하는 행동을 진심으
로 강조하여 나타내는 말이다. 다음의 예와 같이 바꾸어 써도 의미상 큰 차
이가 없다. 그런데도 일부 취임사에서는 이런 틀에 박힌 상투적인 표현을 하
고 있다.

○ 애도해 마지않습니다
　→ 애도합니다
○ 환영해 마지않습니다
　→ 환영합니다

○ 네가 성공하기를 바라 마지않습니다
　　→ 바랍니다
○ 확신하여 마지않습니다
　　→ 확신하고 있습니다
○ 빌어 마지 않습니다
　　→ 빕니다
○ 당부드려 마지 않습니다.
　　→ 당부드립니다

　다음 예의 '벼랑 끝에 서 있는', '좀먹는', '허리띠를 졸라매', '땅에 떨어진 도덕', '사의를 표합니다', '철통같은 방위' 등의 표현은 취임사의 관용어가 되다시피 한 표현이다. 이제 시대적 감각에 어울리는 표현을 찾아야 할 것이다.

○ 나라가 벼랑 끝에 서 있는 금년 1년만이라도 저를 도와주셔야 하겠습니다(15대)
○ 부정부패는 안으로 나라를 좀먹는 가장 무서운 적입니다(14대)
○ 정부가 먼저 허리띠를 졸라맬 것입니다(14대)
○ 땅에 떨어진 도덕을 일으켜 세워야 합니다(14대)
○ 국민 여러분에게 깊은 사의를 표하고자 합니다(10대)
○ 철통같은 전후방 방위태세(10대)

　다음 예의 '웅비', '보람찬', '횃불' 등도 취임사에 상투적으로 쓰이는 말이다.

○ 민족의 대웅비(8대), 민족 웅비의 부푼 꿈, 자신과 긍지에 가득찬 웅비의 시대(9대), 민족 웅비의 희망찬 새 시대(13대), 힘차게 웅비해 나갑시다(14대), 중심국가로 웅비할 기회(16대)
○ 위대한 한국의 횃불(7대), 이 위대한 유신의 횃불(8대), 한민족의 찬연한 횃불(9대)

11. 3. 3 **부풀린 표현**

취임사에서 특별히 강조하고자 할 것이 있을 경우 다소 부풀려 말할 수도 있다. 그러나 공연히 형식적으로 과장하는 표현은 삼가야, 취임사의 진실성이 담긴다.

다음 예에서 '깊이', '깊은', '심심한', '뜨거운'은 부풀린 표현이다. '감사하다'와 '깊이 감사하다'가 감사의 정도에 차이가 있는 표현이라면, 이런 말을 하는 사람은 이미 '감사'하는 행위를 진실로 하지 않는 것이다.

○ 깊이 통감(5대), 깊이 감명(11대), 깊이 감사(15대, 16대), 깊은 위로(16대), 깊은 사의 (10대), 깊이 자성(10대)
○ 심심한 감사(11대, 16대)
○ 뜨거운 치하와 감사(9대), 뜨거운 감사와 영광(14대), 뜨거운 감사(16대)

11.3.4 젠체하거나 에두르는 표현

문장의 끝 부분에 평소 잘 쓰지 않는 말을 쓰며 젠체하면 문장의 머리와 꼬리가 일관되지 않아 청자의 이해에 장애가 될 수 있다.

다음 예의 '-ㄴ 바입니다'는 사전에서 자기 주장을 단언적으로 강조하여 나타내는 말이라고 풀이하고 있지만, 화자가 잘난 체하는 느낌을 주기도 하고 예스러운 느낌을 주기도 한다.

이런 형식이 역대 대통령 취임사에 자주 쓰였다.

○ 수행할 수 있을 것으로 믿는 바입니다. 승인을 얻을 줄로 믿는 바입니다, 고맙게 생 각하는 바입니다(1대)
○ 다시 한번 선언하는 바입니다(2대)
○ 감사와 경의를 드리는 바입니다, 엄숙하게 서약하는 바입니다, 분명히 밝혀 두는 바, 강력히 촉구하는 바입니다, 분명하게 밝혀 두는 바입니다, 후손에게 넘겨 줄 수 있다 고 확신하는 바입니다, 전통을 꼭 확립하고야 말 것임을 분명하게 밝혀 두는 바입니 다(12대)
○ 찬양과 감사의 말씀을 드리는 바입니다, 굳게 다짐하는 바입니다(15대)

취임사에는 바로 말하지 않고 둘러서 말하여 짐작하게 하는 표현을 하기도 하였는데, 이런 표현은 현대에 와서 권위적이고 예스러운 느낌을 준다.

○ 두려운 생각을 금하기 어렵습니다, 눈물을 금하기 어렵습니다(1대)
○ 동족인 우리들로서는 이에 대한 무한한 동정을 금할 수 없습니다(12대)
○ 한없는 아픔과 울분을 금할 길 없습니다, 1천3백여 년간 통일을 유지해온 우리 조상들에 대해서도 한없는 죄책감을 금할 길이 없습니다(15대)

이상의 예에서 '금(禁)하다'는 주로 '있다', '못하다'와 같은 부정어와 함께 쓰여 감정 따위를 억누르거나 참는다는 뜻이다.

다음의 '-지 않을 수 없다'는 2중 부정으로 둘러서 한 표현이다. '믿어 의심치 않다'도 비슷한 느낌을 준다,

○ 분명히 말씀드리지 않을 수 없습니다, 가장 심각한 시련이라고 하지 않을 수 없습니다(10대)
○ 내년 후반부터는 새로운 활로를 개척해나갈 수 있다고 저는 확실히 믿어 의심치 않습니다(15대)

11. 3. 5 반복 표현

동일하거나 비슷한 의미를 지닌 단어, 구, 문장을 되풀이하면, 반복되는 부분에 대한 인상을 뚜렷하게 하여 감정적 호소의 효과를 높이고 주장하는 바를 강조할 수 있다. 그러나 평범한 단어나 어구를 연설 전체에서 여러 번 반복하면 단조로운 표현이 되고 만다

반복을 피할 수 없거나 뜻을 강조할 경우가 아니면 동일하거나 비슷한 뜻을 가진 단어·구절·조사·어미 등을 되풀이하여 사용하지 않는 것이 좋다. 한 문장 안에 이러한 것들이 중복되면 문장의 의미가 산만해지고 논리적인 짜임이 깨지게 된다.

○ 일인들의 선전만을 듣고 우리를 판단해 왔었지만 지금부터는 우리 우방들의 도움으로 우리가 우리 자리를 찾게 되었은즉 우리가 우리 말을 할 수 있고 우리 일도 할 수 있나니 세계 모든 나라들은 남의 말을 들어 우리를 판단하지 말고 우리가 하는 일을 보아서 우리의 가치를 우리의 가치대로만 정해 주는 것을 우리가 요청하는 바이니 우리 정부와 민중은 외국의 선전을 중요히 여겨서 자유와 평화를 사랑하는 각국 남

녀로 하여금 우리의 실정을 알려 주어서 피배에 양해를 얻어 정의가 상통하여 교제
가 친밀할 것이니 이것이 우리의 복리만 구함이 아니오 세계평화를 보증하는 방법입
니다(1대)
○ 오늘 이 뜻깊은 성단에 서서 본인은 굳은 다짐을 새롭게 하고자 합니다. 본인은 나에
게 절대적인 기대를 보내 준 국민 여러분의 명령에 충실할 것이며 여러분과 본인은
삶의 터전인 이 나라의 성장과 성숙을 위해 노력할 것입니다. 본인은 본인이 공약한
새 시대를 기필코 열어놓을 것이며, 본인의 발의하고 공시한 헌법을 준수할 것입니
다(12대)

위의 예에는 '우리'가 한 문장 안에서 십수 번 반복되고 있고, '본인'은 뒤이
어 연결되는 문장마다 되풀이하여 쓰이고 있다. 이는 '우리'나 '본인'를 특별
히 강조하려는 의도이었거나 문장 표현이 서툰 까닭이라고 생각한다.

11. 3. 6 외국어식 표현

외국어식 표현은 명확한 출처를 모른다 하더라도 우리의 언어 감각에 무
엇인가 어색하게 느껴진다. 또 경우에 따라서 외국어식 표현이지만 우리말
문장 구조에 많이 적응되어 별로 어색함을 느끼지 않게 하는 것도 있다. 외
국어식 표현은 우리말의 고유하고 보편적인 표현법에 적지 않은 혼란과 불편
함을 불러일으키는 경우가 있으므로 우리말답게 바꾸어 써야 한다.

1) '에 있어(서)'

'에 있어, 에 있어서' 등은 국어 사전에서 무엇을 화제로 삼을 때 사용하는
말로, '에', '에게', '에서'를 문어체로 이르는 말이라고 풀이하고 있다. 그런데
이는 일본말에서 한자 '於'자를 'に於て', 'において'로 새겨 읽는 것에서 그대
로 따온 말이다. 이런 표현은 '-할 때에, -하는 경우에, -하면서'와 같이 바꾸
어 쓰는 것이 좋다.

○ 대외관계에 있어서의 올바른 한국의 사태(4대)
  → 대외관계에서 올바른
○ 대혁신 운동을 추진함에 있어서 우리는 먼저 개개인의 정신적 혁명을 전개(5대)
  → 추진하는 데 우리는
○ 세계에 있어서 중요한 공헌을 할 시기(6대)
  → 세계에 중요한
○ 우리는 아시아에 있어서 새 물결을 일으키고(6대)
  → 아시아에서 새 물결
○ 우리 민족의 중흥을 위한 투쟁에 있어서 근본적으로 배격해야 할 공적(6대)
  → 투쟁을 하면서
○ 유신작업을 추진함에 있어서 정부와 국민이 그 어느 때보다 혼연일체가 되어(8대)
  → 추진하는 데 정부와
○ 대일관계에 있어서는 한일간의 우호협력관계가 동북아시아의 평화(10대)
  → 대일관계에는 한일간의
○ 정치적 발전 문제에 있어서 중요한 전제는 지금의 국가적 현실(10대)
  → 문제에서
○ 정치적 발전을 기함에 있어서는 당면한 위기의 실상(10대)
  → 발전을 기하는 데
○ 헌법개정에 있어서는 이같은 우리 헌정사의 과오를 깊이 자성(10대)
  → 헌법개정에서는
○ 국가의 최고기본법을 제정함에 있어서 본인은 중대한 책임을 지고(10대)
  → 제정하는데, 제정할 때
○ 여하간 헌법논의에 있어서는 국가적 차원에서(10대)
  → 헌법을 논의할 경우에
○ 80년대는 우리 현대사에 있어서 대내외적으로 획기적인 의미(11대)
  → 현대사에서
○ 특히 동북아지역에 있어서는 강대국간의 전략적 균형이 구조적으로 변화(11대)
  → 동북아지역에서는
○ 우리가 새 시대를 여는 데 있어서는 국민 개개인의 의식구조가 바뀌어야(11대)
  → 새 시대를 여는 데

2) '의'

'의'는 반복해서 사용하면 어색한 문장이 되기도 하고 그렇다고 함부로 생략하면 비문법적인 문장을 만들어 내기도 한다. 때로는 중의적인 문장을 만들기도 한다. 이런 점에서 '의'의 사용에 세심한 주의가 필요하다. 또 일본말 'の'의 영향으로 불필요한 '의'를 자주 쓰는 경향이 있다. 이러한 '의'는 적절하게 생략하거나 수식하는 어구로 풀어서 쓴다. 우리말에서는 '커피 한 잔'이라고 하지 '한 잔의 커피'라고 하지 않는다.

다음의 예에 쓰인 '의'는 우리말답게 바꾸어 쓰는 것이 자연스럽다.

○ 80년대는 보다 성숙한 독립국으로서의 산업민주국가의 완성이란 벅찬 임무를 우리에게 안겨 주고 있습니다(12대)

→ 더욱 성숙한 독립국으로서 산업민주국가를 완성해야 한다는

3) '에 대한, 에 대하여'

'에 대한, 에 대하여'는 일본말투의 대표적인 것이다. 우리말에는 필요 없는 일본말의 '對して' 또는 '付'가 그렇게 번역되어 일반적으로 쓰이고 있다.

다음 예의 '-에 대한, -에 대하여'도 되도록 우리말답게 자연스럽게 바꾸어 써야 한다.

○ 한국민의 발자취에 대하여 나는 무한한 긍지를 느끼면서(9대)

→ 한국민의 발자취에 나는

○ 침체는 앞으로 각국의 경제에 대하여 공통적으로(10대)

→ 각국의 경제에 공통적으로

○ 대통령의 책무를 맡게 된 데 대하여 무거운 사명감을 느낍니다(11대)

→ 책무를 맡게 되어 무거운

○ 정권이양의 모범을 주신 데 대하여 본인은 깊이 감명을 받았습니다(11대)

→ 모범을 주신 데 본인은

○ 다시 한번 북한당국에 대하여 촉구하는 바입니다(12대)

→ 북한당국에(게)

4) '에 의하여, 의해서, 의하면, 의거'

이 말도 일본어 'によって, によると'의 직역이다. 우리말에서는 어색하지 않게 바꾸어 써야 자연스럽다.

○ 깨끗한 사회의 실현은 국민 여러분의 손에 의해서만 완성할 수 있습니다(14대)
  → 국민 여러분의 손으로만
○ 국민의 힘에 의해 이루어진 참된 국민의 정부입니다(15대)
  → 국민의 힘으로 이룬

5) '보다'

부사 '보다'는 일본어 'より'의 번역투이고 영어의 비교급을 본뜬 말이다. 우리말에서는 '더욱', '좀 더', '한층 더' 등으로 바꾸어 쓰는 것이 좋다.

○ 새 정부는 정치적 행동방식에 있어서 보다 높은 윤리규범을 정립하여(5대)
  → 행동방식에 더 높은
○ 우리들이 보다 더 근로와 실무에 밝고 충실하며(6대)
  → 우리들이 더(더욱)
○ 보다 나은 미래를 개척하겠다는 의지를 보고(12대)
  → 더(더욱) 나은
○ 80년대는 보다 성숙한 독립국으로서(12대)
  → 더욱 성숙한
○ 신한국은 보다 자유롭고 성숙한 민주사회입니다(14대)
  → 더(더욱)

다음은 '보다' 대신에 '더', '더욱', '가일층' 등을 써서 자연스러운 예들이다.

○ 더 절약하고 더 저축해야, 더 열심히 땀 흘려(14대)
○ 더 많이 양보, 더 큰 것을 양보해야, 더 많은 몫을 갖기 위하여 더 큰 떡을 만듭시다
  (14대)
○ 민족보다 더 나을 수는 없습니다(14대)
○ 민족보다 더 큰 행복을 가져다 주지 못합니다(14대)

○ 더욱 힘쓰겠습니다(15대)
○ 더욱 굳건히 다지는 등의 집단안보를(15대)
○ 교육에 가일층 힘을 쓰는 한편(9대)

6) 피·사동 표현

'-하다'라고 능동적인 표현을 할 수 있는데 '-되다'나 '-시키다'로 표현하는 경향이 있다. '-하다'문에 사용해야 정상적인 문을 '-되다', '-시키다'로 표현하는 경향은 스스로 지닌 책임성을 주위 상황이나 외부 요인에 떠넘기려는 사회적 심리현상과 이어진다고 할 수 있다. 즉, 이것은 자신이 주체가 되어 단정하는 것보다는 일어나는 상황을 수용한다는 수동적인 입장에서 현상을 표현하는 것이 책임 회피와 함께 객관성을 높인다는 심리적인 면이 크게 작용한 결과라고 할 수 있다.

다음의 피동·사동 표현은 능동 표현으로 바꾸어 쓰면 우리말 표현다워 자연스럽다.

○ 커다란 계기가 되어지기를 기원하면서(7대)
　　→ 계기가 되기를
○ 평화와 공생의 질서가 동북아에도 구축되게 하는 것이 저의 오랜 꿈입니다(16대)
　　→ 질서를 동북아에도 구축하는 것
○ 농업을 중시하고 특히 쌀의 자급자족은 반드시 실현시켜야 합니다(15대)
　　→ 실현하여야

대통령 취임사는 대통령이 그 직책에 부임하면서 국민에게 자신의 통치 철학, 정책, 공약 확인 등을 알리는 연설텍스트이다. 이 취임사는 ,작가, 학계 인사 등으로 취임사 준비위원회를 구성하여 한 달여 동안 10번 안팎으로 고쳐 쓸 정도로 비중이 높다.4) 그리고 국가 원수의 취임사는 그 나라의 말과 글의 전범이 되어야 하는 것이다.

그러나 대한민국 역대 대통령 취임사는 국어 표현 면에서 국민 일반의 국

---

4) 청와대 브리핑, 2003.02.24

어 생활이 반영되지 못한 점이 있다. 취임사를 역사에 남을 명문으로 작성하는 것도 중요하지만, 무엇보다도 국어 어문 규범을 충실히 따라 국민들이 쉽게 이해할 수 있게 작성하는 것이 더욱 중요하다.

앞으로 취임사의 결속 구조5), 응집성6), 의도성7), 수용성8), 정보성9), 상황성10), 상호텍스트성11) 등을 고려하여 연구하면, 연설텍스트의 일반적 요건을 마련할 수 있을 것이다.

---

5) 텍스트 표층에서 요소들 사이에 존재하는 연결. 실제로 보고 듣는 낱말들이 서로 연관되는 방식. 문법적 의존 관계, 어순, 일치, 호응, 접속어 등.

6) 텍스트 밑바닥에 깔려서 텍스트를 구성하는 여러 개념 또는 그 관계들을 유기적으로 배치함으로써 텍스트 전체가 적합해지고 수용 가능해지는 방식. 개념들 간의 연결 고리. 사건과 사건, 상황과 사건 등의 사실적, 논리적인 연결. 어떤 경우 청중이 지니고 있는 배경 지식도 관계될 수 있다.

7) 연사가 텍스트를 통하여 특별히 성취하려는 의식적인 목적이나 의도.

8) 취임사는 대상이 되는 국민이 받아들여야 한다. 여기에는 텍스트의 유형, 사회문화적 배경, 목표 성취에 대한 의욕 같은 요소들이 관련된다.

9) 모든 텍스트는 최소한의 정보를 갖추고 있어야 한다. 정보성이 지나치게 낮으면 즉 정보를 모두 알고 있다면 지루해 하고 대수롭게 생각하지 않게 된다.

10) 텍스트가 처리되고 생산된 모든 상황과 맞아야 한다.

11) 하나의 텍스트가 제대로 이해되기 위해서는 전에 경험한 텍스트들을 끊임없이 참조하여 그 지식에 의존해야 한다. 텍스트가 형식이나 의미상으로 다른 문장과 관련을 맺기 때문이다.

참고 문헌

국어교육위원회(1992), 『글쓰기와 삶』, 연세대학교출판부.

박갑수(1984), 『국어의 표현과 순화론』, 지학사.

박경현(1986), 『국어표현론』, 한샘출판사.

─────(1994), 「연설문의 문체」, 『국어문체론』(박갑수 편), 대한교과서(주)

윤 용(1980), 『화술론』, 고려대학교출판부.

이석주 외(2002), 『대중매체와 언어』, 역락.

이주행(1983), 『화법의 원리와 실제』, 경문사.

전영우(2002), 『짜임새 있는 연설』, 민지사.

최명식(1988), 『조선말 구두어문법』, 료녕민족출판사, 심양.

Jo Sprague & Douglas Stuart(1984), The Speaker's Handbook, Harcourt Brace Jovanovich, Publishers.

http://www.cwd.go.kr

동명왕편(東明王篇)의 텍스트 언어학적 분석

김경수

12.1 머리말

「東明王篇」은 「동국이상국집」에 실려 전하는 우리나라 최초의 敍事詩다. 그러므로 이 作品은 일찍부터 많은 연구자들의 주목을 받아 왔고, 문학 사상으로도 높이 평가되는 作品이다. 이 作品은 作家가 26세 되던 해에 지은 것으로 高麗 명종23년, 곧 1193년에 해당한다. 이 시기는 소위 최씨 무단 정권이 시작되는 즈음이기도 하다.

이러한 시대 배경 속에 창작된 「東明王篇」의 실체를 살피기 위하여는 우선 연구사를 점검해 볼 필요가 있다.

「東明王篇」에 대한 본격적인 연구는 장덕순님에 의해서였다.[1] 그는 「東

---

1) 장덕순,「영웅서사시 동명왕」(국문학통론,신구문화사)

明王篇」이 英雄 敍事詩의 면모를 갖춘 우리나라 최초의 長篇詩임을 처음으로 고증하였다. 또한 삼국사기에 실린 說話와의 비교분석도 하였고, 民族意識이 作品 속에 승화되어 있음을 밝혀, 후학들에게 이 방면의 연구에 한 지평을 열어 주었다.

　　다음으로는 이우성님의 논문을 꼽을 수 있다.2) 그는 이 논문에서 12,3세기, 곧 「東明王篇」이 창작된 시대 배경에 대한 깊은 관심을 보이고, 이 시기를 민족의 수난기로 파악하였다. 그리고 「東明王篇」은 지배계급에 대한 민중의 저항정신의 발로라고 하여 민중 의식을 「東明王篇」의 창작 동기로 파악하였다. 특히, 그는 作品의 構造에 관심을 보였는데 그 전개방식을 복합플롯임을 밝혀, 개인의 전기적 서술에, 복수의 원리를 이용한 것임을 강조하였다. 그 결과 構成의 단조로움을 극복할 수 있었다고 해석하고 있다.3)

　　이 두 논문은 각각 특색을 가진 것으로, 東明王篇이 敍事詩라는 점과 作品의 構造에 관한 해석을 시도했다는 점에서 큰 의의가 있다. 본고는 이러한 연구 성과와 관련이 깊다.

　　다음으로 東明王篇에 대한 논의는 박창희에 의해 재론되었다.4)그는 두 선학이 밝힌 창작동기를 國家意識의 표출로 보고 민족의식의 발로라는 해석에 대하여 의문을 제기하였다. 이를 논증하기 위하여 그는 시대 배경 연구를 명종20년을 전후한 시기에 국한함으로써, 作品에 담긴 作家의 의식에 보다 가까이 접근해 보고자 하였다. 그러나, 필자의 견해로는 민족의식의 발로이든, 국가의식의 표출이든, 또는 이 두 의식이 함께 존재하든 간에 이 문제는 작품에 담긴 의미를 보다 정확히 추출하면 자연히 해결되리라 보여진다. 그 뒤에도 이금희5), 이동철6) 등 많은 연구가 지금도 이어지고 있다.

　　그러면 東明王篇의 남은 문제가 무엇인가, 이 글에서는 선학들의 업적을 밑바탕으로 하되 아직까지 시도하지 않은 텍스트 언어학 이론에 입각하여 작

---

2) 이우성, 「고려중기의 민족서사시」(한국의 역사인식 상권, 창작과 비평사)
3) 이우성, 앞의 책, p.168 참조
4) 박창희, 앞의 논문 참조
5) 이금희, 「이규보의 서사문학의 성격」(숙대대학원 석사학위 논문, 1980)
6) 이동철, 「이규보 시의 주제연구」(국학자료원, 1990)

품을 분석하고자 한다.

텍스트 언어학은 종래의 광고 중심의 추상문법과는 달리, 현실세계에 실현되고 있는 언어의 뭉치를 하나의 텍스트로 규정하고, 그 텍스트를 여러 각도에서 탐구함으로써 그와 관련된 제반 문제를 해결하려는 이론이다. 따라서 종래의 언어학이 문학 연구에 기여함에 여러 가지 제약과 한계가 있었음에 비해, 텍스트 이론은 문학 작품에 직접 적용을 해도 전혀 문제가 없을 뿐 아니라, 이제까지의 문학 연구에 있어서 보다 논리적이고 합리적인 연구 방법을 제시한다고 하겠다.

텍스트 이론에 의하면, 필자와 독자의 심리적 측면에 해당하는 의도성(intentionality)과 용인성(acceptability), 필자와 독자의 시간적, 공간적, 문화적 배경에 해당하는 상황성(situationality), 텍스트상호성(inter texuality), 또한 정보적 요인에 해당하는 정보성(intermationality), 이 모든 것을 종합하여 형성되는 텍스트의 개념 형태에 관한 응집성(coherence)과, 이 개념들이 구체화되어 언어로 표현되는 과정에서 표현의 문법성을 다루는 응결성(conesion) 등 모든 텍스트성(textuality)에서 접근함으로써 텍스트의 제반 문제를 해결하고자 한다. 그러나 본고에서는 주로 응집성의 관점에서 東明王篇을 분석하고자 한다. 그렇게 함으로써 이 作品의 내면 구조는 물론 상징체계까지도 밝히려 하는 것이다.

12.2 東明王篇의 構造

그러면 「東明王篇」은 어떤 構造로 짜여진 敍事詩인가. 그리고 그런 構造 속에 담긴 思想은 어떤 의미를 갖는 것인가를 밝혀야 한다. 이 長篇敍事詩는 傳來說話를 시화한 특징을 지니고 있다. 이를 구체적으로 말하면 「구삼국사」에 실린 주몽신화가 중심 소재이다. 이것은 전적으로 한 작가의 상상만으로 창작된 허구와는 다르다. 그 내용인 줄거리는 이미 정해져 있었다. 정해져 있는 내용을 시로 표출한 것이다. 그렇다고 作品이 저열하다거나 창의적 구성에 문제가 있다는 말은 아니다. 다만 우리의 관심을 끄는 것은 많은 建國神話가 있음에도 불구하고, 왜 이 東明王 神話를 소재로 택했는가에 있다. 作家는 연속적인 歷史의 흐름 속에서 주어진 기간 동안 체험하고 사유한 결과를 바탕으로 作品을 창출하게 마련이다.

이 作品의 경개를 장덕순님이 일찌기 다음과 같이 요약한 바 있다.

"민족적 英雄의 행위를 중심으로 하는 歷史的 사건을 장중웅대한 결구로 묘사한 운문시를 보통 英雄敍事詩라고 한다. 여기 우리 민족의 英雄이요, 高句麗의 시조인 東明王의 행위를 오언절구의 운문체로 묘사한 이규보의 「東明王篇」을 英雄敍事詩로 보려는 것이다.

이 作品은 오언의 이백 팔십여 구, 일 천여 구의 본시와 사백 삼십여 구, 이천 이백여 자의 註로 構成된 범 사천에 가까운 長篇으로서 우리 문학사의 독보적 英雄敍事詩인 것이다. 이것은 英雄 東明王의 탄생 이전의 계보를 밝히는 序章과 東明王의 출생으로부터 그의 입국, 종말 까지를 묘사한 本章과 그리고 그의 사업을 계승한 類利王의 즉위까지의 경로 및 작자의 소감을 부연한 終章의 三部로 構成된 敍事詩이다.

여기에는 解慕漱, 東明王, 河伯, 宋讓, 類利 등의 英雄과 이들이 등장하고 그 활동무대는 북방 대륙에서 남반도에 뻗치는 광활한 땅에서 상거가 이억 만팔 천 칠백 팔십 리에 달한다는 창궁이며, 또 깊고 깊은 수중 세계인 것이다."[7]

이것으로 東明王篇의 내용은 대체로 파악할 수 있다. 그런데 그는 東明王篇의 構成을 序章, 本章, 終章으로 구분하여, 형식 단락을 셋으로 분류하였다. 그리고 그 부분 마다의 요지를 밝히고 있다.

이에 이어 「東明王篇」의 構成 내용을 영웅의 일대기로 파악하여 논지를 전개한 이는 이우성님이다. 그는

"英雄詩에 있어서 플로트의 전개는 활동 주체의 단수와 복수 여하에 따라 그 원리를 달리하는 것이다. 활동 주체가 단수일 경우에는 플로트 전개의 원리를 英雄 개인 그자신의 의지나 목표의 전환에 구할 수밖에 없지만, 활동 주체가 복수일 경우에는 人間的인 대

---

7) 장덕순, 앞의 책 참조

립 충돌이 플로트 전개의 원리가 되는 것이다. ……「東明王篇」은 활동 주체가 東明王 하나뿐이다.…… 그런데 이규보는 단조롭기 쉬운 이 작품을 〈개인 전기적 서술에 복수의 원리〉를 이용하여 플로트를 전개시켰다."

라고 하여 東明王篇의 플로트에 관심을 보이고 있다.

위의 두 논문은 형식 단락의 구분을 보인 점과 내용의 構成의 원리를 제시한 점에서 각기 특색이 있다.

이제 이 두 선학의 연구 결과를 바탕으로 하여 東明王篇의 형식적인 의미 단락과 그 내면적인 構成의 원리를 집중적으로 분석해 보고자 한다.

앞에서 논한 바와 같이 이 作品은 오언고시로서 282句로 이루어져 있다. 물론 병서가 있고, 사이사이마다 說話의 줄거리가 붙어 있다. 그러나 이것은 논외로 한다. 이것을 전체적인 構造로 본다면 序章, 本章, 終章의 三段 構成임을 쉽게 파악할 수 있다.

序章은 제1구인 "天氣判비渾"에서 시작하여 24구인 "神迹少所示"까지로 되어 있고, 本章은 25구인 "漢神雀三年"에서 시작하여 248구인 "塞盆止人罵"까지인 총 224구이다. 마지막 終章은 249구인 "我性本質朴"에서부터 마지막구인 282구인 "御國多年紀"까지로 34구로 되어 있다. 글자로 따지면 총 1410자이다.

이제 이 서장 본장 종장을 조금 세밀히 분석해 보면 120자로 이루어진 序章은 두 개의 의미 단락으로 나눌 수 있는데, 이것은 첫째 中國 성인들의 모습을 보인 부분과, 둘째 神迹이 점점 줄어든 내용으로 나눌 수 있다. 中國 성인을 읊은 부분은 1구에서 18구까지이고, 다음 부분은 19구에서 24구까지이다. 이 두 단락은 作品 전체의 서두로서 대등한 내용을 담은 병렬로 나타나 있다.

이제 총 1120자로 構成된 本章을 보자. 이 本章은 8개의 의미 단락을 지닌 作品의 핵심이 담긴 부분이기도 하다. 이 8개의 단락은 ①解慕漱의 등장(25구에서 48구) ②柳花와의 결혼(49구에서 124구까지) ③東明의 탄생(125구에서 142구까지) ④東明성장(143구에서 182구까지) ⑤東明의 건국(183구에서 202구까지) ⑥국력신장(203구에서 242구까지) ⑦東明의 등천(243구에서 244구까지) ⑧類利의 계승(245구에서 248구까지)으로 분석된다.

이 8개의 단락을 자세히 살펴보면 解慕漱와 東明과 類利로 이어지는 世系가 그 중심 줄거리이다.

이 本章만 따로 독립시켜 의미 단락으로 구분하여 그 내용을 분석해 보면 ①, ②는 序 ③, ④, ⑤, ⑥, ⑦은 本 ⑧은 結이 되는 序 本 結의 構造를 이루고 있음을 확인할 수 있다. 다시 말하면 解慕漱가 柳花와 결혼하여 주인공인 東明을 낳았고, 東明은 나라를 세웠고, 이를 발전시켰으며, 類利에게 나라를 승계했다는 사실이 그 중심 내용이다.

또다시 이 부분에서 本에 해당하는 ③, ④, ⑤, ⑥, ⑦을 독립시켜 의미단락으로 구분하여 그 내용을 분석해 보면 ③, ④는 序, ⑤, ⑥은 本, ⑦은 結로 序 本 結의 구조로 되어 있음을 파악할 수 있다. 곧 東明이 탄생했으며 나라를 세웠고 그리고 승천했다는 이야기이다.

이렇게 보면 이 作品의 構造는 전체적으로 序章, 本章, 終章으로 분석되며, 本章은 다시 序, 本 ,結로 분석되고, 이 속의 本은 다시 序, 本 ,結로 분석되는 마치 양파와 같은 構造를 지녔다. 내면에 요지를 함축하고 그 함축된 이면에 또 핵심을 포괄하고 있는 형태다. 그러므로 本章의 가장 중심 부분은 새로운 나라를 창건한 ⑤건국과 그 창건한 나라를 유지 발흥시킨 ⑥국력 신장임을 알 수 있다. 이 부분에서 이규보가 동명왕편을 창작한 의도의 일부를 짐작할 수 있다. 그리고 이우성님이 파악한 Plot의 복합 構成의 원리는 이러한 의미단락의 분석과 그 속에 등장하는 인물들의 갈등 관계를 구조화할 때 더욱 선명해진다.

다음 170자로 이루어진 終章은 두 단락의 내용을 지니고 있다.

하나는 東明神話를 통한 현실에 대한 재인식이고, 또하나는 守成의 어려움을 노래하여 나라지킴의 본보기로 암시하고 있다. 이 두 단락도 대등한 관계를 유지하고 있다.

　그러면 지금까지 논의된 이 作品의 전체적 構造를 도식화하면 다음과
같다.

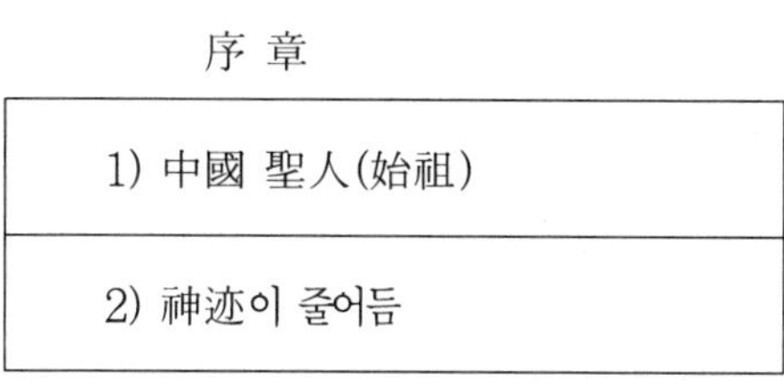

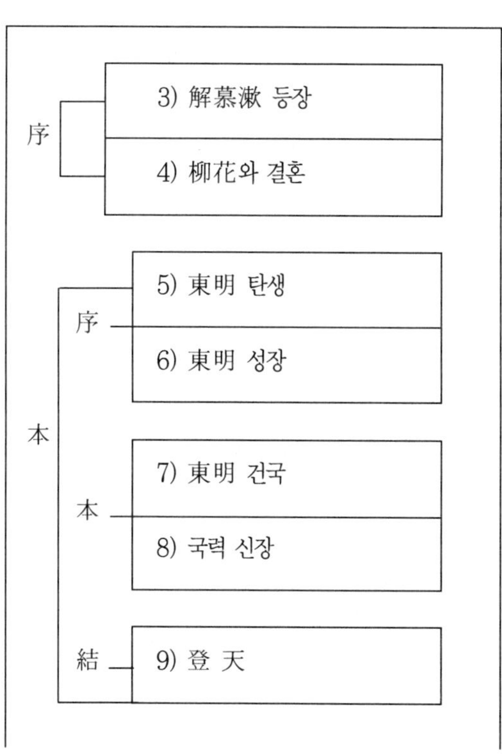

<table>
<tr><td>結</td><td>10)類利승계</td></tr>
</table>

終 章

11)東明신화 재인식
12)수성의 어려움

위의 構造와 같은 「東明王篇은 부분 상호간에 깊은 유기적 관련을 맺고 있음을 발견할 수 있다.神話에 나타나지 않은 序章과 終章의 내용은 그 자체로 독립된 것이 아니라 作品 전체의 構成상 없어서는 안 될 요소로 작용하고 있다. 序章의 내용은 本章의 내용을 암시하는 상징성을 지니고 있고, 동시에 終章의 내용과도 깊은 관련을 지니고 있다. 하나의 문학 作品을 평가함에는 그 作品이 지니고 있는 상징체계를 파악할 수 있어야 한다.

이를 보다 구체적으로 밝히기 위해서는 위에 제시된 내용을 보다 깊이 음미해 볼 필요가 있다. 이제 그 작업을 시작해 보자.

序章은 크게 보아 두 단락의 내용이다. 하나는 中國 개국 시조들의 신비한 탄생을 노래했고, 또 하나는 歷史 변천에 따른 통치자의 변모를 나타내고 있다. 이것은 앞에서도 지적한 바와 같이 本章의 내용과 긴밀한 관련을 맺고 있음에 유의해야 한다. 우선 序章의 첫 단락을 분석해 보자.

그러면 다음과 같은 9 가지 내용으로 집약할 수 있다.

①외모의 신비함(1~4 구) : 천황씨 지황씨의 머리의 모양
②태몽의 신비함(5~10구) : ㉠소호 김천씨의 탄생 - 별에 감응
　　　　　　　　　　　　　㉡전육의 탄생 - 밝은 빛에 감응
③가축을 기름(11구) : 복희씨 경우
④불의 창시(12구) : 수인씨 경우
⑤명협의 기적(13구) : 요임금의 정원

⑥농사와 곡식의 기적(14구) : 신농씨
⑦하늘의 무너진 곳을 기움(補)(15구) : 여와
⑧치수사업(16구) : 우임금
⑨용이 승천을 도움(17구~18구) : 황제 헌원씨

序章의 첫 단락에 나타낸 것은 모두 中國의 神話들이다. 그 내용은 한마디로 신비성과 신성스러움으로 드러난다. 또 등장하는 주인공은 모두 英雄이라 할 수 있다. 英雄의 신비한 탄생과 가축, 불, 곡식의 시초,英雄들의 치적 그리고 승천하는 모습을 그리고 있다. 이 내용은 구삼국사에도 없다. 순전히 「東明王篇」의 완성을 위한 作家의 허구적 상상에 의해 짜여진 부분이다. 다시 말하면 作家의 의도적 構成이다. 그런데 왜 이런 내용의 構成을 했을까. 왜 중국 성인들의 위대성을 序章에 담았을까 왜 우리나라 신화의 서두에 중국의 창세 신화에 나오는 인물을 기술했을까 이를 한마디로 해석한다면 東明의 위대성을 더욱 돋보이게 하기 위함이다. 왜냐하면 이 중국 창세 신화의 영웅적 요소들이 本章 속에 나오는 東明에게 포괄적으로 드러나 있어서다. 어느 하나의 위대성만 나타나는 것이 아니라 뛰어난 능력과 신비성을 발휘하는 동명의 모습 속에 모두 나타나기 때문이다. 당시만 하더라도 中國은 高麗로서는 넘보기 어려운 상대였다. 그런 나라를 창시한 英雄들이 지닌 능력들을 한꺼번에 소유한 영웅이 있다면 그는 위인 중의 위인이라 아니 할 수 없다. 그런 이가 바로 東明이라는 것을 보여 주려 한 것이다.

序章의 둘째 단락은 시간이 지날수록 성인이 드물어졌다는 내용이다. 곧 神迹이 드러나지 않고 지도자의 통치력이 떨어졌다는 것이다. 그 이유를 사람의 인심이 야박해진 것과 풍속이 사치해진데서 찾고 있다. 그러나 이 부분은 終章의 둘째 단락과 내용상 호응하고 있다. 그리고 이는 作家의 현실 인식이 암시된 단락이다. 당시의 王權에 대한 作家의 비판이 깔려 있다.

이제 本章의 構造를 분석해 보자.
本章은 모두 8단락으로 이루어졌다. 이곳이 解慕漱와 東明과 類利가 엮어가는 敍事詩의 핵심을 나타낸 부분이다. 1~2단락은 解慕漱의 이야기고,

3~7단락은 東明王의 이야기며 8단락은 類利王의 이야기다. 이 속에 序章에 나타난 中國英雄들의 神迹이 함께 하고 있다. 오히려 보다 함축되어 신비하게 나타나 있다.

本章의 첫 단락은 解慕漱의 등장에서 시작된다. 우선 그를 하늘의 아들로 신분을 규정하였다. 하늘의 아들인 고로 뛰어난 능력이 있다. 어느 神話에도 나오지 않는 대낮의 下降이 나타나 있다. 또 아침, 저녁으로 2억 리가 넘는 하늘을 날아 오르 내렸다 한다. 하강할 때의 모습도 장엄하다. 다섯 마리 용이 끄는 수레를 탔고, 백여 명의 신하가 뒷 따랐다. 음악 소리와 채색 구름이 현란했다. 이 부분이 서론에 나타난 中國 神話의 ①천황 지황씨의 외모와 ②황제 헌원씨의 승천하는 장면과 비교가 가능하다. 그러나 解慕漱의모습이, 또 탄 용이 더 우아하고 찬란하게 묘사되어 있다. 作家의 암시가 숨어 있는 것이다. 우리나라는 이런 위인이 건국한 성인의 나라라는 자부심이 작용하고 있다. 더구나 한 낮에 하늘을 오르내리는 신통력은 오직 解慕漱밖에 지니지 않았다. 이 점이 더욱 돋보인다.

本章의 둘째 단락은 柳花와의 결혼담이다. 이 부분은 세 가지로 構造化하고 있다. 柳花와의 강제 결혼, 하백에게 시험 당한 얘기, 그리고 버림받은 柳花가 金蛙王에게 구조된 얘기가 그것이다.

신통력을 지닌 解慕漱가 柳花를 유인하여 부인으로 삼는 것은 그리 어려운 일이 아니다. 그럼에도 作家는 이 부분에 멋진 로맨스를 만들지 않고 강제로 붙잡은 것으로 표현하고 있다. 그 이유는 자손을 두기 위한 계책이라고 했다. 화려하고 장엄한 로맨스를 지닌 서양의 敍事詩와는 다르다. 오로지 앞으로 등장할 東明을 위한 예비 과정으로만 설정되어 있다. 강제로 혼인하였으므로 하백의 진노를 샀다. 중매도 없이 결혼함으로써 가문을 욕되게 했다는 것이다. 그리하여 하백으로부터 천제의 아들임을 확인하는 세 번의 시험을 당하고야 용서받을 수 있었다. 그 뒤 解慕漱는 승천해 버리고 하백으로부터 쫓겨 난 柳花는 金蛙王에게 구조되어 그의 별궁에 기거하게 된다.

이곳이 東明을 낳은 산실이기도 하다.

여기에서도 몇 가지 의미를 찾을 수 있다. 東明의 탄생을 위한 예비 조건
이 극적인 점이다. 하늘의 解慕漱와 물 속 하백의 딸 柳花와의 만남, 그리
고 이들이 지상에서 결합했음을 읽을 수 있다. 그리고 로맨스가 중심이 아니
라 후사를 위해 결합했으니, 그 목적이 건전하였고 훌륭한 성자신손을 둠에
있었다.

또 하나 땅의 질서에 따라 서술된 점이다. 이 경우 땅의 질서란 당시의 高
麗 사회를 말한다. 그것도 서민이 아닌 지체 높은 가문을 지닌 상류 사회의
질서로 분장되어 있다. 이것도 作家의 의식이 그대로 나타난 것으로 볼 수
있다. 하늘의 질서나 물 속 하백의 혼인 모습은 모두 高麗 사회의 혼인 관습
에 눌려 나타나지 못했다. 오직 高麗의 제도와 作家의 의식만이 나타날 뿐
이다. 이것은 비단 이 부분만이 아니라 作品 전체에 깔려 있는 고려 식자층
의 의식으로 보아도 좋겠다. 왜냐하면 이 作品 자체가 민중이 부른 敍事詩
라기 보다 식자층에서나 지을 수 있는 高級 敍事詩에 해당되기 때문이다.
민중은 이런 심오한 歷史 의식을 지닐 수 없었을 것이고 이런 논리와 構成
이 어려웠을 것이다.

또 이 부분에서 반복이 심한 것을 발견할 수 있다. 그것도 세 번씩 반복되
어, 三이라는 수와 깊은 관련을 맺고 있다. 우선, 혼인한 장소(지상의 解慕漱
가 지은 집), 시험 당한 장소(물 속 하백의 집), 東明을 잉태한 곳(우발수가)으로
설정되어 배경이 셋으로 나타났다. 또 하백의 딸도 셋이었다. 柳花를 추방할
때 늘인 입술의 길이도 석자였고, 이를 세 번 자른 뒤에 말을 할 수 있었다.
또, 미녀도, 하백의 딸, 한수가의 처녀, 낙수의 여신을 읊어 셋을 들었다. 하
백이 解慕漱를 시험한 것도 세 차례의 둔갑술이었다. 그리고 보면 이 三이
라는 수자는 作品 전체에도 복합적으로 나타나고 있다. 우선 주인공의 등장
도 「하느님―解慕漱―東明」, 「解慕漱―東明―類利」의 삼대가 겹치고 있
다. 그 構成의 내용도 「序章―本章―結章」으로 구성되어 있고, 本章은 또
「序―本―結」로 이루어져 있으며, 이 속의 本도 「序―本―結」로 조직되어
있다. 이는 우연이 아니다. 作家의 주도면밀한 構成의 결과이다. 그는 三에

대한 동양적 인식을 지니고 있었을 것으로 판단된다.[8] 그리하여 삼에 담긴 철학적 풀이를 응용하여 作品의 構成 원리로 삼고, 우리나라의 영원한 발전을 기원하기 위하여 「東明王篇」을 창작했다고 해석할 수 있다. 그리고 이것을 뒷날 그가 관직에 오른 뒤 정사에 적용한 기본 철학이 되었다. 다시 말하면 문학을 통하여 국가경영의 원리를 터득한 셈이다. 옛 선비들이 문과 무를 겸한 경우가 많은데, 그것은 이런 맥락에서 이해해야 한다. 문학과 정치가 별개의 것이 아니라 한 덩어리이며, 이는 상호 보완적이라는 것이다.

本章의 세 번째 단락은 東明王의 탄생에 관한 내용이다. 여기에는 탄생에 얽힌 신비성과 그의 초인적인 능력을 서술하고 있다. 신비성은 둘로 나타나는데 햇빛에 감응되어 알로 태어난 점과 짐승들이 알을 보호해주었다는 내용이 그것이다. 햇빛에 감응되어 태어난 것은 별에 감응되어 탄생한 소호 금천씨의 내용과 흡사하고 또 빛에 감응되어 탄생한 전욱과 동궤라 할 수 있다. 英雄들의 탄생에는 이런 신비한 요소가 등장한다. 문제는 東明王의 탄생을 소호 금천씨나 전욱에 견주어 손색이 없음을 암시하고 있는 데에 있다. 東明은 그들만큼 또는 그 이상의 위대성을 지니고 있음을 나타낸 構成이다. 또 하나는 東明의 초인적인 능력이다. 그는 태어난 지 한 달만에 말을 할 수 있었고, 신비에 가까운 활솜씨가 있었다. 어린 아이가 높은 천장에 붙은 파리를 쏘아 마칠 수 있었다는 것은 그의 능력을 암시한 것이다. 이것은 새로운 나라의 건국에 필요한 요소이다. 이 부분에서 특별히 주목되는 것의 하나가 東明의 모습이다. 그는 완전한 神도 아니고, 평범한 人間의 모습도 아니다. 곧, 半神半人으로 나타나 있다. 本章 전체에 등장하는 주인공은 解慕漱 → 東明 → 類利로 어어지는데 解慕漱는 완전한 神의 모습이며, 類利는 완전한 人間의 모습이다. 그에 반하여 東明은 그 중간쯤에 위치하고 있다. 말을 한다거나, 활을 잘 쏘는 것은 人間의 모습이나, 알로 태어난 것이나, 버린 알을 짐승들이 보호해 준 것들은 신적인 차원이다. 그러므로 그는 신으로도, 人間으로도 통하는 출중한 인물이 될 수 있었고, 이런 능력이 새

---

8) 周易 說卦傳 第2章 三才說
     乾卦   三才之道

로운 나라를 세우게 된 바탕이 된 것이다.

本章의 네번째 단락은 東明王의 성장에 관한 내용이다. 여기에는 扶餘王 태자와의 갈등, 준마를 얻음, 개국공신들을 얻은 것 등의 세 가지 사실로 짜여 있다.

本章에 나타난 갈등은 세 곳에 나타나는데 하백과의 갈등, 부여王 태자와의 갈등, 비루王과의 갈등이 그것이다. 어느 것이나, 거듭나기 위한 투쟁이다. 투쟁의 승리만이 목표에 보다 접근할 수 있다. 그리고 그 때 마다 신통력이 발휘된다. 극복하면 할수록 신분의 상승을 가져왔다. 부여王 태자와의 갈등도 예비된 것이었다. 人間的인 질투를 받은 것이다. 물고기의 도움을 얻음으로써 그는 이 갈등을 극복할 수 있었다. 또 하나 준마를 얻은 것은 그의 앞길을 개척하는 등불이 되었다. 말은 당시의 상황에서는 매우 효용이 컸다. 용맹성이라든가 개척정신이라든가 하는 상징적 의미 외에도 교통의 수단이 되고, 전투의 동반자로서의 말의 실질적 효용 가치는 매우 높다. 이런 말을 그는 술수를 부려 얻은 것이다. 이 술수는 말에 린치를 가한 잔인한 행위이기는 하지만, 고대 英雄들의 공통된 요소다. 이런 잔인성이 없이는 모험을 하기가 어렵다. 이 부분은 복희가 가축을 기른 고사와 합치되고 있다. 東明은 복희의 출중한 능력도 구비하고 있는 셈이다.作家의 계획된 構造임은 물론이다. 동지 셋을 얻은 것도 큰 힘이 되었다. 혁명은 혼자 할 수 없는 것이다. 그의 人間적 포용력을 엿볼 수 있다.

本章의 다섯째 단락은 東明王의 개국에 관한 내용이다. 이 단락에는 개국을 위한 고난을 극복하고 王都를 정한 것과 오곡의 곡식을 얻은 내용을 얽고 있다 .부여왕 태자인 대소의 질투와 시기를 받아 부여王의 곁을 탈출한다. 이때 또하나의 장애가 길목에 있는 강이었다. 뒤에는 대소 부하들의 추격이 있고, 앞은 깊은 강물이 가로질러 있다. 진퇴양난이다. 이 때 기적이 생긴다. 물 속의 물고기와 자라들이 모여서 다리를 만들어 준 것이다. 하백의 외손으로서의 신통력이 다시 한번 나타난 것이다.

형승이 빼어난 곳을 구해 王都를 개설하고, 비둘기가 물어다 준 곡식을 얻어 농사의 밑천을 얻게 된다. 나라 통치에 없어서는 안 될 식량 해결책이 마련 된 것이다.中國고사에서 농사와 관련된 신농씨를 이 장면에서 회상하게 한다. 東明은 이제 王으로서의 모습을 갖추었고, 신농씨의 능력도 보태게 되었다. 이런 위인이 세운 나라가 高句麗이며, 高麗는 그를 이은 정통 국가인데, 당시의 어지러운 국정은 젊은 시인에게 실망을 주었다. 그래서 그는 위대한 인물을 기다리게 되었고 그 염원을 이 작품에 투사한 것이다.

本章의 여섯째 단락은 나라를 발전시킨 내용이다.

여기에는 두 가지 사실을 발견할 수 있는데 하나는 비류국의 병합이고 또 하나는 궁궐의 건립이다. 王도를 열기는 했으나 통치 기반이 없고, 땅은 좁았다. 부근에 송양王이 통치하는 비류국이 있었다. 나라 발전을 위해서는 송양王과의 갈등이 없을 수 없었다. 세 차례에 걸쳐 투쟁이 벌어졌는데, 활로 겨루는 시합과 북과 나팔의 비교, 물의 다스림이 그것이다. 물론 東明이 승리하였고 비류국은 高句麗의 땅으로 병합되었다. 여기서 물을 다스려 송양王을 굴복시킨 사건은 우임금이 홍수를 다스린 中國고사와 맞물려 있다. 이 장면도 東明의 능력을 높여 준 곳이다. 이 셋이 모두 신통력과 결부된 것도 東明의 위대함을 드러낸 構造的 배려로 생각된다. 지역의 확장을 이룬 뒤, 王이 거처할 궁실다운 궁실이 필요했다. 갑자기 캄캄한 구름이 뒤덮이더니 수천의 사람이 나타나 궁궐을 짓기 시작했다. 구름이 흩어지고 드높이 솟은 궁궐은 東明의 王으로서의 위엄을 보이고 국가의 통치 본부로서의 면모를 보이기에 충분했다. 드디어 통치기반을 완성시킨 것이다. 뿐만 아니라 이제 통차자로서 손색없는 東明의 진면목이 모두 갖추어진 것이다. 中國고사에 나타난 신들의 이적과 능력이 거의 결집된 英雄의 모습이다. 우리나라를 창시한 東明은 이렇게 위대한 인물이라는 것이다.

本章의 일곱째 단락은 東明의 승천이 기술되어 있다. 그는 비류王을 합병하여 국력을 신장시키고 궁궐을 지어 통치자의 면모를 세운 뒤 19년간 재위에 있었다. 그리고 그는 승천하게 된다. 대개 神話의 주인공은 신선이 되어 숨어 버리거나 하늘로 올라간다. 中國故事 황제 헌원씨 경우도 그러하다. 우리의 檀君도 御國後 신선이 되었다. 범속한 사람들처럼 죽음을 보이기는 어려울 것이다. 또 승천하여 지금도 천상계에서 우리를 굽어보며 염려할 지도 모른다.

本章의 여덟째 단락은 王위계승의 내용이다.

本章의 마지막 단락으로 東明이 이룩한 나라를 類利에게 승계 시키고 있다. 類利는 東明의 맏아들이기는 하지만, 나라 통치에 있어서는 능력이 있어야 한다. 이 능력을 보여 준 것이 칼을 찾아 낸 것과 물동이를 활로 쏘아 뚫은 뒤, 다시 활을 쏘아 구멍을 막은 것들의 사건이다. 칼은 東明이 아들을 시험하기 위하여 감추어 둔 것이다. 그런데 이 칼을 찾음으로써 王위계승의 자격을 획득시킨 셈이다. 보이지 않은 갈등이 그 내면에 깔려 있다. 여기서의 칼은 공격보다는 방어의 역할로 해석함이 좋겠다. 칼은 공격용이기도 하지만 방어에도 요긴한 무기다. 아버지를 이어 수성을 해야 하는 것이다. 물동이를 뚫었다가 이를 정확히 막은 것은 그의 재주다. 이는 中國故事의 여와가 하늘의 뚫어진 곳을 막은 사건과 상통한다. 여기서는 하나 두드러진 것은 解慕漱와 東明에 이어 나타난 類利의 모습이다. 類利는 재능을 지니고 있기는 하지만 신성은 없다. 완전한 人間이라는 것이다. 이제 신격에서 벗어난 人間의 통치가 시작된 것이다. 그러나 人間이기는 하나 출중한 재능을 가진 사람 그가 類利이다. 帝王은 아무나 하는 것이 아님을 보여주고 있다. 여기서도 作家는 高麗의 현실과의 대비를 잊지 않고 있다.

이제 終章의 構造를 살펴보자.
여기에는 두 단락의 내용이 나타나 있다.
첫 단락은 東明神話의 재인식이고 둘째 단락은 作家의 현실인식이다.
이 終章도 序章과 함께 東明王의 사건과는 별도로 構成 되었다. 作家의 의도적 構成으로 창작의도가 드러나 있다. 作家는 서두에서 東明王의 얘기를 황당하고 괴이한 이야기로 치부하였다. 더구나 논리를 앞세우는 유학자의 눈에는 당연했을 것이다. 그런데 다시 천천히 음미해보니 歷史 기록임을 깨치게 되었다. 歷史 기록은 사실의 기록이다. 그러므로 한자 한자가 헛됨이 없다는 것을 재삼 인식했다. 그런 입장에서 보니 神하고 聖한 이야기로 인식하지 않을 수 없었다. 作家의 현실인식 단락은 王道의 길과 수성의 권면이 들어 있다. 이를 말하기 위하여 그는 한 무제와 광무제의 歷史 기록을 제시했다. 한 무제는 유방으로 더 널리 알려진 한나라의 시조이다. 어머니 유온이 꿈속에 신을 만나 보고 태어났다 한다. 번개(빛),우뢰 속에 용이 구비쳐 내려오는 모습의 태몽을 꾸었다. 高句麗를 세운 東明과 닮은 모습이다. 광무제도 신이한 출생을 하였다. 황건적을 물리치고 후한을 세워 한의 정통을 이었다. 견훤을 물리치고 고려를 세운 王建의 모습을 연상할 수 있다. 그도 東明이 세운 高句麗를 이어 정통을 이었다. 이것이 作家의 숨은 의도다.

王道의 길은 쉽지 않다. 임금은 너그럽고 어질어야 한다. 예와 의를 잘 지켜야 한다. 그러나 성스러운 선조를 이은 자손들은 게으르고 거친 사람이 많다. 어려움을 당할수록 스스로 경계해야 한다. 이것이 終章 둘째 단락의 내용이다.

지금까지 「東明王篇」의 전체를 序章과 本章과 終章으로 형식 구분을 하고 각 부분의 요소를 構造化 하여, 그 의미를 탐색해 보았다. 이제 분석된 내용을 모아 다시 도식화하면 다음과 같은 構造로 나타낼 수 있다.

序　　章

1) 중국 시조의 신비함 　①외모 특이　②탄생의 신비　③가축 기름　　④불만듦 　⑤명협의자람 ⑥농사 곡식　　⑦하늘을 기움　⑧치수 　⑨승천시 龍이 옴
2) 神迹이 줄어듦

本　章

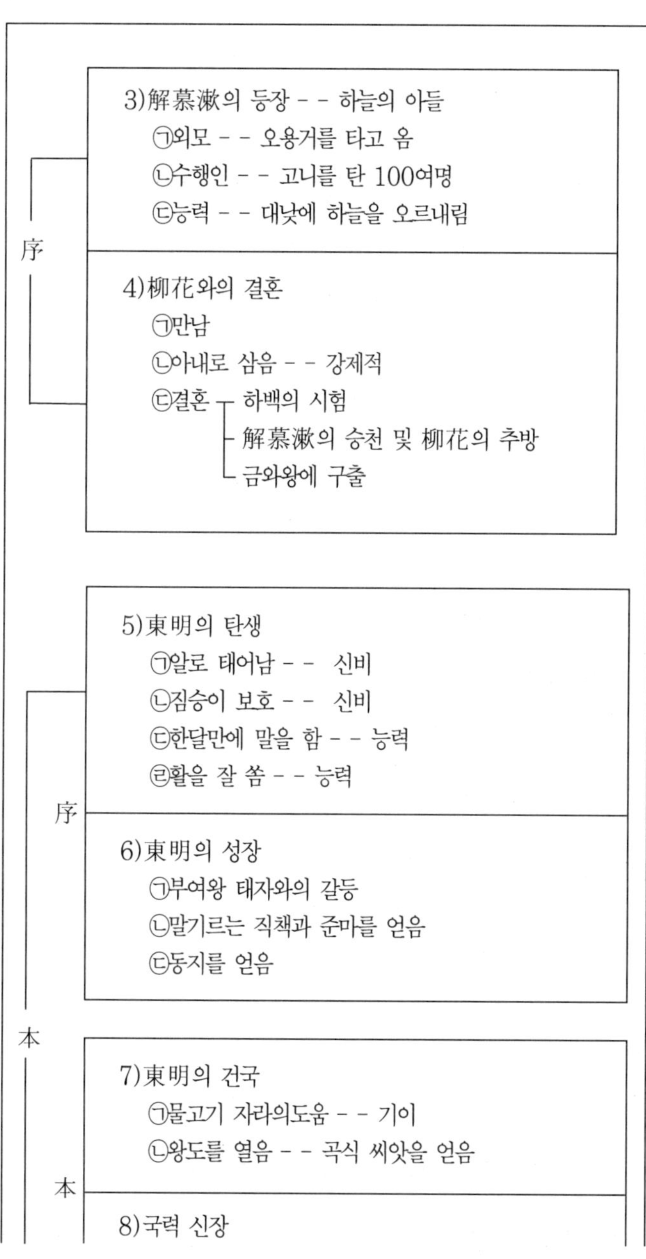
3)解慕漱의 등장 – – 하늘의 아들
㉠외모 – – 오용거를 타고 옴
㉡수행인 – – 고니를 탄 100여명
㉢능력 – – 대낮에 하늘을 오르내림
4)柳花와의 결혼
㉠만남
㉡아내로 삼음 – – 강제적
㉢결혼 ┬ 하백의 시험
├ 解慕漱의 승천 및 柳花의 추방
└ 금와왕에 구출
序
5)東明의 탄생
㉠알로 태어남 – – 신비
㉡짐승이 보호 – – 신비
㉢한달만에 말을 함 – – 능력
㉣활을 잘 쏨 – – 능력
6)東明의 성장
㉠부여왕 태자와의 갈등
㉡말기르는 직책과 준마를 얻음
㉢동지를 얻음
序
7)東明의 건국
㉠물고기 자라의도움 – – 기이
㉡왕도를 열음 – – 곡식 씨앗을 얻음
本
8)국력 신장
本

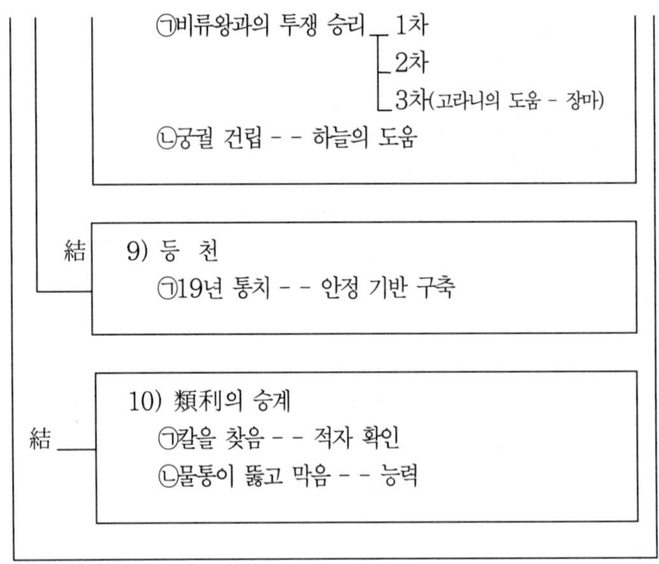

終 章

11) 東明신화 재인식
　　㉠처음 - - 요술,귀신의 일
　　㉡나중 - - 한 자의 헛됨이 없음
　　㉢결국 - - 신하고 성함

12) 작가의 현실인식(수성)
　　㉠고구려 → 고려 → 정통성(한무제 → 광무제)
　　㉡자손의 수성을 권면

12.3 東明王篇에 담긴 意味 解釋

지금까지 東明王篇의 구조적 체계를 밝히고자 하였다. 이제 이 작품에 포함된 내부 구조를 살펴보자.

한마디로 東明王篇의 내부 구성을 요약하자면 이중의 대응 구조라고 말할 수 있다. 이 구조에 대한 종래의 견해는 장덕순님의 삼대기설과 이우성님의 전기 서술식 구성설로 요약된다. 장덕순님의 견해는 서장, 본장, 종장으로 형식 구분을 하고 조(解慕漱)--부(東明)--자(類利)라는 내부 구조로 짜여 있음을 암시하고 있다. 또한 삼의 중첩, 반복에 관심을 가진 것도 이와 결부된다. 이우성님의 전기 서술식 구성설은 "전개의 원리를 영웅 개인의 의지와 목표의 전환"에서 구해야 하는 것으로 "활동 주체가 복수일 경우에는 인간적인 대립 충돌이 플로트 전개의 원리가 된다"고 하면서 "東明王篇은 東明왕에 대한 전기적 서술"이라고 하였다. 이것은 영웅의 일생을 시간의 변화와 장소의 이동에 따라 전개시킨 것으로, 신성이란 특성으로 신성성과 무궁성이 함축 된 것이다. 이것을 요약하면 다음과 같이 나타낼 수 있을 것이다.

① 삼단 구성 : 이는 장덕순님의 견해로 진작부터 주목되어 온 구성이다.

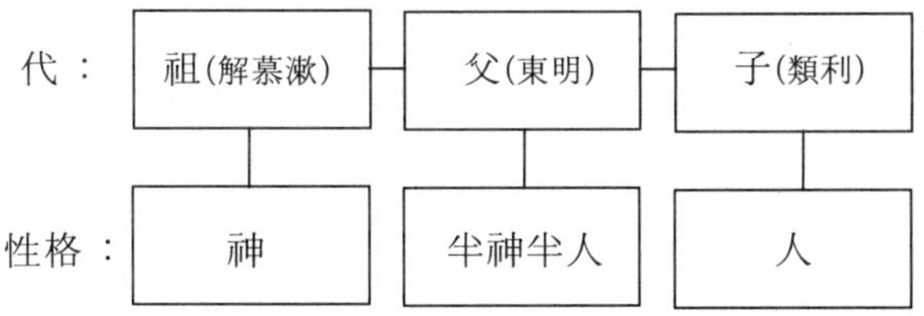

② 전기적 구성 : 이우성님의 견해
영웅의 일대기 → 시간의 무궁함(배경)과 신성성 암시(인물)

위와 같이 제시된 ①과 ②견해에 대하여 필자는 이중의 대응 구성이라는 의견이다. 얼핏보면 이중구성이라는 주장이 삼단 구성설과 영웅의 일대기설에 맞서는 듯한 인상을 준다. 그러나 자세히 살펴보면 이 둘을 포괄하는 논리성을 갖추고 있는 것이 이중 구성설이다.

할아버지--아버지--아들(손자)은 분명히 삼대다. 그러나 이것은 신적인 세계를 잊고 하는 얘기다. 할아버지 해모수는 신이고 그 아들 주몽은 신적인 신분이고 손자인 유리만이 우리와 같은 현세의 사람이다. 이들을 동일 선상에 두기가 어렵다. 동명을 신적이라 한 것은 그가 반신 반인의 성격을 지녔기 때문이다. 이렇게 보면 이 작품은 신과 인간의 구조로 된 이중구조다.

이중구성의 의미는 문학의 역사성과 전통성을 염두에 둔 말이다. 문학에는 돌연변이가 없다는 관점이다. 간혹 기적이 있을 수 있으나 역사의 흐름은 대개 因果 관계가 있게 마련이다. 문학도 그렇다. 「東明王篇」은 영웅서사시로서, 고려 말에 나타났다 사라진 하루살이 같은 존재는 아니라는 생각이다. 뭔가 뒷날 서사시의 흐름에 전범이 되었을 것이라는 데에서 논의가 시작된다. 우선 帝王韻紀와 龍飛御天歌에 착목하지 않을 수 없다. 帝王韻紀는 東明王篇보다 100년쯤 뒤에 나온 서사시이고 龍飛御天歌는 조선왕조 초기에 창제된 영웅서사시이다. 이 두 작품은 모두 역사를 바탕에 깔고 이루어진 점에서 東明王篇과 그 궤를 같이 한다. 또한 작가도 그 시대의 가장 상류사회의 식자층이다. 그렇다면 이런 일연의 작품들 속에 흐르는 공통점이 없을까. 또 제왕운기나 용비어천가의 제작 당시는 어떠하였을까 이 작품들의 창작 배경에는 어떤 본보기가 된 서사시는 없었을까 이것이 필자의 의문점이었다. 다행히 龍飛御天歌에 대한 서사적 짜임에 대하여 연구된 논문이 진작 나와 있다.9) 이 논문을 통하여 성기옥님은 龍飛御天歌의 서사적 통일성을 명쾌하게 입증하였다. 그런데 여기서 문제삼는 것은 용비어천가 전체의 서사적 흐름에 대한 문제가 아니라 龍飛御天歌의 各章마다 지니고 있는 개별적 구조의 특성이다. 이 구조가 이중구조라는 것이다. 중국의 역사 사실 하나와 한국의 역사 사실 하나가 대응된 형태다. 이러한 구조는 東明王篇의 구조와 상당히 근접한 관련을 갖고 있다. 이 근접한 성격을 밝혀 서사시 발전 과정의 일단을 살펴보고자 한다.

그러면 東明王篇에 내재된 이중 구성의 원리를 좀더 심층적으로 검토해보자. 東明王篇의 내용을 이루는 요소 중에서 가장 중심이 되는 것은 인물, 배경, 설화다. 이 셋을 중심으로 한 구성원리를 보자.

---

9) 성기옥, 「용비어천가의 서사적 짜임」
  성교수는 이 논문에서 삼단 구성에 대한 새로운 이론을 제시하였다.

12. 3. 1 **인물**

인물은 세 사람의 중심으로 짜여 있다. 하늘의 아들인 解慕漱와 解慕漱의 아들인 東明왕과 東明의 아들인 類利가 그들이다. 복잡하게 얽혀 있기는 하지만 중심인물은 역시 이들로 보아야 한다. 이 세 사람을 중심으로 많은 인물들이 작용하고 있다. 이것이 장덕순 님의 삼대기와 상통하고 있다. 곧 그는 조부―부―손―의 삼단 구성으로 설명하고 있다. 이것은 자자손손 대를 이어가는 무궁한 발전을 암시한 효과도 지니고 있다. 그러나 이 구조를 필자는 부―자의 구성, 곧 이중 구성으로 이해하고자 하는 것이다. 신과 인간을 구분하자는 것이다. 조와 부의 관계도 따지고 보면 부자요, 부와 손의 관계도 부자의 관계다. 이는 다음과 같이 요약 제시 할 수 있다.

祖(解慕漱) → 父(東明) → 孫(類利)의 구성은
　　결국 ⓐ 祖(解慕漱) → 父(東明)
　　　　 ⓑ 父(東明)　 → 孫(類利) 구성의 복합으로 볼 수 있다.

이렇게 되면 ⓐ의 조와 부는 하늘에 보다 가까운 신성성과 신비감을 강하게 지닌 인물이 되고 ⓑ의 부와 손은 보다 인간에 가까운 모습으로 나타난다. 물론 ⓐ와ⓑ에 포함된 부(解慕漱)는 하늘의 신과 따의 사람을 잇는 중간자로서, 동일한 존재이다. 그러나 ⓐ에서는 신성성을 ⓑ에서는 자손 대대로 이어질 무한성의 이미지를 지니게 됨을 볼 수 있다.

12. 3. 2 **배경**

배경의 내용은 시간과 장소로 나타난다. 이는 영웅의 일대기와 관련되는 것인데 서술의 진행과 함께 존재하는 시간과 영웅의 활동으로 인한 장소의 이동이 없을 수 없다. 그런데 東明王篇의 시간적 배경은 표면상으로는 인물들이 나타났다 사라지는 것을 나타내고 있으나, 사실은 신적 인물들의 시간과 인간적 인물들의 시가로 대응되고 있다. 解慕漱나 신적인 東明은 시간의 무한성을 지니고 있고, 類利나 비류왕 등은 한계가 있는 시간을 살고 있

다. 이는 곧 무한 ↔ 유한의 이중구성이다. 다음으로 지리적 배경은 크게 셋
이다. 천상, 지상, 수중이 그것이다. 물론 지상이 중심배경이다. 그러나 이것
도 자세히 살피면 천상과 지상의 대립, 지상과 수중의 대립, 지상과 천상의
대립으로 구조되어 있음을 발견할 수 있다. 곧 이중구성이다. 이를 도표화하
면 다음과 같다.

<pre>
시간 ┬ ⓐ무한 ↔ 유한(하강시)
     └ ⓑ유한 ↔ 무한(승천시)
장소 ┬ ⓐ천상 ↔ 지상
     ├ ⓑ지상 ↔ 수중
     └ ⓒ지상 ↔ 천상
</pre>

12. 3. 3 설화

이중구성에서 특별히 주목되는 것이 설화이다. 설화는 중국의 것과 우리
의 것을 대응시켜, 우리의 개국신화의 주인공인 東明왕을 부각시키는데 결
정적 역할을 하고 있다. 이것은 이 작품이 나타난 고려의 상황을 감안할 때,
민족적 긍지를 높여 준 작가 정신의 발로라 할 수 있다. 당시 중국은 동양의
중심일뿐더러, 누구나 숭앙할 수밖에 없는 나라다. 이런 나라의 창세 신화들
은 고려를 비롯한 주변국의 처지로서는 하나의 신앙적 존재로까지 확대 해석
할 수 있는 대상들이다. 이런 대상들을 東明왕과 대비하여, 이들보다 더욱
두드러진 존재로 東明왕의 위대성을 부각시키고 있다. 그 내용을 정리하면
다음과 같다.

    ⓐ 외모의 신비함을 지닌 천황지황씨
    ⓐ 오용거를 탄 東明의 위용

    ⓑ 별과 빛에 감응되어 탄생한 소호와 전욱
    ⓑ 강한 햇빛의 감응으로 탄생한 東明

ⓒ 가축을 처음으로 기른 복희씨
ⓒ 금와왕의 말을 기르며 준마를 얻은 東明

ⓓ 명협(채소)이 요임금 정원에 남
ⓓ 오곡의 씨앗을 어머니로 부터 얻은 東明

ⓔ 농사를 짓고 곡식을 기른 신농씨
ⓔ 오곡중 보리씨앗을 비둘기가 물어다 줌

ⓕ 하늘의 무너진 곳을 기운 여와
ⓕ 물동이 구멍을 활쏘기로 막은 類利

ⓖ 치수 사업을 완성한 우임금
ⓖ 송양왕과의 투쟁에서 물로 굴복시킨 東明

ⓗ 용이 승천을 도운 황제헌원씨
ⓗ 용을 타고 하늘을 오르 내린 東明

이렇게 정리하고 보면 중국설화와 東明왕의 설화가 이중적으로 대응되고 있음을 확인 할 수 있다.

지금까지 東明王篇의 구성의 원리를 인물, 배경, 설화로 구분하여 검토하였다. 결론적으로 東明王篇은 이중구성으로 짜였다. 이것은 선학들이 제시한 삼대기설과 전기서술식 구성설을 포괄하고 있는 개념임도 확인되었다.

12.4 맺음말

지금까지 東明王篇의 구조를 분석하여 작품에 내재된 상징 체계를 밝히고, 그 구성의 원리가 이중 구조로 해석할 수 있음을 밝혔다. 그리고 龍飛御天歌의 구성원리가 東明王篇의 구성원리와 같은 이중 구성임을 암시하여 내용과 형식 모두에서 역사적으로 상호 관련이 있음을 알게 되었다.

그럼에도 몇 가지 문제점은 그대로 남는다.

우선 東明王篇 이전의 서사시적 형태는 없을까 또東明王篇 제왕운기, 龍飛御天歌등의 고급서사시와 뒤에 널리 불려진 무가 등의 서사시의 체계는 어떠한 것일까 하는 점들이다. 이는 다음의 과제인 셈이다.

13

| 신재효본 토별가의 언어 층위 |

신재홍

13.1 머리말

최근 들어 〈토끼전〉(수궁가)에 대한 연구가 활발해졌다. 기존의 성과를 집성하여 종합적인 작품론이 이루어지는 한편,1) 이본 대비를 통해 계통을 수립하려는 논의가 거듭되었다.2) 그 동안 다른 판소리계 소설에 비해 관심이 적었던 면에 대한 반성이자, 대개 우화 소설의 범주에서 논의되었던 경향에서3) 벗어나 작품의 독자적 의의를 정립하려는 노력이라고 생각된다.

---

1) 인권환(2001),『토끼전·수궁가 연구』, 고려대 민족문화연구원 ; 최동현·김기형 엮음(2001),『수궁가 연구』, 민속원.
2) 김동건(2001), 토끼전 연구, 경희대 박사 논문 ; 최광석(2001), 토끼전 이본 계열의 구조와 근대지향 의식, 경북대 박사 논문.
3) 민찬(1995),『조선후기 우화소설 연구』, 태학사 ; 정출헌(1999),『조선후기 우화소설 연구』, 고려대 민족문화연구원.

주지하듯이, 판소리계 소설은 조선 후기의 시대상을 반영하고 있다. 그 반영의 양상 가운데 필자의 관심은, 당대인이 접한 사물이나 인정세태를 인식하는 방법과 태도가 작품에 어떻게 그려져 있는가 하는 문제에 있다. 판소리, 탈춤, 전계(傳系) 소설 등 조선 후기 문학예술에서 공통적으로 나타나고 또 중요한 의미를 지니는 것이 인식의 문제라고 보는 것이다.4) 그런데 문학에서 인식의 문제는 텍스트를 구성하는 언어의 성격, 그리고 언어들이 일정한 관계 속에 조직되는 양상으로 드러난다. 따라서 문학 텍스트의 언어를 분석함으로써 텍스트에 담지된 인식의 문제를 검토해 볼 수 있을 것이다.

이에 본고는 신재효본 〈토별가〉를 대상으로 언어의 성격과 조직 양상을 살펴보고자 한다. 몇 가지 층위에서 작품을 구성하는 언어들을 구분할 수 있고, 그것들이 서사 전개에 따라 조직되는 특징적인 양상도 알아볼 수 있다. 이를 바탕으로 작품에 담긴 향유층의 인식 방법과 태도 및 그 지향성을 추정해 볼 만하다. 결국, 본고는 〈토별가〉가 지닌 언어적 특징과 의미 구조를 좀 더 주의 깊게 이해하려는 시도라 하겠다.

13.2 토별가 구성 언어의 몇 가지 층위

〈토별가〉를 구성하는 언어들의 성격을 분석하는 데 작품 서두가 시사하는 바 크다.

지정 갑신셰의 남히 광이왕이 영덕젼 시로 짓고 복일 낙셩할식, 동서북 슘히 용왕 발셔 쳥니흐야 디연을 비셜흐니, 영타고·옥용젹과 능파스·치련곡의 풍유도 즁할시고. 슘위로·구젼단을 슬토록 셔로 먹고 이슘 일리 지너도록 질끈 노라 쥬어더니, 연무호연이라 진치를 파흔 후의 용왕이 병이 나셔 어탑의 놉피 누어 여러 날 신음흐여 용셩으로 우난구나. (252쪽)5)

---

4) 필자는 이러한 관점에서 박지원의 전계 소설을 고찰한 바 있다. 신재홍(1998), 연암소설에서 형상화된 대상 인식의 문제,『한국 고전소설과 서사문학』상, 집문당, 참조
5) 작품 인용은 강한영 교주(1984),『신재효 판소리사설집(전)』, 교문사에서, 띄어쓰기를 하고 문장

남해 용왕이 병든 내력을 서술한 작품의 첫 단락이다. 처음에는 남해 용왕과 관련된 기존의 어휘 즉, '광리왕(廣利王), 영덕전(靈德殿), 영타고(靈鼉鼓), 옥룡적(玉龍笛), 능파사(凌波詞), 채련곡(採蓮曲), 삼위로(三危露), 구전단(九轉丹)' 등을 활용하여 표현하였다. 이어서 '이삼일이 지나도록 질끈 놀아 주었다'고 하여 작품 향유 당시 도시의 유흥적 분위기가 반영된 표현을 썼다. 단락 끝에 가서는 용왕이 병이 나서 운다고 하는 허구적인 사건을 설정하여 그로부터 이야기가 전개되도록 하였다. 첫째 것은 과거로부터 전래된 언어이고, 둘째 것은 당대 현실에서 생성된 언어이며, 셋째 것은 허구적 서사물을 구축한 언어라고 할 수 있다. 첫째와 둘째 것은 서로 밀고 당기면서 결합되어 있고, 셋째 것은 그 둘을 포섭하여 이끌어가고 있다. 이를 작품을 구성하는 언어 층위들로 보고, 각각 기존의 언어와 당대의 언어,6) 그리고 서사적 언어라는 용어로 지칭하고자 한다.

이러한 언어 층위를 다른 각도에서 살펴볼 수 있다. 토끼를 묘사한 아래 인용문을 보자.

> 퇴끼라 ᄒ난 거시 묘방을 맛다기로 부승의 금게 울어 날빗치 처음 날 졔 양기를 바다먹고, 월궁의 들어가셔 계슈나무 근을 속의 즁싱약 ᄶ을 젹의 음약을 바다먹고, 일정월화 음양기운 간경의 들어기로 퇵기가 눈이 발가 별호를 명시라 ᄒ옵기를, 목속간을 ᄒ얏시니 간경이 죠흔 고로 눈니 그리 박스오니.(254, 256쪽)

> 순월이 교여쵹 바라보는 눈 그리고, 쳐쳐문졔죠 쇼리 듯는 귀 기리고, 츈풍화만슨 향닉 맛난 코 그리고, 나싱줍싱율 쥬어먹난 입 기리고, 흔노츅건퇴 다라나난 발 그리고, 진나라 즁셔령 붓 미엿던 털 그리고, 두 귀난 쏭곳 두 눈은 도리도리 허리난 잘쥼 쏭지난 모쵹.(268쪽)

앞의 것은 선관이 토끼의 간을 추천하는 말인데, 여기에는 글자〔토끼 묘(卯)자〕에 대한 관념, 달에서 장생약을 찧는다는 토끼의 고사, 그리고 음양설 및 한의학 지식〔목속간(目屬肝)〕7)을 결합하여 토끼를 그려내고 있다. 뒤

부호를 붙이며 인용문 끝에 쪽수를 밝히는 방식으로 한다.
6) 정병헌(1993), 수궁가의 구조와 언어적 성격, 『판소리문학론』, 새문사, 165~167쪽에서는 '정태적 언어'와 '현장의 언어'라는 용어로 설명하였다.

의 것은 교인(鮫人)이 토끼 화상을 그리는 대목인데, 한시 구절로 수식하고 진나라 몽염이 토끼털로 붓을 만든 고사를 인용하고 끝 부분에서 의태어를 써서 토끼의 외모를 묘사하고 있다. 두 인용문을 연결하면, 관념, 고사와 시구, 외양 묘사가 서로 섞여서 토끼를 그려내었음을 알 수 있다. 동물을 그리면서 외양에 대한 묘사로는 불충분하여 그와 관련된 고사와 시구를 동원하고, 나아가 어떤 사상이나 신앙적 차원의 관념을 주입한 것이다. 그에 따라 외양 묘사에는 구체적이고도 실질에 상응하는 언어가, 고사나 시구의 인용은 예전부터 내려오면서 일정한 형식으로 굳어진 언어가, 관념을 표현하는 데에는 그것에 맞는 언어가 쓰였다고 할 수 있다.

사건 전개상의 어느 대목에서 토끼라는 인물을 묘사하게 되는 것은 서사적 언어의 요청에 따른 것이다. 그리고 토끼를 묘사하는 데 구체적·실질적 언어와 형식적·관념적 언어가 결합되어 있다. 이 점은 작품 첫 단락의 언어 구성 방식과 상통한다. 전자와 후자가 서사라는 큰 틀 속에서 서로 길항(拮抗)하면서 결합되어 있는 것이다.

이러한 몇 가지 언어 층위에 풍자 의식에 바탕한 두 가지 서술 시각이 개입한다. 이 작품의 서술자는 '톡기가 나올 적의 이비 숨여 보단 말은 아마도 망발인 게, 김싱은 김싱까지 스람 말을 비러다가 셔로 문답ᄒ려니와 스람이야 김싱 보고 무슨 말을 ᄒ것나냐.'(316쪽)라 하여, 등장 인물에서 인간은 배제하고 동물만으로 작품을 구성하고자 하였다. 그러면서도 '즈리와 톡기란 게 동시 미물노셔 즁흔 츙셩 만흔 의스 스람ᄒ고 가튼 고로, 타령을 만드러셔 시승의 유젼ᄒ니, 스람이라 명식ᄒ고 퇴별만 못ᄒ면 그 안니 무식흔가?'(320쪽)라 하여, 동물 세계를 그려내어 인간 사회를 풍자하려는 의도를 분명히 하였다. 이에 동물을 동물로서 바라보는 시각과 동물에게 인간의 의식과 형상을 덧씌워 우의(寓意)하는 시각이 교차하면서 동물 세계의 형상화가 이루어진다. 토끼나 자라의 외모를 보이는 대로 묘사하는 것이 전자의 예

---

7) 한의학 지식이 동원된 예는 이 밖에도 다음과 같은 것들이 있다. '슐병으로 글어흔가 물메억기 드려 보고, 양긔가 부죡흔가 희구신도 권희 보고, 뇌졈을 초잡난지 풍쳔장어 더령ᄒ고, 비우를 붓즙기로 부어를 써 보아도'(252쪽), '간경은 나무 츠지 목실를 안 먹으면 간의 약이 아니 드니'(312쪽), '너의 쏭이 즁이 죠와 쳥열을 혼다 ᄒ고 스람더리 쥬어다가 역아드를 멕이나니'(320쪽).

라면, 토끼가 향촌의 평민으로, 자라가 조정의 신하로 행동하는 모습을 서술하는 것이 후자의 예가 된다. 이 작품은 기본적으로 후자의 시각에 바탕을 두고 서술되었으나, 전자의 시각이 인물 묘사나 사건 전개의 배경에 자리잡고 서술 과정에서 끊임없이 작용한다.

　인간 사회를 풍자하고자 하면서 동물을 동물 자체로 인식하는 관점을 노출시켜 풍자의 효과를 높이려는 경우를 흔히 찾아볼 수 있다.

　　"합중군 죠기 전신갑쥬 단단ᄒ니 보니여 엇더ᄒ고?" "합중군은 진중부라 보니면 죠을 테나, 슐죠ᄒ고 원슈 잇셔 두리 셔로 다토다ᄀ 어인공이 쉽스오니 보니지 마옵쇼셔." "격혼공 메억이가 철관중염 졈즌ᄒ니 보니여 엇더ᄒ고?" "요소이 죵피가루 돌 밋마닥 풀어노니 밋물 근방 못 가지요." "즁녹지국 피류츙신 도미가 발셔부틈 슝셔가 원이라니 단여오면 시기기로 도미를 보니 볼가?" "스월 파일 갓가오니 셔울은 쑥갓시오 시골은 풋고사리 숑기 탕 찜 가음 보니ᄊ는 곳 죽지요." "올충이 비 부르미 경윤을 품어시니 보니여 엇더할고?" "흔두 달의 못 올 테니 기고리 되거드면 과두지ᄉ 알 슈 잇쇼?"(264쪽)

　용왕이 조개, 메기, 도미, 올챙이 등을 차례로 추천하였으나, 백의재상 궐어(쏘가리)가 이유를 들어 반대하는 대목이다. 이 앞에 '병든 용왕 신ᄒ 지죠 알 슈 잇나? 뭇난 쏙쏙 당춘쿠나.'라고 하여, 용왕의 무능과 무지를 풍자하려는 의도가 나타났는데, 여기에 보태어 네 동물을 통해 신하들의 허위, 우매, 무능 등을 풍자하고 있는 것이다. 조개와 올챙이는 각각 '어인공(漁人功 ; 漁父之利)', '과두지사(蝌蚪之事)'의 고사성어를 이유로, 메기와 도미는 당시 사람들의 고기잡이나 요리 감이라는 이유로 거부된다. 고사성어가 인간사를 동물에 빗댄 우의의 결과라면, 당대사를 거론한 것은 동물이 당시 사람들에게 실제로 소용되는 바를 곧바로 지적한 것이다. 곧, 인간 사회에 빗대는 시각과 동물 자체로 그리는 시각이 교차하면서 풍자가 이루어지고 있다.[8]

　후자의 서술 시각은 작품의 우의적 성격보다 사실적 성격을 강화하는 데

---

8) 이러한 예를 더 들 수 있다. '죠관더리 들어오면 의관신아어로향 향녀가 날 테인듸, 속 뒤집난 비린너가 파시평 웃슈로다'(256쪽), '부인 말슴 듯스오니 츙신의 안이 되기 북그럽지 안니ᄒ니 말슴디로 하려니와, 어마님을 지셩 봉양 얼인 것덜 ᄌ로 츠쳐 멀이 가지 말게 ᄒ오 셰상의 흉흔 놈들 말쑵ᄌ리 맛 좃타고 건져다가 살마 먹졔'(270쪽)에서 인간사에 대한 풍자의 효과는 두 예의 뒷부분에 동물을 동물로 인식하는 시각이 개입함으로써 극대화된다.

이바지하고 있다. 다음의 예가 그러한 점을 잘 보여준다.

> 오날 모음 흐라기난 글니 인심 흐 무셔워 김싱을 줍어먹기 왼갓 쐬가 다 싱기고, 순즁
> 의 슈목 업셔 은신홀 쩌 업셔시니, 이존흔 우리 모족 절죵이 가련키로(280쪽)

산군이 모족회의를 개최한 이유를 말하는 대목으로서 당시에 동물들이 처한 상황을 사실대로 진술한 것이다. 사람들이 동물을 닥치는 대로 잡고 땔감으로 나무를 마구 베어 민둥산이 된 당시의 상황이 나타나 있다.

이와 같이, 풍자 의식에 바탕한 서술 시각이 동물 쪽과 인간 쪽의 두 방향에서 작용한다. 두 방향의 서술 시각은 서로 상충하기도 하고 대응하기도 한다. 그렇게 해서 구성된 언어들의 결합을 또 하나의 층위로 상정할 만하다. 일단 풍자적 서술 시각에서 나온 점을 중시하여 풍자적 언어라고 부르고자 한다.

그런데 이 작품은 기본적으로 허구적 서사물이기 때문에 서사 전개에 따른 인물의 행동과 대화를 기술한 언어가 작품의 중심축을 이룬다. 이를 앞에서 서사적 언어라 명명한 바 있다. 결국 작품의 처음부터 끝까지 작용하는 언어 층위로서 풍자적 서술 시각에서 나온 풍자적 언어와 서사 전개를 추동하는 서사적 언어가 놓이는 것이다. 이 두 층위의 언어가 앞서 분석한 몇 가지 다른 층위의 언어들을 포섭, 통제, 조정하는 역할을 하게 된다. 각 층위의 언어들이 서로 관련을 맺는 양상에 따라 작품의 의미가 복잡 미묘하게 형성되고 흥미 유발의 요소들이 다채롭게 포진되는 것이다.

13.3 유혹의 말과 인식의 문제

각 층위의 언어들은 작품의 구조적 차원에서 조직되는데, 이 작품은 유혹의 구조로 이루어져 있는 점이 특징이다.[9] 인물 사이에 속이고 속는 사건이

---

9) 민찬(1995), 앞의 책, 279~284쪽에서 이 점에 주목하여 논의한 바 있다.

전개되고 그에 따라 사용된 언어 역시 유혹의 말들로 구성된다. 유혹의 구조가 서사 전개에 따른 언어 조직의 양상을 포괄적으로 규정한다고 할 수 있다.

유혹의 말은 크게 보아 용왕이 여러 신하들의 마음을 떠보는 말, 자라가 토끼를 꾀는 말, 토끼가 용왕을 속이는 말이 순차적으로 결합된 양상으로 나타난다. 용왕 → 신하, 자라 → 토끼, 토끼 → 용왕의 관계에서 유혹의 말이 반복 사용되는 구조인 것이다. 그런데 유혹자는 어떤 이유나 근거를 들어 사실 혹은 사태를 판단하도록 유도하고, 피유혹자는 유혹자가 제시한 의견을 어떻게 판단하는가에 따라 유혹에 넘어가기도 하고 그렇지 않기도 한다. 사실에 대한 인식과 판단의 문제가 유혹하고 유혹 당하는 행위의 바탕을 이루는 것이다. 따라서 유혹의 양상을 살피는 일은 작품이 지닌 현실 인식의 문제를 드러내는 방법이 될 것이다.10)

13. 3. 1 용왕이 신하들을 떠보는 말

용왕이 신하들을 떠보는 말은 토끼의 간을 구해 올 사람을 찾는 목적으로 발화된다. 처음 말을 내면서 '군신지분의(君臣之分義)'와 '충신(忠臣)'의 태도에 대해 묻는다. 좌승상 거북은 자기 선조들의 공을 자랑하고, 우승상 잉어는 효자와 등용문 고사로써 대답한다. 용왕의 물음에 대한 두 정승의 답변은 '문벌과 유식 자랑'으로 흐르는 것이다.

이어 토끼의 간을 가져올 신하를 찾는다고 하자, 문반과 무반이 서로 갈등을 벌인다. 토끼의 간을 구해 오려면 바다에서 육지로 나가 토끼를 찾아 데려와야 하는데, 바다에 사는 물고기들에게는 목숨을 건 일이 된다. 따라서 신중하게 방법을 찾아야 하는데도 공부상서 민어, 한림학사 깔따구와 간의대부 모치가 경솔하게 함부로 말한다. 이에 대원수 고래와 표기장군 게가 문반들의 안이한 형세 판단을 신랄하게 비판한다.

---

10) 위의 책에서도 이러한 입장을 취하였다. 다만, 본고는 언어의 층위와 관련시켜 그와는 좀 다른 해석의 과정을 보여주고자 한다.

슈륙이 달나씨니 슈즁의 잇던 군스 육젼을 엇지 할지. 졀언 쇼견 가지고도 문관을 ㅈ세ᄒᆞ야 죠흔 베살ᄒᆞ여 먹고, 죠금 위틱흔 일이면 호반의게 밀여 ᄒᆞ니, 비 쇽의 잇난 거시 불에풀쌴이기로 변통 업시 ᄒᆞ난 마리 교쥬고실 갓ㅅ외다.(260쪽)

위의 말에서 '수륙이 다르'다는 인식은 서사 전개상의 필요에 따른 것이다. 수궁의 모임에서 육지 진출의 문제를 상의하고 있는 상황에서 나온 것이기 때문이다. 이어서 아무 식견 없이 좋은 벼슬 차지하고 위세를 부리다가 위기가 닥치면 무반에게 미루는 문반의 행태를 비판하였다. 이는 곧 당대의 사회 현실에 대한 풍자이다. 그리고 끝에 가서는 민어의 부레로 아교풀을 만드는 실생활의 경험에서 유추하여 융통성 없다는 뜻의 '교주고슬(膠柱鼓瑟)'이라는 한자성어를 가져왔다. 풍자의 효과를 극대화하기 위해 동물적 특징을 들이댄 것이다. 이러한 고래의 말에서 당대 현실에 대해 발언하는 언어와 한자성어 같은 기존의 언어가 풍자 의도와 서사의 필요에 의해 결합하는 양상이 잘 나타난다.

슈궁의 벼살더리 인간과 갓즌ᄒᆞ여 셰도로도 못 ᄒᆞ옵고 쳥으로도 못 ᄒᆞ옵고 풍신과 덕망으로 별틱ᄒᆞ야 ᄒᆞ옵기로, 노어난 거구셰린 잘싱길 쑨 아니오라 즁혼이가 싱각ᄒᆞ고 쇼동파가 귀이 역여 친구가 졈즌키로 베슬 츠지 이부숭셔. 방어난 ᄒᆞ방낙리가 유명할 쑨 안니오라 일음쓰가 천원지방이란 방쓰 훈편 부터기로 짜 츠지 호부숭셔. 〔……〕 할림학ㅅ 쌀짜구난 이부숭셔 노어의 ㅈ식이요 간의티부 못치난 병부숭셔 슈어 ㅈ식이라. 져의 집 셰력으로 구숭유취흔 것더리 쳥요흔 베살ᄒᆞ여 아모 ㅅ체 모로고셔 방안장담 져리 ᄒᆞ나, 슈륙이 달나씨니 용왕의 혼 죠셔를 순군이 들을 테요? 져의들이 죠셔ᄒᆞ고 져의드리 가라시요.(260, 262쪽)

위의 말은 좀더 다층적인 언어의 결합으로 이루어져 있다. 게가 처음 한 말은 수궁과 인간 사회는 벼슬하는 길이 서로 다르다는 것이다. 인간 사회에서는 세도나 청탁으로 벼슬을 구하지만, 수궁에서는 풍신과 덕망으로 한다고 하였다. 그런데 처음의 말이 끝에 가서는 깔따구와 모치처럼 수궁에서도 '구상유취(口尙乳臭)한 것들이' 가문의 세력을 업고 청요직을 차지하는 행태를 비판하는 말로 바뀌었다. 그리하여 앞뒤의 말이 서로 모순이 되어 버렸다.11) 이러한 모순은 서술자의 의도에서 나온 것으로 보인다. 부패한 인간

사회와 대비되는 이상적 동물 세계를 설정하였지만, 그 저층에 또한 인간 사회의 모순을 그대로 투영시킨 동물 세계를 설정한 것이다. 동물 세계를 이상향으로 놓는 것과 현실 모사의 공간으로 놓는 것은 풍자적 서술 시각의 두 가지 방향성과 연관된다. 두 방향의 서술 시각이 상충하면서 구성되는 풍자적 언어는 모순적 의미들을 다채롭게 생성해 낸다. 이는 당대 현실에 대한 문제제기로서 의의가 있다.

　이와 함께, 물고기들이 수궁 벼슬을 맡게 된 근거에 대해 말한 부분을 분석할 필요가 있다. 수궁에서 벼슬하는 신하들이 등장하는 것은 서사 전개상의 한 사건이지만, 여기에 인물 평가가 개입함으로써 서술자의 풍자 의도가 드러나게 된다. 물고기들에 대한 평가의 기준은 외양[거구세린(巨口細鱗)], 고사·시구[장한(張翰), 소동파(蘇東坡), 하방낙리(河魴洛鯉)], 글자 관념[방(魴) : 천원지방(天圓地方)의 방(方)자 변] 등이다. 인용문의 생략된 부분에서, '도미갓치 맛시 잇고 풍신이 졈즌ᄒ되 일홈 웃ᄶ 원정 업고 아러 어ᄶ 안 들엇다 상셔 승탁 못ᄒ난듸'(262쪽)라 하여 도미의 경우는 그 같은 평가 기준에 의해 벼슬을 못했다. 이는 동물의 실제적 효용[맛있다]과 번듯한 외양[풍신이 점잖다]을 도외시하고, 글자 관념으로 대표되는 학식과 권위[이름 윗자에 정해진 한자가 없다], 가문 배경[아래에 고기 어(魚)자 안 들었다]을 내세우는 잘못된 인물 평가 풍조를 비판한 것이다. 결국, 서사적 언어의 전개 과정에서 형식적·관념적 언어와 구체적·실질적 언어가 결합하여 풍자적 언어로서 기능하고 있는 것이다. 이것이 작품 전반에 걸쳐 언어들이 조직되는 기본 원리라 할 수 있다.

　이렇게 설왕설래하던 끝에 주부 자라가 자원한다. 자라는 일단 거북과 잉어가 고사를 동원하여 문벌과 유식을 자랑하는 태도를 취해서, 굴원과 오자서를 끌어들여 자기를 소개한다. 그러나 거북, 잉어의 말과는 미묘한 차이를 보인다.

---

11) 이와 같은 모순은 다음의 예에서도 나타난다. '용궁의 베슬 일홈 숭고의 난 거시라, 죠선과 난 달의것다. 동편의 문관 셔고 셔편의 무관 셔셔 양반을 구별ᄒ여 일ᄶ로 들어올 졔'(256쪽)에서 용궁의 직제가 상고의 것이라서 조선시대와 다르다 해 놓고, 뒤에서는 양반을 지칭하고 또 양반이 구별되어 있음을 말하고 있다.

신의 션디 호아비가 명나슈의 스옵더니 졀강으로 췌쳐ᄒᆞ여, 굴삼염의 고기난 하라비ᄀ
어더 먹고 오즈셔의 고기난 할미가 어더 먹어 부부지간 두 비 쇽의 츙혼니 즌득 들어, 즈
숀이 난 디로 아죠 비쇽츙신이요 디디 츙신니라. 슈즁은 고ᄉᆞ하고 셰승의 사람덜쬬 츙심
의리 잇난 이난 줍아먹난 법이 업고 어부더리 줍어씨면 스다 물의 넛난 고로 죵쬭이 번셩
하되, 열어 베살 안니 하고 조흔 베술 구치 안코 일문즁 숭지 쏘바 쥬부 베슬 셰젼하
니.(264쪽)

사실, 굴원·오자서와 자라가 직접 관련되는 고사는 없다. 다만, 굴원이
멱라수에 빠져죽고 오자서의 시체가 절강에 던져진 일과 자라가 물에서 산다
는 사실을 연결시켜 멱라수와 절강에 사는 자라가 두 인물의 고기를 먹어 충
혼이 들었다고 하였다. 거북과 잉어가 고사를 말할 때 이미 인간 중심의 이
야기에서 동물 중심의 이야기로 시점을 전도시켰는데, 자라와 굴원·오자서의
연결은 거기서 더 나아가 전거 없이 고사를 꾸며낸 것이다. 고사를 인용한
기존의 언어가 지닌 권위와 상투성을 허물려는 의도가 이런 식으로 나타났다
고 하겠다.

자라를 고사에 부회한 것이 권위의 부정이라면, 실생활에서 자라가 방생
의 재료라는 점을 내세운 말이나 가문에서 하나를 뽑아 주부 벼슬을 세습시
킨다는 말에는 현실적인 관심이 반영되었다. 특히, 벼슬의 세습을 언급한 것
은 향리 신분인 작가의 현실적 처지를 드러낸 면이 있다.12) 이러한 말들을
당대의 언어로 본다면, 이를 통해 현실 인식의 측면이 부각되는 것이다.

전거도 없이 고사를 들이대고 내세울 만한 문벌이나 덕망도 없는 자라를
용왕이 의심하는 것은 당연한 일이다.

툭기를 줍즈 하면 슈국의셔 양게 가기 몃 말 이 될 터이요, 허다호 쳔봉만학 어니 손을
츠져가며, 숨빅모쪽 만호 즁의 툭기를 엇지 알며, 셔령 툭기 만나기로 엇지하여 다려올지.
신포셔의 츙셩과 공명의 지략이며 거름은 과보 갓고 눈 발기 이루 갓고 쇼진의 구변이며
밍분 갓튼 즁ᄉᆞ라야 그 놀옷슬 할 테인디, 너 싱긴 모양 보니 어디 글어하것나냐? 빅쇼쥬
안쥬하기 탕 가음이 십숭이다.(266쪽)

자라의 외모, 성품, 식견 등 어느 하나 믿을 만한 구석이 없는 것이다. 그

---

12) 서종문(2001), 토별가에 나타난 신재효의 현실인식, 『수궁가 연구』, 민속원, 310~311쪽.

것은 신포서 · 공명 등 고사의 인물과 대비할 때 더욱 두드러진다. 용왕은 고사로 굳어진 기존의 권위에 의지하여 인물을 평가하고 있는 것이다. 그리하여 '백소주 안주하기 탕 감'이라면서 자라 자체의 동물적 효용을 들어 멸시하는 것으로 귀착한다. 자라에 대한 풍자로 읽히는 이면에는 기존 권위에만 의존하여 판단하는 용왕의 인식 태도에 대한 풍자가 깔려 있다.

이에 대해 자라가 충성과 지략은 마음에 들어 있으니 외모로는 알 수 없다며 항변한다. 설사 외모로 보더라도 다리가 둘뿐인 과보에 비해 자기는 넷이고 맹분이 힘은 세지만 자기처럼 목을 감출 수 없고, 백기의 뾰족한 머리와 오자서의 넓은 허리를 지녔고, 콧구멍이 좁고 볼이 안 퍼졌어도 의사와 구변이 넉넉하다고 한다. 자기의 외모 중 어떤 부분은 단순 비교를 통해 자랑하고, 어떤 부분은 기존 권위에 의존하며, 또 어떤 부분은 내면의 것과 대조시켜 방어하고 있다. 기존 권위를 자기 식의 논리로 이용하면서, 보다 중요한 것은 자기 안에 있는 충성과 지략, 의사와 구변임을 강조한 것이다. 말하자면, 인물 고사로 대표되는 형식적 언어에 대해 능력과 내면을 중시하는 자라의 실질적 언어가 반박하는 형국이다.

이러한 언어 대결의 양상은 자라의 형상을 단순하게 중세의 충신형으로만 볼 수 없도록 한다. 용왕에게 항변하는 자라의 말에는 뒤에 토끼가 용왕을 속이는 말에서 보이는 것과 상통하는 인식 태도가 깔려 있는 것이다. 자라와 토끼는 공히 기존의 권위에 기대는 인식 태도에 반발하면서 당대 현실에 적합한 인식 방법을 모색하고 있다.

13.3.2 자라가 토끼를 꾀는 말

자라는 육지에 올라와 자기 친족 남생이를 만나 그의 안내로 모족회의에 참석하게 된다.[13] 그곳에서 벌어진 일을 지켜본 다음, 모임이 파하자 토끼

---

13) 모족회의 단락은 호랑이, 여우, 사냥개, 다람쥐, 쥐, 멧돼지 등을 통해 당대 향촌 사회의 권력 관계와 수탈 구조를 비판하였다. 그런데 토끼는 <취용정기>에 대한 말놀음에 잠깐 등장하고, 여우는 서민을 착취하고 수령에게 아첨하면서 간사스럽게 처신하고 있다. 이 단락의 토끼는 작품 주인공인 토끼의 성격과 긴밀히 관련되지 않고, 여우는 토끼의 수궁행을 잠시 막아 주는 데

에게 말을 건넨다. 자라가 토끼를 유혹하는 이 대목은 작품 속에서 가장 정채 나는 언어로 그려져 있어서 독자의 흥미가 집중되는 곳이기도 하다. 그 전개 양상을 쓰여진 언어의 성격을 중심으로 인식의 문제와 관련하여 분석해 보겠다.

자라가 토끼에게 처음 건넨 말은 "여보, 퇴싱원"이다. 서술자는 토끼에 대해 경박하고 몸집이 작기 때문에 산중의 동물들이 모두 멸시했다고 하면서, 자라가 토생원이라 지칭한 것이 토끼에게 얼마나 감격적인가를 설득하고 있다. 이에 자라가 기대했던 바 토끼의 반응이 나타나서 다음과 같이 말하면서 다가온다.

> 죠와 아죠 못 견듸여 쌍중쌍중 쒸여오며, "게 뉘랄게? 게 뉘랄게? 날 츤난 게 뉘랄게? 숭순의 스호드리 바돌 두즈 날을 츳나? 죽임의 칠현드리 술을 먹즈 날을 츳나? 청풍명월 치석 가즈 이젹션이 날을 츳나? 게도난중 젹벽 가즈 쇼동파가 날을 츳나? 인싱부귀 무르랴나? 부운유수 가르치졔. 역티흥망 물을나나? 승젼벽히 가르치졔." 요리 팔팔 져리 팔팔 쌍중쌍중 쒸여오니, 쥬부가 의몽ᄒ여 토기의 동졍 보즈 진 목을 옴쓰리고 가만이 업져시니, 토기가 쥬부 보고 의심을 믜오 ᄒ여, "이것시 무엇신고?" 졔 쇼죠 의심 니고 졔가 도로 파의ᄒ여, "쇠쏭이 말나난가? 이 슌중의 무슨 쇼 찌아진 부등감이 엇치 져리 묘케 찌져? 익꼬, 이것 큰일낫다. 순영 왓든 춍중이가 질을승 쓸너 노코 쏭 누러 갓나 보다. 밧비 밧비 도망ᄒ즈."(286쪽)

예문에서 보듯이, 토끼가 기대하는 바는 '부운유수(浮雲流水)', '상전벽해(桑田碧海)' 등의 무상감을 바탕으로 상산 사호, 죽림 칠현 등 고사의 인물처럼 고고하고 풍류스럽게 노닐려는 것이다. 곧, 기존의 고사와 자기 합리화의 관념으로 치장하여 사태를 인식한 것이다. 그런데 막상 목을 움츠리고 가만히 엎어져 있는 자라를 보자 인식 태도가 바뀐다. 자신의 현실적 처지에 입각하여 자라를 '쇠똥', '솥 깨어진 부등감(부삽의 일종)', 그리고 '질음승(화약 심지)'으로 인식하는 것이다. 이에 따라 고답적 인물 고사에서 연유한 언어와 현실 인식에 바탕한 언어가 첨예하게 대립하면서 토끼의 말과 행동을 수식하

에서 틱와는 다른 모습을 보여준다. 이에 이 단락은 언젠가 작품 줄거리 속에 삽입되었을 것으로 보인다. 본고는 줄거리의 전개에 초점을 두어 살폈기에 삽화의 성격을 띤 모족회의는 논의하지 못했다.

는 양상이 드러난다. 자라의 입장에서는 토끼가 지닌 두 가지 인식 태도를 번갈아 자극하면서 유혹하는 셈이다. 이러한 양상은 이후의 서사 전개에도 줄곧 나타나는 바, 작품의 성격을 보여주는 매우 특징적인 면모이다.

도망가려는 토끼를 다시 부르자, 토끼는 멀찍이 서서 '생어사(生於斯) 장어사(長於斯)……' 하면서 한문자를 써서 인사한다. 처음 만난 상대에게 유식한 체하며 위세를 부린 것이다. 이에 대해 자라도 『논어』 구절을 인용하면서 괄시한다고 타박을 한다. 토끼가 한문자를 구사하며 유식함을 과시한 데 대해 맞대응을 한 것이다. 그러자 토끼는 생긴 것과 말하는 것이 만만히 볼 상대가 아님을 알아채고는 가까이 가서 정식으로 인사하고 대화를 나눈다.

토끼가 육지에 온 이유를 묻자, 자라는 용왕을 보필할 인재〔왕좌지재(王佐之才)〕를 구하기 위해서라고 대답한다. 이는 남생이의 같은 물음에 대해 지관(地官)을 구하러 왔다고 대답한 것과 비교할 만하다.

> 예, 우리 남히 슈궁 니의 지변 나셔 히마당 기가 걸어 슈족 졀죵 가려키로, 부득이 슈정궁을 즈리 윙겨 짓즈 ᄒ되, 슈궁의 지관 업셔 쳥산 월즁퇴가 눈이 그리 박다기로 슈궁으로 모셔다가 디귈터를 졍ᄎ ᄒ되,(276쪽)

> 우리 용왕 즁ᄒ 덕화 구오위의 거ᄒ시고 팔쳘 리를 진무ᄒ니 일일만긔 되옵난디, 신히가 지죠 업셔 츈양ᄒ기 어렵기로 용왕의 분부 모와 왕지지졔 구ᄒ기로, 쳔ᄒ명순 편답쨔가 오날날 모쪽 모음 쳔힝으로 맛나쩨로 만좌를 다 보아도 픠왕지보난 비웅비표라, 션싱 ᄒ나쏀이기로 션싱을 뫼셔가즈 뒤를 쨔라 왓사오니,(288쪽)

자라가 자기 친족인 남생이에게는 수궁에 재변이 일어나서 수족들이 멸종될 위기에 처했다는 점과 그로 인해 부득이 수정궁을 옮겨 지으려 한다는 점을 말하였다. 천도(遷都)까지 이른 용궁의 위기 상황에 대한 인식이 드러나는 바, '해마다 개가 걸'어지는 당대 어촌의 현실을 반영한 것이기도 하다. 반면, 유혹의 대상인 토끼에게는 용왕의 덕화와 권위, 용왕에 대한 칭송과 보필의 영광을 늘어놓고, '패왕지보(覇王之輔)는 비웅비표(非熊非豹)라, 선생 하나뿐'이라며 토끼를 최대한 추켜세우고 있다. 용왕에 대한 기존의 온갖 수식을 가져왔고, 토끼가 곰과 표범에 비교해서도 우월하다는, 사실과는 동떨어진 과장을 통해 유혹하는 것이다.

토끼도 자라의 말에 의심을 품어 자기가 곰과 표범보다 나은 이유를 묻는다. 이에 자라는 '곰의 몸이 비록 크나 눈이 젹고 털이 덥퍼 티양졍기 부죡ㅎ니 미련ㅎ여 못쓸 테요, 범이 비록 용밍ㅎ나 코 즈룹고 즐기 업셔 즁악이 져함ㅎ니 단명ㅎ여 못쓸 테요.'라 하여, 동물의 외모에 대한 인간의 관념을 가져다가 합리화한다. 또한, '치세지능신(治世之能臣), 난세지간웅(亂世之奸雄)', '소진의 합종(合縱), 공명의 춘수(春睡)' 등 한문 구절이나 인물 고사를 십분 활용하여 토끼를 칭찬한다. 나중에는 '우리 슈궁 갓스오면 입승츌즁 져 공명을 쓰라가리 뉘 잇실가?'라면서 수궁에 대한 환상을 주입시킨다. 이 말은 아무 근거가 없음에도 불구하고 토끼에게 가장 매력적인 의미로 다가온다.

그리하여 토끼가 한 번 더 확인코자 수궁에 문장과 풍채 있는 신하가 있는지를 묻는다. 문장과 풍채는 곧, 유식과 외양(가문)으로서 육지의 토끼가 벼슬살이를 할 수 없었던 주요 원인이었다. 이에 대해 자라가 문장가와 키 큰 인물이 없다고 단언하고 토끼를 방풍씨(防風氏)에게까지 비유한다. 자라의 말을 믿는 한, 토끼에게 수궁은 이상향이 되는 것이다.

이쯤에서 토끼는 망설이게 된다. 자기가 살던 곳에서 벗어난다는 것은 존재의 조건을 바꾸는 큰 모험인 것이다. 이에 '산림지락(山林之樂)과 풍월지흥(風月之興)'에 대해 한바탕 늘어놓으면서 자라의 반응을 탐색하게 된다. 서술자가 이미 '터도 업난 거진말'이라 전제하고 하는 이 말은 사시사철 산간과 전원에서의 풍류 생활을 자랑한 것이다. 이에 대해 자라가 '몹시 불어 뒥긔시요. 손의셔 부난 바람 히풍보단 훨썩 세니.'라고 하면서 토끼의 말을 허풍으로 치부하고 반박한다. 이른바 토끼의 '가련 신세(可憐身勢)'에 대해 하나하나 적시하는 것이다. 두 인물이 한 말의 성격을 비교해 보자.

숩ㅎ를 다 보너고 금풍이 일어나고 옥노가 셔리 되야 승엽홍어이월화 졍거좌이ㅎ난 쩌와 황화구일용손음 낙모취무 죠흔 귀경.(290쪽)

칠팔구월 가을 되면 공손의 입 쩌러져 손과목실 낭즈ㅎ니 물컷 업고 밥 만ㅎ여 모죡의 죠흔 쩌난 일넘중 제일이나, 봉봉에 안진 거슨 미 바든 슈왈자요, 골골리 뒤난 거슨 너 잘 맛는 손힝기라. 몽치 든 모리꾼은 양엽퓌셔 홍구리고 죠총 든 일쩌포슈 화문의 화승 박아 목목시 안즈시니, 당신의 급ㅎ 수세 비승쳔을 홀 터인ㄱ? 죵지츌을 홀 터인ㄱ? 단풍 귀경

국화 귀경 니 쇼견은 할 슈 업닉.(294쪽)

　토끼의 말은 한시 구절을 동원하여 수식한 것이다. 인용하지 않은 부분에서는 시구와 함께 인물 고사가 많이 사용되었다. 반면, 자라의 말은 '수왈자, 사냥개, 모리꾼, 일자포수' 등 당대 현실에서 취한 어휘들을 써서 토끼의 위태로운 현실을 표현하였다. 초회왕·소중랑·조조 등의 인물 고사를 간간이 끌어들이고는 있으나, 전반적으로 토끼에게 빗대어 당대 서민층의 고난상을 그려낸 것이다. 이 대목에서 기존의 형식적·관념적 언어와 당대의 구체적·실질적 언어가 가장 뚜렷하게 대비되어 나타나는 한편, 서술자와 자라가 연대하여 토끼를 풍자하고 있는 양상도 드러난다. 뒤에 가서는 서술자와 토끼가 연대하여 용왕을 풍자하는 양상으로 바뀐다.

　이러한 대비를 통해 허위의식에 사로잡힌 토끼를 풍자하는 한편, 산림지락과 풍월지흥으로 일컬어지는 양반 사대부 문화 전반에 대한 비판이 이루어진다. 그리고 토끼의 현실을 그의 관념에 직접 대비시킴으로써 현실에 대한 인식을 보다 예각화한다. 결국 자라의 말에 토끼가 넘어가는 것은 서로 다른 두 가지 인식 태도가 극명하게 대비됨으로써 자신의 관념을 깨고 현실을 직시하게 되었기 때문이라 할 수 있다.

　그런데, 육지의 현실을 인식한 것만큼의 진정성(眞情性)이 수궁에 대한 인식에서 확보되지 못했다. 육지에 결여된 것이 수궁에 있으리란 점은 자라의 말로만 보장된 것일 따름이다. 그런데도 토끼가 이를 믿고 따르는 것은 논리적인 근거라기보다는 허구적인 서사 전개에 의해서일 것이다. 토끼와 자라의 이야기를 끝까지 끌고 가기 위해서는 서사 전개를 이끄는 서사적 언어의 도움이 필요한데, 그 바탕에는 현실 인식과 함께 그것의 다른 일면인 이상향에 대한 기대가 놓여 있다. 이상향에 대한 기대는 현실 인식의 진정성에 맞먹는 서사 전개상의 의의를 지닌다. 이는 동물 세계를 인간 사회와 대비되는 이상향으로 설정한 서술 시각과 상통하는 것이기도 하다.

　토끼가 현실을 제대로 인식한 것 같으면서도 자라의 말만 믿고 수궁을 이상향으로 여겨 떠나는, 그 위태로운 도정의 출발점에서, 다음의 서술은 상당한 극적 효과를 자아낸다.

> 톡기가 시염츠로 언덕의 압볼 듯고 믈 속의 뒷발 너어 시험흐여 보랴 흐니, 주부가 달
> 여드러 톡기의 뒷다리를 뎅경 믈어치 그시니, 톡기가 풍 쌘져 셔희슈를 만이 썼다.(298,
> 300쪽)

토끼가 수궁을 탈출하여 육지로 귀환한 다음에도 '져 단단흔 쥬둥이로 뒷다리 꽉 믈고셔 믈노 도로 드러가면 엇졀 슈가 없거쑤나'(318쪽)라면서 두려운 마음으로 기억할 만큼, 토끼에게는 존재의 전환을 가져온 장면인 것이다. 여기에는 현실과 이상, 삶과 죽음의 묘한 혼재와 교체 가능성을 시사하는 상징적 의미가 함축되어 있는 듯하다.

13.3.3 토끼가 용왕을 속이는 말

수궁에 온 토끼가 자신의 운명을 알게 된 것은 문지기를 통해서이다. 자라의 말로 분식된 이상향은 그 입구에서부터 파기된 것이다. 용왕의 분부를 듣고 입궐하기 전까지 토끼가 어떤 생각을 했는지에 대한 기술은 없다. 그렇지만 전복의 순간 토끼가 느꼈을 낭패감과 배신감, 죽게 되었다는 절망감만큼은 짐작해 볼 수 있다.

서사 전개상 토끼가 용왕을 속이는 것은 그러한 절체절명의 위기로부터 벗어나기 위한 것이다. 그러나 사용된 언어의 성격상 앞에서 자라가 토끼를 유혹한 말과 별로 다르지 않다는 점에 주목해야 한다. 자라가 토끼를 꾀는 것과 토끼가 용왕을 속이는 것은 모두 유혹의 구조에서 기인한, 유사한 언어 전략에 따라 이루어진 것이다. 따라서 두 서사 단락이 그렇게까지 대립되는 의미를 지니는 것은 아니다. 자라가 주체가 되어 토끼를 풍자하는 것과 토끼가 주체가 되어 용왕을 풍자하는 것은 같은 차원의 현실 인식에 기반한 것이라 할 수 있다. 자라와 토끼는 사건이 진행됨에 따라 어느 때는 풍자의 주체(혹은 대상)가 되었다가 어느 때는 풍자의 대상(혹은 주체)이 된다. 이에 토끼가 풍자의 주체이고 자라와 용왕이 풍자의 대상이라고 일면적으로만 해석하기 어렵다. 용왕까지도 신하들의 마음을 떠보는 장면에서는 은근하게 풍자의 의도를 드러내고 있는 것이다. 이와 같이 자라와 토끼의 역할이 바뀌면서 현

실 풍자가 이루어짐으로써 작품에 담긴 역동적이고 변증법적인 인식 태도가 잘 드러난다.14)

잡혀온 토끼를 보고 용왕은 토끼의 간을 먹고 나은 후에 상(像)을 만들어 사당에 앉히고 '기린각, 능운대'에 이름을 새기겠다고 한다. 충신에 대한 전통적인 대접인 것이다. 이에 대해 토끼는 다음과 같이 대답한다.

> 쇼퇴 갓턴 젹은 목슘 인간의 지천이라. 독수리 밥이 될지 슌힝긔의 반찬 될지, 그물의 썬일넌지 총부리의 타질넌지 죽고만 말 터이니, 그런 디 죽사오면 셰승의 늣든 즈최 뉘가 다시 아오릿가? 복중의 간을 너여 디왕 환후 구ᄒ오면 아무 공뇌 업스와도 유방빅셰 절노 될디, 허물며 디왕 덕틱 속쵸·쥬금 져 형용과 인각·운디 져 셩명이 그 영화 무궁하여 만셰의 유젼홀디, 이 방졍시런 거시 간 업시 왓사오니 졀통ᄒ기 칭양 업쇼.(304쪽)

예전에 자라가 토끼로 하여금 현실을 직시하도록 만든 당대의 언어를 토끼가 받아들여 이 자리에서 자기 말로 바꾸어 발화한 것이다. 그런데 바로 그 지점에서 위기 극복의 방도를 차린 것이 의미심장하다. 자신의 처지를 한껏 낮추고 '속초(束草)·주금(鑄金)', '기린각·능운대'의 영화를 한껏 추켜세운 다음, '간 없이 왔'다고 하는 것이다. 간이 없다는 것은 물론 거짓말이지만 살기 위한 거짓말이라는 당대의 실질적 의미가 함축된 말이다. 따라서 기존의 관념적 언어와 당대의 실질적 언어의 틈새에서 살 방도를 찾았다고 할 수 있다.

두 언어의 틈새에 놓인 논리적 근거가 바로 유식함이다. 토끼는 유식, 무식의 여부에 따라 말의 진정성이 판명되도록 대화를 이끌고 있다.

> 디왕 갓튼 져 지위의 무식함을 웃난이다. 디왕의 무궁변화 승천입히 ᄒ옵시고 홍운치우 ᄒ시기여 천지간 무궁이치 다 아시나 ᄒ여쩌니, 쇼퇴의 간 츌립은 쵸동목슈 다 아난듸 디왕 혼즈 모로시니, 그리 무식ᄒ신잇가?(304쪽)

용왕에게 무궁한 능력과 식견이 있다는 것은 기존의 인식이고, 초동(樵

---

14) 정출헌(1999), 앞의 책, 328~329쪽에서 별주부와 토끼 사이의 '맞섬'과 '어울림'을 강조한 점은 논의의 진전이라 할 것이다. 그러나 별주부와 토끼를 대등한 역할의 수행자로 보지 않고 기존의 인물 평가 시각을 온존시키고 있는 점은 재고를 요한다.

童)·목수(牧竪)와 같은 이들도 아는 사실을 모르는 것은 당대의 사태이다. 토끼는 기존의 고사에 얽매인 인식의 허위성을 풍자하고 당대인의 현실 인식을 근거로 하여 자신의 논리를 펴는 것이다. 이를 통해 토끼가 육지에서 자라를 처음 만났을 때 문자를 쓰면서 유식한 체했던 것에 대해 스스로 비판한 셈이며, 더 올라가 용왕의 물음에 대해 좌승상 거북과 우승상 잉어가 고사를 사용하여 유식한 체한 것에 대해 서술자가 풍자한 것과 맥락을 같이 하고 있다. 토끼 자신을 포함하여 기존의 권위에 기댄 인식 태도를 한꺼번에 매도해 버린 형국이다.

토끼가 간을 넣다 뺐다 할 수 있는 능력을 지녔다는 주장의 근거는 달의 별호(別號)가 '옥토(玉兎)'요 조수(潮水)의 별호가 '삼토(三兎)'15)라는 데 있다. 이름이 같은 까닭에 달의 차고 기움, 조수의 나가고 물러남의 이치가 토끼의 간에도 적용된다는 것이다. 이는 명목상의 논리일 따름이지만, 그것을 일반 사람들은 다 아는데 용왕이 모른다는 사실을 지적함으로 해서 용왕은 식견의 측면에서 큰 타격을 받게 되었다. 자라가 토끼에게 수궁을 자랑했을 때 자라의 말만이 근거였듯이, 토끼가 내세운 초동·목수 역시 토끼의 말속의 근거일 따름이다. 그런데도 용왕의 무식함은 만천하에 조롱거리가 되어 버린 것이다. 이는 용왕으로 대표되는 기존의 관념적인 인식 태도에 대해서 현실 체험에 입각한 당대의 인식 태도가 우위에 있음을 역설한 것이라 할 수 있다.

그런데 토끼의 주장에 대해 자라가 이의를 제기하면서 논란이 이어진다.

> 퇴간 출입혼단 말리 수기에도 업수옵고 의치의도 부당혼니, 비를 갈나 간 업시면 신이 양게 쏘 나가서 망견톡기 즈바올게 비 가르고 보옵쇼셔.(308쪽)

자라는 『사기』와 '이치(理致)'를 근거로 하여 토끼의 주장을 반박한다. 그의 인식 내용은, 마치 용왕의 무궁한 능력과 식견이 고사에서 나온 것처럼, 『사기』를 비롯한 유교 경전에서 얻어진 것이다. 자라는 기존의 것에 의지하여 말했을 따름이기에 곧바로 토끼의 반박에 부딪힌다.

---

15) 『한국한자어사전』 권1, 단국대 동양학연구소, 1992. '三兎三龍水 : 고려시대 이규보가 지은 조석시(潮汐詩)의 첫째 구절. 한강 하류의 조수가 음력 초하루·초이틀·초사흗날 묘시(卯時)에 들고, 초나흘·초닷새·초엿새날 진시(辰時)에 드는 것을 보고 표현한 말이다.'

처음 나를 만나실 졔 져 통졍을 ᄒ여시면, 그날이 보름날 우리 식구 슈빅 명 함ᄭᅴ 간을 ᄲᅵ여 ᄂᆞ니 그 즁의 나이 늘거 약 마니 든 죠흔 간을 열여 보를 쥬여씰듸, 속이 그리 음험ᄒ여 벼슬ᄒ라 슈궁 가즈 돌나올 ᄭᅬ만 ᄒ니 그거시 첫 번 허물. 딕왕 환후 시급ᄒ니 너고 나고 ᄯᅩ 나가서 간을 어서 가져와야 치료를 ᄒ실 텐듸 날만 어셔 죽이라니, 네 놈의 싱긴 형용 음목단쪽 즁경오쳬 가여공환란이요 불가여공안락이라. 나를 죽여 간 업시면 엇던 톡기 다시 보리? 니가 슈궁 벼슬ᄒ즈 너를 ᄯᅡ라 갓단 말리 왼 슌즁 휜즈ᄒ여시니, 나난 다시 안 나가고 너 혼즈 ᄯᅩ 나가면 슌즁 우리 동무더리, 날 '다려다 엇다 두고 눌 두루라 ᄯᅩ 왓난다?' 톡기 줍기 고스하고 네 목슘이 엇지 되며, 너 죽기난 네 죄로되 대왕 환후 엇지 되리?(308쪽)

토끼는 자라의 주장과 태도에 대해 두 가지 문제점을 제기한다. 첫째, 처음부터 사실대로 말했으면 일이 잘 되었으리라는 것, 둘째, 자기를 죽여 간이 없으면 다시 구할 형편이 아니라는 것이다. 둘 다 현실 논리에 입각해 있다. 전자는 토끼 자신의 주장을 전제해 놓고 과거 일을 들춘 것인데, 사실 이것은 자라가 벼슬하러 가자고 꾄 것에 대한 질책의 의미가 더 강하다. 후자는 미래에 벌어질 일을 가져와서 현재의 주장을 뒷받침하는 것인데, 간이 있고 없고의 문제가 아니라 더 이상 간을 구할 현실적인 여건이 마련되지 못하리라는 사실을 지적한 것이다. 논리적으로 문제는 있으나 과거와 미래의 일을 현재 및 현실적인 차원에서 인식하려는 태도만큼은 뚜렷하다.

앞서 자라가 관념적 인식을 비판하고 현실을 직시하도록 함으로써 토끼를 꾀어 낸 것에 비해, 토끼는 관념적 인식을 역이용하고 현실의 추세에 따른 논리를 펼쳐 용왕과 자라를 속이는 것이다. 인식의 두 가지 방법을 이용하였다는 점에서 자라와 토끼는 공통되나, 토끼는 보다 철저히 현실 논리를 내세워 결국 목적을 달성하는 것이다.

토끼는 용궁에서 후한 대접을 받으며 실컷 즐기다가 다시 육지로 돌아오게 된다. 애초에 자라가 수궁을 나와 육지에 들어서서 산중 풍경을 구경한 것과 짝을 이루어, 토끼가 육지로 돌아오면서 강상 풍경에 대해 묻고 대답하는 새타령이 삽입되어 있다. 이전에 토끼가 수궁으로 가면서 강상 풍경을 물었으나 자라가 무시하고 수궁으로 바로 갔는데, 그렇게 해서 유보되었던 장면이 여기에 나오는 것이다. 산중 풍경이나 강상 풍경이나 고사와 한시 구절로 수식한 형식적 언어들의 집합일 따름이다. 그렇지만, 작품 구성상의 필요에 따라서, 혹은 독자의 관습화된 인식 태도에 영합하거나 독자에게 일정한 지식을 전달하기 위해서 삽입되었을 것 같다.

육지에 이른 토끼가 자라에게 던지는 다음 말로써 이제까지 진행된 사건에 대해 판정이 내려진다.

> 용왕의 의수 잇기 날갓치 춍명ᄒ고 너의 구변 업기 용왕갓치 미련터면, 악가온 이니 목숨 슈즁원혼 되것구나. 동너박의 칙을 본니 김싱의 미련ᄒ기 어이슈이 갓다 ᄒ되, 인쪽의 미련ᄒ기 모쪽보단 더 ᄒ더라. 오즁의 부튼 간을 엇지 츌납ᄒ것나냐?(318쪽)

'의사(意思)'와 '구변(口辯)'의 있고 없음에 따른 '춍명'과 '미련'이 토끼와 용왕의 인물 성격을 요약하고 있다. 의사는 현실 인식의 결과로 얻어지는 것이며, 구변은 작품 속에 구성된 여러 층위의 언어들의 교묘한 조직을 말한다고 할 수 있다. 결론적으로 제시된 토끼의 이 말이 당대 현실에 대한 의사와 구변, 즉 현실 인식과 언어 조직의 측면이 작품의 주된 관심사였음을 대변해 준다.

13.4 맺음말

본고는 신재효본 〈토별가〉를 대상으로 작품을 구성하고 있는 언어들의 층위별 성격과 조직의 양상을 살펴보았다. 이 작품은 기존의 언어와 당대의 언어, 구체적·실질적 언어와 형식적·관념적 언어가 서로 밀고 당기면서 결합되어 있음을 보았다. 그러한 여러 층위의 언어들을 서사 전개에 따른 서사적 언어와 작가 의식에 의한 풍자적 언어가 통제, 조정하면서 작품의 의미를 보다 복합적이고 미묘하게 생성해 내고 있었다.

각 층위의 언어들은 작품의 구조적인 면에서 유혹의 말로 수렴되면서 조직되어 나갔다. 그리하여 줄거리를 따라서 용왕이 신하들을 떠보는 말, 자라가 토끼를 꾀는 말, 토끼가 용왕을 속이는 말로 전개되면서 유혹하고 유혹당하는 인물들의 관계와 사건들이 그려졌다. 이러한 유혹의 구조 속에 인식의 경향성이 드러났는데, 관념적 인식 태도를 깨뜨리고 현실적 인식 태도로 나아가려는 의도가 작품 전반에 깔려 있음을 확인하였다.

논의의 과정에서 자라와 토끼가 번갈아 가면서 풍자의 주체와 대상이 되어 기존의 권위에 기대는 인식 태도를 비판하고 당대 현실에 적합한 인식 방법을 모색하고 있음을 살필 수 있었다. 이는 작품에 담긴 역동적, 변증법적 인식 태도를 보여주는 것이다.

그렇지만 본고에서 사용한 용어나 설정한 층위가 겹치는 면이 있고, 언어 층위들을 단순하게 구조화하여 해석한 면도 있다. 판소리계 소설을 좀더 깊이 있게 살펴서 이 갈래의 언어적 특징과 인식의 측면에 대해 의미 있는 논의를 펼치게 되기를 바란다.

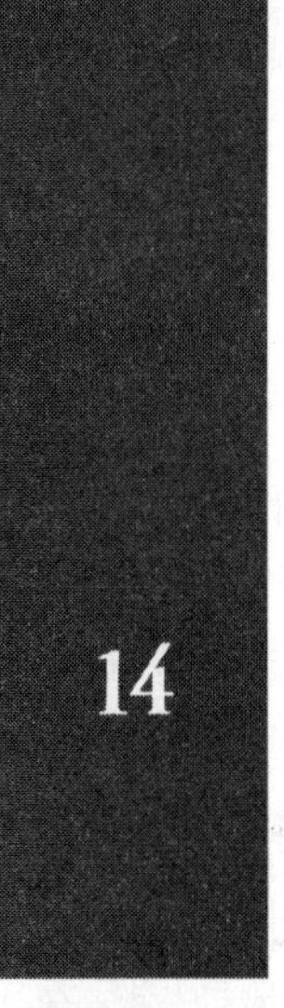

16세기에 쓰여진
| 김성일 언간의 텍스트 언어학적 분석 |

김용경

14.1 머리말

브링커(1985:126)에 따르면 커뮤니케이션의 상황은 주로 텍스트의 전달을 위해 사용되는 수단들을 통해 규정되는데 대략 5가지의 양식들이 구분될 수 있다. 여기에는 '대면형식', '전화', '라디오', '텔레비전', '서면형식' 등이 있는데 '텍스트 유형으로서의 편지'는 '서면형식'에 포함된다.[1] 이를 간략히 정의해 보면, "시간적·공간적으로 떨어져 있는 커뮤니케이션 참여자들 사이에서 이루어지는 일상적 텍스트로, 한 사회의 일정한 역사적, 사회적 상황에 의존하고 있는 일종의 커뮤니케이션 형식"이라 할 수 있다.[2]

---

1) 오장근(2001:257~8)에서 인용
2) 오장근(2001:258)

이러한 편지는 '서면형식'을 띤다는 점에서 일반 문서텍스트와 공통점을 가지고 있으나 차이점도 분명하다. 첫째는 텍스트 수신자가 한정되어 있다는 것이다. 수신자가 여럿일 수도 있지만 대체적으로 개인일 경우가 많다. 둘째는 특정한 텍스트 수신자와의 관계를 고려하면서 커뮤니케이션의 내용이 전개되고 있다는 것이다. 가령, 텍스트 수신자가 명확해지면 이에 따라 실현될 높임법의 층위가 정해지고 보다 구체적이고 직접적인 정보들이 오갈 수 있게 된다. 이러한 이유 때문에 편지 텍스트의 경우, 발신자와 수신자 사이에 이미 알려진 정보는 과감히 생략되는 경우가 많다.

이 글은 편지 텍스트 중 시기상으로 16세기말에 쓰여진 언간3) 텍스트 1편을 분석해 보기로 한다. 이를 위해 14.2에서는 조선 시대 언간 텍스트의 일반적 특징을 살펴보고 14.3에서는 '김성일 언간'4)의 텍스트다움을 제시된 기준에 따라 설명하기로 하겠다.

14.2 조선 시대 언간 텍스트의 일반적 특징

언간은 조선 시대를 통틀어 국문으로서의 공식성을 인정받지 못하고 그 사용 범위에도 제약이 있었다. 이는 남성간에 공식적으로 주고받는 편지는 거의 한문 서간이었다는 것과 언간의 발신자와 수신자 중 한 쪽에는 항상 여성이 관여하고 있다는 사실만으로도 입증이 된다. 그러나 이러한 언간은 단

---

3) 훈민정음 창제 이래로 국문으로 된 편지에 대한 명칭이 다양하다. 우선, 諺簡・諺書・諺札・內簡 등은 한문 편지와 구별짓고자 하는 이유에서 붙인 이름들이다. 고유한 용어로는 유무・편지・글월(글발, 글왈)・뎍은것・긔별・발괄・고목(告目) 등이 있다(김일근, 1991:12). 여기서는 '諺書로 쓰여진 簡札'이라는 의미의 '언간(諺簡)'을 정식 용어로 사용하겠다. 김일근(1991:14)에서는 언간을 "갑오경장 이전에 씌어진 국문 전용 및 한자혼용의 서간 일체를 지칭하는 것이나, 협의적으로는 개인간의 사적인 서간이고, 광의적으로는 공적 성격을 띤 傳敎・懿旨(의지)・呈狀・所志・白活(발괄) 등 고문서의 영역에 속하는 것과 유서・제문까지 포괄하는 것"으로 설명하고 있다.

4) 이 언간은 학봉(鶴峰) 김성일(金誠一)(1588~1593)이 1592년 12월 24일에 쓴 것으로, 수신자는 직접적으로는 김성일의 부인이며 간접적으로는 집안에 있는 김성일의 장모, 자식들이 포함되고 있다. <鶴峰全集>에 수록되었으며 김일근(1991:258)에 사진이 실려 있다. 김성일의 다른 언간 편지가 보이지 않으므로 여기서는 '김성일 언간'으로 칭하고자 한다.

지 "부녀자끼리 주고받는 편지"(표준국어대사전), "궁정(宮庭) 또는 여염(閭閻)에서 부녀를 상대로 한 편지"(이병기 1948:1)로 오해되어서는 안 된다. 조선 시대를 거쳐 언간은 특정 계층에 제한됨이 없이 남녀 모두가 텍스트 발신자 내지는 수신자가 될 수 있었고[5] 그 내용의 범위 또한 폭넓기 때문이다. 사실 훈민정음의 실용화는 언간을 통해서 시작되었다할 수 있는데, 사적인 영역에서 일상의 생활 감정을 가장 잘 전달하는 매개체가 되었고 이러한 삶에 대한 진솔한 표현은 후에 문학수단으로도 발전하게 되었다.[6]

> 가샹이는 아젹브터 썩 달라 ᄒ고 에인이 픠여시니 급작되이 썩 ᄒ노라 드러쳐시니 이런 비변이 업서 웃노라. 음식 가지 수롤 손고바 혜며 내라 ᄒ고 보챈다.(가샹이는 아침부터 떡을 달라 하고 어리광이(?) 피었으니 (이를 위해) 급작스레 떡을 하느라 야단법석이니 이런 변이 없어 웃고 있노라. 음식 가지 수를 손꼽아 세며 (떡을) 내라 하고 보챈다)〈언간 777[7])(1662년), 인선왕후(어머니) → 숙명공주(딸)〉

위의 언간 텍스트는 어머니인 인선왕후가 사가(私家)에 시집 간 딸인 숙명 공주에게 보내는 편지이다. 여기에는 궁중에 머물고 있는 손자가 어리광을 피며 떡을 해 내라고 졸라대는 모습, 그 주변에서 떡을 해 내려고 부산하게 움직이는 모습, 그러한 손자를 미워하기는커녕 잔뜩 웃음을 머금고 바라보는 할머니의 모습이 역동적으로 제시되고 있다. 일상의 안부를 전하는 편지를 넘어서 한 편의 서사 문학을 대하는 듯하다.

이와 함께 판본 자료에서는 볼 수 없는 당시의 일상 어휘가 풍부하게 드러나고 있다.[8]

> 알폰 ᄃᆞᆫ 죠곰도 낫ᄂᆞᆫ 이리 업서 혼가지라 ᄒ니 아마도 민망〃ᄒ기 **아무라타 업서** ᄒ노라.(아픈 데는 조금도 낫는 일이 없어 마찬가지라 하니 아무래도 민망 민망하기 그지없어 하노라)〈언간 112(1660년), 인선왕후(어머니) → 숙명공주(딸)〉

---

5) 김일근(1991:18~32)에는 이에 대한 설명이 나와 있는데 언간의 발신자는 왕과 왕비는 물론이고 노비에 이르기까지 다양하게 나타난다.

6) 김일근(1991:105)에서는 "언간을 통해 발산된 민중의 표현 욕구는 임진란 이후에 일기·수기·소설 등을 싹트게 한 중요한 여건"이라고 하였다.

7) 여기에 언간 자료의 번호는 김일근(1991)에서 부여한 번호를 그대로 따르고 있다.

8) 이에 대한 다양한 예시와 설명은 황문환(2002)에 제시되어 있다.

젼년 이 째예 모다셔 즐거이 디내던 이리 그 더디 네 일이 되여 일마다 아니 셜운 이리 업스니 혼갓 **톡*호** 눈물뿐이로다.(작년 이 때에 모여서 즐거이 지내던 일이 그 사이에 옛날 일이 되어 일마다 아니 서러운 일이 없으니 단지 가슴 답답한 눈물뿐이로다)〈언간 87(1660년), 인선왕후(어머니) → 숙명공주(딸)〉

우흐로 부모를 싱각ᄒ고 싱심도 무익혼 **슬쿠지** 말고 밥이나 힘뼈 먹고 병드러 근심 기티디 말아(위로 부모를 생각하고 조금이라도 무익한, 슬퍼하여 몸 상하는 일(?) 하지 말고, 밥이나 힘써 먹고 병들어 근심 끼치지 마라)〈언간 48(17세기 중엽), 효종대왕(아버지) → 숙명공주(딸)〉

위의 세 예문에 나오는 '아ᄆ라타 없다', '톡톡ᄒ다', '슬쿠지'는 '허전하고 심란하다', '가슴이 메이고 답답하다', '슬퍼하지'의 의미로 쓰이는데 언간 자료에는 등장하고 있지만 판본 자료에서는 볼 수 없는 일상 용어들이다.

이 외에도 조선 시대의 언간은 수신자의 개인적 사정을 잘 알고 있는 경우가 많으므로 불필요한 정보는 과감히 생략된다. 또한, 텍스트 수신자를 높여야 할 경우, 어휘적인 방법뿐만 아니라 행을 바꾸거나(올려적기 : 移行式) 단어 사이를 띄우는 방식(사이띄기 : 平闕式)도 함께 사용되고 있다.9)

14.3 김성일 언간의 텍스트 언어학적 분석

이 글은 조선 시대 16세기에 쓰여진 김성일 언간 1편의 텍스트 언어학적 분석을 목적으로 하고 있다. 이러한 언간을 분석하기에 앞서 사용될 분석의 틀은 보그란데 · 드레슬러(1981)가 제시하고 있는 기준을 바탕으로 하겠다. 보그란데 · 드레슬러는 인지적 구성체로서의 텍스트, 즉 사고의 언어로서 지니는 텍스트를 이루는 요인들은 표층의 순차적 연결성을 이루는 결속 구조(cohesion), 심리적 요인으로서의 화자가 지향하는 의도성(intentionality), 청자 측의 텍스트 수용 태도인 용인성(acceptability), 사회적 요인으로서의 상황성(situationality), 정보의 예측성에 관여하는 정보성(informativity), 그리

---

9) 이에 대한 좀더 자세한 내용이나 예는 김일근 · 이종덕(2000-1)을 참고할 것.

고 총체적으로 모든 텍스트에 전제되는 상호 텍스트성(intertextuality)과 이 모든 기준의 주도적 요인으로서 텍스트 내용의 개념적 연결성을 기하는 결속성(coherence)으로 나누고 있다(김태옥, 1996 참고).[10] 이 글에서는 이와 같은 내용을 바탕으로 언간 텍스트를 분석하기로 하겠다.

이 언간의 작자는 조선시대의 문신·학자이며, 호는 학봉(鶴峰). 시호는 문충(文忠)인 김성일이다. 김성일은 1568년(선조 1년)에 증광문과에 병과로 급제하여 봉교·정언·부제학 등을 거쳐 사성으로 1590년 통신사의 부사가 되어, 정사 황윤길(黃允吉)과 함께 일본에 건너가 실정을 살피고 귀국하여 일본 침략의 우려가 없다고 보고하기도 했다. 그 후 경상우도관찰사를 역임하던 중 임진왜란이 발발하였다. 이에 선조는 왜에 대한 보고의 잘못을 들어 국문하려 했으나 좌우의 의견을 들어 그의 진의가 잘못 파악되었음을 알고 다시 경상도 초유사로 임명하였다. 1592년 8월에 경상좌도 관찰사로, 후에 경상우도 관찰사로 임명되었고 의병장인 곽재우 등과 연합하여 진주성을 사수하다가 1593년(선조 26년) 4월에 병사하고 만다. 이 언간은 경상우도 관찰사로 다시 제수되어 부임하던 중 산음(山陰)에서 부인에게 보낸 것이다.

다음은 언간의 판독문과 현대역이다.

(1) 김성일 언간의 판독문[11]

<table>
<tr><td></td><td>寄內書</td><td>石魚二尾
石葦二斤
石榴卅一介 (手決)</td></tr>
<tr><td>(封套)</td><td>右營宅 안동 납실</td><td></td></tr>
</table>

요스이 치위여 대되(大都) 엇디 계신

---

10) 고영근(1996)에서는 '텍스트다움'을 판정기준(1)과 (2)로 나누고 있다. 이 중 (1)에는 통사적 통합 수단 또는 결속 구조(cohesion)와 의미·기능상의 통합 수단 또는 결속성(coherence) 으로, (2)는 의도성(intentionality), 용인성(acceptability), 상황성(situationality), 정보성 (informativity), 간텍스트성(intertextuality)으로 구분하고 있다.

11) 이해를 돕기 위해 본문 내용 중 괄호 안에 한자를 첨가하고 띄어쓰기를 하였다.

> 고 ᄀ장 스렴(思念) ᄒ뇌 나는 산음(山陰)
>
> 고올 와셔 모믄 무스히 잇
>
> 거니와 봄 내두ᄅ면 도즈기
>
> 굴윌 거시니 아무려 홀 주
>
> 눌 몰나 ᄒ뇌 ᄯ 직산(稷山)
>
> 잇던 오슨 다 와시니 치이
>
> ᄒ고 이ᄂ가 분별 마소〔移〕
>
> 댱모 뫼옵고 과세(過歲) 됴히 ᄒ소
>
> 즈식둘게 우무 스디 몯ᄒ
>
> 여 몯 ᄒ뇌 됴히 이시라 ᄒ소
>
> 감시(監司)나 ᄒ여도 음시글(飮食) 갓가
>
> 스로 먹고 둔니〃 아무 것도
>
> 보내디 몯ᄒ뇌 사라셔
>
> 서ᄂ 다시 보면 그지눌 홀
>
> 가마ᄂ 긔필(期必) 몯 홀쇠
>
> 그리디 말오 편안(便安)히 겨소
>
> 그지 업서 이만 셔쭐 스믈나훈날

김 (手決)

(2) 김성일 언간의 현대역12)

   ① (봉투) 기내서 우영댁 안동 납실(석어 2마리, 석위 2근, 석류 21개, 수결)

   ② 요사이 추위에 모두 어찌 계신가 가장 염려하오.

   ③ 나는 산음 고을 와서 몸은 무사히 있거니와 봄이 되면 도적(왜병)이 침범할 것
이니 어떻게 할 줄을 몰라 하오.

   ④ 또 직산에 있던 옷은 다 왔으니 추워하고 있는가 염려 마소.

   ⑤ 장모 모시고 설 지내기를 잘 하소.

   ⑥ 자식들에게 편지 쓰지 못하오.

   ⑦ 잘 있으라 하소.

   ⑧ 감사(監司)나 하여도 음식을 가까스로 먹고 다니니 아무 것도 보내지 못하오.

   ⑨ 살아서 서로 다시 보면 그렇게나 할까마는 기약 못할 것이오.

   ⑩ 그리워하지 말고 편안히 계시오.

   ⑪ 그지없어 이만

---

12) 현대역은 설명의 편의를 위해서 각 문장마다 번호를 매겼고, 원문 편지의 행을 따르지 않고 문
장 단위로 구분하였다.

⑫ 섣달 스무나흔날
⑬ 김(수결)

14. 3. 1 결속구조(cohesion)

결속 구조는 발화체의 연속 기능을 실현하는 표층적 요인으로서 통사 구조를 언어 사용의 측면에서 포착하되, 여타 기준들과 상호 작용하는 인지적 측면이 강조된다. 그리고 이러한 결속 구조에는 1) 구, 절, 문장 각 내부의 문법적 의존 관계와 2) 이들 사이에서 긴 폭의 텍스트 표층에 걸쳐 텍스트 세계를 이루는 사상(事象)과 상황의 내적 상호관계를 명시하는 두 가지 유형이 있다.13)

위에 제시한 김성일의 언간에서 병행 구문에 의한 결속 구조를 찾아볼 수 있다. 김성일 언간의 본문에 해당하는 내용은 ②~⑩까지이다. 이 중, '나는~하오'의 통사 구조를 띠고 있는 것이 ②, ③, ⑥, ⑧인데 ⑨도 평서형 문장으로 이루어져 있어서 위의 구조에 포함시킬 수 있다. 이들은 모두 자신의 상태를 확인시키는 내용이 제시될 것을 예측케 한다. 또, '당신은~하소'의 통사 구조를 띠고 있는 것이 ④, ⑤, ⑦, ⑩인데, 이들은 명령문 형식으로 이루어져 있으면서 수신자에 대한 발신자의 기대와 당부를 전달하고 있다. 이처럼 이들 두 유형의 통사구조가 일정하게 병행되어서 구문간의 결속력을 높이고 있다.

이와 함께 발신자는 수신자에게 일관된 높임법을 사용함으로써 본문 내용 전체의 결속력을 높이고 있다. 각 문장의 종결어미로 사용된 '-ㄴ고, -뇌, -소, -쇠'는 16세기에 모두 예사높임을 실현하던 것들이었다.14) 편지 텍스트는 발신자와 수신자가 명확히 드러나는 경우가 많기 때문에 이에 대한 높임법의 실현 정도가 일정하게 나타나는데 이는 텍스트 내의 결속력을 강화시켜 주는 요인이 된다.

또한, 어휘적 결속 구조로서 ②, ③, ④ 문장의 '스럼흐뇌', '아므려 홀 주눌

---

13) 김태옥(1996:117)
14) 김정수(1984:161~4) 참고.

몰나 ᄒᆞᄂᆡ', '분별 마소' 등의 반복을 들 수 있다. 이러한 어휘들은 이 텍스트의 중심 주제인 '염려'를 환기시켜 주는 작용을 하고 있다. 그리고 ⑤, ⑦, ⑩ 문장의 'ᄃᆈ히 ᄒᆞ소, ᄃᆈ히 이시라 ᄒᆞ소, 편안(便安)히 겨소' 등의 구문은 '평안'에 대한 발신자의 기대를 보다 강화시켜 주고 있다.

14. 3. 2 **결속성**(coherence)

결속성은 결속 구조와는 달리 텍스트 형성의 심층적인 그물망을 가리킨다. 즉, 표층 텍스트의 기저에 깔려 있는 각 개념과 그들이 이루고 있는 관계의 구성체15)라 할 수 있다. 그리고 이러한 결속성은 의의의 연속성, 의의의 활성화, 의의간의 연결 관계의 강도, 관련 의의의 상속, 확대 활성화 등의 장치에 의해서 뒷받침된다.

특히, 우리 지식의 어떤 항목이 활성화되면 기억 안에서 그 항목과 밀접히 연결된 다른 항목들도 따라서 활성화된다 이러한 확대 활성화 작용은 텍스트 세계의 풍부한 세부 항목 사이를 중개할 수 있게 된다(김태옥 1996:120).

이 언간 텍스트는 다음과 같은 구조 속에서 그 개념과 의의들이 활성화되고, 연결되며, 이로 인해 텍스트의 지배 의도가 활성화됨으로써 전체 텍스트의 결속력을 뒷받침해 주고 있다. 여기서는 설명의 편의상 문장 단위로 구분하고 이를 다시 몇 개의 상황으로 나누어 보았다.

> (3) 김성일 언간의 결속성
>   (가) 집안의 상황　② 집안식구의 안부 – 염려함
>   (나) 나의 상황　③ 나의 안부 – 무사히 있지만 도적(왜병)이 쳐들어올까 전전
>   긍긍함
>   ④ 나의 안부 – 직산에 있는 옷이 도착하여 추위 문제를 해결함
>   (다) 집안의 상황　⑤ 당부 – 장모님을 잘 모실 것
>   (라) 나의 상황　⑥ 자식에 대한 미안함 – 관심의 표명
>   (마) 집안의 상황　⑦ 당부 – 자식에게 소식 전달
>   (바) 나의 상황　⑧ 자신의 처지 – 감사(監司)이면서도 궁색한 상황

---

15) 드 보그랑데·드레슬러(1981:5), 이재원(2001:284~287) 참고.

⑨ 자신의 처지 - 재회를 기약하기 어려움
(사) 집안의 상황　⑩ 당부 - 마음 편하게 지낼 것
(아) 나의 상황　⑪ 마무리 인사 - 편지를 마침

⇩

> **가족 간의 동질성 확인**
> **가족 간의 유대감 강화**

이 텍스트의 경우, '발신자 집안의 상황(가)'이라는 화제가 활성화되고 나면 자연스럽게 소식을 전하고 있는 '발신자의 상황(나)'에 초점이 새롭게 맞춰지고 이에 따라 이 항목의 활성화가 이루어진다. 이렇게 '수신자 ⇄ 발신자'의 상황이 전개되면서 (아)'나의 상황'까지의 항목이 모두 활성화된다. 특히, (가)에서 (아)까지의 항목이 활성화되는 동안 '나(③, ④, ⑧, ⑨, ⑪)', '장모(⑤)', '자식(⑥, ⑦)', '아내(⑩)', '집안전체(②)'가 일일이 환기되고 있다. 이를 통해, 발신자나 수신자 모두가 궁색한 상황에 처해 있음을 확인함과 동시에 집안의 가장이면서도 가족을 위해 도움을 주지 못하는 발신자의 안타까움과 가족에 대한 관심을 충분히 표현함으로써 한 가족으로서의 동질감을 확인하고 서로의 유대감을 더욱 강화하고자 하는 주제가 전달되고 있다.

14.3.3 의도성(intentionality)과 용인성(acceptability)

화자의 태도와 관련된 것으로서 의도성이 있다. 에머트(1979:70, 오장근, 2001:262)는 편지커뮤니케이션에서 발신자의 지배적인 의도를 4가지로 구분하고 있다.

(4) 발신자의 지배적인 의도
① '커뮤니케이션 상대자와의 사회적 접촉을 시작하다/유지하다/끝내다.(= 접촉의도)
② '하나의 사태(대상, 생각, 느낌, 과정, 관계 등)를 객관적으로 묘사하다.(= 묘사의도)
③ '하나의 사태를 평가하다'(= 판단의도)

④ '어떠한 사람을 부추겨 하나의 사태를 하도록 하게 하다.'(= 요구의도)

본문에 제시된 언간 텍스트는 과연 어떤 지배적인 의도를 가지고 있을까? 언뜻 보기에는 전란 중의 어려움(= 묘사의도)과 한 겨울 동안 추위에 잘 견디며 지내기를 바라는 마음(= 요구의도)이 지배적인 의도인 것처럼 보인다. 만약 이러한 것이 지배적인 의도라면 자신이 처해 있는 상황을 일부러 언급하지 않거나 축소시키는 대신 집안 식구를 안심시키려는 말이나 위로의 말이 더 많이 나타나야 할 것이다. 그러나 이 언간에서는 그러한 것이 보이지 않는다. 오히려 왜병이 언제 쳐들어 올 지 모르는 상황(③)이나 감사(監司)이면서도 어려운 처지에 놓인 상황(⑧), 서로 만나기 어려운 상황(⑨)을 말함으로써 집안 식구를 오히려 불안하게 만드는 내용이 많다. 따라서 이 언간 텍스트의 지배적인 의도는 위에서 말한 묘사의도나 요구의도가 될 수 없다.

반면, 발신자인 김성일은 자신의 상황과 집안 식구에 대한 염려를 반복해가는 중에도 일일이 자신과 가족들을 전체 혹은 개별적으로 환기시키고 있다. 이는 멀리 떨어져 있지만 가족에 대해서 항상 관심을 가지고 있다는 의도를 보여주고자 하는 것이다. 이를 뒷받침할 수 있는 것으로 봉투에 기록된 물목(物目)의 내용이다. 아무리 전쟁 중이라 해도 집안에 계신 어른을 모시고 설을 지내야 하는 가족들에게 가장으로서 성의를 보여야 할 필요가 있었다. 그래서 적은 것이지만 '석어16) 2마리, 석위17) 2근, 석류18) 21개'를 함께 보내고 있다.19) 이는 가족에 대한 가장의 배려를 느끼게 하는 최소한의 정표이다. 이로 인해 멀리 떨어져 있고 재회의 기약조차 할 수 없는 처지이지만 한 가족으로서의 동질감과 유대감을 물적인 것으로도 확인시켜 주고 있

---

16) 조기

17) 고란초과에 속한 늘푸른여러해살이풀. 잎과 줄기는 한방에서 이뇨약으로 쓰인다. 바위, 나무 줄기에 붙어산다.

18) 석류나무의 열매. 맛이 달고 시다. 한의학에서는 석류나무 열매의 껍질로 설사, 이질, 복통, 대하증 따위에 수렴제로 쓰고 여러 가지 촌충의 구제약으로 쓴다.

19) 당시 편지를 전달하는 사람을 통해 여러 물목들이 함께 보내졌었다. 그러나 이것을 전달하는 노비나 하인들이 의도적으로 품목을 빼돌리거나 실수로 전달되지 못하는 경우가 있었기 때문에, 이를 방지하기 위하여 편지 내용 속에 이를 적어 보내거나 봉투에 물목을 적어 보내는 경우가 있었다. 이 경우는 물목을 적은 후에 다시 수결(手決)을 하고 있는 것이 독특하다.

는 것이다. 이로 볼 때, 이 언간 텍스트의 지배 의도는 커뮤니케이션 상대자 와의 지속적인 접촉과 교감을 확인하고자 하는 '접촉의도'이다.

청자의 의도성과 함께 화자의 태도와 관련된 것으로 용인성이 있다. 이 언 간이 쓰여지기 2년 전인 1590년에 김성일은 황윤길(黃允吉)과 함께 일본에 건너가 실정을 살피고 귀국하였는데, 당시 일본의 침략 우려가 없다고 보고 하였다. 그 후 경상우도병마절도사를 역임하던 중 임진왜란이 발발하였다. 선조가 왜에 대한 보고의 잘못을 들어 국문하려 했으나 여러 상황을 바탕으 로 그의 진의가 잘못 파악되었음을 알고 다시 초유사[20]로 임명하였다. 이에 의병장인 곽재우 등과 연합하여 왜병에 대항하여 여러 전과를 올렸다. 이러 한 공과를 인정받아 그 해 8월에 경상우도 관찰사가 되었는데 이 언간을 쓸 당시는 언제 목숨을 빼앗길 지 모르는 전쟁터에 있으면서 계절적으로는 극한 기에 접어들던 때였다. 전란중 겨우 목숨을 겨우 연명해 가던 백성들과 전쟁 터에 나가 있는 병사들의 고초는 누가 설명하지 않아도 알 수 있는 상황이었 다. 더구나 본가가 있는 안동과 김성일이 거하고 있는 산음(지금의 경남 산청) 은 그리 멀리 떨어진 곳이 아니기에 그 실정을 가족들도 모를 리가 없었다. 특히, 김성일은 왜병이 침범할 우려가 없다는 보고를 올린 사유 때문에 서울 로 압송되다가 겨우 풀려나서 관군과 백성들을 독려하던 상황이었기에 집안 에 대한 배려나 관심은 거의 바랄 수 없는 처지였다. 따라서 비록 적은 품목 이지만 이를 챙겨 보내면서 집안의 안부를 묻는 이 언간은 가족들과의 동질 감과 유대감을 확인시켜 주기에 충분한 것이었다.

14. 3. 4 **상황성**(situationality)

상황성은 하나의 텍스트를 현재의 담화 상황 또는 복원 가능한 상황에 적 절히 관련지어 주는 요인이다. 이 언간은 임진왜란이 한창 진행되던 때였는 데 당시의 상황을 알 수 있는 텍스트 내용들이 언급되고 있다. 우선, ③에서 는 '봄이 되면 도적(왜병)이 침범할 것'이므로 상당히 불안한 처지의 상황과

---

20) 초유사(招諭使) : 난리가 났을 때, 의병을 모으고 민심을 수습하는 일을 맡은 임시 직책.

⑦에서는 '감사이면서도 음식조차 마음대로 먹을 수 없는 처지'의 상황이 잘 드러나고 있다. 그리고 이러한 상황 점검을 바탕으로 ⑧에서는 '살아서 서로 만나는 것조차 기약할 수 없는' 처지라는 상황 평가까지 내리고 있다.

14. 3. 5 정보성(informativity)

"정보성"은 제시된 텍스트 자료가 담화 참여자들에게 알려지지 않은 새 정보인가, 아니면 알려진 낡은 정보인가를 결정하는 요인이다(고영근, 1996:92). 이 텍스트에서는 수신자에게 아직 알려지지 않은 정보들이 많이 들어있다. 평상시에도 가족이 서로 떨어져 있을 경우, 상대방의 안부에 대한 염려가 많을 수밖에 없다. 하물며, 전쟁터에서 전쟁을 독려하는 지휘관의 근황은 시시각각으로 달라지기 때문에 가족들은 새로운 정보에 목말라 하고 있을 것이다. 우선, 이 텍스트에서는 발신자의 위치가 구체적으로 제시되고 있다. 임진왜란이 발발하자 선조는 경상우도병마절도사로 있던 김성일을 서울로 압송하도록 명령을 내렸다. 그리하여 충청도 직산(稷山)까지 압송되어 가던 중 유성룡(柳成龍) 등의 변호로 풀려나 경상도 초유사로 다시 임명되었다. 이후 관병과 의병들을 독려하여 왜병의 침입을 막았다. 조정에서는 김성일의 이러한 공적을 인정하여 그 해 8월에 경상좌도 관찰사에 임명하였다가 이내 경상우도 관찰사로 임명하였다. 이 언간 텍스트는 경상우도 관찰사로 부임하던 중 그 해 12월 24일 산음(지금의 산청)에서 쓴 편지이다(③에서 언급). 편지의 내용으로 볼 때, 약 4개월 가까이 집안과 연락이 안 되었던 듯하다. ④에서는 서울로 압송될 당시에 직산에 있던 옷들도 이미 찾았다는 정보가 들어 있고, ③에서는 왜병과 대치하고 있지만 봄까지는 왜병이 쳐들어오지 않을 것이라는 새 정보도 제시되고 있어 가족들은 당분간 가장(家長)의 안위에 대해 덜 걱정할 수 있게 되었다. 이와 함께 봉투에 해당하는 ①에서 집안에 보낼 물목을 구체적으로 언급해 줌으로써 정보성을 더 높여 주고 있다. 마지막으로 ⑪에서는 이 텍스트가 쓰여진 날짜를 정확히 밝혀 주었고, ⑫에서는 수결(手決)까지 하여 발신시와 발신자에 대한 정확한 정보를 제시하고 있다.

14.3.6 **상호 텍스트성**(intertextuality)

조선 시대 언간의 경우, 내용이 그리 길지 않고 집안 내용과 관련된, 지극히 사적이고 실생활과 관련된 내용들이 주를 이루기 때문에 특정한 텍스트와의 직접적인 상호 관련성을 파악하기가 쉽지 않다. 따라서 이 글에서는 브링커(1992)가 제시한 텍스트 유형 분류에 따라 구분하여 보고 같은 시기에 쓰여졌던 다른 언간 텍스트의 형식과 비교하여 보기로 하겠다.

> (5) 김성일 언간 텍스트의 유형적 특성
> ㉠ 텍스트의 기능 : 접촉적 기능
> ㉡ 통보 방향 : 독백적
> ㉢ 접촉 방식 : 시각 기호, 시간·공간 분리
> ㉣ 통보 방법 : 문자
> ㉤ 행위 영역 : 사적

조선 시대 언간텍스트의 경우 현대의 편지텍스트와 전달되는 내용이나 형식은 유사하다. 그러나 일부 형식에서는 차이가 나기도 한다. 이 언간은 당시 언간에서 공통적으로 나타나는 여러 형식적 특징을 갖추고 있다.

화자가 청자 또는 문장 내용에 등장하는 주체나 객체에 대해 어떤 높임의 의향을 실현하는 것을 높임법이라 하는데, 오늘날 이러한 높임법은 어휘적·굴곡적·파생적 방법을 통해 실현하고 있다.[21] 그러나 조선 시대의 경우는 또다른 방법에 의해서도 실현되고 있었는데 언간의 경우도 마찬가지였다. 즉, 텍스트 수신자나 텍스트 내에 등장하는 인물을 높이기 위해 행을 바꾸고 높일 말을 다른 행보다 한 자 또는 두 자를 위로 올려 적거나('올려적기'), 높일 말 다음을 한 자 또는 두 자 정도 사이를 띄워 적는 방법('사이띄기')이 있었다. 김성일의 언간에서도 '댱모(장모)'를 높이기 위해서 '올려적기'를 하고 있다.

---

21) 자세한 내용은 김용경(1997)을 참고하기 바람.

이와 함께 조선 시대 언간에는 특유한 표현 양식이 존재한다.[22] 즉, 같은 말이 반복될 경우, 이를 피하기 위하여 ' 〃(재점)'을 사용하는 경우가 많았는데, 김성일의 언간에서도 이런 표현 방식이 존재하고 있다. ⑪에서 '돈니 〃'는 그러한 예이다.

14.4 맺음말

텍스트 언어학이 국내에 소개된 지는 얼마 되지 않았지만, 그동안 많은 외국의 이론서들이 소개되었고 이를 국내의 여러 자료들에 실제로 적용시켜 보는 등의 성과를 거두어 왔다. 그러나 아직도 연구되고 개척될 분야가 많아서 분석 대상의 폭과 질을 더 넓혀 가야 한다. 이러한 문제를 개선하기 위한 하나의 시도로서, 이 글은 편지, 특히 조선 시대에 쓰여진 언간을 텍스트언어학적으로 분석하고자 하였다. 그러나 언간의 경우도 세밀히 분석해 보면, 그 종류가 다양하여 이를 하나의 체계 안에서 분석하는 것은 보다 많은 연구와 시간을 요한다.

이 글에서는 조선 시대 언간의 주유형인 '개인간에 오고간 편지'를 연구 대상으로 삼았다. 우리는 이 언간 텍스트가 비록 짧은 것이었지만 텍스트가 갖추어야할 여러 가지 기준들을 충족시키고 있음을 보았다. 특히, 이 언간의 지배적인 의도는 '가족간의 동질성 확인과 유대감 강화'를 위한 "접촉 의도"이며, 발신자 가족들도 이러한 의도를 충분히 용인할 수 있었다. 그리고 텍스트의 결속구조와 결속력을 강화하기 위하여 동일한 통사 구조의 반복적 사용, 동일한 층위의 높임법 어미 구사, 비슷한 개념을 지닌 어휘 및 구절을 반복적으로 사용하였으며, 발신자 및 발신자의 가족 전체의 상황을 연속적으로 활성화하기도 하였다. 그리고 당시 전쟁으로 인해 겪게 되는 여러 가지 신정보들이 제시되고 있으며, 편지 텍스트가 지니는 일반적 유형 중, '접촉적 기능, 독백적, 시각 기호, 시간·공간 분리, 문자, 사적(私的)'의 유형을 띠고

---

22) 황문환(2002)에는 자세한 설명과 함께 용례들이 제시되어 있음.

있다. 그리고 당시의 언간에서 공통적으로 나타나는 여러 형식적 특징인 '올려적기'를 통한 높임법의 표현이나, 재점의 사용 등이 나타나고 있었다.

이 글은 조선 시대 언간 전반에 대한 텍스트 언어학적 분석에 이르지는 못했다. 따라서 남은 과제는 모든 유형의 언간 텍스트에 나타나는 특성을 체계적으로 살펴서 이에 대한 의미 있는 결과를 제시하는데 있다.

참고 문헌

고영근(1996), 「한국 고전 작품에 대한 텍스트 언어학적 분석」,
　　　　　『새국어생활』 6권 1호, 국립국어연구원.

고영근 외(2001), 『한국 텍스트과학의 제과제』, 역락.

권재일(1998), 「텍스트 언어학과 인문학의 발전」, 『추상과 의미의 실제』,
　　　　　박이정.

김용경(1997), 「국어 높임법 실현방법에 대한 연구」, 『경원어문론집』 1집,
　　　　　경원대학교 국어국문학과.

─────(1998), 「상대 높임씨끝 '-오/소'의 발달 과정에 대한 연구」,
　　　　　『한말연구』 4집, 한말연구학회.

─────(2001), 「평해황씨가 완산이씨의 유언 및 소지」, 『문헌과 해석』 14호,
　　　　　문헌과해석사.

김일근(1991), 『증정 언간의 연구(삼정판)』, 건국대학교출판부.

김일근·이종덕(2000-1), 「17세기의 궁중 언간-숙휘신한첩」 ①~④,
　　　　　『문헌과해석』 11~14호, 문헌과해석사.

─────────(2001-2), 「숙명공주의 한글 편지첩」 ①~③,
　　　　　『문헌과해석』 15~17호, 문헌과해석사.

김정수(1984), 『17세기 한국말의 높임법과 그 15세기로부터의 변천』,
　　　　　정음사.

김태옥(1996), 「텍스트 언어학과 현대문학」, 『새국어생활』 6권 1호,
　　　　　국립국어연구원.

김태옥·이현호(1995), 『텍스트 언어학 입문』,
　　　　　(R.de Beaugrande·W.Dressler, Introduction to Textlinguistik,
　　　　　1981). 한신문화사.

백두현(1997), 「〈현풍 곽씨 언간〉 판독문」, 『어문론총』 31호, 경북어문학회.

오장근(2001), 「텍스트유형 '편지'로서 빌레몬서의 텍스트화행론적 분석」,
　　　　　『텍스트언어학』 11, 텍스트언어학회.

유재원(2001), 「드 보그랑데/드레슬러(1981)의 텍스트성에 대한 비판적 고찰」,
　　　　　『텍스트언어학』 11, 텍스트언어학회.

이병기 편주(1948), 『근조내간선』, 국제문화관.

이석규 외(2001), 『텍스트 언어학의 이론과 실제』, 박이정.
이정복(2002), 「전자편지 텍스트 언어학적 분석-서사구조 분석을 중심으로-」,
     『텍스트언어학』 12, 텍스트언어학회.
정시호(역)(1995), 「텍스트학」(Teun A. van Dijk Textwissenschaft Eine
     inter disziplinare Einfuhrung, dtv, Niemeyer, Tübingen,
     1980), 『대우학술총서』 76, 민음사.
한성일(2002), 「유머 텍스트의 원리와 언어학적 분석」,
     경원대학교 박사학위논문.
황문환(1996), 「16, 17세기 언간의 상대경어법 연구」,
     한국정신문화연구원 박사학위논문.
───(2002), 「조선 시대 언간과 국어 생활」, 『새국어생활』 12권 2호,
     국립국어연구원.

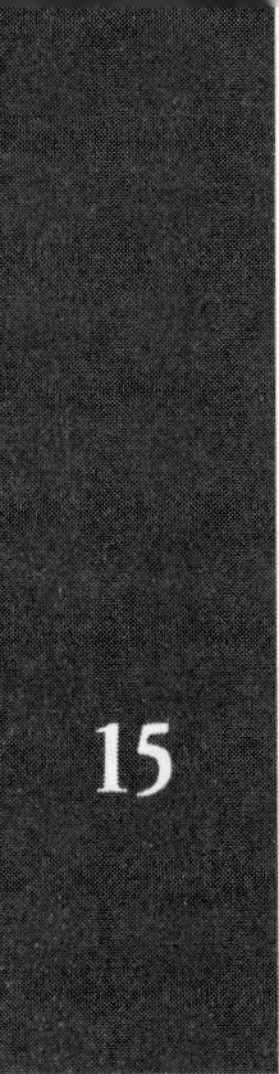

| 대사헌 민개 등의 상소와 태조의 전교 분석 |

엄 훈

15.1 조선왕조 최초의 사헌부 상소

조선왕조 개국 직후인 태조 원년 7월 20일(己亥)에 대사헌 민개 등이 상소하여 나라를 다스리는 강령을 아뢰었다. 민개 등의 상소의 대강은 다음과 같다.

전하께서 천명을 받아 혁명을 일으켰으니 한없이 경사로운 일입니다. 그러나 천명을 받으심은 또한 한없는 근심이니 모든 일에 敬으로 임하지 않을 수 없습니다. 역대의 치란과 흥망을 상고해 보아도 그 근원은 임금이 敬을 버리느냐 버리지 않느냐에 있습니다. 이에 삼가 당연히 행할 事宜를 조목별로 열거하오니 이를 만세의 준칙으로 삼으소서.
첫째, 紀綱을 세우소서.(一曰 立紀綱)
둘째, 상벌을 분명하게 하소서.(二曰 明賞罰)
셋째, 군자를 가까이 하고 소인을 멀리하소서.(三曰 親君子遠小人)

넷째, 諫諍하는 말을 받아들이소서.(四曰 納諫諍)

다섯째, 讒言을 근절하소서.(五曰 杜讒言)

여섯째, 안일과 욕심을 경계하소서.(六曰 戒逸欲)

일곱째, 절약과 검소를 숭상하소서.(七曰 崇節儉)

여덟째, 환관을 멀리 하소서.(八曰 斥宦官)

아홉째, 승니를 추려내소서.(九曰 汰僧尼)

열째, 宮衛를 엄격하게 하소서.(十曰 嚴宮衛)

신등이 가만히 생각하옵건대 信이란 것은 인군의 大寶이니, 나라는 백성에게 보전되고 백성은 信에 보전되는 것입니다. 기강을 세우고 상벌을 분명히 하며, 군자를 친하고 소인을 멀리하며, 간쟁을 받아들이고 참언을 근절시키며, 逸欲을 경계하고 節儉을 숭상하며, 환관을 물리치고 僧尼를 추려내며, 궁궐을 엄중히 하는 이 모든 일을 信으로써 하지 아니하면 나라와 백성이 보전되기 어려울 것입니다. 전하께서는 이 信을 지키기를 금석과 같이 하고 이 슈을 시행하기를 사시와 같이 꼭 맞게 하여, 억만년 무궁한 경사를 여소서.

이것은 조선왕조 최초의 사헌부 상소이다. 조선시대 공론 정치의 중심이 되었던 언관의 언론 활동이 본격적으로 시작되는 순간이다. 대사헌 민개 등이 올린 이 상소에 대해 임금은 "환관과 승니를 물리치고 추려내는 일은 개국 초에 갑자기 시행할 수 없지마는, 나머지는 모두 시행하겠다."고 응답함으로써 사헌부의 간언(諫言)에 따른다. 개국 당시의 어수선하고 특수한 사정을 감안한다면 사헌부가 제시한 치국의 강령은 거의 온전히 받아들여졌다고 할 수 있다[1].

후덕(厚德)한 임금이 강직한 언관의 충성스런 간언(諫言)을 받아들이는 이 전형적인 장면에는 흥미로운 역사적 맥락이 작용하고 있다. 그것은 조선왕조 개창 과정에서 보이는 사민(士民)의 적극적인 역할이다. 신왕조 개창의 첫날을 그리는 태조실록의 기록에는 태조를 임금으로 추대하는 사민(士民)의 적극성과 이를 수락하지 않으려는 태조의 겸양이 극적으로 대비된다(태조 원년 7월 17일 丙申). 조선왕조실록의 기록과 편찬은 공론을 대표하는 당대 사대부의 손에 의해 이루어졌다는 점을 고려한다면 적어도 당대의 사대부는 스스로를 혁명의 주체로 생각하고 있었음이 분명하다[2]. 즉 조선왕조는 사대부의

---

1) 글의 말미에 첨부된 자료 참조. 분석의 편의를 위해 자료는 대화 분석이 된 상태로 실어 놓았다.
2) 여기서 사대부는 일반적으로 양반으로 일컬어지는 집단으로 사민(士民)의 상층부라 할 수 있다.

나라였던 것이다.

또 하나 우리의 홍미를 끄는 것은 신왕조 개창 과정에서 보이는 대사헌 민개의 행적이다. 태조 즉위 직전 고려왕조의 대소신료들이 국새를 받들고 태조의 사저에 이르렀는데, 대사헌 민개가 홀로 반대하는 기색을 나타내었다가 하마터면 이방원의 측근인 남은에게 맞아죽을 위기에까지 처하였던 것이다 (태조 원년 7월 17일 丙申). 그런 그가 태조 즉위 후에도 한동안 대사헌의 직임을 유지하며 조선왕조의 개혁 작업에 적극적으로 동참하여 발빠르게 언론 활동의 포문을 연 것이다.

민개의 집안은 당시 대표적인 신진사류로서 고려말의 대간 언론과 깊은 연관이 있었다. 따라서 민개가 충신불사이군(忠臣不事二君)을 내세우는 신진사류 내부의 온건한 절의파에 심정적으로 동조하였을 것은 충분히 짐작할 수 있는 일이다. 그런 그가 신왕조 개창 후 개혁 작업에 적극 동참하는 모습을 보이고 있다. 민개의 갈등과 선택은 고려말의 개혁 작업을 주도하던 신진사류 내부의 분열과 통합 과정을 이해하는 실마리를 제공한다. 민개의 선택은 개국에 부정적이었던 일부 신홍사대부들이 혁명의 명분을 받아들이고 성리학적 이상 국가 건설에 능동적으로 동참하는 과정을 반영한 것이라고 할 수 있다.

이처럼 대사헌 민개 등의 상소와 이에 대한 임금의 응답에는 혁명 주도 세력이었던 신진사류의 정치적 영향력이 반영되어 있었다. 개국초부터 전개된 언관의 활발한 언론 활동은 성종조 이후 공고해지는 공론 정치의 밑바탕이 되었다.

15.2 민개 등의 상소의 담화 장르적 정체

민개 등의 상소를 분석하려 할 때 우선적으로 해명해야 할 문제는 그것의 담화 장르적 정체가 무엇인가이다. 이에 대한 상식적인 대답은 바로 '상소문'

신왕조 개창 과정에서의 사대부의 역할에 대한 기록의 검토는 엄훈(2002: 80~82) 참조.

일 것이다. 이는 분석 대상이 된 태조실록의 기사가 '사헌부에서 또 상소하여 아뢰었다.'3)라는 말로 시작된다는 점에서 명백한 근거가 있다.

그렇다면 상소문이란 무엇인가? 상소문은 신하가 임금에게 정무를 아뢸 때 사용하던 공용 문체로 그 유래를 『한서(漢書)』에서 찾을 수 있다. 우리나라에서는 고려시대에 대간 제도가 성립함으로써 상소문을 통한 공론 영역(public sphere)에서의 의사소통이 활발하게 이루어졌다. 조선왕조실록을 검색해 보면 언관의 상소문을 초록한 것이 전체 내용의 상당 부분을 차지하고 있음을 발견할 수 있다. 언관들이 활용한 상소문은 논집시정(論執時政), 정풍속(正風俗), 규찰백관(糾察百官), 간쟁(諫諍), 논박(論駁) 등의 목적을 달성하기 위한 공공성이 강한 실용적인 논증 텍스트였던 것이다4). 그러던 것이 한문 문체 자체에 대한 관심이 고조되고 상소문 또한 한문 문체의 한 갈래인 주의(奏議) 장르로 분류되어 여러 문집에 선별 수록됨에 따라 그것의 본래적인 기능을 떠나 한문학 장르의 하나로 인식되기 시작하였다. 상소문 중에 문학성이 뛰어난 작품이 있다는 것은 자연스러운 일이다. 그러므로 조선시대 선비들이 공론 영역에서 실용적인 의사소통의 매체로서 상소문을 활용하면서도 일부 문학성이 뛰어난 상소문을 선별하여 문집에 싣고 널리 읽었던 것은 그리 이상한 일이 아니다. 문제는 상소문의 소통 공간이 사라짐에 따라 상소문의 본질적 맥락이 망각되고 그 장르 운용의 흔적에 불과한 일부 텍스트(좁은 의미의)만이 문학사적 관점에서 조명되고 있다는 점이다. 요컨대 상소문은 문학 장르로서가 아니라 공론 영역에서 소통되었던 실용적인 논증 텍스트로 조명될 때 그 본질적 맥락이 되살아날 수 있다.

상소문이 무엇인가를 따져보기 위해서는 '상소문(上疏文)'의 개념을 엄밀하게 정의하지 않을 수 없다. 상소문(上疏文)의 개념은 소(疏) 및 상소(上疏)와의 개념 비교를 통해서 명확하게 규정될 수 있다. 우선 소(疏)는 임금을 상

---

3) 여기서 '또' 상소하였다는 표현을 쓴 것은 같은 날 사헌부에서 이 상소에 앞서 고려왕조의 왕씨를 밖에 두기를 청하였기 때문이다. 이 앞선 논청은 상소에 의한 것이 아니었다.

4) 엄훈(2002:141~142) 참조. 소(疏)는 전현직 관료들이 두루 이용한 문서 양식이었다. 19세기에 편찬된 것으로 보이는 『疏箚輯要』에는 陞資, 賞典, 救災, 致仕, 山林, 彈駁 辭職 등의 주제를 지닌 상소가 망라되어 있다. 따라서 같은 상소문 양식이라도 누가 어떤 목적으로 사용하였는가에 따라 매우 다른 성격의 장르가 될 수 있다.

대로 한 상행 문체인 주의체(奏議體)의 한 하위 양식으로 일정한 외적 형식과 투식(套式)을 갖춘 전통적인 문서의 양식이다. 이에 비해 상소(上疏)는 소(疏)를 올린다는 뜻으로 소(疏)라는 문서의 양식을 통해 이루어지는 의사소통 행위를 가리킨다. 따라서 상소(上疏)는 임금을 상대로 한 의사소통의 한 행위 양식이다. 상소는 소통의 주체, 정황, 목적에 따라 다양하게 분류된다. 언관들이 올리는 소(疏)를 중심으로 살펴보면, 언관들이 합의를 통하여 같은 이름으로 올리는 상소를 합사상소(合辭上疏)라 하였으며, 사헌부와 사간원, 또는 사헌부, 사간원, 홍문관이 연합하여 올리는 상소를 교장상소(交章上疏) 또는 합사상소(合司上疏)라 하였다. 또 언관들이 합문에 엎디어 시위를 하면서 올리는 상소를 복합상소(伏閤上疏)라 하였으며 언책을 다하지 못하였다 하여 사직의 의사를 밝히는 상소를 사직상소(辭職上疏)라 하였다. 이들 상소의 변이형들은 논증적 대화의 전개 양상에 따라 언관들에 의해 다양하게 선택되었다. 이렇게 볼 때 상소문의 개념 또한 명확해진다. 상소문은 상소 행위의 매체가 되는 구체적인 글이다. 우리가 일반적으로 혼용하고 있는 소(疏), 상소(上疏), 상소문(上疏文)은 그 의미의 맥락에 상당한 차이가 있다5).

상소는 그 자체로 완결적인 소통 행위가 되지 못한다. 민개 등의 상소에 관한 기사를 예로 들면, 민개 등의 상소에 대하여 "환관과 승니를 물리치고 도태시키는 일은 개국 초에 갑자기 시행할 수 없지마는, 나머지는 모두 시행하겠다."는 임금의 응답이 이루어짐으로써 하나의 소통 행위가 완결된다. 상소에는 반드시 전교(傳敎), 비답(批答), 유시(諭示), 유중불하(留中不下) 등의 응답이 있으며 참여자들 간에 이러한 상호작용이 이루어질 때 비로소 대화 장르의 하나로서 성립하는 것이다.

요컨대 상소와 그에 대한 임금의 응답은 사대부의 공론이 형성되고 소통되고 경쟁하는 정치적 공론 영역에서 이루어지는 대화였다6). 대사헌 민개 등의 상소는 사대부의 공론을 바탕으로 치국의 강령에 관한 자신들의 견해를

---

5) 상소문(上疏文)은 흔히 고전 수필 장르로 인식된다(장덕순, 1984, 최인자, 2001). 그러나 상소문이 고전 수필이라는 인식은 상소문 텍스트의 일부가 원래 소통되던 공간으로부터 선별적으로 분리되어 일종의 전범으로서 문집에 수록된 데서 비롯하였다.

6) 조선시대 공론 영역의 형성과 성장에 관해서는 엄훈(2002:55~61) 참조. 여기서는 상론을 피한다.

받아들이도록 하려는 목적으로 이루어진 임금과의 설득 대화(persuasion dialogue) 행위로 접근해야 한다[7].

15.3 민개 등의 상소의 논증 분석

이제 대사헌 민개 등의 상소를 구체적으로 분석해 보자. 일반적으로 어떤 텍스트를 분석하는 방법은 분석 대상 텍스트의 장르적 특성과 분석의 목적에 따라 선택된다고 할 수 있다. 민개 등의 상소는 앞서 살펴본 바와 같이 공론 영역에서 전개된 설득 대화의 유형에 속한다. 설득 대화의 목적은 상대방으로 하여금 자신의 견해를 용인하거나 받아들이도록 하는 것이다. 설득 대화에서 설득의 주요 수단이 되는 것이 논증이므로 설득 대화 분석의 일차적인 초점은 대화 참여자들간의 논증에 놓여진다. 그런 까닭으로 여기서는 논증적 대화에 대한 실용적인 분석 방법을 발전시켜온 에머렌 외(1993)와 에머렌과 후틀로서(1998)의 논증 분석 방법을 적용하고자 한다.

일상 논증은 관습성과 합리성이라는 양면적인 특성을 지니고 있다. 논증의 관습성이란 논증이 특정한 담화 공동체에서 합리적인 것으로 인식되고 공유되는 공감의 체계에 기초하여 관습적인 방식으로 이루어지는 특성을 가리키며, 논증의 합리성이란 그것이 건전한가 건전하지 않은가를 따져볼 수 있는 보편적인 평가 준거를 지니고 있다는 특성을 가리킨다. 이러한 특성 때문에 논증적 대화를 분석할 때 '무엇이 어떠한가'와 '무엇이 얼마나 건전한가'라는 두 갈래의 분석 방향이 설정될 수 있다.

여기서는 대사헌 민개 등의 상소에서 논증이 '어떻게' 이루어졌는가에 초

---

7) Walton은 대화의 목적에 따라 논증적 대화를 여섯 가지 기본 유형으로 분류하였다. 논증적 대화의 여섯 가지 기본 유형은 1. 설득 대화, 2. 정보 탐색 대화, 3. 협상 대화, 4. 탐구 대화, 5. 논쟁적 대화, 6. 심의 대화이다. 이 중 설득 대화(persuasion dialogue)는 대화의 한 진영이 논증을 통하여 어떤 특정한 논제가 참임을 상대 진영에게 설득하려고 노력하는 대화 교환의 유형으로 이 분류 방식에 따르자면 민개 등의 상소는 설득 대화에 해당한다. Walton(1998:31) 참조

점을 맞추어 그 문화적 특성을 기술하려고 한다. 민개 등의 상소의 합리성에 대한 평가는 훨씬 광범위한 논의를 필요로 하므로 여기서는 언급하지 않기로 한다.

15. 3. 1 **참여자와 최상위 논제**

대화의 참여자는 민개를 대표로 하는 사헌부 관원들과 태조 임금이다. 일반적으로 논증적 대화 참여자는 최상위 논제에 대한 입장의 차이에 따라 주도자(protagonist)와 반대자(antagonist)로 나뉜다. 그런 점에서 참여자의 성격을 밝히는 문제는 대화의 논제 확인과 불가분의 관계에 있다고 할 수 있다.

이 대화의 최상위 논제는 '나라를 다스리는 10가지 기본 강령을 채택 시행하여야 한다.'이다. 그 10가지 기본 강령이란 '입기강(立紀綱), 명상벌(明賞罰), 친군자원소인(親君子遠小人), 납간쟁(納諫諍), 두참언(杜讒言), 계일욕(戒逸欲), 숭절검(崇節儉), 척환관(斥宦官), 태승니(汰僧尼), 엄궁위(嚴宮衛)'이다. 참여자들은 이 논제를 제기하고 변론하는 대사헌 민개 등과 이 논제에 대하여 비판적인 태도를 지니고 있는 임금의 양진영으로 나누어진다. 논증적 대화는 대화의 양진영이 최상위 논제에 대하여 지니는 견해에 따라 비양립 논쟁(nonmixed dispute)과 양립 논쟁(mixed dispute)으로 나뉜다. 비양립 논쟁은 주도자가 내세우는 견해를 반대자가 받아들이지는 않지만 그 견해에 대하여 반대되는 견해를 내세우지는 않는 논쟁을 가리킨다. 반면 논증의 한 진영이 내세우는 견해에 대하여 다른 진영이 그 견해를 받아들이지 않을 뿐 아니라 반대되는 견해를 명시적으로 내세우는 경우를 양립 논쟁이라 한다. 위의 논증적 대화는 민개 등이 자신의 견해를 내세우고 이 견해에 대하여 임금이 비판적인 태도를 지니고 있기는 하지만 임금이 그와 정반대되는 견해를 내세우지는 않는다. 그러므로 이 대화는 최상위 논제 수준에서 민개 등이 주도자의 역할을 하고 임금이 반대자의 역할을 하는 비양립 논쟁에 해당한다. 비양립 논쟁의 경우 현상태에 대하여 새로운 견해를 내세우는 주도자 진영이 입증의 부담을 지게 된다.

그런데 자료의 문면을 자세히 들여다보면 대화 참여자의 역할에서 석연찮은 면이 발견된다. "환관과 승니를 물리치고 추려내는 일은 개국 초에 갑자기 시행할 수 없지마는, 나머지는 모두 시행하겠다."라는 응답에서 임금의 역할은 단순한 반대자(antagonist)가 아닌 것이다. 여기서 임금은 단순한 반대자라기보다는 오히려 결정권을 지닌 판정자로서의 역할을 더욱 두드러지게 수행하고 있다. 엄훈(2002:164~173)은 조선시대 공론 영역에서의 논증적 대화에서 임금이 논증자로서의 역할과 판정자로서의 역할을 동시에 수행하였음을 밝혔다. 이 논증적 대화에서도 임금은 판정자이면서 동시에 반대자라는 이중적인 역할을 하고 있다.

요컨대 민개 등과 태조 간의 논증적 대화는 '나라를 다스리는 10가지 기본 강령을 채택 시행하여야 한다.'는 최상위 논제를 중심으로 민개 등이 입증의 부담을 지닌 주도자가 되고, 임금이 반대자이면서 동시에 판정자가 되는 비양립 논쟁이었다.

15. 3. 2 대화의 전개 과정과 논증 구조

설득 대화의 참여자들은 설득 대화의 목적을 달성하기 위하여 견해 차이의 확인으로부터 견해 차이의 해결(resolution) 또는 조정(settlement)에 이르는 대화 전개의 과정을 거치게 된다. 에머렌 외(1993:26~28)는 불일치의 해결을 위한 논증이 ① 불일치를 확인하는 단계, ② 불일치 해결을 위한 공동의 기반을 탐색하는 단계, ③ 논증이 이루어지는 단계, ④ 문제가 종결되는 단계를 거친다고 주장하였다[8]. 이 불일치 해결 단계를 토대로 민개 등의 상소가 어떤 전개 과정을 거치는지 살펴보자.

이 대화에서 주도자인 대사헌 민개 등은 상대방이 최상위 논제에 대하여 동의하지 않을 것을 암묵적인 전제로 하여 서두에서 불일치 해결을 위한 공동의 기반을 탐색한다. 그들이 공동의 기반으로 선택한 것은 바로 혁명(革命)의 대의(大義)이다. 주도자는 이 공동의 기반을 토대로 최상위 논제의 당위성을

---

8) van Eemeren et al.(1993)은 이들 단계를 각각 대면 단계 – 개시 단계 – 논증 단계 – 종결 단계라 칭하였다.

하나하나 논증한다. 종결 부분에서 주도자는 앞서 논증된 10가지 조목이 어떻게 실천되어야 하는지를 논한다. 대화는 반대자이자 판정자인 임금이 척환관(斥宦官), 태승니(汰僧尼)를 제외한 조목들을 수용함으로써 마무리된다. 정리하자면 이 대화에서는 견해의 차이를 확인하는 단계는 명시적으로 드러나지 않고 '공동 기반 탐색 단계 → 논증 단계 → 종결 단계'의 세 단계만 나타난다9).

이제 이들 대화의 전개 과정별로 민개 등의 상소의 논증 구조를 재구성하기로 하자10).

〈공동 기반 탐색 단계〉

이 단계에서 주도자는 공동의 기반으로 혁명의 대의와 창업 초라는 상황을 내세운다. 이러한 공동의 인식을 기반으로 주도자는 임금이 천명을 유지하려면 경(敬)으로써 나라를 다스려야 한다는 당위를 도출한다.

이 단계에서 주도자가 출발점으로 선택한 화제는 '전하께서 하늘이 명을 바꾸심에 응하여 처음으로 보위에 오르셨다.'이다. 이 진술과 다음에 이어지는 진술(『서경』에 이르기를…. 하였다.)은 '전하께서 천명을 받으신 것은 한없이 경사로우나 또한 한없이 근심스럽다.'는 암묵적인 주장의 논거가 된다. 이 주장에 대한 이들 두 논거의 관계는 각각 근거와 지원이며 주장과 지원 사이에는 보증이 생략되어 있다.

이 단계에서 보이는 논증의 두드러진 특징은 주장과 보증의 생략이 심하

---

9) 이들 단계는 각각 분석 자료의 (대화 전개 단계 1), (대화 전개 단계 2), (대화 전개 단계 3)과 일치한다.

10) 여기서 논증 분석의 도식으로 활용하는 것은 van Eemeren and Grootendorst(1992)의 논증 구조 도식을 변형한 '변형된 화용-대화론적 논증 구조 도식'이다. 이 도식은 화용-대화론적 논증 구조 도식의 틀을 그대로 유지하되 그 도식 안에서 성격이 다른 논거들(근거, 보증, 지원)을 고려할 수 있게 하였다. 이 도식에 대한 자세한 설명은 엄훈(2002:49~52) 참조.

<pre>
    주장
     ↑
 근거 ― & ― 보증
          ↑
         지원
</pre>

다는 것이다. 이 논증 구조에서 명시적으로 드러나는 것은 근거와 지원에 해당하는 논거밖에 없다. 다시 말해서 이 논증의 주장과 보증은 모두 청자의 추론에 맡겨져 있다. 결국 명시적으로 드러나 있는 최하위의 논거들로부터 재구성되는 최상위의 주장은 다음과 같다.

(전하께서 경(敬)으로써 하여 후세에 끼칠 계책을 마련해야 한다.)11)

이 최상위 주장은 다음 단계인 〈논증 단계〉에서 추론의 공동의 기반으로서 결정적인 역할을 한다.

공동 기반 탐색 단계의 재구성된 논증 구조는 다음과 같다.

(전하께서 경으로써 하여 후세에 끼칠 계책을 마련해야 한다.)

(전하께서 천명을 유지하려면   하물며 지금은 전하께서 즉위하신 초기이니
경(敬)으로써 해야 한다.)   후세에 전할 계책과 하늘의 명이 오늘에 있다.

(전하께서 한없이 근심스럽지 — & — (천명을 유지하려면 경(敬)으로써 해야 한다.)
않으려면 천명을 잘 유지해야 한다.)

(전하께서 천명을 받으신 것은 한없이 - & - (천명을 받은 것이 한없이 근심스러운
경사로우나 또한 한없이 근심스럽다.)   것은 그것을 유지하기가 힘들기 때문이다.)

전하께서 하늘이 명을 바꾸심에 — & — (천명을 받는 것은 한없이 경사스런
응하여 처음으로 보위에 오르셨다.   일이나 또한 한없이 근심스런 일이다.)

『서경』에 이르기를 '황천상제께서 그 원자와 이 큰 나라인
은의 명을 바꾸었으니 임금님께서 명을 받으심이 한없이
경사로우나 또한 한없이 근심스럽습니다.'고. 하였다.

---

11) 여기서 논증의 구성 요소에 사용된 ( )는 그 요소가 문면에 드러나 있지 않은 암묵적인 요소라는 의미이다.

무릇 경이란 것은 한 마음의 주재이고 모든 일의 근저이다.

『서경』에 이르기를 '아아! 어찌 경(敬)으로써 하지 않겠습니까?' 하였다.

역대의 치란과 흥망을 상고해 보아도 모두 경으로 말미암은 것이니
경(敬)은 치국의 근원이다.

천도를 공경하고 높여서 이른 아침부터 밤늦게까지 조심하고
두려워함은 탕무가 흥한 이유이다.

덕을 없애고 위세를 지어내며 경이란 족히 행할 것이
못 된다고 함은 걸주가 망한 이유이다.

〈논증 단계〉

이 단계에서 민개 등은 10가지 조목의 당위성을 하나하나 논증한다. 그런데 이들 각각의 논증에서 당위성을 도출하는 보증의 역할을 하는 것이 앞 단계에서 도출된 공동의 기반(전하께서 경으로써 하여 후세에 끼칠 계책을 마련해야 한다.)이다. 첫째 조목인 입기강(立紀綱)의 경우를 예로 들어보자.

(1) (입기강(立紀綱)을 후세에 끼칠 계책으로 채택하여 시행해야 한다.)

치자(治者)에게 기강을 세우는 것은 ─ & ─ (전하께서 경으로써 하여 후세에 끼칠
그 무엇보다 중요하다.   계책을 마련하여야 한다.)

주나라는 기강을 세워 수십 대를 전하였다.

이 논증 구조에서 보증이 되는 공동의 기반과 상위 주장인 (입기강을 … 시행해야 한다.)이 문면에서 생략되어 있음을 주목할 필요가 있다. 공동 기반 탐색 단계에서와 마찬가지로 주도자는 명시적인 주장을 회피하고 있다.

이 단계에서 이하의 모든 논증 구조는 동일한 형식을 갖추고 있다. 즉 공동 기반(전하께서 … 마련하여야 한다.)을 보증으로 하여 암묵적인 상위 주장(… 을 후세에 끼칠 계책으로 채택하여 시행해야 한다.)을 도출하는 것이다. 여기서는

동일한 패턴을 취하고 있는 암묵적인 상위 주장을 생략하고 문면에 드러나 있는 논증 구조만을 간명하게 제시한다.

(2) 명상벌은 정치의 요체이다.

명상벌을 하지 않으면 요순이라도 정치를 잘 할 수 없다.
명상벌을 하면 공도가 밝아져서 사람들이 감히 비평할 수 없다.

(3) 군자와 소인을 분변하는 것은 국가의 흥망과 치란에 관계가 있다.

군자는 이러하고 소인은 저러하다.
당 현종의 사례
『서경』에서 인용된 말

(4) 간쟁을 받아들이는 것은 천하를 유지하는 길이다.

경서에서 인용된 말
신하의 간(諫)은 국가를 위한 것이므로 마음을 열고 받아들여야 한다.
『서경』에서 인용된 말

(5) 참언을 근절해야만 나라가 위태롭지 않게 된다.

참언을 받아들이면 일이 그 마땅함을 잃게 되어 위망에 이르게 된다.
순임금 같은 성인도 참언을 염려하였다.
『시경』에 참언을 경계하는 말이 있다.

(6) 일욕을 경계하지 않으면 천명을 잃을 수도 있다.

일욕은 인성을 해치고 인정을 흐리게 한다.
서경에 일욕을 경계하는 말이 있다.
일욕은 덕을 해친다.
천명은 무상하여 덕 있는 사람을 도운다.

(7) 절검을 숭상하는 것은 임금의 성덕이다.

    ↑

      우임금의 사례와 한문제의 사례
      고려 왕조의 사례

(8) 환관이 일을 맡는 것은 화란의 근원이다.

    ↑

      진 조고, 한 홍공과 석현, 그리고 당 이보국과 구사량의 사례
      고려왕조 말기의 사례

(9) 승니를 추려내야 한다.

    ↑

      불법은 오랑캐의 한 가지 법인데 동방에 전해져서 숭봉함이 심해졌다.
      그 무리들은 암혈 속으로 높이 숨어서 정신을 수련하면 된다.
      나라를 좀먹고 백성을 병들게 함이 승니보다 심한 것이 없다.

(10) 궁위를 엄하게 해야 한다.

    ↑

      인아가 연줄을 타고 출입하게 되면 청알이 성행하고 참소가 들어가 정치와 형벌
      이 문란해진다.

〈종결 단계〉

이 단계는 앞의 10가지 계책이 받아들여졌다는 것을 전제로 하여 이 계책
들을 어떻게 실천해야 할 것인가를 논의한다. 이 단계의 목적은 청자로 하여
금 이들 10가지 조목을 온전하게 받아들여 행동으로 옮길 것을 촉구하는 것
이다. 종결 단계의 논증 구조는 다음과 같이 재구성된다.

      (이 10가지 계책을 시행함에 신(信)으로써 하지 않으면 안 된다.)

이들 계책을 시행함에 신(信)으로써 하지 않으면 제대로 이루어지지 않아 실패하게 된다.

(신은 임금이 정치를 함에 반드시 지켜야 할 원칙이다.)

신(信)은 임금의 대보(大寶)이니 나라는 백성에게 보전되고 백성은 신(信)에 보전된다.
성인(聖人)은 군대와 먹을 것을 버릴지라도 신(信)을 버림은 허락하지 않았다.

15. 3. 3 대화의 수사적 전략

일반적으로 설득 대화의 참여자들은 대화의 절차를 거치는 동안 최선의 설득 효과를 내기 위해 수사적 전략을 사용한다. 설득 대화의 주도자는 자신의 입장과 청자의 상황에 입각하여 논의의 출발점을 어디로 삼을 것인지, 청자의 지위와 요구에 어떻게 부응할 것인지, 목적을 달성하기 위해 어떤 표현 기법을 선택할 것인지를 능동적으로 결정한다. 따라서 이러한 수사적 전략에 대한 분석은 설득 대화의 전개 양상을 깊이 있게 이해하는 데 도움을 준다.

에머렌과 후틀로서(1998a, 1998b)는 논증을 통한 합리적인 문제 해결을 지향하는 설득 대화에서 참여자가 사용하는 수사적 전략을 화제 가능성(topical potential)의 차원, 청자 요구(auditorial demand)의 차원, 그리고 표현 기법(presentational devices)의 차원으로 나누어 고찰하였다. 화제 가능성이란 대화의 어떤 단계에서 주도자에 의해 선택될 수 있는 관련성 있는 말터의 집합이다. 청자 요구란 청자가 지니고 있는 양식(良識)과 선호도를 가리킨다. 표현 기법이란 어떤 내용을 전달하기 위해 사용되는 표현 수단을 가리킨다. 표현과 내용은 불가분의 관계를 지닌다는 점에서 표현 수단의 선택은 중요한 수사적 고려 사항이 된다. 주도자는 최적의 설득 효과를 산출하기 위하여 이상의 세 차원에서 전략적인 선택을 한다.

그럼 대화 전개의 단계에 따라 수사적 전략 선택의 양상을 분석해 보자.

〈공동 기반 탐색 단계〉

이 단계에서 주도자가 '전하께서 하늘이 명을 바꾸심에 응하여 처음으로 보위에 오르신(殿下 應天革命 初登寶位)' 것을 논의의 출발점으로 삼은 것은 심리적인 설득 효과를 노린 수사적 전략으로 보인다. '천명에 따른 혁명' 논리는 태조에게 신왕조 개창의 정당성을 부여한다. 고려왕조의 신하로서 신왕조를 개창한 이성계에게 왕조의 정통성은 매우 결정적이고 중대한 문제였다12). 이런 정황에서 처음에 신왕조 개창에 부정적인 반응을 보였던 대사헌 민개가 천명에 따른 혁명을 전면에 내세운 것은 청자의 지위를 강화하는 중대한 '양보'로 해석될 수 있다13). 민개 등은 상대방의 지위를 강화시키는 논거를 출발점으로 내세움으로써 상대방에게 정당성을 부여함과 함께 나라를 다스림에 있어 임금이 마땅히 수용해야 할 실천 강령들을 제시한다.

민개 등은 현재의 상황을 삼대(三代)의 역사적 맥락과 결부시키고 청자를 삼대의 성인 군주들과 비교함으로써 청자의 이상적인 에토스를 부각시킨다. 주도자에 의해 전략적으로 부각된 청자의 도덕적인 에토스는 '전하께서는 마땅히 경(敬)으로써 해야 한다'는 당위 판단의 수용을 청자의 의무로 전환시킨다.

주도자는 논증을 진행시키는 중요한 추론 규칙들을 뒷받침하는 지원(backing)으로 천명 사상의 기반이 되는 『서경』을 빈번히 인용함으로써14) 논증 단계의 공동의 기반이 되는 주장(전하께서 경으로써 하여 후세에 전할 계책을 마련해야 한다.)을 강화한다. 논증의 공동의 기반이 되는 주장이 강력하면 강력할수록 논증의 수용 가능성은 높아지게 된다.

공동 기반 탐색 단계에서 또 하나 두드러지는 특징은 논증의 주장이 모두 감추어져 있다는 것이다. 일상 논증(enthymeme)에서 논증의 구성 요소 중의 일부가 생략되는 것은 자연스러운 현상이다. 그러나 일상 논증에서도 논증의 주장이 거의 모두 생략되는 경우는 흔치 않다. 이런 점에서 주장이 모두 생

---

12) 당대의 사대부들에게 역사란 정통을 이어나가는 대통의 계승에 다름이 아니었다. 조선왕조가 고려왕조를 폐하고 역성 혁명을 일으키는 정당한 근거로 내세웠던 것도 바로 고려말의 후사의 끊어짐이었다. 태조실록의 기사에 실려 전하는 시중 배극렴 등의 합사 상소(태조 원년 7월 17일 丙申)에는 공민왕 사후 고려의 후사가 끊어져 두 번이나 가짜 왕이 왕위를 도둑질하였다는 것이 천명의 옮김을 정당화하는 근거로 제시되고 있다. 소위 폐가입진(廢假立眞) 논의이다. 여기서 폐가입진(廢假立眞) 논의의 진위보다는 대통의 정통성 문제가 당대인에게 왜 그토록 중요했는지에 관심을 기울일 필요가 있다.

13) Cialdini(2001/2002)는 상대방에게 무언가를 제공하거나 양보하는 것이 엄청난 설득적인 효과를 지닌다는 원리(상호성의 법칙)를 여러 가지 실험 결과를 토대로 설명한다.

14) '혁명(革命 : 명을 바꾼다는 뜻)'이라는 관념은 천명(天命) 사상에서 비롯되었다. 천명(天命) 사상은 덕 있는 자에게 하늘이 명을 내린다는 생각으로 만약 그 덕이 펼쳐지지 않고 막히게 되면 하늘은 다른 사람에게 그 명을 옮긴다는 것이다. 그것이 바로 '혁명(革命)'이다. 천명 사상의 뿌리는 『서경』에서 찾을 수 있다. 중국 고대 성인 군주들인 요순(堯舜) 우탕(禹湯) 문무(文武)의 언행을 기록한 『서경』에 일관되게 강조되는 r서이 천명 사상인 것이다.

략된 것은 수사적인 효과를 노린 의도적인 선택이라고 할 수 있다. 주장의 생략에 의해 달성될 수 있는 효과로는 다음의 두 가지가 있다. 첫째, 청자로 하여금 능동적으로 주장을 재구성하게끔 하여 주장의 수용 가능성을 높인다. 둘째, 청자를 상대로 명시적인 주장을 늘어놓지 않음으로써 화자의 겸손성을 강화하고 청자의 체면을 높인다.

주도자는 논증이 진행되는 주요한 지점에서 청자에 대한 호소의 기능을 가진 발언을 한다. 이 단계의 끝 부분에 있는 '원하옵건대, 전하께서는 … 있습니다.'가 그것이다. '원하옵건대 (전하께서는) …'으로 시작되는 이러한 호소 기능은 논증 단계와 종결 단계에서도 여러 차례 나타난다. 이러한 호소 발언은 이 대화에 화자의 소망을 담은 청원이라는 성격을 부여하여 청자의 체면을 높여주는 효과가 있다.

〈논증 단계〉

이 단계에서 주목해야 할 것은 대사헌 민개 등이 선택한 10개 조목의 성격이다. 이들 조목에는 공론 지향성이 강하게 드러난다. 공론 지향성이란 모든 사안을 공개적이고 공식적인 논의를 통해 결정해야 한다는 생각이다. 넷째와 다섯째의 납간쟁(納諫諍), 두참언(杜讒言)이 공론 지향성의 가장 직접적인 표현이며, 여덟째의 척환관(斥宦官)도 공론 지향성의 맥락에서 이해될 수 있다. 통치 질서의 확립에 관한 조목인 첫째, 둘째, 열째도 공공성을 지향한다는 면에서 공론 지향성을 드러낸다. 공론 지향성은 군자(君子)와 소인으로 표현되는 성리학적 인간관에도 짙게 배어 있다. 셋째의 친군자원소인(親君子遠小人) 조목에서 군자와 소인은 다음과 같이 묘사된다.

> 바른 말[正言]과 사리에 맞는 의론[格論]이 여럿 가운데 우뚝하여 치우치지 아니하며, 벼슬에 나아가서는 충성을 다할 것을 생각하고, 벼슬에서 물러나서는 잘못을 보완할 것을 생각하며, 뇌뢰락락(磊磊落落)하여15) 사직이 있는 것만 알고 자신이 있는 것을 알지 못하는 이가 군자입니다. 약삭빠르고 간사하며 의심하고 아첨하며, 남에게 아부하여 용납되기를 취하며, 권세를 도적질하여 부리며, 아름다운 것을 탈취하고 은혜를 팔며, 예! 예! 하고 유순하게 대답하며[唯唯喏喏], 구차히 자신의 이익을 도모하고 사람의 말을

---

15) 마음이 크고 활달하여 작은 일에 거리끼지 아니함.

> 근심하지 않는 사람은 소인입니다. 군자는 모이기는 어려워도 소원(疏遠)하기는 쉬우며,
> 소인은 친하기는 쉬워도 물리치기는 어렵습니다.

여기서 군자는 바른 말과 사리에 맞는 의론을 펼치는 인물, 즉 공론에 부합하는 인간으로 묘사된다. 반면 소인은 아부하고 아첨하며 구차히 자신의 이익을 도모하고 사람의 말을 근심하지 않는 인물, 즉 반공론적인 인간으로 묘사된다. 당대의 사대부에게 공론에 부합하는 인물과 공론에 부합하지 않는 인물을 판별하는 것은 '국가의 치란과 흥망에 관계되는' 매우 중대한 일로 여겨졌다.

민개 등의 상소에 제시된 이들 조목은 이후 조선 전기에 전개되는 공론 논변의 범주를 그대로 대변한다. 조선 초기 언관 언론의 내용을 분류한 최승희(1976)에 의하면 공론에 의한 정치가 본격적으로 시작되는 성종조에 대간 언론의 기본 주제는 사회 기강의 확립, 상벌의 시행에 관한 시비, 소인의 임용에 대한 반대, 언로를 넓힐 것, 임금이 행동을 삼갈 것, 환관과 불교의 배척으로 분류된다. 민개 등의 상소는 몇 세대 후에 현실화되는 공론 정치의 주요 테마를 놀라울 정도로 정확하게 예고하고 있었던 것이다. 그러면서도 민개 등의 상소에는 10개 조목의 공통점인 공론 지향성에 대한 언급이 전혀 없다. 민개 등이 이들 10개 조목의 공론 지향성을 의식하고 있었는데도 이를 언급하지 않았다면 그 이유로는 다음과 같은 가능성을 생각해 볼 수 있다. 첫째, 당시 공론 지향성을 전면에 내세우는 것이 매우 부담스러웠을 가능성이다. 둘째, 이와는 반대로 당시 공론 지향성은 대부분의 사람들이 당연한 것으로 받아들이는 관념이었을 가능성이다.

조선 전기 공론 논변의 전개 양상을 고찰해 보면 둘째 가능성은 희박해 보인다. 조선왕조 개창 당시 공론 및 공론 영역에 대한 당대인들의 인식은 추상적이고 관념적인 것이었다. 그러던 것이 대간의 활발한 언론 활동의 전개로 공론 영역이 의정부 → 대간 → 언론 삼사 → 육조 낭관 → 사림으로 확대되어갔던 것이다. 조선왕조 개창 당시 신진사류들이 스스로를 혁명 주도 세력으로 인식하였다 할지라도 사대부의 공론이 곧 정치의 근본이라는 의식은 미약하였을 것이다. 그런 점에서 민개 등이 사대부의 공론을 정치의 근본으

로 의식하고 있었다면 그들은 이 점에 대한 논의를 의도적으로 회피하였을 가능성이 높다.

공동 기반 탐색 단계에서와 마찬가지로 이 단계에서도 상위 주장의 생략 현상이 두드러진다. 즉 10개 조목에 대한 각각의 논증에서 '…을 후세에 끼칠 계책으로 채택하여 시행해야 한다.'는 주장은 모두 생략되어 있다. 이 단계에서 논거로 주로 사용되는 것은 『서경』을 비롯한 고전과 역사적 사실들이다.

〈종결 단계〉

이 단계에서 주도자는 10개 조목의 수용을 전제로 그 실천의 원칙을 논한다. 상대방의 동의 없는 주장의 전제화는 논증의 합리성을 해친다고 할 수 있으나 주장 수용의 당위성을 극대화하는 효과도 있음을 부인할 수 없다.

대화 전개의 세 단계에서 민개 등이 사용한 수사적 전략은 복합적인 측면을 지니고 있다. 공동 기반 탐색 단계에서 혁명의 대의를 논의의 출발점으로 선택한 것과 『서경』을 논거로 인용한 것, 논증 단계에서 10가지 조목의 선택 기준에 대한 입증의 부담을 회피한 것 등은 화제 가능성 차원에서 사용된 수사적 전략이다. 또한 논증에서 주장을 생략함으로써 청자에 대한 화자의 겸손성을 강조한 것, 논증 진행의 주요 단계마다 호소 기능을 가진 발언을 함으로써 청자의 체면을 높인 점, 그리고 특히 공동 기반 탐색 단계에서 삼대(三代)의 성인 군주의 언행을 비교 대상으로 삼아 청자의 에토스를 강화한 것은 청자 요구 차원에서 사용된 전략이다. 표현 기법 차원의 전략으로는 '원하옵건대 …'와 같은 상투적인 표현의 반복과 청자 요구 차원에서 언급된 주장의 생략을 들 수 있다. 주장의 생략은 화자의 능동적인 추론을 유도함으로써 설득 효과를 지닐 수 있다.

15.4 마무리

텍스트 과학자가 텍스트를 분석하고 재구성함에 있어 늘 염두에 두어야 하는 것은 '텍스트 분석과 재구성의 목적이 무엇인가'이다. 보그랑드는 텍스트 과학의 궁극적인 목표는 '담화를 통하여 지식과 사회에 자유롭게 접근하도록' 지원하는 것이라고 주장하였다(보그랑드, 1977:1, 민병곤, 2001:402에서 재인용). 텍스트 과학은 텍스트가 담고 있는 진실에 새롭게 접근하는 길을 제공함으로써 우리가 지식과 사회에 자유롭게 접근할 수 있도록 지원한다.

그렇다면 필자가 대사헌 민개 등의 상소를 분석함으로써 접근할 수 있었던 진실은 무엇인가? 고백컨대 전통 논변 문화에 대한 필자의 무지라고 생각한다. 우리에게는 풍부한 논변 전통과 그 전통을 생생하게 증언하는 많은 자료들이 있다. 그럼에도 우리는 우리의 논변 전통은 밀쳐두고 남의 문화만 기웃거리지 않았나 반성해 보아야 한다. 민개 등의 상소에 대한 텍스트 분석 과정에서 필자가 직면하였던 상당한 문화적 이질감도 하루빨리 극복해야 할 과제라고 여겨진다.

참고 문헌

-자료-
『書經』
『疏箚輯要』
『詩經』
『太祖康獻大王實錄』

-연구 논저-
민병곤(2001), "Robert de Beaugrande. New foundations for a science of text and discourse: cognition, communication, and the freedom of access to knowledge and society, Norwood, N.J.: Ablex Publishing Corporation, 1997, Xi+670Pp.", 『한국 텍스트과학의 제 과제』, 도서출판 역락.

엄　훈(2002), 「조선 전기 공론 논변의 국어교육적 연구」, 서울대학교 박사학위 논문.

장덕순(1984), 『한국수필문학사』, 박이정.

최승희(1976), 『조선 초기 언관·언론 연구』, 서울대학교 출판부.

최인자(2001), 『국어교육의 문화론적 지평』, 소명출판.

Cialdini, Robert B.(4th ed.)(2001), Influence: Science and Practice, 이현우 역(2002), 『설득의 심리학』, 21세기북스.

van Eemeren, F. H., and R. Grootendorst(1985), Speech Acts in Argumentative Discussions, Dordrecht: Foris Publications.

van Eemeren, F. H., R. Grootendorst, S. Jackson, and S. Jacobs (1993), Reconstructing Argumentative Discourse, The University of Alabama Press.

van Eemeren, F. H., and P. Houtlosser(1998a), "Delivering the goods in critical discussion", In F. H. van Eemeren, R. Grootendorst, J. A. Blair, and C. A. Willard(eds.), Proceedings of the Fourth Conference of the International Society for the Study of Argumentation, Amsterdam

　　　　: Sit Sat, pp.163~167.
van Eemeren, F. H., and P. Houtlosser(1998b), "William the Silent's Argumentative discourse", In F. H. van Eemeren, R. Grootendorst, J. A. Blair, and C. A. Willard(eds.), Proceedings of the Fourth Conference of the International Society for the Study of Argumentation, Amsterdam: Sit Sat, pp.168~171.
Toulmin, S. E.(1958), The Uses of Argument, Cambridge: C.U.P.
Walton, D.(1998), The New Dialectic: Conversational Contexts of Argument, University of Toronto Press.

자료: 민개 등의 상소와 임금의 전교(태조실록 원년 7월 己亥)

#사헌부에서 또 상소하여 아뢰었다.#16)

1. 민개 등 :

(대화 전개 단계 1 :

삼가 생각하옵건대, 전하께서 하늘이 명(命)을 바꾸심에 응하여 처음으로 보위(寶位)에 오르셨습니다.

『서경』에 이르기를, '황천상제(皇天上帝)께서 그 원자(元子)와 이 큰 나라인 은(殷)의 명(命)을 바꾸셨으니 임금님께서 명(命)을 받으심이 한없이 경사로우나, 또한 한없이 근심스럽습니다. 아아! 어찌 경(敬)으로써 하지 않겠습니까?17)' 하였습니다. 무릇 경(敬)이란 것은 한 마음의 주재(主宰)이고 모든 일의 근저(根柢)이니, 그러므로, 큰 일로는 하늘을 섬기고 상제(上帝)를 제향(祭享)하는 것과, 작은 일로는 일어나고 자고 밥먹고 휴식하는 것까지 이를 떠날 수가 없습니다.

천도(天道)를 공경하고 높여서 이른 아침부터 밤늦게까지 조심하고 두려워함은 탕(湯)임금과 무(武)임금이 흥(興)한 이유입니다. 덕(德)을 없애고 위세(威勢)를 지어내며 경(敬)이란 족히 행할 것이 못된다고 함은 걸(桀)임금과 주(紂)임금이 망한 이유입니다. 역대의 치란(治亂)과 흥망(興亡)을 상고해 보아도 모두 이로 말미암아 나온 것이니, 이것은 곧 경(敬)이라는 한 글자가 진실로 임금이 다스림을 펴는 근원이라는 것입니다.

하물며 지금은 전하께서 즉위하신 초기이니 창업(創業)하여 후세에

---

16) 대화 분석에 사용된 기호의 의미는 다음과 같다.

: 기사에 포함되어 있는 사관의 해설.

'숫자 참여자:' : 대화 참여자들의 발언 순서를 가리키는 말차례이다.

( ) : 대화 전개의 단계를 구분해 주는 기호이다. 대화 전개의 단계는 명확하게 구분되지 않는 경우가 많으나 이 자료에서는 비교적 명확하게 구분된다.

문단 나누기 단위 : 진행(move)을 나타낸다. 진행은 대화를 진행시키는 실질적인 기능을 하는 의사소통의 기본 단위이다.

17) 『서경』주서(周書) 소고(召誥)에 나오는 말이다. 소고(召誥)는 소공(召公)이 주나라 성왕(成王)에게 정치의 근본을 아뢴 글이다. 소공은 문왕의 서자인데 성왕 때에 삼공(三公)이 되었다.

전하여 자손에게 계책을 끼치게 됨이 바로 오늘에 있으며, 하늘이 길흉(吉凶)을 명하고 역년(歷年)을 명함도 또한 오늘에 있습니다.

원하옵건대, 전하께서는 마음에 두고 거처하면서 상제(上帝)를 대한 듯이 하여 비록 일이 없을 때라도 항상 상제가 굽어보시듯이 하며, 일에 대응함에 미쳐서는 더욱 그 염려스러운 싹을 삼간다면, 이 마음의 경(敬)이 천심(天心)을 감동시켜 지치(至治)를 일으킬 수가 있습니다.)

(대화 전개 단계 2 :

삼가 마땅히 행할 사의(事宜)를 조목별로 기록하여 뒤에 상세히 열거(列擧)하오니, 엎드려 생각하옵건대, 전하께서 채택 시행하시어 일대(一代)의 규모(規模)를 일으키고 만세(萬世)의 준칙(準則)으로 삼으소서.

첫째, 기강(紀綱)을 세우소서. 나라를 잘 다스리는 사람은 그 안위(安危)를 보지 않고 기강이 서지 않은 것을 걱정하는 것입니다. 옛날에 주(周)나라가 쇠약하매 제후(諸侯)들이 방자(放恣)했는데, 수십 대(代)를 전하여도 세상이 기울어지지 않은 것은 기강이 존재했기 때문입니다.

원하옵건대 전하께서는 앞 시대의 흥망을 거울로 삼아 일대의 기강을 세워 후손에게 물려주어 만세에 전하게 하소서.

둘째, 상벌을 분명하게 하소서. 상주고 벌주는 것은 임금의 큰 권한입니다. 공이 있어도 상주지 아니하고 죄가 있어도 벌주지 아니하면, 비록 요순이라도 능히 정치를 잘할 수 없지마는 상주고 벌주는 것이 공평하면 공도(公道)가 밝아져서, 사람들이 감히 비평할 수가 없습니다. 임금이 상주고 벌주는 것은 마땅히 천지가 만물을 재배하고 경복(傾覆)함에 무심하게 하여 그 사이에 털끝 만한 사심(私心)도 용납하지 않는 것처럼 해야 할 것입니다.

셋째, 군자를 가까이하고 소인을 멀리하소서. 군자와 소인은 진실로 분변하지 않아서는 아니 되옵니다.

바른 말[正言]과 사리에 맞는 의론[格論]이 여럿 가운데 우뚝하여 치우치지 아니하며, 벼슬에 나아가서는 충성을 다할 것을 생각하고, 벼슬에서 물러나서는 잘못을 보완할 것을 생각하며, 뇌뢰락락(磊磊落落)하여18) 사직이 있는 것만 알고 자신이 있는 것을 알지 못하는 이

---

18) 마음이 크고 활달하여 작은 일에 거리끼지 아니함.

가 군자입니다. 약삭빠르고 간사하며 의심하고 아첨하며, 남에게 아부하여 용납되기를 취하며, 권세를 도적질하여 부리며, 아름다운 것을 탈취하고 은혜를 팔며, 예! 예! 하고 유순하게 대답하며〔唯唯喏喏〕, 구차히 자신의 이익을 도모하고 사람의 말을 근심하지 않는 사람은 소인입니다. 군자는 모이기는 어려워도 소원(疏遠)하기는 쉬우며, 소인은 친하기는 쉬워도 물리치기는 어렵습니다.

당나라 현종은 한 몸으로 요숭과 송경을 써서 개원의 다스림〔開元之治〕을 일으켰고, 이임보와 양국충을 임용하여 천보의 난〔天寶之亂〕을 초래하였습니다. 이것으로써 군자와 소인을 쓰고 버림이 국가의 치란과 흥망에 관계됨을 알 수 있으니 경계하지 않을 수 있겠습니까? 『서경』에 이르기를 '어진 사람을 씀에 두 마음을 가지지 말며, 간사한 자를 물리침에 머뭇거리지 마소서〔任賢勿貳 去邪勿疑〕19)' 하였습니다. 원하옵건대 전하께서는 진실로 그 현명함을 안다면 비록 과실이 있더라도 나아가게 하여 이를 임용하고, 진실로 그 아첨함을 안다면 비록 공로가 있더라도 물리쳐서 이를 멀리 하소서.

넷째, 간쟁(諫諍)하는 말을 받아들이소서. 경서(經書)에 이르기를 '천자가 쟁신(諍臣) 7인만 있으면 비록 무도(無道)하더라도 천하를 잃지 않을 것이며, 제후가 쟁신 5인만 있으면 비록 무도하더라도 나라를 잃지 않을 것이다.' 하였으니, 이것은 만세의 격언입니다.

신하가 나아가 간(諫)하는 것은 자기의 이익을 위한 것이 아니고 곧 국가를 위한 것입니다. 임금의 위엄은 천둥처럼 두렵고, 임금의 세력은 만균(萬鈞)처럼 무거운 것입니다. 천둥을 무릅쓰고 만균에 부딪치면서 약석(藥石) 같은 말을 올리는 것이 무릇 어찌 용이하겠습니까? 한 가지 말을 따르고 거스르는 데 화와 복이 일어나게 되고, 한 가지 일을 폐하고 설치하는 데 이익과 폐해가 발생하게 됩니다. 그런 까닭에, 임금은 항상 마음을 열고 이끌어 간언을 구하고 안색을 온화하게 하여 이를 받아들이는 것입니다. 그 말을 쓰고 그 몸을 드러내어도 선비가 오히려 두려워하면서 감히 할 말을 다하지 못하는데, 하물며 위엄으로써 이를 두렵게 하고 세력으로써 이를 압박한다면 약석과 같은 말이 나올 수가 없으므로, 임금의 총명을 가리는 화가 저절로 이르게 되는 것입니다.

---

19) 『書經』「大禹謨」에 나오는 말로 益이 舜임금에게 한 말.

『서경』에 이르기를 '간하는 말을 따라 어기지 않으셨습니다.[20]' 하고
또 이르기를 '임금이 간하는 말을 따르면 성스러워집니다.[21]' 하였습
니다. 원하옵건대, 전하께서는 유의하소서.

다섯째, 참언(讒言)을 근절하소서. 제순(帝舜)께서 말씀하시기를, '짐
은 참소하는 말과 잔악한 행동이 나의 백성을 놀라게 하는 것을 싫어
하오.[22]' 하였습니다. 참소하는 말이 쉽사리 사람을 미혹하게 하여
순임금 같은 성인도 오히려 염려하였으니 가히 두려워할 일이라 하겠
습니다.

대개 참소하고 아첨하는 무리들은 온갖 실마리로 일을 꾸미며 임금을
미혹케 하니, 달콤하고 비루한 말로 청하는 것을 때때로 따르게 되고,
모르는 사이에 스며드는 참소를 때때로 듣게 된다면, 무능한 사람을
물리치고 유능한 사람을 등용시키는 일과 죄 있는 사람을 벌주고 공
있는 사람을 상주는 일까지 모두 그 마땅함을 잃게 되어, 위망이 곧
이르게 될 것입니다. 『시경』에 '군자는 참언을 조심해야 될 것이니,
난이 이로써 늘어가네.[23]' 하였습니다. 만약 총명으로써 간사함을 살
핀다면, 온갖 간사함이 능히 숨을 수 없어서 참언이 근절될 것입니다.

---

20) 『서경』 상서(商書) 이훈(伊訓)에 나오는 말. 재상 이윤(伊尹)이 탕왕의 손자 태갑(太甲)에게
   임금의 마음가짐을 훈계한 것이다. "아아, 선왕께서는 사람의 기강을 처음으로 닦으셨습니다.
   간하는 말을 따라 어기지 않으셨습니다. 嗚呼 先王肇修人紀 從諫弗咈" 여기서 선왕은
   탕왕을 가리킨다.

21) 『서경』 상서(商書) 열명(說命) 상(上)에 나오는 말이다. 열명(說命)은 고종(高宗)이 재상 부
   열(傅說)과 주고받은 말을 기록한 것이다. "열(說)이 임금께 아뢰었다. '나무가 먹줄을 따르면
   곧아지고, 임금이 간하는 말을 따르면 성스러워집니다. 임금께서 성스러워지면 신하들은 일부
   러 명령을 내리지 않아도 그 뜻을 받들 것입니다. 그 누가 감히 임금의 아름다운 명령을 따르
   지 않겠습니까?' 說復于王曰, 惟木從繩則正, 后從諫則聖, 后克聖, 臣不命其承,
   疇敢不祗若王之休命"

22) 『서경』 우서(虞書) 순전(舜典). 순임금이 신하인 용(龍)에게 이르는 말이다. '순임금이 말씀하
   셨다. 용이여, 짐은 참소하는 말과 잔악한 행동이 나의 백성을 놀라게 하는 것을 싫어하오. 그
   대에게 명하여 납언(納言)을 삼으니, 아침저녁으로 나의 명령을 출납하되 오직 미덥게 하시오
   帝曰 龍 朕聖讒說殄行 震驚朕師 命汝作納言 夙夜出納朕命 惟允'

23) 시경(詩經) 소아(小雅)에 실려 있는 교언(巧言)이라는 시. 이 시는 참언으로 인하여 쫓겨난
   사람이 소인의 참언을 믿는 임금을 풍자한 노래라고 한다. 君子愼讒은 君子信讒의 오식인
   듯하다. 관련 구절을 인용하면 다음과 같다. (전략) 亂之初生 僭始旣涵 亂之又生 君子
   信讒 君子如怒 亂庶遄沮 君子如祉 亂庶遄已 君子屢盟 亂是用長 君子信盜
   亂是用暴 盜言孔甘 亂是用餤 匪其止共 維王之邛 (후략)

여섯째, 안일과 욕심을 경계하소서. 『서경』에 이르기를 '안일과 욕망으로 나라에 본보이지 마소서.24)' 하였으니, 안일과 욕망이 덕(德)을 해치는 것이 어찌 한 가지 일뿐이겠습니까? 궁실(宮室)에 편안하게 거처하고자 함과, 음식을 화려하게 먹고자 함과, 비빈 잉첩의 시중과, 사냥 놀이의 즐거움과, 마부와 개와 말을 기르는 것과, 화초를 완상(玩賞)하는 것이 모두 인성을 해치고 인정을 흐리게 하니 삼가지 않을 수 없습니다. 더구나, 천명은 무상하여 덕 있는 사람을 도우니, 만약 털끝 만한 기미를 살피지 못하고, 경각에 두려워하고 삼감이 있지 않으며, 일념의 작은 생각으로라도 혹 일욕(逸欲)에 빠진다면, 하늘의 보고 들음이 실로 두렵습니다.

일곱째, 절약과 검소를 숭상하소서. 궁실을 낮게 짓고 의복을 검소하게 한 것은 하나라 우임금의 성덕(盛德)이요, 백금(百金)을 아끼고 검은 명주〔弋綈〕로 옷을 지은 것은 한나라 문제의 아름다운 일입니다. 그 귀하기로는 천자요, 부(富)하기로는 천하를 가졌음에도 오히려 절약하고 검소함이 이와 같았는데, 하물며, 동한(東韓)의 땅은 산과 바다 사이에 끼여 있어 인민(人民)의 수효와 재부(財賦)의 액수도 얼마 안 되니, 어찌 그 지출과 수입을 헤아리지 않고서 함부로 소비하겠습니까? 고려 왕조에서는 조그만 재변이 있으면 두려워하고 반성할 줄은 알지 못하고서, 오직 부처를 섬기고 귀신을 섬기는 데만 힘써서 소비한 비용이 이루 다 기록할 수가 없었으니, 이는 전하께서 환하게 아시는 바입니다.

원하옵건대, 지금부터는 하우씨와 한문제의 검소한 덕을 본받아 모든 복식(服飾)과 기용(器用)과 연향(宴享)과 상사(賞賜)를 한결같이 검약한 데에 따르고 부처와 귀신에게 쓰는 급하지 않은 비용은 모두 없애버리소서. 모든 하는 일을 방종 사치하지 아니하게 한다면, 백성들이 눈으로 보고 감동하여 또한 풍속이 후하게 될 것입니다.

여덟째, 환관을 멀리 하소서. 환관이 근심됨은 오래 되었습니다. 진나라의 조고(趙高), 한나라의 홍공(弘恭)과 석현(石顯), 당나라의 이보국(李輔國)과 구사량(仇士良)은 그 중에서 심한 자들입니다25). 또 고

---

24) 『서경』 우서(虞書) 고요모(皐陶謨)에 나오는 말.
25) 조고(趙高)는 진나라의 환관으로 시황(始皇)이 죽자 승상 이사(李斯)와 공모하여 조서(詔書)를 고쳐서 장자 부소(扶蘇)를 죽이고, 차자 호해(胡亥)를 이세(二世)로 삼아 자기가 승상이

려 왕조 말기에는 환관으로서 권세를 부린 사람이 한둘이 아니었습니다. 대개 그 성품이 의식(意識)이 영리하고 말을 잘하며, 안색을 잘 살피고 뜻에 잘 맞추니, 이로써 임금이 왕왕 그 꾀임에 빠져서도 이를 깨닫지 못하고 권병(權柄)을 옮겨서 화란(禍亂)을 일으킴이 대대로 그 자취가 잇달아 있었으니 진실로 탄식할 일입니다.

원하옵건대, 지금부터는 그 중에 순후(醇厚)하고 신중한 사람을 뽑아 옛날 제도의 수문(守門)하고 소제(掃除)하는 일을 맡기고, 일은 맡기지 않으며, 노련한 간물(奸物)과 매우 교활한 사람과, 탐욕이 많고 부끄럼이 없는 자들은 모두 놓아보내어 전리(田里)로 돌아가게 하여, 새로운 교화에 누가 되지 못하게 하소서.

아홉째, 승니를 추려내소서. 불법(佛法)이란 것은 오랑캐의 한 가지 법입니다. 한(漢)나라 영평(永平) 때부터 처음으로 중국에 들어왔는데, 동방으로 전해 와서는 숭봉(崇奉)함이 더욱 심해져서, 연방(蓮坊)과 감우(紺宇)가 높다랗게 서로 마주보고, 방포(方袍)와 원정(圓頂)이 중외(中外)에 가득하게 되었습니다. 또 그 법이 본디 마음을 깨끗이 하고 욕심을 적게 하는 것〔淸淨寡欲〕으로 종지(宗旨)를 삼았으니, 그 무리들은 바위 구멍〔巖穴〕 속으로 높이 숨어서 푸성귀를 먹고 물을 마시면서, 정신을 수련하면 될 것입니다.

지금 평민들과 섞여 살면서 혹은 고상한 말과 미묘한 이치로써 사류(士類)들을 현혹하기도 하고, 혹은 사생 죄보(死生罪報)로써 어리석은 백성을 공갈(恐喝)하기도 하면서 마침내 시속 사람들로 하여금 유탕(流蕩)하여 본업에 돌아갈 것을 잊게 하였으며, 심한 자는 살찐 말을 타고 가벼운 옷을 입으며, 재물을 늘리고 여색을 탐하여 이르지 않는 일이 없으니, 나라를 좀먹고 백성을 병들게 함이 이보다 심한 것이 없습니다.

그 무리들을 모아 학문과 덕행을 자세히 상고하여, 학문이 정밀하고 덕행이 닦아진 사람은 그 뜻을 이루게 하고, 나머지는 모두 머리를 기르게 하여 각기 그 업에 종사하게 하소서.

되었으며, 다시 이사(李斯)를 무살(誣殺)하고 이세(二世)마저 시해하였다. 홍공(弘恭)과 석현(石顯)은 한 원제(元帝) 때의 환관으로 태부(太傅) 소망지(蕭望之)를 참살하였다. 이보국(李輔國)은 당 현종 때의 환관이며, 구사량(仇士良)은 당 문종 때의 환관으로 탐혹(貪酷)한 행동을 자행하였다.

열째, 궁위(宮闈)를 엄격하게 하소서. 궁궐의 설비는 군주의 세력을 높여 안과 밖을 엄중히 하는 것입니다.

지금 전하께서는 하늘이 낳으신 자질로써 집을 변화하여 나라를 만드시었으니, 그 잠저(潛邸)의 친구와 인아(姻婭)의 친척이 혹은 연줄을 타고 출입하는 사람이 있는데도, 문을 지키는 사람이 감히 조사하지 못합니다.

그윽이 두려워하옵건대, 청알(請謁)이 이로 말미암아 성행하고, 참소하는 말이 이로 말미암아 들어가게 되어, 내외를 이간시키고 정치와 형벌을 문란시킬 것이오니, 바라옵건대 문을 지키는 군사로 하여금 직임이 없으면서 함부로 궁문에 들어오는 사람은 일체 모두 금단시키게 하고, 부녀(婦女)의 주문을 외고 간사하게 아첨하는 무리들은 더욱 마땅히 물리치게 하소서.)

(대화 전개 단계 3 :

신등이 가만히 생각하옵건대 신(信)이란 것은 임금의 대보(大寶)이니, 나라는 백성에게 보전되고 백성은 신(信)에 보전되는 것입니다. 이로써 성인(聖人)이 차라리 군대와 먹을 것을 버릴지라도 신(信)을 버림은 허락하지 않았으니, 후세에 전하는 훈계의 뜻이 깊습니다.

기강을 세우고 상벌을 분명히 하는 일도 신(信)으로써 하지 아니하면, 기강은 반드시 점점 쇠퇴의 지경에 이르게 될 것이며, 상벌도 반드시 지나친 데에 이르게 될 것입니다. 군자를 가까이하고 소인을 물리치는 일도 신(信)으로써 하지 아니하면, 군자는 쉽사리 소원하게 되고, 소인은 쉽사리 친닐(親昵)하게 될 것입니다. 간쟁을 받아들이고 참언을 근절시키는 일도 신(信)으로써 하지 아니하면, 충성스런 말이 때로는 귀에 거슬리게 되고, 참소하는 말이 때로는 시행될 것입니다. 일욕(逸欲)을 경계하고 절검(節儉)을 숭상하는 일도 신(信)으로서 하지 아니하면, 심지(心志)의 좋아하는 것을 마침내 극복할 수 없으며, 아첨[邪媚]의 행실을 막아낼 수 없는 데 이르게 될 것입니다. 환관을 물리치고 승니를 추려내는 일도 신(信)으로써 하지 아니하면, 이미 제거된 사람도 혹 다시 나아가는 것을 허용할 것이며, 이미 추려낸 사람도 혹 도중에 돌이키는 것을 용인할 것입니다. 궁궐(宮闕)을 엄중히 하는 일까지도 신(信)으로써 하지 아니하면, 연줄을 타고 출입하는 사람이 그치지 않을 것입니다.

원하옵건대, 전하께서는 이 신(信)을 지키기를 금석과 같이 하고, 이영(令)을 시행하기를 사시(四時)와 같이 꼭 맞게 하여, 위로는 하늘이 돌보아 도와주신 명령을 저버리지 아니하고, 아래로는 신민이 추대하는 뜻을 배반하지 아니하여 억만년의 무궁한 경사를 여시오면 매우 다행이겠습니다.

#상께서 이르셨다.#

2 상 : 환관과 승니를 물리치고 도태시키는 일은 개국 초에 갑자기 시행할 수 없지마는, 나머지는 모두 시행하겠다.)26)

---

26) ○司憲府又上疏曰 恭惟 殿下 應天革命 初登寶位 書曰 皇天上帝 改厥元子 茲大國殷之命 維王受命無疆維休 亦無疆惟恤 嗚呼曷其奈何不敬 夫敬者 一心之主宰 萬事之根柢 故大而事天饗帝 微而起居食息 不可得而離也 欽崇天道 夙夜祗懼 湯武之所以興也 滅德作威 謂敬不足行 桀紂之所以亡也 考之歷代治亂興亡 皆由此出 是則敬之一字 固人君出治之源也 況今 殿下卽祚之初 創業垂統 貽厥孫謀 正在今日 而天之命吉凶命歷年 亦在今日 願 殿下 存心以居 對越上帝 雖當無事之時 常若有臨 及其應事之際 尤謹其念慮之萌 則此心之敬 足以感天心而興至治矣 謹條合行事宜 詳列于後 伏惟 殿下 採擇施行 以興一代之規模 以爲萬世之準則 一曰立紀綱 善爲國者 不視其安危而患紀綱之不立也 昔周之衰 諸侯放恣 傳數十世而天下不傾者 紀綱存焉耳 願 殿下 鑑前世之興亡 立一代之紀綱 垂裕後昆 以傳萬世 二曰明賞罰 賞罰 人主之大柄 有功不賞 有罪不罰 雖堯舜不能以善治 賞罰平則公道明而人莫敢議矣 人主之於賞罰 當如天地之於萬物 栽培傾覆 付之無心 不可容一毫私意於其間也 三曰親君子遠小人 君子小人 固不可不辨 正言格論 特立不倚 進思盡忠 退思補過 磊磊落落 知有社稷而不知有其身者 君子也 憸邪諂佞 阿附取容 竊權弄勢 掠美市恩 唯唯喏喏 苟利於己 不恤人言者 小人也 君子難合而易疏 小人易親而難退 且以玄宗一身 用姚崇宋璟 以興開元之治 任林甫國忠 以致天寶之亂 是知君子小人之用捨 國家之治亂興亡係焉 可不戒歟 書曰 任賢勿貳 去邪勿疑 願 殿下 苟知其賢 雖有過進而用之 苟知其佞 雖有功斥而遠之 四曰納諫諍 經曰 天子有諍臣七人 雖無道不失其天下 諸侯有諍臣五人 雖無道不失其國家 此萬世之格言也 人臣之所進諫者 非爲利己 乃爲國家也 且人主之威 雷霆也 人主之勢 萬鈞也 冒雷霆觸萬鈞 以進藥石之言 夫豈易哉 一言之從違而禍福起焉 一事之廢置而利害生焉 故人君常開導而求諫 和顏色而受之 用其言而顯其身 士猶恐懼而不敢盡 況震之以威 壓之以勢 則藥石之言 無由而進 壅蔽之禍 不期而至矣 書曰從諫不咈 又曰后從諫則聖 願 殿下 留意焉 五曰杜讒言 帝舜曰 朕聖讒說殄行震驚 朕師讒說之易以惑人 大舜之聖猶以爲慮 可懼也哉 蓋讒諂之徒 羅織百端 以惑人主 甘言卑辭之請 有時而從 浸潤膚受之愬 有時而聽 至使黜陟刑賞 皆失其當 而危亡立至矣 詩曰 君子愼讒 亂是用餤 若明以照奸 則百邪不能遁而讒言杜絶矣 六曰戒逸欲 書曰無敎逸欲

有邦 逸欲之害德 夫豈一事哉 宮室之欲其安 飮膳之欲其麗 妃嬪媵妾之奉 遊
畋弋獵之娛 與夫狗馬之養 花卉之玩 皆足以伐人性而蕩人情 固不可不愼也
且天命無常 惟德是輔 若毫髮幾微之不察 頃刻畏謹之不存 而一念之微 或陷
於逸欲 則天之視聽 實可畏也 七曰崇節儉 卑宮室而惡衣服 夏禹之盛德 惜百
金而衣弋綈 漢文之美事 彼貴爲天子 富有四海 尙且節儉如此 況東韓之地 介
在山海 生齒之數 財賦之額無幾 豈可以不量其出入而妄費哉 前朝小有災變
則不知恐懼修省 惟務事佛事神 糜費不可殫記 此 殿下之所明知也 願自今法
夏禹漢文之儉德 凡服飾器用宴享賞賜 一從儉約 佛神不急之費 並皆革去 凡
所施爲 毋使緩侈 則下民觀感而亦歸於厚矣 八曰斥宦官 宦官之爲患尙矣 秦
之趙高 漢之恭顯 唐之輔國士良 尤其甚者也 且前朝之季 宦者用事者 非一二
也 蓋其爲人性識儇利 語言辨給 善伺候顔色 逢迎志趣 是以人主往往墮其術
中而莫之悟 以至移權柄生禍亂者 接迹于世 良可歎已 願自今擇其醇謹之人
復古制守門掃除之役 不任以事 其老奸臣猾貪汚無恥者 盡令放歸田里 毋使累
惟新之化 九曰汰僧尼 佛者夷狄之一法 自漢永平 始入中國 傳及東方 崇奉尤
甚 蓮坊紺宇 巍業相望 方袍圓頂 布滿中外 且其法本以淸淨寡欲爲宗 爲其徒
者 高遁巖穴 蔬食水飮 修鍊精神可也 今乃混雜平民 或以高談微妙 眩惑士類
或以死生罪報 恐喝愚民 遂使時俗流蕩忘返 甚者乘肥衣輕 殖貨冒色 無所不
至 蠹國病民 莫此之甚也 乞聚其徒衆 詳考學行 其學精行修者 俾遂其志 餘
悉長髮 各從其業 十曰嚴宮闈 宮闈之設 所以尊主勢而嚴內外也 今殿下以天
挺之資化家爲國 其 潛邸之舊 姻婭之屬 或有寅緣出入 而門者莫敢詰焉 竊恐
請謁由是而盛行 讒說由是而得入 以間內外 以亂政刑 乞令守門之士 無職任
而擅入宮門者 一皆禁斷 其婦女巫呪邪媚之徒 尤宜斥退 臣等竊謂信者 人君
之大寶 國保於民 民保於信 是以聖人寧去兵食 不許去信 垂訓之意深矣 立紀
綱明賞罰不以信 則紀綱必至於陵夷 賞罰必至於過差 親君子退小人不以信 則
君子易至於疏遠 小人易至於親昵 納諫諍杜讒言不以信 則忠言有時而逆耳 讒
說有時而得行 戒逸欲崇節儉不以信 則心志之好 終不能克 邪媚之行 至不可
禦 斥宦官汰僧尼不以信 則已去者容或復進 已汰者容或中止 至於嚴宮闈而不
以信 則寅緣出入者無自而止 願 殿下執此之信 堅如金石 行此之令 信如四時
上不負皇天眷佑之命 下不孤臣民推戴之意 以開億萬年無疆之休幸甚 上曰 宦
官僧尼斥汰之事 開國之初不可遽行 餘悉施行

| 경문(經文)의 이해 |

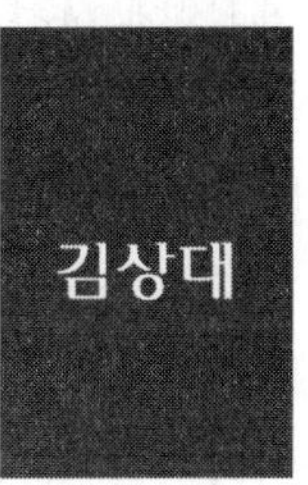

김상대

16.1 머리말

16. 1. 1

우리 사회에 전하는 經典들은 고전 중의 고전으로 오랜 동안 삶의 귀감으로 이해되었다. 여기서는 여러 경전 가운데서도 특히 접근이 어려우면서도 최근에 관심이 고조된 道德經을 대상으로 논의하려고 한다. 도덕경은 몇 가지 점에서 다른 경전들과는 구분되는 특색을 지니고 있다. 첫째 일반적으로 경전들이 성인의 제자들에 의하여 간접적으로 기술된 것과는 달리, 이는 노자 자신이 직접 집필한 희귀한 예에 해당한다. 그리하여 우리의 자세 여하에 따라서는 시공을 초월하여 노자와 직접 대면하는 기쁨을 누릴 수도 있다. 둘째는 분량 면에서 전체가 漢字 5,000자 가량으로, 한 나절도 안 돼 다 읽을 수 있을 정도다. 그리하여 한번 읽기도 엄두가 안 나는 여타 경전에 비하면 바쁜 현대인에게는 그 자체로 큰 매력이 아닐 수 없다. 셋째는 내용이 역설적이고 이율배반적이어서 우리의 이성이 비틀거리게 되기 십상이다. 이는 지적으로 난삽해서가 아니라 우리의 삶과 너무 밀착되어 있기 때문이라고 할 수 있다. 그래서 머리로 정리는 안 되어도 가슴으로는 받아들여지는 듯한 신비감이 감돌기도 한다. 지식만 포식한 채 지성과 감성에 메마른 현대인에게 이는 하나의 신선한 충격이 될 수도 있다. 도덕경의 이런 특성들은 노자가, 끝없는 욕심과 일에 쫓기는 오늘의 우리를 위해 맞춤 경전을 베푼 듯한 느낌마저 든다.

여기서는 전체 81장 가운데 제1장에 한하여 비교적 자세히 논의함으로써 도덕경에 들어가는 길잡이로 삼고자 한다. 도덕경을 읽는 것은 근본적으로 신문을 읽는 일과는 다르다. 신문은 각 면이 상이한 정보로 채워져 있어 건성으로라도 전체를 훑어보아야 하지만, 도덕경은 각 장이 통일된 주제를 조금씩 다른 각도에서 기술하고 있기 때문에 어찌 보면 전체를 대충 읽어 내려가기보다는 어느 한 장 한 구절이라도 철저히 이해하는 것이 도움이 될 듯하기도 하다. 더구나 첫 장의 비중은 각별한 바가 있는 것이다.

16. 1. 2

본 내용으로 들어가기 전에 잠시 도덕경을 읽는 자세에 대하여 생각해 보고자 한다. 경전은 성인의 가르침이라는 점에서 일반 지식 서적과는 엄격히 구별된다. 성인은 지식에 관심이 없을 뿐 아니라 지식을 배척하는 입장에 선다. 그래서 우리가 제일 먼저 유의할 것은 지식을 습득할 목적으로 혹은 지식을 습득하는 방식으로 도덕경에 접근해서는 안 된다는 것이다. 그의 말에 귀를 기울이는 것은 삶의 통찰에 관한 실험이 되어야 한다. 그리하여 강렬함과 전체성을 가지고 들을 때만 우리는 그 핵심을 볼 것이며, 보는 것 자체로 이미 변화를 일으키기 시작할 것이다. 만일 이를 이해하기 위해서 어떤 지적 노력을 경주한다면 그것은 핵심을 놓치고 있다는 사실을 증명하는 것이 될 뿐이다. 이보다는 그에게 친근감을 느끼도록 되는 것이 중요하다. 그의 말 중 일부에 어떤 친근감을 느낀다면 가장 좋은 방법은 바로 그 말을 명상하고 그의 삶을 생각하며 우리 주위에 그의 분위기를 만드는 일이다. 어떤 꽃이 우리를 유혹할 때 그리고 그 향기가 우리를 행복하게 만들 때 그 꽃을 가까이 두고 향기를 즐기듯이.

도덕경의 내용은 그의 경험이다. 경험은 개인적인 것이지만, 특히 그의 삶은 너무나 인간적이어서 오히려 반인간적으로 비칠 정도다. 우리의, 좋게 말해 문화적인 삶 혹은 나쁘게 말해 천박한 삶과는 본질적인 차이가 있다. 진실의 세계와 속세 사이에는 큰 강이 가로놓여 있으며, 거기에는 어떤 다리도 없기 때문에 그를 이해한다는 것은 매우 어려운 일임에 틀림없다. 하지만 그는 어떤 식으로든 그 경험을 표현하기 위해 무한히 애를 썼다. 만약 우리가 깊은 공감대를 갖고 있다면 뭔가를 전달받을 수도 있을 것이다. 하지만 그것은 깊은 사랑과 존경의 마음을 필요로 한다. 그래서 어떤 것이 전달될 때마다 그것은 전달자에게 달린 것이 아니라 우리에게 달려 있다. 그러나 우리가 그것에 대해 비판적이라면 아무 것도 전달되지 않는다. 거기에는 어떤 교류도 성립되지 않는다. 그 교류는 너무도 미묘하게 그리고 너무도 섬세하게 이루어진다. 그리하여 이를 전체적으로 수용하기 위한 방편으로 한 가지 새로운 방안을 제시하고자 한다. 이제까지 우리가 참고한 것은 학자들의 해설이 주를 이루었다. 그러나 학자들과 성인은 차원에서나 지향에서나 상이하여 학자들의 접근은 그 자체로 하나의 독립적 체계를 이룰지는 모르나 성인의 원래 의도와는 다소간에 거리가 있을 수밖에 없다. 비유하자면 이는 대학생이 말한 깊은 뜻을 초등학생이 해설하는 격이다. 그러므로 우리는 방향을 바꿔 경전들 간의 상호 참조 방식을 활용하고자 한다. 성인들 간에는 취향이 다르고 표현 방식이 다를 수는 있으나, 그들이 도달한 수준은 한결같이 지극하고 그 가르침의 의도도 본질적으로는 다르지 않다고 보기 때문이다. 특히 경전들간에는 표현 방식에서 어렵고 쉬운 정도의 차이나 우리의 취향에 더 맞고 덜 맞는 구분이 감지되어, 우리는 경전들 사이의 내용을 비교하여 상통하는 취지를 다르게 표현하거나 다른 비유를 통해 설명한 대목에 주목하면서 상호 이해를 위한 보조 자료로 삼고자 하는 것이다. 말하자면 이경치경(以經

治經)인 셈이다. 본고는 이런 방법을 적극적으로 시도해 봄으로써 특히 도덕경과 같이 접근이 어려운 經文의 이해에서 발휘될 효용성을 확인해 보려 한다. 이런 작업에서는 경전을 참고한 것이 많을수록 그 목적에 더욱 충실한 것이 되며, 따라서 이들의 출전을 일일이 밝히지 않고 인용한 내용도 본문에 풀어쓴다. 이는 누구보다도 자신의 공부를 위해 되도록 述而不作한 결과이기도 하다. 다음에 구체적으로 그 한 예를 들어본다.

儒經 四書 중의 하나인 大學에 〈物有本末 事有終始 知所先後 則近道矣〉라는 대목이 나온다. 많은 역주서는 이를 '물건에는 근본과 말단이 있고, 일에는 끝남과 시작이 있으니, 먼저 하고 뒤에 할 바를 알면, 곧 도에 가까운 것이라'는 식으로 직역하고 형식적으로 풀이해 놓았을 뿐이다. 그러므로 이 심오한 진리는 우리에게 큰 감명을 주지 못한 채 비껴가기 일쑤다. 그러나 이와 관련하여 우리는 다행이 「소크라테스의 변명」 중에서 이와 유사한 취지의 다음 구절을 볼 수 있다.

> 〈나는 개인적으로 여러분 모두에게 가장 좋은 일을 할 수 있는 곳으로 가서, 사람은 자기 자신을 돌보아야 하며, 개인적 이익을 구하기에 앞서 덕과 지혜를 추구해야 하고, 국가의 이익을 고려하기에 앞서 국가 자체를 돌보아야 하며, 또한 이것이 인간의 행동에 있어서 지켜야 할 순서라고 여러분 각자에게 설득하려고 노력했습니다.〉

소크라테스의 이 말은 마치 위 대학(大學) 문구의 해설 혹은 부연설명처럼 이해된다. 대학의 物有本末에서 本에 해당하는 것은 무엇이며 末에 해당하는 것은 무엇인지 구체적 언급이 없어 사람마다 그 가치관에 따라 달리 해석할 소지가 없지 않다. 그러나 소크라테스는 간명하게 그러면서도 가장 심오하게 本末의 구분법을 제시하여 줌으로써 우리의 이해를 돕는다. 개인적으로는 자신의 이익을 추구하는 것이 말단이며, 덕과 지혜를 추구함으로써 자기 자신을 돌보는 것이 근본임을 밝히고 있으며, 마찬가지로 국가적으로도 그 이익을 추구하는 것은 말단이며 국가 자체를 돌보는 것이 근본임을 분명히 하고 있다. 이는 오늘날 개인적으로나 국가 차원에서나 경쟁력이 최고의 가치처럼 강조되고 물질적 가치만 창출하려고 혈안이 된 우리 자신의 초라한 모습을 근본적으로 되돌아보게 한다. 이와 관련된 논의는 또한 맹자와 양혜왕이 나눈 대화 〈叟不遠千里而來 亦將有以利吾國乎〉(선생께서 천리를 멀게 여기지 않고 찾아주셨으니 우리 나라에 무슨 이익이 될 일이 있습니까?)〈王亦曰仁義而已矣 何必曰利〉(왕께서는 仁義에 대하여 말씀하시는 것이 좋을텐데 하필 利에 대해서만 말씀하십니까?)도 좋은 참고가 될 수 있다. 이런 취지의 진술은 이 외에도 여러 경전에서 산견될 것이 기대된다. 이들의 상호 참조를 통하여 우리가 무엇을 먼저하고 나중에 해야 할 것인지는 자명하게 드러난다. 굳이 이익을 추구하는 것이 나쁘다 할 필요는 없으며, 다만 그것은 말단에 해당하는 것이니, 근본에 해당하는 것부터 먼저 하고 그 뒤에 혹은 그 여력으로 이를 하면 될 것이다.

16.2 본론

道可道非常道 名可名非常名
無名天地之始 有名萬物之母
故常無欲以觀其妙 常有欲以觀其徼
此兩者同出而異名 同謂之玄 玄之又玄 衆妙之門

　도덕경 제1장은 보기에 따라선 이렇게도 저렇게도 해석될 듯하면서 좀처럼 그 핵심이 잡히지 않는 점에서 노자식 표현의 특성을 잘 드러낸다. 바꿔 말하면 어떻게 이해해도 정곡을 찌르지도 못하지만 그렇다고 완전히 틀리는 것이 아니기도 하다. 그만큼 해석의 폭이 넓게 허용되면서 좀처럼 그 깊이에 도달할 수 있도록 용납하지는 않는다. 이런 이현령비현령의 표현에 우리는 일면 안도하면서도 좀처럼 흡족하지 못하는 것이 그의 어법의 특성이자 또한 매력이라고 할 수 있다.

16. 2. 1 道可道非常道

1)

이 구절은 웬만한 지식인이면 다 들어보았을 듯한 유명한 표현이면서 막상 그 의미를 제대로 알기는 무척 어려운 것으로도 유명한 구절이다. 형식적으로 문장에 충실하게 번역하는 것 자체는 어려울 것이 없다. '어떤 道에 대하여 道라고 할 수 있으면 진짜 道는 아니다.' 그러면 이것은 무슨 뜻인가? 어찌 보면 말장난 같기도 하다. 그러나 이 대목은 그가 농담할 자리는 결코 아니며. 설령 농담할 때라도 그는 농담을 하는 게 아니다. 그는 무척 진지하다. 오늘날 우리 주변에서 남발되는 종교적 발언을 연상할 때 우리에게도 이 취지는 공감이 가고도 남는다. 그래서 이 말이 더욱 가슴에 와 닿는지도 모른다. 알지도 못하면서 위대한 말을 함부로 내뱉는 것은 도리어 신성을 모독하는 일이다. 그러나 지금 이와 같은 일이 전세계적으로 일어나고 있다. 교회나 절 그 외 사원에서 성직자들과 신자들은 녹음기를 틀어놓은 것처럼 진리의 구절들을 떠들어댄다. 물론 그들은 다소간에 배웠다. 그러나 진정으로 알지는 못한다. 열심히 연구하기는 했지만 그들 자신의 눈을 가지지는 못했다. 예수가 세례를 받은 후 더 이상 세례 요한의 말을 흉내내지 않고 권위를 가지고 자신의 말을 설파한 것과는 너무도 다르다. 예수는 스스로 회계하고 또 그 말이 무엇을 의미하는지 알게 되었다. 이제 그 말은 앵무새가 지껄이는 말처럼 아무 힘도 없는 그런 말이 아니었던 것이다. 그 말은 살아 있었다. 예수는 그 말의 진실을 찾아내고 그 말의 신비를 몸소 체험하였다.

노자에게 있어서 언어적 장난은 되도록 배척되어야 하고 경계해야 할 대상으로 일종의 소음일 뿐이다. 그래서 말들이 그와 실체 사이에 가로놓이지 않도록 늘 조심한다. 말이 적을수록 장벽은 적어진다. 말이 아예 없어지면 장벽도 없다. 그때 우리는 실체를 직접 대면한다. 즉 얼굴과 얼굴이 바로 대하는 것이다. 그러나 말이 있다면 그것은 모든 것을 파괴한다. 말은 본질을 변질시키기 때문이다.

어떤 사람이 부처에게 물었다. "당신은 깨달았습니까?" 그러자 부처는 말했다. "나는 깨달았으므로 내가 깨달았다고 내세울 수가 없다. 내가 그렇게 주장한다면 그것은 내가 아직 깨닫지 못했다는 것을 보여주는 아주 분명한 표시이다." 부처의 이 말은 道不可道是常道 道可道非常道의 관계를 구체적으로 보여주는 좋은 예라 할 만하다.

여기서 우리는 새삼 언어와 진실의 관계에 대하여 돌아보게 된다. 언어는 어떤 대상을 나타내기 위해 쓰이나 현실적으로 그것을 제대로 나타내기보다 그것을 왜곡할 위험성을 더 많이 안고 있다. 표현 기법이 복잡하게 발전하면서 실체에서 벗어날 가능성이 더욱 커지는 것을 오늘날 절감하기도 한다. 원시적인 생활을 하는 곳에선 언어 구조 또한 아직도 매우 기초적이며 사실적이다. 가령 비가 내리면 영어로는 이렇게 말한다. "그것은 비가 내린다. It is raining." 그러면 그 원시부족의 사람들은 묻는다. "여기에서 그것(It)은 무엇을 뜻하는가? 그리고 내리고 있다는 것은 무엇인가?" 그들은 그저 간단히 '비'라고만 말한다. 비가 실체다. 그러나 우리는 많은 것을 덧붙인다. 말이 많아질수록 우리는 점점 실체로부터 멀어지는 것이다.

이는 우리의 문장 구조에도 두루 해당된다. 우리가 '한 사람이 걸어간다'고 말할 때, 그 사람이 어디에 있는가? 오직 걸어가는 것만이 있다. '한 사람'이라는 것은 무엇인가?" 우리는 한 사람이 걸어간다고 말할 때, 한 사람 같은 어떤 것이 있고, 또 걸어가는 것 같은 어떤 것이 있다고 생각하며, 그 두 가지 사물이 합쳐진 것이라고 본다. 그러나 거기에는 '걸어감'만 있다. '강이 흘러간다'고 말할 때 거기에는 단지 '흘러감'만이 있는 것처럼. '흘러감'이 곧 강이듯이 '걸어감'이 곧 사람이다. '보고 있음'도 사람이며, 마찬가지로 '서 있음, 앉아 있음, 생각하고 있음, 꿈꾸고 있음' 등을 모두 제거해 버린다면 거기에 무엇이 남겠는가? 거기에는 사람이 남아 있지 않을 것이다. 그러나 언어는 다른 세계를 만들어 낸다. 그리고 언어 속을 헤매고 다니는 동안 우리는 계속 실체에서 멀어져 간다. 그래서 먼저 기억해야 할 것은 어떻게 하면 불필요한 말들을 끼워 넣지 않는가 하는 것이다. 우리는 필요할 때 그것들을 사용할 수 있다. 그러나 말을 할 필요가 없다면 텅 빈 채 침묵으로 남아 있을 줄 알아야 한다.

최대의 웅변가는 언제나 주저한다. 삶은 너무나 미묘하다. 어떻게 말을 더듬지 않고 뭔가를 말할 수 있는가? 삶은 너무나도 심오하다. 어떻게 그것을 말로 할 수가 있겠는가? 삶에는 대단한 깊이, 엄청난 깊이가 있어서 주저하지 않고 뭔가를 말할 수 있는 것은 바보뿐이다. 확신을 가질 수 있는 것은 바보뿐이다. 지혜로운 사람은 언제나 불확실하다. 지혜로운 사람은 마치 겨울의 강을 건너가는 것처럼 걸어간다. 지혜로운 사람이 말할 수 있는 것은 잡동사니뿐이고 잡동사니가 아닌 것은 말하지 않는다. 그런데 道는 잡동사니가 아닐 뿐 아니라 그 반대 극에 위치한 궁극적 가치이다. 지혜로운 사람은 이런 것을 표현할 가능성은 전연 없다는 것을 잘 알고 있다. 왜냐하면 그것을 말하는 순간 그것은 장난이 되어버리기 때문이다. 하찮은 비유로 진실로 겸손한 사람이 만일 '내가 겸손하다'고 말한다면 그는 이미 겸손한 사람은 아니게 되는 것과 같다. 말은 그것을 죽여버린다. 말이라는 것은 유독하다. 진실은 침묵 속에서밖에 말할 수 없다. 그러나 어느 누구도 침묵을 이해하는 사람은 없다. 그래서 현자도 역시 말을 하지 않을 수 없다. 그러나 현자는 말을 더듬는다. 지혜로운 사람은 주저한다. 현자는 어떤 의미에서는 항상 두려워하고 있다. 그 자신 때문이 아니라, 다른 사람들 때문에. 어느 때이든 그가 사람들에게 이야기를 할 때, 그는 그것이 오해받을 가능성이 99퍼센트이고 이해 받을 가능성은 1퍼센트밖에 없다는 것을 알고 있다. 어떻게 그런 것을 확신을 갖고 말할 수 있겠는가? 그래서 노자는 道에 관해서 어떻게 기술할 수 있을까 난처해하면서 말을 더듬고 있는 듯하다.

道可道非常道는 이러한 망설임의 표현에 다름 아니다. 그러므로 이는 道에 대한 대답이 될 수 없으면서 또한 전연 무의미한 것도 아니니, 도의 이해를 위한 하나의 중요한 암시가 될 수도 있다. 먼저 우리는 이런 표현을 통하여 道나 常道는 존재하는 것 혹은 존재해야 하는 것임을 간파할 수 있다. 이는 태초부터 있었으며, 앞으로도 영원히 지속될 가장 중요하고 진실한 것이다. 또한 이는 지식인이나 고관 등 어떤 특정인에게만 관련된 것이 아니며, 모든 사람, 모든 사물의 존재와 관련되는 가장 궁극적인 기반이라는 점에서 진리중의 진리라 할 만하다. 그러나 그 해명은 직접적으로 주어질 수 없는 것 또한 감지할 수 있다. 단지 한 가지 방편, 하나의 테크닉을 가르쳐 줄뿐이다. 그리고 그 테크닉을 수행함으로써 해답을 알게 될 것이다. 그 외에 다른 앎은 없다. 우리가 뭔가를 행하지 않으면, 우리가 변화되지 않으면, 사물을 바라보는 우리의 시각이 달라지지 않으면, 지적인 차원 이상의 차원으로 옮겨가지 못하면, 거기에는 해답이 없다. 물론 여러 가지 그럴싸한 대답들은 주어질 수 있다. 하지만 그것들은 모두 거짓말이다. 모든 철학적 해답들이 그러하다. 만약 그것이 우리를 만족시키면 우리는 그 철학에 빠질 것이다. 하지만 우리는 그 속에서 아무런 변화 없이 그대로 남아 있다. 노자는 이를 경계하여 책머리에서 독자들에게 이 책을 읽되 철학적 유희에 빠지거나 말에 집착하지 말라고 당부한다. 도에 관해서는 어떤 언어적 시도도 가능하지 않으며 어떤 체계적 이론도 세울 수 없다. 道는 학설화 될 수 없는 것이며, 따라서 道家(taoism)의 도조차 순수한 道는 못 된다. 도는 아무런 규정도 할 수 없고, 아무런 규제도 있을 수 없을 만큼 광대하고 순수한 것이다.

이런 의미에서 도는 진리중의 진리라 할 수 있다. 그리고 도란 무엇인가는 진리란 무엇인가와 같은 문제라 할 수도 있다. 이것은 누구든지 떠올릴 수 있는 가장 중요한 의문이다. 그러나 이 의문에 관한 해답은 없다. 가장 궁극적인 질문에는 해답이 있을 수 없다. 그래서 궁극적인 문제라고 하는 것이다.

빌라도가 '진리란 무엇인가' 하고 물었을 때 예수는 침묵을 지켰다. 이 일화는 여기에 그치지 않는다. 빌라도는 질문을 던진 다음 대답을 기다리지도 않고 방을 나가 버렸다. 빌라도는 이 질문에 답이 있을 수 없다고 생각했다. 그래서 대답을 기다리지 않고 방을 나간 것이다. 예수가 침묵을 지킨 것도 이 질문에 답이 있을 수 없다는 것을 알았기 때문이다. 그러나 두 사람의 이해는 똑같은 차원이 아니다. 빌라도는 진리가 존재하지 않으므로 이 물음에 대한 답이 있을 수 없다고 생각했다. 존재하지도 않는 진리에 대해 어떻게 답이 있을 수 있겠는가. 이것이 논리적인 마음이다. 그러나 예수가 침묵을 지킨 것은 진리가 존재하지 않기 때문이 아니다. 진리는 너무나 광대하고 한정지을 수 없기 때문에 침묵을 지킨 것이다. 진리는 상상할 수 없을 만큼 거대하다. 그것은 한 마디로 규정지을 수 없다. 진리를 언어의 세계로 끌어내리는 것은 불가능하다. 진리는 분명히 존재한다. 하지만 그것을 말로 표현하는 것은 불가능하다.

만일 우리가 '진리는 A다'라고 말한다면 분명히 A는 진리가 될 수 없다. 이는 우리가 진리와 동의어로 사용하는 말일 뿐 진리는 아니다. 만일 그것이 절대적인 동의어라면 이 경우에는 동어반복에 불과하다. 이런 말로는 아무 것도 해결되지 않는다. 그리고 A가 진리와 똑같지 않다면 우리는 오류를 범한 것이다. A가 진리라고 말하는 것은 다만 근사치를 제공하는 것에 불과하다. 그러나 진리에 관한 근사치는 존재하지 않는다. 진리거나 진리가 아니거나 둘 중의 하나다. 근사치라는 말은 거기에 거짓과 오류가 포함되어 있음을 의미한다. 빛과 어둠이 공존할 수 없듯이 진리와 진리가 아닌 것은 공존할 수 없다. 어둠은 빛의 부재 외에 다른 것이 아니다. 부재와 현존은 공존하는 것이 불가능하다. 진리와 진리 아닌 것은 공존하는 것이 불가능하다. 非眞理는 진리의 부재일 뿐이다. 어떠한 대답도 가능하지 않다. 이것이 예수가 침묵을 지킨 이유다. 근원적인 것은 오직 경험을 통해서만 알 수 있다. 그런데 진리는 가장 근원적인 것이다. 존재의 기반 자체가 진리다. 이 질문이 떠오를 때는 삶 전체가 달린 것처럼 임할 것이다. 그러나 마음은 언제나 쉬운 대답을 주려고 시도한다.

2)

道자가 포함된 여러 어구를 통해서 좀더 구체적으로 그 의미에 접근해 볼 수도 있다. 東道西器란 표현을 통해서 道란, 물질적이고 기계적인 그릇과 대조적으로 그 속에 담길 본질적인 것임을 알 수 있다. 예컨대 대학에서 교수나 시설 등 일체의 구체적 자산은 모두 그릇에 해당하며, 대학의 도는 거기에 서린 그 이상의 정신적이고 본질적인 것이어야 한다. 그리고 弓術, 劍術에 대하여 弓道, 劍道란 말도 쓰이는 것으로 미루어 道란 구체적 기술 이상의 정신적 자세나 지향과 관련된 것으로 간주된다. 또한 글자의 형상으로 볼 때 길을 나타내는 한자로 道와 路가 병용되지만, 路가 발(足)로 걸어다니는 구체적 길을 나타내는 데 대해서 道는 머리(首)로 지향하는 추상적 길일 것이라는 생각도 든다. 이런 구분은 신발을 통해서도 상징적으로 표현되는 것을 볼 수 있으니, 불교에서는 출가한 사람에게 제일 먼저 속세에서 신던 구두나 운동화를 벗어버리고 고무신으로 갈아 신게 한다. 이는 이제부터는 걸어가야 할 길이 다르다는 뜻으로, 검약과 무소유의 상징인 고무신을 신고

걸어갈 길은 구도의 길로 승화되어야 할 것임을 암시한다.

우리는 현실에서 또한 자연스러운 길과 인위적인 길을 대조적으로 생각해 볼 수 있다. 가령 새가 하늘 높이 날아갈 때 여기서도 우리는 보이지 않는 길의 존재를 상상할 수 있다. 모든 것이 어떤 방향으로 움직여 가기 위해서는 공간이 필요하며, 길이란 이런 저런 모든 통로를 포함할 것이기 때문이다. 이런 길은 순간적이고 일회적인 점에서 참으로 창의적이라 할 수 있고, 너무 창의적이어서 이정표도 있을 수 없고 지도에도 표시될 수 없다. 이 '길 없는 길'이야말로 자연스럽고 생기 넘치는 삶의 길이라 할 만하다. 우리가 한 평생 살아가는 길도 부모나 스승 등의 영향을 받지 않을 수 없다 하더라도 결국은 그 누구와도 다른 우리 자신의 길일 수밖에 없다. 그럼으로써 우리의 삶은 복사본이 아닌 고유한 원본의 아름다움을 지닐 수 있는 것이다. 이에 대해서 인간이 지상에 건설해 놓은 길이 허다한 가운데 그 대표적인 고속도로에 대하여 생각해 보면, 이는 먼 거리를 신호 대기 한번 받지 않고 100킬로미터 이상으로 질주할 수 있어, 그야말로 길 중의 길이라 할 만하다. 그러나 인간의 발명품에는 좋은 점이 있는 만큼 또 나쁜 점도 있게 마련이어서, 고속도로에도 많은 제약과 위험이 도사리고 있는 것을 우리는 매일같이 경험한다. 빨리 달릴 수는 있으나 반대로 느리게 갈 자유는 허용되지 않으며, 그래서 차도면서도 자전거를 타고 가거나 갖가지 수레를 끌고 가는 일체의 일은 용납되지 않는다. 설사 길을 잘못 들어서도 아무 때나 방향을 바꿀 수 없어 엉뚱한 길을 그대로 달려야 하는 것은 참으로 어처구니없는 노릇이다. 여기에는 인도도 횡단 보도도 없어 사람 또한 걸어다닐 수도 건너 갈 수도 없을 뿐 아니라, 산 속을 가로 질러가는 고속도로는 동물들의 통로마저 막아 버려 생태계를 파괴하고 있기도 하다. 특히 최근에 문제가 되는 것은 수시로 정체가 되어 일반도로보다도 저속도로로 변하고 주차장화하는 것이며, 한번 사고가 났다 하면 으레 대형사고가 되어 인명을 앗아가고 장애자를 양산하기도 한다. 이렇게 '길 있는 길'에는 유용한 길만 있는 것이 아니라 유해한 길도 함께 도사리고 있는 것이다.

道란 한자의 기본적 훈은 '길'이다. 그리고 길이란 목적지와 대립되는 개념으로 어디까지나 목적지를 향한 과정일 뿐이다. 노자는 목적지에 대해서는 아무런 관심도 없고 오직 길에 대해서만 거듭 거듭 강조한다. 우리는 노자가 다른 것도 아니고 궁극적인 가치를 목표가 아닌 길로 비유한 데 일면 당황하면서, 그에게 있어서 과정과 목표는 서로 다른 것이 아님에 주목하게 된다. 그에게 과정은 목표의 출발점이고 목표는 과정의 끝일뿐이며, 그래서 이들을 구분할 필요가 없는 것이다. 마음은 목표에 더 관심이 있으며, 수단이나 과정은 생략할 수 있다면 그렇게 하려고 한다. 마음은 항상 목표는 의미 있는 것이고 수단은 단지 필요한 것이라고 생각한다. 이런 생각이 우리를 괴롭게 하는 것이다.

구도의 길을 걷고자 하는 사람은 이 같은 마음의 성질을 분명히 깨달아야 한다. 목표를 잊고 수단을 목표처럼 여겨야 한다. 수단을 목표에 연결돼 있는 것처럼 즐기는 것이 좋다. 그때 우리의 길은 축복이 될 것이고, 우리는 기쁨에 찬 여행을 할 것이다. 우리들이 하고 있는 여러 가지 수련 또한 마찬가지다. 이 같은 수련들은 수단인 동시에 그 자체가 목적인 것이다. 그러므로 부디 수련을 어떤 목적을 갖고 이용하려 들지 말 것이니, 그렇지 않으면 우리는 서두를 것이다. 우리는 어떻게 하든 그 과정을 빨리 마치고 목표에 도달하고자 할 것이다. 그렇게 되면 그 과정을 제대로 끝내지도 못할뿐더러 목적지 또한 그만큼 멀어질 것이다. 목표와 수단은 결코 다른 것이 아니다. 결코 나눌 수 없는 것이다. 목표는 단지 수단이 제대로 꽃 피어난 상태를 말하는 것이다. 수단이 완전히 자신의 모습을 드러냈을 때 목표는 거기에 있다.

삶이란 아무런 목적을 갖고 있지 않기 때문에 아름다운 것이다. 만일 삶이 정해진 어떤 목적을 갖고 있다고 생각하면 모든 것이 불합리해진다. 어느 누가 삶의 목적을 부여할 수 있겠는가? 어떤 신이 있어서 삶에 목적을 부여하였다면 인간은 꼭두각시나 다를 바 없다. 자유는 어디에서도 찾을 수 없고 오직 속박만이 존재할 뿐이다. 그때 삶은 하나의 일이 되어버린다. 거기에는 어떤 환희나 기쁨도 있을 수 없다. 삶이란 일이 아니라 생동적인 놀이일 뿐이다. 즐기는 그 자체에 무슨 목적이 있겠는가? 삶은 어떤 목표를 향해 가는 것이 아니다. 여기 지금 바로 이 삶이 목적이다. 순간 순간이 궁극의 목적인 것이다. 삶에는 어떤 종착역이 있어서 그 종착역을 향해 가는 그런 것이 결코 아니다. 누가 그 끝을 정할 수 있단 말인가? 신이 그 목적을 부여하였다면 왜 신이 존재해야만 하는가 하는 식의 신의 존재 자체에 대한 의문을 제기해야만 할 것이다. 그러면 신은 어떤 목적도 없이 그냥 존재하는 그런 존재이어야 하거나, 신의 목적이 있게 한 또 다른 신을 가정하지 않을 수 없게 된다.

삶에는 어떤 목적도 없다. 살아 움직이는 것 자체가 목적인 것이다. 움직임 자체에 가치가 있는 것이고, 이 가치야말로 가장 본원적인 것이다. 모든 자연적인 현상에는 목적이 없다.

만일 사랑에 목적이 있다면 그것은 사랑에서 벗어난다. 어떤 이유나 목적을 댈 수 있다면 그것은 사랑이 아니다. 삶은 사랑과 같은 것이다. 삶은 그저 그렇게 있는 것이지 거기에 도달해야 할 어떤 목표가 있는 것이 아니다. 이 점을 이해한다면 삶은 전적으로 바뀔 것이다. 긴장과 고통이 따르는 것은 삶에 목적이 있기 때문이다. 그 목적을 성취해야만 하기 때문이다.

이렇게 볼 때, 노자가 삶의 궁극적 가치를 道로 나타낸 것은 그 가치를 깎아 내린 것이 아닐 뿐 아니라, 삶을 가장 순수하고 생생하게 이해한 것이라 할 수 있다.

3)

이렇게 아름다운 도를 구체적으로 표현할 수 있으면 얼마나 좋은가? 그러나 중요하고 진실한 것일수록 말로 표현하면 피상적인 것으로 보이고 세속화된다. 이는 오늘의 상황에서 살펴보면 쉽게 이해할 수 있을 듯하다. 노자가 道라고 칭한 것은 그것이 우주의 궁극적 원리와 관련된 것이란 점에서 오늘날의 神과 상통하는 것으로 생각해 볼 수도 있다. 그래서 道可道非常道를 神可神非常神으로 바꿔 생각하면 그 의미가 훨씬 친숙하게 다가올 듯도 하다.

최근 우리 사회에서는 신앙인의 수가 팽창하면서 신을 거론하는 일이 일상사가 되었지만, 진실로 종교적인 사람들은 함부로 신을 믿는다거나 신이 존재한다고 떠들어대지 않는다. 이런 말들은 그들에게 매우 피상적인 것으로 보인다. 그런 것들은 어떤 질문에 대한 해답처럼 보일 수도 있다. 그러나 종교적인 사람은 신이 있다는 식의 그런 세속적인 말들을 가볍게 지껄이지 않는다. 그것은 너무나 심오하고 신비한 현상이다. 어떤 것을 쉽게 말로 표현해 버린다면 그것은 이미 세속화된 것이다.

사람들이 부처에게 신이 존재하는지 않는지 물을 때마다 그는 침묵을 지켰다. 그는 대답되어질 수 없는 어떤 것을 묻고 있는 것으로 생각했다. 신이 존재하지 않는 것이 아니다. 그런 것을 대답하는 것은 그 신비를 풀릴 수 있는 것으로 만들어 버릴 것이다. 그때 삶은 해답을 가진 문제 거리로 전락되고 말 것이다. 그때 신비는 사라진다.

오늘날 노자의 道를 밝히는 것은 세상이 하느님이라고 알고 있는 것을 발견하는 것과 같을 듯하다. 그러나 이 세상에 하느님을 발견한 사람은 있을 수가 없다. 왜냐하면 하느님을 발견하는 순간 그 사람은 더 이상 세속적으로 돌아오지 못하기 때문이다.

4)

결국 이 구절의 의미는 다음과 같이 정리될 수 있을 것이다. 말로 함부로 표현하는 진리는 참다운 진리가 아니다. 이 세상에 진리는 있기는 있으나 말로써 가르칠 수 없으며 이는 체험을 통해서 스스로 알아지는 것이다. 이는 사랑해보지 않은 사람은 사전을 통해서 사랑에 관해서 이해할 수는 있지만 사랑 자체는 알 수 없는 것과 같으며, 시각 장애인에게 빛의 이론은 설명할 수 있지만 이는 빛 자체를 안 것은 아닌 것과 같다.

학자들에게 있어서 지식은 표현되어야 한다. 자신이 알 수 있는 것은 다른 사람에게도 가르쳐 줄 수 있다. 그러나 신비주의자들의 지식이란 그런 것이 아니다. 그는 그것을 생각으로써가 아니라 느낌으로 아는 것이다. 그래서 실제로 '나는 신을 안다'고 말하는 것은 그리 정확한 표현이 아니다. '나는 그를 느꼈다'라는 표현이 그 현상에 대한 좀더 정확한 표현이다. 그 앎은 가슴을 통한 것이다. 마음의 뿌리는, 의식은 말로 표현될 수 없다. 그러나 만약 단 한 개의 생각이라도 움직인다면 그것은 말의 차원으로 떨어진다. 표현될 수 있는 차원으로 떨어지는 것이다. 이것은 어떤 생각을 의식하는 것이 아니라 의식 자체가 될 때를 말하는 것이다. 거기에는 어떤 생각의 움직임도 없다.

마음은 실체가 아닌 말의 연속적 흐름으로서 생겨난 부산물이다. '사랑'이라고 하는 단어가 사랑은 아니다. '신'이라고 하는 단어 역시 신이 아니다. 그러나 마음은 이 단어들로 이루어져 있다. 그때 사랑 자체는 '사랑'이라는 말보다 덜 중요해진다. 신은 '신'이라는 말보다 덜 중요해진다. 적어도 마음에게는 그렇다. 우리가 그 말들 속에서 살아간다면 우리는 더욱 피상적이고 표면적인 삶을 살 것이다. 우리는 말 때문에 실체를 놓치게 될 것이다.

16. 2. 2 名可名非常名

1)

이는 道可道非常道에 대한 對句 내지 부연 설명으로 볼 수 있으며, 道에 의해 구현된 여러 사물 혹은 그 명칭과 관련한 서술로 이해된다. 이 구절의 취지는 어떤 명칭을 구체적 사물에 적용하여 부르게 되면 그것은 그 이름에 전적으로 걸맞을 수는 없다는 것이다. 이런 虛名을 간과하고 관습적으로 고정관념을 갖고 있을 때 그 고정관념은 대상을 이해하는 데 커다란 장애가 된다. 예컨대 학생들은 교수면 다 교수다운 교수인 줄로 알고, 국민은 대통령이면 다 명실공히 대통령인 줄 한다. 그러나 허다한 교수 가운데 교수다운 교수가 흔치 않으며, 우리의 짧은 헌정사를 통해 보아도 대통령다운 대통령이 별로 없다. 기껏해야 간혹 근접한 경우가 있을 수 있을 뿐이다. 또 우리나라에는 수많은 고등교육 기관이 설립되어 있어 이들을 다 대학이라고 칭하고 학생들도 정말로 대학에 들어온 것으로 간주하지만, 그 대학은 문자 그대로의 상아탑 혹은 진리의 전당과 백 퍼센트 합치할 수는 없다. 모든 것이 현실적으로 그 이름과 전적으로 합치하지 않을 뿐 아니라 대개는 본래 취지에서 빗나가는 일이 너무나 많은 데 심각한 문제가 있기도 하다. 이 세상의 대부분의 국가들이 민주국가라고 자칭하고 있으나 실제로 지구상에 진정한 민주국가는 없다고 해도 과언이 아니다. 겉으로 좋은 이름을 갖다 붙인 것일수록 (名可名) 속으로는 그렇지 못한 것(非常名)이 일반적이라 할 수 있다.

어떤 사람에게 좋은 이름을 붙이는 것도 문제이나, 나쁜 명칭을 부여해서도 안 된다. 사람에게는 결코 어떤 딱지가 붙여질 수 없다. 사람은 참으로 무한하고 영광된 존재이다. 아무도 정신분열증이 어떤 것인지 정확히 알지 못한다. 누가 비정상적인지에 대해서는 정확한 한계가 없다. 도둑놈, 사기꾼, 깡패 등의 경우 그들이 하루 24시간 혹은 한 평생 그에 해당하는 행동만 하는 것도 아니며, 장애인들도 전체 기능 가운데서 극히 일부의 기능에 한해 다소간의 장애를 가지고 있을 뿐인 것이다. 최근에는 이런 편견을 극복하는 한 방안으로 좀더 나은 이름을 지어 보려 하기도 한다. 그리하여 청소부는 환경미화원으로, 식모는 가정부로, 보험 외판원은 생활 설계사로 개명하는 등 많은 시도가 이루어지고 있다. 그러나 이런 방안이 또한 이기적으로 악용되는 것을 보기도 하니, 내실은 기하지 않은 채 이름만 아름답게 혹은 새롭게 바꿈으로써 이득을 보려 하는 상혼이 기성을 부린다. '바이오, 그린, 디지털' 등은 요즘 두루 안 붙는 데가 없을 정도로 선호하는 표현들이다. 각종 학교의 '농업과'를 단지 명칭만 '농생명과학과'로 개명한 뒤 우수한 학생들을 유치하는 데 성공했다는 웃지 못할 얘기도 전한다.

우리의 고정관념은 또한 패배는 언제나 승리만 못한 것으로 알고, 동거생활은 결혼생활만큼 진실하지 못한 것으로 생각하며, 저가품은 명품보다 나쁜 것으로 치부하고, 분노는 사랑보다 비정한 것으로 여기기 일쑤다. 그러나 우리는 또한 실패는 성공의 어머니라는 격언을 믿으며, 정략적 결혼보다 훨씬 순수한 동거생활을 얼마든지 볼 수 있고, 실속 있는 상품이 속 빈 강정 같이 허울뿐인 사치품보다 견실한 것을 알고 있으며, 절도 없는 사랑보다 중심에서부터 우러나오는 분노가 필요한 경우를 적잖이 본다. 사람이든 사물이든 거기에 붙은 이름만 가지고 판단하면 항용 실체에서 벗어나기 쉬운 것이다.

이 구절은 관점을 달리해서 접근해볼 수도 있다. 名可名의 可는 조동사로서 두 가지 의미 즉 可視的 效果, 可變 車路처럼 '할 수 있다'는 뜻과 可觀, 可恐처럼 '할 만하다'는 뜻으로 공히 쓰인다. 앞에서의 해석은 이 가운데 첫 번째 의미를 적용한 것이며, 이번에는 두 번째 의미를 적용해 보려는 것이다. 그러면 이 구절의 취지는 극소수 사람들만이 누리는 이렇다 할 만한 이름 혹은 명예일수록 참되지도 않으며, 오래 유지할 수도 없다는 뜻으로 해석이 될 수 있다. 가령 대통령이나 재벌 총수가 그 막중한 소임을 다하기 위해서는 하루 20 시간도 모자랄 지경이며, 따라서 개인의 삶은 대부분 희생해야 할 판이다. 그러나 본연의 개인적 삶과 책임이야말로 어떤 이데올로기나 사회적 의무보다도 자연스럽고 본질적인 것으로, 그런 부자연스럽고 비본질적인 일에 의해 희생되어서는 안 되는 것이다. 지위의 고하를 막론하고 이것이야말로 우리의 가장 진실한 부분이기 때문이다. 가장 기본적인 삶을 포기해야 하는 이들은 정상적이지도 못하고 건강하지도 못하다. 크고 작은 모든 사회적 임무는 자아실현을 통해서만 자연스럽게 발전적으로 이루어질 수 있다. 그렇지 못할 때 이는 왜곡된 것이며, 그 부작용은 어떤 형태로든 나타날 것이다. 이들보다는 덜하다 하더라도 그 외에도 소위 사회에서 출세한 사람들도 모두 다소간에 비정상적이고 건강하지 못한 삶을 산 결과로 그만한 지위도 얻은 것이고, 또 이를 유지하기 위해서는 계속 이런 부자연스러운 삶을 살아야만 한다.

이렇게 이해할 때 名可名非常名은 名不可名是常名의 가능성을 암시하는 듯하기도 하다. 그래서 현자들은 보통 사람으로 살기를 원했고, 노자도 평생 제자도 내칠 정도로 평범하게 살기만 했던 것이다. 그래야만 전체적 삶을 살 수 있기 때문이다. 우리가 법률 전문가나 전기 기술자처럼 특수 분야에 종사하지 않을 때, 기독교인, 불교도 등 특정 종교인으로 살지 않을 때, 혹은 기계적으로 여당을 지지하거나 야당을 지지하지 않을 때, 편견을 통해서 행동하지 않고, 사람들을 특정한 범주로 분류하지 않으며, 아무도 분류의 대상으로 여기지 않으며 그저 깬 의식으로 순간 순간을 살아갈 때, 거기에 끼어 드는 아무 편견도 없을 때, 우리의 삶은 전체적이다. 자신을 자유롭게 놓아둘 뿐 결코 새장 속에 가두지 않는다. 걸림이 없는 절대적인 자유, 경계선이 없는 무한한 하늘, 그저 거기에 존재할 뿐이다. 그럴 때 우리의 삶은 물론 불완전하다. 그러나 오직 불완전한 상태에서만 성장과 흐름이 있으며, 오직 불완전한 상태에서만 무슨 일인가 가능하다는 것을 또한 우리는 잘 알고 있다. 만일 우리가 완벽한 존재라면 돌처럼 굳어버릴 것이다. 그때에는 아무 일도 일어나지 않을 것이며, 아무 일도 가능하지 않다.

우리가 사람을 특정 분야의 기술자 혹은 지식인과 동일시하거나 현재 혹은 과거의 직책과 동일시하는 것은 어리석은 일이다. 같은 논리로 더 깊이

들어가 사람을 하나의 육체라고 생각하는 것도 역시 어리석은 짓이다. 왜냐하면 우리는 어떠한 형태에도 속해 있지 않기 때문이다. 우리는 무형이다. 우리는 어떠한 계급, 종교, 어떠한 율법에도 속하지 않는다. 우리는 어떤 이름에도 들어가 있지 않다. 형태가 사라진 상태, 이름이 사라진 상태가 되지 않으면 우리는 결코 온전하지 않은 것이다. 온전하다는 것은 본성으로 가까이 간다는 뜻이다. 우리 속에 있는 궁극의 것으로, 우리 뒤에 숨겨져 있는 그것에게로 가까이 간다는 뜻이다. 많은 노력이 필요하다. 형태를 잘라버리고, 떨쳐버리고, 제거하는 것은 매우 어려운 일이다. 우리는 그토록 형태에 집착해 있고 그것과 자신을 동일시하고 있다.

2)

이 구절의 취지와 관련하여 지금 우리 사회에서 실제로 명칭이 얼마나 진실하지 못하고 어떻게 잘못 쓰이는지 돌아보고자 한다.

우리 사회에는 전통적으로 4년제의 (일반)대학과 2년제의 전문대학의 구분이 있었다. 그러나 전문대학장들의 강력한 요구에 밀려 교육부는 이런 구분을 없애고 전문대학의 공식 명칭에서도 '전문'자를 뺄 수 있도록 허용하였다. 그리하여 외형적으로는 전문대학도 일반 대학과 마찬가지로 '○○대학'이라고 일컫게 된 것이다. 그러나 일반 대학의 변모를 돌아볼 때 사실은 일반 대학마저 그 명칭을 전문대학으로 바꿔야 할지언정 전문대학을 일반 대학처럼 바꾼 것은 전연 사실과 맞지 않는다. 전문대학이란 수업 연한이 몇 년인 것이 문제가 아니라 취업을 위해 전문적 지식과 기술을 익히는 것이 특징이기 때문이다. 그런데 요즘은 일반 대학도 본래의 목표는 뒷전으로 밀리고 전문대학과 마찬가지로 취업 준비로 전문적 지식을 전수하는 데만 골몰하고 있는 형편이다. 이렇게 볼 때 명칭의 변경은 내용의 변화와는 상반되게 이루어진 것을 본다. 실제는 퇴보하고 허울만 아름답게 꾸미는 세태를 잘 반영하는 하나의 예라 할 수 있다. 名可名非常名의 세속적 실례라 할 만하다.

최근에는 또 의료보험을 건강보험으로 개칭하였다. 그러나 이런 개명은 속임수일 뿐이니, 보험의 특성이 새 명칭의 취지에 맞게 함께 발전하지 못한 채 구태의연하기 때문이다. 의료보험이란 문자그대로 병이 걸렸을 때 행한 의료행위에 대하여 주어지는 보험이라면, 건강 보험이란 병이 걸리지 않도록 평소에 건강을 잘 지켜준 데 대하여 주어지는 보험이라야 한다. 이렇게 본래 취지대로 시행될 때 부당한 의료행위의 말썽도 일어나지 않을 것이다. 의사들은 진심으로 우리의 건강을 지키는 데 전력을 다할 것이며, 추호도 환자가 많이 찾아오는 것을 바라지 않게 될 것이다. 이 개명은 아름다운 이름으로 바꾸는 데 성공하였으나, 실제로는 좋은 말만 더럽힌다는 책망을 면치 못할 것이다.

우리 사회는 지금 공적으로나 사적으로나 온통 내실을 기하기보다 포장만을 아름답게 꾸미는 데 열중하고 있어, 명칭의 취지는 아무 의미도 없는 공허한 말로 전락하고 있다. 그러나 예전에는 그렇지 않았다. 우리나라는 예로부터 부모에게 효도하는 일이 강조되고 미덕으로 이해되었으며, 그리하여 많은 아름다운 효행의 일화들이 전한다. 그러나 오늘의 관점에서 이상하게 생각되는 것은 아무리 효행이 극진한 사람도 자신을 孝子라고 일컬은 경우는 없으며, 언제나 스스로 不孝子라고 칭한 사실이다. 이는 名可名非常名의 정신을 삶에서 실천한 아름다운 예라 할 수 있다.

또 오늘날 학원이나 TV에서의 명강이나 명강연이 그에 대한 사례금의 정도로 가늠되는 것을 본다. 말하자면 가르침도 시장논리로 결정되는 것이다. 그러나 부처는 가르침이 아닌 가르침을 좋은 가르침이라고 말했다. 말하자면 敎不可敎是常敎인 셈이다. 만일 그것이 가르침이라면 그것은 좋은 가르침이 아니다. 敎可敎非常敎이다. 가르침이라고 하는 것은 이미 굳어지고 한 곳에 고정되어 있다. 그러나 우주는 끊임없이 움직이고 있다. 그러므로 어떤 가르침으로도 이 삶을 다 담을 수가 없다. 어떤 가르침으로도 이 끊임없이 변화해 나가는 삶을 제대로 표현할 수가 없다. 어떤 가르침으로도 존재를 딱 맞게 설명할 수가 없다. 모든 가르침은 한계를 갖고 있다. 그래서 부처는 말한다. "내가 주는 가르침은 가르침이 아니라 그대들이 실재를 바라볼 수 있도록 해주는 하나의 눈이다. 나는 그대들에게 어떤 고정된 틀도 주지 않았으며, 어떤 체제도 주지 않았다." 그는 계속해서 말한다. "나는 단지 그대들이 실재에 다가갈 수 있게만 해주었으며, 문을 열 열쇠만을 주었다. 나는 그 문을 연 뒤에 보게 될 것에 대해서는 아무 말도 하지 않았다. 그것에 대해서는 아무 말도 할 수가 없다."

16. 2. 3 無名天地之始　有名萬物之母

1)

이 구절에서는 名의 처리가 문제가 된다. 이와 관련하여 학설은 대체로 두 가지로 나뉜다. 하나는 無와 有를 주어로 보고 名을 이들의 서술어로 보는 입장이다. 그때 名은 '~을 일컫는다'고 새길 수 있어, 無는 천지의 시작을 일컫고 有는 만물의 모체를 일컫는다는 의미가 된다. 다른 하나는 無名, 有名을 주어로 보고, 한문에서 명사문의 경우 흔히 서술어가 따로 드러나지 않는 것처럼 여기서도 서술어를 설정하지 않는 입장이다. 이런 두 가지 접근 방식은 구문상으로는 구분되지만, 의미상으로는 별로 다르지 않다. 無와 無名, 有와 有名은, 名을 가볍게 혹은 형식적인 것으로 간주할 때 대동소이한 것으로 이해할 수 있기 때문이다. 순수하게 없는 것은 이름마저도 없으며, 존재하는 것은 으레 이름도 붙어 다니게 마련이다. 그래서 우리는 無名, 有名에서의 名은 名可名非常名의 名과는 달리 보조적인 쓰임으로 가볍게 이해하는 입장을 취한다.

이렇게 구문을 정리하고 보면, 이 구절의 취지는 태초의 모습은 순수한 無였으며, 그 후 어떤 계제에 有가 생겨나고 여기에서 온갖 사물이 비롯되었다는 것이다. 여기서 주의할 점은 이것을 노자의 천지창조설로 받아들여서는 안 된다는 것이다. 노자는 그런 엄청난 문제에는 아무 관심도 없으며, 오직 소박하게 현재의 삶에 투철할 뿐이다. 그러므로 이 구절은 현재의 창조성에 관하여 언급한 것으로 이해할 수 있다. 그리고 창조성의 언급에서 有名萬物之母만 말하지 않고 無名天地之始를 아울러 아니 그에 앞서 언급할 것을 잊지 않은 것은 중요한 의미가 있다고 이해된다. 여기서 우리와 달리 사물의 근원을 無의 경지로까지 깊이 통찰한 노자의 특성이 드러나기도 하며, 그의 無 사상의 위대함을 느끼게도 된다. 사물이 창조되는 과정을 보면 먼저 직접 원인으로서 母體가 있음을 본다. 그리고 모체는 실체도 있고 명칭도 있음을 안다. 그러나 사람의 출생으로 미루어 볼 때, 모체는 자식을 제 마음대로 낳는 것이 아니며, 그 의도와 무관히 혹은 역행하여 자식을 낳을 수도 있고 낳지 못할 수도 있다. 또 아들을 원하는데 딸을 낳을 수도 있고 그 반대일 수도 있다. 이는 모체가 자식 창조의 궁극적 원인이 아님을 의미한다. 즉 모체는 창조의 힘이 없으며 다만 근원적인 창조성의 도구로 활용될 뿐임을 알 수 있다. 이 근원적 창조성은 有의 경계를 넘어선, 그래서 볼 수도 없고 어떤 지각으로도 알 수 없는 신비 혹은 신으로 이해해볼 수 있다. 노자의 이 無는 오늘날 神, 道 혹은 하느님이라 칭하는 것의 다른 일컬음으로 이해해볼 수 있다. 이들의 존재적 특성이 無와 무관하지 않은 것으로 미루어 노자의 소박하면서도 과감한 이 명명법에 절로 머리가 숙기도 한다. 일상적으로 無는 단순히 없는 것으로 생각하기 때문에 無의 실체를 인정하기 어렵고 無의 창조성을 이해하기는 더욱 어렵다. 그리하여 우리는 하늘을 예로 들어 좀더 구체적으로 無의 실체에 대하여 생각해 보고자 한다. 하늘은 우리가 아는 한 가장 무와 관련이 깊은 실체이기 때문이다.

우리가 하늘을 바라볼 때 구름 한 점 없이 맑고 투명한 것으로 느끼면 그것은 하나의 적극적인 '텅 빔'이다. 만일 이런 하늘을 구름의 부재로 본다면 그것은 하늘을 소극적인 관점에서 보는 것이다. 만일 우리가 그것을 공간의, 하나의 파란 하늘의 존재이며 그리고 그 파란 하늘에서 모든 것이 솟아 나오고 있다고 본다면 그것은 세상에서 가장 적극적인 것이다. 바로 실존의 기반 그 자체인 것이다. 비존재야말로 바로 실존의 기반인 것이다. 모든 것이 거기에서 나오고 모든 것은 점차 그 속으로 되돌아간다. 텅 빔을 무엇인가의 부재로 본다면 그것은 소극적인 관점이다. 그것은 무엇인가 무한한 것의 현존이다. 그것은 부재가 아니다. 종교에서 텅 빔이라는 것은 적극적인 용어로 사용되고 있다. 방안에 들어갔을 때 거기에 아무 가구도 없으면 우리는 그것은 텅 비었다고 말할 것이다. 우리는 그 소극적인 방밖에 보지 못한다. 그러나 그 방은 우리가 만나지 못한 '넓음'으로 가득 차 있다. 방이란 텅 빈곳이다. 방이란 공간을 의미한다. 무엇인가가 넣어질 수 있다. 그것은 거기에 텅 빔이 있기 때문이다. 그 방은 무엇이든 받아들일 준비가 되어 있다. 그러면 우리는 적극적인 텅 빔을 본 것이다.

　無는 무엇이 비었거나 결핍되어 있는 것이 아니라, 우리가 알지 못하는 무언가로 가득 채워져 있는 암흑 물질로, 다만 아직 적절한 이름을 얻지 못했을 뿐이다. 이 세상에는 순수한 '없음'이란 것은 없다.

　2)

　다음의 예들을 통해서 정말 진실하고 위대하며 신비한 것은 모두 無에서 나오는 것을 알 수 있다. 이에 비하면 有에서 나오는 것들은 세속적이고 하찮은 것들임을 새삼 깨닫게 된다.

1) 하루의 활력과 상쾌한 기분은 간밤에 죽은 듯이 취한 숙면에서 나온다. 밤에 자는 대신 영양분과 피로 회복제를 취하고 운동을 하는 등 적극적 방법을 취한다면 그런 활력은 생겨날 수 없다.

2) 우리는 원칙에 매인 삶을 좋아하지 않는다. 우리는 원칙에 반대하는 것이 아니다. 원칙에 매인 삶을 반대하는 것이다. 원칙은 우리의 내면의 존재로부터 순간순간 나와야 한다. 그것은 내면의 빛이지 밖에서 강요된 것이 아니다. 인간은 삶에 대한 깊은 감응 속에 움직여야 한다. 인간은 어떤 이념도 따라선 안 된다. 이념을 따르면 우리는 이미 결론을 가지고 살아가는 것이기 때문이다. 우리는 이미 정해진 중심에 의해 산다. 우리는 자유롭지 못하다. 우리는 유연할 수가 없다. 우리의 원칙, 우리의 이념은 우리를 흐르도록 하지 않을 것이다. 우리는 결정된 것에 따라 반응할 것이다. 그러나 만약 우리가 자유롭고 매 순간이 그 자체의 결론을 내린다면, 그것이 과거로부터 가져온 것이 아니라면, 그것은 더없이 좋다. 그때 우리는 참된 원칙을 갖게 된다. 하지만 우리는 원칙에 매인 삶을 살아선 안 된다. 진정한 의미에서 무원칙이야말로 참된 원칙인 것이다. 참된 것은 무에서 나온다.

3) 우리가 아름다운 시를 볼 때면 그것을 쓴 시인을 만나려고 해서는 안 된다. 우리는 그 시와 같은 사람을 만날 수 없기 때문이다. 그를 만나면 우리는 실망할 것이다. 그는 평범한 사람이다. 단지 일별을 가진 경험이 있을 뿐이다. 그리고 그 일별의 순간에 그에게 드러나는 실체를 본 것이다. 그는 그 순간 가슴으로 떨어졌다. 하지만 그는 그 통로를, 그 과정을 알지 못한다. 그는 그것의 마스터가 아니다. 그것은 단지 우연하게 일어난 사건이다. 그는 자신의 의지대로 움직일 수 없다. 시인은 자력으로 시를 낳을 수도 없고, 자신의 시를 이해할 수도 없다. 시는 영감이라고 부

　　르는 無를 통해 솟아 나온 것이다.
　4) 빅뱅이론에 의하면 우주는 無에서 태어났다. 즉 우주는 아무 것도 없는 상태에서
　　대폭발(big bang)을 통해 시작되었고, 150억 년 뒤에 대붕괴(big crunch)와 함께
　　종말을 맞을 것이라 한다.

16. 2. 4 常無欲以觀其妙 常有欲以觀其徼

1)

　여기서는 無欲과 有欲, 妙(묘)와 徼(요)가 대조를 이룬다. 직역하면 아무 욕심 없이 사물을 바라보면 그 핵심을 볼 수 있고, 욕심에 가린 채 사물을 보면 그 표면밖에 볼 수 없다는 것이다. 妙는 미묘하고 심원한 사물의 내면 혹은 근본적 원인을 가리키고, 徼는 중심에서 벗어난 주변적 현상 혹은 사물의 직접 원인을 나타낸다. 無欲과 有欲에 대해서는 좀더 깊은 이해가 필요하므로 논의를 더 해야 할 것 같다. 常과 관련해서는 常無, 常有로 보는 견해도 있으나, 이때 常은 無와 有를 강조하는 정도로 간주하고, 우리는 이를 별개의 부사로 이해하는 입장을 취한다.

　우리는 마음의 두 가지 상태를 안다. 하나는 생각이 거기에 있는 상태다. 이것이 有欲의 상태다. 그때는 우리가 가슴으로 내려갈 수 없다. 그때는 모든 것을 머리로 헤아린다. 마음의 또 다른 상태란 생각이 없는 상태다. 즉 無欲의 상태다. 하지만 생각이 없으면 우리는 잠에 떨어진다. 그때도 우리는 가슴으로 들어갈 수 없다. 하루 중에 생각이 멈춰지는 때가 자주 온다. 그러나 우리는 가슴에 도달하지는 못한다. 그것은 우리가 무의식적이기 때문이다. 그래서 여기에 매우 섬세한 균형이 요구된다. 생각은 깊은 잠을 잘 때처럼 멈춰져야 한다. 꿈이 없는 잠을 잘 때처럼. 하지만 우리는 낮 동안에 의식이 있는 것처럼 깨어 있어야 한다. 생각이 없는 상태에서 완전히 깨어 있어야 한다. 그리고 우리가 깨어 있을 때 거기에는 생각이 없다. 그때 우리는 갑작스런 의식의 변형이 일어나는 것을 느끼게 된다. 중심이 변화하고, 우리는 가슴속으로 들어가는 것이다. 그리고 가슴으로부터 우리가 세상을 바라볼 때 세상은 거기에 없으며, 오직 神만이 있다. 머리로부터 우리가 바라볼 때는

신이 없으며, 오직 물질 세계만 있다. 물질 세계와 신은 두 가지 별개의 것이 아니다. 단지 바라보는 관점이 다른 것이다. 같은 현상을 존재의 두 중심에서 바라보기 때문이다.

그러나 생각이 없는 상태란 우리로서는 실천은 그만두고 이해하기도 어렵다. 성인들의 경지를 통하여 막연하게나마 상상해 볼 수 있을 뿐이다. 부처가 보리수 밑에 앉아 있을 때 우리는 그가 무슨 생각을 했을까 궁금하기도 하다. 그러나 그는 전혀 생각하지 않았다. 그는 허공이 되었다. 그의 머리는 전 우주가 되었다. 부처는 수년 동안 모든 생각을 떨쳐버림으로써 의식의 순수성을 다시 얻을 수 있는 방법을 찾고 있었다. 우리가 과거로부터 자유로워지지 않는 한 우리는 속박되어 있다. 과거는 우리를 짓누른다. 과거 때문에 현재를 알 수 없다. 과거는 이미 알려져 있지만 현재는 매우 세밀한, 원자와 같이 극미한 순간이다. 우리는 과거 때문에 계속 현재를 놓치고 있다. 과거 때문에 우리는 계속 미래로만 튕겨져 들어간다. 과거는 언제나 미래로 투사되기 때문이다. 그리고 과거와 미래는 둘 다 거짓이다. 과거는 더 이상 존재하지 않으며, 미래 역시 아직 오지 않았다. 이 두 가지 존재하지 않는 것 사이에 현재가 존재한다. 부처는 결국 과거와 미래를 잊어버리는 데 성공했다. 그리고 이렇게 말했다. "나는 지금 여기에 있다. 나는 단지 존재한다." 과거와 미래에 관한 모든 생각을 끊어버리고, 현재에 존재하는 것이 요체다. 만약 우리가 단 한순간이라도 존재할 수 있다면 우리는 순수한 의식의 맛을 알 수 있을 것이다. 그리고 그것은 우리의 변형으로 이어질 것이다.

2)

사물을 보는 자세에 無欲과 有欲의 구분이 있으면, 그에 따라 보게 되는 대상도 妙와 徼로 구분된다고 하였다. 그러면 묘와 요는 구체적으로 어떻게 구분되는가? 우리는 위에서 이들을 사물의 깊은 내면과 표면적 현상 혹은 신과 물질로 이해하였다. 이를 집이라는 사물을 통해서 두 관점의 차이를 좀더 구체적으로 생각해 보고자 한다. 보통 사람들의 집의 개념은 벽이고 노자의 집에 대한 개념은 내면의 공간이다. 노자는 말한다. "벽은 집이 아니다. 어떻게 벽 속에서 살 수 있는가? 우리는 텅 빔 속에서 사는 것이지 벽에서 사는 것은 아니다." 그러나 우리가 집에 대하여 값을 매기고 흥정할 때 우리는 집에 대한 구조물을 생각한다. 이것이 궁전과 오두막집이 다르게 보이는 이유이다. 그러나 그 속의 빈 공간으로 말하면 풍요로운 텅 빔과 빈약한 텅 빔 같은 것은 없으며 모든 텅 빔은 똑같다. 그래서 노자에게는 궁전과 오두막집의 구분 같은 것은 있을 수가 없다.

일단 이것을 이해하면 많은 일이 가능해질 것이다. 우리가 사람을 볼 때 육체만 본다면 이것은 벽을 보는 것과 같다. 그것은 진정한 인간이 아니다. 진정한 인간도 내면의 텅 빔과 관련된 무엇이라고 할 수 있기 때문이다. 그래야 정신이나 영혼, 신 같은 것이 존재할 공간이 있게 된다. 육체는 아름답게도, 밉게도, 아프게도, 건강하게도, 젊게도, 늙게도 될 수 있다. 그러나 내면의 텅 빔은 항상 똑같다. 그래서 노자는 내면을 보고 외면을 보지 말라고 말한다. 내면의 텅 빔이야말로 우리의 실존 그 자체라 할 수 있다. 실존이라는 말은 안쪽에 무엇인가가 있다는 느낌을 갖게 하기 쉽다. 그러나 안쪽에는 아무도 없다. 일체의 누군가는 바깥쪽의 것이다. 사장, 국회의원, 교수 등 일체의 지위와 권위는 단지 표면적인 것에 지나지 않는다. 다음에 외면과 내면, 현상과 본질의 구분의 이해에 도움이 되는 몇 예를 더 들어본다.

1) 맹자는, 백성들이 굶주리는 것을 흉년이 든 탓으로 책임을 돌리는 임금을 보고, 비유를 들어 사람을 칼로 찔러 죽이고 나서 칼이 죽였지 내가 죽였느냐고 말하는 것과 무엇이 다르냐고 날카롭게 힐책했다. 위정자들은 보다 근본적인 책임이 정치를 잘못한 자신에게 있는 것을 모른 채 이런저런 표면적 구실만 찾게 마련이다.

2) 사자와 한로는 새끼일 때 모양이 흡사하여 구별하기가 매우 어렵다. 그래서 정신적 특성으로 이들을 구별하게 되는데, 이들에게 돌을 던져 머리통을 맞추면, 한로는 아픈 나머지 굴러가는 돌을 쫓아가 물어뜯는다. 그러나 사자는 돌은 거들떠보지도 않고 어디서 날아왔나 살펴보고 돌을 던진 사람을 향하여 돌진한다. 사자가 밀림의 왕이 된 것은 단순히 용맹스러워서가 아니라, 이렇게 정신적으로 근본을 추구하는 데 있는 것이다.

3) 불교에서 도를 닦는 자세는 으레 가부좌상이다. 그러나 이런 외형을 따르는 것은 별 의미가 없다. 이는 부처가 취한 그 나름의 자세에 불과하기 때문이다. 이보다는 석가의 내면적 자세를 본받는 것이 중요하다.

4) 예수는 신을 '아버지시여' 하고 불렀다. 그래서 우리들도 따라서 하나님을 아버지라
고 부르고 있지만 그것은 정말 무의미한 것이다. 우리에게는 하나님을 아버지라고
부를 가슴이 없다. 그렇게 부르는 의식은 흉내낸 것에 지나지 않는다. 우리는 하느
님을 아버지라고 부를 심장을 갖고 있지 않다. 아버지라고 부르는 것이 중요한 게
아니라 가슴속에 일어나는 느낌이 더 중요한 것이다. 그 느낌이 없다면 그것은 죽
은 의식에 지나지 않는다.

16. 2. 5 此兩者同出而異名

1)

앞에서 道와 名, 無와 有 혹은 無名과 有名, 無欲과 有欲, 妙와 徼 등
여러 가지 대립적인 개념들이 열거되었다. 그러나 이런 구분도 더 높은 차원
에서 보면, 형식적인 것일 뿐이며, 사실은 이 두 가지도 궁극적으로는 같은
하나의 근원에서 나왔으며, 명칭만 달리할 뿐이라 할 수 있다. 일반적으로
구분에 초점을 맞추는 것은 나무에서 잎을 보는 것이며, 통합을 지향하는 것
은 뿌리에서 연결되어 있는 것을 투시하는 일에 비유될 수 있다. 섬도 바다
속에서는 대륙과 연결되어 있다. 모든 것은 근원적으로 연결되어 있다.

모든 이분법적 개념들은 인간의 머리에서 나온 것이다. 이것들은 인간의
태도이지 실재는 아니다. 무엇이 불순한 것이며 무엇이 순수한 것인가? 그것
은 우리의 해석에 달려 있다. 니체는 모든 도덕은 하나의 해석이라고 말했
다. 그래서 어떤 것이 이 나라에서는 도덕적이지만 이웃 나라에서는 비도덕
적인 것이 될 수 있다. 어떤 것은 구시대에서 비도덕적인 것이지만 신시대에
서는 도덕적인 것으로 바뀔 수도 있다. 그것은 하나의 태도다. 기본적으로
그것은 허구, 즉 픽션인 것이다. 사실은 그저 사실이다. 적나라한 사실은 그
저 있는 그대로의 사실일 뿐 도덕적이거나 비도덕적인 것이 아니며 순수하거
나 불순한 것도 아니다. 인류가 없는 지구를 생각해 보면, 거기에 무슨 순수
한 것이 있으며 불순한 것이 있겠는가? 모든 것이 그저 있는 그대로다. 단순
한 존재 그 자체다. 아무 것도 좋거나 나쁘지 않다. 그런데 인간의 마음이 거
기에 들어오면서 모든 것을 분별해 버렸다. 마음이 들어오면 허구를 꾸며낸

다. 이제 그것은 사실이 아니다. 실체가 아니다. 그것은 마음의 투사이다. 만약 우리가 어떤 사람을 성자라고 부른다면 우리는 죄인을 만들어 낸 것이다. 이제 우리는 어딘가에서 어떤 사람을 비난해야 한다. 죄인 없이는 성자도 존재할 수 없기 때문이다. 죄인과 성자는 이 세상을 향한 하나의 태도, 하나의 해석에 있어서 상대되는 양쪽 부분이다. 그것은 이것이 좋은 것이며 저것은 나쁜 것이라고 말하는 태도이다. 우리가 저것은 나쁜 것이라고 말하지 않는 한 결코 이것은 좋은 것이라고 말할 수 없다. 나쁜 것은 좋은 것을 정의하는 데 필요하다. 그래서 좋은 것은 언제나 나쁜 것에 의존한다.

사실은 진실이고 해석은 거짓이다. 실체는 하나다. 그러나 우리의 이분법적인 태도 때문에 우리는 이 세상을 둘로 나누어 버렸다. 거기에 따라 우리의 내면 세계도 저절로 차별이 생겨 버렸다. 그런 식으로 모든 사람들이 자기 자신과 싸우고 있다. 우리는 이 순간에 사랑을 하더라도 다음 순간 증오가 일어나 사랑을 파괴해 버릴 수 있음을 알고 있다. 사랑과 증오는 근본적으로 같은 에너지이다.

그래서 성인들은 분별하지 말라고 말한다. 스스로 나누어지지도 말고, 이 것은 좋고 저것은 나쁘다고 생각하지도 말고, 세상을 바라보기만 하고, 이름도 붙이지 말고, 그저 침묵한 채로 있으라고 한다. 만약 우리가 이 세상을 침묵으로 대할 수 있다면 점차로 이 침묵은 우리의 내면까지 꿰뚫을 것이다. 그리고 외부 세계를 분별하지 않으면 내면의 의식에서부터 그 분별은 사라질 것이다. 진정한 道의 수행자는 어떤 사람을 보고 도둑이라는 말을 쓸 때 도둑이 나쁘다고 말하지 않는다. 그가 도둑이라는 말을 쓸 때는 단지 사실을 이야기할 뿐, 거기에 어떤 비난의 뜻도 담고 있지 않다. 만약 '여기에 위대한 성자가 한 분 있다'고 말해도 거기에는 어떤 존경의 뜻도 없다. 그것은 이것은 장미이고 저것은 장미가 아니다란 말과 같은 것이다. 거기에는 어떤 비교도 없다. 그러나 사회는 어떤 것을 비난하거나 칭찬하는 것 없이는 존재할 수 없다. 사회는 이 이분법 위에 존재해 있다. 이분법적이지 않은 태도야말로 초월적인 것이다. 그것은 사회에 반대하는 것이 아니다. 사회를 넘어서서 존재하는 것이다.

2)

깨달은 이의 눈으로 보면 만물의 차별 구분이 사라진다. 비슷한 것은 물론이고 반대되는 것도 마찬가지다. 낮은 차원으로 내려올수록 사소한 것까지 구분하고 분류한다. 성인의 눈에는 이 세상의 소위 민주국가와 공산국가, 무신론자와 유신론자, 일류 대학과 삼류 대학의 구분이 사라질 것이다. 참고로 이런 예를 몇 개 더 들어본다.

1) 예수는 원수를 사랑하라고 했다. 그러면 이 세상에 미워할 사람은 누구인가? 이는 모든 사람을 똑같이 사랑하라는 것이니, 결국 애인과 원수를 구분하지 않은 것이라 할 수 있다.

2) 부처는 독이 든 음식으로 인해 죽었다. 그는 6개월 동안 계속 고통받았다. 그리고 거기엔 그가 기적을 행하기를 기다리는 수많은 제자가 있었다. 그러나 그는 죽음을 받아들였다. 그곳에는 그를 치료하려는 제자들이 있었고, 많은 약이 그에게 주어졌다. 이는 부처의 육신이 이 세상에 다만 며칠이라도 더 머물러 있게 하기 위해 애쓰던 제자들의 집착이었다. 그러나 정작 부처에게는 병이나 건강이나 똑같은 것이었다. 병이 고통을 주지 않는다는 말이 아니다. 병은 고통을 준다. 고통은 육체적 현상이다. 그러나 그것은 내면의 의식을 방해하지 않을 것이다. 내면의 의식은 방해받지 않은 채 남아 있을 것이고, 변함 없이 균형 잡혀 있을 것이다. 육체는 고통받을 테지만 내면의 존재는 고통 전체를 관조하고 있을 것이다.

3) 불경에는 부처의 사소한 일상적 일들이 매 경전마다 빠지지 않고 반복해 기록되어 있어 우리를 당황하게 한다. 이를 기록한 아난의 생각은 이렇다. 부처는 커다란 일들에 대해서와 마찬가지로 작은 일들에 대해서도 주의를, 똑같이 주의를 기울인다는 것이다. 그에게는 작은 일도 큰 일도 없다. 이것은 중요한 것이고 이것은 사소한 것이라는 구별이 그에게는 없다. 모두가 하나인 것이다. 밥그릇 하나를 들 때에도 부처는 마치 신을 대하는 것과 마찬가지로 정중하게 대한다. 그는 언제나 전적으로 깨어있다. 결코 기계적으로 행동하지 않는다. 어떤 것도 진짜로 작은 것이라고 말할 수는 없다. 그때 우리는 매우 작은 일을 시도할 수 있다. 존재계에서는 큰 것도 없고 작은 것도 없다. 가장 작은 원자 하나로도 전세계를 파괴시킬 수 있다. 만약 우리가 심미안을 갖게 된다면 그때는 가장 작은 것에 생명의 신비가 있음을 알게 된다.

4) 죽음은 사건이 아니라 탄생과 더불어 시작되는 과정이다. 죽는 데에는 70년이 걸린다. 더딜지라도 그것은 과정이지 사건이 아니다. 우리가 태어나는 순간부터 죽음이 찾아오기 시작한다. 일흔 살이 된 어느 날 죽음이 찾아오는 것이 아니다. 그러

나 죽음이 탄생과 더불어 비롯되는 과정이라고 할 때, 이는 삶 또한 탄생과 더불어 비롯되는 과정이라고 말하는 것이다. 이것은 두 개의 과정이 아니고 하나의 과정이다. 즉 삶의 과정과 죽음의 과정은 실제로 다른 것이 아니다. 삶과 죽음은 마치 새의 두 날개 혹은 두 손이나 두 다리의 관계와 같다. 이런 변증법이 없이는 우리가 존재할 수 없다.

이런 예들은 우리로서는 이해하거나 수긍하기 어려울 듯하고 혹은 말장난 같은 허황된 것으로 느껴질 수도 있다. 하찮은 것을 혹은 근소한 차이를 칼로 벤 듯이 구분하는 경우를 우리는 사회 도처에서 보기 때문이다. 한 예로 교육계에서는 수십만 명의 수험생을 학력이란 잣대로 한 줄로 세워 놓고, 그 서열에 따라 평생의 운명이 좌우될지도 모르는 대학에 합격시키고 말고 한다. 굳이 위의 예와 비교하지 않더라도 이런 일을 통하여 우리 사회의 허위성과 허구성을 절감하고도 남는다.

3)

同出而異名의 의미를 좀더 확실히 이해하기 위해서 이를 우리 주변에서 異出而同名의 상반된 경우와 대비시켜 본다. 우리는 때때로 두통을 앓고는 하는데, 그때마다 원인은 조금씩 다를 수 있다. 두통의 원인은 무수히 많다. 그러나 매번 같은 경종이 울린다. 왜냐하면 경보 체계는 단순하기 때문이다. 육체에는 많은 경보 체계가 있는 것이 아니다. 서로 다른 원인에 대해서도 같은 경종이 울린다. 두통의 이런 특성은 異出而同名이라 할 만하다.

어떤 사람이 눈이 멀게 되면 그는 청각이 예민해진다. 눈으로 흐르는 에너지가 귀로 흐르기 때문이다. 또한 장님들은 촉감에도 매우 예민하다. 만약 장님이 우리를 만진다면 우리는 보통 사람이 우리를 만질 때와는 전혀 다른 느낌을 받을 것이다. 우리는 보통 눈을 통해서 사물을 식별하지만 장님은 그 에너지가 손으로 흐른다. 그는 촉감을 통해서 사물을 식별하게 된다. 에너지가 다른 중심으로 흐르기 시작하면 이전에 있던 중심은 사라지고 만다. 시각과 청각, 촉각 등은 같은 에너지가 각각 다른 통로로 나오면서 다른 명칭을 얻은 것이다. 同出而異名이다.

16. 2. 6 同謂之玄 玄之又玄

1)

여기서는 玄의 의미를 바로 이해하는 것이 중요하다. 玄은 통상 '검을' 현으로 새기나, 이는 흑색과는 다르고 크게 흑색의 범주에 속하는 것으로 생각할 수 있다. 천자문의 天地玄黃이란 표현을 통하여 그 정체를 좀더 구체적으로 추론해 볼 수 있을 듯하다. 이는 天玄地黃의 뜻으로 하늘은 玄하고 땅은 누렇다는 것인데, 땅을 누렇게 표현하는 것은 지극히 당연하나 하늘은 색으로 표현한다면 검은 색보다는 푸른색이 적절할 법하다. 그런데 검다니? 혹 이를 두고 검은 구름이 짙게 낀 하늘을 연상할 수도 있을 듯하나, 이는 구름의 색깔일 뿐 하늘의 색깔은 아니니, 하늘을 묘사하는 시구에서 하필 구름의 색을 들이댈 리는 만무하다. 그래서 우리는 玄을 특정한 색을 나타내는 것으로 보기보다 하늘의 모양을 색감으로 나타낸 것으로 이해하는 입장을 취한다. 즉 구름 한 점 없이 맑고 높은 하늘의 아득하고 가물한 투명성을 玄자를 빌어 표현한 것으로 볼 수 있을 듯하다. 말하자면 玄은 가까이서 뚜렷하게 보이는 모양의 색에 대해서, 멀리 아득하게 그리고 신비스럽게 보이는 모양의 색일 것이다.

이렇게 생각하면 이 구절의 의미는 자명하게 드러난다. 즉 대립적인 두 계열의 개념들을 하나의 근원적인 것으로 이해할 때, 그 모습을 좀처럼 이해하기 어려운 신비의 색으로 표현한 것은 참으로 적절한 표현이라 생각된다. 그러나 이 정도로도 만족하지 않고 王中王처럼 반복하여 玄하고도 또 玄하다고 한 의중을 통해 그 근원의 신비를 실감나게 느낄 법하기도 하다.

사실 하늘이나 바다의 색은 그것을 멀리 바라볼 때 감지하는 것이며, 가까이서 허공의 공기와 바다의 물을 들여다보면 아무 색도 없다. 그래서 이들의 색은 보통 색과는 다르며 오직 멀리서 아련히 광활한 전체를 바라볼 때만이 드러나는 신비한 색이라 할 수 있다.

2)

현대 과학의 논리로는 이런 애매하고 신비한 것은 인정되지 않는다. 서양은 가까이서 냉정하게 관찰하고 정밀하게 분석하여 논리적으로 기술하기를 좋아한다. 그러나 동양은 일정한 거리를 두고 전체를 직관적으로 받아들이려 한다. 이렇게 볼 때 인생과 자연은 한없이 아름다운 것이다. 수평선은 우리가 다가가면 계속 뒤로 물러나며 일정한 거리를 유지한다. 가까이서 정밀하게 관찰하는 자는 결코 수평선의 아름다움을 알 수 없다.

우리는 머리를 통하여 사물을 명료하게 이해하려 한다. 그러나 이 명료함 때문에 많은 오해와 혼란이 일어난다. 모든 것이 이성이라는 칼로 난도질당한 채 어떤 모호함도, 어떤 신비도 허용되지 않는다. 모호한 것은 무엇이든지 거부되고, 오직 명료함만이 용납된다. 이성은 우리에게 명료함을 주나, 명료함은 실체가 아니다. 실체는 언제나 불명확하며 모호한 것이다. 개념들은 명료하나 실체는 신비하다. 개념들은 논리적이지만 실체는 비논리적이다. 언어는 명료하고, 논리도 명료하다. 그러나 삶은 명료하지 않다.

가슴은 실체에 더욱 가깝게 다가서게 한다. 하지만 그것은 명료하지 않다. 우리가 명료함을 목적으로 삼기 때문에 항상 실체를 놓치는 것이다. 우리가 모호한 눈을 가질 때에만 실체를 들여다볼 수 있다. 우리는 모호해져야 한다. 개념화될 수 없는 어떤 것 속으로, 논리로 설명할 수 없는 어떤 것 속으로, 살아 움직이는 어떤 것 속으로 들어가야 한다. 명료함은 죽은 것이다. 그것은 고정된 채로 남아 있다. 삶은 하나의 흐름이다. 삶 속에는 그 어떤 것도 고정되어 있지 않다. 그런데 어떻게 우리가 명료하게 딱 집어 낼 수 있겠는가?

3)

이는 사랑과 결혼의 대비를 통해서도 이해된다. 우리가 사랑하는 순간 우리는 두렵다. 그 사람이 떠날 수도 있다. 우리 외의 다른 사람을 사랑할 수도 있다. 모든 것이 확실하지 않고 불안하다. 이제 어떤 안전 조치가 취해져야 한다. 그래서 우리는 그 사람과 결혼한다. 그러면 법적인 구속이 가해져서 이제 그 사람은 우리를 떠나기 어렵다. 법이 우리를 지켜줄 것이다. 이제 우리는 안전 조치를 취한 것이다. 하지만 우리가 결혼하는 순간 그것은 살아있는 관계가 아니다. 그것은 하나의 법이다. 법적인 현상이지 생명의 그 무엇이 아니다. 법정은 삶을 지킬 수 없다. 법정은 오직 거래 관계만을 지킬 수 있다.

결혼은 명확하게 정의될 수 있다. 그러나 사랑은 뭐라고 정의될 수 없다. 이제 우리는 정의된 세상 속에 들어왔다. 우리가 안전하기를 바라는 순간, 문을 닫으려는 순간, 새로운 것이 어떤 것도 일어나기를 원치 않는 순간, 우리는 갇히게 된다. 그리고 고통을 겪게 될 것이다. 그때 우리는 이렇게 말할 것이다. "아내 때문에 나는 자유롭지 않다." 우리가 아내라면 남편 때문에 자유롭지 않다고 말할 것이다. 우리는 서로를 소유했기 때문에 서로 갇힌 것이다. 이제 우리는 싸움을 벌일 것이다. 사랑은 사라지고 거기에 갈등만 남았다. 이 모든 것이 안전과 명료함을 찾아다닌 덕분에 일어났다. 이런 현상은 모든 것 속에서 일어나고 있다.

16. 2. 7 衆妙之門

1)

이 구절은 도덕경 제1장을 마무리하는 내용으로, 이 세상에서 우리가 논리적으로는 이해할 수 없는 모든 본질적이고 신비한 현상들의 근원은 道라는 것이다. 비유하면 道는 이들이 나오는 신비한 문이라 할 수 있다. 문 가운데서도 항상 열려 있으면서 또한 항상 닫혀 있기도 한 회전문과 같다. 여기서 妙는 앞에서 나온 常無欲以觀其妙의 妙와 통하며, 이렇게 명명한 것은 그 특징이 비논리적이고 나아가 초논리적이기 때문이다. 그러나 모든 것을 되도록 논리적으로 접근하도록 훈련되고 습관 된 우리로서는 이를 이해하기 어렵고 이는 모순처럼 보이기까지 한다. 그러나 진리는 모순적이다. 오직 이론만이 모순적이지 않다. 진리는 그 속에 삶의 온갖 모순들을 담고 있다.

진리는 몹시 비논리적이고 불합리하다.

삶은 비논리적이다. 논리를 통해 사는 사람은 아무도 없다. 논리적으로 우리는 분노가 나쁘다는 것을 알고 있지만 누군가가 우리를 모욕할 때 그 논리는 망각되고 분노가 튀어나온다. 사랑에 빠질 때마다 우리는 논리를 뛰어 넘는다. 그리고는 곧 후회하게 된다. 우리가 넓은 세상에서 하필 이곳에 살고, 많은 직업 중에서 이 직업에 종사하는 것은 논리적 사고의 결과이기보다 우연에 가깝고 운명적이라 할 수 있다. 우리는 큰 일에서는 운명에 맡기며, 그 속에서 어디에 사는 것이 좋고 무슨 일을 하는 것이 좋은지 조그만 경우에 논리적으로 따진다.

삶은 논리와는 아무 상관도 없이 흘러간다. 삶은 서로 반대되는 것들 속에 있다. 삶은 서로 반대를 이루는 수많은 兩極性에 의존하고 있다. 논리는 직선적이지만 삶은 원을 그리면서 움직인다. 낮 동안에 휴식을 취한 사람은 밤에 휴식을 취할 수 없는 것이다. 땀흘려 일한 사람만이 밤에 깊은 휴식에 들 수 있다. 불면증은 여유 있는 사람들에게나 있는 것이다. 가난한 사람들은 불면증을 모른다. 이것은 이렇게도 설명할 수 있다. 화를 조금도 내지 않고 사랑만을 고집하는 사람은 결코 진정한 사랑에 들 수가 없다. 논리적인 사람들은 아침에도 사랑하고 저녁에도 사랑하고 사시사철 사랑해야만 진정한 사랑이라고 말한다. 이런 사랑은 불가능하다. 거기에는 양극성을 허용하고 있지 않기 때문이다. 거기에는 미움이나 분노가 빠져 있기 때문이다. 사랑은 분노가 이완되었을 때 더욱 깊어지는 것이다. 분노는 골짜기이고 사랑은 산봉우리인 것이다. 산은 봉우리로만 이루어질 수 없다. 하나의 봉우리는 적어도 두 개의 골짜기를 갖고 있다. 그렇기 때문에 사랑하기 위해서는 우리는 미움을 허용해야만 한다. 하지만 한결같은 사랑이 없는 것은 아니다. 그러기 위해서는 우리는 부처가 되어야 한다. 그 사랑은 평원과 같은 것이다. 부처의 사랑에는 어떤 격렬함도 없다. 그의 사랑은 고요하다. 그에게는 분노가 없다. 그런데 어떻게 그의 사랑에서 격렬함을 기대할 수 있겠는가?

2)

비논리적인 것을 이해하기 어려운 것은 그것이 우리 자신과 너무 가까이 있기 때문이다. 신은 먼 곳에 있지 않다. 어떻게 보면 신은 우리 자신보다도 더 가까이 있다. 그러나 이를 깨닫지 못한 채 신은 단지 신화나 공허한 이론에 불과한 것으로 간주한다. 그리하여 가장 가까운 것이 영원히 먼 것으로 남아 있기도 하다. 너무도 가깝고 친근한 것은 인식되지 않는다. 이들은 어떤 간격도 없기 때문이다. 사실 우리가 보고 인식하기 위해서는 일정한 거리가 유지되어야 한다. 그러나 신성과 우리 사이에는 한 치의 틈도 없다. 물고기와 바다 사이에 어떤 간격도 없는 것과 같다. 물고기는 바다의 한 부분이다. 바다가 있음으로써 생겨나는 물결과 같은 것이다. 바다는 물고기라는 존재를 탄생시키는 무한인 것이다

그래서 이 구절도 노자 같이 비현실적인 사람들이나 외치는 허구가 아니라 우리 삶에 깊이 뿌리내리고 있는 생생한 현상임을 인식하게 될 때, 우리는 진정으로 도덕경 제1장의 의미를 가슴으로 받아들이는 것이 될 것이다.

오늘날 우리 사회에서 기도하는 일은 이제 보편적이 되었다. 그러나 기도라는 것은 사실 매우 이상한 현상이다. 논리적으로 보면 이상하기 그지없다. 지극히 비논리적으로 보인다. 논리적으로만 보면 기도하는 것은 미친 짓 같다. 그들은 누구에게 말하고 있는가? 누구를 하느님이라고 부르는가? 누구에게 절을 하는가? 그들이 절하고 있는 방향에는 아무 것도 없는 것 같다. 신은 보이지 않는다. 기도란 하나의 독백이다. 대화가 아니다.

논리적인 마음은 가슴에서 우러나오는 모든 것들이 어리석게 보인다. 마찬가지로 가슴의 차원에서는 논리가 터무니없는 것으로 보인다. 논리적인 마음은 시장에서 물건을 사고 파는 데 쓸모 있을지언정 삶에서는 어떤 깊이도 더해 줄 수 없는 것이다. 그들은 계산을 넘어선 세계를 결코 알 수 없다. 그들의 삶에는 어떤 무지개도 피지 않는다. 그들은 참으로 세속적이고 사소한 일에 매달려 있다. 어떤 시도 피어날 수 없다. 어떤 노래도 그들의 가슴속에 깃들 수 없다. 그들은 춤출 수 없으며, 어떤 삶의 환희도 그들과는 관계가 없는 것이다. 돈이나 명예를 원한다면 논리를 따라야 한다. 그러나 행복, 정적,

평화, 환희 같은 것을 원한다면 논리에 귀를 기울이지 말고 우리의 가슴을 따라야 한다. 논리는 무미건조하고 죽은 것에 불과하다. 어느 누구도 논리만으로 살 수 없도록 되어 있다. 예수가 빵만으로 살 수 없다고 말했지만, 또한 우리는 논리만으로도 살 수 없다.

3)

비논리적인 것을 이해하기 어려운 것은 그것이 또한 우리의 논리로는 도저히 감당할 수 없을 만큼 복잡하고 광활하기 때문이다. 날로 문명이 발달할수록 우리는 또한 현재로서는 자연의 이변이라고밖에 부를 수 없는 무서운 보복이 준비되고 있음을 느끼기 시작하였다. 최근에 우리는 예고 없이 찾아온 시간당 500 미리 이상의 폭우에 도로의 유실은 말할 것도 없고 마을과 농지가 사라진 자연 재해에 속수무책으로 무릎을 꿇고 말았다. 이런 것들이 우리가 衆妙之門의 존재를 더욱 여실히 느끼는 계기가 될 수 있다면 이는 비싼 교훈이 되는 셈이다.

이런 우주적인 해프닝은 예측할 수 없기 때문에 갑작스런 것이다. 그것을 위해 어떤 계획이나 예상도 할 수 없기 때문에 돌연한 것이다. 그리고 비논리적인 것이기 때문에 해프닝인 것이다. 하지만 그렇다 하더라도 우리는 이것을 위해 준비해야만 한다. 그것이 일어나기 전에 우리는 많은 것을 해야만 한다. 이것은 씨를 뿌리는 일과 같다. 우리는 절기에 맞춰 땅을 갈고 씨를 뿌릴 것이다. 그리고 우리는 기다린다. 어느 날 우연히 싹이 돋아나 있는 것을 발견할 것이다. 우리는 월요일 아침에 싹이 돋아날 것이라고 말할 수는 없다. 그렇게 될 수도 있고 안 될 수도 있기 때문이다. 거기에는 수백만 가지의 요소들이 작용하고 있다. 최근 과학자들은 음악이 식물의 성장을 촉진한다는 사실을 발견하였다. 씨를 뿌린 곳에서 춤추며 노래 부른다면 보다 빨리 싹이 틀지 모른다. 보름달이 있는 기간에는 보다 빨리 자랄 것이다. 반대로 달이 기우는 동안에는 성장이 늦어질 것이다. 어떤 때는 거지가 지나면서 부르는 노래조차 도움이 될 것이다. 만일 슬픔에 겨운 사람이 그곳을 지난다면 씨앗은 그 영향으로 인해 더디 싹틀지도 모른다. 너무나도 신비하고 예측할 수 없는 수억 가지의 요소들이 있는 것이다. 하지만 여전히 우리는 만반의 준비를 해야만 한다. 그리고 그 갑작스러움을 꿈꾸지 않는 것이 좋다. 여기서의 갑작스러움이라는 것은 우리에게 어떤 노력도 필요 없으며 단지 어느 순간에 돌연히 일어난다고 하는 것을 뜻하는 것이 결코 아니다. 우리의 모든 준비와 노력은 도움이 된다. 그러나 계획하고 억지로 끌어낼 수 있는 그런 것이 아니다.

4)

이런 비논리적 세계는 우리로 하여금 지식에 매달리기보다 지성적이 되기를 요구한다. 그리하여 더 이상 반응하지 않고 감응하도록 되야 한다. 반응은 늘 과거의 경험을 바탕으로 하고 있고, 감응은 단지 거울과 같다. 우리가 거울 앞으로 가면 거울은 감응한다. 거울은 우리의 얼굴을 보여 준다. 거울은 아무 기억도 담고 있지 않다. 우리가 떠나면 거울은 다시 순수해지고 아무 것도 반영하지 않는다. 그러므로 우리의 모든 감응은 신선함과 명료함과 아름다움을 지니고 있다. 그것은 반복되는 케케묵은 관념이 아니다. 어떤 상황도 우리가 이전에 만났던 상황과 똑같지 않다. 따라서 과거 속에서 반응하면 우리는 상황과 직면할 수 없다. 우리는 한참 뒤쳐져 있는 것이다. 이것이 우리가 실패하는 원인이다. 우리는 상황을 보지 못한다. 우리는 반응에 더 익숙해서 상황에 눈멀어 있다. 그러면 이미 만들어진 대답을 갖고 다니는 것이다. 이것이 지식의 한계이며 지성이 필요한 까닭이다.

찾아보기

담론 164, 255, 355
담론 분석 34, 163
담화 24, 25, 38, 39, 40, 49, 51, 59,
  64, 65, 72, 97, 102, 111, 112,
  113, 117, 180, 181, 182, 183,
  184, 185, 186, 187, 188, 195,
  199, 235, 244, 255, 317, 501
담화 분석 24, 33, 35, 38, 39, 47, 48,
  111, 121, 184, 254
담화 텍스트 113, 179, 254
답변행위 199
대붕괴 535
대안적 매체 345
대용형 89, 90
대응쌍 188, 189, 193, 200
대중 매체 46, 216, 341, 342, 345,
  352, 356, 359, 360
대중 매체 텍스트 46
대폭발 535
대화 25, 38, 47, 48, 49, 60, 61, 63,
  65, 71, 74, 76, 78, 93, 102, 111,
  112, 121, 159, 170, 180, 183,
  185, 186, 187, 188, 189, 190,
  191, 193, 194, 195, 199, 200,
  205, 206, 207, 208, 209, 210,
  211, 212, 213, 214, 215, 216,
  217, 218, 220, 221f.
대화 분석론 25, 48, 112
대화 전제 240
대화 주제 96, 317
대화 텍스트 32, 41, 179, 180, 182,

  183, 188, 195, 197, 199
대화의 법칙 205
대화의 원리 60, 61, 240
대화의 함축 60, 61, 71, 240
대화이동 183, 187, 189, 193, 194
대화행위 189, 193, 194, 195, 198,
  199
도덕 538
도덕경 513, 514, 515, 516, 517,
  544, 546
동어반복 522
동의행위 198
디딤돌 226, 405
또래집단 215, 218, 220
띄어쓰기 365, 372, 444, 469

랑그 24, 25, 35, 36
레시 169, 170, 176
리얼리즘소설 174

말글 254, 255, 256, 257, 263, 280,
  303
말글언어학 255, 256
말의 상처 222
말하기 교육 51
맞장구치기 225

ㅂ

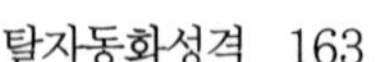
ㅋ

ㅌ